L'essentiel du Marketing

Éric Vernette

L'essentiel du Marketing

Troisième édition

EYROLLES
Éditions d'Organisation

Éditions d'Organisation
Groupe Eyrolles
61, bd Saint-Germain
75240 Paris cedex 05

www.editions-organisation.com
www.editions-eyrolles.com

ISBN : 978-2-212-54148-9

Sommaire

Avant-propos à la troisième édition

La première édition de cet ouvrage est parue en 1992, la seconde en 1997. Elles ont été largement appréciées, tant par les étudiants que par les professionnels, puisque près de 25 000 exemplaires ont été vendus au total. De plus, l'ouvrage a été traduit en espagnol et en japonais.

Notre réflexion s'inscrit dans la durée. Nous souhaitons avant tout que les propos tenus, les techniques exposées et les illustrations choisies soient fiables et durables, c'est-à-dire situés au-delà des courants de mode éphémères. Dans un environnement des affaires de plus en plus turbulent, il nous semble que la première qualité d'un ouvrage qui vise à transmettre « l'essentiel » d'une discipline majeure des sciences de gestion, est d'offrir à ses lecteurs des repères solides et stables. Néanmoins, le moins que l'on puisse dire, c'est que bon nombre d'événements, de nouvelles technologies ou encore d'évolutions surprenantes dans le comportement des consommateurs sont survenus depuis dix ans !

Cette troisième édition a donc dû s'étoffer pour couvrir ces nouveaux champs. Deux chapitres supplémentaires ont ainsi été créés. Les influences de l'entourage du consommateur sont aujourd'hui multiples : elles modifient sensiblement les croyances et les attitudes de ce dernier. Elles font dorénavant l'objet d'un chapitre complet. Par ailleurs, à l'heure où certains gourous annoncent la mort des marques, force est de constater que les plus fortes d'entre elles se développent et continuent à faire rêver l'acheteur. Appuyées par une stratégie marketing tournée vers la relation, et non plus seulement vers la transaction, elles sont sources de stratégies gagnantes. Un chapitre entier leur est consacré.

Et Internet ? Nous n'avons pas jugé nécessaire d'« isoler » ce nouveau média dans un chapitre solitaire. Bien au contraire, Internet irriguant toutes les facettes stratégiques et opérationnelles du marketing, nous pensons que nous devons en parler dans chaque chapitre, lorsque cela est nécessaire. Cette nouvelle technologie devient ainsi le nouveau fil rouge « marketing » de cette troisième édition.

Bonne lecture !

Introduction

Parmi les disciplines des sciences de gestion, le marketing est probablement l'une des branches les plus ambitieuses et les plus riches. L'aspiration majeure du marketing est de démêler, puis de contrôler, le faisceau de liens qui relient le consommateur, le produit, la concurrence et l'entreprise. Cet objectif est particulièrement important, pour plusieurs raisons. Cela suppose tout d'abord que l'entreprise connaisse les mécanismes d'achat du consommateur, puis qu'elle soit capable de présenter un produit conforme aux attentes des acheteurs, tout en tenant compte de ce que les concurrents proposent de leur côté.

Ces préoccupations multiples rendent parfois les frontières du marketing imprécises, voire ambiguës. La compréhension des mécanismes d'achat du consommateur et des influences exercées par l'entourage conduit le marketing à pénétrer le domaine des sciences humaines. La volonté d'offrir un produit supérieur à ceux des concurrents amène le marketing à orienter la conception et la fabrication du produit, tout en fixant un prix de vente compatible avec la rentabilité de l'entreprise. Encore faut-il acheminer le produit jusqu'au consommateur, en utilisant au mieux les arcanes des différents réseaux de distribution et en annonçant clairement au consommateur les qualités du produit. Ces échanges s'établissent généralement dans un climat de compétition et d'incertitude : les concurrents élaborent de grandes manœuvres pour obtenir une fraction suffisante du marché, sans pouvoir maîtriser toutes les règles de cette lutte concurrentielle.

De quels moyens dispose le marketing pour atteindre ces objectifs ? En schématisant, on peut dire que la démarche marketing fonctionne en deux temps : une phase de réflexion orientée vers le consommateur et la concurrence et une phase d'action focalisée sur la gestion de ressources spécifiques. La phase de réflexion privilégie les techniques d'étude ou d'expérimentation, nécessitant l'usage de méthodes de collecte et d'analyse des informations. Cette étape se clôture par un constat lucide sur la situation globale de l'entreprise. La phase d'action démarre dès que l'entreprise a déterminé une ligne stratégique : c'est l'aspect opérationnel du marketing correspondant à la gestion du produit, du prix, de la communication et de la distribution.

Objectifs et articulation de l'ouvrage

Cet ouvrage est un livre d'initiation au marketing. En ce sens, il n'a pas la prétention d'être exhaustif comme un manuel, ni le désir de se focaliser sur un aspect du champ marketing, comme le ferait un ouvrage de spécialisation. Nous avons cependant tenté d'éviter deux écueils : une présentation superficielle de l'ensemble du domaine et un recensement liminaire des principales définitions et techniques marketing. Mais nous avons voulu que cette initiation offre au lecteur des acquis solides et rigoureux, formant ainsi une base de compétences nécessaires pour l'acquisition d'une éventuelle expertise ultérieure.

En conséquence, l'ouvrage poursuit quatre missions, chacune d'entre elles faisant l'objet d'une partie distincte (voir Figure 0.1) :

- **Découvrir** : l'objectif est de proposer d'emblée au lecteur de faire le « tour du propriétaire », pour s'attacher à faire ressortir les aspects clés du marketing et à montrer comment l'entreprise peut remplir sa mission marketing. La première partie de cet ouvrage est conçue pour se suffire à elle-même, le cas échéant. Le chapitre 1 présente les périmètres du marketing, tandis que le chapitre 2 offre un aperçu des missions principales du marketing.
- **Comprendre** : le marketing dispose d'un grand nombre de techniques pour recueillir et analyser l'information nécessaire aux choix futurs. Mais l'homme de marketing utilisera d'autant mieux ces techniques qu'il peut appuyer sa quête d'information sur un soubassement théorique. La compréhension et la prévision des décisions du consommateur sont probablement la valeur ajoutée la plus forte que le marketing puisse apporter à l'entreprise. Aussi le chapitre 3 analyse-t-il le comportement du consommateur, les influences de l'entourage de ce dernier faisant l'objet du chapitre 4. L'arrière-plan théorique étant tracé, nous traitons les différentes techniques d'études de marché dans le chapitre 5.
- **Décider** : le choix d'une stratégie marketing et l'élaboration d'un plan d'action se trouvent au cœur des questions abordées dans cette troisième partie. On envisage tout d'abord dans le chapitre 6 les options stratégiques offertes par la segmentation et le positionnement marketing. Les opportunités offertes par les stratégies de marque et relationnelles sont détaillées dans le chapitre 7. Une bonne stratégie marketing doit aussi intégrer les choix stratégiques effectués par ses concurrents : nous approfondissons ces questions dans le chapitre 8. En dernier lieu, nous mettons à plat la structure du plan marketing dans le chapitre 9.
- **Manager** : la quatrième et dernière partie de cet ouvrage présente les méthodes de gestion respectives des quatre éléments du marketing mix. Ainsi, la gestion des produits fait l'objet du chapitre 10, la gestion du prix est présentée dans le chapitre 11, la communication et le marke-

ting direct sont exposés dans le chapitre 12, enfin la vente et la distribution sont abordées lors du chapitre 13. Le caractère opérationnel de cette dernière partie n'exclut pas, lorsque cela se justifie, la référence au domaine stratégique ou la présentation de techniques propres à la gestion des quatre variables.

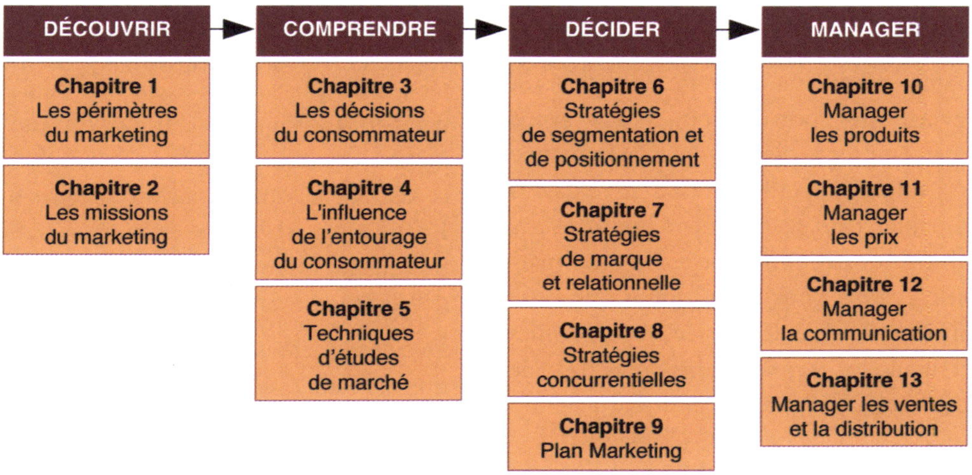

Figure 0.1 Plan de l'ouvrage

Orientation et présentation pédagogique

Chaque chapitre se présente sur un même modèle. La première page comporte la présentation des objectifs, les difficultés et les conseils éventuels de lecture, les mots clés. Le corps du chapitre suit, agrémenté de nombreux schémas et figures récapitulatives. Les questions techniques sont présentées séparément dans des fiches techniques et peuvent, le cas échéant, être mises de côté lors d'une première lecture. De nombreux « Focus-Manager », extraits d'articles managériaux tirés de revues scientifique, de sites Internet ou encore de la presse des affaires, illustrent par des exemples concrets l'un ou l'autre des aspects du chapitre. Enfin, on trouve en fin de chapitre une synthèse, une bibliographie d'approfondissement et un test d'auto-évaluation des connaissances.

Partie 1

Repères essentiels du marketing

Chapitre 1

Les périmètres du marketing

Au terme de ce chapitre vous pourrez :

- *maîtriser les définitions de base du marketing ;*
- *cerner les contours d'un marché et évaluer son potentiel ;*
- *comprendre les formes de la concurrence ;*
- *délimiter le champ et les formes de l'action marketing.*

Une difficulté majeure de compréhension du marketing vient, en grande partie, de l'imprécision des termes utilisés. Aussi, il est impératif que vous soyez en mesure d'assimiler, puis de redonner une définition simple et rigoureuse des concepts que vous allez aborder dans ce chapitre.

Il est important d'acquérir d'emblée une vision globale du marketing, articulée sur quelques repères fondamentaux, tels que la délimitation d'un marché, la compréhension du consommateur et la nature de la concurrence. Ce chapitre recense ces points clés.

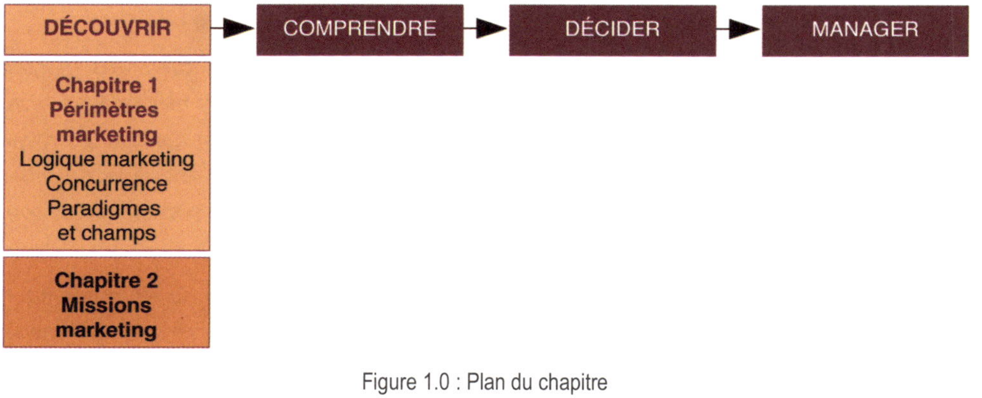

Figure 1.0 : Plan du chapitre

MOTS CLÉS : *Chiffre d'affaires, concurrence, émotion, marché, marketing, marketing B to B, marketing expérientiel, part de marché, produit, service, taux de pénétration.*

I. LOGIQUE DU MARKETING

1.1. Définitions commentées

Il est facile de comprendre intuitivement ce qu'est la finance, la vente ou la production. C'est loin d'être le cas du marketing. Généralement les néophytes pensent qu'il s'agit des « différents moyens de vendre un produit » ou d'« une publicité de masse ». Le recours aux ouvrages spécialisés renforce ce malaise : les définitions proposées sont longues (jusqu'à cinq lignes) et, en apparence, divergentes. Les objectifs du marketing semblent, de même, très fluctuants selon les auteurs. Nous en avons extrait cinq courants, plus complémentaires qu'opposés.

1.1.1. Définition n° 1

« *Le marketing, c'est la mise en œuvre de toutes les techniques de l'entreprise qui dirigent le flux de biens et services vers le consommateur. Un bon marketing, c'est un produit de qualité, facilement disponible pour le client.* »

C'est une approche économique (notion de flux de biens et services) caractérisée par une optique centrée sur l'offre : il n'existe pas de marché sans produit. Une fois créé, le produit doit être accessible au consommateur. Le succès repose sur la qualité de production et le contrôle des accès du marché (distribution du produit jusqu'aux points de vente).

1.1.2. Définition n° 2

« *Le marketing est un état d'esprit, largement fondé sur l'intuition et l'imagination, qui mobilise tous les moyens possibles pour communiquer avec le consommateur. Un bon marketing, c'est un produit original et innovant.* »

Cette vision traduit un désarroi face à une forte concurrence et une perplexité vis-à-vis d'un consommateur qui n'exprime pas clairement ses attentes. Le succès réside dans la conception de produits innovants et imaginatifs. La vente est soutenue par une communication pédagogique qui explique au consommateur les avantages du produit.

1.1.3. Définition n° 3

« *Le marketing, c'est détecter les besoins des consommateurs pour réaliser le produit adéquat, ce qui facilite la vente. Un bon marketing, c'est un client satisfait.* »

L'accent est mis sur la prédominance du consommateur : l'identification de ses besoins est la clé du succès de l'entreprise. Dans un second temps, le vendeur n'a plus qu'à rappeler au client que le produit correspond exactement à ses attentes. Finalement, l'efficacité du marketing se mesure par le degré de satisfaction du consommateur.

1.1.4. Définition n° 4

« *Le marketing, c'est conquérir des marchés rentables, en utilisant des méthodes scientifiques. Un bon marketing, c'est un client qui préfère notre produit à celui des concurrents et qui l'achète à un prix rémunérateur pour l'entreprise.* »

Le marketing apparaît sous un angle guerrier. Il dispose de techniques sophistiquées et d'un plan d'attaque mûrement réfléchi, pour s'opposer à ses adversaires. Le consommateur est rationnel, il compare les produits et cherche à optimiser son choix.

Le rôle du marketing est de comprendre les décisions d'achat du consommateur, puis de les influencer (création d'une préférence pour la marque) dans un sens favorable à l'entreprise. Ces actions doivent conduire à un profit pour l'entreprise. Cette influence, qualifiée de « manipulation » par certains, est souvent au cœur des débats de société.

1.1.5. Définition n° 5

« *Le marketing, c'est créer une relation durable avec le consommateur en lui offrant du lien, et pas seulement un bien. Un bon marketing offre une expérience de consommation mémorable, source de surprise et d'émotions.* »

Ce courant, très en vogue aujourd'hui, vise à construire une relation affective, durable et forte avec les consommateurs. La consommation doit être source de plaisirs et d'émotions. Dans cette perspective, la marque est souvent dotée d'une personnalité attractive, tout comme celle de votre meilleur (e) ami(e). Parfois, de véritables communautés de consommateurs se constituent autour d'elle.

1.2. Synthèse provisoire

Ces cinq courants illustrent la diversité des objectifs, des missions et des moyens du marketing[1]. Chacun d'eux représente une facette du marketing. Notre définition, volontairement courte, tente de concilier ces différentes perspectives :

« *Le marketing est la conquête méthodique et permanente d'un marché rentable, réalisée par un produit ou un service capable de satisfaire durablement les consommateurs visés.* »

Le Focus-Manager 1.1 ci-après dégage les implications majeures de ces différents courants en les traduisant en règles d'action. Nous approfondirons ces préconisations tout au long des différents chapitres de l'ouvrage. Mais dans tous les cas, réaliser un bon marketing exige un soutien actif de la part des autres fonctions de l'entreprise. Malheureusement, comme le suggère avec humour la seconde partie de l'encadré, le passage de la théorie à la pratique n'est pas si simple pour l'homme de marketing !

FOCUS-MANAGER

1.1. LES CLÉS ET LES PIÈGES DU MARKETING

1. Les dix règles d'un bon marketing

Réussir un « bon » marketing, n'est pas si simple ! Cependant, avec ces dix principes de base et la collaboration d'alliés au sein de l'entreprise, la réussite devrait être au bout du chemin…

1. Choisir et décrire précisément le groupe de consommateurs à qui l'on destine le produit (chapitres 5 et 6).

1. L'American Marketing Association a proposé au fil du temps trois définitions différentes du marketing. La dernière date de 2004. Elle attribue des moyens et des objectifs au marketing : « *Le marketing est une fonction organisationnelle et un ensemble de processus pour la création, la communication et la délivrance de valeur aux consommateurs et pour la gestion de la relation client de telle manière qu'ils puissent bénéficier à l'organisation et aux parties prenantes.* »

2. Comprendre et formuler correctement les attentes des consommateurs de ce(s) groupe(s) et les comparer avec celles du reste du marché (chapitres 3, 4, 5 et 6).
3. Proposer quelque chose de « mieux » que les produits qui sont aujourd'hui présents sur le marché (chapitres 6, 7, 8 et 9).
4. Produire correctement ce qui est attendu par le client (chapitres 9 et 10).
5. Fixer un prix rentable pour l'entreprise et acceptable par le consommateur (chapitre 11).
6. Faire connaître et aimer ce qui a été produit (chapitres 3, 4, 7 et 12).
7. Mettre en place un produit bien visible aux bonnes places (chapitre 13).
8. Vendre en quantités suffisantes le produit (chapitres 12 et 13).
9. Faire racheter le produit (chapitres 3, 4, 5, 7, 9, 10 et 12).
10. Faire évoluer régulièrement le produit pour qu'il reste toujours le meilleur (chapitres 5, 6, 7, 8 et 10).

2. Application

De la théorie à la réalité, ou les angoisses de Monsieur Marchetor, directeur marketing de World Joujoux, Inc. Sa mission était claire : « Lancer avec succès un jouet en peluche innovant pour les tout-petits ». Pour cela, un plan marketing sophistiqué a été élaboré, mais celui-ci n'a pas fonctionné. À qui la faute ?

Les clients feraient de bons coupables : beaucoup d'entre eux boudent, sans véritable raison, un produit jugé techniquement parfait par tous les ingénieurs ; de plus, les rares acheteurs se transforment aussitôt en consommateurs caractériels et revanchards. Monsieur Marchetor n'est plus très loin de partager la devise du responsable du service Production : « *Le client ? Un ennemi à abattre sans sommation* » ; ou celle du directeur du service juridique : « *Le bon contrat de vente ? Celui qui transforme le client en un prisonnier à vie, rançonnable à perpétuité.* » Pour y voir plus clair, un grand consultant est venu. Son diagnostic s'est résumé par la bande dessinée ci-après. Monsieur Marchetor hésite encore à la montrer à son président directeur général…

Si vous êtes dans l'un de ces cas, ne vous découragez pas, mais plongez-vous dans les chapitres indiqués en face des dix règles ! Vous verrez alors que certaines décisions, en apparence simples, demandent en réalité beaucoup de travail de réflexion.

Cependant, aucune définition n'est suffisante pour rendre compte du caractère fondamentalement dynamique du marketing. La présentation du couple produit/marché permet de mieux saisir les diverses conceptions de l'action marketing.

1.3. Trois conceptions du marketing

La compréhension du marketing est facilitée si l'on se place dans une perspective dynamique. En s'appuyant sur le couple produit/marché, c'est-à-dire en observant la nature des relations qui relient le produit (ou le service) à son marché, on peut identifier trois manières de pratiquer le marketing ; chacune d'entre elles correspond à un degré croissant de maturité marketing.

1.3.1. Conception intuitive : orientation produit

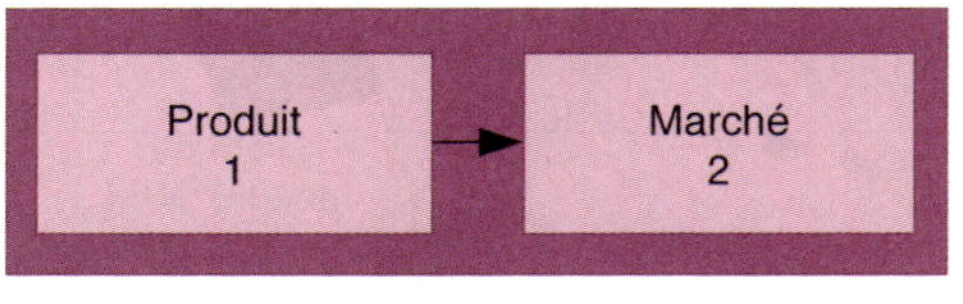

Figure 1.1 : Le marketing « intuitif »

L'optique produit prédomine dans cette conception du marketing qui illustre bien les deux premières définitions. Les producteurs imposent leur point de vue dans l'entreprise. On fabrique d'abord, on interroge ensuite le marketing : « *J'ai un produit génial, qui pourrait en vouloir ?* » Le marketing repère, dans un second temps, les consommateurs les plus intéressés par ce produit.

Deux cas sont possibles :

Cas 1 : Le marché existe bien. L'intuition créatrice de l'ingénieur se confirme. Le nouveau produit est alors un franc succès, ou un demi-succès, selon les qualités du plan de mise sur le marché du produit.

Cas 2 : Le marché n'existe pas. C'est l'échec, généralement rejeté sur le service commercial qui n'a pas su vendre le produit.

> Historiquement cette conception correspond à la période qui a suivi la Seconde Guerre mondiale ; elle s'inscrit dans le cadre d'une économie de pénurie. Ce type de conception du marketing est à l'origine de réussites éclatantes (la 2 CV ou la DS de Citroën, la série des Mirages de Dassault, etc.), largement contrebalancées par nombre d'échecs. Une bonne illustration de ces derniers est fournie par les produits issus des grands projets gouvernementaux des années 1960 et 1970 : le Concorde, les divers plans informatiques visant à sauvegarder une informatique « made in France », le procédé de télévision couleur SECAM, etc. La perte de vue des exigences des consommateurs, favorisée par les dimensions politiques de ces projets, est directement sanctionnée par le marché qui refuse les produits proposés, même si technologiquement ces derniers sont excellents.

La complexité des innovations technologiques actuelles (Internet, micro-informatique, biotechnologies, etc.) conduit à un retour en force paradoxal de cette vision du marketing. Le consommateur étant supposé dans l'incapacité de préciser ses attentes, la tentation pour l'entreprise de se tourner vers un marketing unilatéral (appelé « marketing de l'offre ») est grande. Sur ces marchés de haute technologie, l'intuition et l'imagination des ingénieurs se substituent aux techniques d'étude de marché. Les produits sont de véritables prouesses techniques, mais trop complexes : seul un tout

FOCUS-MANAGER

1.2. LE MOUVEMENT PERPÉTUEL DES TÉLÉPHONES MOBILES ET ASSISTANTS PERSONNELS

Tous les trimestres ou presque, une nouvelle fonction apparaît dans les téléphones mobiles. La convergence avec les ordinateurs personnels s'accentue, à tel point qu'une publicité pour le Nokia 6 600 le présentait comme « *Le téléphone qui a mangé un ordinateur* ». Mais, ce n'est pas tout. Depuis juillet 2004, les Japonais peuvent utiliser leur mobile comme une console de jeu portable, un titre de transport, un porte-monnaie électronique, une carte de crédit, une clé de voiture, une machine à distribuer des bons de réduction. L'adjonction d'une nouvelle puce électronique a transformé le téléphone mobile en « passeport high-tech et miniature pour le XXIe siècle »...

Les assistants personnels numériques (PDA) ne sont pas en reste. Un dossier FNAC baptisait ainsi la nouvelle génération des assistants personnels : « Supports nomades de l'information numérique au sein d'un nouvel univers communicant ». Mais dans quel univers ranger ce dernier produit ? En effet, il combine aujourd'hui plus d'une dizaine de catégories différentes : ordinateur de poche, agenda, calculatrice, accès Internet, modem, téléphone mobile, appareil de photo, caméscope, lecteur MP3, lecteur de vidéo, GPS, poste de radio, livre électronique, jeu vidéo, sauvegarde de données. etc.

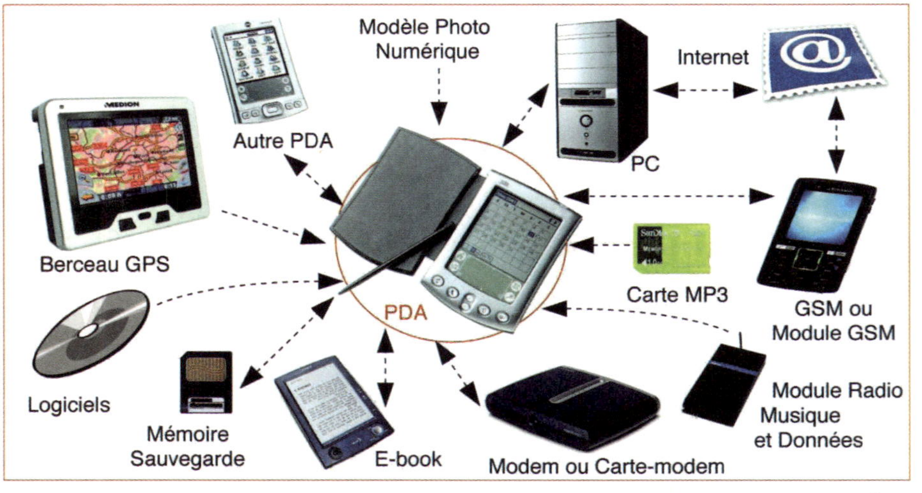

Source : Dossier Fnac 2005 Assistants numériques personnels (PDA).

Si les consommateurs les plus initiés se retrouvent aisément dans cette jungle, ce n'est pas nécessairement le cas de tout le monde. Les modes d'emploi sont parfois bâclés ou trop complexes, avec à l'arrivée un avantage parfois peu attractif pour le consommateur. Le changement de technologie signifie trop souvent « futurs problèmes ». La prolifération des sigles est extrême : WAP, MMS, Java, MP3, WMA, GPS, GSM, GPRS, DVDx, TFT, VGA, Wifi, Bluetooth. Pourriez-vous dire à quoi ils correspondent ? Le marketing est réduit à une fonction de pédagogie de la demande, chargée d'expliquer au consommateur les bénéfices qu'il pourra retirer de telle ou telle fonction.

petit nombre de fonctions est effectivement utilisé par le consommateur. Le Focus-Manager 1.2 illustre ces marchés des nouvelles technologies de communication, perpétuellement évolutives, dans lesquels le consommateur est considéré comme un stagiaire perpétuel en formation permanente. Il correspond à la première définition du marketing.

1.3.2. Conception anticipative : orientation marché

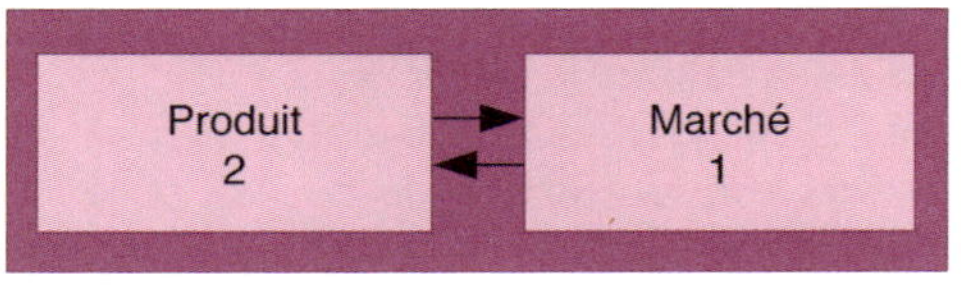

Figure 1.2 : Le marketing « anticipatif »

Le marché est étudié dans un premier temps, afin de guider la création du produit dans un second temps. Le rôle des études du marché est crucial pour la réussite du produit. Le rapport d'étude cerne les attentes du marché et formule une recommandation marketing capable d'orienter clairement les ingénieurs. Les exigences des consommateurs sont traduites dans le cahier des charges du produit, rédigé par le responsable marketing de l'entreprise. Il s'agit alors pour les ingénieurs de résoudre « un problème consommateur ». La mise en marché du produit s'effectue ensuite selon un plan de lancement calqué sur les informations fournies par les études initiales. Cette approche, illustrée par le Focus-Manager 1.3, correspond bien aux troisième et quatrième définitions du marketing.

1.3.3. Conception interactive : orientation systémique

Le modèle du marketing interactif est un système dynamique qui boucle sur lui-même. Prolongeant la conception précédente, il correspond à la cinquième définition, ainsi qu'à notre vision personnelle du marketing.

On identifie trois temps forts :

1. Marché ⇨ Produit

Ce premier temps est semblable à celui de la conception du marketing anticipatif : on étudie les attentes du marché qui sont transmises, dans un cahier des charges, aux ingénieurs.

2. Produit ⇨ Test(s) ⇨ Marché

Le produit est élaboré progressivement, par modifications successives, sur la base des résultats des différents tests réalisés auprès des futurs consommateurs. Il peut s'agir de tests d'acceptabilité du produit, de marchés tests, etc. (voir chapitre 10). Enfin, après un délai qui peut être de plusieurs années, la version finale du produit est mise sur le marché.

3. Marché ⇨ Produit

Le troisième temps de cette conception concerne l'effet-retour (*feedback*), c'est-à-dire la réaction du marché après le lancement du produit. Il souligne le fait qu'un marché n'est jamais figé, mais évolue constamment : les goûts et les exigences des consommateurs varient, des concurrents proposent de nouveaux produits plus attractifs. L'idée sous-jacente est de créer une relation durable avec le consommateur, plutôt qu'une simple transaction sans lendemain en renouvelant régulièrement l'offre. Le chef

FOCUS-MANAGER

1.3. POURQUOI REMPLACER UN PARE-BRISE QUAND ON PEUT LE RÉPARER ?

La sophistication croissante des composants d'une automobile a accru considérablement les coûts de remplacement. Ainsi, les pare-brises ont pris ces dernières années des formes créatives, plus complexes et coûteuses à fabriquer. Par ailleurs, pour assurer une meilleure visibilité au conducteur, la surface vitrée a considérablement progressé. Enfin, la technologie du « feuilleté », plus onéreuse, mais plus résistante au choc et sûre en cas d'accident, a remplacé les pare-brises en verre trempé.

Tout cela a considérablement renchéri pour les assurances, et pour les consommateurs, le coût du remplacement d'un pare-brise, parfois à peine endommagé. Ainsi, lors d'un contrôle technique, un simple éclat impose de changer l'ensemble. Enfin, pour les garagistes et les spécialistes, le stockage de ces pièces est difficile et coûteux, d'où des délais d'intervention accrus. Comment réduire les coûts, sans risque pour la sécurité ? Comment répondre le plus rapidement possible à une telle demande ?

Carglass a répondu à ces attentes en s'appuyant sur une innovation technologique : l'injection d'une résine polymérisée sous haute pression qui donne des résultats satisfaisants en termes de durabilité et de sécurité. L'intervention est rapide (une vingtaine de minutes) et ne nécessite aucun démontage du pare-brise. Elle peut se réaliser au domicile du client avec une camionnette équipée. Seules contraintes : l'impact doit être moins gros qu'une pièce de deux euros et situé en dehors du champ de vision.

Le produit réalisé (second temps)	Les attentes du marché (premier temps)
• Injection sous vide d'air • Polymérisation de résine • Polissage de la surface	• Réparation sûre et durable
• Jusqu'à 60 % moins cher que le remplacement du pare-brise • Règlement direct de l'assureur	• Économie
• Pas de prise de rendez-vous nécessaire • Réparation en quarante minutes • Pas de délai de commande de pièce • Intervention à domicile possible • Pas de constat à remplir	• Gain de temps

Ainsi, Carglass est en mesure d'offrir une réparation sûre, rapide et économique. La prise en charge, directe et immédiate, des frais par l'assureur du client (sous réserve que ce dernier ait pris l'option « Bris de glace »), avec suppression de la franchise, donne un avantage économique déterminant au produit. En effet, dès réception du client, Carglass téléphone lui-même à l'assureur, obtient l'accord de l'assureur en moins de cinq minutes, s'occupe des formalités administratives et du paiement. Le client n'a juste qu'à signer la facture, sans aucune avance de fonds, ni frais annexes…

de produit marketing suit régulièrement cet environnement et gère en conséquence son portefeuille de produits : élargissement de la gamme, rajeunissement des produits existants, etc. Le couple produit/marché est, par nature, dynamique : un succès en marketing reste provisoire. Le Focus-Manager 1.4 s'appuie sur le cas Nespresso pour illustrer cette vision du marketing.

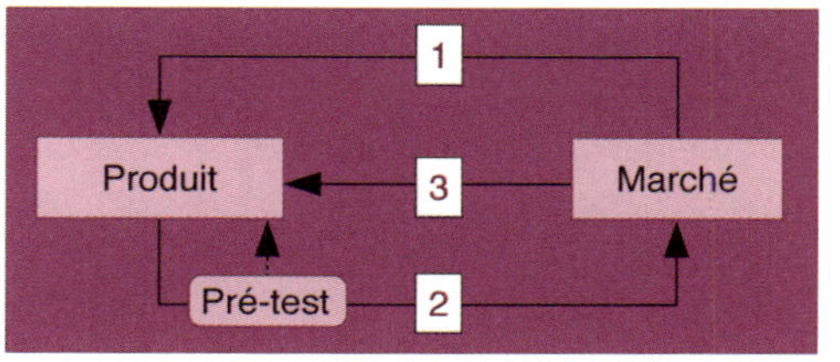

Figure 1.3 : Le marketing « interactif »

FOCUS-MANAGER

1.4. La démarche marketing de Nespresso[2]

1. La situation marketing

Depuis son lancement, en 1988, Nespresso, filiale du groupe suisse Nestlé, est une incontestable réussite marketing. Tout comme les fabricants d'imprimantes pour micro-ordinateur qui gagnent leur vie avec les cartouches d'encre, Nespresso réalise l'essentiel de ces ventes et de ses marges sur le « consommable », à savoir le café en capsules. En effet, une fois que le client a acquis sa machine, il est obligé de s'approvisionner auprès de Nespresso pour les capsules. Un brevet exclusif, particulièrement bien travaillé, protège la marque contre toute imitation et assure une conservation optimale des arômes. L'entreprise suisse a vendu 1,4 million de machines à café en 2006 et détient à elle seule le quart du marché mondial. Ces dernières représentent seulement 4 % de son chiffre d'affaires, contre 92 % pour les capsules et 4 % pour les accessoires.

2. Comprendre les attentes du marché (premier temps)

Quel est l'amateur de vrai café qui n'a pas rêvé de retrouver chez lui le goût inimitable du « petit noir » dégusté au comptoir d'un café ? Il serait prêt à payer cher un tel plaisir ! Le challenge est ainsi résumé par Nespresso : « Offrir à tous les amateurs de café la possibilité de déguster un bon espresso à n'importe quelle heure et sans trop d'efforts ». Malheureusement, pour obtenir un tel goût, il faut une machine à café capable d'envoyer une très forte pression d'air, une température de l'eau et une concentration de café optimales et constantes… et du bon café. Faire simple et commode n'est pas si aisé. Mais au-delà de la dégustation et de la facilité d'usage, sources de plaisir et de satisfaction, un bon café se partage aussi entre amis. Comment retrouver cet esprit « club », cette convivialité chez soi ? Comment créer des liens entre des amateurs unis par une même passion, celle de l'arôme et du parfum, mais dispersés géographiquement ?

3. Les réponses d'un marketing interactif (deuxième et troisième temps)

Face à ces exigences de grande qualité, Nespresso conçoit un produit de haut de gamme (sélection des meilleurs grains de café vert, conditionnement en capsules hermétiques). Neuf

2. De très nombreuses sources documentaires sont consultables sur Internet sur ce sujet. En voici quelques-unes intéressantes : www.info-grem.com ; www.marketing-et-convergence.com ; www.nespresso.com.

variétés différentes de café, classées selon leur force, sont présentées dans des étuis au design étudié ou dans de luxueux coffrets en bois. Chaque capsule est identifiable par une couleur spécifique ; un descriptif précis des arômes et des parfums est fourni à chaque acheteur. Le principe de la capsule, le mode de chargement en machine, l'éjection automatique répondent aux attentes de simplicité. Enfin, le « Club Nespresso » crée un sentiment d'appartenance à une communauté privilégiée, soudée par une même exigence de qualité (deuxième temps). Dès l'achat de la machine à café ou lors de la première commande de capsules, le client se voit attribuer un identifiant personnel ; il reçoit un classeur luxueux qui retrace l'histoire du café et présente les mélanges Nespresso. Les clients sont traités comme s'ils faisaient partie d'un cercle fermé : ils reçoivent des mailings personnalisés, un magazine luxueux, des offres exclusives. Cette politique valorisante justifie le prix élevé des capsules et favorise le parrainage, une source de recrutement essentielle pour l'entreprise. Le Club est le garant de la fraîcheur du produit et renforce les liens entre les membres de la communauté. Il est « réactif » (prise de commande des clients et gestion des réclamations), et « proactif » (contrôle de satisfaction). Une moyenne de 1 600 appels est effectuée par mois pour souhaiter la bienvenue aux nouveaux clients, suivre les réclamations, proposer le prêt d'une machine en cas de panne, traiter les demandes d'informations ou encore comprendre les raisons d'arrêts de consommation de la part de certains clients. Ces appels sont jugés positivement par les clients : ils se sentent redevables envers une marque qui les connaît nominativement et prend soin ainsi de leur bien-être.

Pour ne pas se faire rattraper par la concurrence et pour continuer à surprendre régulièrement sa clientèle, Nespresso doit continuer à innover (troisième temps). Prenant conscience qu'il existait un réel besoin de la part d'une certaine clientèle d'être encore plus proche de la marque, Nespresso a ouvert des boutiques et des cafés avec un design conforme aux valeurs de la marque : esthétique, lignes épurées, atmosphère intime. Ces boutiques attirent de nouveaux clients potentiels et renforcent le sentiment de proximité pour fidéliser les anciens clients. Ces espaces exclusifs ne proposent que les produits de la marque. Les clients peuvent prendre gratuitement un café, après avoir renouvelé leur commande. Nespresso a ouvert quarante boutiques en 2006 en France, dont une de 1 500 mètres carrés sur les Champs Élysées, véritable vitrine mondiale de la marque. En 2007, les boutiques et les cafés représentent 22 % des ventes, contre 45 % pour Internet et 33 % pour le téléphone.

II. CONTOURS D'UN MARCHÉ

Nous avons utilisé plus haut le terme de marché. Il s'agit de l'un des mots les plus employés en marketing, mais dont les définitions sont également fluctuantes. Or la façon dont on définit son marché conditionne ultérieurement les décisions stratégiques. C'est la raison pour laquelle ce paragraphe doit être bien assimilé.

2.1. Qu'est-ce qu'un marché ?

Un marché est analogue à une montagne : il comporte plusieurs faces qui sont plus ou moins fréquentées, en fonction de leur difficulté respective. En changeant de perspective, la vision de chaque face change, bien qu'il s'agisse toujours de la même montagne. C'est pourquoi nous décrirons les quatre principaux contours d'un marché, en évitant volontairement de donner une définition générale qui serait inopérante.

2.1.1. Objets : que fabrique-t-on ?

Figure 1.4 : Le marché de l'alimentation selon les objets

C'est la représentation qui vient spontanément à l'esprit d'un responsable d'entreprise pour définir son marché. Par exemple, Kellogg's, Quaker Oats ou Nestlé se situent sur le marché agroalimentaire et proposent au consommateur différentes variétés de mélanges de céréales prêtes à être consommées. Cette perspective est commode : elle permet une classification simple des objets et une vision claire de ses concurrents. C'est la solution que retiennent les grands instituts d'études marketing (par exemple Nielsen, TNS, Gfk), spécialisés dans le suivi régulier de marchés. On distingue ainsi, dans le marché des boissons sans alcool, les boissons plates aux fruits, les limonades, les colas, les tonics, etc.

C'est en adoptant ce contour d'un marché que les économistes distinguent les biens durables, les biens non-durables et les services : les deux premières catégories sont de nature palpable (tangible), alors qu'un service est généralement immatériel (intangible).

2.1.2. Occupants : qui achète nos produits ?

Figure 1.5 : Le marché de l'alimentation selon les occupants

Ce deuxième contour se focalise sur les caractéristiques des consommateurs qui achètent les produits de l'entreprise. D'où l'obligation de collecter, puis de traiter les informations concernant les profils de clientèle. Cela permet généralement de dégager des groupes de consommateurs très proches : les segments (voir chapitre 6). On cherche à décrire, de façon synthétique, ces différents groupes (les « occupants ») afin de mieux cerner leurs attentes et mieux communiquer avec chacun d'entre eux. Cette deuxième caractéristique d'un marché prolonge la caractéristique « objet » et affine la vue globale du marché. En conservant l'exemple du marché des céréales prêtes à être consommées, les fabricants peuvent calculer l'âge moyen des consommateurs, selon le type de produit acheté. On parle alors du marché des enfants, des adultes ou des seniors.

2.1.3. Occasions : quand consomme-t-on le produit ?

Figure 1.6 : Le marché de l'alimentation selon les occasions

En se posant cette question, le responsable marketing découvre son marché sous une perspective comportementale : à quel moment de l'année, ou de la journée, l'acheteur consomme-t-il le produit ? La première partie de la question examine la possibilité d'un achat saisonnier, la seconde, la nature de l'activité de consommation.

La consommation de certains produits suit un cycle saisonnier très marqué : la bière en été, le ski en hiver, les montres et les bijoux lors des fêtes (de fin d'année ou des mères), etc. Cela a des incidences évidentes pour la gestion de la production et du personnel, mais aussi pour la gestion financière (accroissement du besoin en fonds de roulement, écarts de trésorerie). Pour le marketing, il s'agit de bien veiller au respect du planning pour la campagne de promotion et pour la mise en place du produit dans les points de vente. Cependant, cette perspective offre peu d'ouvertures sur le plan stratégique.

À l'inverse, la nature de l'activité pendant laquelle le produit est consommé conduit à une vision stratégique plus pertinente du marché. Revenons à notre exemple des céréales prêtes à être consommées. Quand les consomme-t-on le plus ? Essentiellement lors du petit-déjeuner. Vu sous cet angle-là, le marché français n'offre qu'un volume de ventes restreint, par rapport aux marchés anglo-saxons. À quels autres moments de la journée pourrait-on consommer ce type de produit ? Durant une pause, à domicile, dans un fast-food, en pique-nique, en randonnée, devant la télévision, etc. En reconditionnant le produit initial sous forme de barre et en ajoutant d'autres ingrédients (miel, fruits secs, etc.), on aboutit à une nouvelle vision du marché : le marché du grignotage, et non plus seulement celui des céréales pour le petit-déjeuner. Les marques concurrentes ont changé (Mars, Twix, Lion, Lila Pause, etc.), mais les barres céréalières apportent quelque chose de plus au consommateur : plus d'énergie fournie par des produits plus naturels (blé, maïs, fruits, noisettes, etc.).

2.1.4. Objectifs : pourquoi achète-t-on un produit ?

Figure 1.7 : Le marché de l'alimentation selon les objectifs

Ce contour est probablement le plus riche sur le plan marketing, mais aussi le plus difficile à saisir. Il renvoie à l'analyse des motivations d'achat, et de façon plus large à l'étude du processus de décision du consommateur.

L'hypothèse de base est que le consommateur n'achète pas un produit pour lui-même, mais parce qu'il en attend une certaine satisfaction, provenant des bénéfices retirés lors de l'utilisation du produit. L'identification des avantages recherchés par le consommateur n'est pas simple ; elle nécessite une démarche rigoureuse. On peut illustrer ce contour du marché par quelques exemples classiques : on n'achète pas une perceuse pour elle-même, mais pour forer des trous d'un certain diamètre. De même, on n'achète pas une crème antirides, mais du rêve ou de la séduction. Cette nouvelle perspective du marché est très puissante : elle est à la base de la distinction entre concurrence directe et concurrence indirecte (voir paragraphe 3.2.).

Comment le marché des barres céréalières se transforme-t-il, avec ce nouveau contour du marché ? Il faut savoir pourquoi le consommateur achète ce produit. Plusieurs réponses sont, *a priori*, envisageables : pour s'alimenter certes, mais peut-être aussi pour éviter de trop grossir (produit coupe-faim), ou encore pour conserver du tonus durant un effort intense (produit énergétique). En reprenant le bénéfice « ne pas grossir », l'homme de marketing peut décliner cette idée et concevoir une ligne de barres céréalières diététiques ou allégées.

2.2. Implications

L'analyse d'un marché par ses contours débouche sur deux conséquences majeures. Selon la perspective que l'on adopte, d'une part, les consommateurs visés par un produit ne sont pas les mêmes, et d'autre part, les concurrents changent. C'est en ce sens que donner une définition de son marché revient implicitement à opérer un choix stratégique. Cette possibilité d'opérer pour l'entreprise sur un marché à géométrie variable est certes source d'opportunités marketing, mais elle engendre aussi des erreurs d'analyse : on se représente un consommateur théorique, hypothétique, qui se transforme parfois en « fantôme marketing ».

2.3. Indicateurs de mesure

Après avoir défini les contours d'un marché, il est indispensable de le quantifier globalement, puis d'apprécier la position de l'entreprise par rapport aux concurrents présents. Pour cela, le manager marketing dispose de plusieurs indicateurs : chiffre d'affaires, part de marché, taux de pénétration.

2.3.1. Chiffre d'affaires

La Fiche technique 1.1 présente la définition d'un chiffre d'affaires et indique comment calculer une variation entre deux grandeurs. Le suivi et l'analyse des causes des variations des chiffres d'affaires sont cruciaux pour le marketing.

FICHE TECHNIQUE

1.1. CHIFFRE D'AFFAIRES

Chiffre d'affaires en volume

Il est égal aux quantités physiques d'un produit vendues durant une période donnée (années, mois, jours).

EXEMPLE : Groupe Renault SA (ventes mondiales, 2006) :

Les voitures du groupe sont commercialisées sous trois marques différentes : Renault, Dacia (essentiellement le modèle Logan) et Samsung Motors (marque coréenne). Le nombre de véhicules vendus en 2006 se répartit ainsi :

Renault.............................. 2 185 152 véhicules
Dacia.................................. 200 751 véhicules
Samsung.............................. 110 027 véhicules
Ventes totales = 2 495 930 véhicules

Chiffre d'affaires en valeur

On applique à chaque catégorie de produit la formule suivante :

(Quantités physiques vendues) x (Prix de vente moyen d'une unité).

On obtient le chiffre d'affaires total en valeur de l'entreprise en additionnant les différents chiffres d'affaires en valeur réalisés par chaque catégorie ou marque de produits.

Ventes 2006 (en volume)	Quantités vendues	Prix moyen HT (en euros)	Chiffre d'affaires (en millions d'euros)
Renault	2 185 152	17 662,00	38 594
Dacia	200 751	8 871,00	1 781
Samsung Motors	110 027	10 476,00	1 153
Total Groupe Renault SA	2 495 930		41 528

Calcul d'une variation de chiffre d'affaires

La formule de calcul est la suivante :

$$\text{Variation } CA_{t_2/t_1} = \frac{CA\ t_2 - CA\ t_1}{CA\ t_1}$$

Avec CA t_1 : chiffre d'affaires (en valeur ou en volume) de l'année t_1 ; et CA t_2 : chiffre d'affaires (en valeur ou en volume) de l'année t_2.

EXEMPLE *(suite)* : Variation des chiffres d'affaires en valeur Groupe Renault SA

Voici les ventes enregistrées par Renault depuis 2003 :

	2003	2004	2005	2006
CA en volume	2 208 262	2 308 972	2 250 707	2 495 930
CA en valeur (millions d'euros)	37 525	40 292	41 844	41 528

Par exemple, on obtient la variation 2004/2003 du CA en volume de la manière suivante :

$$\frac{2\,308\,972 - 2\,208\,262}{2\,208\,262} = 0{,}046 = 4{,}6\ \%$$

	2004/2003	2005/2004	2006/2005
Variation CA en volume	0,046	– 0,025	0,108
Variation du CA en valeur	0,074	0,039	– 0,008

— Que choisir pour l'analyse marketing : chiffre d'affaires en valeur ou volume ?

Le chiffre d'affaires en volume est un indicateur économique relativement pauvre : on peut difficilement apprécier le poids global d'une entreprise diversifiée, les unités de mesure étant différentes. Même pour une entreprise mono-productrice, il ne reflète pas le niveau de qualité technique des produits vendus, ce qui rend très délicate toute comparaison de chiffres d'affaires en volume de deux entreprises différentes.

Le chiffre d'affaires en valeur permet de comparer le poids commercial des différentes gammes de produits d'une entreprise. Il est aussi très utile pour effectuer des comparaisons directes avec des concurrents ou des entreprises d'autres secteurs. Cependant, l'évolution d'un chiffre d'affaires en valeur est délicate à apprécier. Nous allons présenter quelques repères.

— Comment interpréter les variations d'un chiffre d'affaires ?

Règle n° 1 – Choisir une base de départ représentative

Le choix de l'année de départ (t_1) doit correspondre à un résultat normal de l'entreprise : ni exceptionnel, ni catastrophique. Ainsi, les fabricants de boissons éviteront de prendre comme référence une année de canicule ou, au contraire, un été pluvieux.

Règle n° 2 – Repérer les variations exponentielles

Des variations de chiffres d'affaires très fortes (+ 50 %, + 80 %, etc.) sont généralement très brèves dans le temps et témoignent d'un marché en phase de décollage. Le concept de courbe de marché permet d'affiner l'analyse (voir chapitre 8).

Règle n° 3 – Contrôler l'effet (éventuel) d'une inflation nationale

En période d'inflation galopante, les hausses des chiffres d'affaires sont trompeuses et ne signifient plus grand-chose. Un moyen rapide (mais approximatif sur le plan mathématique) pour défalquer l'effet de l'inflation consiste à retrancher le taux de l'inflation du taux de variation global du chiffre d'affaires. Par exemple, un taux de croissance de 14 % obtenu avec une inflation de 4,5 % donne un taux de croissance net de 9,5 %. Si les quinze dernières années se caractérisent par une période de stabilité des prix dans la plupart des pays développés, il ne faut pas oublier que les taux d'inflation à deux ou trois chiffres restent fréquents dans les pays de l'Est ou d'Amérique latine.

Règle n° 4 – Confronter la variation avec celles des concurrents proches

Obtenir un taux de croissance de 12 % est *a priori* satisfaisant, sauf si le concurrent le plus proche a obtenu un taux de 20 % ou 25 %. Concrètement, cela veut dire que l'adversaire le plus dangereux rattrape ou distance l'entreprise.

Règle n° 5 – Comparer la variation avec la moyenne du marché

Ce même taux de 12 %, comparé à une moyenne du marché de 30 %, signifie que l'entreprise prend du retard sur la plupart de ses concurrents, ou qu'elle ne s'adresse pas à la partie la plus dynamique du marché. Dans les deux cas, sa part de marché globale baisse.

2.3.2. Part de marché

La part de marché est un indicateur majeur (voir Fiche technique 1.2) pour apprécier la position concurrentielle d'une entreprise sur un marché ; son analyse oriente et facilite les décisions stratégiques. Par ailleurs, les résultats d'un important programme de recherches, « Profit Impact of Market Strategies », mené aux États-Unis, montrent qu'il existe une corrélation entre le profit et la part de marché : la rentabilité s'accroît avec la part de marché. C'est donc un paramètre important du tableau de bord marketing. Son évolution dans le temps est un indice majeur pour apprécier l'efficacité des choix marketing opérés par une entreprise.

FICHE TECHNIQUE

1.2. PART DE MARCHÉ

1. Définition

La part de marché représente le poids d'une marque spécifique par rapport à l'ensemble des marques présentes sur le même marché.

$$\text{Part de marché} = \frac{\text{Chiffre d'affaires de la marque X}}{\text{Chiffre d'affaires total des marques du marché}}$$

2. Analyse et prolongements

On parle de part de marché en volume lorsque l'on utilise les chiffres d'affaires en volume, et de part de marché en valeur si l'on retient les chiffres d'affaires en valeur. La comparaison de ces deux indices donne une idée de la stratégie marketing suivie par une entreprise. Si la part de marché en valeur est supérieure à la part de marché en volume, l'entreprise vise le haut de gamme du marché. Inversement, une part de marché en valeur inférieure à la part de marché en volume signifie que les produits vendus sont situés dans le bas de gamme.

Les calculs imposent de délimiter le marché de référence. On peut raisonner selon la catégorie de produit (parfum), selon la sous-catégorie (extrait, eau de toilette, eau de Cologne), selon le lieu d'achat (grande surface, parfumerie), ou encore selon les caractéristiques du consommateur (femme, homme, enfant, etc.). La part de marché d'une marque peut se décomposer selon ses différentes références. Par exemple, la marque Coca-Cola fractionnera sa part de marché globale sur les produits de la gamme (Coke, Coca Light, Cherry Coke, etc.) et, au besoin, procédera de même avec les différents contenants (boîte aluminium, bouteille plastique

1,5 litre, etc.). Ces indices sont utiles pour le management de la force de vente et les négociations avec les distributeurs.

3. Exemple d'application : évolution du marché français automobile

Le marché français automobile a subi une baisse sensible des ventes (– 3,2 %) de véhicules particuliers (VP) en 2006. Mais cette baisse n'a pas été équivalente d'un segment à l'autre, et certains constructeurs ont beaucoup mieux résisté que d'autres. On constate tout d'abord que si les ventes des véhicules diesel sont restées pratiquement stables, les motorisations à essence ont baissé de près de 10 %. Les berlines ont légèrement progressé (+ 1,6 %), à l'inverse des monospaces (– 11,9 %) et des breaks (– 12 %) et, dans une moindre mesure, des tout-terrain (– 4,9 %). Les constructeurs français sont les plus touchés, notamment Renault (– 10 points) et Citroën (– 5 %), ainsi que Ford et Opel (– 7 %). De leur côté, Toyota, Fiat et Mercedes progressent fortement sur un marché fragilisé.

Ventes en volume (véhicules particuliers)

	2005	2006	Variation (en %)
Totaux	2 067 457	2 000 549	– 3,24
Diesel	1 428 613	1 420 390	– 0,58
Essence	638 844	580 159	– 9,19
Berlines	1 211 502	1 230 886	**1,60**
Break	211 044	185 719	– 12,00
Monospace	461 420	406 511	– 11,90
Tout terrain	118 056	112 273	– 4,90
Coupés	54 601	55 312	**1,30**
Minicars	4 907	4 529	– 7,70
Micro urbaine	5 926	5 322	– 10,20
Renault	524 415	472 105	– 9,97
Peugeot	362 157	356 803	– 1,48
Citroën	271 273	257 927	– 4,92
Volkswagen	135 975	140 737	**3,50**
Opel	106 454	99 254	– 6,76
Toyota-Lexus	87 406	97 140	**11,14**
Ford	103 587	96 115	– 7,21
Mercedes	54 628	58 698	**7,45**
Fiat	46 154	50 393	**9,18**
Audi	44 283	43 989	– 0,68

Source : CCFA

Ces chiffres d'affaires permettent de calculer différentes parts de marché sur chaque segment et pour chacun des constructeurs. En appliquant la formule de calcul précédente, on obtient facilement les parts de marché (en volume), par exemple pour Renault en 2006 = 472 105 / 2 000 549 = 23,6 %. La baisse des ventes de Renault ayant été supérieure à la moyenne de celle de ses concurrents, cela se traduit par une érosion sensible de sa part de marché. Celle-ci régresse d'environ deux points (25,4 % à 23,6 %). À l'inverse, Toyota et Volkswagen gagnent respectivement 0,6 et 0,5 point. Les motorisations diesel représentent 71 % des ventes, contre 69 % l'année précédente. Les berlines progressent de deux points, au détriment des monospaces (– 2 points) et des breaks (– 1 point).

Parts de marché

	2005	2006	Variation (en %)
Diesel	69,1	71	**1,9**
Essence	30,9	29	– 1,9
Berlines	58,6	61,5	**2,9**
Break	10,2	9,3	– 0,9
Monospace	22,3	20,3	– 2,0
Tout terrain	5,7	5,6	– 0,1
Coupés	2,6	2,8	**0,1**
Minicars	0,2	0,2	**0,0**
Micro urbaine	0,3	0,3	**0,0**
Renault	25,4	23,6	– 1,8
Peugeot	17,5	17,8	**0,3**
Citroën	13,1	12,9	– 0,2
Volkswagen	6,6	7,0	**0,5**
Opel	5,1	5,0	– 0,2
Toyota-Lexus	4,2	4,9	**0,6**
Ford	5,0	4,8	– 0,2
Mercedes	2,6	2,9	**0,3**
Fiat	2,2	2,5	**0,3**
Audi	2,1	2,2	**0,1**

2.3.3. Pénétration d'un marché

Les possibilités de ventes de produits et de services sur un marché ne sont pas infinies. Tout dépend de la taille du marché (nombre de clients potentiels) et du volume d'achat effectué par un même consommateur (quantités achetées). Le taux d'équipement et le taux de pénétration, indices faciles à calculer, donnent au manager marketing des informations utiles sur ces possibilités.

— *Taux d'équipement*

Cet indice met en relation un stock de biens existant à l'instant t dans une population donnée par rapport à la taille de cette dernière. Il prend en compte le fait qu'un même individu (ou ménage) peut posséder plusieurs unités de ce bien. Ainsi, un indice égal à 145 % signifie que chaque individu (ou ménage) de la population de référence possède en moyenne 1,45 unité du bien considéré. Le taux d'équipement donne une idée de l'étendue des ventes supplémentaires auprès des consommateurs qui ne possèdent pas encore le produit. Un marché est saturé si le taux d'équipement approche ou dépasse 80 %. À l'inverse, faiblement pénétré (taux d'équipement inférieur à 20 %), le marché est porteur. La Fiche technique 1.3 détaille cet indice.

FICHE TECHNIQUE

1.3. Taux d'équipement

1. Formule de calcul

$$\frac{\text{Stock du bien X disponible dans la population de référence}}{\text{Nombre total d'individus (ou de ménages) dans la population de référence}}$$

2. Exemple

Le taux d'équipement des ménages en Internet et téléphone fixe (2007)

	Millions	Taux d'équipement
Haut débit	13,5	0,56
Bas débit	2,4	0,10
Accès Internet	15,9	0,66
Téléphone fixe	38,1	1,59
Nombre ménages	24	

Source : ARCEP, mai 2007.

3. Commentaires

Lorsque le taux approche ou dépasse les 100 % pour une catégorie de produit, le marché est qualifié de marché de « renouvellement » ou de « multi-équipement ». C'est le cas du téléphone fixe : on dispose d'environ 1,6 ligne par foyer. En fait, l'ARCEP totalise l'ensemble des abonnements (Internet et téléphone) sans distinguer ceux souscrit par des entreprises ou des particuliers. Il conviendrait donc d'ajouter les trois millions d'entreprises aux vingt-quatre millions de ménages pour avoir des taux plus réalistes.

Le fait de mettre l'accent sur la seule possession d'un produit n'implique pas forcément qu'il y ait eu consommation de celui-ci durant la période. On peut posséder un vélo, des patins à roulettes, une paire ski sans qu'ils aient servi depuis longtemps. Ceci réduit la portée de l'indice pour le marketing.

— Taux de pénétration

Tout comme le taux d'équipement, le taux de pénétration permet d'évaluer les possibilités de croissance d'un marché : si le taux est faible (moins de 20 %) le marché est porteur ; un taux supérieur à 70 % indique un marché saturé.

FICHE TECHNIQUE

1.4. TAUX DE PÉNÉTRATION

1. Catégories de consommateurs

Un marché peut se décomposer en trois catégories :

- *Consommateurs actuels* : personnes (individus, ménages, entreprises) qui ont déjà acheté au moins une fois le produit au cours d'une période donnée (mois, trimestre, année) ;
- *NCR : les Non-Consommateurs Relatifs* ne consomment pas encore le produit, mais sont susceptibles de le consommer à court ou moyen terme ;
- *NCA : les Non-Consommateurs Absolus* n'achèteront pas pour des raisons physiques, économiques ou culturelles le produit à court ou moyen terme.

2. Formule de calcul

$$\text{Taux de pénétration} = \frac{\text{Marché actuel du produit}}{\text{Marché potentiel}}$$

Marché potentiel = Consommateurs actuels + Non consommateurs relatifs (NCR)

3. Exemples d'application

- ***Produits d'achat courant (alimentation, entretien, hygiène, etc.).*** On admet que ces produits sont tous susceptibles d'être achetés au moins une fois entre deux périodes par tous les consommateurs. Dans ce cas, il n'existe plus de NCA. Le marché potentiel est égal à l'ensemble des unités de la population de référence, généralement le nombre total de ménages ou de points de vente d'un pays. Le taux de pénétration évalue alors un flux d'acheteurs. La population de référence peut aussi être subdivisée en tranches d'âge, professions, régions, etc. Par exemple, on peut calculer la pénétration d'une nouvelle bière « X » en Alsace :

EXEMPLE produits d'achat courant

$$\begin{array}{c}\text{Taux de pénétration} \\ \text{Bière « X » en Alsace}\end{array} = \frac{\text{Nombre de ménages alsaciens ayant acheté au moins une fois la bière « X » sur la période}}{\text{Nombre de ménages et d'entreprises ayant le téléphone}}$$

- ***Produits durables (électroménager, hi-fi, voiture, etc.).*** Ce n'est plus l'achat du produit au cours d'une période qui sert de base au calcul, mais la possession effective du produit par les ménages. Le taux de pénétration mesure un stock. À la différence des produits courants, il est nécessaire de déterminer les NCA : c'est un des objectifs des études de marché. On peut illustrer ceci en calculant le taux de pénétration du téléphone mobile en France. La formule de calcul est la suivante :

EXEMPLE produits durables

$$\text{Taux de pénétration téléphone mobile} = \frac{\text{Nombre de clients actuels}}{\text{Nombre de clients potentiels}}$$

Nous devons d'abord déterminer la population de référence. Au 1er janvier 2007, la population française métropolitaine atteint, selon l'INSEE, 61,5 millions de personnes (www.insee.fr). Il faut ajouter à cela environ trois millions d'entreprises, en nous basant sur les chiffres du registre du commerce et des sociétés (RCS). On aboutit à un total de 64,5 millions.

Déterminons ensuite le nombre de clients actuels. Selon les chiffres de l'Autorité de Régulation des Communications Électroniques et des Postes (www.arcep.fr), au 1er avril 2007, nous avons 34 millions de clients « post-payés », c'est-à-dire qui disposent d'un abonnement, et 18 millions de clients « prépayés », c'est-à-dire qui achètent des cartes qui donnent droit à un crédit de communication ; soit un total de 52 millions. Une première difficulté vient du fait que l'ARCEP assimile le client à une ligne (= numéro de téléphone). Or, de nombreuses entreprises possèdent plusieurs numéros de mobile, chacun confié à un salarié différent. En admettant que, dans chaque entreprise, quatre salariés disposent en moyenne d'une ligne professionnelle mobile (chiffre très approximatif), nous devons retrancher neuf millions de « clients » (3 millions d'entreprises x 4 salariés – 3 millions). Le total corrigé s'approcherait alors de 43 millions de consommateurs actuels.

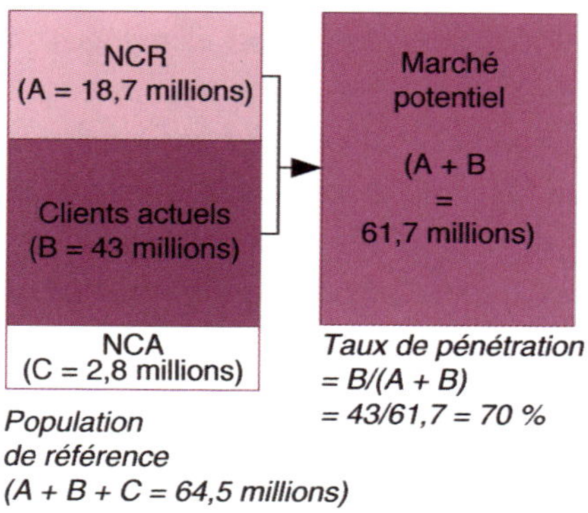

L'évaluation des NCA prend en compte l'âge. À partir de quel âge et jusqu'à quel âge peut-on considérer que l'on est apte à l'utilisation d'un mobile ? De manière arbitraire, fixons une limite très basse, soit 3 ans (2,3 millions) et une limite élevée, soit 90 ans (0,5 million) ; on arrive à un total de 2,8 millions. Le marché potentiel est égal à : 64,5 – 2,8 = 61,7. Les NCR sont égaux à : 61,7 – 43 (clients) = 18,7 millions. Le taux de pénétration du téléphone mobile est donc de l'ordre de : 43/61,7 = 70 %.

Nous sommes donc en présence d'un marché quasi saturé pour les opérateurs. Cependant, le calcul d'un taux de pénétration reste souvent approximatif et son interprétation nécessite une grande prudence. En effet, on peut, selon les sources, arriver à des résultats variables. Par exemple, l'ARCEP obtient pour la même période un taux de pénétration de 82 % contre 70 %. Mais leurs calculs ne prennent pas en compte les NCA (tous les Français âgés de 0 à plus de 100 ans font partie du marché potentiel) et la population des entreprises est intégrée dans la base de clients. En fait, le mode de calcul utilisé est analogue à celui d'un taux d'équipement, plutôt qu'à un indice de pénétration.

Pour une vue plus précise, il faudrait distinguer les clients privés et professionnels et calculer un taux de pénétration sur chaque cible. L'estimation de ces deux clientèles est plus délicate à réaliser et suppose une étude de marché spécifique. En effet, on peut considérer que « toute personne active n'ayant pas un poste de travail fixe » est un client potentiel professionnel. Dans ce cas, notre marché potentiel professionnel a été sous-évalué, et donc le taux de pénétration surévalué. À l'inverse, nous avons probablement surévalué le marché potentiel privé : l'amplitude retenue pour les classes d'âge est maximale (3 à 90 ans !) et nous n'avons pas éliminé les personnes qui ne peuvent financièrement disposer d'une ligne (SDF, etc.) ou qui sont culturellement réfractaires. L'estimation de ces freins nécessite une étude de marché spécifique.

Le taux de pénétration est calculable pour tous les biens, durables ou non durables, ainsi que les services. Mais, à la différence du taux d'équipement, il ne peut être supérieur à 100 %. En effet, l'unité de mesure est l'« individu » et non la quantité de biens possédée par cette personne. La mesure, binaire, répond à la question suivante : « X a-t-il consommé ou pas le bien Y durant la période de référence ? » En d'autres termes, si X acheté plusieurs fois Y, il ne sera compté que pour une seule unité.

Le calcul d'un taux de pénétration implique que l'on définisse, au préalable, plusieurs termes (voir Fiche technique 1.4). Il doit être utilisé avec prudence, comme simple approximation du degré de maturité d'un marché. En effet, l'imprécision de la notion de non-consommateur relatif (selon quels critères ? pour quelle durée ?) impose une grande prudence pour la détermination d'un marché potentiel. C'est souvent à cause d'une surestimation de ce marché que des entreprises échouent dans le lancement de leur nouveau produit.

III. CONCURRENCE

En apparence, l'identification des concurrents d'une entreprise est une opération simple. Dans la réalité, elle s'avère fort délicate, car une erreur à ce niveau est lourde de conséquences. Nous présenterons les deux axes principaux de l'analyse de la concurrence.

3.1. Approche selon les catégories

Cette vision est familière aux économistes, qui ont depuis longtemps admis que le consommateur procédait par arbitrages successifs. La décision d'achat suppose d'abord une renonciation à la possibilité d'épargner. Ensuite, le consommateur opte pour la catégorie de biens qui maximise son utilité, sous la contrainte budgétaire. Le marché est découpé en catégories, puis en sous-catégories, plus ou moins substituables pour l'acheteur.

Le choix pour l'entreprise d'opérer dans telle ou telle catégorie de produit relève de la stratégie : nous verrons dans les chapitres 2 et 8 les principaux éléments à prendre en compte pour orienter ces décisions. En revanche, la compréhension de l'arbitrage effectué par le consommateur entre les différentes marques appartenant à une même sous-catégorie, puis son influence, est une mission majeure du marketing. La création d'une perception favorable pour la marque est un objectif clé. Nous verrons dans le chapitre 3 qu'une marque doit d'abord être connue, puis considérée comme acceptable par l'acheteur, pour avoir une chance raisonnable d'être finalement choisie.

La Figure 1.8 montre le cheminement suivi par l'acheteur de la marque de parfum Chanel. La détermination des frontières entre les catégories de produits s'opère souvent selon les composants des produits, ce qui revient à définir un marché par les objets. On peut créer des sous-catégories de plus en plus étroites en termes de potentiel de ventes. Mais rapidement, ces délimitations sont arbitraires. Par exemple, l'acheteur d'un parfum ne connaît pas forcément la classification utilisée par les fabricants qui différencient les extraits, l'esprit, l'eau de senteur, l'eau de toilette, l'eau jeune, etc. Il a peut-être acheté Chanel, car pour lui c'était la marque la plus typique de la catégorie « parfum ».

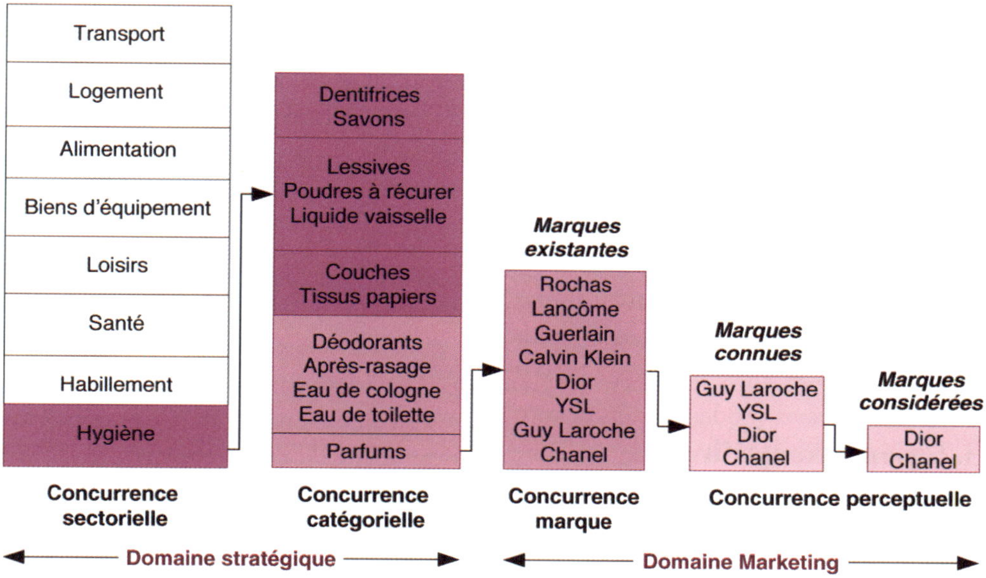

Figure 1.8 : Niveaux de concurrence

Aujourd'hui, le marketing n'hésite plus à « briser » les frontières naturelles des catégories de produits en jouant sur leurs complémentarités naturelles. Cette évolution se ressent particulièrement dans les points de ventes : ainsi, certaines grandes surfaces regroupent dans le même rayon les biscuits apéritif et les alcools, les filtres à café et le café, la crème Chantilly en bombe à côté des fraises, etc. Ces décisions relèvent du management de la catégorie de produit (voir chapitre 13). En allant plus loin, on substitue le « thème » à la catégorie de produit. De nouveaux concepts de magasin ont poussé jusqu'au bout ce principe et rassemblent sur un même lieu des catégories de produits qui semblent hétéroclites au premier abord. Ainsi, Nature & Découvertes offre dans ces magasins tout un ensemble de catégories de produits articulés autour d'un thème commun : « La nature en milieu urbain ». On y trouve, des livres, des vêtements, des boussoles, des parfums d'ambiance, des jouets etc. Le Focus-Manager 1.5 développe l'exemple d'une autre alliance thématique, celle d'une librairie (Barnes & Noble) et d'un café (Starbucks).

FOCUS-MANAGER

1.5. Un concept original, la « librairie coffee shop »

« Barnes & Noble est le leader nord-américain sur le marché de la libraire et Starbucks, cette entreprise dont le siège est à Seattle, est leader sur le marché du « coffee shop ». Cette dernière s'est développée à travers l'ensemble de l'Amérique du Nord avec des lieux fort sympathiques et agréables où il est possible de consommer un bon café. Ces entreprises ont réfléchi sur les différentes manières de faire évoluer leurs concepts respectifs : cela a débouché sur la création d'une « librairie coffee shop ». (...) Il s'agit de créer un lieu agréable où le consommateur aura l'envie de découvrir des livres par leur facilité d'accès, l'ambiance générale du lieu, la disponibilité des vendeurs qui agissent en véritables conseillers. (...) Les coffee shops de Starbucks sont des endroits qui permettent de recréer du lien social, dans un contexte où il ne s'agit pas nécessairement de boire de l'alcool. Pris individuellement, les concepts sont déjà très forts et pertinents, du moins c'est ainsi qu'ils sont reconnus par les consommateurs nord-américains. Toutefois, la création d'un concept de « librairie coffee shop », c'est plus que la simple juxtaposition d'une librairie et d'un coffee shop. C'est l'alliance entre une forme de matérialité et une forme de spiritualité. À la nourriture du corps vient s'ajouter la nourriture de l'esprit : la nourriture spirituelle du livre se trouve renforcée par celle plus terrestre du café, des brownies et autre muffins. »

Source : Hetzel, P., *Planète Conso*, Éditions d'Organisation, 2002, extraits pp. 127-131.

3.2. Concurrents directs et indirects

Les *concurrents directs* fabriquent un produit techniquement comparable au nôtre. Leurs marques appartiennent à la même catégorie (ou sous-catégorie) de produits que la nôtre. Cela revient à penser son marché en se fondant sur le contour « objet ».

Les *concurrents indirects* proposent des produits qui répondent à des attentes similaires à celles de nos produits. Les marques en concurrence se situent dans des catégories de produits souvent très éloignées les unes des autres. Le marché est analysé par son contour « objectif ».

La distinction entre concurrents directs et indirects n'est pas pertinente dans le cadre de l'activité marketing quotidienne de l'entreprise. Mais elle est fondamentale pour orienter la réflexion à long terme, comme le montre l'exemple du marché du surf des neiges (voir Focus-Manager 1.6.).

FOCUS-MANAGER

1.6. Les péripéties du marché du surf des neiges

Le marché du ski était jusqu'au début des années 1990 relativement stable. Il se décomposait en trois grandes catégories : alpin, fond, randonnée. Il y a bien eu quelques nouvelles formes de ski (monoski, acrobatie, etc.), mais leur impact est resté limité et peu durable. Venu des États-Unis, le surf des neiges (snowboard) a envahi très rapidement les stations européennes. Le marché mondial est passé de 300 000 unités en 1992, à 565 000 en 1995 et à 1 200 000 unités en 1997. À cette date, il représente plus de 20 % du marché total du ski alpin. Avec un temps de retard, Rossignol, le leader du marché du ski alpin, s'est lancé sur ce marché. Les concurrents directs sont les autres entreprises qui fabriquent des surfs (Burton, Sims, Ride, Hooger, K2, Nidecker, etc.). La plupart des marques appartiennent à des groupes de faible taille, ce qui est un avantage pour Rossignol. Mais l'analyse des concurrents indirects est indispensable pour évaluer la pérennité de ce marché. Il faut répondre à la question : pourquoi fait-on du surf ? Plusieurs réponses sont possibles.

– *Pratiquer un sport*. Les marques des fabricants présents dans d'autres sports sont des concurrents indirects (Adidas, Lacoste, Nike, Reebok, etc.). Ainsi, le rachat en 1997 de Salomon par Adidas apparaît très judicieux, si on le situe dans une perspective de concurrence indirecte.

– *Se détendre*. Les concurrents sont les marques présentes sur le marché des voyages (Club Méditerranée, Nouvelles Frontières, etc.), des jeux vidéo (Nintendo, Sega, etc.), de la télévision, de la hi-fi, etc.

– *Suivre une mode*. Les marques situées sur d'autres loisirs à la mode (surf des mers, VTT, golf, etc.) ou sur d'autres activités en apparence éloignées (thalassothérapie, etc.) sont concurrentes.

Pour évaluer le potentiel et la stabilité du marché, le marketing doit évaluer la part des consommateurs qui pratiquent le surf comme une activité à la mode, et celle qui représente les « mordus » de cette forme de glisse. Les premiers forment une clientèle volatile, prête à se tourner du jour au lendemain vers d'autres sensations, les seconds sont le noyau dur du marché. Entre les deux, les « récréationnels » alternent les deux pratiques du ski : ils sont temporairement acquis au surf, mais si l'effet de mode est trop fort, ils délaisseront progressivement cette forme. Les études semblent montrer qu'il existe une part importante de convertis durablement enthousiastes, avec une culture et un langage propres. Cela devrait assurer au surf un marché résiduel convenable (mais nettement inférieur au niveau actuel), lorsque les effets de mode se seront dissipés.

Comment le marché a-t-il finalement évolué ? En 2002, le marché a atteint son maximum avec 1,7 million de planches vendues dans le monde, contre 5 millions de paires de ski alpin et 1 million de paire de ski de fond. Les saisons suivantes, la part du snowboard est en déclin régulier au détriment du ski alpin, qui confirme sa suprématie avec une forme parabolique. En 2006, l'ensemble du marché des sports d'hiver stagne. Rossignol a été racheté en 2005 par l'Américain Quiksilver (fabricant de surf des mers et de vêtements de sportswear) qui ferme en 2007 son principal centre de production de ski alpin dans l'Isère ; dans le même temps, il cède la gamme de snowboard à un autre américain, Hammer.

En revanche, un sport cousin, le surf des mers, est lui en pleine expansion, en France et dans le monde. Un marché d'environ 3 milliards d'euros en 2004, avec une croissance annuelle proche de 10 %. Au fait, quels sont les concurrents indirects du surf ? La structure des motivations étant similaire à celle du snowboard, l'histoire pourrait bien se répéter...

IV. PARADIGMES ET CHAMPS DU MARKETING

Comme toutes les disciplines scientifiques, les théories et les pratiques marketing évoluent au grès des variations des paradigmes, c'est-à-dire des grands courants de pensée qui dominent un champ disciplinaire à un moment donné. Le débat se centre sur les logiques de décision du consommateur : sont-elles gouvernées par la raison ou par l'émotion ?

Par ailleurs, les champs d'application du marketing sont fluctuants : biens ou services, marché national ou international, secteurs d'activité hétérogènes. Bien que, d'une manière générale les principes fondamentaux du marketing s'appliquent sans problème particulier, dans certains domaines, quelques ajustements sont nécessaires du fait de la particularité des biens, des situations ou des acteurs intervenant lors de l'achat.

4.1 Raison ou émotion ?

À l'image des théories économiques, le marketing a longtemps considéré que les décisions d'achat étaient dominées par un souci de rationalité. Ainsi, avant tout achat, le consommateur acquiert des informations sur les produits et les marques ; ensuite, au moment du choix, il traite ces données selon des règles particulières. La marque choisie est celle qui apparaît comme la meilleure, après ces délibérations. Le marketing doit présenter les informations de la manière la plus favorable pour ses produits et marques, et influencer en sa faveur le processus de délibération. L'acquisition et le traitement de l'information sont considérés les moteurs de l'achat. Cette approche, fondée sur la primauté d'un mode de pensée « **cognitif** » et rationnel, a dominé le marketing jusqu'à la fin des années 1980.

Parallèlement à cela, un autre courant, donnant la part belle aux **émotions**, a émergé au début des années 1980, pour s'imposer largement à la fin des années 1990. Il repose sur l'hypothèse que le consommateur est plus sensible à un produit ou à une marque qui lui procure un plaisir, qu'à une marque fonctionnelle offrant un simple bénéfice utilitaire. Le plaisir résulte des émotions ressenties durant la consommation. Dès lors, une des priorités de l'action marketing c'est la consommation, et non plus seulement la décision d'achat. Le consommateur « expérimente » plusieurs situations, au gré de son imagination, en quête de sensations agréables. L'affectif l'emporte sur le cognitif. La recherche de l'hédonisme, de l'esthétisme et de symboles valorisants constituent les soubassements majeurs de cette consommation. Celle-ci présente plusieurs spécificités :

- *variété* : le consommateur (acteur ou spectateur) perçoit une large palette d'émotions durant l'expérience : plaisir, joie, crainte, surprise ;
- *enchantement* : chaque acte de consommation peut laisser un souvenir mémorable, parfois empreint de nostalgie, qui influence les expériences ultérieures ;

- *relation affective* : chaque acte de consommation est vécu comme un « épisode » particulier d'une relation, plus ou moins durable. Celle-ci est analogue à une aventure, dans laquelle la marque est un partenaire à part entière, dotée d'une véritable personnalité ;
- *participation* : le consommateur coproduit l'expérience, le plus souvent dans un environnement « aseptisé », mi-réel, mi-artificiel, sans risque, mais qui, paradoxalement, doit être perçu comme authentique ;
- *panachage* : métissage, alternance (« zapping »), essai initiatique (rituel tribal), sont des mots-clés qui caractérisent cette consommation. Plus difficiles à typer, plus versatiles, ces comportements déroutent souvent l'homme de marketing.

Le **marketing expérientiel** organise la consommation[3]. Le marketeur est à la fois le scénariste et le metteur en scène. Le produit se dote d'une histoire, ou mieux, s'insère dans une intrigue dans laquelle le consommateur joue son propre rôle. La marque s'humanise, se forge une personnalité attractive. Les lieux de consommation et les points de vente se transforment en théâtre, avec la création d'une ambiance, source d'émotions renouvelées. Le **marketing sensoriel** cherche à stimuler les cinq sens de l'individu pour renforcer le caractère expérientiel de la consommation : l'odorat (parfum), l'ouïe (musique), la vue (décor), le toucher (contact charnel), le goût (dégustation)[4].

4.2. Marketing catégoriel

Le marketing classique raisonne dans un cas général correspondant à la fabrication de produits de grande consommation. Mais la prise en compte du contexte de l'échange ou de la nature du bien offert amène à distinguer deux catégories de marketing présentant des particularités.

4.2.1. Marketing industriel

L'expression anglo-saxonne « *business to business* » résume bien la spécificité de cette forme de marketing : une entreprise vend des biens et/ou des services à une organisation (entreprise, administration, association, syndicat, etc.). L'individu n'achète pas pour lui-même (ou sa famille) le produit ou le service, comme dans le cas général du *marketing de grande consommation*, mais effectue la transaction pour le compte d'un groupe de personnes, d'où le nom de *marketing industriel*.

> De nombreux produits sont alternativement soumis aux deux types de marketing. Ainsi, la vente d'une voiture à un particulier correspond au marketing de grande consommation, mais l'achat par une entreprise d'une voiture rentre dans le marketing industriel. Les constructeurs automobiles ont donc développé des lignes de produits, baptisées « véhicules utilitaires » spécialement adaptées aux attentes des entreprises et des administrations (Trafic de Renault, Fiorina de Fiat, etc.).

3. Pour approfondir, voir Hetzel, P., *Planète Conso*, Éditions d'Organisation, 2002.
4. Voir Rieunier, S. *et al.*, *Le Marketing sensoriel du point de vente*, Dunod, 2006.

Ces biens et services sont incorporés dans un processus de production, en tant que consommations intermédiaires. L'étude des particularités du marketing industriel sort du cadre de cet ouvrage[5]. Nous retiendrons deux points clés.

— *Contacts et relations personnalisées*

Les risques liés au choix d'un mauvais fournisseur sont élevés. Par exemple, l'incorporation d'une suspension de mauvaise qualité détériore la réputation globale d'un constructeur automobile, un ordinateur en panne perturbe les relations commerciales d'une entreprise, etc. La clientèle potentielle étant souvent réduite, le bouche-à-oreille entre les acheteurs détermine rapidement la réputation des fournisseurs. Ces éléments militent pour la mise en place d'un partenariat durable entre l'acheteur et le vendeur. Les programmes de certification (ISO 9000 et suivants) illustrent cette forme de collaboration : le client supprime les contrôles de qualité sur les produits achetés, s'il est assuré que son fournisseur, contrôlé et distingué par un organisme indépendant, respecte les exigences d'un programme d'assurance qualité très strict.

— *Multiples intervenants*

Les négociations d'achat sont longues et âpres, les circuits de décisions sont formalisés, les participants à la décision finale sont multiples, chacun ayant un rôle précis. On parle alors de « centre d'achat ». L'acheteur a la responsabilité de la conduite de la négociation, il définit ou participe à l'élaboration du cahier des charges qui précise les spécifications techniques requises pour le produit. Le décideur a le pouvoir de décision final : il est souvent haut placé dans la hiérarchie de l'entreprise. L'influenceur participe à la décision en faisant valoir une expertise particulière : il peut s'agir d'un consultant, d'un ingénieur du bureau d'études, etc.

4.2.2. Marketing des services

Ce marketing vise les cas où l'objet de l'échange concerne un bien intangible, c'est-à-dire que l'on ne peut pas physiquement toucher : le conseil d'un avocat ou d'un banquier, la coupe de cheveux d'un coiffeur, etc. Cependant, la plupart du temps, la délivrance d'une prestation de service combine, pour pouvoir se réaliser, des biens tangibles et intangibles : la location d'une voiture, la réparation d'une machine, l'enseignement à distance, les services Internet, etc. Les conditions de délivrance d'un service imposent, tout comme pour un bien tangible, une production. On parle alors de servuction. Les particularités majeures du marketing des services sont les suivantes[6].

---

5. Sur ce point, voir par exemple Benaroya, C., Malaval, P., *Marketing Business to Business,* Pearson Education, 2005, 3e éd. ; Michel, D., Salle, R., Valla, J.-P., *Marketing industriel : Stratégie et mise en œuvre*, Economica, 2001.
6. Pour approfondir : Lovelock, C., *et al.*, *Marketing des services*, Pearson Education, 2008, 6e éd. ; Eiglier, P., Langeard, E., *Servuction,* Dunod, 2000. Pour une vue plus rapide, voir Lapert, D., *Le Marketing des services*, coll. « Les topos », Dunod, 2005.

— *Consommation et production simultanées*

Par exemple, l'acheteur d'une semaine de vacances consomme les services de transport, restauration et animation au moment même où ils sont délivrés. Les conséquences d'une défaillance sont plus difficiles à gérer, car la production est visiblement stoppée ou perturbée : les solutions à apporter doivent être immédiates.

— *Stockage impossible*

Par nature intangible, le service n'est pas stockable. Cela a l'avantage de réduire à zéro les coûts de stockage, mais rend délicate la réponse à des variations rapides ou saisonnières. Les services liés aux vacances (transport, hébergement) sont notamment concernés par ces questions.

— *Coproduction entre acheteur et prestataire*

La délivrance du service requiert une participation plus ou moins grande du client. Ce degré de participation fonde le niveau de qualité intrinsèque du service. Par exemple, pour la location d'une voiture, le client doit ramener le véhicule au point de départ ou c'est l'entreprise qui prend en charge le rapatriement. La production de services repose sur des échanges simultanés entre des hommes, dont les attitudes et comportements sont sujets à des variations d'humeur et soumis aux influences de l'environnement (affluence, danger, température, etc.). Cela rend plus difficile la délivrance d'un service de qualité constante. Le contrôle se réalise *a posteriori* : on mesure la satisfaction du client après la consommation du service.

4.3. Marketing international

Ce marketing concerne les entreprises qui visent des marchés situés hors de leurs frontières. Les difficultés de l'échange international sont nombreuses : variété des modalités de consommation, règlements financiers, risques politiques et économiques, particularités culturelles. Ces éléments de l'environnement externe doivent être cernés avec la plus grande attention. L'éloignement des marchés par rapport à la maison mère impose une gestion à distance, compliquée par les frontières et les barrières linguistiques ; la motivation des hommes est plus difficile et impose une organisation particulière (délégation, contrôle des résultats, etc.). L'étude des problèmes spécifiques au marketing international sort du cadre de cet ouvrage(7). Nous ne listerons que les principaux d'entre eux.

4.3.1. Connaissance et évaluation du potentiel des marchés éloignés

Les statistiques sont parfois approximatives, voire inexistantes. Les subtilités linguistiques compliquent les études de marché ; les réglementations, les obstacles tarifaires et la stabilité de l'environnement sont très variables d'un pays à l'autre.

7. Voir par exemple, Prime, N., Usunier, J.-C., *Marketing international*, Vuibert, 2004, 2e éd.

4.3.2. Adaptation ou standardisation du produit ?

Si l'on adopte une vision interculturelle, les produits doivent être modifiés pour tenir compte des particularités des marchés locaux. L'hypothèse implicite est que les cultures, valeurs, modes de vie et de consommation sont suffisamment hétérogènes d'un pays à l'autre pour que les attentes des consommateurs varient fortement : en conséquence, les produits et les services doivent être différents pour s'adapter à chaque micro-marché. Cette approche conduit à multiplier les gammes de produits. Le marketing cherche alors à identifier des zones d'affinité culturelle propres à plusieurs pays, puis propose des produits standardisés pour ces marchés ; dans les autres pays, l'adaptation est systématiquement réalisée. L'Oréal, Danone, Procter & Gamble s'inscrivent dans ce courant.

Les tenants de la standardisation suivent une logique de globalisation. Ils considèrent que la pression des coûts de production et la tendance à l'uniformisation des goûts et des modes de vie militent pour une homogénéisation de la production des biens et services. L'allongement des séries permettant d'importantes économies d'échelles, les ventes perdues, pour défaut d'adaptation aux attentes particulières d'un marché, sont largement compensées par les réductions des coûts de production. Cette solution, proche de la conception unilatérale du marketing, suppose qu'effectivement les attentes des consommateurs sont très proches d'un pays à l'autre. Heineken, Coca-Cola, Benetton, McDonald's retiennent cette hypothèse et proposent les mêmes produits dans le monde entier.

4.3.3 Autres questions

Parmi celles-ci, on relèvera les interrogations concernant le contenu de la publicité (faut-il dire la même chose d'un pays à l'autre ?) et la manière de s'implanter à l'étranger (filiale de production, filiale de commercialisation, achat d'une entreprise, agents, franchising ?). Les ouvrages spécialisés traitent ces questions en profondeur.

4.4. Marketing sectoriel

Certains consultants ou professionnels mettent en avant les particularités de l'environnement d'un secteur d'activité pour démontrer la nécessité d'un marketing propre à leur marché. On parle ainsi de marketing du tourisme, de marketing bancaire, de marketing agroalimentaire, de marketing pharmaceutique, etc. Les quelques adaptations, nécessaires mais souvent mineures, ne justifient pas un titre de marketing particulier, ou alors, il faut admettre que pratiquement tous les secteurs d'activité économique peuvent revendiquer le même statut. Les trois exemples suivants résument brièvement l'intérêt et les limites de l'approche d'un marketing sectoriel.

4.4.1. Marketing sans but lucratif

On regroupe sous cette rubrique le marketing des grandes causes humanitaires (maladies, secours d'urgence, lutte contre la faim dans le monde ou l'exclusion, etc.). Ce « *charity business* » utilise le marketing pour accroître les fonds recueillis, grâce à des techniques de communication appropriées. Certaines dérives ou certains scandales ayant eu lieu, ces actions sont maintenant plus contrôlées par les pouvoirs publics. Le marketing pratiqué par les associations dépendant de la loi de 1901 s'inscrit dans la même veine : le profit, un des objets du marketing, n'étant plus possible, l'objectif devient la maximisation du nombre d'adhérents du club ou du syndicat, ou l'ajustement des prestations à la demande des membres. Les techniques utilisées ne sont guère différentes de celles du marketing classique.

4.4.2. Marketing territorial

L'objet de l'échange est d'obtenir l'implantation d'une entreprise ou d'une administration dans un territoire déterminé : commune, ville, département, région ou pays. Hormis les difficultés liées à la multiplicité des intervenants et les nécessaires connaissances en droit administratif, ce marketing, très lié à la politique, n'est pas fondamentalement différent du cas général. La réalisation et la vente des technopoles (Sophia-Antipolis à Nice, Europole à Grenoble, le téléport du parc Futuroscope à Poitiers) sont des applications de marketing territorial.

L'animation d'une ville autour de grands événements, tels le passage du Tour de France, l'organisation de Jeux Olympiques, une exposition internationale, ou encore une manifestation artistique contribue à faire connaître une ville et à façonner une image spécifique.

> Par exemple, la Fête des Lumières à Lyon, célébrée depuis le XIXe siècle est vécue comme un temps fort par les habitants et contribue au rayonnement national et international de la ville. Les lumières s'appuient sur le patrimoine bâti qui sert d'« écran » en lui conférant un autre visage, une autre dimension. La gestion d'un tel événement n'est pas sans risque, car elle exige un renouvellement régulier et une créativité permanente[8].

4.4.3. Marketing bancaire

La spécificité du support du service, la monnaie, et l'originalité des relations existant entre les acteurs (client et banque), milite en faveur d'une approche marketing spécifique. En effet, l'objet de l'échange est par nature conflictuel : le client apporte lui-même la matière première à la banque, son argent ; celle-ci a pour mission d'ajouter de la « valeur » à ce dernier.

L'opacité des conditions de production de cette valeur, les conditions de son partage entre les acteurs (facturation *versus* gratuité des services), le caractère contraignant de la relation (on ne peut se passer d'une banque) sont des traits marquants du secteur. Si l'on y ajoute les fortes attentes du consommateur pour un service personnalisé, alors que la réponse bancaire est, face à la pression des nouvelles technologies, l'automatisation du service et la standardisation des prestations, on prend conscience de la difficulté des missions du marketing. La banque déplore et souffre de sa mau-

8. Meyronin, B., Valla J.-P. « Les "servuctions urbaines" : la création contemporaine au service du marketing territorial », *Décisions Marketing*, 2006, 42, p. 63-74.

vaise image. Le marketing bancaire peut proposer des solutions[9]. Mais force est de constater que la plupart d'entre elles ne s'écartent guère des principes fondamentaux du marketing.

SYNTHÈSE DU CHAPITRE

La démarche marketing repose sur un va-et-vient permanent entre les exigences des consommateurs, d'une part, et la réalisation de produits conformes à ces attentes, d'autre part.

La difficulté majeure pour le responsable marketing d'une entreprise est de définir correctement son marché. En analysant successivement le même marché selon quatre contours (objets, occupants, occasions, objectifs), les concurrents et les attentes des consommateurs varient sensiblement. Ensuite seulement, la taille du marché potentiel et la position de l'entreprise face aux concurrents peuvent être évaluées. Trois indicateurs majeurs sont utilisables : le chiffre d'affaires, la part de marché et le taux de pénétration.

Après avoir considéré la décision d'achat sous l'angle de la raison, le marketing donne maintenant la priorité à l'émotion pour comprendre la consommation, vue comme une « expérience ». Bien qu'il existe des formes particulières de marketing (industriel, services, international, etc.), la démarche marketing respecte toujours une triple perspective : délimiter son marché, comprendre les attentes des consommateurs et connaître les concurrents.

BIBLIOGRAPHIE DE BASE

Les ouvrages indiqués couvrent une large gamme de besoins, depuis les ouvrages d'initiation (n° 1 à 4), jusqu'aux manuels de référence (n° 5 à 8). Ils sont classés par ordre de complexité croissante.

(1) Delerm, S., Helfer, J.-P., Orsoni, J., *Les bases du marketing*, Vuibert, 2006.

(2) Lindon, D., Jallat, F., *Le Marketing*, Dunod, 2005, 5e éd.

(3) Zeyl, A., Zeyl, A., *Précis de Marketing : Approche par les deltas*, Ellipses Marketing, 2007.

(4) Amstrong, G., Kotler, P., adapté par Le Nagard-Assayag, E., Lardinoit, T., *Principes de Marketing*, Pearson Education, 2007, 8e éd.

(5) Helfer, J.-P., Orsini, J., *Marketing*, Vuibert, 2007, 10e éd.

(6) Lendrevie, J., Levy, J., Lindon, D., *Mercator*, Dunod, 2006, 8e éd.

(7) Kotler, P., Dubois, B., Manceau D., *Marketing Management*, Pearson Education, 2006, 12e éd.

(8) Dubois, P.-L., et Jolibert, A., *Le Marketing : Fondements et pratique*, Économica, 2005, 4e éd.

9. Zollinger, M. Lamarque, É., *Marketing et stratégie de la banque*, Dunod, 2006, 4e éd..

TEST DE CONNAISSANCES

Choisir une seule réponse par question :

Q1 – Le marketing de l'offre repose sur une vision de :	
(1) marketing intuitif ;	(2) marketing anticipatif ;
(3) marketing interactif ;	(4) marketing évolutif.

Q2 – Le marketing des services :

(1) concerne l'échange de biens tangibles ;
(2) impose une dissociation de la production et de la consommation ;
(3) impose une production et une consommation simultanées ;
(4) concerne l'échange de biens intangibles, uniquement destinés aux consommateurs finaux.

Q3 – Les concurrents indirects font :

(1) des produits identiques aux nôtres, mais commercialisés dans des lieux de ventes différents ;
(2) des produits différents des nôtres, mais correspondant aux mêmes occasions d'achat ;
(3) des produits différents des nôtres, mais correspondant aux mêmes objectifs d'achat ;
(4) des produits proches des nôtres, mais qui s'adressent à d'autres consommateurs.

Q4 – Le taux de pénétration est le rapport :

(1) du chiffre d'affaires de la marque sur le chiffre d'affaires total du marché ;
(2) des consommateurs actuels sur les consommateurs potentiels ;
(3) des non-consommateurs relatifs sur les consommateurs potentiels ;
(4) des non-consommateurs absolus sur les consommateurs potentiels.

Q5 – La part de marché en volume d'une marque représente :

(1) les quantités vendues par la marque divisées par les quantités totales vendues sur le marché ;
(2) le chiffre d'affaires en volume de la marque divisé par les quantités totales vendues par les concurrents de la marque ;
(3) le chiffre d'affaires en volume de la marque divisé par le chiffre d'affaires en volume réalisé par les concurrents de la marque ;
(4) les quantités vendues aux clients de l'entreprise divisées par les quantités totales vendues sur le marché.

Q6 – Pour apprécier une variation de chiffre d'affaires en volume d'une marque, il est préférable de :

(1) raisonner en euros constants ;
(2) connaître l'évolution de l'indice des prix ;
(3) comparer cette variation à celle de la moyenne des concurrents directs ;
(4) comparer cette variation à celle de la moyenne des concurrents indirects.

Q7 – Le marketing expérientiel, c'est :	
(1) la primauté au traitement des informations externes ;	(2) la primauté des émotions comme source de plaisir ;
(3) une approche des produits fondée sur l'expérimentation dans un laboratoire ;	(4) un danger pour la survie de l'entreprise.

Q8 – Le taux de pénétration d'un bien durable est égal :

(1) au taux d'équipement des ménages pour ce même bien ;
(2) au taux d'équipement des ménages, plus le pourcentage de NCA ;
(3) au rapport entre les consommateurs actuels sur le marché potentiel ;
(4) au rapport entre les consommateurs actuels sur la population de référence.

Q9 – Pour réussir un bon marketing, lequel de ces conseils n'est pas indispensable ?	
(1) comprendre les attentes des consommateurs ;	(2) proposer quelque chose de « mieux » que les produits concurrents ;
(3) produire à peu près ce qui est attendu par le client ;	(4) faire connaître ce qui a été produit.

Q10 – Définir un marché par les « occasions », c'est :

(1) se centrer sur la revente des produits par les consommateurs ;
(2) travailler sur les séquences d'achats successifs ;
(3) fidéliser le consommateur ;
(4) se poser la question du moment (année, journée) de la consommation.

Réponses du test :

Q1 = 1 ; Q2 = 3 ; Q3 = 3 ; Q4 = 2 ; Q5 = 1 ; Q6 = 3 ; Q7 = 2 ; Q8 = 3 ; Q9 = 3 ; Q10 = 4.

Chapitre 2

Les missions du marketing

Ce chapitre vous permettra de :

- *comprendre l'impact des différentes dimensions de l'environnement sur la vie d'une entreprise ;*
- *découvrir les grands principes de formulation d'une stratégie d'une entreprise ;*
- *recenser les outils qui permettent au marketing d'agir sur un marché ;*
- *situer et connaître les différents métiers de la fonction marketing.*

Après la lecture de ce deuxième chapitre, vous aurez en tête l'essentiel des repères nécessaires à une bonne maîtrise du marketing. Cette découverte est un point de passage obligé avant de s'attaquer à la compréhension du consommateur et des techniques de marché qui constituent l'objet de la deuxième partie de cet ouvrage.

Mémorisez bien le contenu de chaque variable du marketing mix : ces éléments sont à la base du travail du quotidien du manager marketing. Veillez aussi à bien intégrer les notions de diagnostic et de stratégie. Gardez à l'esprit que si l'entreprise ne peut agir sur la plupart des composantes de son environnement externe, elle doit au minimum « faire avec », tout en essayant constamment de détecter une faille dans celui-ci, de façon à obtenir un avantage par rapport à ses concurrents.

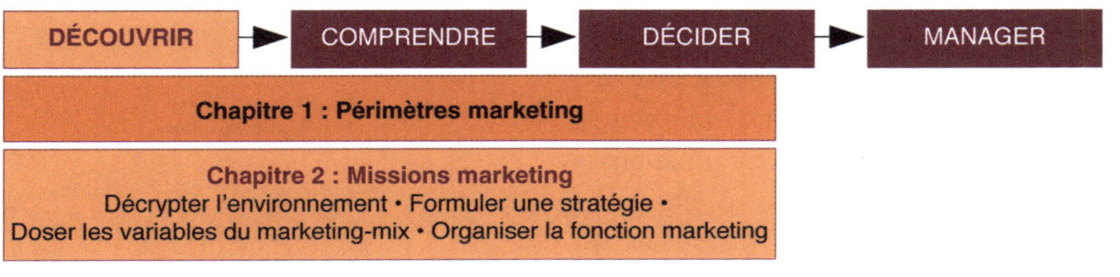

Figure 2.0 : Plan du chapitre

MOTS CLÉS : *culture, diagnostic, environnement, marketing mix, marketing stratégique, métier, mission, organigramme, responsabilité sociale, stratégie, SWOT.*

I. DÉCRYPTER L'ENVIRONNEMENT DE L'ENTREPRISE

L'environnement est composé de l'ensemble des éléments qui gravitent autour de l'entreprise et qui sont susceptibles d'interagir sur son activité. Ces turbulences potentielles peuvent se produire à n'importe quel moment et modifier radicalement la nature des marchés de l'entreprise.

On distingue traditionnellement deux types d'environnement : **interne** et **externe**. Le premier regroupe des éléments contrôlables, parce que situés au cœur du fonctionnement de l'entreprise. Le second rassemble des événements qui surgissent à l'extérieur de l'entreprise, hors de son périmètre d'action, et qui, de ce fait, sont donc moins facilement gérables.

L'environnement de l'entreprise se caractérise par plusieurs états.

- *turbulent ou stable* : une évolution de la technologie rapide, une forte intensité concurrentielle, des comportements d'achat versatiles sont sources de turbulences ;
- *complexe ou simple* : la présence d'un grand nombre d'acteurs sur le marché, ou de groupes de pression (lobbies), une multiplicité de sources d'information, la gravité d'un échec suite au lancement d'un nouveau produit complexifient l'environnement ;
- *flexible ou rigide* : la vitesse et les possibilités de réaction, une faible durée d'impact d'un choix stratégique accroissent la flexibilité de l'entreprise par rapport à l'environnement.

Pour une bonne définition de sa politique marketing, l'entreprise doit identifier et comprendre les différentes évolutions des composantes de l'environnement. Il faut ensuite apprécier la position d'une entreprise sur chacune des dimensions de l'environnement. Les Anglo-Saxons, initiateurs de cette démarche, parlent de « ***SWOT analysis*** » : *Strength* (Force), *Weakness* (Faiblesse), *Opportunity* (Opportunité), *Threat* (Menace). L'évaluation des forces et des faiblesses renvoie à une analyse interne à l'entreprise, la détermination des menaces et des opportunités mobilise une analyse externe.

1.1. Environnement interne

Avant d'opérer les choix marketing, il faut dresser l'état des lieux et évaluer le potentiel d'action. Les ressources internes de l'entreprise proviennent de trois pôles : le métier, les hommes, la surface financière (voir Figure 2.1). L'analyse interne vise à détecter les éventuelles faiblesses et à dégager les points forts de l'entreprise, sur chacun de ces trois pôles de ressources.

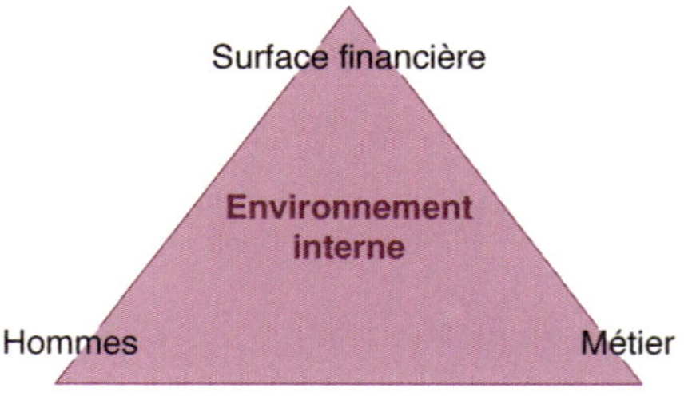

Figure 2.1 : Les trois pôles de l'environnement interne

1.1.1. Métier et mission

— Le métier d'une entreprise

Il se définit par un savoir-faire spécifique. Son exercice impose la maîtrise d'une ou de plusieurs technologies particulières. Il peut s'agir d'une opération de fabrication (moulage d'une pièce plastique), ou d'un enchaînement complexe d'opérations (montage d'une voiture). Pour un service, le métier se matérialise par un « tour de main » (coupe d'un coiffeur), une compétence intellectuelle particulière (diagnostic d'un grand médecin) ou un enchaînement de prestations (location d'une voiture). En résumé, le métier d'une entreprise se concrétise par une offre de biens ou de services originaux.

> Par exemple, le métier des hôtels Formule 1 pourrait se définir par « Construire des chambres standardisées au confort simple, mais propres » ; celui d'Holiday Inn serait d'« Accueillir chaleureusement et offrir des chambres agréables ».

La formation permet d'acquérir ou de transmettre les savoir-faire spécifiques à chaque métier. L'expérience enrichit et fortifie les compétences de celui qui l'exerce. Pour le produit, le savoir-faire se protège par le dépôt d'un brevet (voir Fiche technique 2.1).

L'identification des composantes du métier est une phase majeure de la réflexion stratégique, car c'est souvent ce qui permet de dégager des points de supériorité (ou de faiblesse) face aux concurrents. La question clé est : « Qu'est-ce que l'entreprise fait mieux que les autres ? »

> Par exemple, un hypermarché saura sélectionner le fournisseur qui offre les produits les plus frais à prix identique. L'avantage d'un fabricant de voitures peut provenir d'un excellent contrôle de qualité de fabrication ou de sa capacité à imposer un nouveau style (voir Figure 2.2). Ainsi, Fiat dispose d'une bonne image de designer, mais a la réputation de fabriquer des voitures moins fiables que les autres constructeurs.

Figure 2.2 : Le métier d'un constructeur automobile

FICHE TECHNIQUE

2.1. Déposer un brevet

Un brevet est un titre de propriété délivré à un inventeur. Il protège contre la copie illicite. Son exploitation peut être faite directement par le propriétaire ou concédée sous forme de licence contre le versement de royalties. En France, le dépôt s'effectue à l'Institut National de la Propriété Industrielle (INPI), qui est un établissement public de l'État[1].

1. Missions de l'INPI

– Protection de la propriété industrielle dans le domaine des brevets, des modèles (dessins, plans) et des marques de fabrique ou de commerce : orientation des déposants, gestion et centralisation des formalités de dépôt.

– Tenue du Registre du Commerce et des Sociétés (RCS) et gestion des dépôts des actes des sociétés civiles et commerciales par inscription au RCS et au Répertoire des métiers. Les greffes des tribunaux tiennent les registres locaux et l'INPI assure la centralisation et l'exploitation commerciale de ces informations.

– Information des particuliers et des institutions par la mise à disposition des fichiers concernant la propriété industrielle et la vie des entreprises (bilans, compte de résultats, augmentation de capital, cessation de paiement). Ces bases de données couvrent 900 000 marques, 350 000 brevets, quatre millions de bilans et comptes de résultats.

2. Qu'est-ce qui peut être breveté ? Qu'est-ce qui ne le peut pas ?[2]

Toute solution technique à un problème technique est brevetable. L'idée doit en outre être nouvelle, c'est-à-dire qu'elle ne peut concerner une innovation qui a déjà été rendue publique, par exemple par une publication dans une revue scientifique.

Si les découvertes et les théories scientifiques ne sont pas brevetables, les applications qui en découlent peuvent l'être. Les produits nouveaux considérés dans leur structure (exemple : le sabot de Denver), leur composition (exemple : molécule en pharmacie) ou leur configuration fonctionnelle (exemple : selle de bicyclette) constituent l'essentiel des dépôts. Par ailleurs, les procédés de fabrication nouveaux (exemple : moulage) peuvent être protégés.

En revanche, ne sont pas couverts par un brevet :

– les créations esthétiques, plans : ils relèvent du dépôt de modèles ou de dessins ;

– les principes, méthodes, règles de jeux, présentations d'informations ;

– les programmes informatiques : les lois sur la propriété artistique et intellectuelle s'appliquent.

Par ailleurs, une idée et un concept ne peuvent pas être protégés en tant que tels. Seule la matérialisation de cette idée ou de ce concept peut être protégée. Cela peut se faire par un dépôt de brevet si la matérialisation de l'idée se traduit une innovation technique (par exemple, l'aspirateur sans sac). Un dépôt de dessins ou de modèles est envisageable si la matérialisation com-

1. INPI : 26 bis rue de Saint-Pétersbourg, 75800 Paris cedex 08 - Tél. : 08 25 83 85 87 ou 01 53 04 53 04 - Fax : 01 42 93 59 30. Site internet : www.inipi.fr. Par ailleurs, l'INPI est présente dans dix-huit villes de province.
2. INPI , « Le brevet, tout ce qu'il faut savoir avant de déposer son brevet », Document téléchargeable sur www.inpi.fr.

porte une dimension esthétique ; un dépôt de marque est efficace pour protéger un jeu, le droit d'auteur pour une création qui se concrétise par une œuvre artistique ou littéraire.

Même si cela n'est pas obligatoire, il est fortement conseillé de vérifier préalablement au dépôt que l'innovation est bien réelle, c'est-à-dire que personne d'autre n'a déposé de solution technique analogue à celle que l'on s'apprête à breveter. Ne pas le faire expose à réaliser sans le savoir un acte de contrefaçon. Des outils de recherche informatique facilitent ce travail. La consultation des brevets se fait au siège de l'INPI ou dans les agences locales. Le classement est fait au travers de 60 000 classes. Les bases de données couvrent les brevets européens, internationaux et la jurisprudence. Plus récemment, l'INPI a créé un site Web dédié à la consultation des brevets déjà déposés : FR Esp@cenet (http://fr.espacenet.com). On y trouve, en accès libre et gratuit, environ 3,5 millions de brevets publiés depuis 1978. On peut ainsi retrouver un brevet déjà existant, surveiller l'activité de ses concurrents ou faire un premier point sur la réalité de la nouveauté de son invention. Courant 2008, l'INPI proposera, en ligne, le Registre français des brevets permettant de suivre les événements liés à la vie d'un brevet français ou européen.

3. Durée et modalité de la protection

La durée de protection est de vingt ans avec possibilité de la prolonger jusqu'à cinquante ans à la date du dépôt. Tout le monde peut déposer. Dans le cas des salariés dont le métier comporte une mission inventive (ingénieur, chercheur, etc.), c'est l'entreprise qui est propriétaire, mais la rémunération est possible, selon les contrats et conventions collectives. Les textes qui accompagnent le dépôt doivent être rédigés avec un grand soin pour éviter les ambiguïtés. Un conseil en brevet est nécessaire pour une bonne rédaction. Le déposant doit fournir les documents suivants : requête en délivrance, descriptif de l'invention (suffisant pour qu'un homme du métier puisse la réaliser) et une revendication, c'est-à-dire les points où l'inventeur estime avoir fait preuve d'innovation et entend être protégé.

4. Coûts

Pour une protection en France, le dépôt revient à 35 euros pour la première annuité. Ce coût reste le même pour les neuf années suivantes, puis passe à 40 euros annuels au-delà de la dixième revendication. La délivrance du livret de brevet (titre de propriété) coûte 85 euros et un rapport de recherche (antériorité, priorité étrangère, etc.) revient à 500 euros. Les PME et les personnes physiques bénéficient d'une réduction de 25 % sur certaines redevances. La convention de Munich (5 octobre 1973) assure en une seule démarche une protection dans dix-sept pays européens. Le traité de Washington (19 juin 1970) offre, en une opération, la couverture dans cinquante-neuf pays.

L'accumulation d'expériences permet le développement de compétences spécifiques qui se traduisent en avantages sur les concurrents. À l'inverse, la prise de conscience de faiblesses techniques ou de coûts de production trop élevés, conduit l'entreprise à prendre des mesures correctrices. La sous-traitance constitue, le cas échéant, une autre solution : cela revient à faire faire par d'autres, plus compétents que soi, les opérations que l'on maîtrise le moins bien ou qui nous coûtent plus cher.

— La mission d'une entreprise

Parfois appelée vocation, elle se définit concrètement par la *nature* des besoins satisfaits par les biens ou les services vendus. À l'inverse du métier qui se focalise sur le produit (offre), la mission se détermine en se plaçant du point de vue de l'acheteur (demande). Si l'entreprise détermine sa propre mission, en revanche, ce sont les consommateurs qui évaluent si celle-ci est correctement remplie.

Par exemple, la mission des hôtels Formule 1 est définie comme « Bien dormir au prix le plus bas » alors que celle d'Ibis est décrite ainsi par l'entreprise : « des hôtels comme on les aime, des équipes sympathiques et disponibles 24 h/24, des chambres tout confort, pour rendre votre séjour agréable et tout cela… au meilleur prix ».

Aujourd'hui la mission d'IBM est de « traduire les technologies avancées en valeur pour le client, au travers de solutions professionnelles, de services et d'actions de conseil, partout à travers le monde ». De son côté, Frank Riboud, P-DG du groupe Danone, définit ainsi la mission de son entreprise : « Apporter la santé par l'alimentation au plus grand nombre ». Celle de Nestlé est assez proche : « Ensemble, mieux manger, mieux vivre ».

La mission de l'entreprise doit être régulièrement mise à plat pour vérifier si elle est toujours conforme aux attentes des clients. Cet audit périodique permet en outre d'intégrer les évolutions du progrès technique et de s'interroger sur l'adéquation des compétences actuelles (celles que nous maîtrisons dans notre métier actuel) avec celles qui sont ou seront rendues nécessaires par l'apparition de nouvelles technologies.

Par exemple, l'introduction du quartz a fait basculer, en quelques années, le métier d'horloger de mécanicien de précision vers celui d'électronicien. De même, la numérisation a complètement changé le métier du développement des photographies : l'informaticien (photo numérique) a détrôné le chimiste (photo argentique).

1.1.2. Hommes, culture et responsabilité sociale de l'entreprise

— Les hommes

Les hommes sont à l'origine des compétences de l'entreprise. Dans l'idéal, ces spécificités doivent être distinctives par rapport à celles des concurrents. Elles pourront devenir alors la base d'un avantage concurrentiel.

Pour que de telles compétences émergent, il convient de choisir, de motiver, de commander et de coordonner ces personnes. C'est un objectif majeur du management des ressources humaines. Concrètement, cela revient à recruter, former, rétribuer, animer, contrôler, mais aussi à répartir les responsabilités et à faire circuler l'information dans l'entreprise. Cet art de faire travailler harmonieusement quelques hommes, ou des milliers, constitue la deuxième ressource interne de l'entreprise.

— La culture

Au fil du temps, les hommes qui évoluent dans l'organisation créent une culture propre à cette entreprise. La culture se caractérise par la personnalité de ses dirigeants (valeurs, formation, origine, âge, etc.), l'histoire de l'entreprise (ancienneté de l'entreprise, grandes étapes du développement, localisation, etc.), son mode de fonctionnement (méthode de travail, répartition du travail, modalité de la prise de décision) et sa *gouvernance* (organes et principes de direction, origine et légitimité des différents pouvoirs, mécanismes de contrôle et de régulation).

Certaines entreprises sont profondément marquées par la personnalité de leur fondateur ou de leur propriétaire : Bill Gates donne à Microsoft une image de forteresse inattaquable ; Steve Jobs marque durablement l'histoire d'Apple par ses intuitions géniales en matière de produit (le Mac, l'iPod, l'iPhone) ; Bernard Arnault impose aux créatifs du groupe LVMH (Dior, Guerlain, Moët & Chandon, etc.) la rigueur des méthodes du marketing de grande consommation.

— ***Les valeurs***

Le recrutement des nouveaux collaborateurs se fera à l'aune des valeurs dominantes dans l'entreprise, de façon à favoriser leur future insertion dans l'organisation. Si les salariés éprouvent un fort sentiment d'attachement à la vie de l'entreprise, on parlera de culture d'entreprise forte.

Danone met en avant quatre valeurs clés[3] considérées comme fondamentales dans sa conduite des affaires : l'ouverture (curiosité, vivacité, simplicité), l'enthousiasme (passion, goût pour les challenges, prise de risques), l'humanisme (responsabilité, partage, respect des autres), la proximité (avec les clients, les collègues).

Plus complexe est le cas d'EADS. En effet, cette société résulte d'une volonté politique de trois gouvernements (allemand, français et espagnol) de créer un leader européen dans l'aéronautique civile et militaire. Trois sociétés ont fusionné pour cela : Dasa (allemande), Aerospatiale-Matra (France) et Casa (Espagne). Les conflits culturels entre ces trois sociétés de nationalité différente sont généralement la cause principale des échecs dans ce type de fusion. Une étude portant sur 313 top manager a montré que si EADS avait une dimension symbolique européenne (son nom, la localisation de siège social), ses valeurs et sa culture d'entreprise étaient très similaires à celles d'entreprises anglo-saxonnes[4].

Tout comme pour la mission d'une entreprise, l'évolution des attentes du marché ou l'influence du progrès technique impose une interrogation périodique sur la capacité d'adaptation de notre culture à ce nouveau contexte. Une rupture technologique peut conduire une remise en cause de la culture dominante. Ainsi, IBM a dû passer d'une culture d'industriel, fondée sur la maîtrise de gros systèmes informatiques, à une culture d'entreprise de service, fondée sur le conseil en développement ; cette nouvelle compagnie, crée en 1999, s'intitule « IBM Global Services ».

Une campagne de publicité importante a mis en scène différents hommes et femmes, tous porteurs d'une facette du nouveau métier d'IBM. Les compétences humaines affichées sont les suivantes : « IBM Global Services. Des gens qui pensent. Des gens qui agissent ». Les métiers affichés sont multiples. L'« anti-pirate », a pour mission de « vérifier par des contrôles de sécurité et des tests d'intrusion que nos clients disposent des moyens de protéger leurs savoir-faire ». Le « e-stratège » aide les entreprises à améliorer leur chaîne de valeur par une stratégie e-business pertinente ». « Le révélateur de pertinence » aide l'entreprise à exploiter les informations contenues dans ses bases de données pour prendre rapidement les meilleures décisions.

— ***La responsabilité sociale***

Elle se définit comme l'intégration *volontaire* par les entreprises de préoccupations

3. http://www.danone.com/wps/portal
4. Barabel, M., Meier, O., « Culture européenne au sein d'une entreprise multinationale : mythe ou réalité ? Le cas d'EADS », *Décisions Marketing*, 2006, 43-43, p. 191-205.

sociales, environnementales et économiques dans leurs activités commerciales et dans leurs relations avec leurs *parties prenantes* (c'est-à-dire, les fournisseurs, clients, salariés, associations et collectivités territoriales). Elle se traduit notamment par la prise de conscience des impacts environnementaux et sociaux de l'activité économique, de façon à mettre en œuvre un *développement durable*. La définition par les managers des axes majeurs de cette responsabilité donne une ligne directrice forte à la mission de l'entreprise, tout en fédérant les valeurs qui sous-tendent la culture de l'entreprise. Ainsi, Frank Riboud inscrit la mission de base de Danone (apporter la santé par l'alimentation) dans une perspective plus ambitieuse (rendre ces bienfaits accessibles au plus grand nombre), sans pour autant mettre en péril l'équilibre financier de l'entreprise (voir Focus-Manager 2.1).

FOCUS-MANAGER

2.1. MISSION ET RESPONSABILITÉ SOCIALE DANS LE GROUPE DANONE

« Chez Danone, la responsabilité sociale fait partie de nos gènes. Il suffit de lire la réédition récente en France de certains discours d'Antoine Riboud pour comprendre que cette démarche inspire nos actions depuis quarante ans. À cette époque, où l'on ne parlait pas encore de développement durable, Danone formalisait déjà son double projet économique et social. J'insiste sur le « et », car tout l'enjeu est de bien développer une approche intégrée et d'éviter de gérer d'un côté le business et de l'autre la responsabilité sociale. Sinon, le développement durable reste cantonné à une affaire de spécialistes, maintenus en marge de l'entreprise et qui, faute de levier, ne peuvent avoir de réelles influences sur l'organisation. Nous sommes convaincus qu'une approche exigeante de la responsabilité peut nourrir et servir le business et permet d'imaginer des solutions gagnant-gagnant. Prenons un exemple concret : réduire le poids du packaging, c'est réduire l'impact environnemental de notre activité et c'est aussi, très directement, réduire nos coûts de production (...)

Il y a une réflexion sur notre mission d'entreprise – apporter la santé par l'alimentation au plus grand nombre – et sur notre exposition croissante dans les pays émergents, où cette mission relève parfois du défi : comment toucher le plus grand nombre, lorsqu'un tiers ou la moitié de la population vit sous le seuil de pauvreté ? Cette réflexion nous a conduits à lancer avec succès des initiatives importantes pour rendre nos produits et leur bénéfice santé accessibles en prix à la majorité de la population. C'est le programme « Affordability », qui nous permet d'atteindre des consommateurs à revenus très modérés en Indonésie, en Chine. Mais cette démarche de réduction de coûts a une limite et ne nous permet pas encore de toucher ce qu'on appelle le « bas de la pyramide », les familles qui vivent avec deux euros par jour ou moins. Pour cela nous avons pris conscience qu'il faillait inventer un modèle de business très différent de celui de Danone, avec d'autres manières de fonctionner, d'autres règles, d'autres priorités C'est le sens du projet que nous avons lancé au Bangladesh, en association avec Grameen, l'entreprise de Muhammad Yunus, Prix Nobel de la paix. »

Source : Interview de Franck Riboud, *Rapport d'activité Danone 2006*, pp. 5-6.

L'analyse interne conduit l'entreprise à s'ausculter régulièrement pour détecter d'éventuelles faiblesses et pour repérer ses forces, en se posant des questions du type : sommes-nous toujours créatifs ? Pouvons-nous répondre aux nouvelles exigences des clients ? Les salariés sont-ils fiers d'appartenir à l'entreprise ? Nos valeurs sont-elles encore au goût du jour ? Quelles sont les relations avec les syndicats ?

> Louis Gerstner, arrivé à la tête d'IBM en 1993, proclamait : « *J'ai une nouvelle à vous annoncer : c'est un client qui dirige IBM. Quand on me dit XX42D, je réponds : qu'est-ce que le client peut en faire ?* » Cette rupture, suivie de bouleversements dans le management des hommes, était rendue nécessaire par l'évolution de la concurrence mondiale.

1.1.3. Surface financière

Chaque entreprise dispose de capitaux propres (capital social apporté par les actionnaires, bénéfices non distribués) et d'une possibilité d'emprunt bancaire. Ce volume détermine sa surface et son autonomie financière. Le lancement d'un nouveau produit impose des investissements souvent très lourds : recherche et développement, acquisition de nouvelles capacités de production, référencement dans les points de ventes, campagne publicitaire, etc.

Ces investissements nécessitent une trésorerie importante, car il y a un décalage entre les besoins de financement (emplois) qui ont fréquemment lieu plusieurs années avant l'encaissement des ventes (ressources). Le plan de financement met en face les ressources disponibles et les emplois prévus. Si le solde du plan fait apparaître un besoin de financement, ce besoin ne peut être satisfait qu'avec une santé financière de l'entreprise jugée saine par les offreurs de capitaux. Les banques ont établi des listes de ratios, variables selon le type d'activité de l'entreprise, pour évaluer cette santé.

Il est important que l'homme de marketing ne perde pas de vue ces contraintes financières, avant de décider le lancement d'un nouveau produit. Les possibilités d'appel à des capitaux extérieurs (nouveaux actionnaires, emprunt bancaire) varient selon la taille des entreprises, le secteur d'activité et la situation financière. C'est l'un des objectifs de l'analyse interne de déterminer si la surface financière de l'entreprise est compatible avec les choix marketing. Les techniques d'analyse correspondantes relèvent de la gestion financière[5].

1.1.4. Analyse des forces et des faiblesses

L'appréciation de la position de l'entreprise sur chacune des trois dimensions de l'environnement interne est facilitée par la construction d'un tableau de synthèse. Le manager passe en revue l'organisation sous les trois angles et note scrupuleusement les points forts et les points faibles.

Ces jugements de valeur se fondent sur l'analyse de la position de l'entreprise par

5. Pour approfondir, voir par exemple Solnik, B., *Gestion financière*, Dunod, 2005, 6e éd. ; Teulié, J., Topsacalian, P., *Finance*, Vuibert, 2005, 4e éd. ; Bodie, Z., Merton, R., Thibierge, C., *Finance*, Pearson Education, 2007, 2e éd.

rapport aux exigences actuelles et futures des marchés (consommateurs, clients). Ce travail est une étape préparatoire indispensable pour l'établissement du diagnostic. À titre d'illustration, nous avons analysé pour l'année 2005, la situation de Renault, à partir d'informations fournies par une société de conseil britannique, Aroq Limited, sur le site www.just-auto.com (voir Figure 2.3).

Environnement interne	Forces	Faiblesses
Métier	*Recherche et développement de produits* : fortes synergies résultant de l'alliance avec Nissan et Samsung Motors. *Sécurité* : sept véhicules ont obtenu cinq étoiles aux tests NCAP. *Production* : capacités de production disponibles (suite au rachat de Dacia).	
Hommes	*Leadership* : numéro 1 sur les marchés de l'Europe de l'Ouest (10,8 %). *Compétences* : expertise technique reconnue.	*Leadership* : menacé, avec perte de 0,3 point sur les marchés de l'Europe de l'Ouest. *Compétences* : internationalisation trop concentrée sur les marchés européens (= 78 % du chiffre d'affaires total).
Surface Financière	Résultat net : augmentation de 43 %.	

Figure 2.3 : Analyse interne Renault SA

1.2. Analyse externe

Les composantes de l'environnement externe peuvent se regrouper en quatre grandes catégories. L'analyse externe a pour objectif d'identifier les menaces et opportunités qui sont susceptibles de se produire dans l'une ou l'autre des dimensions.

1.2.1. Composante technologique

Elle correspond au progrès technique et se matérialise par les découvertes fondamentales et les applications industrielles qui en découlent. Le portefeuille de brevets possédé par une entreprise est un titre de propriété sur une parcelle de cet environnement : il constitue une opportunité de développement et un avantage potentiel sur la concurrence. En confrontant le savoir-faire actuel de l'entreprise et les choix technologiques des concurrents, on apprécie l'avance ou le retard de l'entreprise.

La surveillance systématique de cet environnement prend la forme d'une **veille technologique**. Elle consiste en un suivi régulier des découvertes réalisées et des brevets déposés, parfois dans un secteur d'activité très éloigné de celui de l'entreprise (voir Fiche technique 2.2). L'incorporation de ces innovations dans ses produits permettra à l'entreprise d'améliorer ses performances. De surcroît, ce suivi technologique est fondamental, car il impose parfois à l'entreprise d'apprendre un nouveau métier pour rester compétitive.

FICHE TECHNIQUE

2.2. Organiser une veille technologique

La veille technologique, activité mal connue et peu appliquée, reste associée majoritairement aux activités de documentation ou d'archives. Certains gèrent encore l'information de manière statique, accumulant un volume impressionnant de données que très peu auront envie de consulter. L'évolution des systèmes d'informations et la multiplication des réseaux informatiques (Internet, portails, forums, etc.) ont contribué à rendre l'information toujours plus disponible.

L'objectif majeur est de localiser et de sélectionner les informations pertinentes et utiles à l'entreprise pour une bonne réactivité face aux menaces et aux évolutions technologiques qui pourraient surgir. La veille stratégique s'organise sur trois axes : collecter, analyser, décider. On distingue l'information *blanche*, *grise* ou *noire*.

Axe 1 : Collecter

La quête d'informations pertinentes peut nécessiter la mobilisation d'experts aptes à cerner les contenus informationnels significatifs, le recours à des outils et méthodes spécifiques (scientométrie, bibliométrie) et parfois même le soutien d'une infrastructure de gestion de l'information et de la documentation. La veille passive a pour objectif de surveiller toutes les informations publiques (*information blanche*), qui sont disponibles à près de 80 %. Les activités de veille active traquent les informations non encore diffusées (*information grise*) car protégées ou, plus compliqué encore, l'information tenue secrète (*information noire*).

Axe 2 : Analyser

Le volume des informations collectées implique une grille de lecture, un ciblage thématique, un vocable spécifique et une loi de répartition des informations. Des outils logiciels de traitement avancé sont disponibles. L'étape suivante consiste à réunir dans l'entreprise, ou à l'extérieur, des spécialistes motivés capables de canaliser les recherches en définissant quelques thèmes prioritaires. Une cellule de veille technologique ou un comité d'innovation servira à fédérer et à échanger sur les « futuribles » (les « futurs possibles ») dans les métiers spécifiques de l'entreprise, sur les technologies émergentes, etc.

Axe 3 : Décider

C'est l'étape la plus importante, car l'information interprétée doit être intégrée dans les processus de décision et d'action. Cela suppose une réelle sensibilisation du décideur, une démarche de communication à différents niveaux (tant auprès de la direction générale que des groupes d'utilisateurs ciblés) et une bonne structure de décision autour de l'information.

Source : Adapté de Kleinhans, S., 2003, cabinet Acadys (http://www.indexel.net)

FOCUS-MANAGER

2.2. MUTATIONS TECHNOLOGIQUES ET PRODUITS NOUVEAUX

1. Automobiles en mutation[6]

À quoi ressembleront les automobiles de demain ? La voiture de demain aura des qualités de sécurité et de confort accrues, grâce aux aides à la conduite et à la navigation. On s'oriente vers une « mobilité intelligente », par exemple la possibilité de réserver à distance une place de stationnement, la possibilité de connaître l'état du trafic en temps réel et d'adapter le choix de son itinéraire en conséquence. Après la banalisation de l'ABS, jadis réservé aux véhicules haut de gamme, c'est autour de l'anti-patinage, du contrôle de trajectoire et de l'aide au freinage d'urgence de se démocratiser. La perception par le conducteur de l'environnement de son véhicule fait l'objet de recherches. Citroën commercialise un système d'alerte de franchissement involontaire de ligne (AFIL) qui aide au maintien de la trajectoire sur autoroute, notamment. D'autres projets sont bien avancés, tel le contrôle global du véhicule par radar : une voiture ou une moto présentant un risque potentiel dans l'angle mort sera détectée et annoncée par l'apparition d'une icône dans le rétroviseur latéral. Le grand chantier actuel est celui de la réduction des émissions polluantes, le seuil maximal des émissions de particules polluantes ayant été divisé par deux.

2. Un téléphone à tout faire[7]

« Véritable portefeuille ou sac à main numérique, le "keitai" nippon, imaginé par les ingénieurs de l'opérateur NTT DoCoMo, sera à la fois un téléphone, un mode d'accès à Internet, une console de jeu portable, un appareil de photo, une caméra vidéo, une carte Orange, un porte-monnaie électronique, un billet d'avion, une carte de crédit, une clé d'appartement, de voiture ou de société, une machine à distribuer des bons de réduction ou à accumuler des points de fidélité ou des "miles". Bref, un vrai passeport high-tech et miniature pour le XXIe siècle. Ce miracle technologique n'a pourtant rien de très révolutionnaire. Associés à Sony, les responsables du numéro un de la téléphonie mobile japonaise ont simplement rajouté une carte à puce sans contact dans leurs téléphones. Il suffira ainsi de passer son téléphone devant les caisses électroniques pour effectuer n'importe quel paiement. Les nouvelles puces pouvant contenir une foule d'information, toutes les données aujourd'hui réparties sur les diverses cartes qui envahissent votre portefeuille seront là réunies en un seul point. Le mariage d'une carte à puce, d'un écran portable et d'un réseau de télécommunication pourrait en effet permettre de surmonter les barrières qui ont freiné ailleurs l'essor des porte-monnaie électroniques. Les utilisateurs pourront recharger leur porte-monnaie sur Internet. L'écran permettra de vérifier chaque opération. Dans la version la plus avancée, chaque téléphone perdu ou volé pourra être bloqué à distance et l'abonné pourra recharger l'essentiel des données stockées dans son ancienne puce vers une nouvelle. »

6. Adapté de Vavel, A., *Énergies*, n° 81, 2005, pp. 25-27.
7. Barroux, D., « Le Japon bascule dans l'ère du téléphone à tout faire », *Les Échos*, 17 juin 2004, p. 17.

Le Focus-Manager 2.2 montre des exemples d'évolution de métiers, pour différents produits, rendue nécessaire par l'incorporation de technologies nouvelles, créées dans des secteurs d'activités très différents de ceux de l'entreprise. Ainsi, la banalisation de l'informatique embarquée à bord modifie sensiblement les métiers de constructeur et de réparateur automobile. Le téléphone mobile est devenu un vrai terminal informatique communiquant, capable de se substituer à toutes sortes de catégories de produits : lecteur MP3, appareil de photo, caméscope, GPS, carte bancaire, etc.

1.2.2. Composante économique

Elle est le résultat des politiques monétaires (taux d'intérêt, taux de change, etc.) et sociales (revenu minimum, durée du travail, etc.) des gouvernements. Sa dimension s'analyse, de plus en plus, dans un contexte international. Au sens large, on peut y inclure les conséquences des évolutions démographiques : vieillissement de la population (augmentation des dépenses de santé), métissage et intégration des immigrés (politique de la ville, éducation), allongement de la durée de vie (système de retraite).

Le suivi est facilité par le grand nombre de périodiques économiques qui publient des tableaux de bord regroupant les principaux indices économiques et sociaux. De leur côté, la Banque de France[8] et l'INSEE[9] fournissent régulièrement des statistiques et notes de conjoncture sur l'ensemble des grands agrégats macroéconomiques. Les informations économiques sur les pays de l'Union européenne (UE) sont fournies par Eurostat, office statistique des communautés européennes[10]. À l'entreprise de repérer, dans ces informations, celle qui la menace ou qui la favorise directement.

> Par exemple, une baisse du taux de base bancaire a une influence directe sur le marché immobilier : le nombre d'emprunteurs potentiels s'accroît. Le passage à l'euro en 2002 a été un véritable accélérateur pour la vente par Internet, en supprimant les frais de change et permettant une comparaison directe des prix. Par ailleurs, on estime qu'il a permis une baisse de 0,5 % des charges des entreprises.

Le vieillissement de la population française est source d'opportunités pour de nombreuses entreprises. Les « plus de 50 ans » représentaient en 2000 dix-neuf millions de personnes. Ils représenteront en 2020 44 % de la population et 60 % des revenus. Le Focus-Manager 2.3 présente quelques opportunités de développement de marché, résultant de cette évolution démographique.

8. www.banque-France.fr/fr/stat_conjoncture
9. www.insee.fr
10. http://epp.eurostat.ec.europa.eu

FOCUS-MANAGER

2.3. LES SENIORS, UN POUVOIR ÉCONOMIQUE MAJEUR

Les plus de 50 ans, c'est-à-dire les « seniors », se caractérisent par un grand dynamisme, un optimisme et une liberté de mouvement. Ils se sentent bien intégrés dans leur tissu social. Ils ont évolué durant la seconde moitié du XXe siècle dans un environnement social, économique et culturel très favorable. D'où, pour bon nombre d'entre eux, une aisance financière qui leur permet aujourd'hui de goûter aux plaisirs du confort et de la consommation. Ils profitent de leurs acquis et en font profiter leur entourage, notamment les enfants et les petits-enfants : par exemple, un tiers des dépenses des jouets est effectué par les 50 ans et plus. Dans l'automobile, les seniors achètent près d'une voiture sur deux.

À 49 ans, vient le moment de souscrire à un crédit pour l'acquisition d'une résidence secondaire ; à 50 ans se présente la possibilité d'un héritage ; 52 ans marque la fin des crédits immobiliers de la résidence principale ; 54 ans marque le départ du dernier enfant à charge ; 61 ans annonce la naissance du premier petit enfant ; enfin 62 ans sonne le départ à la retraite.

Chez les seniors, une véritable expertise de la consommation existe. Leurs exigences en matière de consommation se sont accrues avec les années d'expérience. Ils sont plus ouverts à l'innovation que les générations précédentes, comme en témoigne la pénétration d'Internet chez les plus de 60 ans. Ils consultent beaucoup les médias, ce qui les tient au courant des dernières innovations technologiques. Les marques et les produits sont connus par cœur. La voiture est considérée comme essentielle pour leur mobilité ; elle est achetée neuve pour accroître le sentiment de sécurité et le confort. En matière d'alimentation, les seniors ont le culte du goût, des saveurs gourmandes et vraies, mais ils restent soucieux de leur santé et de leur forme. Le désir de séduction des femmes de plus de 50 ans est marqué, la consommation de produit « anti-âge » est en plein essor, mais aussi le rouge à lèvres, le vernis à ongle ou encore les produits autobronzants.

Source : Adapté de *La Lettre d'Interdeco*, n° 18, janvier-février 2000.

1.2.3. Composante culturelle

Elle regroupe un ensemble complexe d'habitudes, de valeurs et de croyances communément admises, à un moment donné, par une société. On y range, pêle-mêle, l'art, la littérature, la religion, la morale, les usages, le mode de vie, les traditions, les droits fondamentaux de l'être humain, etc.

L'analyse de l'évolution de l'environnement culturel est riche d'opportunités pour le lancement de nouveaux produits. Des sociétés de conseil en marketing, telles Sociovision Cofremca, le Credoc ou encore le CCA réalisent périodiquement des enquêtes afin d'identifier et de prévoir les tendances lourdes d'évolution de cet environnement (voir Focus-Manager 2.4).

Par exemple, les produits « gain de temps » sont favorisés par le développement du travail féminin et par un courant culturel de « satisfaction immédiate » : le four à micro-ondes, le développement photo en une heure, le lave-linge séchant, la restauration rapide, etc.

Le « cocooning » des années 1990 traduit un désir de repli sur soi, une recherche de douceur et d'intimité. Cette tendance a été retenue pour le développement des nouveaux produits de Renault dès la fin des années 1980. La sortie de l'Espace, puis du Scénic, a particulièrement illustré cette évolution de l'environnement culturel. Ces « voitures à vivre » répondent à une préférence du consommateur pour des valeurs intérieures (confort, sécurité, bien-être, espace feutré, etc.), au détriment des valeurs extérieures, plus agressives, plus orientées vers l'expression d'un statut social et du paraître.

FOCUS-MANAGER

2.4. Les valeurs et les comportements des Français en 2006

La fin de la première décennie de l'an 2000 est marquée, pour Sociovision Cofremca, par la montée des incertitudes chez les consommateurs : déséquilibres démographiques, conflits géopolitiques, terrorisme, mondialisation, remise en cause de l'infaillibilité scientifique, inquiétudes sur les sources d'énergie (hausse du prix des matières premières). Les évolutions technologiques sont ambivalentes : favorables parce qu'elles rétrécissent le monde (transport, nouvelles technologies), elles sont déroutantes parce qu'elles le complexifient. Un sentiment de désarroi, voire d'impuissance s'installe : 64 % des Français pensent que « *le monde va à la catastrophe* », 62 % que « *les choses changent si rapidement que l'on ne sait plus à quoi se rapprocher* » et 83 % que « *nous sommes en train de saboter le monde dans lequel nous vivons* ». Face à ces inquiétudes, la dynamique socioculturelle repose sur trois moteurs puissants : l'autonomie individuelle, la recherche du plaisir et de la relation avec son entourage, une montée du besoin de spiritualité et de l'émotion. Les anciennes valeurs (consommation, travail et politique) sont révolues. Les nouveaux paradigmes sont le projet individuel ou sociétal qui se substitue à la société de consommation, le projet d'activité remplace la vision traditionnelle du travail, la citoyenneté locale l'emporte sur la politique institutionnelle.

Source : Extraits adaptés de la Conférence Presse pro, « La France a tourné la page », Sociovision Cofremca, 14 juin 2006, www.presse-pro.com.

1.2.4. Composante législative

Elle se compose de l'ensemble des lois, des décrets et de la réglementation en vigueur dans un pays donné. Dans le cadre des échanges internationaux, la contrainte législative prend souvent la forme de normes : il s'agit de respecter une série de spécifications techniques précises pour pouvoir commercialiser un produit. Toutes ces contraintes restreignent généralement les champs ou les moyens de l'action marketing.

L'environnement juridique évolue constamment sous l'effet des nouvelles lois et réglementations. Selon les secteurs d'activité, ces évolutions se traduisent par de nouvelles opportunités ou au contraire, se concrétisent en menaces pour l'activité de l'entreprise. C'est l'un des rôles des lobbies professionnels que de défendre les intérêts d'une profession ou d'un secteur d'activité en informant, sinon en faisant pression auprès des instances politiques pour éviter de telles menaces.

Il est interdit aux fabricants de cigarettes de faire de la publicité, les paquets doivent porter en caractères gras la mention « Fumer tue ». Les marques d'alcool doivent porter des mentions obligatoires dans leur publicité « L'abus est dangereux », « À consommer avec modération ». Les publicités pour des produits alimentaires se terminent par un encouragement à faire du sport, une recommandation visant à manger au moins « cinq fruits ou légumes par jours », et l'adresse d'un site Internet dédié à la nutrition et à la santé (www.mangerbouger.fr). La création d'une grande surface nécessite la consultation de plusieurs commissions. Elle peut faire l'objet de publicité à la télévision depuis 2006, mais de manière contraignante : l'ouverture des magasins le dimanche est encore très restreinte, mais la tendance est à la libéralisation. Ainsi le transport aérien a été totalement déréglementé en 1997. Sous la pression des communautés européennes, France Télécom a perdu son monopole, et depuis 2007, c'est au tour d'EDF…

La plupart du temps, l'évolution de l'environnement législatif est synonyme de menaces pour l'entreprise. Il est souhaitable de prévoir ces évolutions et, si possible, d'anticiper avant les concurrents les modifications à réaliser. Le Focus-Manager 2.5 montre l'impact de la nouvelle fiscalité « écologique » pour les fabricants automobiles sur l'évolution du marché automobile à partir de 2008.

FOCUS-MANAGER

2.5. EFFETS COMMERCIAUX D'UNE FISCALITÉ ÉCOLOGIQUE POUR L'AUTOMOBILE

L'année 2008 a été marquée par l'entrée en vigueur du mécanisme de bonus et de malus lors de l'achat d'une voiture neuve. Pour des émissions de CO_2 comprises entre 121 et 130 grammes/kilomètres, le bonus sera de 200 euros, de 700 euros dans l'intervalle (100 à 121 gr/km) et de 1 000 euros si les émissions sont inférieures à 100 gr/km. Inversement, un malus de 200 euros est appliqué dans l'intervalle 161 à 165 gr/km, de 750 euros entre 165 et 200 gr/km, de 1 600 euros entre 201 et 250 gr/km et de 2 600 euros au-delà.

Le bonus sera versé au moment de la première immatriculation. De plus, si l'acheteur met à la casse son véhicule précédent lors de l'achat de sa nouvelle voiture, il bénéficiera d'un bonus supplémentaire de 300 euros, si le constructeur accorde de son côté une prime. La prime se monte à 5 000 euros pour l'achat d'une voiture électrique. Pour l'instant, très peu de voitures (la Smart, la Lupo de Volkswagen) se situent sous le seuil des 100 gr/km.

L'Observatoire de l'automobile Cetelem estime que le nombre d'immatriculations supplémentaires grâce à ce dispositif augmentera de 110 000 unités en 2008. En 2007, les immatriculations de véhicules particuliers neufs atteignant les deux millions. La prime écologique entraînerait une hausse du marché de l'ordre de 5 %. Denis Billard, directeur du marché automobile de Cetelem France, précise : « *Dans le passé, les primes à la casse comme la "balladurette" et la "juppette" ont engendré des hausses de 10 % des immatriculations. Mais ces primes n'étaient pas pérennes, contrairement au nouveau dispositif.* »

Sources : Chauvot, M., *Les Échos*, 6 décembre 2007, p. 19 ; Observatoire de l'automobile Cetelem http://ecologie.caradisiac.com

1.2.5. Menaces et opportunités

Périodiquement, le manager passe en revue chaque élément de l'environnement externe. Selon la période, seule l'une ou l'autre des dimensions mérite son attention. Les informations pertinentes sont soigneusement analysées, en se plaçant du point de vue des produits et des clients de l'entreprise. Elles représentent une menace si elles laissent présager une baisse des ventes ou des profits, et une opportunité dans le cas contraire.

Comme pour l'environnement interne, il est utile de regrouper dans un même tableau les différentes composantes de l'environnement externe. La Figure 2.4 donne une idée de ce que pourrait être l'analyse externe du marché français pour les constructeurs automobiles.

Composantes	Opportunités	Menaces
Technologique	Moteur propre Informatique embarquée (aide à la conduite et à la sécurité) Fiabilité accrue : espacement des visites d'entretien, allongement de la garantie	Formation du réseau des concessionnaires Coût élevé des réparations et de l'entretien
Économique	Moteur économe en carburant Baisse des coûts d'entretien Baisse des tarifs d'assurance	Stagnation ou baisse du pouvoir d'achat Croissance faible Hausse du prix des carburants
Culturelle	Confort Besoin de déplacement Baisse des accidents	Saturation des centres-villes Développement des transports en commun performants (tramway, métro)
Législative	Bonus fiscal (petites cylindrées et diesel)	Malus fiscal (moyennes et grosses cylindrées) Péages urbains Limitation de vitesse (bridage moteur) Effets du permis à points

Figure 2.4 : Analyse externe du marché automobile 2008 français

En fin de compte, les effets de l'environnement externe interagissent sur les composantes de l'environnement interne. Par exemple, la technologie perturbe le métier de l'entreprise, les évolutions de la culture questionnent les valeurs et la mission de l'entreprise, l'économie a des effets sur la solvabilité de l'entreprise, etc. Si l'on ajoute que le marché (concurrents et consommateurs) subit de la même manière les effets simultanés et permanents de ces deux types d'environnement, on mesure l'importance de la connaissance de l'environnement pour l'entreprise. La Figure 2.5 retrace ces différentes interactions.

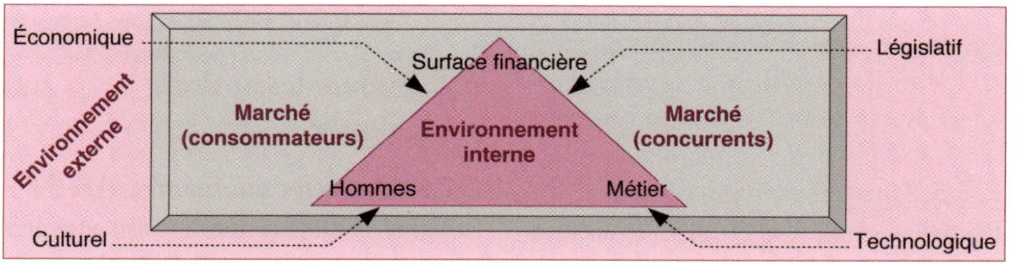

Figure 2.5 : Interactions de l'environnement interne et externe sur l'entreprise et son marché

II. FORMULER UNE STRATÉGIE

La mise en place d'une stratégie passe par quatre grandes étapes (voir Figure 2.6). Nous avons présenté dans le paragraphe précédent les différents types d'analyses de l'environnement : c'est la première étape de la réflexion stratégique. Nous allons maintenant passer en revue les phases restantes : établissement du diagnostic, évaluation des options stratégiques, adoption de la stratégie.

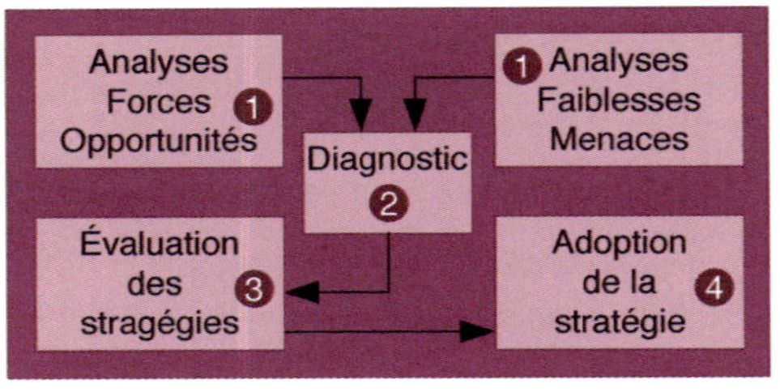

Figure 2.6 : Processus de formulation d'une stratégie

2.1. Établir le diagnostic

Le diagnostic doit préciser en quelques phrases l'état général de santé de l'entreprise. Il comporte deux temps : le jugement global, puis la (ou les) cause(s) majeure(s) expliquant la situation actuelle. Sa formulation ressemble à un verdict qui s'appuie sur une série d'analyses préalables. Une forte analogie existe avec le domaine médical : le médecin indique d'abord en quelques mots au patient si son état général de santé est satisfaisant ou alarmant ; puis il explique les raisons de ce constat. Par exemple, un médecin peut diagnostiquer « une insuffisance hépatique, favorisée par une alimentation déséquilibrée ».

En entreprise, deux sortes de diagnostic existent :

- le *diagnostic stratégique* global, appuyé sur l'analyse interne et externe ;
- les *diagnostics spécifiques*, propres à l'une ou l'autre des fonctions de l'entreprise (finance, production, marketing, commerciale).

Notez que nous présenterons le diagnostic marketing dans le chapitre 9.

L'établissement d'un diagnostic global relève de la compétence de la direction générale de l'entreprise, les diagnostics fonctionnels étant plutôt établis par les responsables des fonctions concernées. Par ailleurs, des sociétés de conseil spécialisées, extérieures à l'entreprise, peuvent aider les managers de l'entreprise à formuler ce diagnostic et à préconiser des recommandations pour le choix d'une stratégie.

Bon nombre de sociétés de conseil en management appartiennent à des groupes anglo-saxons et interviennent dans d'autres domaines du conseil, tels que l'audit comptable et financier, le conseil juridique : PricewaterhouseCoopers, Ernst & Young, Deloitte, KPMG, CSC Peat Marwick. D'autres entreprises, d'origine nord-américaine, sont plus spécialisées dans le conseil en stratégie : McKinsey, Booz Allen Hamilton, Arthur D. Little, Boston Consulting Group, Accenture (ex-Andersen Consulting), etc. Quelques sociétés françaises sont présentes sur ce métier : Capgemini, Bossard Consultants, Cegos, Eurequip, Algoé.

2.2. Évaluer les options stratégiques

2.2.1. Qu'est-ce qu'une stratégie ?

La **stratégie** est un mouvement d'ensemble opéré par une entreprise en vue d'atteindre un objectif fixé à l'avance. Elle impose une mobilisation des forces disponibles (technologie, investissements, hommes) ordonnées selon un plan précis : le **plan stratégique**.

Ce choix est risqué car il engage l'entreprise pour une longue période : l'échéance est souvent comprise entre trois et cinq ans. Le marché est le point de rencontre des différentes manœuvres stratégiques effectuées par les concurrents : chaque entreprise cherche à modifier à son avantage, ou à stabiliser, sa position du moment.

2.2.2. Panorama des voies stratégiques disponibles

De même qu'il existe plusieurs niveaux de diagnostic, on répertorie plusieurs niveaux stratégiques : le niveau d'ensemble (plan stratégique général) et le niveau fonctionnel (stratégie marketing, financière, production) qui ajuste le plan global à chaque fonction de l'entreprise. Mais dans la réalité, ces niveaux se chevauchent fréquemment. Aussi nous avons regroupé les stratégies en trois grandes catégories, selon l'optique privilégiée (voir Figure 2.7).

Optique privilégiée	Types de stratégie	Principes et objectifs prioritaires
Mode de réaction face à l'environnement externe	*Innovateur*	Lancer le premier des produits (ou services) incorporant des nouveautés technologiques ou commerciales
	Imitateur ou suiveur	Copier les produits à succès en ajoutant de nouvelles fonctions ou en corrigeant des défauts
	Attentisme	N'agir qu'en dernière extrémité en adoptant les solutions majoritaires du marché
Synergie économique et financière	*Intégration industrielle*	Pénétrer des secteurs d'activité interdépendants ou complémentaires
	Croissance externe	Acquérir des parts de marché par rachat, fusion ou prise de participation dans d'autres firmes
	Réduction des coûts	À qualité égale, obtenir des coûts inférieurs aux concurrents pour maximiser le résultat financier
Couplage produits et marchés	*Portefeuille d'activités*	Rechercher une croissance équilibrée par sélection des activités de l'entreprise
	Segmentation et positionnement	Sélectionner un groupe de consommateurs pour lequel on différencie un produit
	Internationalisation	S'implanter durablement à l'étranger pour conquérir des nouveaux marchés
	Couverture	Développer une gamme de produits couvrant la grande majorité des besoins du marché
	Diversification	Conquérir de nouveaux marchés avec des produits nouveaux

Figure 2.7 : Éventail des choix stratégiques

— Axe n° 1 : Réactivité face à l'environnement

Trois comportements sont possibles par rapport à l'environnement externe.

1. Attendre et défendre

L'environnement est considéré comme une contrainte externe pour laquelle la marge de manœuvre est réduite ou nulle. Si la conjoncture est défavorable, le management attend des jours meilleurs ou appelle à l'aide les pouvoirs publics. Les ajustements stratégiques sont de nature défensive : baisse des prix, licenciements, manifestations corporatistes, pressions protectionnistes.

Dans les années 1970-1980, l'ouverture des frontières a conduit à la faillite bon nombre d'entreprises des secteurs du textile, de la sidérurgie ou de la construction navale : Agache Willot, Usinor, Sacilor, Chantiers Nord-Med, etc. Dans les années 1990, la déréglementation du transport aérien et du secteur bancaire donne d'autres exemples d'entreprises en difficulté : Air Liberté, Air Inter, Crédit Lyonnais, etc. De même, la réticence face à une nouvelle technologie peut se révéler désastreuse. Ainsi, Lip, entreprise prestigieuse de l'horlogerie française, a disparu pour avoir considéré que la technologie du quartz n'était pas un métier d'avenir pour un horloger à image haut de gamme.

Le comportement défensif prend parfois la forme d'action de **lobbying**. Face à un environnement législatif ou économique potentiellement défavorable, les entreprises anticipent en créant des groupes de pression chargés d'exposer et de défendre les intérêts d'une profession. Cette pratique est courante aux États-Unis et admise par l'UE.

2. Suivre et s'adapter

L'entreprise cherche à neutraliser les éléments défavorables de l'environnement, en réagissant chaque fois que cela est possible. Sur le plan technologique, cela consiste à attendre qu'une nouvelle innovation démontre l'existence d'un marché, puis à copier et à enrichir les produits des concurrents déjà présents sur le marché.

Les fabricants de voitures japonaises (Honda, Toyota) ont ainsi, durant les années 1970, imité avec soin les fabricants européens. Mais en plus, ils proposaient en série des accessoires que les Européens n'offraient qu'en option. Dans les années 1990, les constructeurs sud-coréens (Daewoo, Subaru, Hyundai) procèdent de même, en incluant les éléments liés à la sécurité (airbag, ABS) dans le prix de base du véhicule. Depuis le début des années 2000, les constructeurs chinois (Groupes Chery, Jiangling, Changan et Geely) développent une stratégie d'alliance avec des grands constructeurs de l'Europe de l'Ouest et de copie des modèles à succès, assortie d'un prix de vente très bas. En 2008, la SAIC (Shanghai Automotive Industry Corp), le groupe de Shanghai lié Volkswagen et GM, devrait prochainement prendre le contrôle de MG Rover.

Sur le plan de l'environnement législatif ou économique, ce comportement opportuniste se révèle souvent fructueux.

En 1996, de nombreuses OPA ont eu lieu dans le secteur de la grande distribution : Carrefour a acquis 40 % de Cora, Auchan a absorbé les Docks de France. Ces actions sont une réaction aux nouvelles lois contraignant fortement le développement des grandes surfaces en France.

Dans le domaine de l'environnement culturel, c'est probablement la meilleure stratégie, car elle met en pratique l'un des principes fondamentaux du marketing :

s'adapter aux exigences des consommateurs. La difficulté pour l'entreprise consiste à démêler ce qui relève d'une tendance lourde de la société, de ce qui n'est qu'une mode, plus ou moins durable.

Les produits allégés se sont révélé plus une mode qu'un mouvement de fond. En revanche, le marché des produits biologiques semble prêt à décoller. Les lingettes sont maintenant utilisées dans le secteur de la cosmétique et de l'entretien. L'aérosol tente d'investir de nouveaux territoires. Hansaplast a lancé avec succès un pansement en spray en 2003 : présenté comme une « seconde peau », il dépose un film protecteur flexible et transparent qui assure une protection contre les bactéries et les germes. Cette innovation remplace le traditionnel adhésif qui colle à la peau et à la plaie. Mais dans l'alimentaire, au même moment, Nestlé a lancé à grand renfort de publicité une glace à l'italienne en bombe à pulvériser qui s'est soldée par un échec.

3. Innover et attaquer

L'entreprise agit directement sur l'environnement pour créer un état conforme à ses objectifs. La primauté donnée à la maîtrise de la composante technologique définit les entreprises à vocation innovatrice : la stratégie se concentre sur le **management de l'innovation**[11]. Même si la plupart du temps l'innovation vient des grands groupes (IBM, Sony, Philips), les PME ne sont pas forcément exclues de cette voie.

Les concepts de micro-ordinateur et de logiciel (type tableur et traitement de texte) n'ont pas été développés par des grandes entreprises informatiques, mais par de petits groupes d'hommes qui ont ensuite chacun fondé leur entreprise (Microsoft, Apple, etc.). Netscape, logiciel de navigation sur Internet, n'a pas été développé par les leaders, mais par une toute petite entreprise. Firefox, développé par une communauté de fan, lassée des bogues du navigateur Explorer de Microsoft, a connu en succès foudroyant.

— *Axe n° 2 : Synergie économique et financière*

Ces stratégies ont été développées par les économistes industriels. L'entreprise cherche à constituer un groupe puissant sur un ou plusieurs marché(s) voisin(s). Elle se développe en créant une autre entreprise (croissance interne) ou en achetant des parts de marché, c'est-à-dire en prenant le contrôle d'autres firmes (croissance externe). Trois cas sont possibles.

On parle d'**intégration horizontale** si la société créée ou achetée est située sur le même marché que l'entreprise conquérante. L'objectif de cette stratégie est d'atteindre une taille critique minimale, pour bénéficier d'économies d'échelle (baisse du coût unitaire de production résultant de l'augmentation de la production) ou de synergies (avantage lié à la mise en commun de ressources complémentaires : laboratoires de recherche, réseau de vendeurs, etc.).

Le transport aérien est coutumier de ce genre d'opération. En effet, la nécessité d'atteindre une taille critique a donné lieu à de nombreuses opérations d'achat, de mariage ou d'alliance. Ainsi en 2004, à la suite d'une offre publique d'échange, Air France a pris le contrôle de KLM, puis a fusionné. Le rapprochement avec Alitalia a été plus délicat. Initiée

11. Pour aller plus loin, voir Soparnot, R., Stevens, E., *Management de l'innovation*, coll. « Les topos », Dunod, 2007 ; Fernez-Walch, S., Romon, F., *Management de l'innovation : de la stratégie aux projets*, Vuibert, 2006.

en 2001 par un accord commercial, l'alliance a fluctué durant plusieurs années. La fusion revient périodiquement à l'ordre du jour.

L'intégration verticale se produit quand l'entreprise créée ou achetée est située sur des marchés reliés. Elle est qualifiée d'« amont » si l'entreprise vise à contrôler des fournisseurs et d'« aval » s'il s'agit de maîtriser un accès vers les marchés.

Le **conglomérat**, très en vogue dans les années 1970 à 1980, correspond au cas où la société regroupe des entreprises qui exercent leurs activités sur des marchés différents. Mais la pression de l'environnement technologique et la forte lutte concurrentielle qui en a résulté ont conduit les groupes à se recentrer dans les années 1990 sur leurs métiers de base. De nombreuses cessions d'activités jugées non stratégiques ont eu lieu.

Philips a cédé en 1990 toute son activité électroménager à Whirlpool, pour se concentrer sur les métiers de l'image et du son (TV, hi-fi, son, CD, photos, etc.). Le groupe Havas (affichage, agence de publicité, tourisme) s'est intégré horizontalement en acquérant la CEP, spécialisée dans la presse et l'édition (*Le Point*, *L'Expansion*, *L'Express*, *LSA*, etc.), et verticalement en contrôlant la production et la diffusion des images (Canal Plus, CLT). À son tour, en 1997, la Compagnie Générale des Eaux (CGE), devenue Vivendi en 1998, prend 31 % du capital d'Havas. Après avoir acquis une position forte dans le transport et la diffusion des images (fibre optique, satellite), Videndi maîtrise ainsi le contenant (les réseaux) et le contenu (chaînes de télévision, presse, publicité). Ses principales activités sont l'édition et la distribution musicale (avec Universal Music Group), la télévision payante (Groupe Canal Plus), la production cinématographique et télévisuelle, la production de jeux vidéo (Vivendi Games), la téléphonie mobile (avec SFR) et fixe (avec Neuf Cegetel). De son côté, Havas devient Vivendi Universal Publising en 2000, puis est cédée en 2002 à une ancienne filiale de Vivendi, Havas Advertising. La boucle est bouclée !

— Axe n° 3 : Couplage produits et marchés

Ces approches reposent sur une vision globale des marchés où la réflexion stratégique et les décisions marketing sont étroitement mêlées. Elles recherchent une association optimale entre un (ou plusieurs) produit(s) et un (ou plusieurs) marché(s). L'objectif commun est de bâtir un portefeuille de produits avec des marques disposant d'une image forte et (ou) d'une solide part de marché.

Pour atteindre ce but, certaines stratégies donnent la primauté au consommateur (demande) pour déterminer l'approche du marché : nous présenterons ainsi les stratégies de segmentation et de positionnement (chapitre 6), puis les stratégies de marque et relationnelle (chapitre 7). À l'inverse, d'autres approches se focalisent sur l'analyse de la concurrence (offre) et orientent l'entreprise vers les marchés où celle-ci dispose d'un avantage concurrentiel : nous présenterons les principales d'entre elles dans le chapitre 8. Le choix d'une de ces stratégies a des conséquences majeures sur le management des produits (chapitre 10) et sur la fixation des prix (chapitre 11).

2.3. Adopter et mettre en œuvre une stratégie

La fixation d'un objectif global est un préalable à tout choix stratégique. D'une manière générale, les objectifs des entreprises privées oscillent entre deux grandes catégories : développer les ventes (augmenter le chiffre d'affaires, accroître la part de marché) ou maximiser le résultat financier (préserver l'indépendance financière, accroître le revenu des actionnaires). Les entreprises publiques peuvent poursuivre d'autres objectifs, de nature plus sociale : améliorer les conditions de travail et de rémunération, préserver le climat social, etc.

La sélection d'une stratégie impose une confrontation minutieuse des avantages et des risques liés à chaque alternative. Le manager compare chaque option à l'aide d'une batterie de questions.

1. Adéquation aux objectifs : pourra-t-on atteindre les objectifs ? Utilisons-nous nos forces (analyse interne) et bénéficions-nous des opportunités de l'environnement (analyse externe).

2. Faisabilité : pouvons-nous financer sans risque ? Pourrons-nous fabriquer ? Serons-nous crédibles auprès du consommateur ?

3. Acceptabilité : quels sont les risques financiers et humains en cas d'échec ? Quelle est la compatibilité avec la culture actuelle de l'entreprise ? Quels sont les changements imposés ? D'une entreprise à l'autre, le poids des critères varie. La culture et les valeurs des dirigeants de l'entreprise, les ressources financières mobilisables, les technologies maîtrisées conditionnent cette pondération.

La mise en œuvre de la stratégie passe par une planification des ressources. C'est dans cette perspective que s'inscrivent les différents plans des fonctions de l'entreprise : plan financier (emploi/ressources), plan de production (approvisionnement, logistique), plan humain (recrutement, formation, organisation du travail) et plan marketing.

Dans la dernière étape, le plan doit être appliqué par les différents acteurs. C'est le domaine du management des ressources humaines qui doit concevoir un bon système d'information, de motivation et de coordination des hommes. Cette impulsion, du sommet vers la base, est souvent difficile.

III. LES OUTILS DE L'ACTION : LES VARIABLES DU MARKETING MIX

Une fois la ligne de conduite adoptée, l'entreprise dispose d'une panoplie d'instruments qui ont pour but d'assurer une bonne mise en œuvre du volet marketing du plan stratégique. Le marketing mix remplit cette fonction.

3.1. Le marketing mix

Pour atteindre les objectifs fixés, le manager marketing combine, selon un dosage délicat à réaliser, quatre sortes d'outils : les variables du marketing mix. Ces ingrédients de base de l'action marketing sont autant d'armes nécessaires pour une lutte efficace sur un marché. Cette classification, avant tout pédagogique, a été proposée dans les années 1960 par E. Jerome McCarthy, un auteur américain. Comme en anglais toutes ces variables commencent par la lettre P (*Product*, *Price*, *Promotion* et *Place*), elles sont appelées les « 4 P ». Chaque variable se décompose en sousvariables. Nous les recensons dans la Figure 2.8, puis nous en donnons un bref aperçu dans les paragraphes suivants. Nous reviendrons largement sur ces points, dans le cadre du management du marketing mix (voir la quatrième partie de cet ouvrage).

Produit	Prix	Promotion	Distribution
Qualité intrinsèque Gamme de produits Options, tailles, couleurs Garantie Services Conditionnement Packaging	Tarif de base Remises Conditions et délais de paiement	Publicité Promotion des ventes Relations publiques Sponsoring et mécénat	Canaux de distribution Logistique Merchandising Force de vente

Figure 2.8 : Les variables du marketing mix : les « 4 P »

3.2. Sommaire de la variable produit

La **qualité intrinsèque** d'un produit représente son niveau de qualité technique réelle, mesurable à l'aide d'une échelle physique admise par tous. Elle est fonction du savoir-faire technologique de l'entreprise et du choix stratégique retenu.

Un lave-vaisselle consomme vingt litres d'eau, nécessite 1,8 kilowattheure d'énergie pour un temps de lavage de soixante-quatorze minutes ; sa cuve est en acier inoxydable monobloc de deux millimètres d'épaisseur.

L'entreprise fabrique rarement un produit unique. La référence de base (« moyenne gamme ») donne souvent naissance à une version plus élaborée (le « haut de gamme ») ou, au contraire, plus dépouillée (le « bas de gamme », appelé « entrée de gamme »). Cette collection forme une **gamme**, gérée par le chef de produit.

La Clio III de Renault, commercialisée en septembre 2005, offre une gamme articulée autour de quatre niveaux d'équipements et de quatre ambiances. Les quatre niveaux d'équipements sont baptisés Pack (entrée de gamme), Confort (moyenne gamme inférieure), Confort Pack Clim (moyenne gamme supérieure) et Luxe (haut de gamme). Le client a en outre la possibilité de créer « son » ambiance spécifique, indépendamment du niveau d'équipement choisi. Il s'agit d'éléments de confort, d'esthétique qui contribuent, tout comme la décoration d'une maison, à personnaliser le véhicule acheté. Les quatre ambiances adoptent les appellations « Authentique », « Expression », « Dynamique » et « Privilège ». Enfin, la puissance du moteur, qui autrefois déterminait le niveau de gamme, devient un simple élément de choix. Finalement, chaque client construit sa propre version en choisissant un niveau d'équipement, une ambiance et une motorisation. Deux à trois niveaux d'équipements et trois ambiances au moins sont disponibles avec chaque moteur.

La **garantie** d'un produit est exprimée en durée (mois, années) ou en fonction de l'utilisation (kilométrage, nombre de pièces produites, etc.) ; elle est gratuite ou payante. Il en va de même pour le service après-vente (livraison, installation, maintenance, pièces détachées).

Les **services** représentent l'ensemble des éléments qui facilitent la relation entre le client et l'entreprise : service après-vente, service consommateur, programme de fidélité, etc.

Le **conditionnement** désigne la façon de présenter le produit au point de vente (bières en boîte, bouteille, pression) et le mode de fractionnement de ces unités (bières par packs de six, dix, douze, etc.). Lorsqu'il n'existe pas, on parle de vente en vrac : c'est le cas des produits frais vendus en tas (fruits, légumes) ou à la découpe (fromage, viande). L'**emballage** est indissociable du conditionnement : c'est la nature physique du contenant du produit : par exemple, le vin est vendu dans une bouteille en verre, en plastique, en carton ; on pourrait aussi imaginer d'autres contenants : cannette d'aluminium, porcelaine, pichet en bois ou en étain, etc.

Le **packaging** regroupe le conditionnement, l'emballage et l'attractivité sensorielle suscitée par une forme spécifique du produit. Par exemple, la forme et l'esthétique particulières (le « design ») d'une bouteille en verre, associées à un graphisme original, à un toucher « velours » et à un visuel multicolore, suggéreront un vin pétillant, chatoyant, simple, à servir plutôt à l'apéritif, entre amis.

3.3. Sommaire de la variable prix

Le tarif de base de la gamme s'applique à tous les acheteurs des produits de l'entreprise. Un certain nombre de remises, qui sont souvent fonction du volume de la vente, viennent minorer le prix de base du produit.

Un fabricant doit suivre deux sortes de prix : le *prix de vente facturé au distributeur* et le *prix de vente public* facturé au consommateur final. Le prix distributeur détermine le chiffre d'affaires de l'entreprise ; il est directement contrôlable par le fabricant. Le prix public est librement fixé par le distributeur (mais ne peut être inférieur à son prix d'achat) ; tout au plus, le fabricant peut conseiller à son distributeur un niveau de prix public. Pourtant, le suivi du prix public est important pour le fabricant : il détermine la marge moyenne du distributeur et contribue à la formation de l'image de marque pour le consommateur final. Plusieurs techniques existent pour contrôler à distance ce prix public.

Le paiement d'un produit se fait soit au comptant, soit à crédit. Pour les distributeurs, le règlement comptant est assorti d'une remise particulière (l'escompte) ; les conditions usuelles de règlement se calculent en jours : crédit de trente, soixante ou quatre-vingt-dix jours. Le crédit gratuit au consommateur est assimilable à une opération de promotion.

3.4. Sommaire de la variable promotion

Cette variable est souvent appelée « communication », parce que ces techniques ont un but commun : communiquer avec un acheteur potentiel (distributeur ou consommateur final).

La publicité forme la branche la plus connue. Elle nécessite l'achat d'un emplacement payant dans un des six grands **médias** de communication : télévision, presse, radio, Internet, affichage extérieur et cinéma. L'évolution majeure de ces dernières années est la montée en puissance d'Internet en tant que média de communication : il est passé en 2007 au quatrième rang en termes de part de marché des investissements publicitaires et pourrait devancer la radio d'ici peu. Chaque média se décompose en plusieurs **supports**. Ainsi le média télévision en regroupe six grands : TF1, France 2, France 3, Arte/France 5, M6, Canal Plus. Depuis 1997, cette offre s'est considérablement enrichie grâce aux satellites et à l'entrée de trois opérateurs (TPS, AB Sat, Canal Plus Satellite). Chacun d'entre eux dispose d'un « bouquet » de trente à soixante chaînes numériques à péage. Depuis 2005, l'arrivée des chaînes de la télévision numérique terrestre (TNT) élargit encore la palette des supports disponibles. La ventilation du budget publicitaire d'une entreprise, entre l'ensemble des supports publicitaires, constitue le **plan média** de la campagne publicitaire. La publicité sur le lieu de vente (PLV) est une forme particulière de publicité : les affiches en relief, les présentoirs originaux, si possible bien placés en vitrine ou dans les rayons, ont pour but de rappeler au consommateur la présence de la marque au point de vente.

Les techniques de **promotion des ventes** sont nombreuses. On distingue : les concours (« Gagnez une semaine au Maroc »), les primes de fidélité (« Un disque laser pour 50 points »), l'animation sur le lieu de vente (« L'anniversaire d'un centre commercial »), l'essai gratuit (« Essayez pendant un week-end cette voiture ») et les échantillons de produit. Une autre technique, très souvent utilisée, complète ce dispositif : les remises exceptionnelles. Il ne faut pas les confondre avec les remises liées au tarif de base, qui font partie de la variable prix. Il s'agit d'opérations temporaires (par exemple, du 1er au 15 janvier) de réduction sur le prix de vente. Les coupons de réduction, les offres spéciales (« + 15 % gratuit »), la vente par lots (« 3 pour le prix de 2 ») entrent dans cette catégorie.

Les **relations publiques** consistent à entretenir de bonnes relations avec des personnes dont les avis ont un poids important : journalistes, vedettes, notabilités, etc. L'objectif est de faire parler, en bien, de l'entreprise ou de ses produits ; ou encore d'influencer le cours de décisions politiques, économiques, jugées importantes pour le développement de l'entreprise. Dans ce dernier cas, on parlera plutôt de lobbying.

Le **sponsoring** et le **mécénat** visent à parrainer une manifestation (sportive, culturelle, caritative, etc.). Dans le cas du sponsoring, le nom de l'entreprise ou de la marque apparaît de façon visible : c'est une forme d'achat d'un espace publicitaire sur une personne ou sur un objet. Pour le mécénat, la présence de marques est plus discrète, voire absente ; l'effet de communication est essentiellement obtenu par le biais des relations publiques, qui relayent l'action en associant le nom de l'entreprise à l'événement.

3.5. Sommaire de la variable distribution

Avant de parvenir au consommateur, un produit passe par différentes catégories d'intermédiaires, appelées **canaux de distribution**. L'ensemble des canaux sélectionnés par une entreprise pour écouler ses produits forme le **circuit de distribution.** Selon le nombre d'intermédiaires par lesquels le produit transite, on parle de circuit long ou court.

On assiste depuis une vingtaine d'années à un raccourcissement des circuits, favorisé par le développement des techniques de la **vente directe**, qui sont les piliers des stratégies de **marketing direct**. La **vente** se fait **à distance**, en utilisant différents canaux ou médias pour communiquer avec le consommateur : le catalogue, le mailing, la télévision (téléachat), le téléphone (phoning, SMS), **Internet**. Le développement foudroyant de ce dernier canal depuis le début des années 2000 a donné lieu à de nouvelles stratégies, dénommées « **e-marketing** ». Dans tous ces cas, le circuit de distribution utilisé pour diffuser les produits est extra-court, puisque le produit est commandé directement au producteur par le consommateur, par l'intermédiaire d'une simple lettre postale, du téléphone ou d'Internet (e-mail ou commande sur un site Web).

La Figure 2.9 montre que les circuits de distribution de ce fabricant de shampooings se composent de quatre canaux : les pharmacies, les coiffeurs, les grandes surfaces et la vente à distance (Internet, catalogue). Les trois premiers canaux forment le circuit long (deux étapes entre le producteur et le consommateur), le dernier (vente à distance) est qualifié d'extra-court.

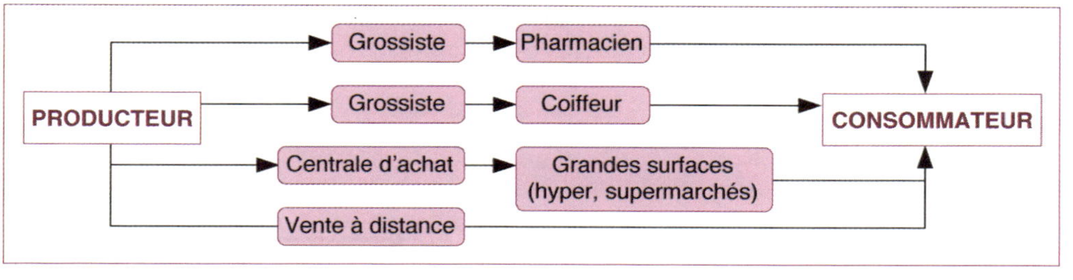

Figure 2.9 : Exemple de circuits et de canaux de distribution pour un shampooing

La **logistique** externe couvre l'ensemble des opérations de stockage des produits finis, puis le transport et la livraison, de la sortie de l'usine jusqu'au premier intermédiaire d'un canal. Ces opérations peuvent être sous-traitées.

Le **merchandising** désigne les techniques de mise en avant du produit sur le point de vente : choix de l'emplacement, agencement du rayon, etc.

L'ensemble des vendeurs d'une entreprise constitue sa **force de vente**. En relation directe avec les distributeurs, les vendeurs sont à la fois un important vecteur pour la promotion des produits et une composante majeure de la variable distribution.

IV. MISSIONS ET ORGANISATION DE LA FONCTION MARKETING

L'application des outils du marketing s'inscrit dans un cadre plus large – le marketing stratégique – et selon des principes de fonctionnement qui découlent de la structure adoptée par l'entreprise.

4.1. Marketing stratégique, marketing opérationnel

Le **marketing stratégique** poursuit une quadruple mission : détermination des marchés (consommateurs et produits) sur lesquels l'entreprise doit faire porter ses efforts, orientation de la création du produit (identification des attentes prioritaires des consommateurs), choix de la stratégie marketing pour atteindre les objectifs et planification des actions à mettre en œuvre. Finalement la réflexion se focalise sur une question majeure : comment mieux satisfaire le consommateur que les concurrents ? En outre, la stratégie marketing idéale doit conduire à l'obtention d'un avantage durable sur la concurrence. Les stratégies de segmentation, de positionnement, de marque et relationnelle s'inscrivent dans cette perspective.

Le **marketing opérationnel** applique le plan prévu. Ces actions sont proches du terrain : réalisation d'une campagne de publicité, test d'un produit auprès de consommateurs, choix des distributeurs, vente et négociation avec les centrales d'achat, mise en place d'une opération de promotion des ventes, suivi et fidélisation de la clientèle, etc. En d'autres termes, la mission quotidienne du marketing opérationnel est d'appliquer concrètement les choix prévus par le marketing mix.

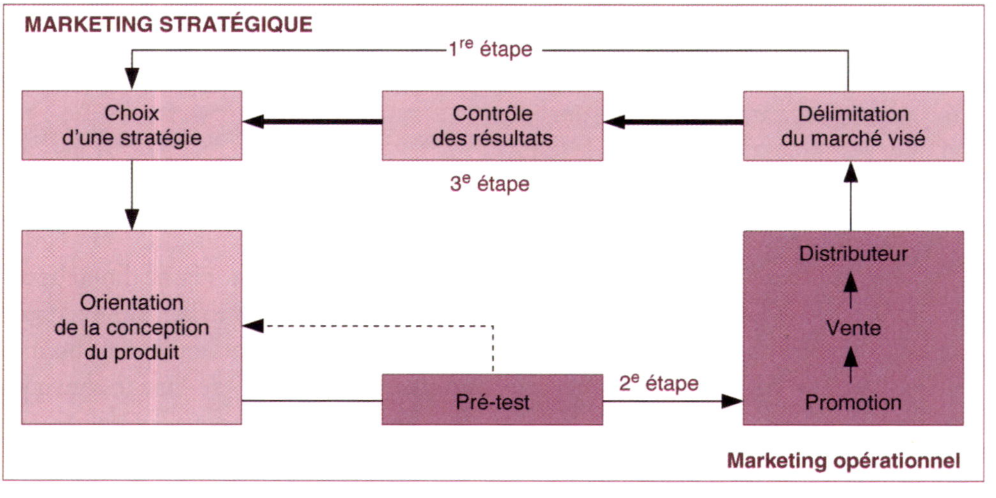

Figure 2.10 : Marketing stratégique et marketing opérationnel

La Figure 2.10 retrace ces différences. Elle est une bonne illustration des principes du *marketing interactif* présentés dans le chapitre précédent : c'est logique, puisque l'essence même de la mission marketing repose sur un mouvement perpétuel d'ajustement entre les attentes des consommateurs, par nature évolutives, et la conception de produits ou services conformes à celles-ci. Le marketing stratégique formalise, planifie les actions, contrôle régulièrement les résultats obtenus, et, au besoin, prend des mesures correctrices. Le marketing opérationnel, directement en contact avec le terrain (distributeurs, consommateurs), applique ces décisions.

4.2. Marketing et organigramme d'une entreprise

Comme toutes les autres fonctions nécessaires à la gestion d'une entreprise, le marketing s'exerce dans le cadre d'une **organisation**, c'est-à-dire, un groupe de personnes (entreprise, administration, association, syndicat) qui partage un but commun et évolue selon un mode de fonctionnement spécifique. La structure de l'organisation précise les règles de conduite : division et répartition des tâches, responsabilités, systèmes de communication, modalités pour la prise de décision, contrôle, etc. L'**organigramme** est un schéma synthétique qui indique d'un seul coup d'œil qui est responsable de quoi dans l'entreprise.

Un bon moyen d'apprécier le degré de maturité marketing d'une entreprise est d'observer la place allouée à la fonction marketing dans l'organigramme. Historiquement, on observe une évolution en trois étapes, analogues aux trois conceptions du marketing présentées dans le chapitre précédent.

4.2.1. Étape 1 : la conception intuitive

La Figure 2.11 montre que la fonction marketing n'existe pas. Dans cette optique, seule la vente est considérée comme nécessaire au succès commercial des produits.

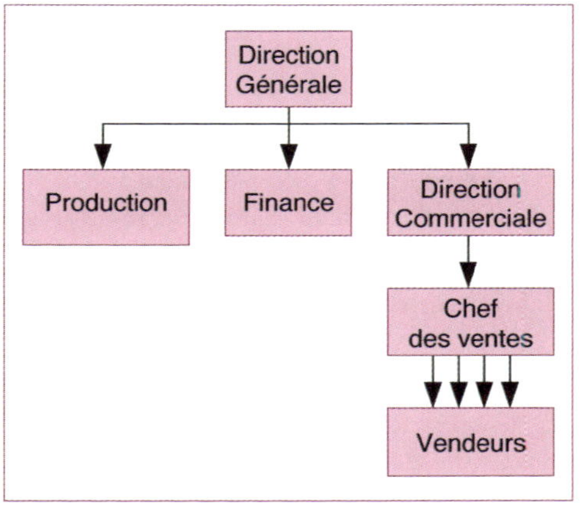

Figure 2.11 : Organigramme d'un marketing intuitif

4.2.2. Étape 2 : la conception anticipative

Le marketing fait d'abord une timide apparition au sein de la fonction commerciale ; puis, progressivement, sa reconnaissance s'accentue : un poste de directeur marketing est créé. Ce dernier gère une équipe qui, peu à peu, s'étoffe : chargé d'études, chef de produit, chef de publicité. Mais hiérarchiquement, le marketing reste sous les ordres du directeur commercial.

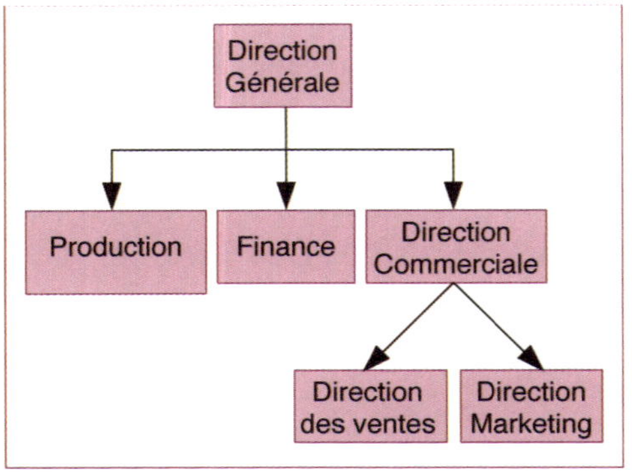

Figure 2.12 : Organigramme d'un marketing anticipatif

4.2.3. Étape 3 : la conception interactive

Ce dernier stade consacre la prédominance du marketing sur la fonction commerciale. Dans le cas d'une entreprise fabriquant plusieurs produits, cette étape s'accompagne fréquemment d'un bouleversement de l'organisation de l'entreprise. On passe alors d'une organisation par grandes fonctions (production, finance, commerciale) à une organisation par lignes de produits (souvent appelées divisions produits).

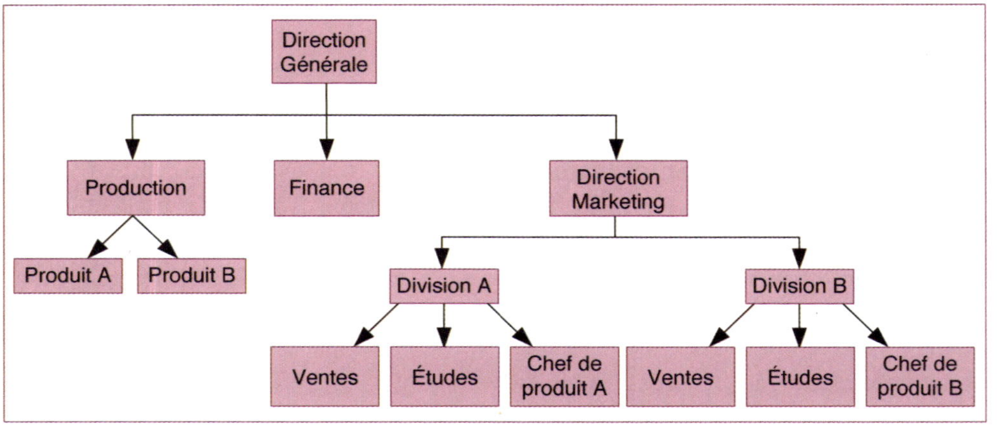

Figure 2.13 : Organigramme d'un marketing interactif

4.3. Quelques métiers du marketing

La fonction marketing comporte plusieurs métiers. Nous en présenterons ici trois, particulièrement importants.

4.3.1. Directeur marketing

Il détermine les choix du marketing stratégique, fixe les objectifs globaux de vente ; il coordonne et contrôle les différents plans marketing lorsqu'il y a plusieurs chefs de produits. Le profil de formation varie suivant le type de produit : origine commerciale ou marketing pour les biens de grande consommation (lessive, alimentaire, etc.), et formation ingénieur pour les biens d'équipement (fournitures industrielles, machines-outils, télécommunication, réseaux, etc.). Préalablement à ce poste, le directeur marketing a généralement eu une expérience d'une dizaine d'années en tant que chef de produit ou de groupe. Une étude du cabinet Maesina International

Search Hewitt Associates donnait en 2007 un salaire médian brut annuel de 105 000 euros. De son côté, le cabinet de recrutement Michael Page publie chaque année une étude des salaires des fonctions marketing et commerciales sur son site Web (www.michaelpage.fr). Les rémunérations varient sensiblement selon le secteur d'activité et le chiffre d'affaires de l'entreprise et l'ancienneté dans la fonction. Par exemple, dans le secteur des services, la fourchette oscillait entre 81 000 euros et 146 000 euros annuels bruts en 2007 (voir Figure 2.14).

	Transport Express Logistique	Hôtellerie, Tourisme, Restauration Loisirs	Service aux entreprises	Environnement industriel ou technique
Minimum	81 100	75 100	81 300	83 200
Moyenne	108 650	144 400	111 150	108 350
Maximum	121 350	133 450	146 450	141 250

Figure 2.14 : Les rémunérations annuelles brutes d'un directeur marketing (secteur des services) – Salaire en K€

4.3.2. Chef de produit

Sa mission varie sensiblement d'une entreprise à l'autre. D'une façon générale, son métier consiste à analyser, puis à traduire les attentes du marché en recommandations pour la fabrication du produit. Ces orientations sont regroupées dans un cahier des charges, transmis au service de Recherche et Développement de l'entreprise. Le chef de produit conçoit le marketing mix de son produit ; il précise aux vendeurs à qui et comment il convient de vendre son produit. Le chef de produit est l'homme-orchestre du marketing opérationnel.

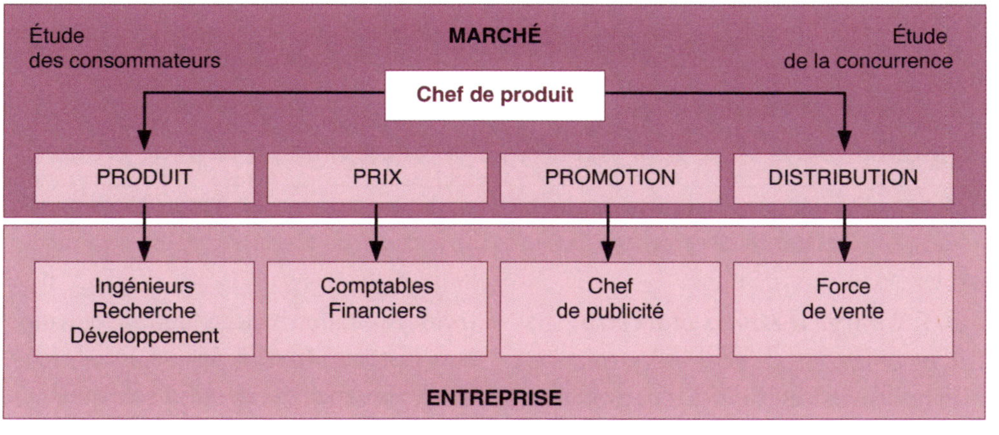

Figure 2.15 : La fonction chef de produit

La difficulté du métier réside dans le fait que le chef de produit est responsable du succès commercial de son produit, bien qu'il ne le vende pas directement. Son rôle consiste à négocier et à coordonner un ensemble de partenaires, pour assurer le succès final du produit : les financiers pour la fixation du prix de vente, les ingénieurs pour le développement et la fabrication, les commerciaux pour la vente (voir Figure 2.15).

Il est possible de faire carrière dans cette fonction : on débute comme assistant, puis chef de produit, et enfin chef de groupe. Ces cadres ont en moyenne 30 à 35 ans ; la tendance est à la féminisation du métier. Ces postes sont d'excellents tremplins vers des responsabilités de direction marketing ou commerciale, voire de direction d'une division produit. Les diplômés des grandes écoles commerciales sont majoritaires, mais les diplômés des écoles d'ingénieurs sont bien représentés. On peut débuter directement dans la fonction chef de produit, à condition de disposer d'une brève expérience professionnelle. Les stages de longue durée en entreprise (six mois), effectués à un niveau mastère (Bac + 5) à un poste équivalent à celui d'assistant chef de produit, permettent d'acquérir cette première expérience. Mais la plupart du temps, le chef de produit est passé par la fonction commerciale ou comme assistant chef de produit durant un à deux ans. Les salaires bruts annuels médians étaient en 2007 de 36 000 euros pour un assistant chef de produit, 49 700 euros pour un chef de produit, 73 000 euros pour un chef de groupe (source Maesina International Search). Mais, comme pour la fonction de directeur marketing, les chiffres varient assez sensiblement selon le secteur d'activité et selon l'ancienneté dans la fonction. La Figure 2.16 montre que, par exemple dans le secteur de la grande consommation, les rémunérations varient de 33 000 euros à 51 000 euros.

	CA < 75 M€	75 M€ > CA < 200 M€	CA > 200 M€
Minimum	33 050	36 200	42 700
Médian	37 400	41 400	46 450
Maximum	40 150	47 650	51 000
			Source : Michael Page (2007)

Figure 2.16 : Les rémunérations annuelles brutes d'un chef de produit (secteur de la grande consommation)

4.3.3. Chargé d'études marketing

Il a pour mission de réaliser les études de marché demandées par le chef de produit ou la direction marketing, voire encore la direction de la communication. Assez fréquemment, le chargé d'étude ne réalise pas lui-même ces études, mais confie leur réalisation à un institut d'étude spécialisé. Dans ce cas, il a la responsabilité de définir les questions d'étude, de mettre en concurrence différents instituts et de choisir celui qui réalisera l'étude. Il est aussi responsable de la construction et du suivi du tableau de bord marketing (part de marché, chiffre d'affaires, évolution de la demande, satisfaction de la clientèle, etc). Son salaire médian était de 43 000 euros en 2007. Cette fonction s'est fortement féminisée. Les formations universitaires (mastère marketing) sont largement majoritaires dans cette profession. Une étude du Syntec Études et Opinion réalisée en 2003 montrait que 60 % des chargés d'études avaient un troisième cycle universitaire (mastère 2), 18 % un diplôme d'école de commerce et 15 % une maîtrise universitaire (mastère 2).

SYNTHÈSE DU CHAPITRE

L'entreprise évolue dans un environnement complexe : elle doit apprécier ses forces et ses faiblesses (métier, hommes, finances), évaluer les menaces et les opportunités externes (technologie, économie, culture, lois) avant de formuler une stratégie. Ce travail impose au préalable l'établissement d'un diagnostic et l'évaluation minutieuse des diverses options stratégiques envisageables. Une fois le choix effectué, la mise en œuvre de la stratégie s'opère selon un plan d'action.

De son côté, le manager marketing intervient en élaborant un dosage délicat entre quatre sortes d'outils (appelés les « 4 P », c'est-à-dire Produit, Prix, Promotion et Distribution) qui constituent le marketing mix de l'entreprise. Ces choix s'inscrivent dans le cadre des orientations stratégiques fixées par le directeur marketing. L'objectif prioritaire est de satisfaire mieux le consommateur que les concurrents. Le chef de produit construit et met en œuvre le marketing mix pour sa gamme de produits. Ces missions sont de nature plus opérationnelles.

BIBLIOGRAPHIE D'APPROFONDISSEMENT

Ces ouvrages approfondissent l'un ou l'autre des aspects du chapitre. Leur lecture permet d'acquérir une bonne culture en matière de stratégie et d'organisation d'entreprise, ce qui est toujours profitable au manager marketing.

(1) Bojin, J., Schoettl, J.-M., *Les outils de la stratégie*, Éditions d'Organisation, 2005.

(2) Collectif, *Strategor : Politique générale de l'entreprise*, Dunod, 2005, 4e éd.

(3) Desreumaux, A., Lecocq, X., Warnier, V. *Stratégie*, Pearson Education, 2006.

(4) Fernez-Walch, S., Romon F., *Management de l'innovation*, Vuibert, 2006.

(5) Garibaldi, G., *Analyse stratégique*, Éditions d'Organisation, 2007, 3e éd.

(6) Helfer, J.-P., Kalika, M., Orsoni, J., *Management : stratégie et organisation*, Vuibert, 2006, 6e éd.

(7) Kratiroff, H., *Fonction chef de produit*, Dunod, 2008, 5e éd.

TEST DE CONNAISSANCES

Choisir une seule réponse par question :

Q1 – Le diagnostic se fait :

(1) avant l'analyse des forces et des faiblesses ;
(2) après l'analyse des forces et des faiblesses ;
(3) après le choix d'une stratégie ;
(4) après l'évaluation des choix stratégiques.

Q2 – Le cahier des charges, rédigé par le chef de produit, indique :

(1) un résumé des points forts et faibles du produit ;
(2) un plan de production du produit à respecter ;
(3) les problèmes à résoudre pour satisfaire le consommateur ;
(4) le coût total des charges de fabrication et de commercialisation.

Q3 – Le merchandising est une variable du marketing mix, qui a pour but de :

(1) offrir une réduction de prix au consommateur ;
(2) mettre en avant la marque au point de vente ;
(3) améliorer la qualité intrinsèque du produit ;
(4) marchander les conditions de vente en grande surface.

Q4 – La veille technologique, c'est :

(1) suivre les nouvelles technologies dans le même secteur d'activités que celui de l'entreprise ;
(2) suivre les nouvelles technologies dans les secteurs d'activités voisins du métier de l'entreprise ;
(3) suivre les nouvelles technologies dans des secteurs d'activités identiques, proches ou éloignés du métier de l'entreprise ;
(4) acheter ou vendre une nouvelle technologie.

Q5 – Déposer un brevet pour la France coûtera la première année :

(1) 200 euros ; (2) 1 000 euros ; (3) 35 euros ; (4) 100 euros.

Q6 – Le marketing stratégique a pour but de :

(1) vendre des produits moins chers que la concurrence ;
(2) adopter une stratégie d'innovation systématique ;
(3) privilégier une stratégie de diversification des marchés de l'entreprise ;
(4) acquérir un avantage durable sur la concurrence.

Q7 – La réduction temporaire du prix d'un produit fait partie de la variable du marketing mix :

(1) produit ; (2) prix ; (3) promotion ; (4) distribution.

Q8 – Le packaging est équivalent aux :

(1) conditionnement, emballage et attractivité sensorielle ;
(2) conditionnement et emballage ;
(3) emballage et attractivité sensorielle ;
(4) esthétique visuelle de l'emballage et du conditionnement.

Q9 – La durée maximale de protection d'un brevet est de :

(1) dix ans ; (2) quinze ans ; (3) trente ans ; (4) cinquante ans.

Q10 – Un marketing interactif se traduit par une organisation :

(1) par produit ou par marché ;
(2) par fonction ;
(3) par secteur de ventes ;
(4) par zone géographique de vente.

Réponses du test :

Q1 = 2 ; Q2 = 3 ; Q3 = 2 ; Q4 = 3 ; Q5 = 3 ; Q6 = 4 ; Q7 = 3 ; Q8 = 1 ; Q9 = 4 ; Q10 = 1.

Partie 2

L'information marketing

Chapitre 3

Les décisions du consommateur

Nous entrons dans la deuxième partie de cet ouvrage : il s'agit ici de « comprendre », étape indispensable avant la décision marketing. Ce chapitre, centré sur la compréhension des mécanismes utilisés par le consommateur pour opérer ses choix, vous semblera peut-être un peu ardu. Pourtant, il constitue un point de passage obligé pour justifier une décision stratégique (troisième partie) et pour manager de manière cohérente les différentes variables du marketing mix (quatrième partie). Néanmoins, vous pouvez le mettre de côté, puis le reprendre après la lecture complète de l'ouvrage.

Ce chapitre considère que le consommateur est autonome dans ses décisions de choix. En d'autres termes, l'individu ne subirait pas d'influences en provenance de son entourage. Par souci pédagogique, nous ignorerons ces dernières dans un premier temps. En revanche, nous les intégrerons dans le chapitre 4 et verrons comment elles modifient, plus ou moins fortement, les décisions individuelles du consommateur.

Au terme de ce chapitre, vous saurez :

- *comprendre les différentes représentations du consommateur et leurs implications marketing ;*
- *pourquoi le consommateur choisit une marque plutôt qu'une autre ;*
- *maîtriser les fondations théoriques essentielles qui légitimeront les choix marketing.*

Vous pouvez entrer dans ce chapitre par n'importe quel paragraphe. Vous aurez un aperçu des différentes théories qui irriguent la discipline « comportement du consommateur », appelée « consumer behaviour » par les Anglo-Saxons. Chacune s'inscrit dans un paradigme majeur (c'est-à-dire un grand courant de pensée scientifique commune) qui structure le domaine.

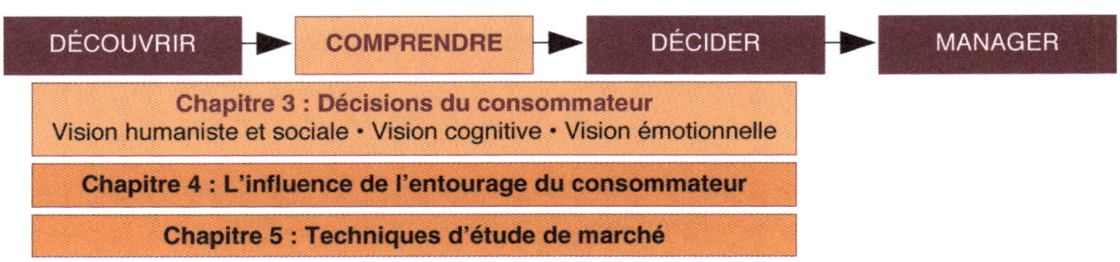

Figure 3.0 : Plan du chapitre

MOTS CLÉS : *Acquisition d'information, appropriation, attitude, émotion, expérience, fidélité, implication, motivation, satisfaction, sensation, traitement d'information, valeur.*

I. LE CONSOMMATEUR : VISION HUMANISTE ET SOCIALE

Nous allons successivement développer les visions psychanalytique et psychologique, économiste et gestionnaire, puis enfin sociale et culturelle.

1.1. Vision psychanalytique et psychologique

1.1.1. Personnalité et concept de soi

— *Personnalité*

Elle occupe une place centrale en psychologie et en psychanalyse. La personnalité renvoie à la manière dont on pense, analyse et réagit face à des sollicitations internes (ce qui se passe en nous) ou externes (ce que nous percevons dans notre environnement). L'hypothèse sous-jacente est que la personnalité est suffisamment stable pour que, face à des situations similaires, l'individu réagisse de façon identique, donc prévisible. D'autre part, il serait possible d'identifier des grands « types » de personnalité, appelés « traits de personnalité », regroupant des hommes ayant les mêmes caractéristiques.

Les psychologues se sont attachés à définir les contours et les dimensions de la personnalité. De nombreux inventaires ont été proposés pour cerner, de manière plus ou moins exhaustive, les différents traits de la personnalité humaine. Le plus populaire, le modèle « OCEAN », décrit la personnalité en cinq dimensions (voir Figure 3.1). Connu sous le nom des « *Big Five* », il a été initié par Goldberg[1]. Les dimensions sont décrites par différents termes, fortement corrélés avec chacune d'entre elles : les composantes renvoient à l'intellect, au travail, à la puissance, à l'amour, à l'affect.

Dès les années 1950, on a supposé que la personnalité d'un individu orientait ses choix : l'acheteur privilégierait les produits ou les marques qui correspondent à sa personnalité. L'homme marketing conçoit un produit conforme aux différents types de personnalité visés : un acheteur extraverti préfère des marques voyantes, bien évaluées par son entourage ; un acheteur consciencieux privilégie des marques robustes, bien conçues et fiables.

Pourtant, les résultats d'une étude, menée en 1959 aux États-Unis auprès d'acheteurs de Cadillac et de Chevrolet, étaient plutôt négatifs[2]. Ils montraient que la personnalité des acheteurs d'une Chevrolet et d'une Ford, mesurée par le test EPPS d'Edwards, n'était pas véri-

1. Goldberg, L. R., « An alternative description of personality : the Big Five factor structure », *Journal of Personality and Social Psychology,* 59, 6, 1990, pp. 1216-1229.
2. Evans, F.B. « Psychological objective factors in the prediction of brand choice: Ford versus Chevrolet », *Journal of Business*, 32, octobre 1959, pp. 340-369.

tablement différente, sauf pour quelques traits mineurs. De surcroît, la capacité des traits de personnalité à prédire le choix de la marque était à peine meilleure qu'un choix au hasard ; à l'inverse, l'âge ou le revenu permettaient de prédire correctement 70 % des choix.

Ouverture	Consciencieux	Extraversion	Amabilité	Neurotisme([a])
Imaginatif Audacieux Originalité Curiosité intellectuelle	Confiance Ordonné Scrupuleux Ponctuel Soigné	Expansif Sociable Sens du contact Ludique Affectueux	Douceur Coopératif Indulgence Bon caractère Sympathique	Équilibre Calme Optimisme Confiance en soi

([a]) « Neuroticism » en anglais ; ce terme évalue la stabilité émotionnelle, c'est-à-dire, la capacité à gérer de manière positive ou négative des troubles affectifs.

Figure 3.1 : Les cinq dimensions de la personnalité selon le modèle « OCEAN »

Aujourd'hui, les recherches ont progressé. Elles montrent que si on peut raisonnablement considérer que la marque possède une personnalité, seuls certains traits de la personnalité humaine sont transposables et intéressants pour une stratégie de marque.

Les psychanalystes s'intéressent plutôt à la dynamique de la personnalité, c'est-à-dire à sa capacité d'ajustement aux stimuli internes et externes. La personnalité est influencée par les conflits qui se déroulent dans les différents « systèmes » psychiques. La Fiche technique 3.1 présente les grandes lignes de la personnalité pour Sigmund Freud, Alfred Adler et Carl Gustav Jung, trois figures majeures de la psychanalyse.

FICHE TECHNIQUE

3.1. Freud, Adler et Jung

1. Sigmund Freud : la personnalité s'organise autour de trois systèmes

Freud est considéré comme « l'inventeur » la psychanalyse. Pour ce dernier, la personnalité s'organise autour de trois systèmes : l'inconscient, le préconscient et le conscient. Le passage entre ces instances est soumis à une censure qui arbitre entre ce qui est accepté et ce qui est refoulé par le sujet. Le « ça », domaine du plaisir et de l'inconscient, est le réservoir des pulsions archaïques : c'est « *une marmite pleine d'émotions bouillantes* », dont les pulsions sexuelles constituent la principale nourriture. Le « sur-moi » se forme durant l'enfance par l'éducation. Il représente les valeurs morales et la culture de la société à laquelle l'individu appartient : c'est le domaine du conscient et de la perception du monde extérieur ; le sur-moi inhibe les pulsions du ça. Enfin le « moi », stade du préconscient, est l'intermédiaire entre le sur-moi et le ça. Il gère les besoins en prenant des décisions qui conduisent à la satisfaction ou au refoulement des pulsions et besoins initiaux.

Source : Weinberg, A., « Comment Freud a inventé la psychanalyse », *Sciences Humaines* n° 113, février 2001, p. 29.

Les trois instances du psychisme freudien

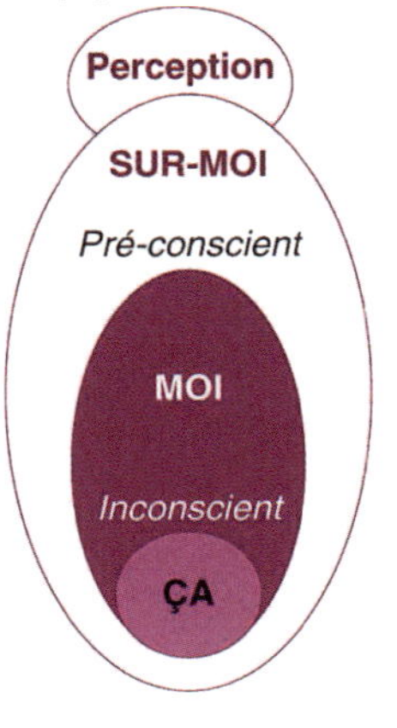

2. Alfred Adler : la personnalité est structurée par les rapports sociaux

Adler est un contemporain de Freud. Pour lui, l'instinct sexuel n'est pas le moteur déterminant du comportement humain. L'homme est gouverné par des pulsions sociales qui se concrétisent par un style de vie et une recherche de rapports de coopération. L'homme combat pour la supériorité et pour vaincre les sentiments d'infériorité, particulièrement ressentis durant l'enfance. L'accent est mis sur la dimension sociale et les rapports avec l'entourage. Le comportement résulte d'arbitrages entre des pulsions primaires, expression d'un manque ou d'un état d'infériorité (physique ou psychologique) et des pulsions supérieures qui visent à compenser, sous une forme plus agressive ou créative, le déséquilibre constaté. Cet équilibre est difficile à atteindre et à maintenir : les défauts de la personnalité sont une déficience de l'adaptation. Si le sentiment de l'état d'infériorité est permanent, on entre dans le domaine de la névrose du « complexe d'infériorité » ; le symétrique est le « complexe de supériorité », qui est une forme de surcompensation agressive (culte du héros, abus de pouvoir, etc.). Par exemple, le choix d'un métier, d'un bijou, d'une voiture ou d'une maison peut exprimer le besoin de se sentir supérieur aux autres.

3. Carl Gustav Jung : la personnalité comme reflet de l'âme

Structure de la psyché jungienne

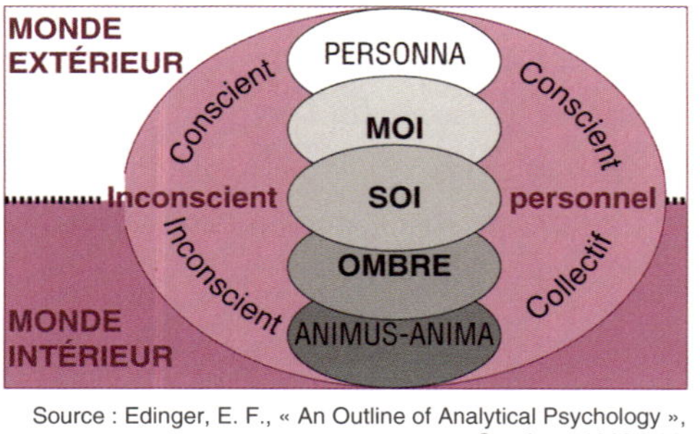

Source : Edinger, E. F., « An Outline of Analytical Psychology », *Quadrant*, 1968, n° 1

Jung a été le grand rival de Freud. Leurs théories se sont d'abord enrichies mutuellement, puis ont nettement divergé. Un désaccord majeur porte sur les mécanismes du refoulement. Jung développe une vision de la personnalité plus philosophique et mystique ; il explore les profondeurs du « monde de l'âme ». Sa vision de l'homme est plus optimiste que celle de Freud, car la perturbation psychologique est pour Jung une chance à saisir pour élargir sa personnalité. Sa pensée, complexe et touffue, contient de nombreux germes qui alimenteront les théories postmodernes, tels que l'intérêt pour la globalité — le « *holisme* » — et les phénomènes d'opposition et de complémentarité : l'individu et le cosmos, l'individualisme et l'universalisme, l'âme et la matière. La structure de la personnalité, appelée *psyché,* est formée de plusieurs cercles. La « *persona* », masque construit par les règles de l'entourage, est le reflet idéal de l'individu, censé répondre aux attentes de la collectivité ; elle protège le moi des regards indiscrets. Le « moi » possède un pouvoir propre, celui des sentiments et des pensées personnelles que nous taisons, s'ils s'avèrent contraires à nos projets et intentions véritables. Le « soi » est l'essence de la véritable personnalité, une sorte de guide intérieur qui n'apparaît que si le moi accepte de se mettre à son écoute : il est en partie conscient et inconscient. Une partie de ce moi est enchâssée » dans l'« ombre » qui se compose d'un mélange de traits personnels et de potentialités ignorés de l'individu. L'« *animus* » est la personnification du principe féminin pour l'homme, l'« *anima* » représentant le principe masculin pour la femme. Ce sont les expressions de l'image de l'âme dont la connaissance réciproque dans un couple rendrait les relations durables et harmonieuses. Les représentations inconscientes et récurrentes de la personnalité humaine sont dénommées « archétypes » et découlent du patrimoine culturel et biologique de l'homme.

Source : Adapté de Giannelloni, J.-L, Vernette, É., *Études de marché*, Vuibert, 2001, 2e éd., pp. 87-89.

De nombreuses techniques d'études de marché qualitatives, dont l'objectif est d'atteindre l'inconscient de la personnalité, appuient leur démarche sur des principes qui découlent des théories psychanalytiques.

Les concepts de motivation et de frein sont utiles pour expliquer le choix d'une marque (voir paragraphe 1.1.3). Leur compréhension est primordiale pour l'homme de marketing (voir Focus-Manager 3.1.).

FOCUS-MANAGER

3.1. Psychanalyse du comportement de l'acheteur

« La plupart des applications freudiennes sont liées à la sexualité des produits. Par exemple, certains analystes ont imaginé qu'une voiture de sport représentait pour beaucoup d'hommes un substitut à la satisfaction sexuelle. De fait, certains semblent anormalement attachés à leur voiture et sont capables de passer des heures à la laver et à la faire briller avec amour. Une publicité pour la marque japonaise Infiniti renforce cette croyance en décrivant l'un de ses modèles comme "ce qui naît du croisement d'une feuille de métal et du désir".

D'autres analystes se sont concentrés sur les symboles phalliques. Freud déclara un jour en plaisantant : "*Parfois, un cigare n'est qu'un cigare*", mais bien des applications populaires des idées de Freud tournent autour de l'utilisation d'objets qui ressemblent aux organes sexuels (cigares, arbres ou épées pour le sexe masculin, tunnel pour le sexe féminin). Cette orientation repose sur l'analyse des rêves que Freud interprétait comme la communication de désirs refoulés, au moyen de symboles. »

Source : Solomon M. R., Tissier-Desbordes, É., Heilbrunn, B., *Comportement du consommateur*, Pearson Education, 2005, 6e éd., p. 183.

— Concept et image de soi

Le concept de soi est la perception de la manière dont un individu se définit et réagit par rapport à son environnement. Au sens large, il représente la « connaissance de soi ». Il suppose une introspection minimale pour pouvoir comprendre et analyser ses sentiments et/ou ses comportements. Cette perception étant par nature subjective, on parle alors d'image de soi : on peut avoir ainsi, à tort ou à raison, une bonne ou une mauvaise image de soi. Certaines personnes ont par exemple une grande confiance en elle, d'autres pensent qu'elles sont des ratées ou des bonnes à rien, d'autres enfin sont très fières d'elles-mêmes.

Le marketing fait l'hypothèse que les choix du consommateur sont influencés par l'image qu'il a de lui même et que sa consommation conforte ou corrige cette image. Dans certains cas, le consommateur recherche une congruence, c'est-à-dire une ressemblance, entre les traits d'image d'une marque et ses propres traits de personnalité. En d'autres termes, l'individu exprimerait « son » image de soi en choisissant des marques dont la personnalité est en harmonie avec sa propre personnalité. Cependant, la recherche de cette congruence dépend des dimensions de l'image de soi. Cette dernière comporte quatre piliers :

- le soi réel : la façon dont un individu se voit (« ce que je pense être ») ;
- le soi rêvé : la manière dont je voudrais être dans l'idéal (« ce que je rêverais d'être ») ;
- le soi social réel : la façon dont les autres me considèrent (« ce que les autres pensent de moi ») ;
- le soi social rêvé : la façon dont je voudrais que les autres me considèrent (« ce que je voudrais que les autres pensent de moi »).

La constatation de différences trop importantes sur les différentes dimensions de l'image de soi est source de déséquilibre psychologique. La consommation de certaines marques (par exemple les marques de luxe) est alors un moyen de rétablir l'équilibre. Mais la relation est plus complexe, car elle dépend de la catégorie de produit et des différentes facettes de l'image de soi, comme le montre le Focus-Manager 3.2.

FOCUS-MANAGER

3.2. RECHERCHE-T-ON UN VÊTEMENT OU UN PARFUM QUI NOUS RESSEMBLE ?

Une recherche portant sur un échantillon de dix mille personnes représentatives de la population française montre des attentes très différentes selon les hommes et les femmes.

1. La mode habillement et parfum femmes

Les femmes expriment plus dans une marque la personnalité qu'elles rêveraient d'avoir, plutôt que celle qu'elles pensent avoir. Le vêtement ou le parfum s'apparente à une parure qui transmet un message de rêve, véhicule une image de soi idéale.

2. La mode habillement et parfum hommes

Pour les hommes, le vêtement ne doit pas exprimer ce que l'on est ; il ne doit pas non plus être conforme à l'image que les autres ont de nous. Il est neutre, proche d'un « uniforme » passe-partout et ne révèle aucun aspect caché du soi. Le statut du parfum est encore plus marqué : c'est le règne de l'« omerta ». Le produit ne doit trahir aucun trait intime : il s'inscrit dans la convention et doit respecter les codes olfactifs admis par la société.

Source : Vernette, É., « Les atouts et les pièges de la personnalité de marque », *Décisions Marketing*, 2008, n° 49, pp. 19-32.

1.1.2. Besoin, désir

— Le besoin

Il apparaît lorsque l'individu observe un décalage entre un état actuel et un état souhaité. Par exemple, on a faim ou soif, on a trop chaud ou trop froid. Le besoin se traduit par un état de manque, d'une nature et d'une intensité variables. Dans les années 1950, le psychologue Abraham Maslow a proposé une classification des besoins de l'homme, hiérarchisée en cinq niveaux d'importance croissante. Selon sa théorie, l'homme n'éprouve un besoin de niveau immédiatement supérieur que lorsque le besoin inférieur est satisfait. De plus, un besoin satisfait ne motive plus l'individu. Les cinq degrés de la pyramide correspondent, selon Maslow, à une hiérarchie universelle (voir Figure 3.2).

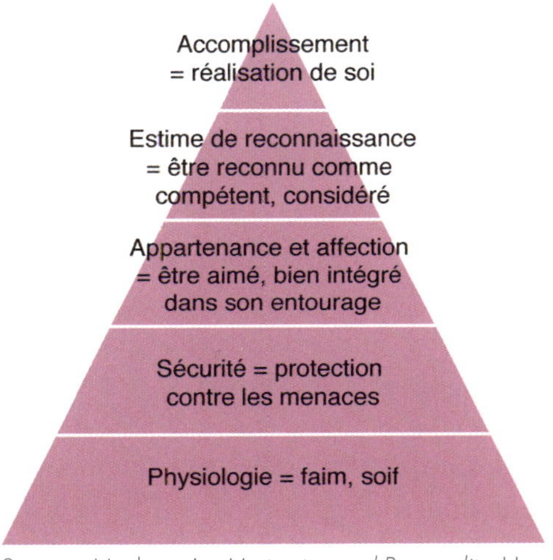

Source : Maslow, A., *Motivation and Personality*, Harper and Row, 1954.

Figure 3.2 : Pyramide des besoins selon Maslow

En marketing, les hypothèses de hiérarchie et de progression par niveaux sont critiquables. Cela supposerait, par exemple, que le consommateur n'éprouve un besoin d'affection que si ses besoins primaires (faim, sécurité) sont satisfaits.

> L'évolution de la communication publicitaire des assurances sur la vie montre bien les limites de ce point. Après avoir longtemps joué sur un besoin de niveau 2 (« Que deviendra votre entourage si vous disparaissez ? »), le niveau 3 (« Montrez-leur que vous les aimez »), et même le niveau 5 (« Vivez intensément, nous serons toujours là »), se sont avérés plus efficaces.

Un besoin peut être conscient ou inconscient. Dans le premier cas, le consommateur est capable de l'exprimer spontanément, mais parfois de façon confuse. Dans le second cas, le besoin est latent ; sa verbalisation est délicate. Mais tous les besoins ne sont pas sources de désagréments : ils doivent atteindre un niveau critique pour que l'individu agisse. En effet, le consommateur, confronté à un nombre quasi illimité de besoins, ne peut à chaque fois satisfaire ses besoins par un achat. Il arbitre selon ses propres priorités, que le marketing doit identifier.

— *Le désir*[3]

C'est une modalité spécifique de l'expression d'un besoin, parmi un champ quasi infini de possibilités. Il permet à l'individu d'atteindre un but ou un objet particulier. Le contraire d'un désir est l'**aversion**. Le désir peut échapper, en totalité ou en partie, au contrôle du sujet, notamment dans le cas d'une consommation passionnée.

> Par exemple, un supporteur assistant à un match de son club sportif, un collectionneur opérant dans une salle des ventes ou un mélomane à un concert peuvent s'enflammer sans retenue. « *Le désir est hors contrôle ; c'est quelque chose qui vient en nous, quelque chose qui prend contrôle de nous et domine totalement nos pensées, sentiments et actions. Le désir nous éveille, nous excite, nous titille ; nous bataillons, nous résistons, nous succombons, nous nous rendons à nos désirs. Les consommateurs passionnés sont consumés par le désir.* »[4]

3. Ce paragraphe s'inspire de Vernette, É., Filser, M., Giannelloni, J.-L, *Études marketing appliquées*, Dunod, 2008.
4. Belk, R., Ger, G., Askegaard, S., « The fire of desire: a multisited inquiry into consumer passion », *Journal of Consumer Research*, 30, 2003, pp. 326-351.

La différence entre besoin et désir est importante pour le marketing. En effet, la satisfaction d'un même besoin suscite de multiples désirs, variables selon les consommateurs et les situations.

> Ainsi, la soif (besoin) peut être satisfaite, selon l'individu et la situation, par l'évocation d'images mentales (désirs) fort variées : une fontaine de village, une bière bien fraîche, un thé bouillant, un chocolat crémeux...

Dans cette perspective, on admet que le marketing s'appuie sur un besoin préexistant (manifeste ou latent), mais qu'il influence largement la nature des désirs. Le choix d'une catégorie de produit répond à un besoin spécifique, le choix d'une marque et d'un modèle particuliers relèverait du désir. Ce déplacement, subtil, du besoin vers le désir n'est pas neutre, car, si les hommes peuvent — en théorie — dominer par la raison leur désir, contrairement au besoin, peu d'entre eux arrivent à une telle sagesse. D'où une insatisfaction perpétuelle.

Si l'objet du marketing est de susciter le désir, il ne s'arrête pas là. En effet, un désir satisfait condamne, paradoxalement, l'homme à l'insatisfaction, puisque dès que le manque est comblé, le désir disparaît. La dynamique du désir suit un cycle en quatre temps (voir Figure 3.3). Le marketing joue, *via* la communication, sur le premier et le dernier.

Imagination. L'objet désiré est visualisé, sa possession est anticipée par différentes rêveries, attributs ou rites substitutifs. Par exemple, l'achat de magazines de voiture ou de moto de luxe permet d'imaginer le bien rêvé ; la lecture de guides ou de romans fait s'envoler vers le pays exotique que l'on désire visiter pour les prochaines vacances.

Attente. Des émotions variées et contradictoires surviennent : l'impatience, la difficulté du sacrifice à consentir, la joie anticipée de la future possession de l'objet convoité, l'angoisse du résultat, sans oublier la déception et la frustration si l'espérance se révélait vaine.

Réalisation. Après le plaisir — voire dans certains cas, l'euphorie — lié à l'acquisition de l'objet, le désir s'efface plus ou mois rapidement.

Frustration. Une routine s'installe, parfois accompagnée de désillusion ou d'ennui vis-à-vis de l'objet initialement désiré ; le désir d'un autre désir s'installe, source à son tour d'un nouvel imaginaire.

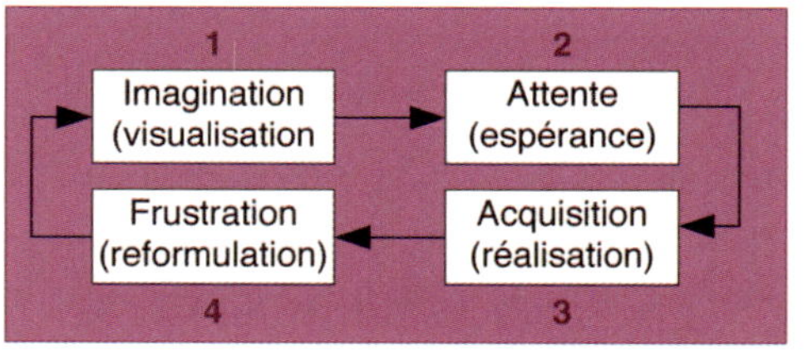

Source : adapté de Belk, R., Ger, G., Askegaard, S., « The fire of desire : a multisited inquiry into consumer passion », *Journal of Consumer Research*, 30, 2003, pp. 326-351.

Figure 3.3 : Les séquences du cycle du désir

Il faut garder à l'esprit que la plupart des achats ne suscitent aucune passion, notamment les produits courants. L'approche est néanmoins intéressante pour comprendre comment fonctionnent les mécanismes du désir, et comment l'homme de marketing peut participer à leur construction. Ainsi le marketing renouvelle régulièrement son offre pour répondre à cette insatisfaction.

L'innovation constante, la recherche de nouvelles expériences, le « ré-enchantement » de la consommation sont nécessaires pour que le désir soit à nouveau engendré.

1.1.3. Motivation et valeur

— La motivation

C'est une force qui pousse à l'action, déclenchée par un besoin impérieux. Le contraire d'une motivation est un frein. La motivation crée un état de tension qui met en mouvement l'organisme jusqu'à ce qu'il ait réduit la tension et recouvré son unité. Selon la théorie freudienne, la motivation est régie selon le principe de constance (homéostasie) qui permet à l'organisme de retrouver son équilibre initial lorsqu'il a subi une perturbation. Par exemple, si une personne a soif, la motivation la pousse à boire suffisamment, de façon à retrouver un état d'équilibre physiologique satisfaisant.

Le psychologue et expert en marketing d'origine autrichienne Ernest Dichter a largement contribué à populariser aux États-Unis les « études de motivation » dans les années 1950. Nous présenterons dans le chapitre 5 les principes fondamentaux ces méthodes. La Figure 3.4 résume les principales motivations qui ont été mises en évidence par les travaux de Dichter, pour différentes catégories de produits.

Motivations	Produits associés
Puissance	Produits sucrés et pour petits-déjeuners copieux Bowling, trains électriques, voitures de sport, outillage électrique
Virilité	Café, viande rouge, grosses chaussures, armes à feu, achat d'un manteau pour sa femme, se raser
Sécurité	Crème glacée (retour en enfance), murs épais, cuisine faite à la maison
Érotisme	Bonbons (à sucer), gants, allumer la cigarette d'une femme
Pureté	Pain blanc, tissus en coton (chasteté), détergents puissants, bain
Féminité	Gâteaux et biscuits, poupée, soie, thé, bibelots
Récompense	Cigarettes, bonbons, alcool, glaces, petits gâteaux

Source : cité par Solomon, M. R., Tissier-Desbordes, É., Heilbrunn, B., *Comportement du consommateur*, Pearson Education, 2005, 6e éd., p. 186.

Figure 3.4 : Catégories de produits et motivations pour E. Dichter

— Les valeurs

Il s'agit de grands principes ou de croyances fondamentales permettant d'évaluer une situation (ou une personne) ou de justifier une action. Elles sont innées ou forgées par l'entourage, mais sont indépendantes de la situation. L'individu exprime et satisfait ses besoins sur la base d'un système de valeurs personnelles.

Un besoin identique, par exemple « se nourrir », peut se matérialiser chez un consommateur par la recherche de plaisir (hédonisme) et chez un autre, par l'ascèse ou le respect des traditions. De même, le besoin d'accomplissement peut s'exprimer par la recherche du pouvoir (« Soyez au-dessus des autres avec Range Rover ») ou par la tradition (« Fondez votre propre tradition avec les montres Patek Philippe »).

Il existe différents répertoires censés couvrir, de manière synthétique et universelle, l'ensemble des valeurs humaines.

Ainsi, le professeur américain de psychologie sociale, Milton Rokeach, a proposé en 1973 deux grandes catégories : les valeurs terminales, qui représentent les buts considérés comme primordiaux par un individu (égalité, bonheur, plaisir, etc.) et les valeurs instrumentales, qui sont des moyens pour atteindre ces objectifs (ambition, honnêteté, courage, etc.).

De son côté, le professeur en psychologie sociale israélien Shalom Schwartz, à partir d'une étude portant sur trente-cinq pays, aboutit en 1992 à une classification universelle composée de dix grands domaines de motivation, appelée « système de valeurs ». Elle s'illustre par une roue, dans laquelle deux domaines adjacents indiquent des valeurs proches (voir Figure 3.5).

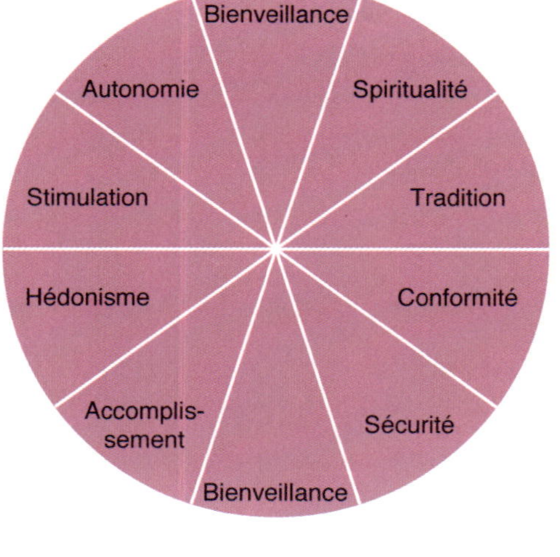

Figure 3.5 : Inventaire des valeurs selon Schwartz

Le marketing montre par la publicité que le produit est en plein accord avec l'une ou l'autre des valeurs prioritaires d'un groupe de consommateurs.

> Nike vise les consommateurs qui souhaitent se réaliser dans la pratique d'un sport, en allant au-delà des conventions habituelles (« Just do it ») ; Coca-Cola est la boisson de ceux qui recherchent la stimulation (« Cette sensation s'appelle Coke ») ; Volvo est la voiture de ceux qui privilégient le respect de la vie, etc.

1.1.4. Perspectives pour le marketing

Souvent, pour déclencher l'achat, le marketing cherche à dramatiser les conséquences d'un besoin insatisfait. Selon le cas, on favorise certaines motivations ou, au contraire, on réduit les freins qui bloquent l'achat. Le marketing ne crée pas de besoins à proprement parler, mais manipule fortement leur hiérarchie initiale dans un sens favorable à la marque. En revanche, en s'appuyant sur l'un d'entre eux, il peut créer un état d'insatisfaction, plus ou moins exagéré (frustration, manque, peur) qui déclenche quelque chose de plus éphémère : le désir. C'est l'un des rôles de la publicité. Parfois, celle-ci fait semblant de s'appuyer sur des besoins ou des valeurs socialement bien considérés, mais vise en fait un autre registre.

> Par exemple, Mercedes met en avant le besoin de sécurité, plutôt que le besoin de considération (exprimé par la puissance de ses voitures) : le premier sert de paravent au second, alors qu'en réalité ce dernier peut être à l'origine du choix de la marque.

De la même manière, un acheteur potentiel peut indiquer des freins très rationnels qui s'opposent à un achat, alors qu'en réalité, d'autres valeurs ou besoins font obstacle.

Dans la Figure 3.5, les principales motivations de ce consommateur s'appuient sur un besoin de sécurité et d'affection. Imaginons que celui-ci visite une maison du XVIIe siècle, située dans le quartier le plus chic de sa ville. Les importants travaux à effectuer ne l'effrayent pas, au contraire, ils seront une source d'excitation et de plaisir (valeurs favorables). Malheureusement, le quartier est jugé snob et traditionnel (valeurs négatives). La transaction n'aura pas lieu. L'insuffisance du budget joue le rôle de frein apparent, les véritables valeurs n'apparaissant pas forcément. Cette délicate mise à jour constitue un objectif majeur pour les études de marché qualitatives.

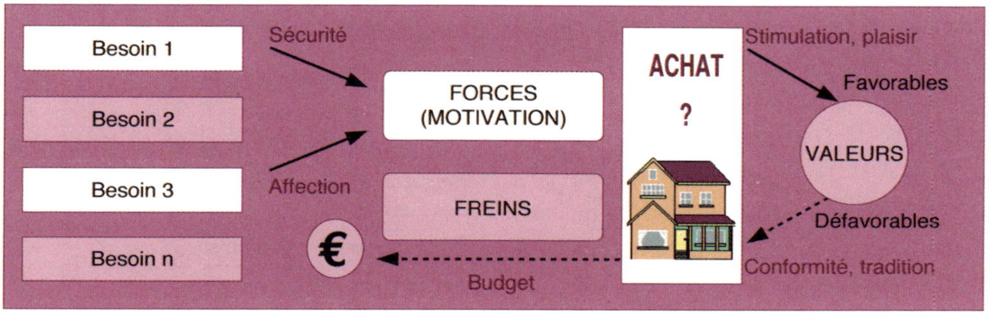

Figure 3.6 : Besoin, motivations et valeurs en marketing

1.2. Vision économiste et gestionnaire

1.2.1. Arbitrage entre les ressources et les besoins

Toute consommation suppose une décision d'allocation de ressources (revenus, temps) à une catégorie de produit spécifique plutôt qu'à une autre. Or, s'il est banal de constater que les ressources disponibles sont limitées alors que les besoins sont illimités, il est plus difficile de mettre à jour les règles d'arbitrage du consommateur.

Les économistes classiques et néoclassiques émettent l'hypothèse que consommateur cherche à maximiser l'utilité globale qu'il retirera de la consommation d'un produit, sous la contrainte du budget disponible. Il compose un « panier » idéal de produits, comportant différentes quantités de produits (ou services) A, B, C, en fonction de leur utilité respective. Le prix sert de variable d'ajustement pour déterminer les quantités respectives des produits qui composent le panier. Pour chaque budget, il existe une combinaison optimale de produit qui maxime l'utilité globale du panier.

Outre les critiques classiques faites à cette approche (l'information du consommateur n'est pas parfaite, le consommateur optimise rarement ses choix), le concept d'« utilité » reste peu opérant pour l'homme de marketing : qu'est-ce qui détermine la perception de l'utilité globale d'un produit ou d'un service ? L'évaluation des produits et marques sur des attributs clés, le rôle du capital-marque, l'influence des émotions, le besoin de variété sont quelques-unes des variables qui interviennent dans les décisions du consommateur.

1.2.2. Gestion budgétaire

La connaissance du revenu permet de prévoir les volumes globaux de consommation par produit. L'INSEE calcule les coefficients budgétaires moyens pour douze grandes catégories de biens et de services, à partir d'enquêtes effectuées auprès des ménages. Ces coefficients représentent les poids respectifs (en pourcentage) de chaque catégorie de biens ou services dans les dépenses de consommation des ménages (Figure 3.7).

L'INSEE calcule différentes séries de coefficients budgétaires en fonction de la catégorie socioprofessionnelle du chef du ménage (Figure 3.8). Ces informations permettent d'estimer les potentiels globaux de ventes de ces marchés.

Postes budgétaires	2005 (en %)
Alimentation et boissons non alcoolisées	13,9
Boissons alcoolisées et tabac	3,1
Articles d'habillement et chaussures	4,9
Logement, chauffage, éclairage	24,7
Équipement du logement	5,8
Santé (dépenses à la charge des ménages)	3,5
Transports	14,9
Communications	2,8
Loisirs et cultures	8,3
Éducation (dépenses à la charge des ménages	0,7
Hôtels, cafés et restaurants	6,2
Autres biens et services	11,2
Total	**100**

Source : INSEE

Figure 3.7 : Coefficients budgétaires des ménages (2005)

	Exploit. Agric.	Art. Com.	Cadres	Prof. Interm.	Employés	Ouvriers	Retraités	Autres inactifs	Ensemble
Alimentation	18,8	16,6	12,9	14,9	15,9	17,7	20,7	18,1	16,9
Boissons alcoolisées et tabac	2,7	2,8	2,3	2,7	3,0	3,9	2,9	3,3	3,0
Habillement et chaussures	6,6	8,5	8,0	7,5	6,9	6,8	4,5	6,0	6,6
Logement et combustibles	13,3	14,9	14,2	14,8	18,8	16,2	17,7	24,6	16,5
Ameublement et équipement ménager	6,4	7,3	6,8	6,1	5,2	5,4	7,5	6,1	6,4
Santé	6,6	3,8	4,3	4,0	3,6	3,9	6,2	4,0	4,5
Transports	15,3	14,8	16,9	18,4	17,1	18,1	12,7	11,1	16,1
Communciations	2,4	2,8	2,7	2,6	3,1	2,8	2,7	3,8	2,8
Loisirs et culture	6,7	7,7	9,9	9,4	8,4	7,8	7,8	7,9	8,5
Enseignement	0,8	0,8	0,9	0,5	0,4	0,3	0,1	0,8	0,5
Restauration et hébergement	5,6	7,7	9,9	8,1	6,6	6,0	4,1	4,5	6,7
Autres biens et services(1)	14,9	12,4	11,4	11,1	11,1	10,9	13,1	9,8	11,7
Dépense totale	**100,0**	**100,0**	**100,0**	**100,0**	**100,0**	**100,0**	**100,0**	**100,0**	**100,0**

(1) Biens et services de soins personnels, la bijouterie et la maroquinerie, les dépenses relatives aux gardes d'enfants hors du domicile, les assurances et services financiers, etc.

Source : INSEE

Figure 3.8 : Coefficients budgétaires selon les PCS (2001) – en %

On observe que le poids des catégories varie sensiblement selon la profession (et donc selon le revenu disponible) : par exemple, les dépenses alimentaires représentent 20,7 % pour les retraités, 17,7 % pour les ouvriers, contre 14,9 % pour les professions intermédiaires et 12,9 % pour les cadres.

1.2.3. Temps

Le temps alloué aux différentes activités humaines (loisir, travail, entretien de la personne, repos) varie sensiblement selon le niveau de développement économique du pays et selon les cultures. La Figure 3.9 récapitule les budgets temps pour les hommes et les femmes, en tenant compte de la PCS (Profession et Catégorie Socioprofessionnelle). On constate, sans surprise, que les hommes consacrent nettement moins de temps que les femmes aux activités ménagères, mais leur temps de travail est sensiblement plus élevé.

La généralisation du travail féminin et de la journée continue, la volonté de consacrer plus de temps aux activités de loisirs sont à l'origine du développement de nombreux produits.

Dans l'électroménager, le micro-ondes, le congélateur, le lave-vaisselle et lave-linge sont devenus des objets communs ; dans l'alimentaire, les produits gains de temps (surgelés, purées, soupes, café instantanés) se sont banalisés ; les fast-foods sont portés par le développement des repas pris sur le lieu de travail ; le succès des machines à pain répond à la nostalgie des produits d'antan tout en économisant un budget temps. La vidange rapide pour les voitures, le programme « chrono » du lave-linge, la disponibilité immédiate des services (l'entretien automobile sans rendez-vous, la livraison express) donnent plus de flexibilité dans l'organisation du temps.

1.3. Vision sociale et culturelle

1.3.1. Classe sociale

La notion de classe sociale, développée par les sociologues, distingue des groupes d'individus ayant des revenus identiques et évoluant dans un milieu socioprofessionnel semblable. Elle intègre en outre la nature du pouvoir détenu, le niveau d'études et admet l'idée d'une hiérarchie sociale. La classe sociale influence la consommation lorsqu'elle correspond à un acte ostentatoire : la marque devient un signe qui symbolise l'appartenance à une classe sociale. Le marketing des produits de luxe s'appuie fortement sur les classes sociales pour définir le périmètre de ses marchés.

L'achat de vêtements, de parfums, de voitures ou de bijoux s'inscrit dans cette perspective. Ainsi le sac Vuitton, la montre Cartier, le stylo Montblanc sont quelques exemples d'objets dont la possession équivaut à un signe distinctif d'appartenance à une classe aisée.

Cette classification permet de partager un marché selon le pouvoir d'achat de chaque strate. Celle de Lloyd Warner, utilisée par les Anglo-Saxons, distingue six classes : supérieure/supérieure ; supérieure/inférieure ; moyenne/supérieure ; moyenne/inférieure ; inférieure/supérieure ; inférieure/inférieure. En France, l'institut TNS-Secodip propose quatre classes (A, B, C, D). Par convention, la classe A regroupe les 15 % de revenus supérieurs, la classe B les 30 % suivants, la classe C les 40 % suivants, la classe D les derniers 15 %. On

	Étudiants, lycéens		Salariés		Indépendants		Chômeurs		Femmes au foyer	Retraités		Ensemble	
	H	F	H	F	H	F	H	F		H	F	H	F
Temps personnel	12 h 03	12 h 22	11 h 23	11 h 36	11 h 13	11 h 21	12 h 24	12 h 27	12 h 20	12 h 59	12 h 55	11 h 56	12 h 11
dont sommeil	9 h 21	9 h 27	8 h 25	8 h 38	8 h 15	8 h 23	9 h 21	9 h 13	9 h 14	9 h 45	9 h 38	8 h 55	9 h 09
toilette, soins	38 min	53 min	42 min	49 min	40 min	44 min	45 min	53 min	50 min	50 min	55 min	44 min	51 min
repas	2 h 04	2 h 03	2 h 16	2 h 08	2 h 19	2 h 13	2 h 16	2 h 20	2 h 16	2 h 24	2 h 12	2 h 17	2 h 11
Temps professionnel et de formation	4 h 58	4 h 46	6 h 02	4 h 57	8 h 16	5 h 35	29 min	19 min	4 min	6 min	1 min	4 h 12	2 h 38
dont travail professionnel	19 min	12 min	5 h 20	4 h 23	7 h 46	5 h 19	21 min	9 min	2 min	5 min	1 min	3 h 14	1 h 53
trajets domicile-travail	30 min	26 min	39 min	31 min	28 min	15 min	2 min	2 min	0	1 min	0	25 min	15 min
études	4 h 04	4 h 00	1 min	0	1 min	0	0	1 min	0	0	0	31 min	28 min
Temps domestique	53 min	1 h 37	2 h 07	3 h 46	1 h 15	4 h 04	3 h 31	5 h 33	6 h 27	3 h 49	5 h 05	2 h 24	4 h 23
dont ménages, cuisine, linge, courses, etc;	38 min	1 h 23	1 h 08	3 h 04	45 min	3 h 20	2 h 18	4 h 26	5 h 10	1 h 51	4 h 24	1 h 18	3 h 37
soins aux enfants et aux adultes	3 min	6 min	11 min	28 min	7 min	21 min	13 min	42 min	55 min	5 min	12 min	9 min	26 min
bricolage	9 min	4 min	32 min	4 min	13 min	8 min	37 min	7 min	5 min	51 min	5 min	33 min	5 min
jardinage, soins aux animaux	4 min	4 min	15 min	10 min	10 min	15 min	23 min	18 min	17 min	1h01	25 min	25 min	15 min
Temps de loisirs	4 h 08	3 h 19	3 h 04	2 h 22	2 h 18	1 h 50	5 h 09	3 h 36	3 h 32	5 h 33	4 h 44	3 h 55	3 h 17
dont télévision	1 h 58	1 h 52	1 h 51	1 h 27	1 h 22	59 min	2 h 55	2 h 18	2 h 19	3 h 21	2 h 49	2 h 12	2 h 02
lecture	15 min	17 min	16 min	18 min	16 min	16 min	26 min	24 min	25 min	51 min	43 min	25 min	25 min
promenade	18 min	20 min	15 min	14 min	9 min	11 min	30 min	18 min	20 min	39 min	25 min	22 min	18 min
jeux	40 min	16 min	14 min	6 min	3 min	6 min	28 min	11 min	10 min	25 min	19 min	20 min	11 min
sport	25 min	10 min	10 min	5 min	9 min	6 min	14 min	6 min	5 min	11 min	2 min	12 min	5 min
Temps de sociabilité	1 h 17	1 h 14	49 min	44 min	35 min	36 min	1 h 35	1 h 14	57 min	1 h 00	1 h 00	57 min	56 min
dont conversations téléphone, courrier	18 min	26 min	14 min	16 min	9 min	14 min	24 min	28 min	19 min	19 min	19 min	16 min	19 min
visites, réceptions	53 min	47 min	27 min	22 min	17 min	17 min	57 min	38 min	30 min	22 min	27 min	31 min	28 min
transport (hors trajets domicile-travail)	40 min	42 min	35 min	34 min	24 min	34 min	51 min	52 min	39 min	33 min	25 min	35 min	35 min
Total	**24 h 00**	**24 h 00**	**24 h 00**	**24 h 00**	**24 h 00**	**24 h 00**	**24 h 00**	**24 h 00**	**24 h 00**	**24 h 00**	**24 h 00**	**24 h 00**	**24 h 00**

Source : Enquête emploi temps, INSEE, 1999.

Figure 3.9 : Les budgets temps

peut affiner, en divisant chaque classe en deux (A +, A –, etc.). La Figure 3.10 indique les revenus annuels nets des Français pour chaque décile.

Si cette classification reste commode pour définir une cible et un potentiel de vente pour le nouveau produit, force est de constater que la notion de classe sociale est aujourd'hui devenue moins pertinente pour le marketing. En effet, les individus appartenant à différentes classes sociales peuvent se retrouver dans un même groupe, une « **tribu** » ou une communauté pour partager et vivre des expériences de consommation commune. Nous approfondirons ce point dans le chapitre 4 suivant.

Cumuls	Femmes	Hommes	Ensemble
10 % (inférieur)	11 853	12 983	12 506
20 %	13 144	14 530	13 955
30 %	14 238	15 948	15 278
40 %	15 394	17 447	16 695
50 % (Médiane)	**16 845**	**19 162**	**18 336**
60 %	18 624	21 348	20 373
70 %	20 948	24 433	23 086
80 %	24 133	29 399	27 399
90 %	30 324	39 760	36 349
			Source : INSEE

Figure 3.10 : Distribution des revenus annuels nets (en euros) (France, 2005)

1.3.2. Culture

Chaque culture se caractérise par des valeurs, des attitudes, des modes de vie, des religions et des coutumes spécifiques. Bien que ces particularités s'homogénéisent sous l'effet de la mondialisation des échanges, l'appartenance à une zone d'affinité culturelle oriente les modes de consommation et les attentes des acheteurs. La détermination du poids de ces spécificités culturelles est essentielle pour une entreprise engagée dans une action de marketing international. Les exemples d'échecs dus à une méconnaissance des particularités culturelles d'un marché abondent. Ils soulignent le poids des influences culturelles sur les décisions d'achat.

– Un fabricant de fromage des Pyrénées a dû remplacer l'image d'un berger au milieu des moutons par un paysage de montagne, car en Allemagne, le berger évoque plus la saleté que l'authenticité. En Espagne, Saint-Moret s'appelle San Millán et offre des variétés au chorizo et à la persillade.

– Alors que ses publicités sont identiques, la contestation ou l'interdiction des thèmes des campagnes Benetton diffère d'un pays à l'autre : le baiser entre ecclésiastiques a choqué les Italiens, le tatouage HIV a été interdit en France.

– Le mannequin figurant dans la publicité magazine pour le parfum Organza Indécence de Givenchy dévoile son sein dans les pays européens, mais doit le cacher dans les pays du Moyen-Orient.

– Les maillots de bain Princesse tam.tam n'ont pas les mêmes tailles pour l'Europe du Nord (seins plus ronds) que pour l'Europe du Sud (hanches plus larges).

– Les essences vanillées se vendent plus en Allemagne, les notes fraîches et citronnées marchent mieux en Espagne.

– McDonald's a développé une ligne de salade spécifique pour la France. Les habitants du Royaume-Uni consacrent 9,4 % de leur budget à l'achat de boissons contre 4 % pour les Allemands et 2,4 % pour les Italiens.

II. LE CONSOMMATEUR : VISION COGNITIVE

Sauf cas particuliers, le consommateur n'achète pas en l'absence d'information sur un produit ou une marque. Comment le consommateur reçoit-il l'information sur un produit ou sur une marque ? Comment l'interprète-t-il ? Comment l'utilise-t-il dans ses décisions d'achat ? C'est à ce type de questions que le courant cognitiviste se propose de répondre. Cette vision considère que le consommateur est un être rationnel qui cherche à acquérir et à traiter de l'information en vue de réaliser le meilleur choix possible. L'intensité de cette recherche et du traitement de l'information dépend de la situation : selon le cas, la procédure sera approfondie ou, au contraire, simplifiée. Pour illustrer notre propos, nous suivrons, tout au long des parties II et III de ce chapitre, les péripéties de Monsieur Quonso, consommateur bien ordinaire.

Monsieur Quonso doit remplacer ses vieilles chaussures. Pour cela, il se rend en centre-ville. Chemin faisant, il passe devant un libre-service. Cela lui rappelle qu'il ne reste plus de Coca-Cola à la maison, boisson dont il adore le goût. Rapidement, il trouve la marque, la forme de la bouteille « sautant aux yeux ». Après cette formalité, les choses sérieuses commencent. Un magasin d'allure classique offre un grand choix de chaussures, dont les prix semblent corrects. Monsieur Quonso entre et essaie plusieurs paires : « *Celle-ci me fait trop mal aux pieds... Avec la grosse semelle de celle-là, j'aurai l'air d'un manœuvre de chantier... Cette autre paire me semble très fragile ! Dans six mois, je devrai recommencer cette corvée d'achat. Et que vaut cette marque que je ne connais pas et qui me semble bien chère ?* » Le vendeur le rassure : cette dernière est une marque italienne, très solide et qui convient tout à fait à quelqu'un comme lui. Après avoir conclu l'achat, Monsieur Quonso doute : « *Que va en penser ma femme ?* »

Délivré de ce *pensum*, notre homme flâne quelques instants. Il regarde d'autres vitrines de magasins de chaussures, pour se conforter dans son choix. Dans la foulée, il passe devant la vitrine d'une bijouterie attractive, mais les prix sont vraiment élevés. Puis il prend machinalement un prospectus qui annonce un grand choix de moquettes. Il s'arrête ensuite pour observer le style d'une nouvelle marque de voiture stationnée à proximité : il avait déjà vu la publicité à la télévision, mais jamais encore le modèle « en chair et en os »... Instinctivement, il passe la main sur la carrosserie et jette un coup d'œil au tableau de bord.

Quelque temps après, Monsieur Quonso essaie ses nouvelles chaussures. Il aime bien le style italien, mais le confort de la chaussure n'est pas fameux. Contrairement à ce qu'il pensait, la chaussure ne se « fait » pas à son pied, même au bout d'un mois... Déjà les premiers signes d'une usure prématurée apparaissent. Monsieur Quonso est déçu : étant donné le prix, il s'attendait à plus de confort, et surtout à une plus grande solidité. Il regarde la marque pour se rappeler qu'il ne faudra plus l'acheter et éviter aussi ce magasin qui donne de mauvais conseils.

2.1. Acquisition, traitement et stockage de l'information

Le consommateur est soumis, consciemment ou inconsciemment, à une somme considérable d'informations sur les produits ou sur les marques. Sollicité de toute part, notre cerveau s'est doté de règles de conduite pour trier, canaliser et éventuellement utiliser ces informations en vue d'une action immédiate (décision réflexe) ou ultérieure (décision réfléchie). Ces règles s'organisent selon un processus perceptuel. Celui-ci se définit par l'activation d'un ou de plusieurs des cinq sens (odorat, vue, ouïe, goût, toucher) permettant de se situer dans son environnement, puis par l'analyse des signaux reçus (informations) en les confrontant avec un schéma de référence préexistant (structures mentales), et enfin par leur valorisation sous la forme de production de sens.

Durant ses courses, Monsieur Quonso a été confronté à une série de bribes d'informations : prospectus publicitaire, prix, noms de marques, formes de produits, renseignements du vendeur. Chaque information correspond à un stimulus, qui cherche à le faire réagir : elle sollicite la mise en action du processus perceptuel. Plusieurs séquences doivent s'enchaîner pour que le phénomène de la perception s'accomplisse en totalité (voir Figure 3.11).

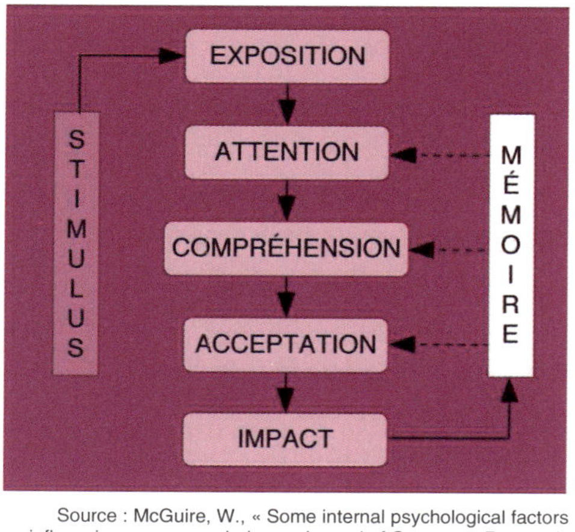

Source : McGuire, W., « Some internal psychological factors influencing consumer choice », *Journal of Consumer Research*, vol. 2, mars 1976, pp. 302-319.

Figure 3.11 : Information et mémoire

2.1.1. Exposition

C'est la confrontation physique entre une personne et un stimulus ; elle sollicite l'un des cinq sens du consommateur. Les publicitaires appellent cela un « contact ». Généralement, cette exposition est réalisée par l'intermédiaire d'un média. La simple exposition ne suffit pas pour activer le processus perceptuel : elle doit dépasser un seuil minimal d'intensité pour provoquer un début de sensation. Pour une publicité, cette « force » dépendra du budget, qui autorise une couverture du marché plus ou moins large et une répétition plus ou moins grande des « occasions de voir » ou des « occasions d'entendre ».

Monsieur Quonso a été exposé volontairement aux stimuli de deux catégories de produits : soft-drink (exposition dans le rayon) et chaussures (vitrine et intérieur du magasin) ; pour les bijoux (vitrine), la moquette (prospectus) et la voiture (véhicule en stationnement), l'exposition est involontaire. Les seuils minimaux d'intensité ont été franchis pour tous ces produits.

2.1.2. Attention

Le consommateur commence à décoder le stimulus. L'attention est sélective : parmi l'ensemble des informations disponibles, le consommateur ne prêtera attention qu'à celles concernant ses centres d'intérêt permanents ou celles jugées utiles pour résoudre un problème temporaire. La difficulté pour l'entreprise est de construire un stimulus capable d'émerger de la masse des autres sollicitations.

Après l'achat des chaussures, l'attention du sieur Quonso a été très brève pour la bijouterie (il passe sans s'arrêter devant la vitrine), quasi nulle pour la moquette (prise en main machinale du prospectus), mais approfondie pour la voiture (arrêt et observation prolongée).

2.1.3. Compréhension

L'information est traitée et interprétée par le consommateur selon ses propres structures mentales. D'une façon générale, l'individu catégorise les stimuli, c'est-à-dire les rattache à un ensemble existant. Cette catégorisation se fonde sur des propriétés caractéristiques et distinctives des objets : forme, couleur, odeur, marque, poids. Cette reconnaissance des objets est plus ou moins rapide et porte sur un plus ou moins grand nombre de caractéristiques, dénommées attributs de l'objet. Elle met en œuvre des séries de comparaisons du stimulus avec d'autres existant dans la mémoire. Ces va-et-vient serviront plus tard de base pour l'élaboration d'un jugement global favorable ou défavorable vis-à-vis du produit ou de la marque.

Un simple coup d'œil permet à Monsieur Quonso d'identifier la forme caractéristique d'une bouteille de Coca-Cola, de constater que les bijoux exposés en vitrine sont chers (par rapport à ses références personnelles) et que le dépliant concerne des moquettes (aucune autre information n'est traitée). En revanche, la voiture fait l'objet d'un examen plus marqué : reconnaissance d'un nouvelle forme (comparaison avec la publicité), appréciation du style (toucher de la carrosserie), évaluation sommaire des performances et de l'équipement (coup d'œil au tableau de bord).

2.1.4. Acceptation

Une information comprise n'est pas forcément acceptée. Elle sera rejetée si elle n'est pas jugée crédible ou conforme aux convictions préalables. Compte tenu de cette inertie naturelle, la difficulté majeure d'un message publicitaire est d'ébranler les éventuels freins ou de renforcer les éléments favorables pour les transformer en achat futur.

Monsieur Quonso accepte les informations traitées à propos des bijoux (cherté) et de la voiture (esthétique du modèle, ancienneté de son véhicule). Les informations ainsi traitées sont prêtes à être utilisées.

2.1.5. Impact

C'est la capacité d'une information à être retenue par le consommateur. Cela dépend notamment de la force de conviction du message transmis et de sa crédibilité. L'information est alors prête à être stockée dans la mémoire du consommateur.

Monsieur Quonso n'enregistrera pas les informations sur la moquette, gardera probablement un vague souvenir de la bijouterie, mais emmagasinera une première série d'informations sur le nouveau véhicule : cette trace mémorielle pourra être réactivée ultérieurement, lors de l'évaluation ou du choix de sa prochaine voiture.

2.1.6. Mémoire et stockage

On admet que la mémoire se décompose en trois niveaux. Le premier niveau concerne la mémoire sensorielle : elle trie les informations captées par les sens, ne retenant que celles qui ont franchi la barrière de l'attention. La mémoire à court terme traite, en temps réel et simultanément, une série limitée d'informations (de cinq à neuf unités au maximum) : elle est sollicitée durant les phases de compréhension, d'acceptation et d'impact du processus perceptuel. La mémoire à long terme stocke les informations : ses capacités sont immenses, bien que variant d'un individu à l'autre. Les données sont stockées sous la forme d'un réseau, lui-même organisé en grandes catégories.

> Monsieur Quonso, confronté au besoin d'« acheter tout de suite une boisson », a associé spontanément à cette situation une catégorie précise (boisson sans alcool), une sous-catégorie (boisson gazeuse au cola), puis la marque la plus typique (Coca-Cola), appelée « prototype ». Ces catégories structurent l'univers de choix du consommateur : leur formation varie d'un individu à l'autre.

2.2 Sources d'information

Les variables « communication » et « distribution » de l'action marketing sont des vecteurs essentiels d'information, notamment la publicité média, la publicité sur le lieu de vente (PLV), la force de vente et les relations publiques. Ces sources sont directement contrôlables par l'entreprise.

À côté de cela, l'entourage du consommateur participe de manière plus ou moins informelle à cette recherche : les organisations de consommateurs ou les distributeurs élaborent des tests comparatifs (Que Choisir ?, FNAC, etc.) ; les discussions avec des amis ou des leaders d'opinion ; les échanges sur les forums Internet. Certaines sources permettent le dialogue, comme l'argumentation entre un représentant de l'entreprise et un acheteur potentiel, d'autres pas. La Figure 3.12 récapitule ces différentes formes.

Origine	Information unilatérale	Dialogue et échanges
Entreprise	Publicité média Publicité sur le lieu de vente (PLV) Catalogue, mailing Emballage, packaging Sponsoring Essai gratuit du produit	Internet (site de l'entreprise) Service consommateur Relations publiques Phoning Vendeur magasin Salon, foire, exposition
Entourage	Association consommateur Enquête de journaliste Prêt du produit	Internet (forum, blog) Rumeur Amis Leader d'opinion Groupe (association, tribu) Famille

Figure 3.12 : Sources d'information du consommateur

2.3. Choix d'un produit ou d'une marque

D'une manière générale, le choix résulte d'arbitrages successifs que l'acheteur a dû opérer, étape par étape. Nous allons approfondir les différentes étapes de ce processus.

2.3.1. Étape 1 : attributs et identification des critères de choix

Le consommateur se représente les produits et les marques à l'aide d'un assez grand nombre de caractéristiques ou d'attributs, par exemple le prix, la couleur, la solidité, l'esthétique, etc. Mais au moment du choix, il n'a en tête que certaines d'entre elles : il compare les marques sur ce seul sous-ensemble. Ces caractéristiques clés sont appelées **critères de choix** ou encore **attributs déterminants**.

> Revenons sur l'achat de Monsieur Quonso. Qu'avait-il en tête au moment du choix ? Pour l'achat du soft-drink, seuls la réputation de Coca-Cola, le goût et la forme de l'emballage sont intervenus (trois critères) ; une seule marque a été considérée. Pour les chaussures, il a regardé les prix (« *Les prix semblent corrects* ») ; puis il a testé le confort d'une marque (« *Celle-ci me fait trop mal aux pieds* »), évalué l'esthétique d'une autre (« *De quoi aurai-je l'air avec cette grosse semelle ?* ») et la solidité (« *Cette autre paire me semble très fragile* »). Enfin, il s'est interrogé sur la réputation de la marque (« *Que vaut cette marque que je ne connais pas ?* »). Au total, les différentes marques présentes dans le magasin ont été comparées sur cinq attributs importants.

Un attribut devient déterminant s'il est à la fois important et s'il permet de distinguer les marques les unes des autres.

> Ainsi Monsieur Quonso considère que les marques exposées présentent des différences de prix marquées et que leur solidité varie sensiblement d'un modèle à l'autre. Comme il s'agit par ailleurs d'attributs qui comptent fortement pour lui, ceux-ci deviennent déterminants pour son choix.

C'est sur ces seules caractéristiques déterminantes que le chef de produit doit se concentrer pour orienter la création d'un nouveau produit. Il élabore un **cahier des charges** qui reprend ces critères et précise au bureau d'études les problèmes prioritaires qu'il faut techniquement résoudre pour satisfaire le consommateur. De nombreuses méthodes existent pour identifier les critères de choix d'un produit[5].

2.3.2. Étape 2 : formation des croyances déterminantes

Pour comparer les marques sur les critères de choix, le consommateur procède d'abord à une recherche interne dans sa mémoire des informations disponibles. Si la quantité n'est pas suffisante, une recherche externe s'engage : lecture de publicités, conseils des vendeurs ou des amis, présentation attractive en rayon, etc.

Certaines marques sont connues, ne serait-ce que de nom ; d'autres, déjà essayées, sont familières ; d'autres enfin, inconnues, sont éliminées. Pour les marques connues, l'acheteur a en tête un certain nombre de croyances personnelles sur ce qu'elles valent. Les croyances sont des présupposés concernant les marques : elles peuvent être exactes ou fausses. Le consommateur éva-

5. Sur ce point voir. Vernette, É., Filser, M., Giannelloni J.-L., *op. cit.*, chapitre 3.

luera positivement certaines croyances, et d'autres négativement. Le rappel des informations internes, complété par le traitement immédiat de nouvelles, se limite aux seuls attributs déterminants. Ces croyances déterminantes peuvent être favorables ou défavorables, et plus ou moins solides, selon la confiance du consommateur dans ses jugements, ou selon son expérience.

> Par exemple, voici les réflexions de Monsieur Quonso : « *Je suis sûr que cette marque de chaussures est très confortable, mais son esthétique ne me plaît pas. Cette autre marque est très belle, mais vraiment son prix est trop élevé pour mon budget… Je ne suis pas sûr que celle-ci soit très solide, vu son faible prix de vente…* »

Dans la réalité, les choses sont plus compliquées. Par exemple, si l'acheteur considère que l'achat n'est pas très important pour lui, il peut très bien choisir une marque (plus ou moins au hasard), l'essayer et se former seulement ensuite une opinion sur la marque. Dans le cas d'achats plus importants, il différera sa décision, s'engagera dans une recherche externe plus approfondie (visites de plusieurs points de vente, interrogation d'amis, etc.) et ensuite seulement décidera de la marque.

La communication publicitaire est facilitée par la connaissance des critères de choix utilisés par les consommateurs. Le publicitaire doit démontrer que la marque est excellente sur les critères jugés essentiels par les acheteurs potentiels : en d'autres termes, la marque doit correspondre exactement à leurs exigences.

2.3.3. Étape 3 : formation d'une attitude globale vis-à-vis des marques

L'acheteur amalgame ensuite, selon ses propres règles, cet ensemble de croyances déterminantes pour se forger une attitude globale favorable ou défavorable vis-à-vis de chaque marque. L'attitude est une prédisposition à l'achat (voir Fiche technique 3.2). Les hommes de marketing utilisent souvent une notion voisine, l'image de marque. Leur but est d'obtenir la meilleure image possible pour leur marque. Mais en réalité, la marque qui a la meilleure image n'est pas forcément choisie par l'acheteur. Ceci n'est vrai qu'en l'absence de freins.

> Par exemple, Vuitton, Cartier, Rolex ou encore Mercedes ont de très bonnes images de marque, mais leurs prix très élevés sont autant de freins qui conduisent le consommateur à avoir – à regret – une attitude réservée ou défavorable vis-à-vis d'un éventuel achat de ces marques.

FICHE TECHNIQUE

3.2. Qu'est-ce qu'une attitude ?

1. Définition

C'est une prédisposition favorable ou défavorable vis-à-vis de personnes, d'objets ou de marques. L'attitude repose sur une organisation de croyances durables. Une attitude très favorable vis-à-vis d'une marque engendre une forte intention de choix.

2. Comment se forme-t-elle ?

L'attitude prend ses racines dans la culture, la famille et l'éducation. Elle évolue en fonction des expériences personnelles de l'individu, de l'image de soi et des nouvelles informations acquises (notamment par la publicité) sur les produits ou marques.

3. Les trois composantes d'une attitude

— *Cognitive* : ce que le consommateur connaît sur une marque ou un produit. Ces éléments cognitifs peuvent être exacts, incomplets ou erronés : c'est la base des croyances. La connaissance globale d'une marque s'apprécie par son degré de notoriété.

— *Affective* : ce que le consommateur aime ou n'aime pas dans une marque. C'est l'aspect évaluatif des croyances. Ces jugements sont par nature subjectifs et propres à chaque individu : ils se fondent sur des émotions ressenties, des expériences de consommation, l'humeur du moment. Des évaluations affectives favorables débouchent sur une préférence pour la marque.

— *Conative* : c'est la prédisposition à l'acte d'achat. Lorsque cette troisième branche existe, on considère que l'attitude devient une intention d'achat.

4. Liens avec l'image de marque

L'image de marque se définit par l'ensemble des croyances favorables ou défavorables que le consommateur attribue à une marque. Elle ne regroupe que les deux premières composantes (cognitive et affective) de l'attitude. Avoir une bonne image n'implique pas forcément une forte intention d'achat.

5. Exemple

Monsieur Quonso s'interroge : « *Que vaut cette marque que je ne connais pas, et qui me semble bien chère ?* ». Ses éléments cognitifs vis-à-vis de cette marque sont réduits : il ne connaît pas la réputation de la marque et considère le prix comme trop cher. Le vendeur fait sensiblement évoluer l'image de marque – défavorable au départ –, en jouant sur deux composantes : la cognitive, en apportant des informations (« *Cette marque est italienne, (donc) très solide* ») ; l'affective (« *Elle convient tout à fait à quelqu'un comme lui* »). Le frein prix qui bloquait l'achat (intention faible) est réduit par l'allusion au statut social. La composante conative apparaît alors et conduit à l'achat : Monsieur Quonso est flatté, puis séduit.

La recherche en marketing a identifié quatre règles principales de formation d'une attitude. La Fiche technique 3.3 donne leur formulation.

1. Règle compensatoire (modèle linéaire additif). Le consommateur juge les marques sur une liste des critères de choix. Chaque marque obtient une série de notes qui seront additionnées pour former leur score global. L'achat se porte sur la marque qui obtient le meilleur score global. Le modèle est compensatoire, parce qu'une mauvaise note sur un critère peut être compensée par une bonne note sur un autre critère.

FICHE TECHNIQUE

3.3. Les règles de décision du consommateur

Un questionnaire a permis d'enregistrer les résultats suivants. On a utilisé une échelle graduée de 1 à 5. Un score de 5 correspond à une note excellente de cette marque sur le critère (ou à un poids extrême pour le critère) ; 3 correspond à un score moyen, etc. Supposons que le consommateur ait choisi la marque LALA. Quelle règle de décision a-t-il utilisé pour faire son choix ? Les résultats montrent qu'il s'agit d'une règle conjonctive.

Critères de choix	Importance (poids) du critère	Notes des marques sur les critères		Notes minimales exigées
		LALA	LOULOU	
Prix	5	2	5	2
Esthétique	2	3	3	3
Solidité	4	4	2	3

1. Règle compensatoire

LOULOU est choisi, parce que son score global est le plus élevé :

LALA = 5(2) + 2(3) + 4(4) = 32

(5 = poids du critère prix, multiplié par 2 = note de LALA sur le critère prix, etc.)

LOULOU = 5(5) + 2(3) + 4(2) = 39

2. Règle lexicographique

LOULOU est choisi, parce qu'il obtient une meilleure note (= 5) que LALA (= 2) sur le critère prix, critère jugé le plus important.

3. Règle conjonctive

LALA est choisie. C'est la seule marque à avoir, pour tous les critères, des notes supérieurs aux notes éliminatoires. LOULOU est éliminé sur le critère solidité (note = 2, note éliminatoire = 3).

4. Règle élimination séquentielle

LALA est choisi. En effet, sur les critères n° 1 et n° 2, les deux marques sont supérieures ou égales au seuil fixé (seuil prix = 2 et seuil esthétique = 3). En revanche, LOULOU ne passe pas la barre sur le dernier critère, la solidité.

2. Règle lexicographique. La marque choisie est celle qui obtient la meilleure note sur le critère de choix considéré comme le plus important, par le consommateur. Si deux ou plusieurs marques sont à égalité, le consommateur les départage sur le deuxième critère, le cas échéant sur le troisième, etc.

3. Règle conjonctive. L'acheteur a en tête des seuils minimaux d'exigence que doit atteindre la marque achetée. Il s'agit en quelque sorte de notes éliminatoires sur toute la liste de critères. La marque retenue est celle qui est au-dessus de ces notes. S'il n'en existe aucune, le consommateur peut transiger (baisser d'un cran toutes ses exigences, jusqu'à ce qu'une marque « passe la barre ») ou remettre à plus tard son achat.

4. Règle d'élimination séquentielle. C'est un mélange des règles lexicographiques et conjonctives. L'acheteur compare les marques sur le seul critère de choix n° 1 : si une seule est au-dessus du seuil minimum d'exigence sur ce critère, elle est retenue ; si plusieurs restent en course, il les confronte sur le seuil d'exigence du critère n° 2 et ainsi de suite. En revanche, si aucune marque n'est acceptable après l'épreuve du critère n° 1, le consommateur baisse son seuil d'exigence sur ce seul critère, ou reporte sa décision.

2.3.4. Étape 4 : choix final

L'acheteur n'évalue pas, lors du choix final, toutes les marques qu'il connaît. En réalité, il a déjà opéré un premier tri, généralement avant de se rendre au point de vente. Les marques connues sont passées au crible sur l'ensemble des critères de choix, en utilisant l'une des règles d'évaluation précédentes. Le consommateur a développé une attitude globale pour chacune d'entre elles en utilisant une des règles que nous avons vues à l'étape précédente.

Mais en réalité, seul un petit nombre de marques sera véritablement considéré pour le choix final : ce sont les marques acceptables, c'est-à-dire celles qui ont une probabilité non nulle d'être achetées. Elles forment l'**ensemble évoqué** du consommateur. On a montré que la taille moyenne de l'ensemble évoqué variait, selon la catégorie de produits, entre trois et cinq marques, pour une moyenne de huit à dix-neuf marques connues. Par exemple, le consommateur connaît en moyenne dix marques de dentifrice, mais n'envisage sérieusement d'en acheter, en moyenne, que trois. La marque achetée sera choisie dans l'ensemble évoqué, après une comparaison des marques de cet ensemble sur les critères de choix.

Dans la pratique, le consommateur peut combiner plusieurs règles de décision tout au long de cette séquence. On a montré que, très souvent, l'individu commençait par rejeter rapidement un grand nombre de marques, à l'aide des règles conjonctives, pour former son ensemble évoqué. Puis il utilise une règle compensatoire pour déterminer la marque à acheter. La Figure 3.13 retrace les différentes étapes du processus de sélection d'un consommateur. Celui-ci connaît cinq marques (A, B, C, D, E), mais seules deux marques (C, E) sont considérées comme acceptables (ensemble évoqué).

Finalement, la marque E est celle qui sera achetée, car préférée par cette personne.

Cette connaissance des règles de décision du consommateur est utile pour le management d'un produit.

Supposons que le chef de produit LOULOU constate une stagnation des ventes. Il pense que sa marque n'est plus compétitive, mais ne sait pas ce qu'il doit modifier : le prix, l'esthétique, la solidité ? Imaginons qu'une étude de marché fournisse des résultats identiques à ceux de la Fiche technique 3.3 : les consommateurs utilisent, dans leur grande majorité, une règle conjonctive ou éliminatoire. Dans ce cas, il lui faudra améliorer la solidité de LOULOU, jusqu'à ce qu'elle atteigne une évaluation supérieure ou égale à la note éliminatoire.

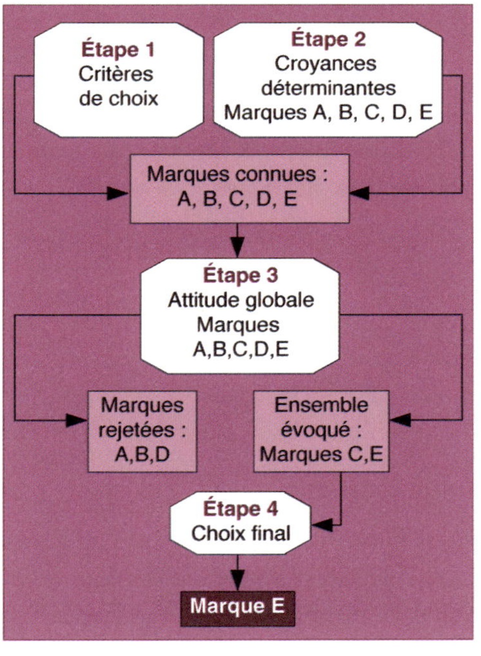

Figure 3.13 : Processus de choix d'une marque

2.4. L'après choix : satisfaction et fidélité

2.4.1. Satisfaction

La consommation du produit ou du service livre au consommateur des informations supplémentaires sur les marques. Les croyances initiales seront renforcées, favorablement ou défavorablement. La satisfaction ou l'insatisfaction peuvent s'envisager de deux manières (voir Figure 3.14).

Ainsi, elles peuvent se manifester comme un sentiment global et favorable (ou défavorable) qui apparaît lorsque les **performances** de la marque sont jugées positivement (négativement). La satisfaction ou l'insatisfaction sont donc un jugement d'appréciation globale des performances de la marque sur les critères de choix qui se forme après la consommation. En pratique, il a été montré que certains attributs contribuent uniquement à la satisfaction (les « plus »), d'autres uniquement à l'insatisfaction (les « basiques »), d'autres déterminent autant la satisfaction et l'insatisfaction (les « clés »), et enfin, certains ne contribuent à rien (les « secondaires »)[6].

Par exemple, le fait qu'un train arrive à l'heure à la seconde près n'améliore pas la satisfaction globale, mais un retard de deux heures dégraderait considérablement l'appréciation précédente : il s'agit donc d'un attribut basique. La possibilité de recharger un téléphone portable durant le trajet est un « plus ». Si cette éventualité existe, la satisfaction s'accroît, mais dans le cas contraire, cela ne génère pas d'insatisfaction. Le prix du billet est un élément clé : s'il est considéré comme bon marché, il contribue à la satisfaction, et inversement.

6. Llosa, S., « L'analyse de la contribution des éléments du service à la satisfaction : un modèle tétra-classe », *Décisions Marketing*, 10,1, 1997, pp. 81-88.

Elles peuvent par ailleurs découler d'une confrontation entre les **attentes** préalables et l'évaluation des **résultats** obtenus. Il y a satisfaction lorsque les résultats sont supérieurs aux attentes (confirmation), et insatisfaction, lorsque les résultats sont inférieurs aux attentes (« disconfirmation »)[7].

> Monsieur Quonso est insatisfait de son achat : contrairement à ses attentes, ses chaussures lui font mal aux pieds, elles ne s'assouplissent pas avec le temps. De plus, le vendeur avait créé une autre attente forte pour la solidité du produit : or l'utilisation montre que ce n'est pas le cas, d'où un mécontentement global. L'évaluation « post-achat » est donc mauvaise, les résultats étant inférieurs aux attentes.

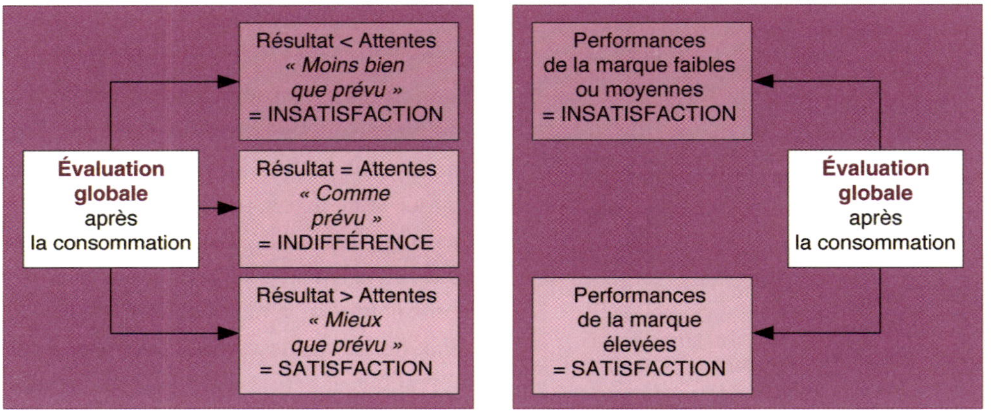

Figure 3.14 : La satisfaction : attente/résultat versus performance

Le suivi régulier de la satisfaction des consommateurs est primordial pour les managers. Aux États-Unis, les chercheurs de l'université du Michigan ont élaboré une mesure de la satisfaction (ACSI, c'est-à-dire American Consumer Satisfaction Index). Cette mesure est appliquée depuis 1994 à un échantillon de plusieurs centaines d'entreprises, tous secteurs confondus. Les résultats publiés en 2005 montrent qu'il existe un lien significatif entre la satisfaction et les performances financières des entreprises : plus la satisfaction des clients est élevée, plus sa rentabilité s'accroît.

2.4.2. Fidélité et recherche de variété

La fidélité s'apprécie dans le temps. Deux angles sont possibles : soit par le suivi d'un comportement, soit par l'évaluation d'un sentiment affectif.

La fidélité comportementale s'évalue sur une séquence d'achats dans une même catégorie de produit. Elle est absolue s'il y a un rachat systématique de la même marque ; elle est partagée si le consommateur

7. L'ouvrage de référence est celui de Zeithaml, V., Berry, L., Parasuraman, A., *Delivering Quality Service*, Free Press, 1990.

alterne, au gré de son humeur, les deux mêmes marques. Lorsque l'acheteur éparpille ses achats sur plusieurs marques, on parle d'infidélité à la marque.

La fidélité affective s'exprime par une conviction que la marque achetée est celle qui convient, même si ce n'est pas la marque idéale. Ce contentement du consommateur n'est pas vécu de manière passive, il traduit une volonté de s'engager durablement avec la marque.

La logique voudrait qu'un consommateur satisfait soit fidèle vis-à-vis de la marque. En d'autres termes, la probabilité que le consommateur rachète la même marque augmenterait avec la satisfaction. Mais, un consommateur satisfait par sa marque habituelle peut la délaisser temporairement au profit d'une autre. Ce comportement de recherche de variété se rencontre fréquemment pour les achats courants. Il rompt la lassitude procurée par la consommation répétée d'une même marque. L'achat devenant trop routinier, le besoin de stimulation de l'acheteur se fait sentir.

2.5. Contexte et environnement de l'achat

Le contexte du choix et l'environnement modifient le processus d'achat. Ces éléments dépendent de l'acheteur et/ou de la situation d'achat du produit.

2.5.1. Perception d'un risque

Si le consommateur est conscient que son choix peut produire un résultat désagréable lors de la consommation, l'achat est considéré comme risqué. La recherche d'information sera plus longue et la communication interpersonnelle sera privilégiée. Plusieurs types de risques ont été inventoriés.

1. Le *risque financier* est lié à une possible perte d'argent. Monsieur Quonso s'interroge : « Que vaut cette marque que je ne connais pas, et qui me semble bien chère ? »

2. Le *risque physique* correspond à d'éventuelles dégradations résultant de la consommation : « Celles-ci me font trop mal aux pieds. »

3. Le *risque psychosocial* intègre l'avis de l'entourage : « Que va en penser ma femme ? »

4. Le *risque de perte de temps* est une conséquence indirecte due à l'achat d'un produit défectueux : « *Dans six mois, je devrai recommencer cette corvée d'achat.* »

2.5.2. Implication de l'acheteur

Si la catégorie du produit ou les circonstances de l'achat sont sources d'excitation ou de tension, le choix revêt un caractère impliquant. Un acheteur impliqué utilise plus d'informations et compare les marques sur un plus grand nombre de critères de choix. L'implication comporte cinq facettes : il suffit d'être sensible sur l'une ou l'autre pour être considéré comme impliqué[8].

8. Laurent, G., Kapferer, J.-N., « Les profils d'implication », *Recherche et Applications en Marketing*, 1, 1986, pp. 41-57.

1. L'intérêt : l'achat peut être considéré comme « important », par exemple compte tenu de son coût ou de sa proximité avec les centres d'intérêt (professionnel, loisirs) de l'acheteur.

> Monsieur Quonso n'est pas sensible à cette facette, car l'achat d'une paire de chaussures est visiblement loin de ses centres d'intérêt habituels.

2. La valeur de signe : un achat ostentatoire permet de revendiquer auprès de son entourage l'appartenance à une catégorie sociale déterminée ou un statut particulier. La marque est un signe distinctif chargé de véhiculer une certaine image de soi.

> L'épaisseur de la semelle perturbe Monsieur Quonso, car elle pourrait, selon lui, donner aux autres l'impression qu'il a mauvais goût ou, pire, qu'il est un « manœuvre de chantier ». Il est donc impliqué sur cette facette.

3. La valeur de plaisir : l'achat et (ou) la consommation du produit procurent des sensations agréables.

> Pour Monsieur Quonso, l'achat d'une paire de chaussures s'apparente plutôt à une « corvée ».

4. Le risque encouru : l'importance du risque vient des conséquences qu'entraînerait un mauvais choix : est-il grave pour le consommateur de se tromper de marque ?

> Monsieur Quonso perçoit des risques relativement importants, liés à la nature des perturbations potentielles : perte d'argent, inconfort, moqueries, etc.

5. La confiance dans le choix : c'est la probabilité subjective de faire une erreur dans le choix de la marque ou du produit. Elle représente le second volet du risque.

> Monsieur Quonso n'a pas confiance en lui : il est rassuré par le vendeur.

L'implication, pour une même catégorie de produits, varie selon les consommateurs. Par exemple, l'achat d'une paire de chaussures a un caractère impliquant pour Monsieur Quonso (facettes de signe, risque, confiance), alors qu'il laissera indifférentes d'autres personnes. Cependant, certains produits relèvent plus naturellement de l'achat impliquant. La Figure 3.15 propose quelques exemples, tirés des recherches de Jean-Noël Kapferer et Gilles Laurent.

Implication fabile	Implication sur une ou deux facettes	Implication forte
Piles Pâtes Huile Détergent Yaourt	Aspirateur Fer à repasser Lait de toilette Chocolat	Robe Parfum Soutien-gorge Machine à laver Télévision Champagne

Figure 3.15 : Caractère impliquant de quelques catégories de produits

2.5.3. Expérience dans la catégorie de produit

Pour le consommateur, le premier achat dans une catégorie de produits est naturellement source d'interrogations, car il manque de points de repères pour orienter son choix.

> Par exemple, la mère de famille réfléchit plus longtemps pour choisir la marque de couche-culotte de son premier bébé, alors que pour les achats suivants, s'il y a eu satisfaction avec la marque, les décisions sont plus rapides, puis deviennent un achat réflexe.

2.5.4. Types de situation

La situation au moment de l'achat ou la prévision du cadre de consommation joue un rôle majeur dans les décisions de choix. Selon son humeur, on préfère un film drôle ou dramatique ; selon le moment de la journée, on opte pour un soft-drink ou une bière ; on ne choisira pas le même restaurant pour un repas rapide ou en tête à tête, etc. Ces situations s'analysent à l'aide de trois dimensions :

- aspect psychologique : degré de fatigue, humeur, urgence du choix ;
- environnement physique : température, bruit, densité de foule ;
- rôle social : cadeau ou achat pour soi, intimité ou réception.

D'une manière générale, si le consommateur dispose de très peu de temps pour effectuer son achat ou s'il est fatigué, il n'utilise que peu d'informations et a tendance à donner la préférence aux marques les plus connues. Ces résultats sont aussi valables lorsque le consommateur est distrait par une forte musique ou fatigué par des courses interminables. Ce genre de situation se rencontre fréquemment dans la réalité commerciale : achats du week-end dans les centres commerciaux, périodes de fêtes, etc. Plusieurs recherches montrent que l'acheteur simplifie sa tâche s'il se trouve dans une telle situation.

Par ailleurs, les critères de choix et les sources d'informations changent en fonction de la situation sociale prévue pour la consommation.

> Par exemple, on a davantage recours aux conseils du vendeur quand il s'agit de faire un cadeau ; le confort d'une chaussure de sport est prédominant pour un usage quotidien, alors que la tenue du pied est déterminante en compétition ; l'ambiance, la discrétion sont des critères majeurs pour le choix d'un restaurant pour un repas en tête-à-tête, le prix et la rapidité priment pour un repas pris sur le lieu de travail.

2.6. Les différentes résolutions de choix

La résolution peut être approfondie ou simplifiée. Les quantités d'information utilisées, les modalités du choix et les implications marketing varient considérablement selon le cas. La Figure 3.16 compare ces deux modes.

2.6.1. Résolution approfondie

D'une manière générale, les achats qui ne laissent pas le consommateur indifférent (achat impliquant), ou ceux qui sont sources de tensions (achat risqué), entraînent une décision d'achat longuement mûrie. Si les consommateurs considèrent que les marques sont très dissemblables (grande étendue de prix, variation des performances et de la robustesse, etc.), le processus de choix s'allonge. D'une manière générale, la plupart des biens durables (voiture, bijou, ameublement, gros électroménager, image et son, etc.) entrent dans cette catégorie.

Dans ce contexte, le consommateur recherche et traite beaucoup plus d'informations sur les marques et les produits. Il écoute avec attention la publicité. Cependant l'impact de cette dernière reste faible, car les croyances au sujet des marques sont généralement solides et bien établies.

Les groupes de références, et notamment les leaders d'opinion, influencent fortement les jugements, car leurs opinions sont considérées comme des normes ou des avis d'experts (voir chapitre suivant). L'image de marque est importante, car elle équivaut à une caution pour le consommateur. L'acheteur n'hésitera pas à fréquenter plusieurs points de vente pour se renseigner et comparer les prix d'un magasin à l'autre. Il compare les marques sur, en moyenne, cinq à neuf critères de choix. L'avis du vendeur est essentiellement sollicité par les consommateurs peu familiers avec la catégorie de produits.

Variables	Résolution approfondie	Résolution rapide
Contexte d'achat	• Risque et (ou) implications forts • Catégorie de produit nouvelle • Faible expérience avec le produit • Produit complexe ou onéreux	• Risque et (ou) implication faibles • Produit connu • Familiarité avec le produit • Produit simple et courant
Exemples de catégorie de produits	• Automobile, télévision, hi-fi • Logement, vacances, vêtement • Parfum, champagne • Produits financiers, assurance	• Épicerie, boisson • Produit d'entretien et d'hygiène • Cigarettes
Caractéristique du processus de choix	• Forte recherche d'information (avant et après l'achat) • Nombreuses sources consultées • Nombreux critères de choix • Grandes différences perçues entre les marques • Règles d'évaluation compensatoires	• Faible recherche d'information • Peu (ou pas) de sources utilisées • Comparaison en magasin sur un petit nombre de critères de choix • Règles d'évaluation non compensatoires • Essai pour former son attitude
Implications marketing majeures	• Réclamation si insatisfaction • Visite de plusieurs points de vente • Influence de la publicité faible • Importance de l'image de marque • Satisfaction = fidélité	• Insatisfaction = infidélité • Un seul point de vente visité • Subit la publicité (influence forte) • Influence du merchandising et des offres spéciales • Importance de l'image de marque

Figure 3.16 : Comparaison des prises de décision pour le choix d'une marque

2.6.2. Résolution rapide

Le consommateur est relativement passif : son attention est facilement distraite et les quantités d'informations traitées sont très faibles. L'influence de la publicité et des promotions sur le lieu de vente est forte, le nombre de critères de choix est faible (deux à cinq). Compte tenu du nombre quotidien d'obligations d'achat, cette résolution est, de loin, la plus usitée par le consommateur. Elle s'impose dans trois cas.

— Achat routinier

La répétition des achats et des expériences tirées de la consommation conduit rapidement à une standardisation des décisions. Les problèmes de choix ayant déjà été résolus par le passé, par souci d'économie mentale et de gain de temps, le consommateur tend à privilégier ses marques habituelles. Cela augmente la fidélité à la marque. Mais en contrepartie, le consommateur peut, au gré des offres spéciales ou en cas d'absence de la marque, vouloir essayer autre chose pour casser la routine. Ces facteurs favorisent l'introduction de nouveaux produits. La plupart des achats courants alimentaires (épicerie, boissons, produits lactés, etc.) et d'hygiène (savon, lessive, dentifrice, déodorant, etc.) entrent dans cette catégorie. On peut y ajouter les cigarettes, journaux, jeux de hasard (loto, tiercé, etc.) dont l'achat s'apparente à un rituel.

— *Achat impulsif*

C'est un achat réflexe, décidé sur le champ. Ses motivations sont complexes. Il peut réparer un oubli : la vision du stimulus (la catégorie de produit oublié) génère le rappel en mémoire d'une marque à acheter. Le consommateur peut saisir une opportunité : c'est l'achat « malin », la marque étant en offre spéciale, ou résolvant un achat longtemps différé, faute de solutions jugées acceptables. Enfin, l'acheteur peut s'offrir un plaisir ou une petite folie pour lutter contre la morosité ou la routine des courses.

— *Achat désimpliqué*

Cet achat est vécu comme une corvée nécessaire : le consommateur se simplifie la vie ou économise son budget. Dans le premier cas, les marques les plus connues sont privilégiées, dans l'autre les produits « premier prix » ou de distributeur sont recherchés.

2.7. Le modèle global d'Engel, Blackwell et Miniard

Ce modèle est qualifié d'intégrateur, car il récapitule la totalité des éléments qui orientent les décisions d'achat du consommateur. Quatre grands facteurs structurent le modèle : traitement de l'information, processus de choix, différences individuelles et influences de l'environnement. Chaque facteur se décompose en de nombreuses variables, dont la quasi-totalité a déjà été analysée dans ce chapitre. La Fiche technique 3.4 présente les grandes lignes du modèle.

FICHE TECHNIQUE

3.4. Le modèle d'Engel, Blackwell et Miniard (1995)

1. Structure et fonctionnement

Le modèle s'articule autour de quatre grands facteurs.

Le *processus de décision* constitue la colonne vertébrale du modèle. Il se subdivise en sept étapes : reconnaissance du besoin, recherche, pré-évaluation (critères de choix, croyances, ensemble évoqué), achat, consommation, post-évaluation, puis débarras du produit (recyclage, revente).

Le *traitement de l'information* représente le deuxième axe du modèle. La recherche d'information peut être interne ou externe. Les stimuli sont décodés, analysés, acceptés, puis stockés dans la mémoire du consommateur, où ils seront éventuellement rappelés ultérieurement lors du processus de décision.

Les *influences de l'environnement* (culture, classe sociale, etc.) et les *différences individuelles* (implication, motivation, valeur, etc.) forment les deux derniers volets.

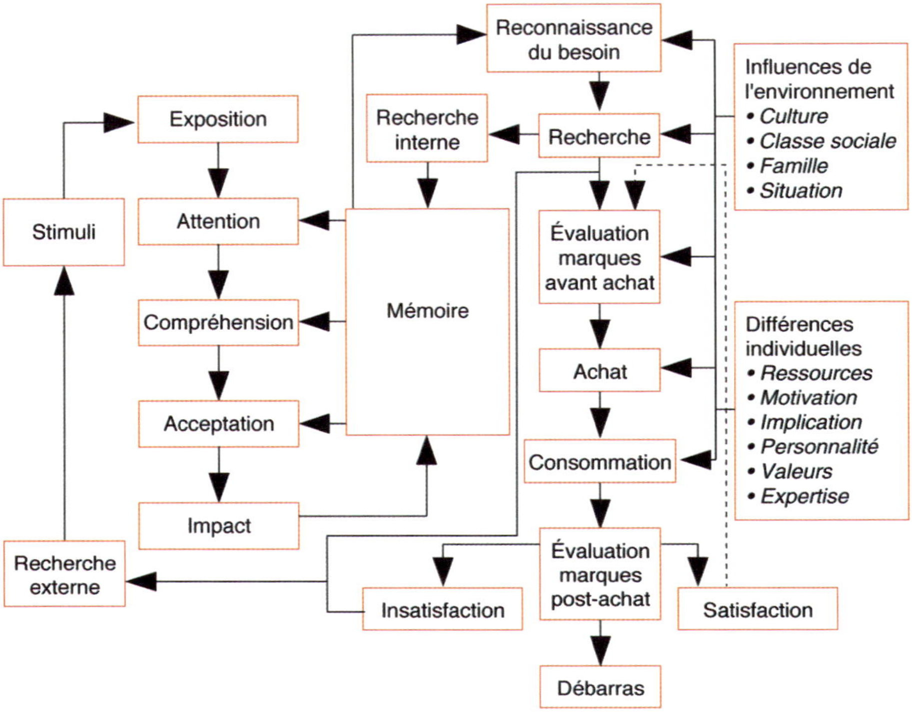

Source : traduit de Engel, J., Blackwell, R., Miniard, P., *Consumer Behavior*, Dryden Press, 1995, 8e éd., p. 154.

Deux points d'entrée sont possibles : les stimuli, plus ou moins contrôlés par l'homme de marketing (publicité, prix, présentation en vitrine, etc.) ou la reconnaissance d'un besoin. La sortie du modèle se fait après la consommation. Celle-ci accroît l'expérience du consommateur et contribue au renforcement des croyances au sujet des marques. Cette version du modèle insiste sur l'importance de l'évaluation post-achat.

Le modèle distingue différents types de décision d'achat (premier achat dans une catégorie de produits et achat répété) et différents modes de résolution (résolution approfondie, médiane, limitée et de routine). Selon les situations et modes, le nombre de variables intervenant dans la décision change considérablement. La figure ci-dessus retrace le modèle complet.

2. Implications marketing

Ce modèle explique pourquoi le consommateur choisit une marque plutôt qu'une autre. L'homme de marketing connaît les étapes du processus de choix et les variables qu'il peut manipuler pour influer sur le choix du consommateur. Par exemple, la publicité est importante pour les deux premières étapes ; l'analyse minutieuse des forces et des faiblesses de la marque sur les critères de choix du consommateur est primordiale pour le chef de produit.

III. LE CONSOMMATEUR : VISION ÉMOTIONNELLE

> Deux mois après sa mésaventure, Monsieur Quonso doit se rendre à l'évidence : il doit remplacer ses maudites chaussures. Désabusé et maussade, il passe en revue plusieurs styles, à tous les prix, mais rien ne lui convient. Et soudain, miracle ! Une paire magnifique apparaît au milieu d'une vitrine, nimbée d'une lumière douce. Le cœur de notre homme se met à battre. Vite il faut l'essayer ! Une musique agréable est diffusée dans le magasin, un fauteuil confortable l'attend, à la bonne odeur de cuir. Sa main touche une matière souple, légèrement brillante. Quel confort, quel plaisir de marcher avec de telles chaussures ! Monsieur Quonso se sent tout excité par ces belles chaussures, un sentiment d'euphorie l'envahit. Il indique à la vendeuse qu'il compte garder ses nouvelles chaussures au pied, puis tend distraitement sa carte bleue pour régler son achat. Il ne regarde même pas la somme qui va être débitée. Dans la rue, il esquisse quelques pas de danse, admire son reflet dans une glace. Il se sent sûr de lui et maintenant, il est de très bonne humeur. Le monde lui appartient…

Ce second scénario d'achat est bien différent du précédent. Et pourtant, il s'agit bien du même consommateur et du même produit. Qu'est-ce qui a changé ? La prise de décision ne s'est plus faite sur la base de délibérations cognitives, mais sur un simple coup de cœur, une émotion qui a envahi le consommateur. Des sensations, un environnement agréable, une expérience forte, une perte de contact avec la réalité caractérisent la vision émotionnelle. Nous allons passer en revue ces différents éléments.

3.1. Les émotions et les processus de choix

3.1.1. Qu'est-ce qu'une émotion ?

L'émotion est une réaction affective particulière, dérangeante et instantanée. Elle est provoquée par un stimulus quelconque (un objet, une marque, un événement, une situation). Toute émotion se caractérise par quatre propriétés :

1. Une intensité : faible à forte ;
2. Une polarité : l'émotion est perçue favorablement (agréable) ou défavorablement (désagréable) ;
3. Une conscience : l'émotion est clairement ressentie ou passe inaperçue ;
4. Une puissance : elle peut être dominée par la personne (résistance possible) ou être dominatrice (l'émotion submerge).

Les émotions sont un mécanisme d'adaptation aux variations de l'environnement et un facteur de motivation du consommateur. Différents inventaires ont été élaborés pour répertorier les émotions. La catégorisation d'Izard est l'une des plus connue : elle recense dix émotions différentes (voir Figure 3.17).

Intérêt Joie Surprise Angoisse	Détresse Dégoût Contentement	Crainte Honte Culpabilité

Figure 3.17 : Les différentes sortes d'émotions selon Izard[9]

> Monsieur Quonso éprouve une palette d'émotions plus ou moins fortes : surprise, plaisir, joie, contentement. Il se sent « *tout excité par*

9. Izard, C., *Human Emotion*, Plenum Press, 1977.

ces belles chaussures », Un sentiment d'euphorie l'envahit... Quel plaisir de marcher avec de telles chaussures ! Ces émotions sont perçues comme agréables et ne laissent pas notre homme indifférent.

Il n'est pas facile de différencier l'émotion d'autres concepts proches. Une émotion se caractérise par sa spontanéité, sa brièveté, son intensité. Le tempérament ou le caractère d'un individu est plus durable dans le temps (on change difficilement de caractère durant sa vie). Entre ces deux extrêmes, l'humeur et le sentiment trouvent leur place (voir Figure 3.18).

Au départ, Monsieur Quonso était d'humeur maussade. C'est un handicap pour la création d'émotions favorables. Il a fallu un stimulus très fort, (« *une paire magnifique, nimbée d'une lumière douce* ») pour provoquer un « coup de cœur », ressenti comme un « miracle » par Monsieur Quonso. En sortant du magasin, l'émotion a probablement disparu. En revanche, son humeur a changé (il est « *de très bonne humeur* »), mais pas son caractère.

Caractéristiques	Émotion	Sentiment	Humeur	Tempérament (Caractère)
Exemples	Surprise Peur	Fierté Jalousie	Mélancolie Gaieté	Optimiste Pessimiste
Intensité Durabilité Fréquence d'expression	Forte à très forte Très brève Souvent	Moyen à fort Moyenne Contrainte sociale	Faible à moyenne Moyenne Contrainte sociale	Faible à moyen Longue Souvent
Facilité de contrôle Antécédents cognitifs	Faible Très faibles	Assez faible Forts	Assez faible Moyens	Assez faible Moyens

Source : adapté de Derbaix, C., Pham, M., « Pour un développement des mesures de l'affectif en marketing : synthèse des pré-requis », *Recherche et applications en marketing*, 4, 4, 1989, pp. 71-87.

Figure 3.18 : Typologie des réactions affectives

La mesure des émotions se réalise de trois manières[10].

1. Mesures biologiques : un appareillage de type médical enregistre le rythme cardiaque, la pression sanguine, la transpiration, l'activité cérébrale des sujets exposés à des situations sources d'émotions, plus ou moins fortes.

2. Mesures de comportement : l'étude des mouvements du corps, les expressions faciales traduisent chez les individus différentes émotions. Des chercheurs ont codifié les différents mouvements du visage en les reliant à des émotions types.

3. Mesures d'auto-évaluation : les répondants utilisent un bouton poussoir pour indiquer l'intensité d'une émotion particulière (peur, surprise, joie, etc) qu'ils ressentent face à différents stimuli. Dans la même veine, il est possible de recourir à des questionnaires standardisés, appelés « échelles de mesure » ; chaque question mesure une

10. Pour aller plus loin, voir Derbaix, C., Poncin, I., « La mesure des réactions affectives en marketing : évaluations des principaux outils », *Recherche et Applications en Marketing*, 20, 2, 2005, pp. 55-76.

facette spécifique d'émotion. La plus utilisée (appelée échelle « PAD ») mesure les dimensions « Plaisir » (heureux, content, gai, etc.), « Activation » (excité, énervé, tranquille, etc.) et « Domination » (capacité ou incapacité à contrôler l'émotion).

3.1.2. Émotion et choix d'une marque

L'émotion comporte une dimension affective qui échappe plus ou moins à l'individu. Il ne faudrait pourtant pas croire qu'il n'existe pas d'acquisition et de traitement des informations. Lorsque le choix est gouverné par les émotions, plusieurs spécificités apparaissent.

La *confiance* en son jugement est plus grande, bien que l'on puisse difficilement expliquer ou justifier à soi-même ou aux autres le pourquoi du choix. Le consommateur dira volontiers « *Je sens bien cela* » ou « *Je ne sens pas du tout cela* ». Le jugement fait implicitement appel à l'intuition ou à des souvenirs inconscients que l'individu serait bien en peine de verbaliser. On mesure donc la difficulté pour le marketing de relier une émotion à un attribut particulier du produit ou de la marque.

> Monsieur Quonso garde ses chaussures et esquisse quelques pas de danse dans la rue. Il admire son reflet dans une glace : il se sent sûr de lui…

La *quantité d'informations* traitée est plus faible. Pour certains auteurs, il existe un traitement d'information préalable à l'émotion, rapide et sommaire : il y a eu un choc, un bruit, autant d'informations qui ont été traitées par notre cerveau, et qui, sur la base d'expériences passées, ont pu provoquer la peur et une fuite. Pour d'autres, l'émotion précède le jugement : « *Je constate que j'ai peur. Pourquoi ?* » Dans la grande majorité des cas, le jugement se fait sur la base d'informations transmises par nos sens (toucher, odorat, ouïe, goût, vue), plutôt que par un raisonnement fondé sur une analyse cognitive des attributs de la marque ou du produit.

> Avant de « flasher » sur cette paire, Monsieur Quonso a passé en revue quantité d'autres paires de chaussures, comparé des prix, etc. Mais lorsqu'il a vu « la » bonne paire, il l'a juste essayée pour vérifier son confort et n'a accordé aucune attention au prix, même lorsqu'il a tendu sa carte de crédit en caisse.

Le jugement est de nature « *holistique* ». L'émotion conduit à une évaluation globale de l'expérience vécue : « *C'était bien, bon, super…* » ; ou, au contraire : « *C'était mauvais, nul ou insipide…* » Il est souvent difficile de décomposer ou de justifier *a posteriori* ce jugement. Ou alors, la rationalisation de l'explication signifie un retour à un jugement cognitif, souvent biaisé, pour qu'il soit perçu comme cohérent par son entourage ou par soi-même.

> Plaisir, excitation, quelques pas de danse. Il est probable que notre acheteur serait bien incapable d'expliquer les raisons de son coup de cœur lorsqu'il a vu les chaussures en vitrine. En revanche, *a posteriori*, il pourra dire qu'elles étaient belles, confortables, à un prix acceptable, etc.

Il existe une corrélation forte entre le fait d'éprouver certaines émotions et la satisfaction vis-à-vis du produit ou de la marque. Elle dépend de la polarité des émotions : l'angoisse, le dégoût, la culpabilité, la honte, sont source d'insatisfaction ; la joie, le contentement engendrent la satisfaction. Mais certaines émotions (la surprise, la peur) sont ambivalentes.

> Space Mountain à Disneyland Paris ou le saut en parachute procurent des émotions fortes : la recherche de la peur, la volonté de dominer ce sentiment sont sources de plaisir et de crainte. Un cadeau, c'est une surprise, souvent agréable, mais parfois désagréable s'il ne correspond pas à nos attentes ou à nos goûts. Ainsi, une grève sauvage est une surprise fort désagréable…

Dès 1982, Morris B. Holbrook et Elizabeth C. Hirschman ont proposé un nouveau modèle pour synthétiser les différentes étapes du choix d'un produit ou d'un service[11] (voir Fiche technique 3.5). À l'origine, celui-ci était restreint au domaine des loisirs, des arts et des spectacles. Mais, progressivement, la vision d'un choix dominé par la recherche d'émotions a conquis presque toutes les catégories de produits ou de services. Le marketing expérientiel trouve ses racines théoriques dans ce modèle.

3.2. Expérience, sensation et immersion

3.2.1. Consommation et production expérientielle

L'« **expérience** » est un état subjectif, intensément ressenti par celui qui l'éprouve, qui laisse une trace mémorable. Elle s'accompagne d'une variété de significations symboliques, de réponses hédonistes et de critères esthétiques. L'imaginaire, le sentiment (émotion) et le plaisir constituent les soubassements majeurs de l'expérience de consommation.

Le marketing expérientiel se donne pour objectif de susciter les conditions optimales pour que le consommateur vive une expérience, la plus positive possible, durant la consommation. Cette dernière présente plusieurs spécificités[12].

— ***Singularité***

Le consommateur (acteur ou spectateur) perçoit une grande diversité de situations durant l'expérience. Le plaisir retiré de l'expérience est subjectif, c'est-à-dire que chacun s'approprie à sa guise, plus ou moins fortement, telle ou telle spécificité de la consommation. L'expérience ne se confond pas avec la situation : chaque consommateur porte un regard personnel sur la situation afin de lui donner un sens propre original.

> Aller dans une boîte de nuit pour écouter sur son baladeur ses morceaux préférés a du sens pour certains, mais confine à l'absurdité pour d'autres ; porter des baskets roses dans une soirée chic est une marque de classe ou le comble du mauvais goût, selon les personnes…

— ***Caractère mémorable***

L'aspect inoubliable d'une consommation le transforme en un « épisode » d'une aventure,

11. Holbrook, M., Hirschman, E., « The experiential aspects of consumption: consumer fantasies, feelings and fun », *Journal of Consumer Research*, vol 9, 1982, pp. 132-140.
12. Pour approfondir ce point, voir Bénavent, C., Evrard, Y., « Extension du domaine de l'expérience », *Décisions Marketing*, 28, 2002, pp. 7-14.

FICHE TECHNIQUE

3.5. Le modèle d'Holbrook et Hirschman

1. Contexte

Le modèle est en rupture avec la vision cognitiviste qui considère le consommateur comme une machine à acquérir et à traiter des informations pour aboutir au « meilleur » choix possible. La philosophie sous-jacente considère que la recherche du plaisir, l'hédonisme, gouverne la plupart des choix de consommation. La stimulation des cinq sens pour « produire » de l'émotion, le recours à l'intuition, la recherche d'une expérience mémorable sont les fils conducteurs d'un processus de choix dominé par les émotions.

2. Structure

La dimension cognitive demeure, mais elle est réduite aux images mentales (le consommateur « voit », « sent », « salive », bref anticipe le plaisir de la consommation), aux fantasmes plus ou moins avouables. D'autre part, l'inconscient joue un rôle majeur dans la décision de choix. Ceci plaide pour une utilisation des techniques qualitatives (association, projection), plutôt que quantitatives pour étudier la consommation expérientielle. Les critères de choix des marques sont de nature ludique (« *Est-ce que je vais m'amuser ?* »), esthétique (« Est-ce beau » ?) ou symbolique (« Est-ce que ce signe est cohérent avec le groupe dont je fais partie ? »). L'émotion ressentie est le cœur du modèle : l'individu expérimente telle ou telle marque pour trouver ou retrouver telle ou telle émotion. Finalement, toute expérience est jugée à l'aune du plaisir ressenti : l'absence de plaisir est rédhibitoire pour une nouvelle consommation.

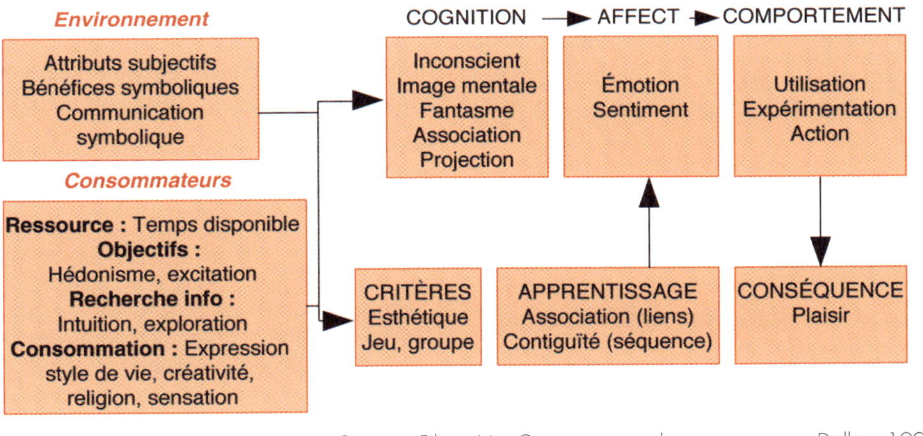

Source : Filser, M., *Comportement du consommateur*, Dalloz, 1994.

3. Implications marketing

Le marketing doit mettre l'accent sur la valeur symbolique et le plaisir associés à la consommation du produit. La marque est garante du plaisir futur et crée du lien avec l'entourage. Autour d'elle se créent de véritables communautés de consommateurs. La consommation peut donner lieu à des événements, des « grandes messes » qui réunissent sympathisants et militants. Par exemple, les randonnées en Harley Davidson ou le lancement mondial de l'iPhone d'Apple sont autant d'occasions de manipuler des symboles qui créent du lien entre la marque et ses consommateurs.

dont le souvenir influencera les autres expériences ultérieures.

> La vente de cartes postales, de produits du terroir, d'objets d'artisanat local, ou encore de photos prolonge et renforce le caractère mémorable de l'expérience. Ainsi, chaque concert des Rolling Stones donne lieu à d'importantes ventes de produits dérivés (tee-shirts, CD, objets marqués, etc.) qui rappelleront plus tard l'ambiance du concert...

— ***Coproduction***

Le consommateur participe à la production de l'expérience, le plus souvent dans un environnement « aseptisé », mi-réel, mi-artificiel, sans risque, mais qui, paradoxalement, doit être perçu comme authentique. Une chose et son contraire sont les deux principes qui structurent les émotions tirées de l'expérience.

> Les parcs d'aventures (Port Aventura, Disneyland, Parc Astérix, etc.) sont un bon exemple de lieux qui reconstruisent des univers, des pays, des situations où l'on peut se faire plaisir et se faire peur en même temps. Mais dans tous les cas, la sécurité doit être sans faille sur le plan technologique...

L'expérience produite par l'entreprise doit respecter plusieurs règles[13] : le décor doit être un véritable théâtre, source d'émotions renouvelées ; le produit se dote d'une histoire, ou mieux, s'insère dans une intrigue dans laquelle le consommateur joue son propre rôle. Finalement, l'expérience peut aller jusqu'à proposer un autre « moi ».

> Ainsi, l'émission de télévision « Vis ma vie » de TF1 montre des personnes qui ont « échangé » leur vie. Chacun prend la place de l'autre durant une durée déterminée. L'immersion dans un autre univers (réel ou avatar), l'échange des rôles sont vécus comme de véritables « expériences » à durée déterminée (comme sur le site Internet Second Life).

3.2.2. Sensation et marketing sensoriel

La sensation est provoquée par la stimulation d'un ou de plusieurs des cinq sens : olfactif, gustatif, auditif, tactile ou visuel. Elle contribue à la naissance des émotions. Le marketing expérientiel a donc largement recours à la sollicitation des sens pour construire une offre « expérientielle ».

L'objectif du marketing sensoriel est de solliciter de manière cohérente les différents sens du consommateur de manière à créer une émotion favorable à l'achat. La création d'une ambiance agréable sur le lieu d'achat ou de consommation contribue à la naissance de telles émotions, en jouant sur plusieurs registres sensoriels[14].

> Dans le magasin de chaussures visité par Monsieur Quonso, il y avait une musique douce, un fauteuil confortable, une bonne odeur de cuir... Il n'a pas hésité à prendre en main une paire de chaussure : la matière est souple, légèrement brillante. Tous ces contacts sensoriels ont favorisé l'achat.

Le Focus-Manager 3.3 offre un exemple de marketing sensoriel chez Nature & Découvertes.

---

13. Filser, M., « Le marketing de la production d'expérience », *Décisions Marketing*, 28, 2002, pp. 13-22.
14. Rieunier S., *et al.*, *Le Marketing sensoriel du point de vente*, Dunod, 2006, 2e éd.

FOCUS-MANAGER

3.3. Le marketing sensoriel chez Nature & Découvertes

« Dans beaucoup de nos points de vente nous diffusons l'odeur de cèdre à l'extérieur du magasin. Les gens qui passent dans le centre commercial sont donc d'abord attiré par l'odeur, puis par l'offre générale. Les deux sens les plus stimulés sont l'odorat et l'ouïe, par le bruit de l'eau et la musique d'ambiance. (...) De 1990 à 1996, nous avons diffusé exclusivement le cèdre d'Esteban, puis nous nous sommes rendu compte que les gens souhaitaient une offre plus large. Nous avons donc développé huit odeurs liées à l'enfance sous l'appellation « Mémoire d'un instant », « Sieste sous le figuier », « Nature après pluie », » Veillée et contes d'hiver », « Petits goûters d'automne », « Soir d'été en Provence », « Secrets d'enfance », « Un dimanche au cabanon » et « Café sous la tonnelle ».

D'un point de vue visuel, Nature & Découvertes est perçu comme une caverne d'Ali Baba, où s'amoncellent des produits originaux et très nombreux. La contrepartie de cette offre visuelle très riche réside dans la difficulté de communiquer par du texte au sein du magasin. En effet, nous constatons que nos panneaux sont peu lus par nos clients, ces derniers étant concentrés sur l'ambiance. Nous maintenons cependant un minimum de communication écrite, mais sans grand espoir qu'elle soit reçue. Toujours de manière visuelle, les clients accordent beaucoup d'importance à la lumière. En revanche, ils n'ont pas forcément conscience de l'importance du bois dans notre agencement ou de la façade en pierre de Bourgogne, alors que nous apportons beaucoup de soins à utiliser des matériaux naturels. »

Source : Rieunier, S., Interview de Françoise Vernet, Directrice Marketing de Nature & Découvertes, *Décisions Marketing*, 33, 2004, pp. 77-80.

3.2.3. Immersion et marketing de l'appropriation

La montée en puissance des jeux vidéo et, de manière plus large, la diffusion d'Internet a mis en lumière l'importance d'un état d'immersion lors de la consommation. On a observé que, placé dans un environnement médiatisé par une machine (micro-ordinateur, console vidéo, téléphone portable, etc.), certains individus perdaient contact avec la réalité, de façon plus ou moins prolongée.

Cet état d'*immersion virtuelle* se traduit par une harmonie parfaite entre ce qui est ressenti, souhaité et pensé. Les Anglo-Saxons parlent de « *flow* ». L'expérience de consommation prend un caractère inoubliable, facilité par l'interactivité de la machine. L'individu atteint un état « second » qui se traduit par une perte de conscience de soi et un sentiment de gratification.

C'est sur cette base qu'un nouveau modèle de comportement de consommation « virtuelle » a été élaboré par Donna Hoffman et Tom Novack. La Fiche technique 3.6 résume ses grandes lignes.

FICHE TECHNIQUE

3.6. Le modèle de consommation virtuelle d'Hoffman et Novack

1. Contexte

La banalisation d'Internet a provoqué à la fin des années 1990 un développement fulgurant du e-marketing. Ce média couvre différents buts : utilitaire (recherche d'information, formation, travail), achat à distance (e-commerce) et récréatif (jeu). On s'est alors demandé si les modèles cognitifs et affectifs de comportement du consommateur étaient encore adaptés à cet environnement virtuel. Un nouveau modèle a été proposé en 1996 ; il a été validé pour partie en 2000[15].

2. Structure

L'environnement virtuel se caractérise par une dimension de contrôle du déroulement des actions : subit-on ce qui se passe (spectateur captif) ou peut-on en contrôler le déroulement (acteur) ? Cette confrontation avec un univers virtuel est source d'émotions positives (plaisir, joie, intérêt, surprise) chez certains, mais d'émotions négatives (angoisse, peur, dégoût) chez d'autres. Internet est vu comme une « jungle » qu'il convient d'explorer. Le défi (va-t-on pouvoir maîtriser la situation ?), la compétence (le niveau d'expertise), la télé-présence (la capacité de se projeter dans un univers lointain), la focalisation de l'attention (capacité de concentration sur une tâche) sont considérés comme des déterminants de l'immersion et de la perception du caractère plus ou moins ludique de la tâche à accomplir (jeu).

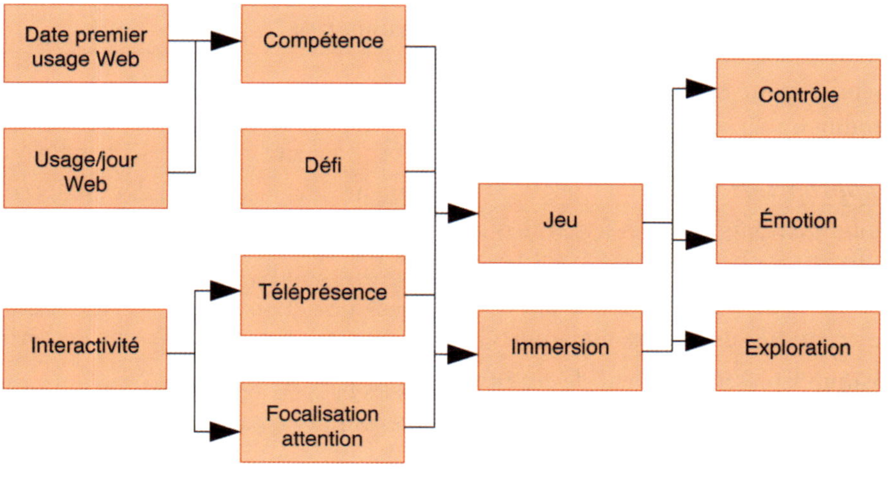

Source : Hoffman, D., Novack, T., « Marketing in hypermedia computer-method environments : conceptual foundations », *Journal of Marketing*, 60, 1996, 3, pp. 64-67

15. Hoffman, D., Novack, T., « Marketing in hypermedia computer-method environments: conceptual foundations », *Journal of Marketing*, 60, 1996, 3, 64-67 ; Novack, T., Hoffman, D., Yung, Y., « Measuring the customer experience in online environments: a structural modeling approach », *Marketing Science*, 19, 2000, 1, 22-42.

3. Implications marketing

L'immersion du consommateur ne se produit véritablement que pour des consommations récréatives (jeu, « lèche-vitrines » électronique) ; elle n'est pas pertinente pour une consommation utilitaire (travail, achat on-line). Son effet diminue avec le temps : l'accoutumance à un environnement virtuel, sa maîtrise par le consommateur réduisent les émotions positives. Le marketing doit concevoir le design et l'ergonomie d'un site Web en fonction de l'objectif poursuivi. Par exemple, pour un site récréatif, la surprise et la nouveauté sont déterminantes : les couleurs, les rubriques, les images doivent être régulièrement renouvelées ; l'immersion favorisera la consommation. À l'inverse, pour un site de e-commerce, la clarté des informations, la régularité des livraisons, l'accessibilité des différentes rubriques, la sécurisation des paiements influent sur les achats ; il n'est pas nécessaire d'immerger le consommateur dans l'environnement virtuel.

Dans une stratégie de marketing expérientiel, le manager favorise l'immersion du consommateur dans la consommation. Celle-ci n'est plus simplement une rencontre entre une offre et une demande. Elle doit donner lieu à une immersion, partielle ou totale, du consommateur dans un environnement (ambiance, mise en scène, stimulation sensorielle) organisé par l'entreprise pour favoriser l'*appropriation* du produit ou du service, mais aussi de son environnement, par l'individu.

> Un consommateur qui se « sent » chez lui dans un point de vente ou qui s'approprie l'espace d'un lieu de loisir (village club, parc d'aventure, discothèque, etc.) sera plus satisfait et plus fidèle que s'il se sent comme un « étranger ».

La marque représente le cœur de cet environnement. Son appropriation passe par différentes étapes : le consommateur fait son « nid » en prenant ses repères en découvrant l'univers proposé, explore les alentours en testant différentes configurations ou services, puis inscrit sa propre empreinte sur le territoire de la marque (personnalisation, ajout de fonctions, détournements de marque).

> Par exemple, durant l'écoute d'un concert de musique classique, on peut observer différents va-et-vient (découverte, exploration, marquage) de l'auditeur néophyte pour s'approprier un univers qu'il ne connaît pas. L'immersion dans l'expérience ressemble plus à une série de petits bains de pieds qu'à un grand plongeon. Les grands magasins « amiraux » de type Apple Store, Nike Town, Audi Forum ou encore Ikéa proposent un décor somptueux, un souci du détail et une finition sans faille de façon à créer un environnement propice à l'immersion du consommateur[16].

16. Pour aller plus loin : Caru, A., Cova, B., « Approche empirique de l'immersion dans l'expérience de consommation : les opérations d'appropriation », *Recherche et Applications en Marketing*, 18, 2003, n° 2, pp. 47-66 ; Caru, A., Cova, B., « Expériences de marque : comment favoriser l'immersion du consommateur », *Décisions Marketing*, 41, 2006, pp. 43-52.

SYNTHÈSE DU CHAPITRE

La décision d'achat du consommateur peut être explorée sous trois perspectives. Chaque approche met l'accent sur des variables spécifiques, considérées comme déterminantes du choix d'un produit ou d'une marque.

Dans la vision humaniste et sociale, les aspects psychologiques et psychanalytiques du consommateur sont privilégiés. La connaissance de la personnalité du consommateur et de l'image qu'il a de lui-même, l'exploration des besoins et des désirs, l'analyse des motivations et des valeurs sont des déterminants majeurs pour expliquer le choix d'une marque. Le consommateur procède à un arbitrage entre ses ressources (budget et temps) et ses besoins. Enfin, l'appartenance à une classe sociale et une culture influence le choix des acheteurs.

Selon la perspective cognitive, la décision d'achat suit un processus comportant plusieurs étapes. La prise de conscience d'un état de manque déclenche une recherche d'informations. Les marques connues sont comparées sur des critères. Le consommateur se forge une attitude pour chaque marque. Cette attitude résulte de la combinaison de croyances, effectuée selon des règles de décisions propres au consommateur. L'ensemble évoqué du consommateur – marques jugées acceptables – est très réduit : c'est parmi ces marques que l'achat se fera. Le modèle intégrateur d'Engel, Blackwell et Miniard synthétise ces différentes étapes et recense d'autres variables qui influencent le choix des consommateurs.

La vision émotionnelle considère que l'achat est gouverné par la recherche d'émotions positives. Le jugement est global (« holistique »), la quantité d'informations traitée est faible, le recours aux sens est fréquent. Le modèle d'Holbrook et Hirschman récapitule les éléments clés de cette conception. La consommation est considérée comme une recherche d'expérience durant laquelle les sens (vue, odorat, toucher, ouïe, goût) sont sollicités de façon à laisser un souvenir mémorable. La mise en scène du produit et la création d'une ambiance attractive favorisent l'immersion dans l'expérience et l'appropriation de la marque.

BIBLIOGRAPHIE D'APPROFONDISSEMENT

Les références sont classées par ordre croissant de complexité.

(1) Amine, A., *Le Comportement du consommateur face aux variables d'action marketing*, Management et Société, 1999.

(2) Brée, J., *Comportement du consommateur*, coll. « Les Topos », Dunod, 2004.

(3) Darpy, D., Volle, P., *Comportements du consommateur*, Dunod, 2007, 2e éd.

(4) Dubois, B., *Comprendre le consommateur*, Dalloz, 1997, 2e éd.

(5) Solomon, M. R., Tissier-Desbordes, É., Heilbrunn, B., *Comportement du consommateur*, Pearson Education, 2005, 6e éd.

(6) Filser, M., *Le Comportement du consommateur*, coll. « Précis », 1994, Dalloz.

(7) Ladwein, R., *Le Comportement du consommateur et de l'acheteur*, Economica, 2003, 2e éd.

TEST DE CONNAISSANCES

Choisir une seule réponse par question :

Q1 – Un consommateur réalise un achat faiblement impliquant. Il a probablement :

(1) comparé un petit nombre de marques sur un grand nombre de critères de choix ;
(2) comparé un petit nombre de marques sur un petit nombre de critères de choix ;
(3) comparé un grand nombre de marques sur un grand nombre de critères de choix ;
(4) comparé un grand nombre de marques sur un petit nombre de critères de choix.

Q2 – La motivation d'achat d'un consommateur est :

(1) une force favorable qui pousse à l'achat ; (2) un besoin ; (3) une valeur fondamentale ; (4) une force contraire qui bloque l'achat.

Q3 – Une personne dispose de très peu de temps pour réaliser un achat routinier. Elle a :

(1) fait plutôt confiance aux marques connues ; (2) reporté tous vos achats ;
(3) n'a acheté que quelques produits, en comparant avec soin les marques ; (4) choisi au hasard les marques.

Q4 – Un critère de choix est synonyme de :

(1) attribut déterminant du choix d'une marque :
(2) attribut saillant du choix d'une marque :
(3) attribut important d'un produit :
(4) bénéfice que l'on s'attend à trouver dans la marque.

Q5 – Un modèle conjonctif conduit à :

(1) faire la somme des évaluations des marques sur les critères de choix ;
(2) faire la somme des évaluations des marques sur les critères, pondérée par leur importance ;
(3) retenir la marque supérieure aux exigences minimales ;
(4) retenir la marque ayant le meilleur score sur l'attribut le plus important.

Q6 – Le système de valeurs de Schwartz c'est :

(1) une hiérarchie des dix valeurs fondamentales de l'Humanité ;
(2) un répertoire des cinq valeurs fondamentales des consommateurs ;
(3) une hiérarchie des dix valeurs fondamentales de la société nord-américaine ;
(4) un répertoire des dix valeurs fondamentales de l'Humanité.

Q7 – Le modèle « OCEAN » propose :

(1) une structure des valeurs humaines articulée autour de cinq dimensions ;
(2) un inventaire des dix besoins fondamentaux de l'homme ;
(3) une liste de cinq dimensions principales constitutives de la personnalité humaine ;
(4) un inventaire des cinq besoins fondamentaux de l'homme.

Q8 – Dans le modèle d'Holbrook et Hirschman :

(1) le processus de choix est fondé sur une démarche d'analyse consciente ;
(2) le rationnel et le plaisir se juxtaposent ;
(3) les émotions et les sentiments prédominent ;
(4) la maximisation de l'utilité d'un produit se fait sous contrainte du temps disponible.

Q9 – Lorsque le consommateur choisit une marque en faisant appel à ses émotions, il :

(1) évalue la marque sur la base des sept émotions principales ;
(2) se contente d'une évaluation globale et rapide fondée sur ses sens ;
(3) privilégie le recours au sens visuel ;
(4) traite beaucoup d'informations, puis choisit la marque au hasard en suivant son instinct.

Q10 – Le marketing expérientiel privilégie :

(1) le test systématique des idées avant le lancement du produit ;
(2) l'expérimentation du service sur un échantillon de clients potentiels ;
(3) le service au détriment du produit tangible ;
(4) le recours aux sens du consommateur pour créer une émotion favorable à l'achat.

Réponses du test :

Q1 = 2 ; Q2 = 1 ; Q3 = 1 ; Q4 = 1 ; Q5 = 3 ; Q6 = 4 ; Q7= 3 ; Q8 = 3 ; Q9 = 2 ; Q10 = 4.

Chapitre 4

L'influence de l'entourage du consommateur

Nous poursuivons notre exploration du consommateur dans deux directions. La première s'attache à comprendre les évolutions de l'environnement et leurs influences sur les comportements d'achat. La seconde passe en revue les différents acteurs de l'entourage qui infléchissent les décisions d'achat du consommateur : la famille, les groupes et les influenceurs.

Au terme de ce chapitre, vous saurez :

- *repérer les nouveaux comportements des acheteurs ;*
- *déceler les tendances lourdes des évolutions de la consommation ;*
- *décrire et comprendre les différents acteurs qui influencent les choix des acheteurs.*

Ce chapitre, à la différence du précédent, ne présente pas de difficulté particulière de compréhension. Chaque paragraphe est indépendant : vous pouvez les aborder dans l'ordre que vous souhaitez.

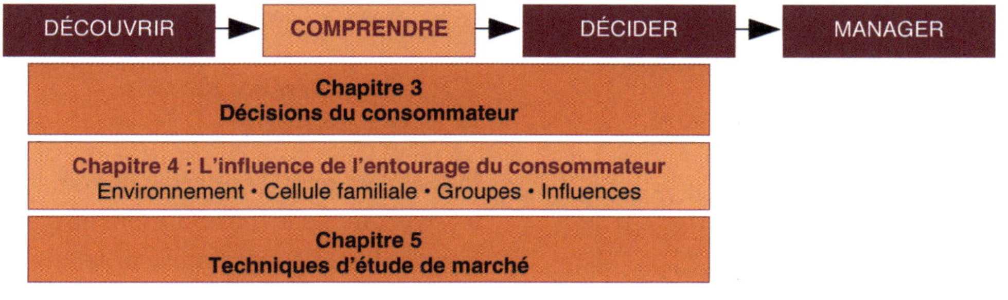

Figure 4.0 : Plan du chapitre

MOTS CLÉS : *Bouche-à-oreille, communauté virtuelle, groupe d'appartenance, groupe de référence, hyper-réalité, leader d'opinion, lead-user, marketing viral, post-modernité, prescripteur, tribu.*

I. ENVIRONNEMENT DU CONSOMMATEUR : ÉVOLUTION ET TENDANCES

La montée du chômage dans les pays occidentaux, la faible croissance économique et la mondialisation des échanges ont marqué les années 1980 à 2000. La décrue du chômage et l'allongement de la durée de vie dans les pays anglo-saxons, les préoccupations environnementales, la montée en puissance des marchés chinois et du sud-est asiatique, la banalisation d'Internet caractérisent la première décennie du XXIe siècle.

Dans ces contextes socio-économiques évolutifs, de nouveaux comportements de consommation sont apparus. Est-ce à dire qu'un nouveau consommateur est né ? Nous proposons une réflexion en deux temps. Nous prendrons d'abord du recul en présentant les courants de pensée post-moderne et l'hyper-réalité, car ils donnent un éclairage théorique intéressant pour répondre à cette question. Nous recenserons ensuite les questions les plus fréquentes que se posent les managers et les chercheurs depuis une dizaine d'années sur les évolutions des consommateurs.

1.1. Post-modernité

Le concept de « post-modernité » a pris une place importante dans les sciences sociales (littérature, sociologie, philosophie) et les arts (architecture) dans le courant des années 1980. Ce courant se caractérise par un refus de la pensée unique et une incrédulité face à une vérité globalisante. Les valeurs post-modernes se caractérisent notamment par un métissage des sources d'inspiration, un mélange des genres, « plus d'idoles, ni de tabous ». La Figure 4.1 compare les credos post-modernes de consommation à ceux des époques précédentes. Nous allons en développer quelques-uns.

Époque traditionnelle	Époque moderne	Époque post-moderne
Le temps est circulaire	Le temps est linéaire.	Le temps est discontinu.
Immobilisme	Progrès technologique	Rupture et mélange des genres
Société tournée vers le passé	Société tournée vers le futur	Société tournée vers la quête du sens
Normes fixées par l'aristocratie	Normes fixées par la bourgeoisie	Normes fixées par chacun
Le vêtement est costume.	Le vêtement est standing.	Le vêtement est apparence (look).
Production artisanale	Production en série	Série personnalisée et authentique

Source : adapté de Hetzel, P., *Planète conso*, Éditions d'Organisation, 2002, p. 17.

Figure 4.1 : Époques et consommations

1.1.1. La cohérence du tout et de son contraire

Puisqu'il y a refus d'une vérité unique, tous les styles, toutes les opinions sont possibles et recevables. Le consommateur est multiple, chacun possédant plusieurs personnalités : les objets et les marques consommées répondent à une logique d'alternance, de détournement de sens. Tous les styles et les tendances peuvent coexister paisiblement.

Des baskets roses peuvent être portées pour un entraînement sportif, mais aussi lors d'une soirée habillée, avec un smoking ou une robe de soirée. La communication de la banque HSBC met ainsi en lumière l'arbitraire des codes. Selon les points de vue et les perceptions, les situations ou les objets peuvent être qualifiés de manière opposée. Le même objet ou image peut être jugé « agaçant » ou « captivant » : ainsi des santiags ou des tongs peuvent être « cools » ou « pas cools ». Tout est une question de point de vue.

1.1.2. Le lien autant que le bien[1]

Le carnet d'adresses, les relations, la multi-appartenance à de nombreux groupes comptent au moins autant, sinon plus, que ce que l'on possède. L'individu post-moderne aime et collectionne les cartes de membres, les adresses secrètes et originales, les numéros de téléphone privés. Il est membre de nombreux cercles, participe à de nombreuses activités, mais sans forcément s'y investir à fond.

Connaître l'adresse et le patron d'un bistrot de campagne qui sert un vin de pays hors-norme, tutoyer un capitaine d'industrie, avoir une loge réservée à Roland-Garros, traverser l'Atlantique pour participer au marathon de New York, se ressourcer dans un stage zen dans une bergerie du Larzac, chiner au petit matin dans un vide-grenier de province au milieu des professionnels... Ce mélange d'activités n'a rien de surprenant pour l'homme post-moderne.

1.1.3. Le plaisir comme fin

Se faire plaisir, s'écouter, sentir et ressentir sont des valeurs de base. La consommation n'est pas utilitaire, mais une occasion de découverte de sensations nouvelles ou, au contraire, une réminiscence d'un passé nostalgique. L'hédonisme est le gouvernail de la consommation post-moderne. Ses revers sont la lassitude rapide, la versatilité, le zapping, l'expérience sans lendemain. Les cycles de mode raccourcissent, mais ce qui est aujourd'hui « out » pourra redevenir « in » demain...

Les marques de sportswear et de chaussures de sport font régulièrement les frais de ces comportements versatiles. Par exemple, les baskets Converse ou les chaussures de sport Puma, totalement ringardes il y a une dizaine d'années, sont devenues des marques « culte » au début des années 2000. La recherche de nouvelles formes de glisse (surf des neiges, puis surf des mers, canyoning, parapente, etc.) est permanente. Mais le consommateur peut se déclarer satisfait après une première leçon ou stage, puis arrêter et passer à autre chose, sans remords...

1.1.4. Le temps multiple et fragmenté

Le temps n'est plus linéaire (avec un début et une fin), ni cyclique (rythmé par les saisons), mais fractionné en séquences discontinues : on commence une activité, sans nécessairement la finir, on passe rapidement à une autre. Le consommateur n'hésite pas à faire plusieurs choses en même temps.

1.2 Hyper-réalité

Qu'est-ce que la réalité ? La philosophie de l'hyper-réalité constate que bien souvent, la copie prend la place de l'authentique. Elle cherche à comprendre comment une image de la réalité (le « simulacre ») a pu usurper

1. Voir Cova, B., *Au-delà du marché : quand le lien importe plus que le bien*, L'Harmattan, 2000.

FOCUS-MANAGER

4.1. L'ICEHOTEL OU L'IGLOO « HYPER-RÉEL »

Icehotel est un hôtel de luxe (cinq étoiles), tout en glace, bâti chaque année à partir de milliers de tonnes de neige et de glace. Situé à 200 kilomètres au nord du cercle arctique, en Suède, en bordure du fleuve Torne, l'hôtel ouvre au début du mois de janvier. La glace et la neige, particulièrement pures, permettent de créer les cloisons, les meubles et les lits. Des sculptures originales (lampes, statues, verres, meubles) sont imaginées chaque année. L'hôtel offre des duvets haute performance pour passer une nuit polaire sur un lit de glace, des fourrures complètent l'équipement… Le site Web donne quelques conseils pour affronter l'« environnement arctique ». L'« icebar » propose de la vodka servie dans des cubes de glace. Le restaurant, lui, n'est pas en glace, mais propose une cuisine lapone originale, servie dans des plats en cristal… de glace sculptée. Durant le séjour, on pourra s'initier à la sculpture sur glace, participer à des « safaris », à des expéditions en traîneau à chiens ou attelage avec des rennes, sans oublier les plus classiques raids en ski-doo.

La communication de l'hôtel présente ainsi l'expérience : « *un must pour l'aventurier moderne, une expérience extrême, totalement différente de celle que les autres hôtels peuvent vous proposer* ». L'idéal étant de « *combiner une nuit dans l'Icehotel avec d'autres nuits dans l'hôtel "chaud" pour apprécier totalement le contraste* ». Quelques caractéristiques d'une réalité aseptisée (le froid contrôlé, la glace sculptée) se substituent à la réalité (une nuit dans un igloo, les dangers dans le grand Nord). On retrouve les traits post-modernes : « une chose et son contraire ». Ainsi, le consommateur peut passer, dans le même hôtel, une nuit dans le froid et la suivante bien au chaud, en profitant d'un sauna haut de gamme. L'« aventure » arctique et le confort sont tous les deux garantis dans un hôtel cinq étoiles, situé au-delà du cercle arctique.

Source : site Internet (www.icehotel.com).

la réalité (le « vrai »), cette dernière finissant même par disparaître. Dans cette perspective, le marketing crée ainsi des produits qui simulent la réalité. La communication publicitaire entretient avec un consommateur — complice — une confusion volontaire, de façon à ce que ce dernier considère l'avatar comme la « réalité ».

Le domaine du tourisme et des loisirs offre bon nombre d'exemples de tels produits[2]. Les parcs d'aventure (Port Aventura en Espagne, le Parc Astérix en Picardie, Disneyland en région parisienne ou encore Le Puy du Fou en Vendée) reconstituent un univers d'aventure et de rêve « sécurisé ». Les casinos de Las Vegas, aux États-Unis, n'hésitent pas à recréer les principales villes européennes. Un dôme permet aux émirats du Moyen-Orient d'offrir des pistes de ski en plein désert... Dans tous ces cas, le décor (paysage, faune) est « scénarisé », chaque élément contribue à créer le simulacre de la réalité ; les détails sont soignés pour donner le cachet de l'authentique : les toiles d'araignées sont bien réelles, les cascades et les jets d'eau créent un univers sonore, les gondoles de Las Vegas viennent de Venise, etc. Les employés des parcs interprètent des personnages des temps jadis, vêtus de costumes de l'époque.

Le Focus-Manager 4.1 présente un produit « hyper-réel » : l'Icehotel, un hôtel de glace en Suède.

1.3 Interrogations et tendances

Régulièrement, les praticiens du marketing s'interrogent sur les évolutions du consommateur : de nombreuses questions sont posées, des réponses, parfois hâtives et pas forcément validées par une démarche de recherche sont avancées. Le Focus-Manager 4.2 propose quelques éléments de réponse.

Focus-Manager

4.2. Vers un nouveau consommateur ?

1. Interrogations et affirmations hâtives

« Le consommateur est un expert qui privilégie le rapport qualité/prix. » Rien ne permet de conclure dans ce sens. En effet il existe, pour un même produit, autant de rapports qualité/prix que de consommateurs. Par exemple, si les attentes d'un acheteur pour un shampooing sont très faibles, il préférera un shampooing « lavant » et sélectionnera probablement la marque la moins chère. À l'inverse, un autre, sensible à son apparence physique, sera prêt à payer cher une marque qui met en valeur ses cheveux. Quant à l'expertise supposée, tant pour les produits technologiques que pour les produits courants, les études montrent la faible capacité de discrimination des acheteurs, dès lors que la marque est absente, sauf pour un faible pourcentage de consommateurs, fortement impliqués dans la catégorie de produit.

« La fin des marques ». La pénétration des marques de premier prix ou de distributeur est en progression constante depuis près de vingt ans. Mais elle est pour partie due à la baisse ou à la stagnation du pouvoir d'achat des ménages qui doivent arbitrer entre différentes catégories de produits. Avec un budget serré, les marques des produits jugés peu impliquants souffrent, car elles ne peuvent justifier une valeur supérieure qui explique le différentiel de prix.

2. Pour une illustration, voir Graillot, L., « Une approche du phénomène d'hyper-réalité à partir de l'étude des parcs de Disney », *Décisions Marketing*, 34, 2004, pp. 41-52.

Mais cette « économie de crise », peu glorieuse pour l'acheteur, n'exclut pas dans le même temps une recherche de marque mythique, « vintage ». Autour de certaines d'entre elles se constituent de véritables communautés de marque (Nutella, Harley Davidson, Apple, etc.).

« Le consommateur ne sait plus ce qu'il veut. » Face à la sophistication des produits, il ne serait plus en mesure d'exprimer des attentes claires, ce qui légitime le marketing de l'offre fondée sur « toujours plus de technologie ». Mais le désarroi de l'acheteur confronté à la complexité croissante de ces produits (téléphonie, caméscope, micro-ordinateur) montre les dangers d'un tel marketing inversé.

2. Adaptations et tendances

Le consommateur « caméléon ». Le consommateur devient plus imprévisible et volatil : les critères d'achat varient non seulement d'une catégorie de produit à l'autre, mais aussi dans une même catégorie, en fonction du moment d'achat. Les bénéfices recherchés différant d'une situation à l'autre, il n'est pas surprenant que la marque choisie varie en fonction de celle-ci : l'ensemble évoqué est à géométrie variable. Par ailleurs, le besoin de variété se traduit par l'envie d'essayer d'autres marques, même si l'on est satisfait de la marque actuelle : le « zapping », l'achat impulsif, l'envie d'essayer pour découvrir d'autres plaisirs, sont autant d'expressions de ce besoin.

L'émotion et l'expérience nouvelle, la quête de l'identité de soi et la relation multiple. Si la consommation utilitaire subsiste par nécessité, le consommateur défriche et explore, sans culpabilité, les territoires de la consommation expérientielle. La recherche de nouvelles sensations, la surprise permanente, le besoin de renouvellement guident la consommation et le choix des marques : les nouvelles formes de glisse (surf, wind-surfing, skate, etc.), les sensations extrêmes (saut à l'élastique, les via ferrata, le base jumping, etc.), les chaînes de télévision thématiques correspondent à cette tendance. La quête de soi s'exprime sous de multiples formes : pèlerinage sur les chemins de Saint-Jacques de Compostelle, sensibilité à la protection de l'environnement, new age et méditation, etc. Le Web interactif (Web 2.0), où de multiples formes de dialogues et d'échanges sont possibles, traduit un besoin d'échanges personnalisé et une peur de l'isolement : Meetic.com, FaceBook, MySpace, YouTube ou Second Life sont un échantillon de la nouvelle génération de sites Web interactifs.

Le bouche-à-oreille et la multi-appartenance aux groupes. Les communications interpersonnelles autour des produits et des marques ont toujours existé. Mais la montée en puissance d'Internet s'accompagne d'une multiplication des échanges d'informations entre consommateurs. Les partages d'avis, d'expériences positives ou négatives au sujet des marques sont fréquents. Ce bouche-à-oreille, structuré autour de leaders d'opinion, joue un rôle majeur dans la formation des attitudes et des intentions d'achat des marques (voir paragraphe suivant). Par ailleurs, si le consommateur appartient à de nombreux groupes, il ne s'y implique pas nécessairement. La communication s'organise au sein et entre ces réseaux multiples, le bouche-à-oreille traditionnel se double d'une variante électronique qui donne une vitesse de propagation vertigineuse à la diffusion des informations.

Contrainte financière. Face à la stagnation de ses revenus, le consommateur accroît ses exigences sur le service après-vente et négocie les prix. La déréglementation, la mondialisation des marchés, les délocalisations ont permis la baisse des coûts de production. De fait, l'environnement concurrentiel et la diffusion d'Internet créent par eux-mêmes les conditions d'une guerre des prix que les contraintes financières des consommateurs ne font qu'amplifier. La percée des compagnies aériennes « low cost », les voyages à prix bradé (Lastminute.com), les ventes aux enchères (eBay), les comparateurs de prix sur Internet (Kelcoo.com, PriceMinister.com) sont quelques exemples de réponses marketing à cette contrainte.

Contrainte temporelle. La relation au temps a changé. Le temps est vécu de façon multiple. On n'hésite plus à mélanger les consommations : faire son jogging ou du vélo en écoutant de la musique sur son baladeur, préparer un repas avec la télévision allumée, téléphoner tout en se déplaçant, consulter ses SMS en réunion, etc. La réduction du temps consacré à certaines activités ne doit pas être interprétée trop rapidement. Par exemple, en dix ans, la durée moyenne de préparation d'un repas lors du week-end est passée de soixante minutes à quarante-cinq minutes. Mais depuis 2003, cette durée croît, car cuisiner est redevenu « tendance », un art, sinon un loisir créatif. L'augmentation des ventes de livres de recettes et l'audience des émissions de télévision et de radio consacrées aux arts de la table témoignent de cette inversion.

Les préoccupations environnementales. La prise en compte des effets du progrès technologique (OGM, irradiations multiples) et une croissance consommatrice de ressources (renchérissement des matières premières, réchauffement climatique, pollution, diminution de la biodiversité) ont développé la sensibilité à la protection de l'environnement. Recyclage, énergies renouvelables, réduction des consommations énergétiques sont les challenges des futures innovations.

II. CELLULE FAMILIALE

En marketing, on considère la cellule familiale réduite : mari, femme, enfant. Nous allons voir dans un premier temps les influences respectives du mari et de la femme selon la catégorie de produit ou de services ; puis nous considérerons le rôle des enfants sur la décision d'achat de leur parent, selon leur âge et la catégorie de produit ; enfin, dans un dernier paragraphe nous verrons comment se répartissent les influences entre les différents membres de la famille.

2.1 Époux

L'organisation de la vie domestique repose sur une répartition des tâches qui s'accentue fortement avec la durée du mariage. Le partage des responsabilités pour les achats varie selon les catégories de biens. Mais il dépend aussi de l'activité de l'épouse : si celle-ci travaille, les rôles sont plus égalitaires. Par ailleurs, pour un même produit, l'influence dépend de la phase du processus d'achat. Le manager marketing doit connaître ces poids respectifs pour concentrer ses efforts sur le décideur.

Quelle est l'influence respective du mari et de l'épouse sur le choix d'un produit ? Les recherches montrent que l'influence de l'épouse est déterminante sur un plus grand nombre de biens que celle de son mari. L'épouse domine pour l'achat des produits d'entretien, de l'alimentation, de ses vêtements et de ceux de ses enfants. Le mari ne domine guère que pour le choix d'une assurance et de la voiture. Pour les autres biens, la décision d'achat est prise en commun par les deux époux : c'est le cas pour les vacances, les jouets, les vêtements du mari, l'électroménager, la hi-fi. Cette structure des responsabilités est relativement stable des deux côtés de l'Atlantique. Ainsi il existe peu de différences entre les États-Unis et la Belgique : l'épouse domine toujours pour l'alimentation, ses vêtements, ceux des enfants, etc.

En France, le Crédoc suit régulièrement les évolutions des comportements alimentaires et les décisions des Français dans ce domaine. Une étude menée en 1997 montre que l'homme s'investit progressivement dans ce domaine, autrefois réservé à la femme. Ainsi, en 1988, 41 % des hommes déclaraient ne jamais faire les courses dans les foyers ; ils n'étaient plus que 31 % en 1997. Mais cette aide reste occasionnelle : 38 % des hommes, en couple, font les courses au moins une fois par semaine, contre 88 % pour les femmes. La participation des hommes à la préparation d'un repas progresse : elle concernait 53 % des conjoints en 1997, contre 46 % en 1988. Comme le montre la Figure 4.2, les hommes sont les décideurs pour les achats d'alcool, la bière ; ils participent modérément aux achats plaisirs (chocolat, fromage, soft-drink, café, etc.) et laissent carte blanche à leur épouse pour tous les autres produits !

Catégories de produit	Taux de décision féminin	Taux de décision masculin
Vins, alcools	33	67
Bière	39	61
Fromages	77	23
Chocolat et confiseries	77	23
Colas, sodas, jus de fruits	78	22
Café	79	21
Jambon et charcuterie	83	17
Plats préparés en converve	83	17
Soupes en sachet ou en brique	84	16
Eau minérale	85	15
Désserts lactés tout prêts	86	14
Biscuits	86	14
Céréales de petit déjeuner	86	14
Sauces et condiments	86	14
Lait	87	13
Plats préparés surgelés	87	13
Yaourts	89	11
Fruits et légumes frais	89	11

Taux de décision masculin = pourcentage de couples dans lesquels le choix de l'aliment est fait plutôt par le conjoint et non par la maîtresse de maison.

Source : CREDOC, enquête Comportements Alimentaires des Français, 1997.

Figure 4.2 : Répartition des décisions d'achat pour les produits alimentaires (en %)

Le Focus-Manager 4.3 aborde un autre domaine d'achat, plus intime, celui des dessous chics. Là encore, les femmes décident majoritairement du choix du produit et de la marque : la participation des hommes reste marginale.

FOCUS-MANAGER

4.3. Les dessous chics ; qui pense quoi et... qui décide quoi ?

« La lingerie féminine est un domaine dans lequel les femmes agissent de leur propre chef, l'ingérence masculine étant limitée. L'achat de lingerie féminine constitue un acte essentiellement individuel. Ainsi, près de trois femmes sur quatre (72 %) préfèrent acheter leur lingerie seule, 19 % d'entre elles préférant la choisir à deux et seulement 7 % se la faire offrir. Comme un écho à cette volonté affichée des femmes d'agir seules, les hommes s'impliquent relativement peu dans l'achat de lingerie féminine. Près de deux hommes sur trois (63 %) déclarent ainsi ne jamais acheter de lingerie pour des femmes, qu'il s'agisse de leur conjointe, de leur femme ou de leur petite amie. Ils sont 37 % à affirmer le contraire, mais la plupart le font alors de manière davantage occasionnelle (33 %) que régulière (4 %). Les hommes de moins de 35 ans, ceux installés en couple et ceux disposant de hauts revenus sont les plus nombreux à acheter de la lingerie (...)

La lingerie constitue d'autant plus la chasse gardée des femmes qu'elles seules décident de ce qu'elles vont porter quand elles doivent s'habiller le matin. Les préférences féminines en matière de lingerie sont globalement validées par les hommes, bien que des divergences sensibles persistent. Ainsi, 38 % des femmes déclarent que pour séduire elles préfèrent porter une petite culotte en dentelle ; 34 % des hommes affirment justement que c'est le dessous qu'ils préfèrent voir porté par leur femme, conjointe ou petite amie. Hommes et femmes s'accordent donc pour placer la petite culotte en dentelle en tête de leurs préférences. En bas de la hiérarchie, la culotte en coton est renvoyée dans ses pénates : seules 16 % des femmes indiquent qu'il s'agit de leur dessous préféré pour séduire (dernière position). Les hommes sont encore plus sévères : seuls 9 % d'entre eux estiment qu'il s'agit du dessous qu'ils préféreraient voir porté par leur compagne, ce qui le place en dernière position.

Si hommes et femmes s'accordent sur les extrêmes, le string vient toutefois jouer les trouble-fête dans ce consensus : s'il est largement apprécié par les hommes (28 %, deuxième position), loin devant le boxer (16 %), les femmes semblent moins convaincues, le petit bout de tissu ne recueillant que 18 % de citations, derrière le boxer (21 %) et quasiment à égalité avec la culotte en coton. Le string semble donc devancé par un rival revenu un peu plus à la mode ces derniers temps – le boxer – au grand dam de ces messieurs, qu'un tel revirement ne semble guère ravir... D'ailleurs, les hommes qui achètent de la lingerie pour leur compagne affichent largement leur préférence pour le string (40 % contre 21 % des hommes qui n'achètent pas de dessous à leur conjointe) : à défaut de voir leur compagne en porter spontanément, ils l'y engagent peut-être en offrant ce type de sous-vêtement ! Toutefois, le string conserve une aura certaine auprès des jeunes femmes : un tiers des femmes de moins de 35 ans déclarent que c'est leur dessous préféré pour séduire (deuxième position), contre 11 % seulement de leurs aînées. »

Source : www.ipsos.fr/CanalIpsos/articles/1872.asp, juin 2006.

Enfin, l'influence respective des époux varie sensiblement selon les phases de l'achat. Ainsi, c'est le mari qui prend la décision de changer de voiture et qui recherche l'information ; mais le choix final est fait ensemble par les deux époux. De même, l'épouse est dans 70 % des cas à l'origine de l'idée de l'achat d'une machine à laver, mais le choix de la marque se fait dans 40 % des cas ensemble.

2.2 Enfants

L'influence réelle de l'enfant dépend de son âge et de la catégorie de produit. L'influence de l'enfant varie avec l'âge et selon que l'achat lui est destiné ou pas. En dessous de 6 ans, elle est quasi nulle, mais devient réelle à partir de 12 ans[3]. Cependant, l'influence est plus précoce (à partir de 7 ans) sur quelques catégories de biens : ses propres vêtements et jouets, les loisirs, le fast-food, les céréales pour le petit-déjeuner. Le processus de choix de l'enfant est très pauvre : il regarde peu les prix de vente et les conditionnements et n'effectue pas de comparaisons entre les produits.

Les enfants disposent d'un pouvoir d'achat non négligeable au travers de leur argent de poche et des cadeaux reçus à l'occasion des anniversaires et des fêtes. Une étude CSA-Expansion menée auprès d'enfants âgés de 7 à 15 ans donnait pour l'an 2000 une moyenne de l'ordre de quinze euros mensuels (voir Figure 4.3). Médiamétrie donne des chiffres un peu plus élevés : vingt euros en moyenne pour les 11-14 ans et près de cinquante euros pour les 15-17 ans.

Pas d'argent de poche	Moins de 10 €	10 à 15 €	15 à 45 €	Plus de 45 €
37 %	21 %	24 %	17 %	1 %

Source : CSA-Expansion, 2000.

Figure 4.3 : Les enfants (7 à 15 ans) et l'argent de poche

Une étude de l'Institut de l'Enfant indique que 58 % des 4-10 ans, 69 % des 8-10 ans et 80 % des 11-14 ans interviennent dans le choix de leurs vêtements. Une autre étude, conduite par le Syndicat National de la Publicité Télévisée (SNPTV), confirme l'influence des enfants (voir Figure 4.4) : elle est forte dès 4 ans pour les produits qui leur sont destinés (jeux, vêtements, articles scolaires). En France, des observations en hypermarchés montrent que l'enfant (âgé de 7 à 11 ans) suggère à sa mère dans 54 % des cas le choix d'une marque de biscuits ou de produits lactés ou d'entretien. Mais la mère ne prend en compte que 30 % de ces exigences. Aux États-Unis, les enfants de 3 à 11 ans formulent en moyenne une demande tous les deux jours, ce nombre étant corrélé avec l'âge ; 65 % des demandes sont acceptées, dont 50 % tout de suite.

3. Brée, J., *Le comportement du consommateur*, coll. « Que sais-je ? », PUF, 1994.

(Maman d'enfants de 4 à 14 ans)	Total (%)	4-7 ans (%)	8-10 ans (%)	11-14 ans (%)
Jeux-jouets pour enfant	77	77	81	74
K7 vidéo pour enfant	73	72	77	71
Enfants	73	69	75	77
Vêtements pour enfant	72	60	72	83
CD/K7 audio pour enfant	71	63	72	77
Articles scolaires	66	51	69	78
Ordinateur	22	16	17	34
Voiture	12	10	11	15
Abonnement/accès Internet	11	7	10	16

Source : www.snptv.org (pourcentage de mères estimant que l'enfant exerce une influence dans la catégorie de produit).

Figure 4.4 : Influence des enfants pour le choix d'un produit (évaluée par leur mère)

Les taux d'équipement des enfants en nouvelles technologies sont élevés, comme le montre la Figure 4.5 : 25 % des enfants âgés de 6-8 ans et 41 % des 13-14 ans disposent de la télévision dans leur chambre ; la moitié des adolescents ont une console de jeux vidéos et/ou un lecteur de CD personnel.

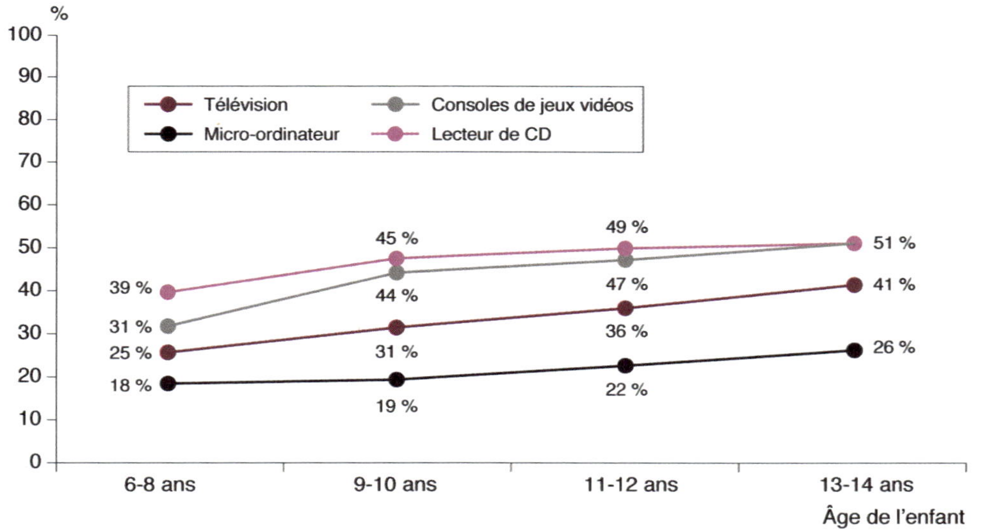

Source : Ipsos (enquête auprès 2 200 mères d'enfants de 6 à 14 ans, 2006)

Figure 4.5 : Les produits NTIC et les enfants (% ayant le produit dans leur chambre)

L'influence de la publicité sur les enfants est délicate à estimer. Sa crédibilité est forte jusqu'à 5 ans, puis baisse rapidement : à 12 ans, très peu croient tout ce que dit la publicité. L'enfant se rappelle plus facilement du contenu du message que de la marque elle-même. Il préfère les films publicitaires amusants, présentés sous forme de dessins animés et avec de l'action. Selon le SNPTV, la durée d'écoute individuelle moyenne (DEI) des enfants âgés de 4 à 14 ans était de deux heures et neuf minutes en 2007. Onze pourcent de la durée d'écoute est consacrée à la publicité télévisée, soit soixante-douze spots de publicités par jour et près de trente mille publicités par an !

2.3 Famille : les époux et leurs enfants

La Figure 4.6 montre la répartition des poids des membres de la famille pour les biens durables. Le mari domine pour les produits technologiques, l'épouse l'emporte pour l'électroménager, l'enfant intervient surtout pour l'informatique et la hi-fi. Dans les familles avec des enfants de plus de 12 ans, l'achat de consoles vidéo (74 %), micro-ordinateur (72 %), platine CD (45 %) et magnétoscope (33 %) est dominé par l'enfant. Si les enfants ont moins de 12 ans, seules les consoles vidéo (41 %) sont sous leur emprise.

Produits	Mari (%)	Femme (%)	Enfant (%)
TV couleur	53	39	8
Magnétoscope	51	30	19
Congélateur	43	55	2
Console vidéo	24	15	61
Four micro-ondes	35	61	4
Robot ménager	27	67	6
Lave-vaisselle	28	69	3
Platine CD	58	18	24
Micro-ordinateur	54	11	35
Répondeur	58	36	6
Caméscope	65	22	13
Antenne parabolique	72	21	7

Source : Dubois, B., Marchetti, R., « Le triangle d'influence : un nouvel outil pour mesurer la répartition des rôles dans les décisions familiales d'achat », *Actes du Congrès de l'AFM*, 1992, vol. 8, p. 295.

Figure 4.6 : Répartition des influences au sein de la famille

Catégories de produits	Mari		Femme		Enfant	
	Initiative	Décision	Initiative	Décision	Initiative	Décision
Système audio	16,7 % [a]	27,2 %[a]	15 %	29,6 %	68,3 %	43,2 %
Voiture	42,3 %	32,5 %	20,3 %	35,1 %	37,2 %	32,5 %
Micro-ordinateur	25,4 %	27,3 %	9,8 %	9,1 %	64,7 %	63,6 %
Réfrigérateur	8,3 %	31,5 %	81,7 %	30,3 %	13,3 %	38,2 %
Télévision	15,2 %	28,2 %	27,1 %	29,6 %	57,6 %	42,2 %
Machine à laver	12,9 %	34,7 %	67,8 %	34,7 %	19,35 %	33,7 %
Moyenne	19,9 %	29,9 %	37,3 %	29,3 %	42,7%	40,8 %

(a) Le mari initie la décision d'achat d'un système audio dans 16,7 % des cas et il a une influence dans le choix final de la marque dans 27,2 % des cas.

Source : Verma, D., Kapoor, S., « Dimensions of buying roles in family decision-making », *IIMB Management Review*, décembre 2003, p 714.

Figure 4.7 : Les influences des membres de la cellule familiale (États-Unis)

Une autre étude plus récente, menée aux États-Unis, confirme l'influence grandissante de l'enfant dans la catégorie des biens durables. La Figure 4.7 montre ainsi que pour l'achat d'une voiture, dès qu'un ou plusieurs enfants sont présents dans le foyer, l'influence de ces derniers est équivalente à celle du père. Le poids des enfants pour les micro-ordinateurs, télévision, système audio (chaîne hi-fi, baladeur, etc.) est prépondérant, que ce soit pour initier la demande, que lors du choix final. L'épouse est à l'origine des demandes pour le réfrigérateur et la machine à laver, mais son influence décline lors du choix final. Le mari ne conserve une influence que pour initier l'achat d'une voiture, mais le choix final demeure équilibré entre les trois acteurs de la famille.

III. GROUPES

3.1. Groupes traditionnels

3.1.1. Groupe d'appartenance

Le groupe d'appartenance est un groupe dont on fait partie et qui nous reconnaît comme un membre à part entière. L'appartenance à ces groupes peut être active ou passive. Dans le premier cas, l'individu choisit volontairement d'adhérer à tel ou tel groupe (club sportif, syndicat, association, etc.). L'entrée dans ce groupe peut être libre ou soumise à la cooptation ou à l'approbation des autres membres du groupe. Dans le second cas, l'appartenance résulte d'un état de fait : par exemple la classe sociale, la famille, l'ethnie, la caste sont déterminées par la naissance.

L'individu peut changer plus ou moins facilement de groupe d'appartenance. Les menaces (par exemple, les sectes) ou le risque de jugement négatif de la part des membres du groupe (être considéré comme un traître si l'on change de syndicat) sont autant de barrières à la sortie.

> La consommation des adolescents est souvent une consommation de rejet du groupe d'appartenance. La volonté de se différencier conduit l'adolescent à rejeter les normes et les codes dominant de la famille. Les marques et les produits jugés favorablement par les parents sont jugés négativement par l'adolescent, et inversement. Les marques et les produits de la mode habillement, les titres de la presse magazine jouent fréquemment sur cet axe de différenciation.

3.1.2. Groupe de référence

Le groupe de référence est le groupe « modèle » auquel le consommateur souhaite appartenir. Le consommateur exprime à travers le choix d'un produit et/ou d'une marque une volonté d'être reconnu comme un membre du groupe. Le groupe en question peut accepter ou pas la « candidature » de l'individu. S'il l'accepte, le groupe de référence se transforme en groupe d'appartenance ; s'il ne l'accepte pas, le groupe de référence reste un groupe d'aspiration. Les produits et les marques deviennent des symboles ou des codes de reconnaissance qui montrent à l'entourage que l'on souhaite être considéré comme un membre de tel ou tel groupe de référence. On parle alors de *consommation ostentatoire.*

> Par exemple, pour les produits de luxe « visible » (montre, bijoux, maroquinerie, etc.), le rôle du groupe référence est important, tant pour le choix de la catégorie que de la marque. Par exemple, si Madame Martin veut

montrer à ses amis qu'elle appartient à une catégorie sociale élevée (différente de celle à laquelle elle appartient réellement), elle se doit de posséder un ou plusieurs sacs à main : c'est un produit « must ». Ce sac à main ne peut être de n'importe quelle marque : Vuitton, Lancel, Chanel ou encore Hermès sont un échantillon des marques emblèmes du groupe social visé.

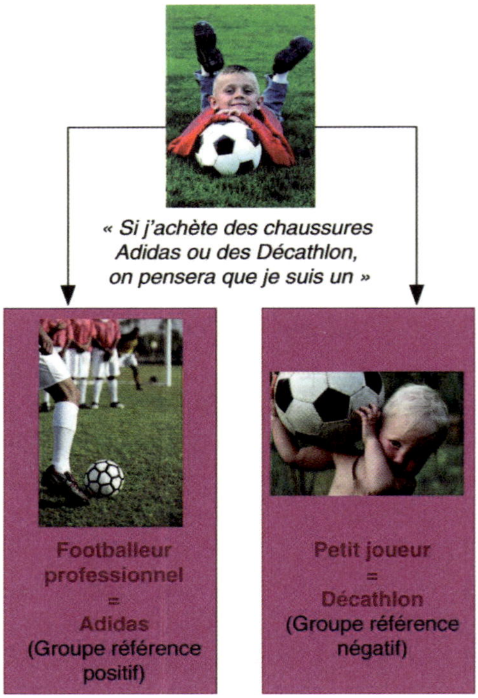

Figure 4.8 : Groupes de référence et formation des croyances

On distingue les groupes de référence positifs (ceux dont on accepte les normes et auxquels on souhaite être assimilé) et les groupes de référence négatifs (ceux dont on rejette les normes et dont on cherche à se démarquer). Si le groupe positif évalue favorablement la marque, les croyances du consommateur sont favorables et inversement ; pour le groupe de référence négatif, le raisonnement est symétrique : si les croyances du groupe sont défavorables, le jugement est positif et inversement.

Ainsi, le footballeur en herbe de la Figure 4.8 évalue favorablement la marque Adidas, car elle est bien considérée par le groupe auquel il souhaite s'identifier : les footballeurs professionnels sont le groupe de référence positif ; inversement, il rejette la marque Décathlon, car il refuse d'être assimilé au groupe de référence « petits joueurs », jugé négativement.

3.2. Nouvelles formes de groupes

3.2.1. Tribu

La tribu est un groupe particulier, construit par des individus qui partagent les mêmes passions, émotions ou valeurs[4]. Elle rassemble des individus souvent hétérogènes en termes d'âge, de revenus et d'origine sociale. La tribu se dote d'un mode de vie particulier avec ses totems (lieu, activités culte), ses rites et ses tabous : on parle alors de « sous-culture ».

La tribu édicte des normes, des jugements sur ce qu'il convient de penser de tel ou tel produit ou marque. Ces jugements sont souvent évolutifs, car copiés par d'autres groupes, considérés comme « ennemis ». Les marques deviennent des symboles de ralliement ou d'exclusion. Pour être reconnu membre d'une tribu, il faut faire acte d'allégeance en adoptant les rites et les marques emblématiques du groupe.

4. Pour des exemples en marketing, voir notamment Cova, B., Roncaglio, M., « Repérer et soutenir des tribus de consommateurs », *Décisions Marketing*, 16, janvier-avril 1999, pp. 7-15.

Les surfeurs, les skaters, les marathoniens, les parapentistes tout comme les « night clubbers », constituent autant de tribus distinctes, avec leurs lieux de pèlerinage, objets et marques culte. Chacun s'approprie des territoires et n'hésite pas à détourner de leur usage premier des produits et des marques. Ainsi, la marque Lacoste a été « capturée » par les rappeurs et la marque Ugg de bottes fourrées a été durant un été le signe de ralliement des jet-setters californiens...

3.2.2. Communauté

La communauté s'organise autour de hobbies ou de passions variées, mais aussi autour de catégories de produits ou de services (voiture, bière, café, moto, mode, etc.). Une marque peut rassembler autour d'elle des individus qui lui vouent un véritable culte. Deux types de communautés existent : les communautés classiques et les communautés virtuelles. Les premières ressemblent à une association de fans qui se rencontrent plus ou moins régulièrement lors de sorties communes ou de fêtes, les secondes organisent les échanges autour de sites et de forums Internet[5].

Harley Davidson a constitué autour de sa marque des HOG (Harley Owner Group), c'est-à-dire une multitude de groupes de fans qui organisent des sorties sur les routes et se sont dotés d'une organisation très structurée, destinée à assurer la sécurité du groupe, le choix des lieux de rassemblement, l'intendance, etc. Les rencontres sont autant d'occasions de montrer ses derniers achats d'accessoires, d'échanger autour de nouvelles expériences, etc. Le Focus-Manager 4.4 donne un autre exemple de communauté originale : « My Nutella The Community ».

FOCUS-MANAGER

4.4. COMMENT DÉVELOPPER UNE COMMUNAUTÉ DE MARQUE ?

« Nutella détient 90 % du marché italien des crèmes à tartiner et est présent dans quatorze millions de foyers. Le large premium de prix que s'octroie Nutella n'est possible que si la marque reste une marque culte. Sur la base du culte de marque, Ferrero assiste et développe une communauté de marque qui produit des mythes, rites, symboles qui à leur tour solidifient le culte Nutella. Ferrero veut rendre les composants de la sous-culture plus visibles qu'ils ne le sont actuellement en mettant en place le site « my nutella The Community ».

Ce site est défini comme la communauté officielle Nutella dédiée aux fans de la crème à tartiner au cacao et aux noisettes et dont le but est de se « faire de nouvelles amitiés en réseau en ligne ». Au travers de ce site, Ferrero laisse la scène au consommateur qui devient le protagoniste et l'artisan de la relation avec la marque. Le site se veut l'agora à laquelle adhèrent et participent tous ceux qui s'identifient avec les valeurs du produit, qui vont bien au-delà des caractéristiques uniques et particulières du produit et touchent à de nombreux aspects de la vie sociale.

5. Cova, B., Carrère, V., » Les communautés de passionnés de marque : opportunité ou menace sur le Net ? » *Revue française du marketing*, 189/190, 4-5, 2002, pp. 119- 130 ; Kozinets, R. V., « The field behind the screen: using netnography for marketing research in online communities », *Journal of Marketing Research*, 39, February 2002, pp. 61-72.

Mi-2005, le site contenait 1 490 pages personnelles accessibles (930 femmes et 560 hommes) et recevait des milliers de visites journalières[6]. Chaque "*nutellaro*" peut créer son propre site en commençant par écrire sa pensée Nutella, un court texte sur Nutella relatant notamment sa première expérience, sa vision de la marque ou toute autre pensée. Sur ce site personnel, tout consommateur peut aussi publier un journal racontant sa vie avec Nutella (ou non) et détailler ses hobbies. Chacun peut mettre en ligne ses photos les plus réussies dans la section Nutella Live, notamment celles prises au cours des "Nutella parties", qui sont des rituels communautaires, ou celles prises lors de mariages (où le gâteau est à base de Nutella) ou de simili orgies. »

Source : B. Cova, « Développer une communauté de marque autour d'un produit de base : my Nutella The Community », Décisions Marketing, 42, avril-juin 2006, pp. 53-62.

La nature et la fréquence des échanges entre les membres d'une communauté dépendent de l'implication personnelle des membres. Les plus actifs connaissent particulièrement bien les produits et sont généralement des consommateurs passionnés. À côté de ces fans, on trouve les « touristes », qui ne fréquentent la communauté que pour résoudre un problème ponctuel ; les « fervents », plus impliqués par le produit que par la communauté ; et les « papillons », plus attachés au principe communautaire qu'au produit ou à la marque.

IV. LES INFLUENCEURS

Les différentes personnes qui composent l'entourage du consommateur exercent une influence plus ou moins grande sur les décisions d'achat. Les conversations avec les voisins, les camarades et les collègues sont autant d'occasions d'échanger des informations sur les produits et les marques. Ces discussions interpersonnelles prennent la forme d'un bouche-à-oreille. Mais dans l'entourage du consommateur, certains individus ont une influence prépondérante : les leaders d'opinions et les lead-users. Nous présenterons en dernier lieu les différents acteurs qui interviennent dans le cas d'un achat industriel.

4.1. Bouche-à-oreille

Nous avons vu dans le chapitre précédent que le consommateur acquérait et traitait de l'information avant l'achat d'un produit ou d'une marque. Pour la communication marketing, le bouche-à-oreille est un canal précieux car il permet un échange d'informations orales entre deux consommateurs au sujet des marques et des produits. Cette communication interpersonnelle, faite de dialogues informels avec l'entourage, est une source très utilisée par les consommateurs, parce qu'elle est jugée plus crédible que les autres sources d'information (publicité média, sponsoring, catalogue, prospectus, etc.). Dans certaines catégories de produits ou de services, le bouche-à-oreille est primordial pour assurer le succès ou l'échec d'un nouveau produit.

6. Le site « my Nutella The Community » a été remplacé en 2008 par www.nutellaville.it. Néanmoins, les principes de fonctionnement sont identiques à ceux décrits ici.

Par exemple, le choix d'un médecin se fait essentiellement sur la base d'échanges d'avis avec l'entourage proche (amis, voisins) ou de recommandations des pharmaciens. Le choix d'une destination pour les vacances est influencé par les discussions avec l'entourage. Le succès de certains films, tels *Le Projet Blair Witch* ou *Brice de Nice* est largement dû aux conversations informelles.

Internet donne lieu à une nouvelle forme de bouche-à-oreille électronique, le « clavier à clavier ». Certains sites de e-commerce (Amazon, Fnac, eBay, etc.) ont créé des rubriques spécifiques qui invitent les consommateurs à laisser leur avis sur les produits et/ou les vendeurs de produits.

Le **marketing viral**, aussi appelé « buzz », désigne une stratégie qui vise à créer et à entretenir un bouche-à-oreille naturel autour du produit ou de la marque, en s'appuyant sur les premiers acheteurs[7]. La communication se fait par contamination successive des différents cercles de l'entourage des acheteurs. Le marketing utilise la communication par réseau, en jouant sur l'effet de « privilège » (être au courant avant les autres), l'homophilie (qui se ressemble s'assemble) et la surprise (originalité de l'information, création d'une mise en scène autour de micro-événements).

Les lieux de soirées branchées, les nouveaux jeux vidéo ou logiciels, les derniers sites Internet tendance, les films et les livres, les rassemblements spontanés après une victoire sportive sont quelques exemples où de telles stratégies peuvent être mises en place.

4.2. Leader d'opinion

4.2.1. Qu'est-ce qu'un leader ?

Le leader d'opinion en marketing est une personne attractive de par ses qualités psychologiques, physiques et sociales, et dont les connaissances dans une catégorie de produits donnée sont considérées comme crédibles. Ses croyances et ses comportements sont susceptibles d'influencer les croyances et les choix de marques de son entourage dans cette catégorie de produit. Le leadership d'opinion est un processus dynamique au travers duquel le leader exerce une attirance forte et une capacité de conviction sur son entourage. La Figure 4.9 illustre ces deux définitions que nous allons maintenant commenter[8].

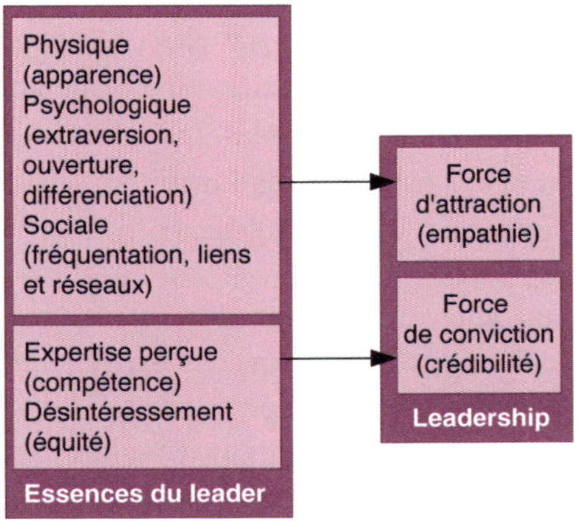

Figure 4.9 : Leader et leadership d'opinion en marketing

7. Stambouli, K., Briones, E., *Buzz marketing*, Éditions d'Organisation, 2002.
8. Vernette, É. « Le leadership d'opinion en marketing : une double force d'attraction et de conviction ? », *6e congrès international sur les tendances du marketing*, Paris, ESCP- EAP (actes CD-ROM), 2007.

De nombreuses recherches ont montré que les individus tendaient à former des stéréotypes positifs envers les personnes physiquement attractives : elles sont jugées plus chaleureuses, sensibles, empathiques et heureuses que les autres. En d'autres termes, « *ce qui est beau est bon* ». Un leader est socialement impliqué dans un plus grand nombre de groupes, il sort et reçoit plus souvent que la moyenne. Enfin, bien que cela soit plus discuté, il semble que le leader se caractérise par des traits de personnalité distincts : il est plus ouvert sur les autres, extraverti, cherche à se différencier et à agir différemment.

Mais il ne suffit pas qu'une personne soit jugée attractive ou socialement bien intégrée pour qu'elle soit leader d'opinion : encore faut-il qu'elle soit perçue comme experte dans le domaine où l'entourage souhaite avoir des conseils. De ce fait, il est pratiquement impossible d'être un leader « universel » : ainsi, seulement 16 % de la population française peut être considérée comme leader d'opinion dans plus de quatre catégories de produits. Par ailleurs, 40 % des Français ne sont leaders dans aucune catégorie de produits[9].

Le leader influence de façon informelle le comportement d'autres personnes dans une direction souhaitée. Il ne cherche pas à contrôler son action sur les autres : ainsi, il se différencie d'un vendeur qui tente de persuader un acheteur potentiel. Les conseils du leader sont perçus comme équitables et ses avis sont désintéressés : il ne doit pas être suspecté de favoritisme à l'égard d'une marque ou de l'autre, ni être intéressé financièrement à la promotion d'une marque ou d'un produit. C'est la raison pour laquelle le leader est considéré comme une source d'information plus fiable que la publicité : il est reconnu comme impartial et compétent. De fait, il ne faut pas confondre un leader avec une célébrité qui fait de la publicité pour une marque. Cette dernière, parce qu'elle n'est plus perçue comme désintéressée, perd une grande partie de son pouvoir d'influence.

> La marque de vêtements De Fursac a commis cette erreur avec une campagne de publicité qui avait choisi comme égérie le basketteur Tony Parker au mois de mars 2007. La campagne a coûté 7,6 millions d'euros pour un chiffre d'affaires annuel de 30 millions, soit environ le tiers du chiffre d'affaires de l'entreprise. De plus, l'image de Tony Parker ne lui conférait pas d'expertise particulière en matière de costume, vêtement peu porté par les sportifs de haut niveau…

4.2.2. *Identifier un leader d'opinion*

La Fiche technique 4.1 présente les trois familles de méthodes qui sont à la disposition des managers marketing.

9. Vernette, É., Schmutz, B., « Les influenceurs : une cible média stratégique pour les marques », *Actes du Séminaire IREP-Médias*, Paris, 13-14 décembre 2000. Vingt-sept catégories de produits ont été retenues dans cette étude.

FICHE TECHNIQUE

4.1. Comment reconnaître un leader d'opinion en marketing ?

1. Méthodes d'identification

— *Sociométrique* : on demande aux répondants de citer nominativement les personnes auprès desquelles ils prennent conseil. Par exemple, une étude menée aux États-Unis auprès de 20 000 médecins généralistes et spécialistes a montré que chaque médecin prenait en moyenne des avis techniques auprès de cinq confrères et des conseils amicaux auprès de trois autres confrères. Cette méthode peut fonctionner en marketing industriel, car les populations mères sont réduites, mais elle est peu applicable en marketing de grande consommation.

— *Informateur clé* : pratiquée en ethnographie et en psychosociologie, la méthode repose sur l'observation participante. Ainsi, un observateur (membre du groupe) désigne la ou les personnes qui jouent le rôle de leader. Si cette approche convient dans des recherches organisationnelles (force de vente, acheteur industriel, etc.), elle est plus délicate en marketing. Elle a été néanmoins mise à profit dans un contexte scolaire, pour une étude portant sur les publicités et les enfants où l'instituteur jouait le rôle d'informateur clé.

— *Auto-désignation* : les répondants évaluent eux-mêmes leur influence dans une catégorie de produit ou de service, à l'aide d'une série de questions standardisées. Les chercheurs ont proposé différentes échelles pour identifier les leaders. En France, l'échelle de Ben Miled et Le Louarn a été validée[10]. Cette approche est adaptée aux études marketing quantitatives (voir chapitre 5).

2. Exemple d'application

Le questionnaire suivant a été dérivé de l'é.chelle proposée par Ben Miled et Le Louarn. Il comporte cinq questions pour évaluer le leadership en matière d'Internet. Les trois premières mesurent la capacité de communication et les deux dernières évaluent l'influence de l'individu sur son entourage.

Q1. Diriez-vous qu'en général, vous parlez d'Internet à vos ami(e)s et voisin(e)s :

Jamais ☐ (1) Rarement ☐ (2) De temps en temps ☐ (3) Souvent ☐ (4) Extrêmement souvent ☐ (5)

Q2. Si vous deviez parler d'Internet à vos ami(e)s et voisin(e)s, quelle quantité d'informations donneriez-vous ?

Aucune ☐ (1) Une faible quantité ☐ (2) Une quantité modérée ☐ (3)
Une grande quantité ☐ (4) Une extrêmement grande quantité ☐ (5)

Q3. Durant les six derniers mois, à combien de personnes différentes avez-vous parlé d'Internet ?

Aucune personne ☐ (1) Un faible nombre ☐ (2) Un nombre modéré ☐ (3) Un grand nombre ☐ (4)
Un extrêmement grand nombre ☐ (5)

10. Ben Miled, H., Le Louarn, P., « Analyse comparative de deux échelles de mesure du leadership d'opinion : validité et interprétation, *Recherche et Applications en Marketing*, 9,4, 1994, pp. 23-51.

Q4. Si je devais discuter d'Internet, le plus probable serait que :
Mes ami(e)s vont tout à fait me convaincre ☐ (1) Mes ami(e)s vont plutôt me convaincre ☐ (2)
Personne ne convaincra l'autre ☐ (3) Je convaincrai plutôt mes ami(e)s) ☐ (4)
Je convaincrai tout à fait mes ami(e)s) ☐ (5)

Q5. Mes ami(e)s et voisin(e)s considèrent que si je leur donne des conseils pour Internet, ceux-ci leur seront probablement :
Tout à fait inutiles ☐ (1) Plutôt utiles ☐ (2) Ni inutiles, ni utiles ☐ (3) Plutôt utiles ☐ (4)
Tout à fait utiles pour leurs achats ☐ (5)

3. Calibrage et normalisation de l'échelle

Il ne suffit pas d'administrer le questionnaire pour identifier un leader. Encore faut-il savoir à partir de quel score sur l'échelle on peut raisonnablement considérer que l'on est en présence d'un leader d'opinion. On calcule pour chaque individu un score global en additionnant ses notes aux différentes questions. On obtient une distribution des scores sur l'ensemble de l'échantillon. Deux seuils de sélection sont envisageables : le premier quartile (le TOP 25, c'est-à-dire tous les répondants dont le score se situe dans les 25 % supérieurs de la distribution) ou le premier décile (le TOP 10, c'est-à-dire tous les répondants dont le score se situe dans les 10 % supérieurs de la distribution). Le questionnaire précédent a été administré à un échantillon de 10 000 personnes représentatives de la population française pour vingt-sept catégories de produits et de service[11]. Le référentiel est présenté dans la figure suivante. On remarque que les seuils de sélection varient sensiblement selon les catégories de produits. Les TOP 25 oscillent entre 11 points (parfums homme) et 18 points (alimentation) ; les TOP 10 fluctuent entre 16 points (électroménager) et 21 points (alimentation).

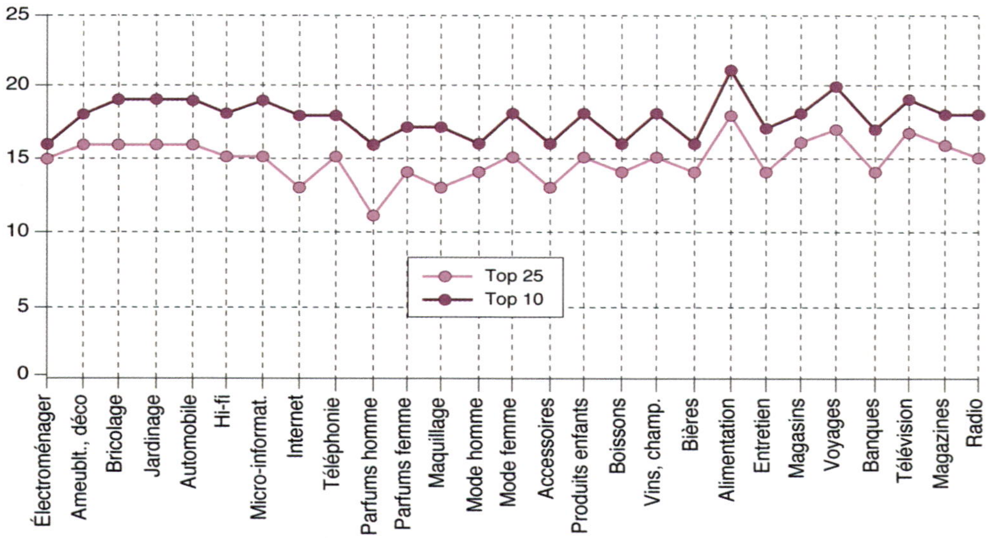

Source : Vernette, É., « Le rôle et le profil des leaders d'opinion pour la diffusion de l'Internet », *Décisions Marketing*, 25, janvier-mars 2002, pp. 37-51.

11. Vernette, É., Schmutz, B., *op.cit.*

4.2.3. Formes et nature de l'influence

L'influence du leader suit deux voies : verbale et visuelle. La transmission d'informations par bouche-à-oreille (discussion, conversation) ou par clavier (forums ou *chats* sur Internet), entre le leader et son entourage correspond à la route verbale. La transmission visuelle résulte de l'observation par l'entourage des choix et des comportements (expériences) du leader.

> Par exemple, les gestes techniques d'un leader dans un domaine sportif (tennis, ski, surf, etc.), son choix de matériel (marque, type de produit) sont naturellement portés à la connaissance de son entourage par une simple exposition visuelle sur les lieux de pratique sportive.

Le fait de passer à la télévision ou à la radio, de s'exprimer dans un magazine, décuple l'influence, car l'audience du média accroît la diffusion des croyances et des comportements du leader. L'audience publique, correspondant à l'exposition médiatique du leader, se superpose à l'audience privée, c'est-à-dire à celle correspondant à sa vie privée (ami, famille). L'influence d'un leader d'opinion qui passe souvent à la télévision ou à la radio dépasse largement celle du leader « local », dont l'influence se limite à son entourage personnel.

Pourquoi recherche-t-on l'avis d'un leader ? Le plus souvent, l'avis d'un leader permet de gagner du temps : le leader nous connaît bien (caractère, mode de vie) et nous donne des conseils personnalisés et éclairés. Comme le montre la Figure 4.10, le leader est familier avec les produits et s'informe régulièrement sur les nouveautés. Enfin, plus l'achat est perçu comme risqué ou impliquant plus l'avis des leaders d'opinion est recherché, car cette opinion rassure et diminue le risque d'un mauvais choix. La perception de l'expertise du leader est subjective (c'est l'entourage qui l'estime), ce qui le différencie de l'expert, dont l'expertise technique est « certifiée » par un métier, un diplôme ou une reconnaissance externe incontestée.

Caractéristiques	Consommateur régulier	Expert	Leader
Familiarité avec le produit	Grande	Grande	Grande
Compétence technique	Très variable	Forte compétence technique objective	Grande compétence technique perçue
Information sur les produits	Occasionnelle ou régulière	Régulière	Régulière
Discussions avec l'entourage sur le produit	Faibles	Moyennes à fréquentes	Très fréquentes
Influence sur l'entourage	Faible	Moyenne	Forte

Figure 4.10 : Le leader d'opinion, l'expert et le consommateur régulier d'un produit

4.2.4. Implications et enjeux marketing

Il est possible de bâtir un plan média spécifique (voir chapitre 12) pour toucher les leaders d'opinion : ils lisent plus de presse magazine et de quotidiens que leur entourage, écoutent plus certaines émissions de radio et visitent plus de sites de marques[12].

> Par exemple, pour toucher les leaders en matière de mode habillement femme, il est préférable de passer une publicité dans les magazines féminins destinés aux adolescentes et jeunes filles adultes (*20 ans*, *Jeune & Jolie*, *Votre Beauté*, *Biba*). Si l'on vise la presse féminine haut de gamme, *Elle* est préférable à *Marie Claire*, à *Marie France* ou à *Madame Figaro*[13].

Le leader d'opinion forme une cible attractive pour le lancement d'un nouveau produit, car il accélère la diffusion du produit auprès des autres consommateurs (voir Focus-Manager 4.5).

FOCUS-MANAGER

4.5. NIKE ET LES LEADERS SPORTIFS DANS LES CITÉS

Nike identifie la centaine de ses athlètes du quotidien en envoyant ses enquêteurs pour passer les banlieues au crible afin d'identifier les virtuoses du basket ou du football, susceptibles d'imposer une mode à leur classe d'âge. La méthode est de type sociométrique : demander aux jeunes qui est le plus fort dans ce sport dans leur cité ou leur quartier.

Dans un second temps, des opérations de « street marketing » spécifiques sont chargées de les séduire : distribution de prospectus, de tee-shirts, de CD-roms, etc. Des événements comme « Nike Park » pendant la Coupe du Monde de football ou l'organisation de tournois de basket de rue leur sont destinés. Avant le Mondial de football 2002, la campagne grand public « Tournoi secret » a elle aussi commencé par la diffusion d'énigmatiques scorpions au pochoir sur les murs des villes. Les initiés ont su décoder le message...

Source : « Comment Nike cible les champions des cités ? », *Stratégies*, n° 1289, 11 novembre 2003, p. 46.

Les nouvelles formes de communication sur Internet (blogs, forums, etc.) font l'objet de beaucoup d'attention, car de nouveaux types de leaders d'opinion apparaissent. Par exemple, les « blogueurs » constituent un véritable réseau d'information qui peut servir de support efficace pour une opération de marketing viral. Le nombre de blogs, nés aux États-Unis il y a environ une dizaine d'années, était estimé à 120 millions en 2007. Parmi les six à sept millions de blogs recensés en France, certains sont devenus particulièrement influents (voir Focus-Manager 4.6).

12. Vernette, É., Flores, L., « Communiquer avec les leaders d'opinion en marketing : comment et dans quels médias ? », *Décision Marketing*, 35, 2004, pp. 23-37.
13. Vernette, É., « Targeting women's clothing fashion opinion leaders in media planning: an application for magazines », *Journal of Advertising Research*, 44, 1, March 2004, pp. 90-107.

FOCUS-MANAGER

4.6. Les blogs des leaders d'opinion

Un article du journal *Le Monde* a sélectionné en avril 2006 quinze blogs dans différents domaines, choisis parmi les plus consultés par les internautes, et considérés comme les plus « leaders » d'opinion dans leur domaine. Voici un échantillon de quelques blogs vedettes.

« Sur son site, en juillet 2002, Tristan Nitot, président de Mozilla Europe, une association qui se consacre au développement de logiciels libres, notait chaque jour une astuce pour mieux utiliser les navigateurs Internet. Une cinquantaine d'internautes étaient quotidiennement au rendez-vous. Une petite base de fidèles, déjà, qui l'ont incité à persévérer. Aujourd'hui, ses billets sur les standards du Web peuvent attirer jusqu'à 25 000 visiteurs par jour. "*Je n'ai rien fait de spécial pour ça*, explique Tristan Nitot. *Cet engouement, c'est une surprise pour moi.*"

Pour la plupart, leurs créateurs ne l'ont pas cherché. Cela s'est fait comme ça, d'un seul coup, ou bien au contraire patiemment, au fil des semaines, à la faveur des billets publiés, des commentaires et des réponses déposés. Sur leur blog, ils parlaient de nouvelles technologies, de développement durable, de littérature ou de musique, de cuisine ou simplement de l'air du temps. Certains racontaient leur vie, confiaient leurs états d'âme. Quelques-uns étaient déjà connus, la plupart anonymes. Et puis, un jour, ils se sont rendu compte que leurs mots étaient lus, que leur avis comptait. Ils avaient acquis de la notoriété, ils étaient devenus des blogueurs d'influence.

"*Ce n'était pas intentionnel, mais je suis ravi et je me suis pris au jeu*", reconnaît Jean Véronis, professeur de linguistique et d'informatique à l'université d'Aix-en-Provence. Sur son blog, Aixtal, consacré aux technologies du langage, 1 500 internautes consultent chaque jour quelque 4 500 pages. Aixtal a connu son heure de gloire : c'est lui qui a relevé quelques aberrations de Google et démontré que le moteur de recherche "gonflait" ses chiffres. L'histoire a été publiée par le *New York Times*, et Google a corrigé à la baisse ses communiqués.

L'influence réelle des blogs est difficile à mesurer avec précision. Car ici comme ailleurs, influence ne rime pas forcément avec affluence. "*L'audience n'est qu'un des critères dont nous tenons compte pour retenir un site, mais c'est loin d'être le seul*", explique Sandra Albertolli, responsable de l'agence Influence, qui se définit comme "agent des blogs et des sites influents". "*Nous vérifions également son référencement dans les principaux moteurs de recherche. Nous observons la qualité des textes, du graphisme. Il faut encore tenir compte de l'expertise du blogueur et évaluer celle de ses lecteurs*", ajoute-t-elle. Il n'existe que peu d'outils pour évaluer précisément et objectivement l'audience d'un blog. Les rares instruments de mesure sont américains et ignorent souvent la petite blogosphère française. Le plus connu de ces outils, Technorati – qui est aussi un moteur de recherche dédié aux blogs – recense, pour établir son classement, le nombre de liens et de sites renvoyant à une page personnelle. Dans le "top 100" établi par Technorati, on ne trouve aucun Français.

"Un blog peut faire beaucoup d'audience parce qu'il parle d'un sujet à la mode ou d'actualité. Cela va le propulser en tête des moteurs de recherche, mais ce n'est pas un critère de qualité et l'effet peut retomber aussi vite", juge Frédéric Montagnon, un des trois fondateurs d'Over-Blog, une des plus importantes plates-formes en France. Avec les blogs, relève Pierre Assouline, auteur de *La République des livres*, "*l'impact se mesure tout de suite*". Écrivain, journaliste et chroniqueur, l'ancien directeur du mensuel *Lire* a facilement transposé dans l'univers virtuel l'influence qu'il avait déjà dans le monde littéraire. Dès le départ, en septembre 2004, le succès a été au rendez-vous : 4 000 pages vues par jour en moyenne. Il ne s'est pas démenti et atteint aujourd'hui 8 500 pages vues par jour, 250 000 par mois. "*Mais il faut écrire tous les jours*", explique le critique littéraire. "*Il y a de fait une corrélation très grande entre rythme de publication et nombre de visites*", confirme Pierre Bilger, l'ancien patron d'Alstom. »

Source : www.lemonde.fr/web/articleinteractif, *Le Monde*, 6 avril 2006.

4.3. Le lead-user

Le lead-user est un consommateur « avant-gardiste » qui exprime avant les autres des besoins particuliers dans une catégorie de produit donnée. Ses attentes en matière de produit sont en avance sur celles du marché. Par ailleurs, c'est un consommateur expert qui n'hésite pas à expérimenter ou à faire créer des prototypes de produit qui répondent à ses besoins.

Le développement du logiciel de téléchargement de musique MP3 (Napster), le système d'exploitation Linux, le kitesurf ou le VTT sont autant de produits pour lesquels la contribution des lead-users s'est révélée déterminante.

L'influence des idées du lead-user sur son entourage se fait de deux manières : de façon directe, car on estime qu'une bonne proportion (environ un tiers) des lead-users sont eux-mêmes des leaders d'opinion ; de manière indirecte, car la probabilité qu'un leader d'opinion à l'affût des nouveautés dans son domaine finisse par rencontrer un lead-user est élevée.

Pour le marketing, l'intérêt du lead-user est double. C'est une vigie qui détecte, anticipe les besoins futurs du marché ; il exprime et ressent avant les autres, et souvent de façon aiguë, des insatisfactions avec les produits actuels. D'autre part, ce perpétuel insatisfait a des idées sur la manière de solutionner les problèmes rencontrés. S'il n'est pas nécessairement lui-même un bricoleur de génie, il n'hésitera pas à contacter des personnes plus compétentes techniquement que lui pour résoudre son problème.

L'identification des lead-users est plus délicate à opérer que celle des leaders d'opinion. Les recherches montrent que les méthodes d'auto-évaluation donnent de bons résultats. La Figure 4.11 donne un exemple dans le domaine du VTT comportant quatre propositions pour lesquelles les répondants expriment leur degré d'accord ou de désaccord.

Q1 : « J'ai déjà exprimé une ou des attentes précises pour l'utilisation de VTT bien avant les autres personnes de mon entourage. »
Q2 : « J'ai déjà eu des idées pour améliorer les VTT qui ont été reprises ensuite par beaucoup de fabricants. »
Q3 « Aujourd'hui, les VTT disponibles sur le marché répondent enfin à des besoins que j'ai exprimés depuis longtemps. »
Q4 : « Mes idées pour de nouveaux VTT sont innovantes par rapport à ce que proposent actuellement les fabricants. »
Source : adapté de Bécheur, A., Gollety, M., « *Lead-user* et Leader d'opinion, deux cibles majeures au service de l'innovation », *Décisions Marketing*, 48, 2007, pp. 21-34.

Figure 4.11 : Comment identifier un lead-user ?

4.4. L'influenceur dans l'achat industriel

La décision d'achat industriel implique l'achat d'un produit pour le compte d'une organisation : entreprise, administration, association, etc. Elle fait intervenir plusieurs pôles de décision qui jouent chacun un rôle spécifique lors du déroulement de l'achat. Généralement, la décision d'achat industriel est plus longue et plus structurée que pour l'achat individuel ; son étude sort du cadre de cet ouvrage[14]. Nous ne présenterons que deux rôles, utiles pour comprendre la vente et la distribution des produits.

Le *prescripteur* définit le type de produit qui doit être acheté et précise les spécifications techniques. Parfois, il choisit directement le fournisseur. Les prescripteurs sont souvent des bureaux d'études, des experts ou des consultants externes.

> Dans le contexte de l'achat individuel, il existe également des prescripteurs. Par exemple, le médecin est considéré comme prescripteur par les laboratoires pharmaceutiques, parce qu'il choisit pour ses patients les médicaments adéquats.

L'*acheteur* définit les conditions de l'achat (quantité, délais de règlement et de livraison) et réunit les fournisseurs potentiels. Il peut aussi indiquer le niveau de qualité attendu et les caractéristiques techniques de chaque produit, en s'appuyant sur les recommandations des prescripteurs. Dans certains cas (grande distribution), l'acheteur a un pouvoir de négociation fort sur les prix et les délais, dans la mesure où il a la responsabilité finale du choix du fournisseur.

14. Voir par exemple Pras, B., Tarondeau, J.-C, *Comportement de l'acheteur*, Sirey, 1981 ; Benaroya, C., Malaval P., *Marketing Business to Business : Du marketing industriel au marketing d'affaires,* Pearson Education, 2005, 3e éd.

SYNTHÈSE DU CHAPITRE

Les mutations de l'environnement économique, social et culturel ont des conséquences sur les comportements d'achat : le consommateur, caméléon et versatile, s'exprime à travers plusieurs facettes de sa personnalité, parfois contraires. Il recherche autant le lien social que le bien en lui-même, tend à privilégier le plaisir comme finalité de la consommation. La consommation actuelle est très sensible aux contraintes financières et temporelles et aux préoccupations environnementales.

Au sein de la cellule familiale, l'influence des enfants sur le choix des produits et des marques est réelle (vidéo, ordinateur, télévision) dès l'âge de 12 ans ; elle est plus précoce encore (à partir de 7 ans) pour les produits qui le concernent directement (vêtements, jouets, etc.). L'épouse est dominante pour l'achat de la quasi-totalité des produits courants : alimentaire, entretien, vêtements, etc. ; le mari conserve une domination pour les produits financiers et d'assurance.

Les groupes dont les jugements comptent pour un individu sont appelés groupe de référence ; ils sont qualifiés de positifs si l'individu s'identifie à eux, négatifs s'il s'en démarque. Chaque groupe émet des jugements normatifs sur les marques, qui deviennent alors des symboles de ralliement ou d'exclusion. Le bouche-à-oreille est utilisé par les consommateurs pour se forger un jugement sur les marques. Le marketing viral, appelé « buzz », vise à créer et à entretenir un bouche-à-oreille naturel autour du produit ou de la marque. Dans une communication interpersonnelle, le leader d'opinion est une personne attractive dont les avis sur les marques et les produits sont considérés comme crédibles. Son influence résulte des discussions avec son entourage et de son exposition médiatique. Parfois, le leader d'opinion est aussi un lead-user, c'est-à-dire un individu qui ressent avant les autres des besoins spécifiques en matière de produit et qui a des idées précises sur la manière de les satisfaire.

BIBLIOGRAPHIE D'APPROFONDISSEMENT

(1) Brée, J., *Les Enfants, la consommation et le marketing*, PUF, 1993.

(2) Brée, J., (coordinateur), *Kids marketing*, EMS, 2007.

(3) Cova, B., *Au-delà du marché : quand le lien importe plus que le bien*, L'Harmattan, 2000.

(4) De la Ville, V.-I., *L'Enfant consommateur : Variations interdisciplinaires sur l'enfant et le marché*, Vuibert, 2005.

(5) Benaroya, C., Malaval, P. *Marketing Business to Business : du marketing industriel au marketing d'affaires*, Pearson Education, 2005, 3e éd.

(6) Pras, B., Tarondeau, J.-C, *Comportement de l'acheteur*, Sirey, 1981 (2e et 3e parties).

(7) Solomon, M. R., Tissier-Desbordes, É., Heilbrunn, B., *Comportement du consommateur*, Pearson Education, 2005, 6e éd. (chapitres 10 et 11).

Choisir une seule réponse par question :

Q1 – Une actrice célèbre fait de la publicité pour une marque de parfum. S'agit-il d'un leader d'opinion ?

(1) oui, parce que son nom influence l'achat des consommateurs ;
(2) oui, parce que le consommateur la perçoit comme plus compétente que lui ;
(3) non, parce que son conseil n'est pas impartial, puisqu'elle est payée pour le dire ;
(4) non, parce qu'un leader d'opinion ne peut être célèbre.

Q2 – La vision post-moderne se caractérise par :

(1) une vision circulaire du temps ;
(2) le progrès technologique comme moteur de la société ;
(3) une flexibilité des normes ;
(4) un retour à une production plus artisanale.

Q3 – Une consommation hyper-réelle se caractérise par :

(1) un simulacre qui remplace l'original ;
(2) une recherche de l'authenticité et du vrai ;
(3) la prédominance massive des nouvelles technologies de l'information ;
(4) une consommation à distance fortement interactive.

Q4 – Aujourd'hui, le consommateur tend à :

(1) s'investir fortement dans de nombreux groupes ;
(2) s'investir faiblement dans de nombreux groupes ;
(3) s'investir fortement dans un petit nombre de groupes ;
(4) se replier sur lui-même et à intérioriser sa consommation.

Q5 – La sociométrie est une technique qui permet de :

(1) évaluer les changements sociaux ;
(2) identifier les leaders d'opinion ;
(3) mesurer la distance entre différentes classes sociales ;
(4) évaluer la cohésion d'un groupe de référence.

Q6 – La durée d'écoute moyenne de la télévision pour les enfants de 4 à 14 ans est :

(1) inférieure à 60 minutes par jour ;
(2) comprise entre 60 et 120 minutes ;
(3) comprise entre 120 et 180 minutes ;
(4) supérieure à 180 minutes.

Q7 – La consommation ostentatoire indique à l'entourage :

(1) le groupe auquel on se réfère ;
(2) le groupe auquel on appartient ;
(3) le groupe dont on veut se différencier ;
(4) le groupe que l'on rejette.

Q8 – Un leader d'opinion est crédible dans une catégorie de produit parce que :

(1) il a une expertise réelle dans la catégorie de produit ;
(2) il est considéré comme un expert par son entourage ;
(3) il consomme beaucoup dans la catégorie de produit ;
(4) il connaît beaucoup d'experts dans la catégorie de produit.

Q9 – Un lead-user est :

(1) un leader d'opinion plus expert que les autres ;
(2) un gros consommateur dans la catégorie de produit ;
(3) un modèle pour son entourage ;
(4) un anticipateur des besoins du marché.

Q10 – Un prescripteur est :

(1) un lead-user qui préconise une marque ;
(2) un relais d'opinion qui informe sur une marque ;
(3) un journaliste qui donne des informations positives sur une marque ;
(4) un expert qui préconise l'achat d'une marque.

Réponses du test :

Q1 = 3 ; Q2 = 3 ; Q3 = 1 ; Q4 = 2 ; Q5 = 2 ; Q6 = 3 ; Q7= 1 ; Q8 = 2 ; Q9 = 4 ; Q10 = 4.

Chapitre 5

Techniques d'étude de marché

Au terme de ce chapitre vous pourrez :

- *maîtriser les grandes phases d'une étude de marché ;*
- *choisir une technique d'étude en fonction de la nature du problème marketing à résoudre.*

La construction d'un bon projet d'étude soulève des difficultés, parce que :

- *un problème marketing doit être traduit par une question d'étude ;*
- *il n'existe pas de technique universelle qui serait toujours la meilleure, le choix découle de l'objectif à atteindre ;*
- *les options méthodologiques, fixées au départ, sont des contraintes rigides lors de l'interprétation marketing des résultats.*

Pour maîtriser ces difficultés, ayez une lecture dynamique de ce chapitre, avec une vision globale des étapes d'une étude : gardez à l'esprit qu'un choix méthodologique, en apparence anodin, effectué lors d'une étape amont comporte des conséquences parfois fort contraignantes pour les étapes suivantes. La rédaction d'un questionnaire demande une attention soutenue, car elle nécessite une grande précision sur le type d'information à rechercher et une clarté dans la formulation des questions.

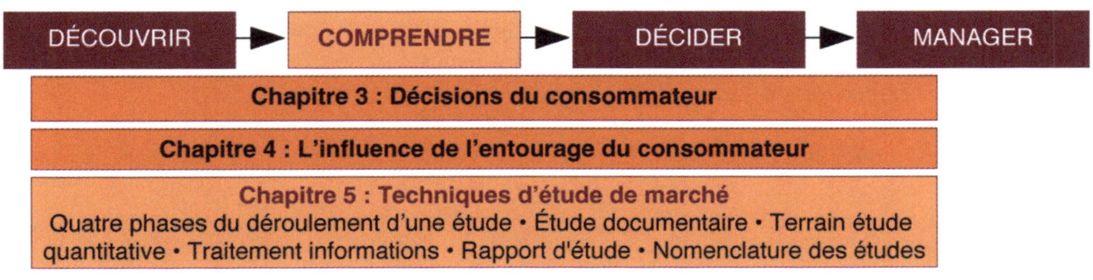

Figure 5.0 : Plan du chapitre

MOTS CLÉS : *Analyse de contenu, baromètre, échantillon, étude ad hoc, étude documentaire, étude qualitative, étude quantitative, institut d'études, marché test, panel, population mère, sondage aléatoire, sondage par quota, tri à plat, tri croisé.*

I. LES QUATRE PHASES DU DÉROULEMENT D'UNE ÉTUDE

Nous allons préciser tout d'abord ce qu'est une étude de marché, puis nous indiquerons les grandes étapes de la réalisation d'une étude.

1.1. Qu'est-ce qu'une étude de marché ?

Une étude de marché est une mise en œuvre d'un ensemble de techniques de collecte et d'analyse d'informations permettant de mieux connaître un marché, dans le but de réduire l'incertitude des décisions marketing ultérieures. D'emblée, il faut être conscient que si les études contribuent à réduire les risques de mauvais choix marketing, elles ne peuvent totalement les éliminer. De multiples facteurs d'erreur interviennent : mauvaise formulation du problème marketing, choix méthodologiques erronés, terrain défaillant, versatilité du consommateur, etc. Le Focus-Manager 5.1, bien que très caricatural, montre que l'étude marketing est tout sauf un long fleuve tranquille !

FOCUS-MANAGER

5.1. L'INSONDABLE DÉPRIME DES ENQUÊTEURS MARKETING

« Les bretzels, vous les préférez bruns ou dorés ? Avec du gros sel ou un grain très fin ? Celui que vous venez de goûter, vous l'achèteriez ? » À question idiote, bouche coite. Vincent, 27 ans, informaticien : « La dernière fois que je me suis laissé prendre à un test-produit, on m'a retenu en otage dans cinq mètres carrés avec une assiette de biscuits à décortiquer. J'étais effondré par le nombre et la nullité des questions. Même si l'on me payait, je ne suis pas près de recommencer. » Pour éviter de se faire épingler à nouveau, le jeune homme va devoir slalomer. « On ne peut plus faire trois pas rue de Rivoli sans se faire alpaguer », peste Corinne, qui habite tout près de cette artère parisienne [encombrée] d'enquêteurs qui y font le pied de grue, questionnaire en main. (...)

Fatigués d'êtres sollicités, les sondés rechignent de plus en plus à répondre et les enquêteurs sont aujourd'hui à la peine. « Entre les gens toujours pressés et ceux qui ont compris que quand on leur annonce un questionnaire de vingt minutes, il faut compter le double, nous n'avons plus beaucoup de marge de manœuvre. »

Jean, 34 ans, spécialisé depuis quinze ans dans le « face à face », s'agite devant la station de métro Les Halles. C'est un jour de soldes, il pleut, les passants sont pressés. « C'est d'abord du côté des boîtes de sondage que ça c'est durci, rectifie-t-il. Avant, les questionnaires duraient une quinzaine de minutes contre au moins trente-cinq actuellement. Il faut que les gars du marketing arrêtent de délirer. » Sa technique : « Je fais vingt minutes d'entretien et c'est moi qui remplis le reste. De toute façon, passé le premier quart d'heure, les sondés répondent n'importent quoi. »

Source : Blecher, L., *Libération*, 3 février 2004, www.liberation.fr.

La situation n'est pas aussi mauvaise que pourrait le laisser croire l'encadré précédent. En effet, une étude menée par l'IFOP en 2007, pour le compte du Syntec-Études Marketing & Opinion, révèle que 92 % des personnes ayant participé à une enquête disent avoir apprécié l'expérience, 98 % pensent avoir donné des réponses sincères et 72 % pensent que les études marketing permettent aux entreprises de proposer des produits qui correspondent à leurs attentes et seulement 38 % pensent que les sondages sont trop nombreux.

La principale difficulté du métier de chargé d'étude est de convertir correctement la problématique marketing (par exemple « Pourquoi les ventes d'un produit stagnent-elles ? » ou « Faut-il choisir l'emballage A ou l'emballage B ? ») en question d'étude appropriée (faut-il faire un test de produit ou un marché test ?). Les professionnels distinguent deux grands types d'études.

L'*étude quantitative* mobilise de grands échantillons (supérieurs à deux cents personnes). La représentativité des résultats est recherchée : on doit pouvoir généraliser au reste de la population, avec un risque d'erreur faible, ce qui est observé dans l'étude. Un objectif courant de ce type d'étude est la quantification de comportements ou d'attitudes (qui achète quoi, qui aime quoi, etc.). Par abus de langage, on parle souvent de sondage. En réalité, ce terme ne désigne que le procédé de constitution de l'échantillon, fréquemment employé dans une étude quantitative.

L'*étude qualitative* est réalisée sur de petits échantillons (souvent inférieurs à trente personnes) et ne prétend pas à la représentativité des résultats. Son objectif le plus fréquent est le recensement des composantes d'un problème complexe, la formulation d'hypothèses, la recherche de motivations d'achat, etc. (voir Focus-Manager 5.2).

FOCUS-MANAGER

5.2. Les études qualitatives et quantitatives

« *Aimez-vous votre femme ? Oui/Non.* » C'est la question type d'une étude quantitative. Dans la version plus évoluée, cela donne : « *Aimez-vous votre femme : un peu, beaucoup, passionnément ?* » Puis vient le stade où on vous laisse la possibilité de répondre comme vous le voulez. C'est le stade de la démarche qualitative. Au stade supérieur, la même question peut devenir : « *Parlez-moi de Dieu…* », voire « *Faites-moi un dessin !* » (…) Ce schéma montre bien la frontière qui sépare les études quantitatives des études qualitatives : les premières mesurent, les secondes expliquent.

Source : *Médias* n° 181, 27 mars 1987, p. 104.

Dans la réalité, comme le suggère la Figure 5.1, les deux approches sont souvent complémentaires, car leurs objectifs sont distincts. Dans un premier temps on explore, on cherche à comprendre et à dégager les grandes lignes d'un problème avec une étude qualitative ; on quantifie ensuite les variables mises à jour avec une étude quantitative. Chaque approche repose sur des postulats différents et chacune comporte des limites. Le chargé d'études doit garder cela à l'esprit lorsqu'il rédige les conclusions de son rapport d'étude. Enfin, certaines études se prêtent mal à cette distinction, tel le test de produit qui combine les deux techniques.

Approche	Qualitative	Quantitative
Objectifs	Énumérer Explorer Comprendre Interpréter	Décrire, identifier Prédire Hiérarchiser, pondérer Visualiser, résumer
Questions d'étude	Pourquoi ? Comment ? Dans quelles conditions ?	Qui consomme quoi ? Quand ? Combien ? Quelles variables expliquent (le plus, le mieux) ? Comment résumer le mieux possible ?
Postulats sous-jacents	Interprétation en profondeur des faits Réalité multiple Interdépendance des faits et de l'observateur Rôle de l'inconscient : « *Tout se passe comme si...* »	Faits mesurables, démontrables, vérifiables, reproductibles Indépendance des faits et de l'observateur Objectivité
Limites	Subjectivité Généralisation des résultats	Approche en surface Rationalisation des discours Mémorisation

Source : Adapté de Vernette, É., Filser, M., Giannelloni, J.-L., *Études marketing appliquées*, Dunod, 2008, p. 12.

Figure 5.1 : Comparaison des approches qualitative et quantitative

1.2. Déroulement d'une étude de marché

Même si bon nombre d'entreprises disposent d'un service interne, les études de marché sont souvent confiées à une société de conseil extérieure. Ce recours à des sociétés spécialisées se justifie par la complexité croissante des techniques d'analyse, la difficulté de gestion d'un grand nombre d'enquêteurs ou le petit nombre d'études réalisées. De surcroît, l'institut apporte souvent un regard neuf sur les problèmes à résoudre.

La Figure 5.2 donne les noms des instituts les plus importants au niveau mondial. On remarquera la présence au sixième rang du premier institut français Ipsos. Le groupe Taylor Nelson Sofres (TNS), classé en deuxième position, est un groupe franco-anglais né de la fusion en 1997 de Taylor Nelson AGB (anglais) et de la Sofres (française) ; cette dernière avait elle-même acquit en 1992 la société Secodip, spécialisée dans les panels de consommateurs.

La réalisation d'une étude de marché implique une progression en quatre étapes. Leur enchaînement est donné dans la Figure 5.3. Nous allons reprendre chaque point dans les parties suivantes du chapitre.

Rang	Sociétés	Groupes	Chiffres d'affaires 2005 (millions $)
1	AC Nielsen/Nielsen Media	VNU	3 538
2	TNS	Taylor Nelson Sofres	1 803
3	IMS	IMS Health	1 755
4	Gfk Group	Gfk Group	1 311
5	Kantar Group	WPP Group	1 237
6	Ipsos	Ipsos	965
7	IRI	IRI	624
8	Synovate	Aegis	603
9	Westat	Westat	420
10	Arbitron	Arbitron	310

Source : *Marketing News*, août 2006.

Figure 5.2 : Classement mondial des instituts d'études

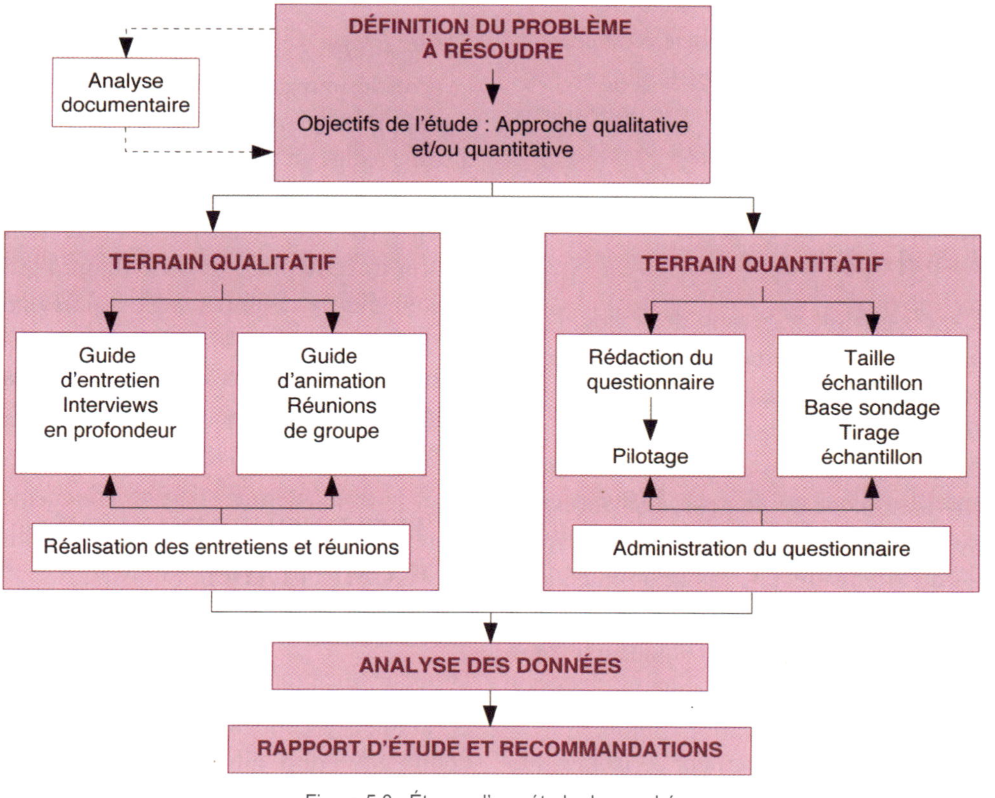

Figure 5.3 : Étapes d'une étude de marché

1.2.1. Étape 1 : Définir le problème à résoudre

C'est l'étape la plus délicate à réaliser. Il s'agit de transformer les questions marketing en questions d'étude. Cela impose souvent la formulation d'un véritable diagnostic marketing pour pouvoir construire le projet d'étude. En effet, le choix des techniques d'étude dépend de la nature du problème marketing identifié. Par exemple, à la question « Pourquoi les ventes stagnent-elles ? », plusieurs réponses, donc plusieurs techniques d'étude, sont envisageables : prix de vente trop élevé, mauvaise image de marque, produit non conforme aux attentes des consommateurs, etc. Si le projet est confié à une société de conseil, l'établissement du diagnostic impose souvent une étude documentaire pour mieux cerner les questions d'études.

1.2.2. Étape 2 : Collecter les informations

C'est la gestion du terrain de l'étude. Pour le terrain d'une étude quantitative, cela passe par la construction d'un plan de sondage (définition de la base de sondage, détermination de la taille de l'échantillon, choix du mode de tirage de l'échantillon), puis par la conception et l'administration du questionnaire. La réalisation matérielle du questionnaire conduit à recruter et à prévoir le contrôle des enquêteurs. Pour une étude qualitative, la collecte passe par la rédaction d'un guide d'animation, le recrutement d'enquêteurs qualifiés, le choix des personnes à interroger, puis la réalisation des interviews (individuelles ou réunions de groupe).

1.2.3. Étape 3 : Analyser les informations

Le traitement des données quantitatives se fait à l'aide de logiciels statistiques, après saisie informatique. Cette saisie est effectuée directement par l'enquêteur lors de la passation du questionnaire, ou ultérieurement par un système de lecture optique. Les données qualitatives sont retranscrites, puis analysées manuellement selon des grilles spécifiques de décodage. Cependant, le recours aux logiciels d'analyse textuelle se répand progressivement.

1.2.4. Étape 4 : Rédiger le rapport

Les conclusions de l'étude doivent répondre au problème posé au départ. Le chargé d'étude rédige un document qui est généralement présenté oralement au client. Compte tenu de la tendance à la réduction des coûts, cette phase devient aujourd'hui optionnelle. Le rapport se réduit alors une série de diapositives (PowerPoint) comportant les résultats clés de l'étude. Parfois, les conclusions se prolongent par une recommandation d'action marketing.

II. TECHNIQUES D'ÉTUDE DOCUMENTAIRE

2.1. Définition

C'est une technique de collecte et d'analyse de données secondaires : on réutilise des données déjà disponibles, en les appliquant au problème à résoudre. Plusieurs sources, souvent hétérogènes, sont combinées pour bâtir un document de synthèse. La qualité des sources secondaires est variable, d'où la nécessité d'être sélectif. L'analyse documentaire permet de répondre rapidement au problème posé (généralement en moins d'une semaine), pour un coût faible (de 100 à 3 000 euros).

2.2. Objectifs d'une étude documentaire

L'étude répond à trois objectifs majeurs.

2.2.1. Dégrossir un problème d'étude complexe

On réalise une pré-étude pour cerner les objectifs d'une investigation ultérieure plus approfondie. Le chargé d'étude cherche à recenser et à comprendre l'environnement d'un marché qu'il connaît mal : par exemple, apprendre un vocabulaire technique pour réaliser un questionnaire, connaître les produits et les marques présentes sur un marché.

2.2.2. Établir un diagnostic rapide sur un domaine d'activité

Lorsqu'une entreprise souhaite se diversifier, ou racheter un concurrent, elle a besoin d'informations globales sur les tendances du secteur d'activité concerné, son potentiel de vente, les attentes des consommateurs, etc. La surveillance des concurrents (part de marché, chiffre d'affaires, produits et technologies nouvelles) peut s'effectuer par une analyse documentaire régulière.

2.2.3. Évaluer sommairement le potentiel d'un marché

Une application fréquente des techniques d'étude documentaire est l'évaluation rapide et approximative du potentiel de vente pour un nouveau produit. Selon les conclusions, on approfondira éventuellement avec une investigation plus lourde. L'étude est un simple indicateur qui permet d'éliminer les idées conduisant à un potentiel manifestement trop faible.

> Imaginons l'exemple suivant : un fabricant d'aliments pour bébés se demande si l'idée d'une nouvelle ligne de petits pots destinée aux bébés « gros mangeurs » est jouable sur le marché français. Le potentiel est-il suffisant ? Le taux de natalité pour 2006 est de 13,1 pour mille avec une population de 63,2 millions de personnes. Il donne 830 000 naissances par an. Ce type de produit est consommé durant à peu près deux ans, d'où un potentiel global d'environ 1,66 million de bébés. On peut estimer que l'appétit des bébés suit une loi normale. On admettra qu'un « gros mangeur » est un bébé dont la consommation est supérieure à celle de la moyenne des bébés, plus une fois l'écart type, soit 16 % de la population : 1,66 million x 0,16 = 265 600 bébés. Si un bébé consomme en moyenne un pot par jour, le marché annuel potentiel s'élèverait à : 365 x 265 600 = 96,7 millions de pots. Le potentiel obtenu semble *a priori* suffisant et justifie des études plus fines qui vérifieront ces calculs approximatifs.

2.3. Sources d'informations disponibles

Les sources publiques ou parapubliques sont quasi gratuites. Elles fournissent la plupart des données économiques, sociales et démographiques de base, ainsi que des analyses sur bon nombre de secteurs d'activité.

Les sources privées (associations professionnelles, instituts, consultants, etc.) sont nombreuses et difficiles à cerner. La plupart de ces sociétés proposent des compilations documentaires toutes prêtes qui couvrent la quasi-totalité des marchés et des produits. Ces produits sont généralement téléchargeables, moyennant un paiement à l'unité ou un abonnement (voir Figure 5.4). Différents annuaires et ouvrages répertorient les banques de données et les serveurs offrant des sources utiles pour les études ou la recherche marketing. Par ailleurs, il est possible de mettre en place une cellule de veille concurrentielle sur Internet, à l'aide de logiciels spécifiques ou en s'adressant à des consultants spécialisés.

Le Focus-Manager 5.3 fait un point rapide sur les sites Internet qui permettent de répondre aux questions d'études documentaires les plus fréquentes.

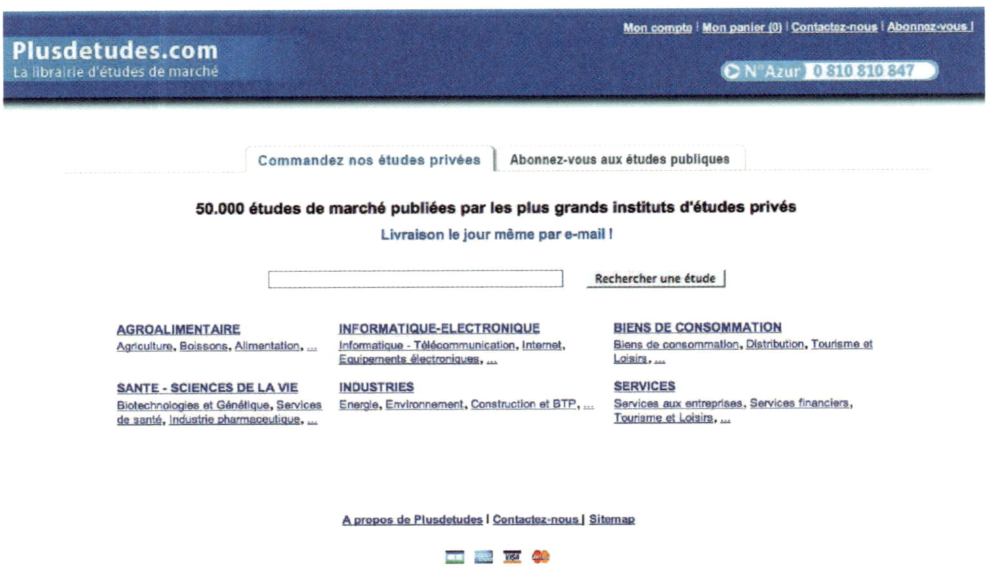

Figure 5.4 : Exemple d'Institut spécialisé dans les études documentaires

FOCUS-MANAGER

5.3. Quelques interrogations documentaires réalisables en ligne

1. Vous recherchez des sources statistiques globales sur des marchés ou des pays ?

Les sources françaises publiques (INSEE) et celles de la communauté européenne (Eurostat) sont accessibles en ligne : elles contiennent de très nombreuses statistiques et études téléchargeables. D'autres administrations et instituts (douanes, chambres de commerce, Centre Français du Commerce Extérieur, Banque de France, chambres syndicales) disposent d'un fonds important de données on line. Pour un récapitulatif des différents serveurs accessibles par

Internet, voir notamment Giannelloni, J.-L., Vernette, É., *Études de marché*, 2001, Dossier guide des sources Internet pour l'étude marketing, pp. 527-539. Le *Guide des sources d'information marketing*, édité tous les deux ans par l'Association nationale du marketing, l'ADETEM[1] passe en revue les principales sources documentaires publiques et privées utilisables en marketing, les tendances de la consommation.

2. Vous recherchez des articles scientifiques ou managériaux en marketing ?

Plusieurs instituts proposent, l'accès on line (moyennant un abonnement onéreux) à la quasi-totalité des articles publiés par les revues scientifiques ou la presse professionnelle en marketing. Citons parmi d'autres, Proquest-ABI-Inform[2], Business Source[3], ScienceDirect[4]. On y obtient le texte complet ou un résumé de l'article. Certains éditeurs de revues ou des associations scientifiques proposent d'acheter à l'unité les articles par paiement direct en ligne sur leur site propre. On trouvera la liste des sites Web de la quasi-totalité des associations scientifiques de recherche en marketing dans Evrard, Y., Pras, B., Roux, E., *Market : Études et recherches en marketing*, Dunod, 2003, 3e éd., pp. 86-93.

3. Vous recherchez une formation en marketing (niveau mastère) ?

L'association française du marketing (AFM) édite un répertoire très documenté sur les formations de niveau master (universitaires et grandes écoles en marketing). L'accès est ouvert à tous[5].

4. Vous recherchez une étude documentaire réalisée par un institut d'étude ?

Ces sources sont payantes. Citons, parmi d'autres, quelques sociétés spécialisées : Bipe, Crédoc, Dafsa, Data-Eco, Dun & Bradstreet, Euromonitor, Eurostaf, SVP, Xerfi, etc.

Source : adapté de Vernette, É., *Techniques d'Étude de Marché*, coll. « Explicit », Vuibert, 2006, 2e éd., p. 9.

III. TERRAIN D'UNE ÉTUDE QUANTITATIVE

3.1. Délimitation de la base de sondage

La *population mère* concernée par l'étude de marché est composée d'« éligibles », c'est-à-dire de personnes susceptibles d'être interviewées parce qu'elles possèdent les caractéristiques définies par l'objectif de l'étude. Sauf cas particulier, elle n'est pas équivalente à la totalité de la population française. La population mère est matérialisée par une *base de sondage*, composée de fichiers ou de documents, à partir de laquelle la sélection des éligibles s'opère concrètement.

1. Pôle universitaire Léonard de Vinci, 92916 Paris Cedex La Défense ; tél. : 01 41 16 76 57, www.adetem.org.
2. www.proquest.co.uk/products/abi_inform.html.
3. EBSCO : http://search.epnet.com
4. www.sciencedirect.com
5. www.afm-marketing.org

Un *échantillon* est un groupe d'éligibles que l'on a extrait de la base de sondage, en utilisant une méthode de tirage (voir paragraphe 3.3). La délimitation de la base de sondage n'est pas aussi simple qu'il y paraît au premier abord. Une erreur à ce niveau biaise les résultats ultérieurs. Cela peut être catastrophique pour l'interprétation des résultats : on pense avoir cerné une population donnée, alors que dans la réalité on a extrait l'échantillon d'une autre population, différente de celle recherchée au départ. Les généralisations effectuées sur la base des résultats observés seront erronées.

Supposons que le directeur de l'Office du tourisme de l'Alpe d'Huez souhaite « une petite étude pour évaluer l'image de sa station auprès des skieurs ». Ainsi formulé, l'objectif de l'étude n'est pas clair. Plusieurs bases sont envisageables (voir Figure 5.5). Le chargé d'étude doit poser plusieurs questions avant de commencer son étude, pour cerner les contours de la base de sondage souhaitée par son client. Si le caractère recherché au départ pour être éligible est clair (« avoir fait du ski »), plusieurs points doivent être évalués.

1. *Faut-il déjà avoir fait du ski dans la station pour être éligible ?* Si oui, nous obtenons la base n° 1 « Consommateurs de l'Alpe d'Huez ». Combien de fois faut-il y avoir fait du ski ? On se limitera, le cas échéant, à la sous-base n° 1-1 « Consommateurs réguliers » ou à la sous-base n° 1-2 « Consommateurs occasionnels ». En tout état de cause, cette distinction doit apparaître dans le questionnaire, car il est important pour le marketing de vérifier si les images de ces deux catégories sont équivalentes ou non.

2. *Doit-on considérer comme éligible un skieur qui connaîtrait de réputation l'Alpe d'Huez, sans jamais y avoir skié ?* Si tel est le cas, nous obtenons la base n° 2 « Non-consommateurs connaissant de nom la station ». Par ailleurs, d'autres précisions doivent être obtenues. Souhaite-t-on interroger uniquement des skieurs alpins ou veut-on élargir la base aux skieurs de fond ? Est-il concevable d'interroger des non-skieurs venant se reposer à l'Alpe d'Huez ? La réponse à toutes ces questions dépend en fait du périmètre de l'étude que l'on a fixé lors de la phase de préparation. Le chargé d'étude peut ainsi recommander au directeur de l'Office du tourisme d'interroger les bases n° 1 et n° 2. Dans tous les cas, les personnes appartenant à la base n° 3 (« Ne connaissent pas de nom la station ») doivent être exclues de la base de sondage.

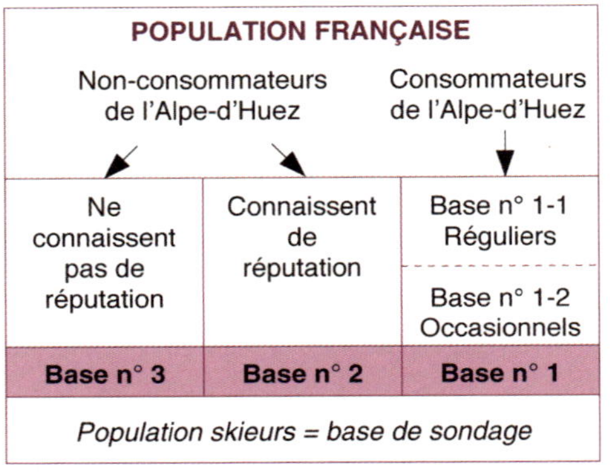

Figure 5.5 : Exemple de délimitation d'une base de sondage

3.2. Détermination de la taille d'un échantillon

On détermine la taille d'un échantillon en fonction d'éléments pratiques et théoriques.

3.2.1. Éléments budgétaires

L'interrogation de consommateurs coûte cher : préparation et édition des questionnaires, location de fichiers, rémunération des enquêteurs, déplacements, contrôle, etc. De plus, certaines populations mères sont rares, c'est-à-dire peu nombreuses par rapport à la population française et faiblement disponibles. D'où un coût financier croissant avec la taille de l'échantillon, ce qui limite rapidement le nombre d'interviews. En pratique, le terrain représente environ 50 % du coût total d'une étude quantitative. Le Focus-Manager 5.4 (voir p. 173) donne des exemples précis de coûts.

3.2.2. Éléments théoriques

Logiquement, seuls ces éléments devraient être considérés pour fixer la taille d'un échantillon. Une étude quantitative permet de généraliser, avec une précision plus ou moins grande les résultats observés dans l'échantillon à l'ensemble de la population mère. La *qualité* de cette précision dépend directement de la *taille de l'échantillon*. Elle n'est pas influencée par la taille de la population mère, sauf dans de rares cas particuliers. Plus la taille de l'échantillon est grande, meilleure sera la qualité de la généralisation des résultats. Cette précision est donnée par la « fourchette » du sondage qui indique la marge de fluctuation des résultats. La formule d'estimation de cette fluctuation se fonde sur l'hypothèse que les réponses fournies par les interviewés suivent une loi statistique, appelée « loi normale ». Les calculs et les formules statistiques sont présentés dans la Fiche technique 5.1.

FICHE TECHNIQUE

5.1. Détermination de la taille d'un échantillon

1. Contexte marketing

Un calcul financier prévisionnel montre à un chef de produit que sa nouvelle marque doit obtenir une part de marché d'au moins 15 %, s'il veut dégager un bénéfice. Une étude est menée auprès des acheteurs potentiels. Le chef de produit fait le pari que, compte tenu des qualités du nouveau produit, une part de marché de 20 % est tout à fait probable. Il se donne une marge de fluctuation de ± 3 points autour de ce chiffre, soit un intervalle variant entre 17 % et 23 %. Il veut organiser un test qui simule un achat réel, en présentant les principales marques du marché. Combien faudra-t-il interroger de consommateurs potentiels pour vérifier la prévision ?

2. Formule de calcul

$$n = \frac{z^2 pq}{e^2}$$

Avec :

n = Taille de l'échantillon nécessaire.

z = Valeur fournie par la table de la loi normale ; elle varie selon le risque d'erreur que l'on accepte pour généraliser les résultats. L'usage est de retenir 5 %, soit une valeur de z = 1,96.

p = Pourcentage prévu de consommateurs qui achètent la nouvelle marque, soit ici 20 %.

q = 1 – p = Pourcentage de consommateurs qui choisissent une autre marque, ici 80 %.

e = Marge de fluctuation (= précision) acceptée pour généraliser les résultats : ici ± 3 points de part de marché, soit 0,03.

3. Résultats et commentaires

$$n = \frac{(1{,}96)^2 \times (0{,}2) \times (0{,}8)}{(0{,}03)^2} = 683$$

Il peut paraître surprenant d'être obligé pour déterminer la taille de l'échantillon d'estimer un pourcentage d'achat que l'on ne connaît pas. Les calculs montrent que, même si notre chef de produit se trompe lourdement dans sa prévision, la marge de fluctuation obtenue reste proche de celle recherchée. L'abaque ci-dessous permet d'obtenir directement la taille de l'échantillon, selon les contraintes fixées en termes de fluctuation. Ainsi, si la part de marché obtenue *a posteriori* n'est que de 10 %, on voit qu'il aurait suffi d'interroger 384 personnes pour obtenir une fluctuation de ± 3 %. Avec 683 personnes effectivement interviewées, la précision réelle est d'environ ± 2,5 %. Dans la pratique, par prudence, on se place dans l'hypothèse la plus défavorable (p = 50 %, valeur pour laquelle n est maximal), quitte à interroger un peu plus d'individus qu'il aurait été strictement nécessaire.

Intervalle de précision (en points)	Proportion à estimer (p)					
	5 %	10 %	20 %	30 %	40 %	50 %
± 1	1 825*	3 457	6 147	8 067	9 220	9 604
± 2	456	864	1 537	2 017	2 305	2 401
± 3	203	384	**683**	896	1 024	1 067
± 4	114	216	384	504	576	600
± 5	73	138	246	323	369	384
± 10	18	35	61	81	92	96
± 20	5	9	15	20	23	24

* 1 825 = taille de l'échantillon nécessaire pour estimer une proportion de 5 % avec une précision de ± 1 point.

3.3. Tirage de l'échantillon

Il existe différentes manières d'extraire un échantillon de la base de sondage. Nous ne verrons que les deux pratiques les plus courantes.

3.3.1. Sondage aléatoire

L'échantillon est constitué à partir d'un tirage au hasard effectué sur un fichier nominatif de tous les individus appartenant à la base de sondage. Ces conditions sont restrictives et onéreuses, sauf pour une entreprise qui souhaite interroger ses clients en utilisant son propre fichier informatisé, par exemple dans le cas d'une étude de satisfaction de clientèle.

Certains fichiers (France Télécom, France Adresses, EDF, sociétés de vente par correspondance) couvrent la totalité ou une bonne part de la population française. Des instituts marketing spécialisés (Consodata, Claritas) ont constitué des mégabases de données comportant environ sept millions de ménages. Les informations sont collectées à partir des réponses à des questionnaires distribués dans les boîtes aux lettres, présentés comme une « Grande enquête sur la consommation des foyers ». Ces bases comportent plusieurs centaines d'informations sur chaque foyer, telles que situation sociodémographique, comportements d'achat, marques achetées, points de ventes fréquentés, déplacements, etc. On introduit les clés de tri correspondant aux critères d'éligibilité et on obtient ainsi une base de sondage plus ou moins proche de la population mère recherchée, avec les noms et les adresses des personnes éligibles. Ce type d'adresse se loue de 5 à 50 centimes d'euro par unité.

Mais quelle que soit la qualité de la base de sondage, une condition importante pour la validité statistique de l'opération est que tous les individus tirés au sort acceptent de répondre. Ceci impose des relances coûteuses à l'institut, ce qui fait que ce mode de tirage est peu pratiqué en France.

3.3.2. Sondage par quota

C'est le mode de tirage le plus usité. Il consiste à reconstituer une population mère miniaturisée, au sein de l'échantillon. L'échantillon est alors considéré comme *représentatif* de la population mère. Cette représentativité est contrôlée sur des critères jugés pertinents par le chargé d'étude. Il s'agit souvent de critères sociodémographiques (âge, sexe, revenu, région d'habitat, etc.). La difficulté est de disposer, pour la population mère, de ces statistiques. On constitue un quota global pour chaque critère.

Par exemple, une population mère est constituée de 50 % d'hommes, avec 30 % de personnes ayant entre 18 et 30 ans. Si l'échantillon a une taille de 500 personnes, il faudra interviewer 250 hommes, dont 75 (= 500 x 30 % x 50 %) ayant entre 18 et 30 ans. Le quota global est ensuite réparti entre chaque enquêteur. Si l'on dispose de dix enquêteurs, chacun interrogera cinquante personnes : vingt-cinq hommes, dont sept ou huit (7,5 en moyenne) auront entre 18 et 30 ans. On a supposé ici l'indépendance entre l'âge et le sexe. Dans la pratique, il faut disposer des tris croisés entre les critères.

3.4. Rédaction d'un questionnaire

Le chargé d'étude écrit une première version du questionnaire, prétestée ensuite sur un petit échantillon de personnes afin de vérifier la compréhension de chaque question. C'est le pilotage du questionnaire. Ce dernier est présenté aux enquêteurs lors d'un brief spécial. La rédaction d'un questionnaire est un art qui s'apprend essentiellement par la pratique. Nous allons présenter quelques éléments clés de la rédaction.

3.4.1. Articulation d'ensemble du questionnaire

Le questionnaire suit un rythme d'ensemble. Il comporte une progression logique (des questions générales vers le particulier). À chaque changement de thème, il convient de prévoir une courte phrase de transition pour éviter que le répondant ne soit désorienté. La mise en pages doit être aérée ; il ne faut pas abuser des questions comportant des renvois multiples. Les signes cabalistiques et autres flèches sont utiles pour attirer l'attention sur un point particulier (voir Figure 5.6).

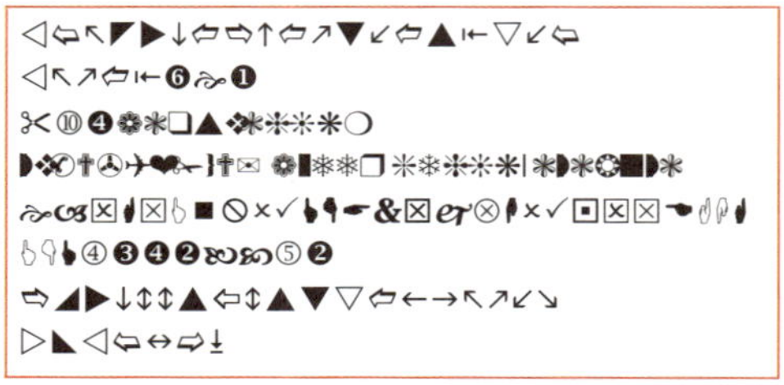

Figure 5.6 : Quelques polices de caractère originales (Zapf Dingbats, Wingdings)

Les principales phases d'un questionnaire sont :

- **Introduction** : présenter dans les grandes lignes l'objet du questionnaire et remercier l'enquêté pour sa collaboration ; préciser approximativement la durée de l'interview ;
- **Questions qualifiantes** : déterminer si la personne est éligible ou si elle correspond au quota restant à interroger :
- **Questions de mise en route** : amener progressivement le répondant vers les thèmes principaux de l'étude ; une ou deux questions suffisent ;
- **Questions spécifiques** : aborder le cœur de l'étude ;
- **Questions de situation** : identifier le répondant (âge, profession, revenu, etc.) ; cette fiche signalétique sera très utile pour les traitements statistiques ultérieurs.

3.4.2. Forme des questions

Une question peut être fermée ou ouverte. Dans le premier cas, les réponses sont prévues à l'avance et l'enquêté coche des cases pour répondre. C'est la règle pour les études quantitatives. Une question ouverte laisse le répondant libre de formuler sa réponse en quelques lignes, dans l'espace prévu par le questionnaire. En règle générale, cette forme doit être proscrite dans les études quantitatives, car elle augmente le coût de l'analyse, pour un apport d'information réduit.

Lorsque les questions sont fermées, le chargé d'étude doit choisir un mode d'enregistrement des réponses : c'est l'*échelle de mesure*. Ce choix est important : selon la décision, certains modes d'analyse des données sont éliminés. Les principaux types d'échelles sont présentés dans la Fiche technique 5.2.

FICHE TECHNIQUE

5.2. ÉCHELLES DE MESURE

1. Contexte

Un chargé d'études souhaite connaître la réputation de la marque de stylo Montblanc pour un échantillon de consommateurs représentatif du marché visé. Il dispose de plusieurs échelles pour enregistrer les réponses. Voici les différentes formulations possibles, selon le type d'échelle :

Choix dichotomique :

« *Diriez-vous que la marque Montblanc est prestigieuse ?* »

❒ Oui ❒ Non

Choix multiple (QCM)

« *Quels sont les qualificatifs qui vous semblent décrire le mieux la marque Montblanc ?* » (une ou plusieurs réponses possibles)

❒ Banale ❒ Luxueuse ❒ Frimeur ❒ Distinguée ❒ Commune ❒ Prestigieuse

Classement par rangs

« Classez les marques suivantes en mettant le rang 1 à celle qui vous semble la plus prestigieuse, et ainsi de suite »

Montblanc : Rang n°_ Cartier : Rang n°_ Waterman : Rang n°_ Reynolds : Rang n°_.

Sémantique différentielle

« *Où situeriez-vous la marque Montblanc sur l'échelle suivante ?* »

Commune : ❒ ❒ ❒ ❒ ❒ ❒ : Prestigieuse

Likert

« *Indiquez votre degré d'accord ou de désaccord avec la proposition suivante : la marque Montblanc est une marque prestigieuse.* »

Tout à fait d'accord ❒ Plutôt en désaccord ❒ Ni d'accord, ni en désaccord ❒
Plutôt en désaccord ❒ Tout à fait en désaccord ❒

Supports sémantiques

« *Comment jugez-vous le prestige de la marque Montbanc ?* »

Extrêmement mauvais ❒ Médiocre ❒ Moyen ❒ Bon ❒ Extrêmement bon ❒

Icônes

« *Si vous deviez évaluer le prestige de la marque Montbanc, quel visage feriez-vous ?* » (Mettre une croix sous le visage adéquat)

2. Évaluation

L'échelle dichotomique est la plus simple à comprendre par les enquêtés, mais ne permet que des analyses sommaires. Le classement par rangs est simple, mais les traitements statistiques sont complexes pour obtenir des résultats intéressants. Les autres échelles sont des échelles d'attitude, plus délicates à manier, mais leur analyse fournit des informations précieuses pour le marketing. Le choix des échelles de réponse est conditionné par l'objectif de l'étude. Pour étudier un comportement, les échelles dichotomiques ou celles à choix multiples sont tout à fait adaptées ; pour évaluer une attitude, les échelles de rangs ou d'attitudes conviennent bien ; pour cerner une motivation les questions ouvertes sont préférables. Dans cet exemple, les échelles à supports sémantiques, icônes, sémantiques différentielles et Likert sont bien adaptées pour évaluer les différentes facettes (prestige, luxe, snob, etc.) de la réputation de la marque Montblanc.

3.4.3. Erreurs usuelles de formulation

Les erreurs les plus courantes sont provoquées par une question ambiguë (plusieurs interprétations sont possibles, mot technique inconnu de l'enquêté) ou par une formulation suggérant la réponse (rationalisation du choix, peur d'être jugé par l'enquêteur, etc.). La Figure 5.7 recense quelques cas types.

Questions initiales	Questions reformulées
« Regardez-vous souvent la télévision ? » ☐ Oui ☐ Non ▶ ERREUR : imprécision	« Regardez-vous habituellement la télévision » : ☐ Tous les jours ☐ Presque tous les jours ☐ 1 à 2 fois par semaine ☐ 1 à 2 fois par mois ☐ 1 à 2 fois par an ☐ Jamais
« Quel est le positionnement de la Renault ? » ☐ Solidité ☐ Cher ☐ Démodé ▶ ERREURS : • mot technique • échelle inadaptée à l'étude d'image • imprécision	« Où situez-vous la Renault Twingo sur les échelles suivantes (une croix par ligne) » : Solide |_|_|_|_|_| Fragile Chère |_|_|_|_|_| Bon marché Démodée |_|_|_|_|_| À la mode
« Possédez-vous un téléviseur et un caméscope ? » ☐ Oui ☐ Non ▶ ERREUR : ambiguïté (deux questions en une)	« Disposez-vous des produits suivants chez vous » : Téléviseur couleur ☐ Oui ☐ Non Caméscope ☐ Oui ☐ Non
« Ne pensez-vous pas que le gouvernement ne devrait pas interdire l'immigration ? » ☐ Oui ☐ Non ▶ ERREUR : ambiguïté (double négation), échelle inadaptée	« Indiquez votre degré d'accord ou de désaccord avec la proposition suivante (cochez une seule case) » : *« Le gouvernement français devrait interdire l'immigration. »* ☐ Tout à fait d'accord ☐ Plutôt d'accord ☐ Ni d'accord ni en désaccord ☐ Plutôt en désaccord ☐ Tout à fait en désaccord

Figure 5.7 : Erreurs usuelles de formulation

Certains sujets d'étude sont par nature difficiles à cerner, parce que considérés comme tabous par un grand nombre d'interviewés : religion, argent, hygiène et santé, alcool, sexe, etc. Ils se prêtent assez mal à une quantification, à cause des réponses biaisées : l'interviewé a tendance à donner une réponse acceptable socialement, plutôt que d'indiquer ses opinions propres. Les techniques d'études qualitatives sont en général préférables pour ce type de sujets.

3.5. Administration du terrain

Il existe quatre possibilités pour faire remplir le questionnaire par les enquêtés.

3.5.1. *Entretien en face à face*

Le questionnaire est rempli au domicile du répondant : cela permet de faire passer des questionnaires longs (jusqu'à une heure et demie). En moyenne, 30 % des personnes contactées acceptent de répondre, mais ce taux se réduit sensiblement dans les grandes villes (présence d'un digicode, interphone, absence, etc.). On peut aussi interroger les personnes dans la rue ou à la sortie d'un magasin, mais la durée du questionnaire doit être courte (moins de quinze minutes). L'enquêteur dispose souvent d'un micro-ordinateur portable et d'un logiciel spécifique qui permet la saisie directe des réponses et automatise la gestion des quotas. On parle alors de système CAPI (Computer Assisted Personal Interviewing). En baisse sensible depuis le début des années 1990, ce mode d'administration représente environ 30 % à 40 % des terrains (moitié à domicile, moitié dans la rue).

3.5.2. *Voie postale*

Ce mode autorise des questionnaires longs (jusqu'à une heure, voire plus), mais le taux de réponse est très fluctuant : 5 à 20 % des questionnaires sont retournés, en fonction du thème de l'étude. Si l'on dispose d'un panel en accès direct (Open Access, voir la partie VII du chapitre), le taux de réponse est bien meilleur (de l'ordre de 80 %). La promesse d'un cadeau ou la participation à un tirage au sort augmente légèrement le taux de réponse. Le délai de réponse moyen est de trois semaines. De plus, environ 10 % des questionnaires retournés sont inexploitables, car mal remplis. Le questionnaire étant auto-administré, il faut pré-tester sa compréhension et la formulation des questions. Aujourd'hui, ce mode représente 10 % des terrains.

3.5.3. *Téléphone*

Système rapide (moins d'une semaine) et bien accepté par les répondants, le téléphone doit être réservé aux questionnaires courts (moins de quinze minutes). Il représente environ 30 % à 40 % des terrains. La gestion des appels téléphoniques est de plus en plus souvent automatisée et complétée par un logiciel qui permet de saisir en temps réel les réponses. Ce mode CATI (Computer Automatized Telephone Interviewing) accroît sensiblement la productivité des enquêteurs et la qualité des données recueillies. Le téléphone restait jusqu'à présent bien admis, une fois le contact établi, mais la multiplication des appels pour du marketing direct (prospection, vente directe, etc.) tend à réduire son acceptation (environ 30 % à 50 %).

3.5.4. *Internet*

La large diffusion d'Internet a permis l'émergence d'un nouveau mode de collecte de données à distance. Cette forme est dénommée CAWI *(*Computer Assisted Web Interviewing*)*. On estime qu'environ 20 % des terrains sont aujourd'hui administrés par le réseau Internet. L'envoi du questionnaire se fait de plusieurs manières : en pièce jointe dans un e-mail, à l'intérieur du message, en combinaison avec un système CAPI téléchargeable ou par publication sur un site Web vers lequel on renvoie les répondants. Les avantages d'une administration par Internet sont nombreux : suppression des coûts de saisie (le répondant remplit lui-même le questionnaire), possibilité d'automatisation des traitements statistiques et gain de temps dans la remontée des réponses. La Figure 5.8 montre que les taux de réponse (nombre de questionnaires retournés/nombre de questionnaires envoyés), s'ils sont très variables, sont néanmoins supérieurs à ceux obtenus par une voie postale. De surcroît, les réponses sont très rapides : les deux tiers des retours parviennent généralement sous 48 heures, le reste s'échelonnant sur une semaine.

	Base de sondage			
	Panel professionnel	Communauté Web	Prospects	Base achetée
Taux de réponse	84,5 %	9 %	15,5 %	5,5 %

Source : Ganassali, J., Moscarola, J., « Protocole d'enquête et efficacité des sondages par Internet », *Décisions Marketing*, 33, 2004, pp. 63-75.

Figure 5.8 : Taux de réponse pour une étude en ligne

IV. TERRAIN D'UNE ÉTUDE QUALITATIVE

La gestion du terrain d'une étude qualitative présente quelques spécificités que nous allons brièvement présenter.

4.1. Tests de produits

Ces études sont faites avant ou après le lancement d'un produit : elles orientent la politique produit (voir chapitre 10). Elles répondent à quantité d'interrogations que se pose un chef de produit. La Figure 5.9 donne un aperçu des différents objectifs envisageables pour le test d'un champagne.

Certains types de tests de produits sont considérés comme des tests qualitatifs, parce que l'administration de leur terrain impose, la plupart du temps, une organisation lourde : présentation et manipulation de plusieurs produits, questionnaires longs. Aussi, ils se déroulent souvent dans une salle spécialement aménagée, appelée laboratoire. C'est le cas des tests hédoniques et des tests d'attitude qui imposent aux répondants de goûter, sentir ou voir plusieurs marques et produits. La taille des échantillons est de l'ordre de cent à deux cents répondants. En revanche, les tests d'usage et de consommation sont de nature quantitative : ils mesurent les occasions, les modalités, les intentions d'achat et les quantités achetées ; la taille des échantillons doit être supérieure à quatre cents répondants pour une représentativité acceptable des résultats.

Sur le plan méthodologique, plusieurs questions spécifiques se posent au chargé d'étude : présence de la marque, ordre de présentation, nombre maximal de produit à présenter, etc.[6]. Pour les tests hédoniques, la marque sera cachée (test en aveugle ou « *blind test* »), car on cherche à valider les qualités intrinsèques d'un produit, c'est-à-dire vérifier si les caractéristiques techniques du produit sont appréciées par les consom-

6. Pour un approfondissement des questions méthodologiques, voir Vernette, É., Filser, M., Giannelloni, J.-L., *op.cit.*, chapitre 8.

mateurs. À l'inverse, pour un test d'attitude, la marque est apparente (test en identifié), car on souhaite intégrer l'effet préalable de l'image de marque sur les jugements recueillis : le produit est évalué dans une situation proche de la réalité commerciale. La rédaction d'un questionnaire de produit ne présente pas de difficultés particulières.

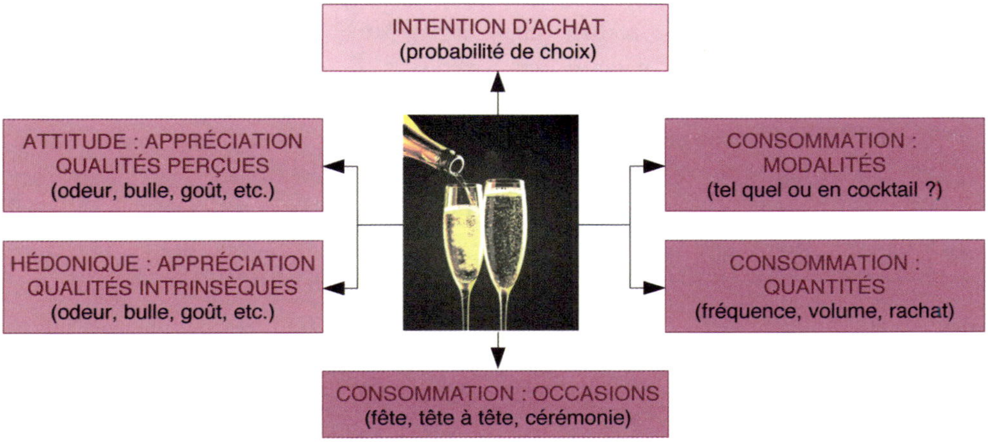

Figure 5.9 : Multiplicité des objectifs d'un test de produit : le cas d'un champagne

4.2. Entretien individuel en profondeur et réunion de groupe

L'entretien en profondeur a pour but principal la mise à jour des dimensions sous-jacentes d'un problème. Il explore l'interviewé « *en profondeur* », pour aller au-delà du discours, considéré comme superficiel et empreint de rationalisation. Les techniques utilisées font appel au principe de la semi-directivité : l'enquêteur laisse parler librement le répondant et n'intervient qu'à travers des relances brèves. Par abus de langage, ce type de technique est souvent appelé *étude de motivation*. Mais en réalité, à côté de l'étude des motivations, bien d'autres objectifs sont possibles : étude des désirs, restitution des expériences et des représentations de consommation, focalisation sur les émotions ressenties. D'autres techniques sont alors disponibles : entretien phénoménologique, approche herméneutique, méthodes projectives, observation, etc[7].

Il n'existe pas à proprement parler de questionnaire, mais une trame d'interview (appelée guide d'entretien) : le répondant est libre d'aborder les thèmes qui le préoccupent dans l'ordre souhaité et en y consacrant le temps jugé nécessaire. Les silences, répétitions et lapsus sont considérés

7. Pour approfondir, voir Giannelloni, J.-L., Vernette, É., *Études de marché,* Vuibert, 2001, 2e éd. (chapitres 4 à 6) ; Pellemans, P., *Le Marketing qualitatif : perspective psychoscopique*, coll. « Perspectives marketing », De Boeck Université, 1998.

comme des informations précieuses pour expliquer les raisons du comportement. Une interview individuelle en profondeur dure fréquemment plus d'une heure.

L'échantillon se compose habituellement d'une vingtaine d'entretiens, réalisés sur des individus relativement hétérogènes. L'entretien individuel est facturé de 760 à 1 000 euros HT, soit un budget global d'étude compris entre 15 000 et 20 000 euros. Ceci ne permet pas de généralisation statistique des résultats, mais assure une bonne couverture des principales dimensions du problème à résoudre.

L'*entretien de groupe* réunit plusieurs personnes (six à douze en général) sous la direction d'un animateur. Si ces personnes sont choisies en fonction de leur expertise, par rapport au problème à résoudre, on parle alors de groupe de réflexion. Lorsqu'il s'agit de simples consommateurs, le groupe est appelé groupe de discussion. Ces derniers sont utilisés, notamment, pour recenser les critères de choix d'un produit ou pour explorer une question complexe. Une réunion de groupe dure environ une demi-journée.

Le problème majeur des groupes résulte du risque d'émergence de leaders, dont l'opinion influence considérablement celle des autres membres durant la réunion. Cela interdit toute tentative de quantification des résultats observés. En revanche, la réunion de groupe reste un moyen économique et rapide pour recenser des éléments ou pour dégager des hypothèses que l'on testera ensuite. La réunion coûte de 5 000 à 6 000 euros HT pour un groupe de huit à dix personnes. Sachant que l'on prévoit fréquemment deux à trois groupes pour une étude, le budget total oscillera entre 10 000 et 18 000 euros HT.

V. TRAITEMENT DES INFORMATIONS

5.1. Données qualitatives

L'analyse des données qualitatives se fait encore la plupart du temps « à la main ». Le chargé d'étude part des données brutes, généralement des transcriptions d'interviews enregistrées (magnétophone, vidéo, etc.) par les enquêteurs. Une technique souvent utilisée est l'analyse de contenu. On regroupe les réponses aux questions ouvertes en grandes catégories (thèmes voisins, synonymes, etc.), puis elles sont comptabilisées en termes de fréquences d'apparition : on calcule combien de fois un même thème a été abordé par l'ensemble des enquêtés. Enfin, le chargé d'étude élabore une synthèse générale des résultats qu'il présente à son client.

Les logiciels d'analyse des entretiens en profondeur se répandent progressivement (SPAD. T, Alceste, Sphinx Lexica, etc.)[8]. Ils permettent le traitement automatisé des discours et le calcul immédiat de statistiques

8. Pour une comparaison, voir Gavard-Perret, M.-L., Helme-Guizon, M.-H., « L'analyse automatique des données textuelles en marketing : comparaison de trois logiciels » *Décisions Marketing*, 36, 2004, pp. 75-90.

textuelles : fréquence d'apparition des mots clés (pourcentage de citation d'un mot), fréquence d'association des items (mots les plus souvent associés avant ou après chaque item), indice de richesse du vocabulaire pour chaque interview, nombre moyen de mots par phrase, indice de répétition des mots, etc. Des représentations graphiques sont possibles, afin de mettre à jour les grandes dimensions du problème initial ; elles s'établissent sur la base d'indices de proximité géométrique des mots les uns par rapport aux autres.

5.2. Données quantitatives

Ces données sont traitées à l'aide de logiciels d'analyse statistique, utilisables sur micro-ordinateur : SAS, SPSS, Sphinx, etc. Par ailleurs, le logiciel Excel offre des modules d'analyse statistique souvent suffisants pour la plupart des analyses courantes.

L'exploitation des résultats suppose de solides connaissances statistiques préalables. Si ce paragraphe introduit le lecteur aux analyses les plus simples, la bibliographie fournit quelques références pour aller plus loin.

5.2.1. Tris à plat et tris croisés

Un tri à plat revient à calculer des pourcentages (appelés fréquences en statistique) avec une seule question de type QCM ou dichotomique : par exemple, on notera que 88 % des ménages français possèdent un lave-linge. Les tris croisés combinent les réponses à deux questions. On obtient ainsi un tableau à double entrée en croisant toutes les modalités des réponses : par exemple, pour les 20 % des ménages ayant plus de trois enfants, le taux d'équipement grimpe à 98 %. La Fiche technique 5.3 illustre ces calculs de tris.

FICHE TECHNIQUE

5.3. Tris à plat et tris croisés

Un échantillon comprend deux cents interviewés. Les réponses sont présentées dans le tableau ci-dessous.

	Possédez-vous un caméscope ?		
Revenus par mois	oui	non	TOTAL
+ 2 000 euros	40	50	90
– 2 000 euros	10	100	110
TOTAL	50	150	200

1. Tris à plat

– Ménages possédant un caméscope :

« Oui » : 50/200 = 25 % ; « Non » : 150/200 = 75 %

– Revenus mensuels des ménages :

« Plus de 2 000 € » : 90/200 = 45 %

« Moins de 2 000 € » : 110/200 = 55 %

2. Tris croisés

– 44 % des répondants gagnant plus de 2 000 € par mois possèdent un caméscope (= 40/90), contre 9 % pour les répondants gagnant moins de 2 000 € (= 10/110).
– 80 % des répondants qui possèdent un caméscope gagnent plus de 2 000 € par mois (= 40/50), contre 33 % pour les répondants qui n'en possèdent pas (= 50/150).
– 20 % des répondants gagnent plus de 2 000 € par mois et possèdent un caméscope (= 40/200).

5.2.2. Principes des tests statistiques

L'utilisation des tests statistiques conduit à formuler des recommandations marketing plus élaborées. Un test statistique permet de savoir si une différence observée dans un échantillon est généralisable à l'ensemble de la population mère, ou si elle n'est que le fruit du hasard.

Un chef de produit hésite entre deux emballages pour un nouveau yaourt. Une étude, portant sur 50 personnes, lui indique que 54 % des interviewés préfèrent le modèle écologique en carton et 46 % le modèle classique en plastique. Le problème est que ce dernier coûte moins cher à fabriquer. Cette différence lui semble bien ténue : est-elle réelle ou susceptible de s'inverser si l'on recommence l'étude ? L'application d'une formule statistique lui permet de savoir, pour un risque d'erreur donné, si cette différence est significative ou non. Le résultat, par exemple, pourrait être : « *Il y a au moins 95 % de chances pour qu'effectivement l'emballage carton soit celui qui est le plus souvent préféré dans la population mère.* » La prise de décision marketing repose alors sur des bases solides.

5.2.3. Carte perceptuelle

Un intérêt majeur de ces méthodes est leur capacité à extraire les tendances lourdes d'une grande quantité d'informations. Ces grandes dimensions expliquent ou décrivent, le mieux possible, la masse des données initiales fournies par les questionnaires. Ce type de technique est appelé analyse multivariée. Ces traitements offrent au marketing la possibilité de visualiser les dimensions obtenues sur des cartes graphiques (*mapping* en anglais). L'analyse permet en outre de situer sur ces repères différents groupes de consommateurs ou de concurrents. Les informations fournies sont précieuses pour le choix d'une stratégie marketing.

VI. LE RAPPORT D'ÉTUDE DE MARCHÉ

La sous-traitance d'une étude met l'entreprise en position de donneur d'ordre et implique différentes négociations en termes de délai et de coût du projet. L'étude achevée, la société de conseil remet à son client un document écrit, généralement présenté ensuite par oral. Nous allons reprendre ces différents points.

6.1. Négociation d'une étude

Le chargé d'étude rencontre une ou deux fois le directeur marketing ou le chef de produit pour cerner les objectifs et les contraintes du projet d'étude. Un devis est ensuite soumis au directeur marketing. Il comporte la méthodologie détaillée de l'étude, le délai de réalisation, le coût et les conditions de règlement. À titre indicatif, pour réaliser une étude quantitative « sur mesure » comportant huit cents à mille questionnaires administrés à domicile, il faut compter un délai de deux mois ; la même étude réalisée par téléphone prendra un mois, et trois mois si l'on utilise un questionnaire postal.

Combien coûte une étude de marché ? Le Focus-Manager 5.4 donne quelques tarifs dans le cas d'une étude faite spécialement pour le compte d'un seul client (étude *ad hoc*), et pour une étude réalisée en souscription.

FOCUS-MANAGER

5.4. Le coût d'une étude de marché quantitative

1. Étude *ad hoc*

Pour interroger mille personnes (représentatives de la population française de plus de 15 ans), à domicile, avec un questionnaire d'une durée de vingt minutes (soit environ trente questions), l'étude complète sera facturée environ 30 000 à 40 000 euros HT au client. Ce prix couvre la totalité de l'étude, depuis la phase de négociation jusqu'à la présentation des résultats au client. Le coût total d'un questionnaire revient donc, dans ces conditions, à environ 30 euros ; sa seule administration par l'enquêteur coûte 15 euros. Le mode de collecte des données a une influence sensible sur le coût de ce questionnaire : un questionnaire retourné par voie postale d'une durée de vingt minutes revient 30 % moins cher qu'un questionnaire passé à domicile, le questionnaire téléphonique coûtant 20 % moins cher, et 40 % moins cher par Internet. Le type de population soumis à l'enquête est un paramètre important : toutes choses égales par ailleurs, interviewer un médecin coûte environ trois à quatre fois plus cher qu'interroger une ménagère ou un étudiant. Notez que ces tarifs sont indicatifs, car dans la pratique il existe des marges de négociation importantes qui peuvent conduire à une réduction de 20 % à 30 % des tarifs.

2. Étude en souscription (omnibus)

Les prix HT sont facturés à la question, avec un tarif généralement dégressif selon la quantité : sur la base de mille personnes interrogées, la question fermée coûtera entre 700 et 1 000 euros (Internet), 1 300 € (téléphone) et environ 1 500 € (à domicile). La question ouverte coûte entre 20 % et 40 % plus cher. Les tarifs sont dégressifs et baissent sensiblement selon le nombre de questions achetées.

6.2. Présentation du rapport d'étude

Deux types de rapports existent aujourd'hui : le rapport complet (généralement facturé à part) et le rapport standard (compris dans le prix).

Le rapport complet est un document écrit remis au client quelques jours avant la présentation orale des résultats. Sa taille est variable selon le type d'étude, mais l'ordre de grandeur est de trente à soixante pages (hors annexes). Le plan courant est : synthèse managériale (deux à trois pages), rappel des objectifs et de la méthodologie (deux à trois pages), analyse et synthèse des résultats (vingt à quarante pages), recommandations (cinq à dix pages). Les annexes développent, par exemple, certains points techniques (échantillonnage, traitements statistiques), le questionnaire, les tableaux de résultats de moindre importance, etc. La présentation orale du rapport permet au client d'approfondir l'un ou l'autre des résultats de l'étude. Elle dure environ une demi-journée.

Le rapport standard prend souvent la forme d'un document PowerPoint réunissant de trente à cinquante diapositives qui mettent en avant les résultats clés de l'étude, avec quelques commentaires succincts. La méthodologie est généralement présentée en annexe, avec les résultats bruts enregistrés pour chaque question posée. La conclusion fait la synthèse des enseignements majeurs fournis par l'étude.

VII. NOMENCLATURE DES ÉTUDES DE MARCHÉ

Nous venons de voir le déroulement complet d'une étude de marché. Ce dernier paragraphe présente un panorama récapitulatif des études, sous la forme d'un aide-mémoire.

7.1. Selon la nature de l'étude

Il existe cinq grandes catégories de produits d'étude. La Figure 5.10 les compare en termes de fréquence (étude unique ou répétée), de taille d'échantillon, de questionnaire (stabilité, nombre de questions) et de destinataire (un seul ou multi-clients).

Types d'études	Fréquence	Échantillon	Questionnaire	Clients
AD HOC	Unique	Variable d'une étude à l'autre	Variable d'une étude à l'autre	Un seul client
OMNIBUS	Répétitif	Identique ou variable d'une étude à l'autre	Variable d'une étude à l'autre	Plusieurs clients Achat de ses propres résultats
PANEL	Répétitif	Identique d'une étude à l'autre	Beaucoup de questions Identique d'une étude à l'autre	Plusieurs clients Achat de ses résultats et de ceux de la concurrence
BAROMÈTRE	Répétitif	Variable d'une étude à l'autre	Quelques questions Identique d'une étude à l'autre	Plusieurs clients Achat de ses résultats et de ceux de la concurrence
MARCHÉ-TEST	Unique	Variable d'une étude à l'autre	Identique d'une étude à l'autre	Un seul client

Source : Giannelloni, J.-L., Vernette, É., *Études de marché*, Vuibert, 2001, p. 30.

Figure 5.10 : Comparaison des produits d'études marketing

7.1.1. Étude ad hoc

Cette étude est réalisée pour le compte d'un seul client et faite « sur mesure » pour s'adapter au problème spécifique d'une entreprise.

7.1.2. Étude omnibus

Elle est réalisée en souscription, à date régulière. Chaque client achète le droit de poser une ou plusieurs questions : le questionnaire est un « fourre-tout » composé de l'ensemble des interrogations des acheteurs. Les données recueillies sont livrées directement analysées. Il n'est pas possible d'obtenir les résultats des questions posées par les autres souscripteurs. Compte tenu du principe de facturation à la question, l'omnibus convient bien aux études simples comportant peu de questions.

7.1.3. Étude barométrique

Elle est réalisée comme l'omnibus à date fixe, mais avec un questionnaire identique d'une étude à l'autre. Elle peut être effectuée pour le compte d'un ou plusieurs clients. Le baromètre convient particulièrement aux études de satisfaction et de suivi de notoriété.

7.1.4. Panel

C'est une étude longitudinale réalisée pour le compte de plusieurs clients. Les interviewés sont identiques d'une vague d'enquête à l'autre. Les résultats s'achètent par tranches ; il est possible de connaître les résultats des concurrents. Plusieurs types de panels existent (voir Figure 5.11). L'abonnement à un panel distributeur ou consommateur coûte de 30 000 à 150 000 euros, selon le nombre de produits suivis. Le budget moyen pour un panel test se situe aux alentours de 50 000 à 60 000 euros.

— Panel de consommateurs

Il mesure les parts de marchés, les volumes et les prix d'achat d'un grand nombre de catégories de produits, le nombre de ménages acheteurs (taux de pénétration), les budgets d'achat, etc. Il se fonde sur des échantillons très importants (de 8 000 à 10 000 ménages).

— Panel de distributeurs

Il donne, comme le précédent, les parts de marché des marques, les volumes et les prix d'achat, mais il permet en outre de suivre le nombre de magasins référençant chaque marque et le poids de chaque canal. En revanche, on ne connaît pas les quantités achetées par ménage, ni le nombre de ménages acheteurs pour chaque catégorie de produits.

— Panel mixte (panel test)

Il combine les deux formes de panels précédents. Fondé sur la lecture optique du code à barres attribué à chaque référence de produit, il permet de relier en une seule opération les quantités achetées par le ménage X à un point de vente Z. Lors du passage en caisse, les marques sont scannées et couplées avec les données d'identification contenues dans une carte à puce fournie lors du paiement. Il est possible de relier les publicités vues la veille à la télévision avec les marques achetées. Ce « *single source* »

Types	Instituts	Orientation	Échantillons	Collecte des données
Panels de consommateurs				
Homescan	AC. Nielsen	Comportement d'achat : Alimentation, Entretien, Hygiène, Beauté, Textile	8 500 foyers Couplage possible avec Scantrack	Carte d'identification lors du passage en caisse + saisie électronique à domicile Envoi quotidien (par modem) Cumuls mensuels, trimestriels et annuels Résultats 19 jours après la fin de période
Consoscan	TNS (Secodip)	Comportement d'achat : Alimentation, Entretien, Hygiène, Beauté, Textile	12 000 foyers 5 500 communes 11 000 lieux de ventes 1,4 million de codes EAN (référence produit)	Saisie électronique à domicile (« scannette » : terminal optique) + saisie manuelle du prix, quantités, lieux d'achat, budget total, date, promotion Envoi quotidien (par modem)
Panels de distributeurs				
Infoscan	TNS (Iri-Secodip)	Produits grande consommation avec code à barres (alimentaire, hygiène, beauté, textile, etc.)	450 points de vente (190 hypers, 260 supers) 800 000 codes à barres actifs	Lecture optique lors du passage en caisse 150 enquêteurs (suivi hebdomadaire des promotions)
Scantrack	Nielsen	Produits de grande consommation (alimentaire, hygiène, beauté, textile, bricolage, etc.)	180 hypermarchés 320 supermarchés Pharmacies	Lecture optique lors du passage en caisse, supports informatiques ; enquêteurs pour les têtes de gondoles, les linéaires, les promotions et les ruptures de stock Cumuls ventes hebdomadaires et mensuels Résultats entre 5 et 12 jours après la période
Panels mixtes				
BehaviorScan (Marketing-Scan)	Gfk (50 %) et Médiamétrie (50 %)	Grande consommation	Distributeurs : 9 dans chaque zone test (95 % ventes de la zone test) Consommateurs : 4 000 foyers par zone test avec TV par câble	Lecture optique en caisse couplée avec carte d'identification du consommateur Durée : 16 à 24 semaines Lieux : Angers et Le Mans
Scannel	TNS (Iri-Secodip)	Grande consommation	Distributeurs : couverture exhaustive des hypers et supers dans les villes Consommateurs : 3 000 à 4 000 foyers selon les villes Réseau TV hertzien	Lecture optique en caisse couplée avec carte d'identification du consommateur Lieux : Sens, Château-Thierry et Brive

Source : adapté et actualisé de Giannelloni J.-L., Vernette, É., *Études de marché*, Vuibert, 2001, p. 30.

Figure 5.11 : Les différentes formes de panels

fonctionne dans différentes villes (Angers, Le Mans, Brive, Sens, Château-Thierry). Les inconvénients sont le coût élevé et le contrôle difficile des achats faits hors de la zone de chalandise du panel. Ces panels sont utilisés pour tester l'efficacité de différents niveaux de variables du marketing mix : par exemple, on combine deux niveaux de prix, deux spots de télévision, deux variantes de produits. On compare alors les différents volumes de vente obtenus pour chaque scénario.

— Panel en accès libre (Open Access panel)

Ce panel se fonde sur un échantillon de très grande taille (10 000 à 20 000 consommateurs) représentatif de la population française. La grande taille permet d'extraire, au gré des demandes des clients, un sous-ensemble de répondants éligibles, rapidement accessibles. En effet, chaque membre du panel a fourni au préalable une série d'informations sur son profil sociodémographique, ses habitudes de consommation, ses valeurs, etc.

> Supposons qu'un fabricant de plats cuisinés souhaite connaître son image de marque et celle de ses concurrents auprès de consommateurs jeunes étudiants. On admet que le taux de pénétration du produit dans ce segment est de 20 % et que les étudiants représentent 10 % de la population française. Dans un panel de 20 000 personnes, il y aura 2 % (10 % x 20 %) de personnes éligibles, soit quatre cents répondants potentiels, un échantillon suffisant pour une étude quantitative.7.1.5. Marché test

Cette étude, faite à la demande pour le compte d'un client, détermine les chances de succès commercial d'un nouveau produit. Un marché test peut être simulé : on applique un modèle quantitatif aux données, recueillies par questionnaire, pour prévoir les ventes futures. Il peut être réel, c'est-à-dire que l'on enregistre des achats effectifs pendant quelques semaines, dans une zone test. En extrapolant ces résultats, on estime les ventes futures (voir chapitre 13). Le devis moyen oscille entre 30 000 et 80 000 euros selon la durée et le nombre de variantes du mix testées.

7.2. Selon les variables du mix

La classification des techniques selon leur correspondance avec les variables du marketing mix est utile dans une optique managériale. En effet, un chef de produit formule souvent ses questions dans cette perspective. Par exemple « À quel prix puis-je vendre mon produit ? » ; « Que dire dans une campagne publicitaire ? » ; « Quel est le potentiel de ventes de ma nouvelle marque ? ». Or, certaines méthodes sont spécifiquement bâties pour étudier une facette du marketing mix. Elles sont regroupées par catégorie de variables dans la Figure 5.12. Quelques-unes de ces techniques seront présentées dans la quatrième partie de cet ouvrage, lorsque nous étudierons chaque variable du mix.

Variables du mix	Nom de l'étude	Question marketing
Produit	Test de concept	L'idée du nouveau produit est-elle bonne ?
	Potentiel commercial	Combien peut-on vendre ?
	Positionnement	Comment le consommateur doit-il se représenter notre marque ?
	Segmentation	Peut-on séparer le marché en groupes de consommateurs homogènes ?
	Image de marque	Qu'est-ce que le consommateur pense de notre marque ?
	Usage du produit	Comment sont-utilisés les produits ?
	Repositionnement	Comment modifier la perception de notre marque par les consommateurs ?
Prix	Prix psychologique	Un prix élevé est-il assimilé à une qualité élevée ?
	Relevé de prix	Quels sont les prix de la concurrence ?
Distribution	Réseaux de vente	Quels distributeurs peuvent vendre les produits ?
	Zone de chalandise	D'où viennent les clients d'un point de vente ?
Communication	Pré-test de publicité	La publicité prévue est-elle bonne ?
	Média planning	Quelle est l'audience des supports ?
	Impact	Quelle est l'efficacité d'une campagne publicitaire ?

Figure 5.12 : Classement des études selon les variables du mix

SYNTHÈSE DU CHAPITRE

Une étude de marché se déroule en quatre temps : définition du problème à résoudre, recueil des informations, analyse des données, rédaction du rapport d'étude. Les études qualitatives sont réalisées sur de petits échantillons (vingt à cinquante personnes), les études quantitatives étant effectuées sur des échantillons de grande taille (plus de deux cents individus). La collecte d'informations quantitatives implique de gérer un terrain d'étude : définition de la base de sondage, choix des caractéristiques et de la taille de l'échantillon, puis rédaction et administration d'un questionnaire. Les analyses les plus courantes se résument aux calculs de tris simples et croisés. Le terrain de l'étude qualitative se fait sous la forme d'entretiens individuels en profondeur ou de réunions de groupes.

Selon la nature d'une étude, on distingue les études *ad hoc*, les études omnibus, les baromètres, les panels et les marchés tests. Il est possible de regrouper les différentes techniques d'étude à partir de leur correspondance avec les variables du marketing mix.

BIBLIOGRAPHIE D'APPROFONDISSEMENT

Niveau initiation

(1) Caumont, D., *Les Études de marché*, coll. « Les topos », Dunod, 2007, 3e éd.

(2) Fenneteau H., *Enquête : entretien et questionnaire*, coll. « Les topos », Dunod, 2007, 2e éd.

(3) Garets (des), V., *Études et recherches commerciales*, Economica, 1997.

(4) Ladwein, R., *Les Études Marketing*, coll. « Gestion Poche », Économica, 1996.

(5) Vernette, É., *Techniques d'études de marché*, coll. « Explicit », Vuibert, 2006, 2e éd.

Niveau approfondissement

(1) Caumont, D., *Les Études de marché*, coll. « Les topos », Dunod, 2007, 3e éd.

(2) Evrard, Y., Pras, B., Roux, E., *Market : Études et recherches en marketing*, Dunod, 2003, 3e éd.

(3) Giannelloni, J.-L., Vernette, É., *Études de marché*, coll. « Gestion », Vuibert, 2001, 2e éd.

(4) Malhotra, N., adapté par Décaudin, J.-M., Bouguerra, A., *Études marketing avec SPSS*, Pearson Education, 2007, 5e éd.

(5) Jolibert, A., Jourdan, P., *Marketing Research*, Dunod, 2004.

TEST DE CONNAISSANCES

Choisir une seule réponse par question :

Q1 – Un échantillon n° 1 (taille 500 personnes) est tiré d'une population mère d'un million d'individus. Un échantillon n° 2 (taille 500 personnes) est tiré d'une population mère de trente millions d'individus. La qualité de représentativité des résultats sera :

(1) meilleure avec l'échantillon n° 1 ;
(2) identique quel que soit l'échantillon ;
(3) indéterminée, car tout dépend de l'hétérogénéité de la population mère ;
(4) meilleure avec l'échantillon n° 2.

Q2 – Un test de produit en aveugle, c'est :

(1) faire évaluer des produits dont la marque est cachée ;
(2) faire évaluer des produits ou des marques interdites sur le marché ;
(3) faire juger des produits avec des marques inconnues du consommateur ;
(4) faire tester les marques de produits par un consommateur non-voyant.

Q3 – Un panel est une étude réalisée :

(1) une seule fois sur un petit échantillon de convenance ;
(2) une seule fois sur un grand échantillon ;
(3) plusieurs fois de suite avec des échantillons différents à chaque fois ;
(4) plusieurs fois de suite sur le même échantillon.

Q4 – Poser des questions ouvertes dans une étude quantitative, c'est :

(1) facile à traiter et riche en informations supplémentaires ;
(2) facile à traiter, mais pauvre en informations supplémentaires ;
(3) difficile à traiter, mais riche en informations supplémentaires ;
(4) difficile à traiter et pauvre en informations supplémentaires.

Q5 – Un panel mixte, c'est un panel qui :

(1) regroupe 50 % d'hommes et 50 % de femmes ;
(2) mélange deux bases de sondage différentes ;
(3) combine un sondage aléatoire pur et un sondage par quota ;
(4) regroupe dans un seul panel les consommateurs et les points de ventes.

Q6 – Les questions managériales et les questions d'études sont le plus souvent :

(1) identiques ; (2) très proches ; (3) proches ; (4) différentes ou très différentes.

Q7 – Une réunion de groupe (huit à dix personnes) coûte en moyenne (HT) :

(1) moins de 3 000 € ; (2) 3 000 à 4 000 € ; (3) 4 000 à 5 000 € ; (4) plus de 5 000 €.

Q8 – Pour une étude quantitative *ad hoc* avec un échantillon de mille personnes et un questionnaire de vingt minutes administré à domicile, le budget à prévoir sera de (HT) :

(1) moins de 30 000 € ; (2) 30 000 à 40 000 € ; (3) 40 000 à 50 000 € ; (4) plus de 50 000 €.

Q9 – Pour pouvoir disposer d'une précision ± 1 point, si l'on s'attend à obtenir une valeur de 5 % à la question posée, il faudra prévoir un échantillon (seuil alpha = 0,05) d'une taille de :

(1) 1 825 répondants ; (2) 2 387 répondants ; (3) 3 876 répondants ; (4) 8 067 répondants.

Q10 – BehaviorScan est une marque d'un panel mixte (panel test) de l'institut :

(1) Nielsen ; (2) TNS ; (3) Gfk/Médiamétrie ; (4) Ipsos.

Réponses du test :

Q1 = 2 ; Q2 = 1 ; Q3 = 4 ; Q4 = 4 ; Q5 = 4 ; Q6 = 4 ; Q7 = 4 ; Q8 = 2 ; Q9 = 1 ; Q10 = 3.

Partie 3

Décisions stratégiques en marketing

Chapitre 6

Stratégies de segmentation et de positionnement

La stratégie de segmentation et son corollaire, la stratégie de positionnement, se situent au cœur des préoccupations marketing de l'entreprise. Après avoir défini les principaux concepts (segment, cible, image et positionnement), ce chapitre déroule, pas à pas, les six principales étapes d'une stratégie de segmentation. Nous terminerons par les points clés de la mise en œuvre d'une stratégie de positionnement.

Au terme de ce chapitre, vous saurez :

- *comment segmenter efficacement un marché ;*
- *choisir une cible adéquate ;*
- *positionner efficacement un produit ou une marque ;*
- *construire un marketing mix cohérent.*

CONSEILS DE LECTURE : *Ce chapitre prolonge le chapitre 2 : n'hésitez pas à en revoir les grandes lignes avant d'attaquer la lecture de celui-ci. Vous aurez intérêt à vous attarder sur deux passages importants : la distinction entre segment et cible d'une part, et la compréhension des relations entre positionnement et image de marque d'autre part.*

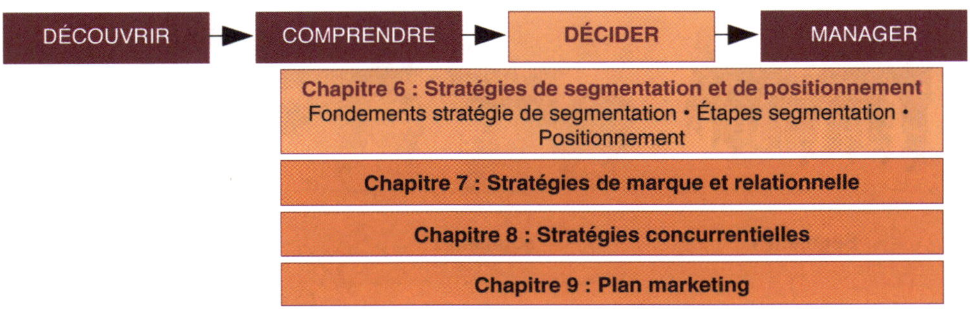

Figure 6.0 : Plan du chapitre

MOTS CLÉS : *Attribut déterminant, bénéfice consommateur, cannibalisme, cible, critère de segmentation, concentration, différenciation, image, niche, positionnement, segment, segmentation, style de vie.*

I. FONDEMENTS D'UNE STRATÉGIE DE SEGMENTATION

Après avoir présenté la trilogie de base (segment, cible, positionnement), nous verrons pourquoi une stratégie de segmentation est intéressante pour l'entreprise.

1.1. Définitions de base

1.1.1. Segment

Il désigne une partie d'un marché composée de consommateurs « homogènes ». Autrement dit, deux consommateurs appartenant à un même segment présentent des profils très voisins : ils pourront avoir la même taille ou habiter la même région, ou encore pratiquer un sport identique, etc. La stratégie de segmentation consiste à fractionner un marché global en segments homogènes, par rapport à un critère de sélection donné. Cette base de sélection est appelée critère de segmentation.

1.1.2. Cible

Elle représente le segment que l'entreprise décide de satisfaire en priorité. Les consommateurs les plus représentatifs et les plus attractifs forment le « cœur » de cible. Ce choix détermine la construction du marketing mix et oriente l'action de la force de vente. La Figure 6.1 ci-après illustre la distinction entre segment et cible : le segment 3 devient la cible de « Canal TOP » lorsque cette chaîne de télévision décide de s'adresser prioritairement à lui.

1.1.3. Positionnement

Cette stratégie marketing a pour but de modeler les croyances du consommateur pour que celui-ci différencie clairement une marque de celles des concurrents. On cherche à ce que la marque occupe une place claire et unique dans l'esprit du consommateur.

Figure 6.1 : Segment et cible

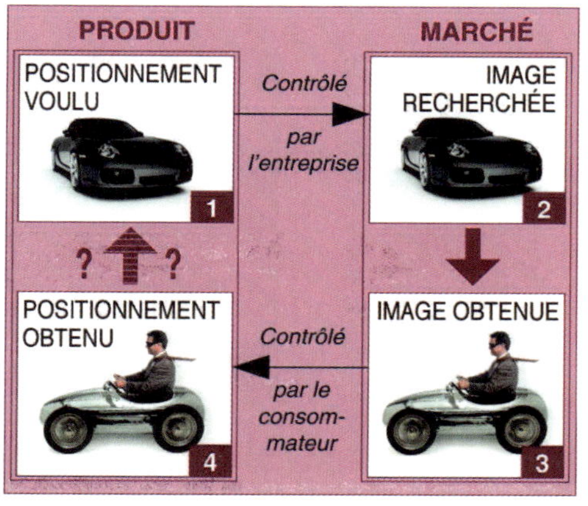

Figure 6.2 : Positionnement et image de marque

Il est important de bien comprendre les liens entre positionnement et image de marque. Dans le cas d'un bon marketing, le positionnement du produit, déterminé par l'entreprise, et l'image de marque effectivement obtenue sont équivalents. Mais si le positionnement est directement contrôlable par la volonté stratégique de l'entreprise, l'image de marque ne l'est pas, car elle résulte d'un décodage opéré par le consommateur : les signaux émis par l'entreprise sont filtrés, analysés, puis stockés dans la mémoire sous forme d'un amalgame de croyances favorables ou défavorables. Les études d'image de marque servent à vérifier que l'image obtenue est conforme au positionnement déterminé dans la stratégie initiale (voir la partie intitulée « Management stratégique de la marque » dans le chapitre 7). La Figure 6.2 montre que dans cet exemple, une distorsion sensible existe : le positionnement « Voiture de luxe » n'est pas confirmé par les résultats de l'étude d'image.

1.2. Application marketing : le marché du shampooing

Nous allons illustrer ces concepts en les appliquant au marché du shampooing. Notre analyse n'ayant qu'un but pédagogique, nous simplifions volontairement la réalité commerciale. En matière de shampooing, les attentes des consommateurs se décomposent approximativement en quatre grandes catégories. Pour illustrer chaque segment, nous avons retenu une marque qui vise chacun d'entre eux. Elles appartiennent toutes à L'Oréal, premier groupe mondial du marché de l'hygiène/cosmétique (voir Figure 6.3).

1.2.1. Segment 1 : les consommateurs ne se préoccupant guère de leurs cheveux

Ce sont principalement des enfants et d'autres consommateurs, d'âges et de catégories sociales très divers. Le positionnement découle de la fonction attendue : laver pour assurer l'hygiène du cheveu. Cependant, au fil du temps, des positionnements plus évolués sont déclinés pour couvrir des attentes spécifiques du marché : respecter la nature du cheveu (gras, sec, etc.), laver en douceur pour ne pas abîmer le cheveu, ne pas irriter les yeux, sentir bon, nourrir le cheveu, etc.

> P'tit DOP a été lancé en novembre 1993[1]. Sa cible principale était les 4-12 ans, filles et garçons. Il était positionné comme le premier shampooing pour les enfants qui « ne pique pas les yeux et évite les nœuds ». Un an plus tard, dix millions d'unités avaient été ven-

1. Source : www.prodimarques.com/sagas_marques/dop/dop.php

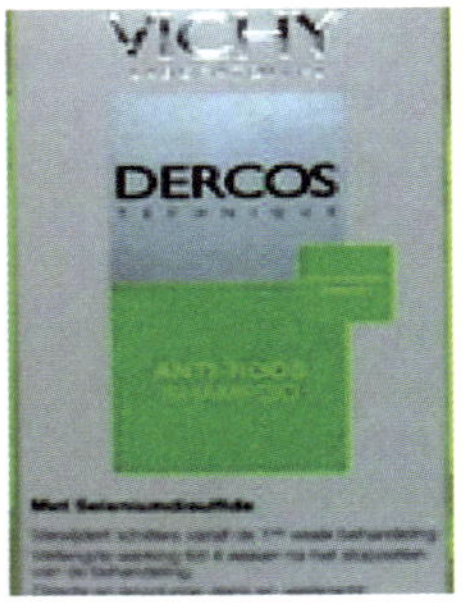

Segment 1 : Lavant et/ou douceur	Segment 2 : Fraîcheur et/ou nature	Segment 3 : Cosmétique et/ou coiffant	Segment 4 : Dermatologique et/ou traitant
Marque : « P'tit DOP » Dernière née d'une lignée très ancienne de shampooings (la Scad est une filiale de L'Oréal).	**Marque : « Ushuaïa »** Produite par La Scad, (filiale de L'Oréal).	**Marque : « Osmose »** Gamme de produits regroupés dans « L'Oréal technique professionnelle ».	**Marque : « Dercos »** Marque des laboratoires Vichy, filiale de L'Oréal.
Cible visée Mères des sept millions d'enfants âgés de 4 à 12 ans.	**Cible visée** Jeunes adultes (hommes, femmes) urbains, aisés, sensibles à la protection de l'environnement.	**Cible visée** Femmes et jeunes filles actives, urbaines et de milieu relativement aisé.	**Cible visée** Hommes qui perdent leurs cheveux. Consommateurs sensibles aux allergies ou ayant des problèmes dermatologiques.
Positionnement Douceur. Ne pique pas les yeux. Facilite le démêlage. Ludique.	**Positionnement** Bienfaits de la nature. Fraîcheur et détente. Vigueur et éclat naturel.	**Positionnement** Embellit (farde). Éclat (cosmétique). Coiffe (sculpte). Masque de « beauté ».	**Positionnement** Soigne (traitement). Apaise (calmant). Prévient la récidive.
Descriptif produit Extraits naturels de fruits : fraise, pomme, vanille, cerise. Emballage ludique et pratique : souple, coloré, monopièce, à bords arrondis, flotte dans le bain.	**Descriptif produit** Extraits de plantes exotiques ; papaye du Brésil, ginseng de Mandchourie, orchidée du Mexique. Sans parfum, ni conservateur. Emballage coloré pour suggérer la nature.	**Descriptif produit** Lotion pour un cheveu déjà apprêté ; nuanceur « enrichi aux vitamines » (cheveux colorés et pour permanentes). Agent colorant pour amplifier brillance et reflet. Emballage professionnel technique.	**Descriptif produit** Molécules particulières (piroctone olamine, acide hydroxysuccinique, disulfure de sélénium). Enrichi en glycérine). Double emballage : flacon plastique avec bec verseur, étui carton.

Figure 6.3 : Segmentation, marques et positionnements sur le marché du shampooing

dues ; la marque s'est hissée à la troisième place du marché. Pour séduire les enfants, citons plusieurs points forts : l'emballage, sans angle, avec un personnage de style BD ; le parfum qui exhale à travers le plastique une odeur d'amande douce, de miel d'acacia ou encore de menthe sauvage pour attirer le jeune consommateur vers le linéaire, tel un berlingot parfumé ; enfin, c'est un jouet qui flotte dans le bain. Pour séduire les mamans, il est économique : une capsule à ailettes régule le dosage de produit. P'tit DOP démêle les cheveux sans piquer les yeux, grâce à un polymère, qui, plus gros que les cellules de la couche cornée, glisse sans entrer dans l'œil. En 1998, DOP a lancé une gamme de produits pour la douche « doux comme une crème, ne dessèche pas la peau » avec un flacon en forme de berlingot.

1.2.2. Segment 2 : les consommateurs soucieux de la vitalité naturelle de leurs cheveux

Les consommateurs qui souhaitent garder un cheveu « frais et naturel » composent ce segment. Le cheveu est à l'unisson du corps : en bonne forme, tonique et harmonieux. Les consommateurs, jeunes adultes, actifs et urbains, homme ou femmes, sensible au respect et à la protection de l'environnement se situent dans cette cible.

La texture du shampooing douche « fraîcheur » Ushuaïa se présente sous la forme d'un gel fondant translucide qui s'étale facilement et développe une mousse généreuse au contact de l'eau. Cristalline, cette mousse se rince rapidement et ne laisse aucun film gras. La peau reste douce et hydratée en un seul geste, les cheveux, purifiés, retrouvent douceur et brillance. Le produit est « sans conservateur, ni parfum ». La base lavante incorpore de la papaye du Brésil ou de l'orchidée du Mexique pour régénérer sans agressivité peau et cuir chevelu.

1.2.3. Segment 3 : les consommateurs soucieux de l'éclat et des reflets de leurs cheveux

Ce segment est principalement constitué de jeunes filles et de femmes âgées de 15 à 50 ans qui considèrent l'entretien du cheveu comme une action cosmétique. Les marques présentes déclinent l'une ou l'autre des facettes d'un positionnement commun : embellir, farder, sculpter le cheveu. Les produits sont plus élaborés ; ils proposent une nuance ou un reflet spécifique, un toucher, de la souplesse, du volume, etc.

La ligne Osmose est composée de produits, très techniques, présentés comme des lotions qui s'appliquent sur un cheveu déjà apprêté. Par exemple, il existe un shampooing nuanceur « enrichi aux vitamines » pour cheveux colorés et un modèle spécial adapté aux permanentes. La gamme s'est enrichie d'un shampooing « Gloss Color », applicable sur des cheveux colorés et méchés pour leur donner « brillance et reflet ». Le produit repose sur une base lavante douce et sur des agents colorants qui offrent une triple performance : un lavage des cheveux colorés, une amplification de la brillance et une mise en valeur des reflets.

1.2.4. Segment 4 : les consommateurs soucieux de la santé de leurs cheveux

Les hommes qui perdent leurs cheveux et, plus largement, les consommateurs sensibles aux allergies ou ayant des problèmes dermatologiques, constituent ce segment. Les produits associent des molécules particulières pour des fonctions régulatrices et apaisantes. Le lavage est analogue à un acte de soin et l'application du produit ressemble à la posologie d'un médicament. Les marques revendiquent un positionnement médical et ont pour objectif de « traiter et soigner les cheveux ou le cuir chevelu ». Plusieurs facettes sont déclinées : ralentir la perte des cheveux, éviter les allergies, réduire les dermatoses, repousser les poux, etc.

Dercos était auparavant une marque des laboratoires d'Anglas, filiale de L'Oréal ; puis, elle est passée sous le giron de Vichy, marque rachetée par L'Oréal. Le shampooing est un antipelliculaire à base de disulfure de sélénium destiné à combattre les pellicules sèches. Enrichie en glycérine, la technologie est qualifiée d'« antirécidive et capable d'éliminer les pellicules dès la première semaine avec une efficacité prolongée après l'arrêt du traitement jusqu'à quatre semaines ». Des « précautions d'usage » sont mentionnées sur l'emballage : « éviter le contact avec les yeux et la peau endommagée ».

1.3. Fondements théoriques et intérêt stratégique

1.3.1. Éviter la « trappe du banal »

Un produit jugé « moyen » sur toutes ses caractéristiques a peu de chances d'être recherché par le consommateur. En effet, la « moyenne » n'est que le point d'équilibre d'attentes contrastées : si un consommateur veut un produit lourd et que l'autre le souhaite léger, faire un produit moyen, « ni lourd, ni léger », ne satisferait personne. Le principe qui sous-tend la segmentation marketing est le suivant : mieux vaut bien satisfaire une partie d'un marché que, mal, l'ensemble. Ainsi, choisir un segment permet d'ajuster le produit aux attentes spécifiques de celui-ci, tout en ignorant délibérément les attentes des autres.

Par exemple, une voiture vendue 15 000 euros, consommant en moyenne six litres aux cent kilomètres, avec une vitesse de pointe de 165 km/h n'offre pas d'avantages décisifs pour le consommateur. En effet, le consommateur sensible au prix trouvera des modèles meilleur marché ou plus économes et celui intéressé par les performances ne trouvera aucun avantage dans ce produit. Si, de plus, l'esthétique est « passe-partout », avec une réputation du constructeur « correcte, sans plus », il y a de grandes chances qu'un tel modèle passe inaperçu face à la concurrence. Une solution pour sortir de cette position de « produit moyen » consisterait à s'adresser au segment des consommateurs économes, en offrant par exemple une garantie gratuite durant cinq ans ou 150 000 kilomètres.

1.3.2. Réduction de la pression concurrentielle

L'homme de marketing doit tenir compte de deux éléments : les préférences consommateurs et les choix de la concurrence. Les préférences des consommateurs pour un attribut suivent différentes formes qui déterminent les potentiels de vente pour chaque segment. On compare ensuite les potentiels de vente respectifs avec le nombre de concurrents présents sur chaque segment (Voir Fiche technique 6.1).

1.3.3. Principe de géométrie variable

Nous avons vu dans le chapitre 1 qu'il suffisait de changer de caractéristique (Objet, Occupant, Occasion, Objectif) pour que la taille d'un marché varie. De la même façon, l'application d'un nouveau critère fait apparaître une autre géométrie des segments, composée de « nouveaux » consommateurs. Une bonne créativité marketing permet ainsi de découvrir de nouvelles perspectives de création de produits.

FICHE TECHNIQUE

6.1. Préférences et intensité concurrentielle

1. Distribution des préférences et nature de l'attribut

Les attentes des consommateurs se traduisent en préférences. Pour chaque niveau d'un attribut du produit, on dispose d'un pourcentage de personnes qui préfèrent cette modalité. En statistique descriptive, l'attribut constitue une variable, qui peut être discrète (par exemple, la couleur) ou continue (par exemple, la vitesse).

2. Cas d'un attribut « discret »

On compare les pourcentages obtenus par les différentes modalités. Par exemple, supposons que 70 % des hommes préfèrent un rasoir électrique de couleur noire, 20 % grise et 10 % rouge. Toutes les marques proposent la couleur noire, mais peu d'entre elles offrent une gamme de gris et de rouge. Dès lors, il peut être intéressant pour une nouvelle marque de se spécialiser sur les couleurs les moins préférées, car la pression concurrentielle y est moindre.

3. Cas d'un attribut « continu »

Plusieurs formes de distribution existent. La plupart du temps, les préférences suivent une loi normale (courbe en cloche), mais d'autres formes existent : courbe en forme de U ou logarithmique. Les choix marketing sont alors plus délicats. Nous allons prendre un exemple d'application pour quatre cas fréquents.

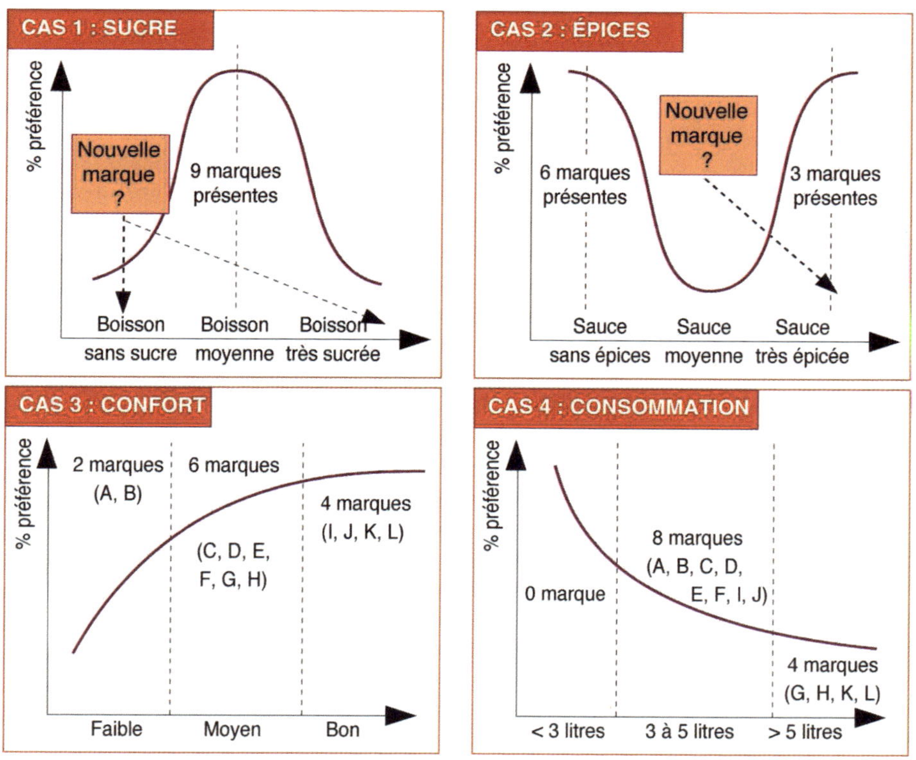

— Cas 1 : Sucre

Le degré d'amertume d'un soft-drink correspond au « Cas 1 ». En effet, la majorité des consommateurs préfère un soft-drink modérément sucré : ni trop, ni trop peu. L'essentiel des ventes se répartit autour de cette valeur moyenne. Il est donc logique que les marques privilégient un soft-drink modérément sucré. Mais toutes choses égales par ailleurs (c'est-à-dire que l'on suppose que toutes les marques sont jugées équivalentes sur les autres critères de choix), une nouvelle marque n'a pas toujours intérêt à se positionner sur le segment à fort potentiel (« fausse majorité »). En effet, dans cet exemple, l'espérance de part de marché serait égale : 100 % /(9 marques présentes + 1 nouvelle) = 10 %. En optant pour le segment « Amer » ou « Très sucré », sa part de marché théorique passerait à 16 %. En effet, si la variable « X » (teneur en sucre) suit une loi normale, on a 16 % de chances d'obtenir une valeur Xi ≤ (moyenne – 1 écart type) ; 68 % de chances d'avoir X comprise dans l'intervalle (moyenne ± 1 écart type) ; et 16 % pour que Xi soit ≥ (moyenne + 1 écart type). Imaginons ici un écart type égal à 2 et une moyenne égale à 5 : un soft-drink noté 7 sur la teneur en sucre (ou 3) aurait alors un potentiel de vente théorique au moins égal à 16 % du marché total, car aucune marque n'occupe ce positionnement.

—Cas 2 : Épices

À l'inverse, pour un plat cuisiné, les goûts des consommateurs pourraient être plus contrastés : soit on déteste les épices (forte préférence pour un plat sans épices), soit on adore les plats au goût relevé (sauces épicées). Compte tenu des positionnements déjà occupés, une nouvelle marque aurait probablement intérêt à choisir le segment « épicé ».

—Cas 3 et 4 : Confort et consommation

Le raisonnement « toutes choses égales par ailleurs » n'a guère de sens dans cette situation. En effet, il est vraisemblable que tous les acheteurs préfèrent une voiture confortable à une voiture inconfortable, ou une consommation faible à une consommation élevée. Ainsi, si le consommateur suit une règle de décision compensatoire (voir Fiche Technique 3.3), il arbitrera entre un niveau de confort et d'autres critères de choix (tenue de route, performance, prix, etc.). Par exemple, il peut accepter un confort moindre si le prix de vente est plus faible. Le modèle de mesures conjointes (voir chapitre 11) donne les courbes de préférence (utilités partielles) propres à chaque critère de choix, et la part de marché théorique selon le positionnement retenu. Il est évident que le meilleur créneau concurrentiel pour une marque serait une consommation d'essence inférieure à trois litres et un bon confort. Mais cette alternative est peu vraisemblable avec la technologie actuelle. Le « point moyen » (confort et consommation moyenne) subit la concurrence la plus forte (4 marques : C, D, E, F) ; en revanche, la paire « bon confort » et « consommation > 5 litres » est moins travaillée (2 marques : K et L) avec un pourcentage de préférence pratiquement égal à celui du point moyen.

La stratégie de recherche de *niche* (ou de créneau) permet d'illustrer ce principe : c'est la découverte de segments de clientèle inexploités par la concurrence, généralement obtenue grâce à l'application d'un nouveau critère de segmentation.

Par exemple, en découpant le marché de la restauration selon le critère de la situation de consommation, McDonald's élargit progressivement la taille de son marché : à chaque nouvelle situation correspond une nouvelle cible. Par exemple, « fêter un anniversaire » occupe le créneau du goûter et vise une nouvelle clientèle (les copains de l'école) dans une plage horaire peu fréquentée ; de même, « prendre un petit-déjeuner consistant » concurrence directement la clientèle matinale des cafés.

II. LES ÉTAPES DE LA SEGMENTATION D'UN MARCHÉ

La conduite d'une stratégie de segmentation suit une progression par étapes. Elle suppose qu'une double condition préalable a été remplie : l'analyse de l'environnement de l'entreprise et l'établissement d'un diagnostic. En effet, la stratégie de segmentation n'étant qu'une option parmi d'autres, son choix doit pouvoir être justifié. Le déroulement d'une stratégie de segmentation comporte six étapes récapitulées dans la Figure 6.5.

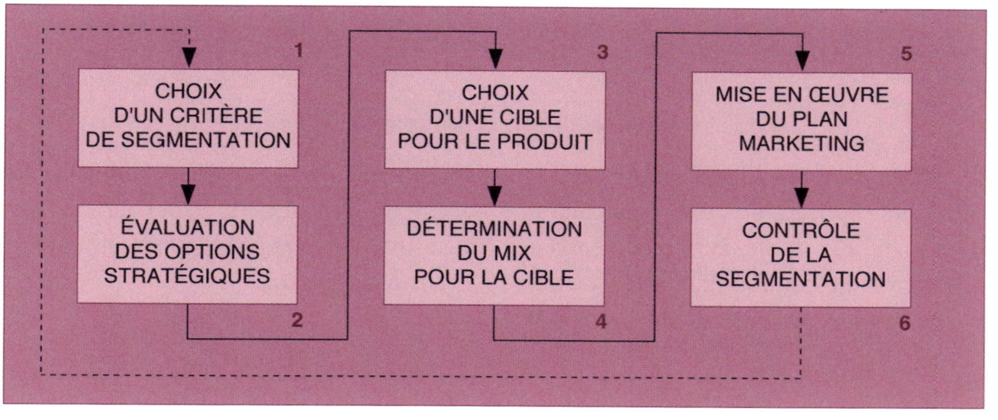

Figure 6.5 : Étapes d'une stratégie de segmentation

2.1. Choix d'un critère de segmentation

La représentation du marché de l'entreprise est fonction du critère de segmentation choisi. En conséquence, ce choix doit être justifié avec soin. Il existe un grand nombre de critères de segmentation. Nous présenterons les plus courants.

2.1.1. Sociodémographiques

Ce sont des variables telles que l'âge, le sexe, le revenu, la profession et la catégorie socioprofessionnelle (PCS), la taille de la famille, la région d'habitat, etc. Ces critères sont couramment employés.

Ainsi, l'âge du consommateur segmente des marchés comme ceux des jouets, des motos, des magazines ; le sexe est utilisé pour le marché des rasoirs, des eaux de toilette, des couches-culottes ; le niveau de revenu est pertinent pour le marché automobile, les produits financiers et assurances, le tourisme ; les PCS sont utiles pour la représentation du marché du prêt-à-porter, de la presse et des vacances à la neige. La Figure 6.6 donne quelques statistiques pour apprécier le potentiel de chaque segment.

Population de 15 ans ou plus par tranche d'âge et catégorie socioprofessionnelle				
Catégorie socioprofessionnelle	1999	Part des... (%)		
		15-29 ans	30-49 ans	50 ans ou plus
Ensemble	**48 068 377**	**24,6**	**35,4**	**40**
Agriculteurs exploitants	642 167	7,9	55,9	36,2
Artisans, commerçants, chefs d'entreprises	1 659 052	8,0	57,0	35,0
Cadres et professions intellectuelles sup.	3 165 335	12,0	59,6	28,4
Professions intermédiaires	5 762 885	20,3	59,4	20,2
Employés	7 809 091	25,4	56,4	18,1
Ouvriers	7 061 742	25,9	56,6	17,4
Retraités	10 634 443	—	0,6	99,4
Autres sans activité professionnelle	11 333 662	55,3	17,2	27,5
Source : Insee, recensement 1999				

Figure 6.6 : Ventilation de la population française par âge et CSP

La perception par l'individu de son âge offre des opportunités de segmentation d'un marché. L'*âge subjectif* est la tendance à se percevoir comme plus jeune ou plus vieux que son âge réel. Cette perception, composante de l'image de soi, influence les décisions d'achat ; les étapes de vie sont aussi intéressantes pour le marketing (voir Focus-Manager 6.1).

FOCUS-MANAGER

6.1. Quel âge avez-vous ? Que vous arrive-t-il ?

En moyenne, les Français se rajeunissent de neuf ans[2]. Jusqu'à 20 ans, on a tendance à se vieillir (on se rajoute 1,6 année), de 20 à 34 ans, on se rajeunit de 1,2 an. Au-delà, le rajeunissement est important : on s'enlève huit ans entre 35 et 49 ans, quinze ans entre 50 et 64 ans, et dix-neuf ans au-delà ! La présence d'enfants au foyer « rajeunit » les 20-34 ans, mais « vieillit », les 35-49 ans. Cette perception de l'âge subjectif n'est pas homogène selon les individus et selon les étapes de vie. Trois segments sont identifiés : les « toniques » (25 %), les « objectifs » (50 %) et les « précoces » (25 %). Les « toniques » ont une tendance à se rajeunir encore plus que la moyenne : ils sont plus hédonistes, optimistes et sensibles à l'humour. Les « objectifs » se situent dans la moyenne, enfin les « précoces » se vieillissent plus que la moyenne. La mesure de l'âge subjectif se fait à partir de trois propositions : « *De manière générale, je fais la plupart des choses comme si j'avais...* » ; « *J'ai les mêmes centres d'intérêt qu'une personne de xx ans* » ; « *Au fond de moi, j'ai le sentiment d'avoir xx ans* ». La fréquentation des médias varie selon l'âge subjectif. Ainsi, les jeunes « précoces » et les

2. Schmutz, B., « L'âge subjectif, un déterminant sous-estimé de la fréquentation média », *Interdeco-Expert*, 2002, www.interdeco.fr/pagews ; sur les aspects méthodologiques, voir Guiot, D., « Tendance d'âge subjectif : quelle validité prédictible ? », *Recherche et Applications en Marketing*, 16, 1, 2001, pp. 25-43.

seniors « toniques » sont de grands lecteurs de magazines. Les marchés de l'apparence personnelle (maquillage, parfum, accessoire, maroquinerie), du voyage, de l'alimentation et de la banque peuvent tirer profit d'une segmentation fondée sur l'âge subjectif.

Les étapes de vie offrent d'autres perspectives de segmentation, intéressantes pour les managers marketing. Huit étapes, associées à des ruptures dans les comportements de consommation, ont été identifiées. La figure suivante donne l'âge moyen de chacune d'entre elles.

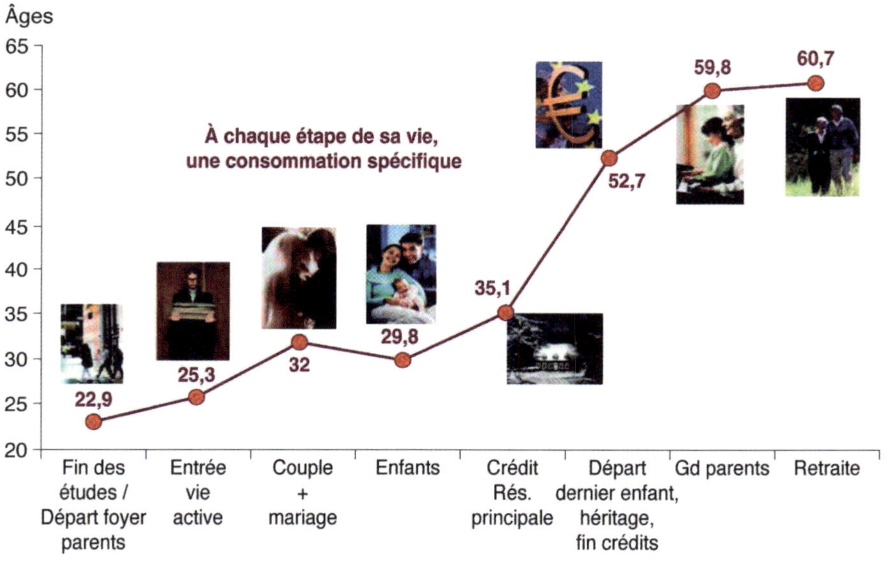

Source : Interdeco Expert (2004), www.interdeco.fr/pages.

Âge moyen selon les étapes d'une vie

Par exemple, le départ du foyer parental se traduit par une consommation accrue (base 100 = population française) en électroménager (218), produits de beauté pour les femmes (163), voyages et loisirs (151), audiovisuel et informatique (145). En cas d'héritage, les placements financiers (191), voyages et loisirs (129) et automobile (121) sont favorisés. Un déménagement occasionne une forte augmentation des dépenses d'électroménager (168), de bricolage (150) et de placements financiers (137).

2.1.2. Style de vie

Il regroupe le mode de vie (activités, centres d'intérêt, passions, etc.), la structure mentale d'un individu (jugements émis sur des faits, préoccupations, rêves, etc.) ou encore l'attitude par rapport à des catégories de produits. Plusieurs centaines de questions, posées à intervalles réguliers à un panel représentatif de la population française, couvrent ces thèmes. On recueille le degré d'accord ou de désaccord de l'interviewé face à des phrases du type « *Dans un jardin, je préfère une pelouse plutôt que des légumes* » ou « *La place d'une femme est à la maison* », etc.

On parle d'inventaires AIO (Activité, Intérêts, Opinion). Après analyse des réponses, on identifie différents groupes de consommateurs, baptisés « socio-styles ». En France, les études les plus connues sont réalisées par le Centre de Communication Avancée (CCA) ou Sociovision Cofremca.

FOCUS-MANAGER

6.2. Les styles de vie et l'automobile en 2006

1. Méthodologie

Pour réaliser cette enquête, 8 629 ménages représentatifs de la population française âgée de plus de 15 ans ont été interrogés. Les trente sociostyles identifiés par le CCA pour décrire la population française ont été croisés avec différentes variables mesurant leurs attitudes et comportements en matière d'automobile : par exemple, le type de voiture possédé, l'usage etc.

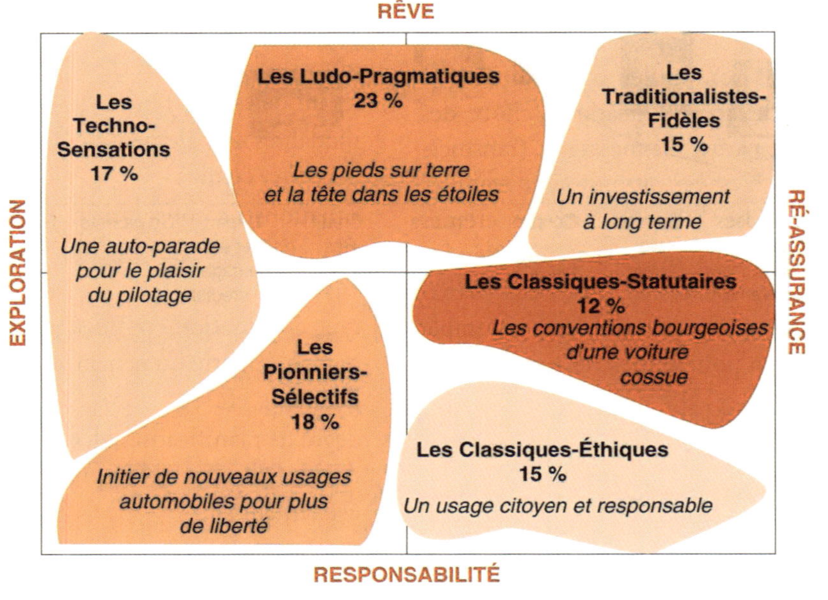

2. Résultats

L'étude identifie deux axes principaux : le premier oppose « rêve et responsabilité », le second « exploration et besoin de ré-assurance ». Six segments apparaissent : les ludo-pragmatiques (23 %), les techno-sensations (17 %), les pionniers-sélectifs, (18 %) les classiques-éthiques (15 %), les classiques-statutaires (12 %) et les traditionalistes-fidèles (15 %). Ils se différencient en termes de style de vie, de mode de consommation automobile, de valeurs et d'attitudes. On identifie pour chacun des segments, les marques les plus représentatives et les médias les plus fréquentés.

Source : Interdeco Expert, www.interdeco.fr/pages/etudes/cibles

Elles mobilisent des échantillons de taille importante (dix mille personnes âgées de plus de 15 ans) et identifient une trentaine de sociostyles qui représentent pour l'entreprise autant de segments de marché. On émet l'hypothèse que deux consommateurs appartenant à un même sociostyle ont tendance à consommer les mêmes produits et marques.

L'entreprise a la possibilité de visualiser ces groupes grâce à une représentation graphique. On peut ajouter sur ces cartes les émissions de télévision regardées par chaque groupe, leurs boissons préférées, etc. Ces implications sont utiles pour orienter la politique de communication : choix des supports et nature du message à transmettre. Ces critères sont utilisés pour segmenter des marchés tels que ceux des crèmes solaires, des eaux de toilette, des déodorants, ou des soft-drinks. Le Focus-Manager 6.2 ci-après présente un exemple d'application pour le marché automobile.

Intéressants par leur aptitude à la communication, les styles de vie doivent néanmoins être utilisés avec prudence, car ils soulèvent d'importantes interrogations. Par exemple, les questionnaires utilisés étant confidentiels, les qualités psychométriques des mesures ne sont pas connues. Les quelques recherches scientifiques menées sur ces questions ont donné des résultats plutôt décevants. De surcroît, on ne connaît pas la capacité des deux axes du graphique à résumer les informations[3].

2.1.3. Occasion d'achat et usage du produit

La séparation des individus s'effectue sur des variables de comportement d'achat ou de consommation[4]. Les critères les plus souvent retenus sont :

- volumes et montant des achats : les clients sous et sur-consommateurs d'une catégorie de produit ou d'une marque ;
- fréquence et antériorité d'achat : les acheteurs occasionnels et réguliers, les nouveaux et anciens clients, les fidèles et les infidèles, etc. ;
- modalités de paiement : comptant, carte bancaire, crédit ;
- situations de consommation : à la maison, à la pause, en pique-nique, en voyage, etc. ;
- type d'utilisation : professionnel ou amateur, spécialiste ou généraliste, expert ou débutant, etc. ;
- degré de planification ou d'urgence de la décision d'achat : à l'improviste, courant, événement ;
- destinataire final : achat pour soi ou cadeau.

Chaque segment identifié (sur la base d'un comportement spécifique) est décrit à l'aide de variables sociodémographiques ou selon les médias consommés, de façon à obtenir

3. Ceci s'exprime par le pourcentage de la variance totale expliquée par les différents axes.
4. Pour un exemple d'application, voir Salles, J.-C., « Comment rendre une segmentation opérationnelle ? De la description à l'explication des comportements de consommations », *Décisions Marketing*, 32, 2003, pp. 45-54.

une photographie la plus précise possible. Le manager marketing dispose ainsi de précieuses informations sur les différentes cibles potentielles. De plus, cette approche facilite la conception du produit, parce qu'elle se traduit assez aisément en spécifications et applications techniques. Ce critère est utilisable dans un grand nombre de marchés : alimentation, assurances, automobile, banque, bricolage, loisirs, habillement, tourisme.

Un grand nombre de bricoleurs utilisent une perceuse pour faire des trous dans des endroits difficiles d'accès, éloignés les uns des autres. Le produit doit être léger, de faible dimension et capable de fonctionner sans électricité.

De même, le type de ski pratiqué conditionne les caractéristiques techniques du produit : le fondeur doit disposer d'un ski étroit et léger, le randonneur d'un ski léger mais plus large ; le skieur alpin de compétition utilise des skis plus longs pour l'épreuve de descente, tandis que le skieur de piste préfère un ski parabolique avec une « taille de guêpe », plus facile à faire tourner.

Enfin, le choix d'un bijou est dicté par le caractère événementiel de l'occasion : fiançailles, naissance, fête des mères, anniversaire de mariage, etc. Le marché de la restauration suit une logique voisine : repas d'affaires, repas rapide, tête-à-tête, banquet, découverte du terroir, exotisme. Le budget disponible et les attentes en matière de qualité découlent directement de la situation. Dans l'hôtellerie, on distingue quatre segments en croisant la manière de voyager (seul ou en groupe) et le motif du déplacement (affaires ou loisirs).

2.1.4. *Bénéfices (ou avantages) recherchés*

Un bénéfice se définit comme un résultat concret – matériel ou immatériel – que l'acheteur s'attend à retirer de la consommation du produit. Le bénéfice ne doit pas être confondu avec l'attribut. En effet, c'est la présence d'un (ou plusieurs) attribut(s) spécifique(s) du produit ou de la marque qui permet d'obtenir le résultat attendu (bénéfice). En d'autres termes, l'attribut constitue la source du bénéfice. Un bon vendeur communique d'abord sur le bénéfice, puis utilise la présence d'un (ou plusieurs) attribut(s) spécifique(s) pour « prouver » que la promesse sera tenue.

Par exemple, pour un liquide vaisselle, le bénéfice « dégraisse facilement » résulte d'une « formule concentrée » (attribut). La Figure 6.7 montre que deux attributs différents peuvent fournir un même bénéfice : un « prix peu élevé » et une « formule concentrée » assurent un bénéfice « économie ». De même, un même attribut peut conduire à deux bénéfices différents : une « formule concentrée » procure « performance » et « économie ».

Attributs	Bénéfices
Formule concentrée	Économie Performance
Biodégradable	Respect de l'environnement
Prix peu élevé	Économie
Odeur agréable	Bien-être

Figure 6.7 : Attributs et bénéfices pour un liquide vaisselle

Ce type de segmentation repose sur le constat que les consommateurs ne recherchent pas tous la même chose dans les produits[5]. Par exemple, certains veulent avant tout des produits performants et sont prêts à payer cher le produit qui leur procure un tel gain ; d'autres, en revanche, veulent un

5. Haley, R., « Benefit segmentation: backwards and forwards », *Journal of Advertising Research*, 24, 1, 1984, pp. 19-25.

produit économique et simple d'utilisation. On dispose pour chaque segment des attentes spécifiques, nettement distinctes d'un segment à l'autre. En d'autres termes, au sein de chaque segment, les bénéfices attendus sont très homogènes, mais, en revanche, ils sont très différents entre les segments. Cette segmentation fournit à l'entreprise une liste d'« exigences » propres à chaque segment. Les marchés du dentifrice, du parfum, du shampooing ou des montres (voir Focus-Manager 6.3) peuvent être segmentés sur ces bases.

FOCUS-MANAGER

6.3. Le marché des montres

Le marché français des montres se décompose approximativement en quatre catégories de bénéfices.

1. Prix économique

La caractéristique jugée prioritaire par ce segment est d'obtenir un prix le plus faible possible (moins de 30 euros) ; peu importent les qualités techniques de la montre : si elle casse, on la jette. Les montres ordinaires venant du Sud-Est asiatique (Chine, Corée, Taiwan, etc.) correspondent à ce segment.

2. Précision durable

Il s'agit de consommateurs qui souhaitent une montre de précision, bien finie, durable, d'un style plutôt classique. Pour obtenir ces avantages, le consommateur est prêt à payer assez cher (100 à 400 euros) Des marques comme Seiko, Casio, Timex, Yema ou encore Festina cherchent à répondre à ces attentes.

3. Personnalité et mode

La montre est considérée comme un accessoire de mode, un signe révélateur de sa personnalité, de l'humeur du moment. Le design est important, les qualités techniques sont secondaires, mais le seuil d'exigence est plus élevé que celui du premier segment. Le consommateur souhaite un grand éventail de choix, achète plusieurs montres à un prix raisonnable (30 à 50 euros) et renouvelle souvent son achat. Swatch, Oxbow, Adidas ainsi que Mango sont présents sur ce segment et n'hésitent pas — analogie avec le monde du prêt-à-porter — à présenter plusieurs « collections » annuelles.

4. Bijoux et valeurs éternelles

L'achat d'une montre a une résonance émotionnelle forte : c'est le symbole de l'éternité, le cadeau somptueux. Le respect des traditions, le maintien de valeurs s'inscrivent dans cet axe. Ce segment est prêt à investir un « capital » dans cet achat (de 400 euros à plus de 5 000 euros), si le prestige de la marque le justifie. Dès lors, il n'est pas étonnant de trouver notamment des marques de bijoutiers sur ce segment (Van Cleef & Arpels, Cartier, Fred) ou des montres de tradition ancienne (Rolex, Patek Philippe) ou encore d'artisans orfèvres.

Publicité Patek Philippe (2006) : « Vous ne portez pas seulement une Patek Philippe. Vous commencez une histoire d'amour durable… »

2.1.5. Valeurs

Tout comme pour les bénéfices consommateurs, il est possible de regrouper les consommateurs en fonction de leurs valeurs dominantes. Nous avons vu dans le chapitre 3 (voir Fiche technique 3.5) que les valeurs étaient les grands principes et les croyances fondamentales qui orientent la vie d'une personne. Elles sont reliées aux bénéfices recherchés (« conséquences »), ces derniers étant eux-mêmes déterminés par les attributs du produit. Une procédure de collecte permet d'identifier les chaînages utilisés par les consommateurs pour passer d'un attribut au bénéfice et enfin aux valeurs[6]. Les chaînages sont identiques au sein d'un même segment et différents entre les segments.

Les marchés des parfums, des alcools et des des articles de sport peuvent utiliser ce type de critère de segmentation. La Figure 6 8 présente un exemple d'application pour les parfums hommes et femmes : les valeurs prioritaires sont le « sens du beau » pour le segment n° 1, la « confiance en soi », l'« hédonisme », une « personnalité en harmonie » pour le segment n° 2, la « reconnaissance sociale » pour le segment n° 3 et le « bien-être » pour le segment n° 4.

6. Voir par exemple, Vernette, É., Filser, M., Giannelloni, M., *op. cit.*, chapitre 3.

Segments	Potentiel	Bénéfices/conséquences	Valeurs
« Beauté fonctionnelle »	21,5 %	Collectionner Facilité d'usage Originalité	Sens du beau
« Expression de soi »	25,0 %	Élégance	Confiance en soi Hédonisme Expression de soi (personnalité)
« Visibilité sociale »	10,0 %	Grand choix Économie Mode	Être à l'avant-garde Reconnaissance sociale
« Bien-être sensuel »	43,5 %	Être complimenté Masculinité Séduire Sentir bon	Bien-être Propreté Respect des autres Romantisme

Source : Valette-Florence, P., Ferrandi, J.-M., Roehrich, G., « Apports des chaînages cognitifs à la segmentation des marchés », *Décisions Marketing*, 32, 2003, pp. 31- 44.

Figure 6.8 : Segmentation par les valeurs (marché du parfum)

2.1.6. Évaluation globale des critères

Quel critère choisir pour segmenter un marché ? Plusieurs techniques statistiques guident les managers dans ce choix. Une première consiste à fractionner l'ensemble des consommateurs en sous-groupes, de taille de plus en plus réduite. On cherche à relier un comportement (par exemple l'achat d'une marque) à un ou plusieurs des critères de segmentation, considérés comme des variables explicatives de ce comportement. D'un point de vue statistique, la « discrimination » s'appuie sur un critère, variable selon les méthodes[7]. Les plus connus sont le khi-deux et la détection automatique des interactions (AID) ; d'autres approches, comme les réseaux de neurones ou les algorithmes génétiques sont envisageables, mais nettement plus complexes.

La seconde technique opère de manière inverse, en effectuant une typologie. On commence par mettre ensemble les deux individus les plus proches sur le critère de segmentation envisagé (par exemple, les acheteurs ayant le même âge ou recherchant les mêmes bénéfices) ; les segments sont constitués par agrégations successives. Ces agrégations se font sur la base d'une mesure de distance entre les individus. L'algorithme fait en sorte que la distance entre deux individus qui appartiennent à un même groupe soit la plus réduite possible (minimise la distance intra-groupe), tout en étant maximale par rapport aux autres groupes (maximise la distance inter-groupe). La segmentation par les bénéfices consommateurs s'appuie sur de telles typologies (voir plus loin la Fiche technique 6.2).

7. Pour un approfondissement, *ibid.*, chapitre 4.

La Figure 6.9 ci-après propose une appréciation globale, issue de recherches marketing, des différents critères de segmentation d'un marché. Trois éléments ont été retenus : la pertinence, la prédiction et la facilité d'usage.

Critères	Pertinence*	Prédiction*	Facilité d'utilisation
Socio-démographique	Faible à moyenne	Faible	Bonne
Styles de vie	Moyenne	Faible	Faible
Occasion et taux d'usage du produit	Moyenne	Bonne	Bonne
Bénéfices et valeurs	Bonne	Bonne	Moyenne
** Variable d'un marché à l'autre*			

Figure 6.9 : Évaluation des critères de segmentation

1. *Pertinence* : c'est la capacité du critère à bien « séparer » les segments ; d'un point de vue graphique, cela se traduit par des nuages de points concentrés.

2. *Capacité à la prédiction* : c'est l'aptitude statistique du critère à prédire le choix d'une marque. Connaissant le segment auquel appartient un consommateur, peut-on prédire la marque achetée ?

3. *Facilité d'usage* : elle illustre la rapidité et la facilité des analyses, ainsi que le coût global de l'étude nécessaire à l'obtention des segments.

2.2. Évaluation des options de segmentation marketing

Le manager marketing doit justifier le choix d'une stratégie de segmentation. Pour cela, il faut montrer que la demande est hétérogène sur un ou plusieurs critères de segmentation. Ensuite, selon le degré d'hétérogénéité observé, plusieurs options stratégiques sont envisageables[8]. La Figure 6.10 synthétise ces réflexions.

2.2.1. Hypothèse n° 1 : forte hétérogénéité des fonctions de demande

Si l'utilisation d'un critère de segmentation révèle une demande hétérogène, le marché peut (doit) être fractionné en plusieurs segments. Les consommateurs ont, selon les segments, des perceptions très différentes des marques.

> Les marchés de l'automobile, des articles de sports, des micro-ordinateurs, de la photo, de la hi-fi, de la télévision, etc., entrent assez bien dans ce cas de figure.

La construction du marketing mix suit une logique de *différenciation*, c'est-à-dire que le chef de produit prend en compte les attentes spécifiques des segments et adapte les éléments du marketing mix à la cible visée.

8. Pour approfondir ce point, voir Dickson, P., Ginter, J., « Market segmentation, product differenciation and marketing strategy », *Journal of Marketing,* 51, 2, 1987, pp. 1-10.

Ainsi, le choix d'une stratégie de *couverture* impliquera de concevoir une gamme de produits (P1, P2, P3), dont chaque élément bénéficie d'un marketing mix spécifique (c'est-à-dire différencié), destiné aux segments S1, S2, S3. Dans le cas d'une stratégie de *concentration*, le marketing mix du produit P ne concerne qu'une seule cible (S2) ; la différenciation se fait uniquement par rapport aux concurrents.

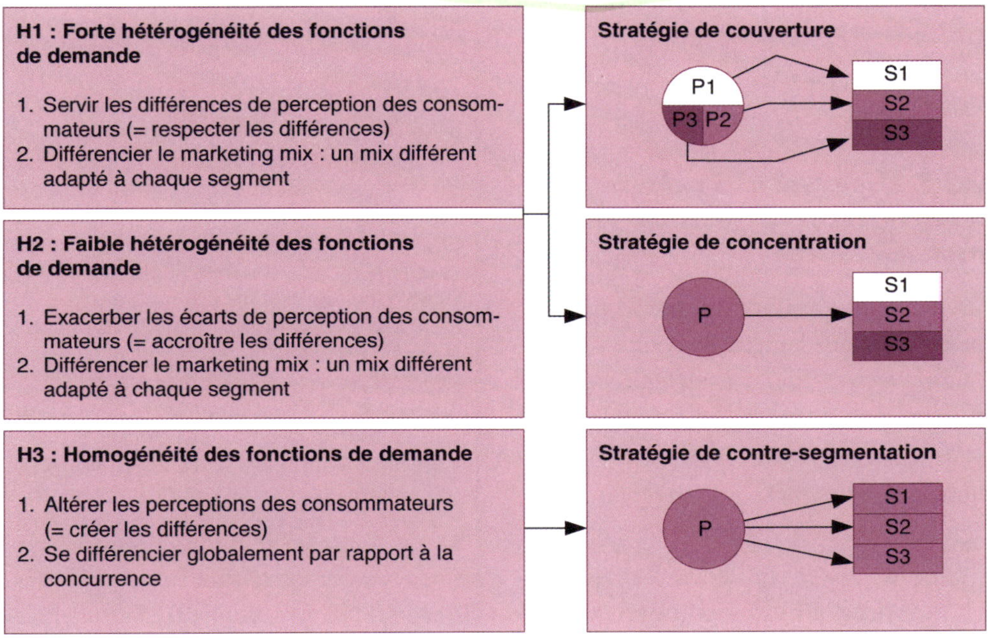

Figure 6.10 : Hypothèses et implications d'une segmentation marketing

2.2.2. Hypothèse n° 2 : faible hétérogénéité des fonctions de demande

L'analyse de la demande identifie des segments de marché dont les frontières sont fragiles : les attentes ne sont pas identiques, mais très voisines. La stratégie de segmentation est logique, car un choix contraire risquerait de placer l'entreprise dans le cas de la fausse majorité : son produit serait jugé moyen par beaucoup de consommateurs, sans présenter vraiment d'avantages sur l'un ou l'autre des critères de choix. Les marchés des soft-drinks, des lessives, de l'hygiène corporelle ou des biscuits s'inscrivent dans cette perspective.

Comme dans l'hypothèse n° 1, le manager doit adopter une logique de différenciation sur la (ou les) cible(s) visée(s). Les consommateurs ayant des perceptions des marques assez voisines, il est crucial pour l'entreprise d'accroître le degré d'hétérogénéité du marché. Pour cela, on peut rendre déterminant un attribut qui ne l'était pas vraiment par une communication marketing adaptée, puis positionner son produit sur cet axe et, enfin, le crédibiliser par un marketing mix spécifique.

De telles approches sont couramment pratiquées par les « lessiviers » (Procter & Gamble, Lever, Henkel, Colgate-Palmolive) qui positionnent une ou plusieurs marques sur chaque segment ; mais chacune d'entre elles repose sur une promesse spécifique (stratégie de couverture).

2.2.3. *Hypothèse n° 3 : absence d'hétérogénéité des fonctions de demande*

La demande étant uniforme, le manager peut suivre une logique de contre-segmentation, c'est-à-dire considérer le marché comme une entité globale composée de consommateurs ayant des attentes pratiquement identiques.

Pendant longtemps, l'épicerie sèche (farine, sucre, sel, conserves, etc.) illustrait bien cette hypothèse. Puis au fil du temps, l'hypothèse n° 2 s'est imposée. Par exemple, le marché du sel s'est segmenté avec les sels de haute gastronomie (Guérande), les sels bio, les sels aux herbes, les sels aromatisés. De même, la farine a vu apparaître la farine fluide « sans grumeaux », la farine tamisée ; l'arrivée des machines à pain accentue la différenciation des marques : farines pour brioches, pour pain au levain, etc. Des marchés comme les carburants, les fruits et légumes frais tentent régulièrement des stratégies de différenciation, mais pour l'instant, l'hypothèse n° 3 reste prédominante.

Il faut remarquer que l'absence de stratégie de segmentation n'exclut pas la différenciation du produit ou de la marque. Au contraire, l'entreprise a tout intérêt à choisir un positionnement simple, puis à communiquer largement (publicité de masse) pour défendre ce territoire, en accentuant ses différences par rapport aux concurrents.

C'est ce qu'a fait avec succès pendant longtemps Coca-Cola, considérant que le marché des soft-drinks relevait plutôt de l'hypothèse n° 3. La marque avait un seul produit « Coke » qui était présenté comme la boisson universelle, pour les jeunes ou les vieux, adoptée par les consommateurs du monde entier. Les messages publicitaires, véritable profession de foi, s'adressent à l'ensemble du marché : « Soif d'aujourd'hui, Coca-Cola » ou « Cette sensation s'appelle Coke », « Always Coke », etc. La différenciation par rapport aux marques concurrentes se fait autour des valeurs d'universalisme et de l'optimisme triomphant. Mais depuis une dizaine d'années, la marque a progressivement adopté une logique de segmentation, considérant que l'hypothèse n° 2 était plus solide. Ainsi, elle lancé successivement « New Coke » (précipitamment retiré du marché), Coca Cola sans caféine, Coca Light, Diet Coke, Cherry Coke, Coca Citron, Coca-Cola Zero (sans sucre), etc.

2.3. Choix d'une cible

Nous venons de voir que l'entreprise pouvait, selon l'option stratégique retenue, se concentrer sur un seul segment ou, au contraire, couvrir plusieurs segments. Sur quelles bases sélectionner cette (ou ces) cible(s) ? L'homme de marketing doit évaluer les risques et les avantages créés par chaque cible potentielle, en se posant les trois séries de questions présentées dans la Figure 6.11.

1 — Forces et faiblesses de l'entreprise face aux exigences de la cible

- A-t-on le savoir-faire technique nécessaire pour réaliser un produit conforme aux attentes de la cible ?
- La réputation préalable de la marque (ou de l'entreprise) est-elle cohérente avec l'image exigée par la cible ?
- Sait-on gérer les ressources humaines pour réaliser le produit attendu par la cible ?

2 — Intensité de la concurrence sur la cible

- Nombre de concurrents présents (part de marché) et réaction probable.
- A-t-on d'autres produits ou marques sur cette cible ? (risque de cannibalisme)

3 — Risque financier

- Quel sera le potentiel de vente (surface du segment) ?
- Quel est le niveau du seuil de rentabilité à atteindre ?

Figure 6.11 : Éléments à considérer pour le choix d'une cible

FOCUS-MANAGER

6.4. Les péripéties de Dry de Schweppes

En 1983, Schweppes France détenait 4 % du marché des boissons soft-drinks, grâce à Indian Tonic. Constatant une stagnation de sa part de marché, l'entreprise lance un nouveau produit. Faut-il utiliser la marque Schweppes ? Si oui, il est probable que les consommateurs actuels de Schweppes Indian Tonic diversifieront leur consommation, en alternant avec cette nouvelle variété. Augmenteront-ils pour cela leur consommation totale ? Ce n'est pas certain. Quant aux non-consommateurs de Schweppes, même si le nouveau produit présente un goût très différent d'Indian Tonic, la présence de la marque Schweppes, constitue un facteur d'éloignement : « *Si c'est du Schweppes, je n'aime pas.* » En somme, le risque est que la nouvelle marque gagne peu de nouveaux consommateurs sur la concurrence. Par ailleurs, les ventes d'Indian Tonic risquent de baisser, puisque ses consommateurs actuels reporteront une partie de leurs achats sur le nouveau produit. La nouvelle marque « *cannibaliserait* » l'ancienne.

La marque, lancée en 1985, opte pour un compromis : « *Dry de Schweppes* » avec Dry écrit en caractères plus petits que Schweppes. Les ventes décollent difficilement ; l'objectif initial de doublement de la part de marché est loin d'être atteint, en partie à cause du cannibalisme issu de ce compromis. Début 1990, changement de cap : Dry occupe l'essentiel de l'étiquette, Schweppes n'apparaissant qu'en petits caractères, comme une caution permettant de bénéficier de l'importante notoriété du groupe. Le marque décline progressivement une gamme de cinq autres parfums : Dry Orange, Dry Lemon, Dry Exotic puis Dry Pamplemousse en 1987 et Dry Pomme en 1992.

Mais surprise, en 1997, Dry disparaît totalement de l'étiquette de la bouteille ; en revanche, les distributeurs continuent de référencer la boisson sous l'intitulé « Dry Schweppes ». Depuis l'année 2000, l'ex-Dry est une gamme comportant trois références désormais nommées Schweppes Lemon, Schweppes Orange Mandarine et Schweppes Agrum'. Cette dernière variété se compose d'un mélange de quatre agrumes (pamplemousse, citron vert, mandarine et orange). La cohérence marketing de tous ces changements de cap n'est pas facile à suivre…

Si l'entreprise gère déjà une gamme de produits, ou un portefeuille de marques, la décision de lancer un nouveau produit sur un nouveau segment doit tenir compte des cibles déjà visées. Les consommateurs qui achetaient auparavant les autres produits de l'entreprise ne doivent pas les délaisser au profit du nouveau venu. Sinon, quelques mois après le lancement, les ventes totales (anciens + nouveaux produits) risquent d'être à peine supérieures à celles réalisées auparavant, avec les seuls anciens produits. C'est ce qu'on appelle le *cannibalisme* : peu de consommateurs ont été gagnés sur la concurrence. Des produits comme les lessives, les soft-drinks (voir Focus-Manager 6.4) ou les dentifrices sont exposés à ce type de risque.

2.4. Détermination du mix de la cible

2.4.1. Règles de cohérence externe

Le principe de base pour construire un bon marketing mix consiste à partir des attentes de la cible et du positionnement sélectionné. Cela revient à dire qu'il n'existe pas de mix idéal en soi, mais qu'il découle de la cible et du positionnement. Par exemple, vendre un produit plus cher que la concurrence ne constitue pas en soi une faiblesse : c'est cohérent si l'on désire un positionnement de produit haut de gamme, avec une cible disposant de revenus élevés.

La Figure 6.12 illustre la cohérence externe des quatre mix de marques de shampooings appartenant toutes au groupe L'Oréal. Parfois créés par une même filiale, les marketing mix respectent les règles de cohérence externe et différencient avec soin les marques, de façon à réduire au maximum les risques de cannibalisme.

Marques	Cibles Positionnement Différenciation	Prix	Produit	Promotion	Distribution
P'tit DOP	Enfants (4 à 12 ans) Lavant *« Ne pique pas les yeux, et démêle »*	Assez faible à moyen (2 à 2,50 €)	Ordinaire Parfumé Ludique Bords arrondis 300 ml	Réduction de prix Offre spéciale Publicité télé, radio et presse enfants	Grandes surfaces
Planète Ushuaïa	Hommes et femmes urbains, dynamiques Cosmétique (nature) *« Vigueur et fraîcheur »*	Moyen à assez cher (2,50 à 3 €)	Écologique exotique Technologique Forme originale 200 ml	Offre spéciale (lot, + x %) Publicité télé, radio	Grandes surfaces Grands magasins
Osmose	Femmes actives Cosmétique (lotion) *« Cheveux colorisés ou permanentés »*	Cher (7 à 9 €)	Formule avancée Sobre Gamme large 200 ml	Publicité presse féminine PLV Prescription coiffeurs	Coiffeurs
Dercos	Hommes et femmes aisés, urbains Traitant *« Soigne les cheveux »*	Très cher 8 à 10 €)	Molécule Posologie Odeur médicamenteuse 120 à 200 ml	PLV Presse magazine Prescription dermatologique	Pharmacies

Figure 6.12 : Cohérence externe d'un mix

P'tit DOP se positionne comme un shampooing lavant, ordinaire mais ludique, destiné aux jeunes enfants ; le prix reste attractif, le produit sent bon, ne pique pas les yeux ; l'emballage, tout en rondeur, est conçu pour que l'enfant se l'approprie. La vente se fait naturellement en grande surface et bénéficie d'un important soutien publicitaire. À noter que, lors du lancement, un coffret pédagogique, comprenant une cassette vidéo sur l'hygiène, une affiche, des jeux et des échantillons, a été spécialement conçu pour les instituteurs, considérés comme des relais de prescription du produit.

Planète Ushuaïa revendique un positionnement de shampooing cosmétique, mais écologique. Reprenant les évocations suggérées par les reportages de Nicolas Hulot, la gamme offre un parfum d'aventure. Les additifs des produits viennent de contrées lointaines ou méconnues : camomille de la Baltique, feuilles de mélaleuca purifiant d'Australie, ginseng ou henné. Le prix, plus élevé, est justifié par la « rareté » des plantes. L'emballage est créatif, soutenu par des couleurs exotiques. La distribution en grandes surfaces bénéficie d'un important soutien publicitaire et d'offres promotionnelles.

Osmose, bien qu'occupant un positionnement cosmétique, se révèle un produit plus technique. Destiné aux professionnels de la coiffure, il vise une clientèle féminine exigeante. À chaque acte de coiffure correspond un produit de la gamme : produit pour permanente, teinture, séchage, brossage, etc. Le shampooing s'inscrit comme un acte professionnel, élément clé de la mise en beauté de la personne. Le prix est élevé, la distribution sélective : les coiffeurs jouent un rôle important de prescripteur.

Dercos se positionne comme un shampooing traitant qui soigne en profondeur les cheveux : on s'attend à ce qu'un tel « médicament » soit cher, vendu en petites quantités et en pharmacie. La gamme est complète et couvre une large palette de dysfonctionnements dermatologiques qui affectent les cheveux. Au dos du flacon, la composition du produit prend la forme d'une formule chimique et le mode d'emploi s'apparente à la posologie d'un médicament.

2.4.2. Règles de cohérence interne

À l'inverse des règles précédentes, celles-ci proposent quelques principes pour l'élaboration d'un marketing mix, valables quels que soient les cibles et positionnements choisis.

— *Produit et distribution*

Si deux canaux de distribution ont des images différentes, alors il faut éviter de vendre le même produit dans chacun d'entre eux. La pratique d'une sous-marque permet de résoudre ce problème.

> Par exemple, Whirlpool utilise ses sous-marques Laden et Ignis pour vendre ses lave-linge dans les grandes surfaces à dominante alimentaire (image faible) et tend à réserver sa propre marque dans les grandes surfaces spécialisées (image plus élevée). Les châssis et moteurs sont identiques, seuls l'électronique et le design changent.

— *Produit et prix*

Si le consommateur ne dispose d'aucune autre information, il a tendance à penser qu'un prix élevé est synonyme de qualité élevée. Ainsi, lorsqu'un consommateur est confronté à deux marques de crème de beauté qu'il ne connaît pas, il s'attend à ce que la plus chère soit la plus efficace. L'existence d'une relation qualité/prix sera approfondie dans le chapitre 11.

2.5. Mise en œuvre et contrôle

La mise en œuvre de la stratégie de segmentation est du ressort des différents chefs de produit ou de marque, sous l'autorité du directeur marketing. Elle relève du marketing opérationnel : les décisions et actions seront exposées dans la quatrième partie de cet ouvrage, lorsque nous approfondirons la gestion du marketing mix.

Les résultats de la segmentation doivent être contrôlés pour deux raisons.

Tout d'abord, les attentes des consommateurs changent. Ainsi, le progrès technique, les évolutions culturelles modifient progressivement les exigences des acheteurs : il faut vérifier régulièrement la satisfaction des acheteurs de la marque.

Par ailleurs, les concurrents évoluent. Les lancements réguliers de nouveaux produits perturbent et diluent l'image des marques déjà présentes. Il peut y avoir baisse de la mémorisation des marques anciennes, suite aux campagnes publicitaires de nouvelles marques. De plus, ces nouveaux produits peuvent présenter des performances supérieures à celles des anciens. L'image se dégrade avec l'obsolescence des produits. Les techniques d'études de marché fournissent les moyens de contrôle nécessaires. On compare régulièrement, notamment grâce aux baromètres, l'évolution de l'image de sa marque avec celle des concurrents. Périodiquement, on tentera de découvrir de nouveaux critères de segmentation, plus pertinents que ceux utilisés actuellement.

III. STRATÉGIE DE POSITIONNEMENT

L'adoption d'une stratégie de segmentation conduit logiquement à sélectionner un positionnement pour la marque. La segmentation d'un marché donne d'abord un aperçu indispensable sur la structure de la demande ; le positionnement conduit à tenir compte des emplacements occupés par les concurrents.

3.1. Intérêt stratégique

L'intérêt majeur du positionnement réside dans sa capacité à intégrer, dans une même réflexion stratégique, l'offre (concurrence) et la demande (consommateurs). Cette superposition facilite les choix stratégiques. Concrètement, le choix d'un bon positionnement procure les avantages suivants.

3.1.1. Différenciation par rapport aux concurrents sur des marchés encombrés

Lorsque le marché est encombré, de nombreuses marques offrent au consommateur des produits souvent très voisins. Le principe fondamental d'une stratégie de positionnement est de faire en sorte que le consommateur considère que seule notre marque est en mesure de satisfaire ses attentes prioritaires. En d'autres termes, on cherche à différencier la marque de celles des concurrents, parce qu'elle est reconnue comme étant capable d'offrir « quelque chose de plus » que les autres.

Cette lutte pour la différence évite à l'entreprise de s'enliser dans des voies largement travaillées par la concurrence. En évitant de faire la même chose que les autres et en choisissant un facteur de différenciation correspondant à une attente majeure d'un segment, l'entreprise construit les bases d'une satisfaction durable et fidélise ses consommateurs. Elle connaît les concurrents qui menacent le plus sa marque, ce qui facilite la préparation d'éventuelles contre-attaques.

3.1.2. Stimulation de l'innovation

Les techniques statistiques multivariées fournissent des représentations graphiques (voir plus loin la Fiche technique 6.4) qui favorisent la découverte de créneaux inexploités par la concurrence. Elles orientent la recherche de nouveaux produits et facilitent la conception du cahier des charges.

3.1.3. Aide à la gestion d'un portefeuille de marques

Si chaque marque occupe le positionnement prévu à l'avance, les risques de chevauchement sur un même positionnement sont théoriquement nuls, ce qui élimine le cannibalisme. Une marque peut couvrir un ou plusieurs segments différents. C'est une stratégie suivie par des multinationales comme Procter & Gamble, L'Oréal, Danone, etc.

3.2. Axes de positionnement

Bien qu'il existe une infinité de positionnements, on peut les regrouper en cinq grandes familles.

3.2.1. Performance (physique)

Elle peut se matérialiser par une vitesse plus élevée, une durée d'utilisation plus longue, une meilleure sécurité ou santé, une propreté accrue, une précision inégalée, etc.

> Depuis des années, la lessive Ariel offre « une blancheur qui ne s'échange pas ». Le lapin Duracell est toujours d'attaque, tout au long de la journée, et reste infatigable avec des piles qui durent jusqu'à quatre fois plus longtemps que des piles salines.

3.2.2. Économie (financière)

Cela se concrétise par une meilleure fiabilité ou productivité, une revente facile, une consommation d'énergie réduite, un programme d'entretien allégé, une garantie prolongée, etc.

> Fiat offre pour la gamme Bravo une garantie cinq ans ou 500 000 kilomètres, quelle que soit la motorisation. La garantie constructeur permet au client de jouir d'une assistance 24 h/24, par le biais d'un atelier mobile de dépannage, y compris en cas de panne de carburant ou de ravitaillement erroné, de crevaison ou de batterie déchargée.

3.2.3. Service (assistance et fonctionnalité)

Cet axe se décline sur des facettes telles qu'un meilleur accueil, une ergonomie adéquate, un mode d'emploi simplifié, une livraison ou une maintenance à domicile, un échange ou un remboursement immédiat en cas d'insatisfaction.

La Redoute laisse jusqu'à six mois pour essayer ses produits « Best ». L'hôtesse McDonald's anime les anniversaires des enfants : « *Elle a décoré la salle ; elle a accueilli les invités ; elle les fait chanter en chœur et taper des mains ; elle a préparé des jeux, des chansons, apporte le gâteau d'anniversaire et offre au prince du jour son cadeau...* » ; Xerox propose des copieurs dont « *même Monsieur le Président saurait se servir* »... Les campagnes de publicité d'IBM sont axées sur la résolution de problèmes : ainsi, la marque vole au secours d'Henri, qui colle involontairement un virus d'Internet dans l'imprimante parce que « *Moi mon truc, c'est les glaces, je n'y connais rien à l'informatique* ».

3.2.4. Plaisir, mieux-être (psychologique)

Un grand nombre de déclinaisons sont possibles comme la recherche d'émotions, le rêve, la confiance en soi, l'accomplissement de soi, etc.

La compagnie aérienne Thai Airways a la réputation d'être la meilleure compagnie aérienne pour les hommes d'affaires : un voyage en classe affaire constitue une expérience unique. Voici le témoignage d'un client repris par la communication publicitaire : « *J'avais l'impression unique d'être seul à bord. Une sensation de modernité et de bien-être. Le voyage s'est déroulé en un éclair...* ». Le Club Med joue avec la nature pour faire apparaître des visages formés de poissons, de rochers, de sables, de sapins, sources de douceur, sérénité et de plaisirs... Enfin, Nespresso s'appuie sur le regard de l'acteur américain George Clooney pour créer une émotion qui se suffit à elle-même : « *What else ?* »

3.2.5. Signes (psychosociologique)

Cet axe regroupe les thèmes liés à la consommation d'objets qui révèlent un statut social élevé, une tradition prestigieuse, un mode de vie différent, une réussite affirmée, etc. Il s'inscrit dans une perspective de consommation ostentatoire qui montre aux autres l'image d'un soi idéalisé.

Lancia permet de « prendre assez d'avance pour ne jamais être dépassé ». Les montres Patek Philippe « fondent votre propre tradition ». La chemise Lacoste ne « changera de ligne que le jour où les lignes [d'un court de tennis] changeront »...

3.3. Application : positionner selon les bénéfices consommateurs

3.3.1. Préalables méthodologiques

Ce positionnement repose sur une segmentation par les bénéfices consommateurs. L'identification des segments suit une procédure en cinq étapes (voir Fiche technique 6.2). La collecte des données impose plusieurs séries d'échantillons représentatifs du marché étudié, d'où un coût global élevé. L'analyse fait appel aux techniques multivariées.

3.3.2. Intérêt stratégique

Au terme de la démarche précédente, le manager marketing a en main une liste des exigences spécifiques à chaque segment. En confrontant les avantages que sa marque est susceptible d'offrir et ceux attendus par les différents segments, il peut aisément choisir la cible la plus réceptive.

L'exemple présenté dans la Figure 6.13 illustre le cas imaginaire d'un nouveau liquide vaisselle LAVA +. Supposons qu'un pré-test ait révélé que ce produit est bien évalué sur trois bénéfices : « dégraisse bien », « respecte les mains », « respecte l'environnement ». En comparant les avantages offerts avec ceux attendus par les quatre segments, on constate que LAVA + correspond exactement aux exigences du segment S3 : celui-ci sera le cœur de cible. En complément, le segment S1 peut être sélectionné, la marque procurant les bénéfices attendus, mais il est probable que la concurrence sera beaucoup plus rude sur cette cible.

FICHE TECHNIQUE

6.2. MÉTHODOLOGIE DE LA SEGMENTATION PAR LES BÉNÉFICES[9]

Étape 1. Choisir un scénario d'usage du produit

Les attentes du consommateur dépendent notamment de l'usage prévu pour le produit. Par exemple, le choix d'un restaurant est différent s'il s'agit d'un repas pris sur le lieu de travail, ou plutôt d'un tête-à-tête ou d'un repas d'affaires. Dans le premier cas, le consommateur est attentif au prix et à la rapidité de service ; dans le second, le cadre et l'ambiance sont prioritaires.

Étape 2. Générer une liste de bénéfices potentiels

On établit une liste exhaustive de tous les bénéfices susceptibles d'être recherchés par les consommateurs du marché, compte tenu du scénario d'achat fixé. Différentes méthodes de type qualitatif sont possibles, telles la méthode de citation directe[10], la grille répertoire de Kelly ou encore la réunion de groupe.

Étape 3. Sélectionner les bénéfices prioritaires

La liste obtenue à l'étape précédente sert de base à un questionnaire fermé, administré sur un nouvel échantillon de consommateurs (50 à 100). Différentes procédures de calcul (méthode duale, analyse de régression multiple, etc.) permettent de classer les bénéfices par ordre de priorité et de sélectionner ceux qui sont véritablement significatifs pour l'ensemble des consommateurs. On obtient généralement moins d'une dizaine de bénéfices.

Étape 4. Identifier les segments

La liste précédente est soumise à un dernier échantillon de consommateurs (400 à 1 000 personnes). Ceux-ci indiquent l'importance attribuée à chaque bénéfice. On obtient pour chaque consommateur un profil (W_i) de notes. Des techniques d'analyse typologique permettent de regrouper les profils (W_i) les plus similaires, c'est-à-dire les consommateurs attachant la même importance aux mêmes bénéfices. Pour cela, l'algorithme calcule une distance entre les individus (par exemple, la distance euclidienne) et affecte à un même segment les individus qui ont la distance la plus faible. On peut chercher à réduire le nombre de bénéfices en utilisant une analyse factorielle en composantes principales. Dans ce cas, la typologie s'appuie sur les scores factoriels des individus pour le calcul des distances.

9. Pour aller plus loin : Vernette, É., Filser, M., Giannelloni, M., *op. cit.*, chapitre 4.
10. Vernette, É., « La méthode de citation directe : préparer des décisions marketing efficaces », *Décisions Marketing*, 3, 1994, pp. 101-106.

Étape 5. Décrire les segments

Dans un dernier temps, on trace un portrait type de chaque segment. On identifie les variables (sociodémographiques, styles de vie, quantités achetées, etc.) qui expliquent statistiquement le mieux l'appartenance d'un individu à un groupe. Pour ce faire, on utilise des tests statistiques ou des analyses discriminantes.

EXEMPLE *d'application* :

la figure ci-dessous montre un exemple simplifié. Cinq consommateurs (a, b, c, d, e) ont indiqué l'importance (w) perçue pour quatre bénéfices, dans le cadre de l'achat d'une voiture. Par exemple, le vecteur w(a) représente l'importance perçue des 4 bénéfices pour l'individu (a).

Bénéfices	Scores d'importance				
	w(a)	w(b)	w(c)	w(d)	w(e)
Économie	3	1	5	3	2
Sécurité	5	3	4	2	1
Plaisir	2	5	1	4	5
Standing	2	5	3	5	3
Âge	25	50	42	29	35
Sexe	H	F	H	F	H
1 = aucune importance ; 2 = faible importance ; 3 = moyenne importance ; 4 = grande importance ; 5 = extrême importance					

Évaluation de l'importance des bénéfices pour l'achat d'une voiture

Les individus (a) et (c) sont proches en termes de bénéfices attendus : ils accordent une grande importance aux bénéfices « économie » et « sécurité » et une faible importance au « plaisir » et « standing » ; les attentes des individus (b), (d) et (e) sont voisines, mais inverses de celles du premier groupe. Nous obtiendrions deux segments : n° 1 = (a) et (c) et n° 2 = (b), (d) et (e).

Bénéfices	S1	S2
	(a) (c)	(b) (d) (e)
Économie	4,0	2
Sécurité	4,5	2,0
Plaisir	1,5	4,6
Standing	2,5	4,0
Âge (moyen)	33,5	38
Homme (%)	100	33
Femme (%)	0	66

Profils des segments

On identifie ensuite les profils de chaque segment sur les différents bénéfices. Pour chacun d'eux, on calcule la moyenne des scores d'importance des individus composant le segment. Par exemple, pour le segment n° 1, la moyenne du bénéfice « économie » est égale à : (3+5)/2 = 4. On nomme les segments en fonction des avantages principaux recherchés. Le segment n° 1 pourra être qualifié de « rationnel », parce qu'il attache une grande importance aux bénéfices de sécurité et d'économie ; le segment n° 2 est plutôt « émotionnel », parce que sensible au « plaisir » et au « standing ». Le premier regroupe des hommes, le second des femmes ; en revanche, l'âge ne constitue pas une variable significative pour expliquer l'appartenance à l'un ou à l'autre des segments.

Avantages identifiés	LAVA+	S1	S2	S3	S4
Dégraisse bien	□	■		■	■
Respecte les mains	□		■	■	
économique à l'usage			■		■
Respecte l'environnement	□		■	■	

□ Marque bien évaluée sur le critère
■ Attente prioritaire du segment

Figure 6.13 : Bénéfices recherchés et bénéfices procurés

Outre l'intérêt précédent, la segmentation par les bénéfices facilite l'établissement du plan marketing. Nous approfondirons cela dans le chapitre 9.

3.4. Choisir un positionnement

Dans l'idéal, un bon positionnement remplit les six conditions suivantes.

3.4.1. Sélectivité

Le positionnement s'appuie sur un critère de choix du consommateur ou un bénéfice déterminant. Pour déjouer ces différents pièges, le manager ne doit pas confondre les attributs importants, déterminants et saillants : seuls les attributs ou bénéfices déterminants sont intéressants pour un positionnement. La Fiche technique 6.3 détaille ces différentes propriétés des attributs.

FICHE TECHNIQUE

6.3. Positionnement et propriété des attributs[11]

1. Propriétés des attributs

Les attributs peuvent revêtir trois propriétés. Il est important de ne pas les confondre pour éviter des erreurs de positionnement.

— *Importance* : ce qui a un poids, une conséquence prévisible pour modifier une attitude vis-à-vis de la marque.

— *Déterminance* : ce qui est directement relié au choix (ou à la préférence). Cette propriété suppose que l'attribut soit simultanément important et susceptible de différencier les marques entre elles. Un attribut déterminant est synonyme de critère de choix. Le consommateur utilise un petit nombre de critères pour choisir une marque : de l'ordre de trois à cinq pour les achats courants, et jusqu'à neuf pour les achats à caractère impliquant.

— *Saillance* : ce qui est fortement et consciemment présent à l'esprit du consommateur et susceptible d'être verbalisé par ce dernier.

2. Pièges marketing

— Tous les attributs importants ne sont pas nécessairement déterminants. Par exemple, les heures d'ouverture constituent un attribut important pour le choix d'un hypermarché, mais comme tous les hypermarchés offrent à peu près les mêmes plages horaires, cet attribut n'est pas un critère de choix (cases n° 3 et 4).

— Un attribut saillant n'est pas forcément déterminant (cases n° 2 et n° 3). Par exemple, un attribut fortement martelé par la publicité a une forte présence à l'esprit qui le rend facilement verbalisable, sans pour autant que cela signifie qu'il influence le choix. Un peu

11. Adapté de Vernette, É., Filser, M., Giannelloni, M., *op cit.*, chapitre 3.

comme l'on fredonne sans arrêt une chanson, tout en considérant les paroles niaises. La publicité de Danette (« *On se lève tous pour Danette* ») bénéficie d'un fort score d'impact qui lui donne une forte probabilité d'être verbalisée lorsque l'on mentionne la marque. Les attributs suggérés par la publicité (respect, l'enthousiasme) ne sont probablement pas déterminants pour tous les consommateurs qui les fredonnent.

— Un attribut déterminant n'est pas obligatoirement saillant (case n° 6). Le consommateur, par pudeur ou par peur du ridicule, peut autocensurer certains attributs qui lui viennent à l'esprit, perçus comme indésirables socialement. Ainsi, pour le choix d'un parfum ou d'un déodorant, le pouvoir de séduction (souvent suggéré par une touche d'érotisme dans la publicité) est un attribut déterminant, mais non saillant, parce que rarement verbalisé par les répondants. La publicité pour L'instant Guerlain exploite ce type d'attribut, en mettant en scène une jeune femme lascive et tentatrice : le consommateur pourra éprouver une réelle gêne pour « avouer » qu'il choisit un parfum en pensant à ce genre d'attribut. Par ailleurs, pour des produits de haute technologie ou innovateurs, le consommateur a du mal à se représenter les critères à prendre en considération, par méconnaissance du produit. Enfin, le consommateur peut ne pas être conscient des attributs utilisés lors du choix, si l'on admet que nombre de nos actes relèvent de l'inconscient.

Forte probabilité d'être verbalisé	**Saillant et sans importance** 2	**Saillant et important** 3	**Saillant et déterminant** 5
Faible probabilité d'être verbalisé	**Non saillant et sans importance** 1	**Non saillant et important** 4	**Non saillant et déterminant** 6
	Pas d'influence sur le choix		Forte influence sur le choix

3. Implications marketing

La principale difficulté pour le choix du positionnement est d'identifier les seuls attributs des cases n° 5 et n° 6. Plusieurs méthodes existent, mais le choix est difficile, car leurs performances varient selon le caractère impliquant du produit[12]. Si l'entreprise se positionne sur un attribut peu important pour le choix d'un produit, (case n° 1 et 2), l'avantage offert sur l'attribut ou le bénéfice risque d'être perçu comme un « gadget » par le consommateur. Retenir un attribut important conduit à se positionner sur un attribut sur lequel tous les concurrents se valent (cases n° 3 et n° 4). C'est le cas de la « sécurité » pour une automobile. Il sera coûteux pour l'entreprise de créer — à elle seule — la différence, et plus difficile encore, de la maintenir durablement. Enfin, la tentation est grande de se laisser séduire par des attributs « parasites », c'est-à-dire saillants, mais sans importance (case n° 2) : une forte pression publicitaire peut créer une bonne mémorisation de l'attribut, mais son effet sur le choix de la marque risque d'être temporaire ou faible.

12. Vernette, É., Giannelloni, J.-L., « Implication et méthodes d'identification de critères de choix d'un produit », *Recherche et Applications en Marketing*, vol. 12, n° 2, 1997, pp. 39-59.

3.4.2. Exclusivité

Attaquer de front un ou plusieurs concurrents est risqué et coûteux. Le risque d'aboutir à un « *me-too product* », c'est-à-dire un produit jugé comparable par l'acheteur, est grand. Si l'exclusivité n'est pas possible, il est préférable, faute de mieux, de retenir un axe peu travaillé par les concurrents. Les cartes perceptuelles, fondées sur les techniques d'analyses multivariées, offrent au responsable marketing une aide inestimable grâce aux représentations visuelles qu'elles autorisent. La Fiche technique 6.4 donne quelques indications sur leurs grands principes méthodologiques.

3.4.3. Cohérence

Le positionnement retenu ne doit pas concurrencer celui occupé par une autre marque de l'entreprise, pour éviter le cannibalisme.

3.4.4. Crédibilité

Ce qui est mis en avant doit être jugé crédible par la cible visée et conforme à la réputation préalable de la marque. Le capital de marque (voir chapitre suivant) est un atout ou, au contraire, une contrainte pour le choix d'un éventuel positionnement.

3.4.5. Durabilité

Un positionnement difficile à copier par les concurrents donne un avantage durable. Nous verrons dans le chapitre 8 qu'un avantage de ce type constitue la clé de la réussite d'une stratégie concurrentielle.

3.4.6. Compatibilité

Les investissements nécessaires en technologie et en ressources humaines, les contraintes financières (rentabilité prévisionnelle, seuil de rentabilité) sont autant de contraintes qui limitent les choix possibles.

3.5. Gérer un positionnement

La gestion du positionnement consiste à vérifier régulièrement que le cap fixé a été effectivement tenu, et à prendre, le cas échéant, des mesures correctrices pour s'adapter à une évolution de l'environnement. Un positionnement durable passe par les actions suivantes.

3.5.1. Cohérence dans le temps de la communication

De même que l'on ne change pas tous les ans de positionnement, les actions de communication doivent s'avérer cohérentes dans le temps. Dans le cas contraire, cela brouille la mémorisation du facteur de différenciation et empêche la formation de croyances durables. Les messages publicitaires doivent renforcer l'axe du positionnement.

3.5.2. Contrôles réguliers

Ils concernent tout aussi bien la qualité de la production délivrée que la vérification, pour la cible concernée, de l'adhésion au positionnement revendiqué : c'est le consommateur qui valide, *a posteriori*, les choix stratégiques effectués. Ces contrôles prennent la forme d'études de suivi de satisfaction de la clientèle, complétées par des études d'image élargies aux non-consommateurs relatifs de la marque.

FICHE TECHNIQUE

6.4. CARTES PERCEPTUELLES ET POSITIONNEMENT

1. Méthodologie

La construction des cartes perceptuelles fait appel à trois types de techniques multivariées : l'analyse factorielle, l'analyse des similarités et l'analyse des préférences. La première demande à l'interviewé d'évaluer plusieurs marques sur une série de critères de choix. Avec la deuxième, le répondant commence par classer en premier les paires de marques qui lui paraissent les plus semblables, jusqu'à celles qu'il juge les plus dissemblables. La troisième requiert un classement des marques connues du répondant par rapport à une marque idéale imaginaire. Les connées recueillies sont soumises à différents algorithmes de calcul. Ces derniers font apparaître les grandes dimensions du choix des consommateurs et situent les marques sur celles-ci. Par souci de commodité, on retient généralement les deux dimensions les plus importantes, c'est-à-dire celles qui résument le mieux l'ensemble des informations recueillies.

2. Application

La puissance stratégique de ces cartes est grande. Elles mettent à jour la structure sous-jacente du choix d'une marque, en ne retenant que les dimensions déterminantes. Il est possible de projeter les attentes des segments sur ces axes. Si une marque est déjà présente sur le marché, on compare son image à celle des concurrents. On vérifie la concordance entre le positionnement désiré et celui obtenu, et, le cas échéant, on envisage un repositionnement. Dans le cas du lancement d'un nouveau produit, on peut repérer d'éventuels créneaux.

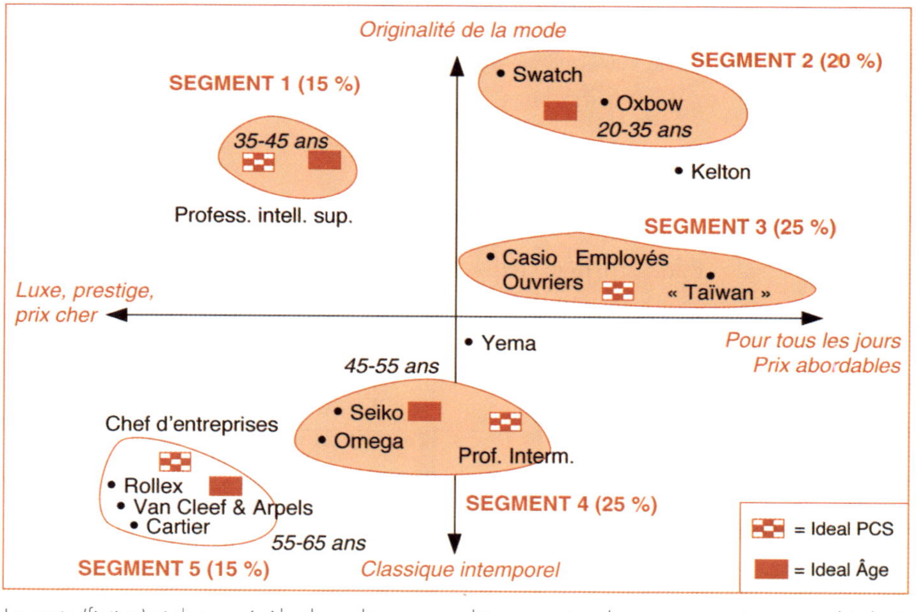

La carte (fictive) ci-dessus révèle deux dimensions déterminantes des consommateurs pour le choix d'une montre : « À la mode/classique » et « Ordinaire/luxe ». L'analyse met en évidence un créneau (segment 1) représentant un potentiel de 15 % du marché, dont les acheteurs exerceraient des professions libérales et seraient âgés de 35 à 45 ans. Ces derniers veulent une montre à la fois originale et luxueuse. Aucune des marques présentes ne satisfait correctement ce segment.

Cette carte facilite le diagnostic de la position concurrentielle. Plus une marque s'éloigne du centre de gr vité d'un segment ou du point idéal moyen d'une catégorie d'acheteurs (mesure exprimée par la distance géométrique), plus un repositionnement s'impose. Par exemple, Yema apparaît en difficulté, car située à mi-distance des segments n° 3 et n° 4, elle ne satisfait bien ni l'un ni l'autre ; Seiko et Omega sont plus proches des idéaux du segment n° 4, et Casio se trouve en meilleure position sur le segment n° 3. Yema devra procéder à un repositionnement délicat, soit en attaquant le segment n° 2, si elle dispose du savoir-faire créatif, soit en revenant sur le n° 4, si son savoir-faire technologique le permet.

Synthèse du chapitre

Le découpage d'un marché en différentes parties, appelées segments, conduit à l'identification de groupes de consommateurs homogènes par rapport à des critères de segmentation. Lorsqu'une entreprise concentre ses efforts sur un segment, celui-ci devient sa cible. La mise en œuvre de la segmentation impose six étapes : choix d'un critère de segmentation, évaluation des options stratégiques, sélection de la cible pour le produit, conception d'un marketing mix adapté à cette cible, mise en œuvre et contrôle des résultats. Cinq familles de critères permettent de segmenter un marché : sociodémographique, style de vie, occasion et usage, bénéfice recherché, valeurs du consommateur. Trois hypothèses sont envisageables pour le choix d'une option stratégique : forte hétérogénéité de la demande, faible hétérogénéité et homogénéité. Dans les deux premiers cas, les stratégies de couverture, de concentration ou de différenciation sont possibles ; dans le dernier, la contre-segmentation s'impose. Le choix d'une cible requiert une analyse des forces et des faiblesses face aux exigences de la cible, une observation de l'intensité concurrentielle et une appréciation du risque financier. La détermination du mix se fait selon des règles de cohérence interne et externe.

Le positionnement stratégique prolonge logiquement la segmentation : il consiste à différencier le produit des marques concurrentes en agissant sur les croyances du consommateur. Plusieurs axes sont possibles : performance, économie, service, plaisir et signe. Le positionnement en termes de « bénéfice consommateur » se fonde sur le fait que tous les acheteurs n'ont pas les mêmes attentes et qu'il est possible de les regrouper selon la nature des bénéfices recherchés. Un bon positionnement s'appuie sur un attribut déterminant du choix du produit. Il doit être, en outre, exclusif, cohérent, crédible, durable et compatible avec les moyens de l'entreprise.

Bibliographie d'approfondissement

(1) Dubois, P.-L., Nicholson, P., « Le positionnement », *Encyclopédie du Management*, Vuibert, 1992, tome 2, pp. 353-370,

(2) Pras, B., Bergadaa, M., « Segmentation : outils et choix stratégiques », *Encyclopédie du Management*, Vuibert, 1992, tome 2, pp. 704-722.

(3) Ries, A., Trout, J., *Positioning : The Battle for your Mind*, McGraw-Hill, 2000.

(4) Vernette, É., « La segmentation par avantages recherchés, outil de stratégie marketing », *Revue française de gestion*, 73, 1989, pp. 15-22.

TEST DE CONNAISSANCES

Choisir une seule réponse par question :

Q1 – Le positionnement est une stratégie qui vise à ce que :

(1) l'entreprise occupe une position du numéro un sur son marché ;
(2) la marque soit perçue comme semblable à celle du leader du marché ;
(3) la marque vise un segment haut de gamme ;
(4) la marque soit perçue comme différente des autres.

Q2 – Il y a cannibalisme d'un produit lorsque :

(1) les ventes du nouveau produit sont très faibles ;
(2) les ventes de l'ancien produit et du nouveau produit baissent ;
(3) les ventes du nouveau produit font baisser celles de l'ancien produit ;
(4) les ventes de l'ancien produit et du nouveau produit augmentent.

Q3 – Cibler un produit, c'est :

(1) sélectionner un segment de marché ;
(2) sélectionner un positionnement ;
(3) sélectionner un critère de segmentation ;
(4) manipuler les croyances du consommateur.

Q4 – Choisir le segment qui présente le plus fort potentiel de vente est préférable si :

(1) les attentes des consommateurs sont hétérogènes ;
(2) l'intensité concurrentielle est modérée ;
(3) la marque a une réputation de marque de luxe ;
(4) le seuil de rentabilité est élevé.

Q5 – Une conséquence de la géométrie variable d'un marché est :

(1) l'apparition de niches ;
(2) la contre-segmentation ;
(3) la fausse majorité ;
(4) un raisonnement « toutes choses égales par ailleurs ».

Q6 – La pertinence d'un critère de segmentation, c'est :

(1) l'aptitude du critère à prédire le choix d'une marque ou d'un produit ;
(2) la rapidité et la facilité avec laquelle on identifie un segment ;
(3) la capacité de discrimination du critère ;
(4) la facilité de description des segments obtenus.

Q7 – Si la segmentation montre des segments faiblement hétérogènes, une bonne stratégie consisterait à :

(1) réduire les coûts de production ;
(2) contre-segmenter ;
(3) adopter un positionnement de haut de gamme ;
(4) différencier le produit.

Q8 –Les règles de cohérence externe de détermination du marketing mix reviennnent à :

(1) adapter le mix aux attentes spécifiques de la cible ;
(2) privilégier le point idéal de chaque segment ;
(3) se focaliser sur un segment peu travaillé par les concurrents ;
(4) « moyenniser » le produit pour élargir le potentiel du produit.

Q9 – Un attribut saillant est :

(1) nécessairement déterminant ;
(2) nécessairement verbalisé ;
(3) sans importance ;
(4) synonyme de « critère de choix ».

Q10 – La construction d'une carte perceptuelle fait appel à :

(1) une analyse des forces et des faiblesses ;
(2) une analyse documentaire ;
(3) des tests statistiques ;
(4) une ou plusieurs technique(s) d'analyses multivariées.

Réponses du test :

Q1 = 4 ; Q2 = 3 ; Q3 = 1 ; Q4 = 2 ; Q5 = 1 ; Q6 = 3 ; Q7 = 4 ; Q8 = 1 ; Q9 = 2 ; Q10 = 4.

Chapitre 7

Stratégie de marque et relationnelle

Certains gourous n'hésitent pas à annoncer la fin des marques. Si effectivement, une marque faible représente un poids mort pour l'entreprise, en revanche, une marque forte constitue une ressource inestimable et un atout marketing majeur. Nous verrons comment procéder pour construire (partie I) et manager de telles marques (partie II) ; enfin, nous élargirons notre réflexion, en présentant les bases de la gestion d'une bonne relation avec le client (partie III).

Au terme de ce chapitre, vous saurez :

- *comment construire et défendre une marque forte ;*
- *pourquoi le capital de marque peut être une source de valeur inestimable ;*
- *comment construire et entretenir une relation durable avec le client.*

CONSEILS DE LECTURE : *Assimilez bien le chapitre précédent avant d'attaquer celui-ci : il est indispensable d'avoir une idée claire sur les concepts de segmentation, cible, positionnement et image de marque. Pour une bonne compréhension du chapitre, respectez la chronologie de ses trois parties.*

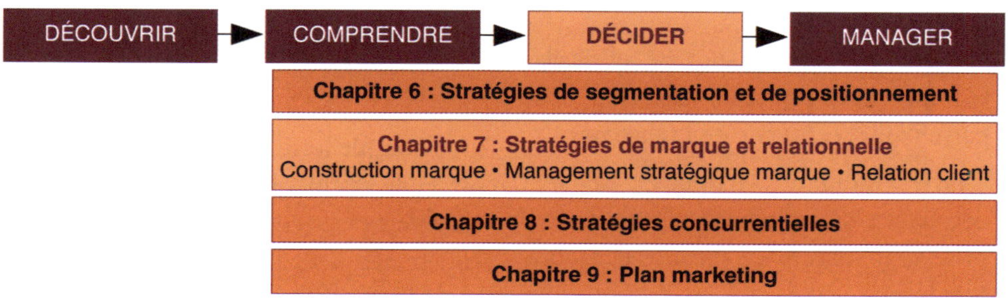

Figure 7.0 : Plan du chapitre

MOTS CLÉS : *Association périphérique, attachement, capital de marque, CRM, datamining, e-marketing, fidélité, identité de marque, image de marque, noyau central, personnalité de marque, portefeuille de marque, RFM, territoire de marque, valeur à vie d'un client.*

I. CONSTRUCTION D'UNE MARQUE

1.1. Qu'est-ce qu'une marque ?

Définie par la loi du 4 janvier 1991, la marque est « un signe susceptible de représentation graphique, servant à distinguer les produits ou services d'une personne physique ou morale ».

1.1.1. Fonctions

La marque remplit sept fonctions :

- caractère pratique : par son graphisme et ses couleurs, elle facilite le repérage dans les rayons ;
- garantie : le fabricant doit assurer un niveau de qualité constant, ce qui réduit le risque d'erreur pour le consommateur ;
- éclaircissement : elle fournit des indications sur un contenu caché (emballage opaque, produits qui se ressemblent) ;
- différenciation : elle offre une formule spécifique qui doit justifier un supplément de prix éventuel, par rapport aux prix des concurrents ;
- image de soi : elle est souvent un révélateur ou, au contraire, un masque pour la personnalité et le style de l'acheteur ;
- caractère ludique : l'étendue du choix, la découverte de nouveaux usages et la surprise sont sources de surprise et favorisent le jeu ;
- créatrice d'émotion : l'attachement, la personnalisation de la relation peut transformer la marque en un « prolongement » de soi, source de joie et de plaisir.

1.1.2 Sensibilité à la marque

L'importance accordée à la marque dépend de la personne et de la catégorie de produit. Dans certaines catégories de produits, la construction d'une stratégie de marque s'impose (voir la Figure 7.1). Pour les autres, il est souvent payant d'identifier le segment de consommateurs qui est plus sensible à la marque et de le choisir comme cible marketing. Si un acheteur est sensible à la marque, l'attribut « réputation de la marque » devient pour lui un critère de choix primordial.

Forte sensibilité à la marque	Faible sensibilité à la marque
1. Automobile	1. Robe
2. Champagne	2. Collants
3. Eau minérale	3. Matelas
4. Eau de toilette	4. Aspirateur
5. Savon de toilette	5. Piles
6. Café	6. Yaourt
7. Shampooing	7. Confiture
8. Machine à laver	8. Pâtes

Source : Adapté de Kapferer, J.-N., Thoenig, J.-C., *La Marque*, Ediscience, 1989, p. 99.

Figure 7.1 : Sensibilité aux marques selon les catégories de produits

1.2. Composantes de la structure d'une marque

Une marque forte est bien plus qu'un simple signe distinctif. Pour attirer et séduire durablement le consommateur, elle doit se faire remarquer par une personnalité et une identité spécifiques.

1.2.1. Personnalité de marque

La personnalité d'une marque se définit comme l'« *ensemble des caractéristiques humaines associées à une marque*»[1]. Sa construction suppose un anthropomorphisme, c'est-à-dire la possibilité de donner une forme humaine à un objet, la marque.

Une première solution consiste à donner à la marque le nom d'une personne imaginaire. La réussite de cette stratégie suppose une bonne cohérence entre le positionnement voulu et les traits de caractère associés à la personne. Les traits de caractère de la personne et ses compétences sont transférés à la marque par une communication publicitaire adéquate.

La Laitière de Nestlé se veut une marque qui allie générosité, compétence et savoir-faire ancestral pour offrir un yaourt haut de gamme. La marque est indissociable du sourire, des gestes, des marmites et des habits moyenâgeux de son héroïne. Ces qualités propres à la personne sont transférées par la communication au produit : la marque devient la personne. La marque de café Grand'Mère et les confitures Bonne Maman procèdent du même principe. Le Focus-Manager 7.1 retrace l'histoire mouvementée de Mr Propre, marque d'un nettoyant ménager.

FOCUS-MANAGER

7.1. Les mutations de Mr Propre

Monsieur Propre est né aux États-Unis à Cincinnati (Ohio) en 1958, alors même que le produit élaboré par les laboratoires Procter & Gamble n'était pas encore tout à fait au point. Son apparence et son métier ont régulièrement évolué au fil du temps. Ainsi, au tout début, il était élégant, vêtu d'un complet, mais avec une brosse à récurer dans la main. Il sera successivement un policier qui traque les problèmes de saleté, un témoin qui comparaît devant un tribunal pour témoigner contre la saleté. Son nom (Mr Clean ou Mr Net) vient de la mode américaine des années 1950 qui donnait aux célébrités sportives des titres tels que Mr Muscle, Mr Golf ou Mr Baseball.

L'acceptation de sa personnalité n'était pas évidente, car elle prenait à revers l'essentiel de valeurs traditionnelles de l'époque : il fallait accepter, d'une part l'idée qu'un homme puisse entrer dans votre domicile conjugal, en l'absence du mari, et que ce même homme fasse, d'autre part, ce que l'époux dédaignait faire, à savoir relever ses manches pour abattre les tâches ménagères les plus humbles. Sa personnalité émane de son rayonnement, de sa force complice et sûre d'elle. Son caractère est voulu comme éminemment sympathique, soutenu par son sourire charmeur. La référence mythologique rassure, clin d'œil au génie d'Aladin qui sort de la « lampe ménagère ». Mr Propre exaucera les vœux les plus téméraires. La marque est positionnée comme un partenaire fidèle, un compagnon espiègle, mais efficace, de la ménagère. Les bases d'une relation durable entre la marque et la consommatrice sont jetées.

Années 1970

Années 2000

1. Aaker, J.-L., « Dimensions of brand personality », *Journal of Marketing Research*, 34, 3, pp. 347-356, 1997.

L'homme entre en scène en 1966 en France avec une couleur verte et une formule liquide exclusive à l'ammoniaque. La publicité déclinera de 1966 à 1999, trois traits de caractère : « puissance », « compétence/brillance » et « sympathie/génie ». Ses postures et gestes évoluent au fil du temps : l'homme abandonne sa posture favorite (les bras croisés) et se permet claquements de doigts et clins d'œil. Mais l'usure du temps est l'ennemi des relations humaines… Alors « pour fêter ses 35 ans, Mr Propre subit un lifting en février 2001 : le sourire s'abaisse, les oreilles se recollent, le menton est plus volontaire et le regard plus perçant. Son visage s'affine et se rapproche de la réalité. Il conserve toutefois son anneau créole à l'oreille gauche, qui lui donne un air branché ».

Un véritable anthropomorphisme a été construit à partir de la marque, source d'une relation durable avec le consommateur. Porté par son histoire, ses expériences, Mr Propre, de manière analogue aux héros des bandes dessinées, garde une éternelle jouvence, tout en mûrissant et en évoluant au fil du temps. Les traits de caractère attribués à la marque par le consommateur (la sympathie, la compétence, l'audace et le charme) lui permettent de se différencier des concurrents et d'exister depuis plus de quarante ans sur un marché très exigeant.

Source : Vernette, É. « Les atouts et les pièges de la personnalité de marque », *Décisions Marketing*, 49, 2008, pp. 19-31.

Une autre solution consiste à adosser la marque à une célébrité avec pour objectif un transfert des traits de personnalité de celle-ci au produit. On peut encore mettre en scène dans la publicité un personnage dont la personnalité a été façonnée sur mesure, pour doter la marque de traits de caractères spécifiques, selon un phénomène de transfert analogue.

George Clooney personnifie pour Nespresso la marque depuis des années. Notoriété, charme, sincérité, exigence, mais aussi humour et autodérision constituent quelques-unes des facettes (supposées) du caractère de l'acteur qui sont transférées à la marque. Cerise, toujours disponible, se veut la bonne âme de Groupama, assurance et conseiller financier pour les tracas de la vie quotidienne. Dans un autre registre, la MAAF se présente comme le seul assureur capable de répondre aux exigences d'un client caractériel et gesticulant, dont le projet de vie consiste à prendre en défaut l'assureur.

Les recherches montrent que si l'anthropomorphisme peut fonctionner avec succès, plusieurs limites existent. Tout d'abord, seuls certains traits de la personnalité humaine peuvent être transposés à des marques ; d'autre part, le sens des traits de personnalité varie en fonction de la marque à laquelle ils sont attribués. La Fiche technique 7.1 aborde quelques-unes de ces questions.

1.2.2. Identité de marque

Une marque, tout comme une personne, a une identité lorsqu'elle existe en tant que « soi », qu'elle se construit autour de valeurs spécifiques et exprime un projet personnel, différent de celui de ces concurrents. L'identité repose sur quatre piliers fondamentaux : le produit (catégorie, niveau de qualité perçue, attributs spécifiques), l'organisation (réputation du fabricant, histoire, origine géographique), la personnalité et les symboles.

FICHE TECHNIQUE

7.1. Comment mesurer la personnalité d'une marque ?

1. Quels traits de personnalité retenir ?

Deux courants s'opposent : le premier considère qu'une marque a des traits de personnalité spécifiques ; le second reprend les traits de la personnalité humaine. Deux échelles sont proposées. Les recherches ne montrent pas de supériorité claire de l'une par rapport à l'autre, les deux fonctionnant raisonnablement bien.

– *Traits de personnalité spécifiques*. La personnalité de marque se structure autour de six dimensions : domination, compétence, consciencieuse, masculinité, expansivité, séduction. La figure suivante montre les traits de caractère les plus corrélés avec chaque dimension.

Domination	Compétence	Consciencieuse	Masculinité	Expansivité	Séduction
Unique	Fiable	Réaliste	Masculine	Audacieuse	Envoûtante
Indépendante	Robuste	Travailleuse	Virile	Imaginative	Séduisante
Sûre d'elle	Technique	Organisée	Rude	Fougueuse	Belle
Contemporaine	Sûre	Intelligente		Dans le vent	Sentimentale
Leader		Honnête		Gagnante	Féminine
				Gaie	Excitante
					Distinguée

Source : Koebel, M.-N., Ladwein, R. « L'échelle de personnalité de la marque de Jennifer L. Aaker : adaptation au contexte français », *Décisions Marketing*, n° 16, 1999, pp. 81-88.

– *Traits humains*. On utilise le modèle OCEAN, instrument de mesure de la personnalité humaine le plus courant en psychologie (voir chapitre 3). On retrouve les cinq dimensions de la personnalité humaine ; chacune s'illustre par des attributs spécifiques (voir tableau ci-après).

Introversion	Amabilité	Consciencieux	Neurotisme	Ouverture
Réservé	Chaleureux	Organisé	Envieux	Imaginatif
Timide	Compatissant	Efficace	Susceptible	Créatif
Renfermé	Gentil	Méthodique	Jaloux	Malin

Source : Adapté de Ferrandi, J.-M., Valette-Florence, P., « Premiers tests et validation de la transposition d'une échelle de personnalité humaine aux marques », *Recherche et Applications en Marketing*, 17, 3, 2002, pp. 21-40.

2. Comment mesurer les traits ?

Chaque trait de caractère est mesuré sur une échelle de Likert en cinq points. Par exemple : « Si la marque X était une personne, je la verrais comme… (citez le trait) »

Tout à fait à fait en désaccord	Plutôt en désaccord	Ni en désaccord Ni d'accord	Plutôt d'accord	Tout à fait d'accord
1	2	3	4	5

La construction d'une identité, tout comme le positionnement, relève d'une volonté stratégique de forger une identité particulière pour la marque. Le marketing détermine ce que la marque revendique par rapport à ses concurrents. Les interrogations portent sur les points suivants :

- quel projet, quelle vision du monde ?
- quelle(s) différence(s), quelle(s) supériorités(s) ?
- quelle(s) valeur(s) ?
- quel(s) symbole(s), quel(s) signe(s) de reconnaissance ?
- quelle légitimité ?

Les différentes facettes de l'identité d'une marque s'illustrent graphiquement par un prisme (voir Figure 7.2). L'identité s'inscrit dans un registre d'émission, exploité par la communication marketing. La personnalité de marque constitue une composante à part entière de l'identité de marque.

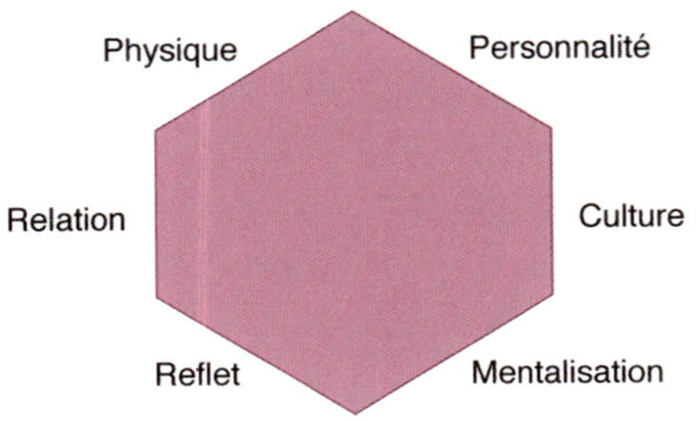

Source : Kapferer, J.-N., *Les marques, capital de l'entreprise*, Éditions d'Organisation, 2007.

Figure 7.2 : Prisme d'identité d'une marque

Par exemple, le physique de la Vache qui rit, c'est une pâte, une boîte ronde bleue, blanche et rouge, des portions emballées dans de l'aluminium. Sa personnalité est sympathique, généreuse et bienveillante. Sa culture évoque l'un des nombreux terroirs agricoles français (bleu, blanc, rouge) ; mais à la différence d'autres fromages, ce terroir n'est pas délimité géographiquement. La relation est parentale : la vache est une mère attentive qui veille au bienfait de sa progéniture. Elle reflète un monde sans souci, fraternel, où il fait bon vivre. La mentalisation renvoie à la nostalgie de l'enfance, à l'insouciance des verts paradis des amours enfantines…

1.2.3. Territoire de marque et produit

Le territoire correspond à la (ou les) catégorie(s) de produits actuelle(s) dans la(les)quelle(s) la marque est présente, plus celle(s) où sa présence serait considérée comme légitime. Ce dernier champ représente un potentiel de développement pour de nouveaux produits, dans une perspective d'extension de marque (voir partie III « Stratégies de relation avec le client »).

On détermine le cœur du territoire de marque en demandant aux consommateurs (actuels ou potentiels), quelle catégorie de produits ils considèrent « comme la plus typique » de la marque. Les champs d'évolution potentiels se déterminent de façon inverse : on demande aux consommateurs de citer, pour une catégorie de produit donnée, les marques qu'ils jugent comme les plus typiques de la catégorie. Il suffit de repérer les catégories de produits citées dans lesquelles la marque n'est pas présente ; inversement, les catégories de produits qui ne sont pas citées et dans lesquelles la marque est présente révèlent une position concurrentielle fragile.

La haute couture et le parfum sont considérés comme le cœur du territoire de Chanel. Les crèmes de soin, la maroquinerie, les bijoux, les montres et les accessoires de modes sont des produits pour lesquels la marque est légitime : la marque y est déjà présente. Si d'autres catégories étaient citées (par exemple les produits capillaires, les tissus d'ameublement, etc.), elles constitueraient des options envisageables pour une extension de marque.

La Figure 7.3 illustre les relations entre marque et produit. Une marque forte trouve ses racines et sa légitimité dans les caractéristiques fonctionnelles du produit qu'elle représente. Elle donne au produit une envergure, en le « *sublimant* », au travers des bénéfices psychologiques (émotion, expression de soi, personnalité), psychosociologiques (symboles, organisation) et sociaux (utilisateurs, relation avec les consommateurs) qu'elle offre au consommateur.

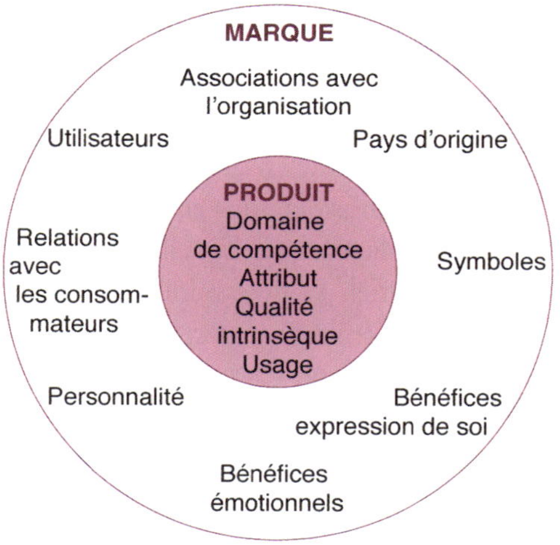

Source : Aaker D., *Building strong brands*, The Free Pressn NY, 1996, p. 74.

Figure 7.3 : Marque et produit

1.3. Choix du nom de marque

Un bon nom de marque doit réunir les qualités suivantes. :

- Il doit être **pratique** : court (Mir, Cif, Dash, Lux), il facilite la mémorisation ; si la marque est internationale, l'idéal est d'être prononçable dans toutes les langues.
- Il doit être aussi **suggestif**. Des croyances favorables doivent pouvoir être spontanément associées, sans connotations triviales. Danone a été ainsi traduit en chinois par *Daneng* (« plein d'énergie »), Yoplait par *Younuo* (« promesse d'excellence ») et Yves Rocher par *Yeluzi* (« rosée sur les feuilles »).
- Il doit par ailleurs être **amplificateur**. Le positionnement et le facteur de différenciation doivent être implicitement suggérés et renforcés par le nom. Carte d'Or est cohérent pour une glace haut de gamme, tout comme Nespresso de Nestlé est un nom logique pour un café haut de gamme.
- Enfin, il doit être **libre** (il n'a pas déjà été déposé) et **déposable** (voir paragraphe suivant). Il existe plusieurs techniques pour trouver un bon nom de marque. Nous les présenterons dans la partie III du chapitre 8 (« Stratégies de valorisation concurrentielle »).

1.4. Protection de la marque

En France, le dépôt d'une marque se fait à l'INPI. La protection est établie pour les classes de produits dans lesquelles le dépôt a été fait. La Fiche technique 7.2 donne les principaux éléments à connaître pour une bonne protection.

FICHE TECHNIQUE

7.2. Protéger une marque

1. Qu'est-ce qui peut être protégé ?

« Seul un signe susceptible de représentation graphique peut être déposé comme marque. » Cette définition, très large, englobe tous les symboles visuels : mots (Yoplait), noms propres (Guy Degrenne), pseudonymes (Monsieur Plus de Bahlsen), noms géographiques, slogan (« Parce que vous le valez bien » de L'Oréal ; « Darty, le contrat de confiance »), chiffres (307 Peugeot ; 24 Faubourg d'Hermès, N° 5 de Chanel), lettres (SVP), sigles (MAIF, Fnac), couleurs, dessins (étiquettes), figures et logos (les chevrons de Citroën). La combinaison de différents éléments comme un dessin et un nom dans un graphisme particulier (le crocodile de Lacoste) ou un nom avec un graphisme particulier (Perrier) sont déposables.

Les reliefs (marques en trois dimensions, hologrammes, formes des emballages, logos, images synthétiques), les packagings et les formes caractéristiques de produits ou de services (pack, format, etc.), sont eux aussi déposables. Un signe sonore (son, phrase musicale), l'est également, à condition qu'il puisse être représenté graphiquement (exemple : une portée musicale). Pour une meilleure protection des éléments graphiques (logos, formes, etc.), le dépôt de dessin ou de modèle est recommandé.

2. Qu'est-ce qui ne peut pas être protégé ?

a. Un signe, un mot ou une expression qui sert à désigner le produit ou service le mot baba ne peut être déposé seul pour désigner de la pâtisserie.

b. Les descriptions simples ou des qualificatifs du produit ou du service : par exemple « fraises de Plougastel », « Nature » pour un produit de beauté, « L'Actualité » pour un journal. De même l'expression « pure laine » seule ne peut être choisie pour un tapis en laine. Néanmoins, si la marque à déposer est exploitée depuis longtemps et qu'elle est perçue en tant que telle par le consommateur, et non comme une simple description d'un produit ou service, le dépôt peut être envisagé.

c. Des termes élogieux utilisés seuls, comme « super » ou « plus », etc.

d. Ce qui est interdit par la loi, c'est-à-dire ce qui est susceptible de tromper le public sur la nature, la qualité ou la provenance géographique du produit, par exemple « Servifrais » pour des produits surgelés, « Beurrax » pour de la margarine ou « *Genéva* » pour des montres fabriquées en France, ne sont pas recevables. L'utilisation d'appellation d'origine, constituée par un nom réglementé qui est celui du lieu dont est issu le produit auquel il doit ses caractéristiques spécifiques, n'est pas autorisée : par exemple « bordeaux » seul, pour un vin, est interdit ; de même Yves Saint Laurent n'a pu utiliser « Champagne » pour un parfum. D'autre part, il n'est pas possible d'utiliser des drapeaux d'État ou des armoiries. Enfin, un mot ou une expression contraire à l'ordre public ou aux bonnes mœurs, comme un slogan raciste, ne peuvent être retenus comme marque.

e. Ce qui porte atteinte au droit d'autrui, telle l'imitation de marques existantes (mots, homonymes) ou de couleurs créant une confusion sur l'identité de la marque. Exemples : Périscope et Pariscope, Baccarat et Bacara, Vache qui rit et Vache sérieuse, Taille fine et Mini-taille. Théoriquement, il est possible de déposer le nom pour d'autres catégories de produits qui n'ont pas été couvertes lors du dépôt initial : Montblanc pour des articles de papeterie, Joker pour des articles de pêche. Mais si une marque a une forte notoriété, la jurisprudence tend à l'interdire pour des catégories complémentaires ou proches.

Exemples : Waterman pour des lames de rasoirs, Carrefour du Bâtiment pour une enseigne de bricolage ; néanmoins, Cadillac a été admis pour une rôtissoire.

3. Comment déposer ?

Le dépôt se fait au siège de l'INPI (Paris et province). Trois étapes sont nécessaires.

Étape 1. Définir les classes d'enregistrement

Il est important dans un premier temps de déterminer les classes auxquelles appartiennent les produits et les marques. L'INPI fournit une version simplifiée des nomenclatures existantes (quarante-deux classes).

Étape 2. Détecter une éventuelle antériorité

On vérifie si le signe envisagé ne porte pas atteinte à une marque ou à un nom commercial : reproduction identique ou quasi identique, risque de confusion par imitation (visuelle, phonétique, intellectuelle). Cette recherche se fait généralement en deux temps.

- *Recherche à l'identique* : le site ICIMARQUES[2] permet de faire une première recherche à l'identique (même nom) et de consulter gratuitement en ligne une liste de résultats. Le tarif de la notice complète (texte et images) est de 3,59 euros. On peut aller plus loin, en recherchant parmi les dénominations sociales les noms commerciaux et les enseignes antérieurs. Un service de l'INPI, Euridile[3], propose pour 38 euros une recherche dans un groupe d'activités similaires.
- *Recherche de similarités* : dans un second temps, on approfondit par une recherche de similarités. Un logiciel recherche, parmi les marques en vigueur en France, les marques comportant un élément verbal similaire (mots ou combinaison de mots). Le programme effectue la comparaison selon trois critères : similitude orthographique, phonétique et intellectuelle. L'analyse prend en compte le nombre de lettres communes, les séquences identiques et leur positionnement dans les marques existantes.

Étape 3. Procéder aux enregistrements

Le formulaire de demande d'enregistrement de marque peut être rempli en ligne. Environ six semaines après le dépôt, l'INPI publie le nom de marque au BOPI (Bulletin Officiel de la Propriété Industrielle). Elle examine ensuite la demande et transmet éventuellement des remarques. Si tout est conforme, il faut compter environ cinq mois pour l'enregistrement définitif de la marque au BOPI qui transmet alors un certificat d'enregistrement au propriétaire.

4. Combien coûte le dépôt ?

Il faut prévoir un coût minimum de 225 euros pour le dépôt (pour deux ou trois classes) ; au-delà, il faut ajouter 40 euros pour chaque classe. Si l'on dépose dans toutes les classes, le coût s'élève à 760 euros.

5. Quelle est la durée de la protection ?

Une fois enregistrée, la marque donne un monopole d'exploitation sur l'ensemble du territoire national pendant dix ans à compter du dépôt. Elle est indéfiniment renouvelable sous réserve du paiement, dans les délais impartis, de la redevance prescrite (au minimum 240 euros).

Source : www.inpi.fr (2008)

2. www.icimarques.com
3. www.euridile.inpi.fr

II. MANAGEMENT STRATÉGIQUE DE LA MARQUE

2.1. Management de l'image de marque

2.1.1. Noyau central et système périphérique

Comment s'organisent dans l'esprit du consommateur les différentes croyances constitutives d'une image de marque ? Toutes les croyances n'ont pas le même statut : certaines sont plus fortement associées à la marque que d'autres. L'image de marque se structure autour d'un noyau central, lui-même complété par un système de croyances périphériques. La Fiche technique 7.3 présente ces concepts et leurs implications pour le management d'une marque.

L'identification des associations centrales et périphériques se fait en deux temps. On recueille d'abord un ensemble d'associations (croyances) propres à la marque, en posant une question ouverte : « *Qu'est-ce qui vous vient spontanément à l'esprit quand vous pensez à la marque X ?* » On constitue une liste qui reprend l'ensemble des citations spontanées, puis on la soumet à un autre échantillon de consommateurs en utilisant une procédure de réfutation qui permet d'évaluer le degré d'exclusivité des associations à la marque.

> Par exemple, pour un micro-ordinateur, on pose la question suivante : « Si un micro-ordinateur n'est pas facile à utiliser, peut-il être de la marque Apple ? » ; « S'il n'est pas agréable à regarder, peut-il être de la marque Apple ? », etc.

La détermination du caractère central ou périphérique d'une association se fait par une procédure de test statistique.

> Par exemple, les associations centrales de la marque Zara sont « féminin », « à la mode », « citadine », « actuelle » ; les associations périphériques sont : « vêtement », « femme active », « dynamique », « branché », « variété », « qualité », « jeune », « tous les jours »[4].

2.1.2. Analyse de l'image de marque

L'image de marque désigne l'ensemble des croyances favorables ou défavorables qu'un consommateur attribue à une marque.

La connaissance de la nature des croyances (centrale ou périphérique) et de leur degré d'exclusivité (unicité) constitue la première étape de l'audit d'une image. Dans un second temps, le manager marketing évalue le caractère favorable ou défavorable (polarité) et la force (solidité) de chaque association.

> Le fait d'associer une pomme à la marque Apple, n'apporte, *a priori*, guère d'information sur le caractère favorable ou défavorable de l'association. Pour certains consommateurs, cette croyance sera jugée neutre, pour d'autres, le caractère décalé du logo sera jugé favorablement. À l'inverse, si Apple est considérée comme une marque facile à utiliser, il est probable que cette croyance sera jugée favorablement par tous les consomma-

4. Ambroise, L., Michel, G., Valette-Florence, P., « Mesures du noyau central et de la personnalité de la marque : comparaison des premiers résultats de validité prédictive vis-à-vis de l'attachement à la marque et l'intention d'achat », *Actes du XXIe Congrès AFM*, CD-Rom, Nancy, 2005.

teurs ; il reste néanmoins à déterminer l'ampleur de cette force : est-ce une excellente chose ou un simple « plus » pour la marque ? Enfin, si Apple est jugée chère, cela serait catastrophique si la marque avait opté pour un positionnement bas de gamme, mais reste acceptable, puisque la marque a choisi le haut de gamme. Finalement, si un consommateur est convaincu (solidité) qu'Apple est très facile à utiliser (force), que c'est une excellente chose (polarité), il est probable que l'image globale de la marque sera jugée bonne.

FICHE TECHNIQUE

7.3. Noyau central et périphérique d'une marque[5]

Le noyau central constitue le cœur de la marque. Il est formé des associations qui sont perçues par une majorité de consommateurs comme indissociables de la marque. Autrement dit, la marque n'est pas reconnue si elle ne respecte pas ces associations centrales. C'est l'élément le plus stable, celui qui assure la pérennité. Le noyau donne la signification aux autres associations de la marque. Par exemple, si deux marques sont associées à la caractéristique « ancienne », celle-ci n'aura pas le même sens selon que le noyau reflète une image vieillotte ou traditionnelle. De même, deux associations peuvent revenir toutes les deux très fréquemment dans le discours des individus, mais une seule appartiendra au noyau central. Autrement dit, seule l'association centrale donne sa signification à l'image de marque. Par exemple, les associations « enfants » et « hamburger » sont fortement associées à la marque McDonald's, mais seule l'association « hamburger » représente une association centrale de la marque. La comparaison des attributs constitutifs du noyau permet d'évaluer la proximité de l'image de plusieurs marques, et donc le degré de concurrence entre les marques.

Le système périphérique remplit deux fonctions essentielles. Il intègre les éléments factuels de la marque et assure une protection contre d'éventuelles actions marketing perturbantes. En effet, lorsque l'image de marque évolue, le consommateur modifie en premier lieu les associations périphériques. Chanel intègre dans son système périphérique des éléments tangibles tels que les tissus, les Champs-Élysées, les mannequins, etc. Supposons que l'essence de la marque soit menacée par une décision marketing incongrue (par exemple, vendre Chanel en hypermarché) : le consommateur « défend » la marque en intégrant ces nouvelles informations qui constituent les réalités de la marque ; celles-ci sont considérées comme provisoires. L'association périphérique n'entrera dans le noyau central que si la perturbation dure. De même, une modification jugée favorable (par exemple, une nouvelle voiture estimée plus fiable que les autres modèles du constructeur), n'entrera pas aisément dans le cœur de la marque. Ceci explique pourquoi une image de marque favorable met du temps à se dégrader, et inversement, pourquoi il faut du temps pour changer une image négative.

L'idéal est évidemment que le consommateur associe avec force à la marque une série de croyances jugées favorables, tout en étant certain de ses jugements. La Figure 7.4 propose un exemple de questionnaire pour mesurer ces éléments.

5. Pour aller plus loin : Michel, G., « L'évaluation des marques : approche par la théorie du noyau central », *Recherche et Applications en Marketing*, 14, 4, 1999, pp. 33-53.

Où situeriez-vous la marque Chanel ?	Bon marché :	....	: Cher	**(Nature)**
De ce jugement, vous êtes :	Incertain :	....	: Certain	**(Force)**
Pour Chanel ce jugement est :	Très défavorable :	....	: Très favorable	**(Polarité)**

Figure 7.4 : Mesure de la nature, de la force et de la polarité d'une association

Dans un troisième temps, il convient de croiser l'évaluation des différentes associations avec leur degré de déterminance (voir chapitre 6, Fiche technique 6.3) pour évaluer la force de la marque. En effet, si une marque est bien évaluée sur des attributs peu déterminants du choix, mais mal évaluée sur des attributs déterminants, il est probable qu'elle aura peu de chances d'être choisie par les acheteurs. La Figure 7.5 présente les différentes actions stratégiques à envisager dans chacune des situations.

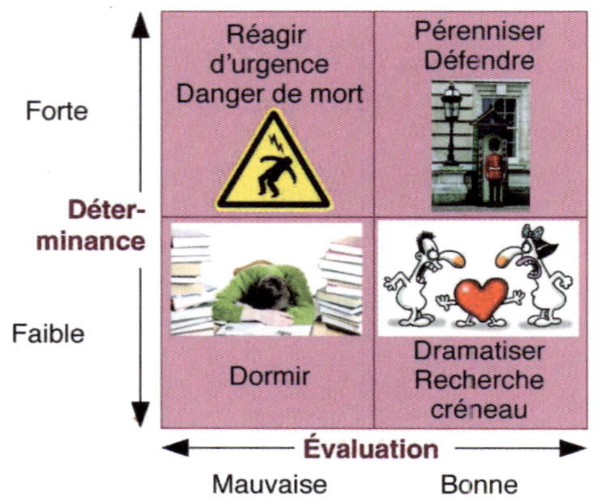

Figure 7.5 : Audit de l'image et attitude stratégique

Dans le cas d'une bonne évaluation sur un attribut peu déterminant, deux actions sont envisageables. La première consiste à accroître le degré de déterminance de l'attribut par une communication publicitaire adaptée, en dramatisant les conséquences d'une omission de l'attribut dans le choix. La seconde vise à rechercher, dans le marché, un segment qui valorise plus fortement l'attribut que la moyenne : c'est le principe de la segmentation par les bénéfices.

Pour sa part, une mauvaise évaluation sur un attribut peu déterminant n'indique rien d'inquiétant à court terme. Il ne serait guère judicieux d'allouer des ressources marketing pour améliorer l'image, car cela aurait un faible impact sur la préférence pour la marque. Néanmoins, il convient de surveiller régulièrement l'évolution du poids de l'attribut, pour éviter un réveil stratégique trop brutal.

Une bonne évaluation sur un attribut déterminant constitue la situation idéale. La marque dispose d'un point fort majeur, avantage concurrentiel qu'il convient de conserver face aux concurrents.

Enfin en cas de mauvaise évaluation sur un attribut déterminant, il convient de réagir d'urgence pour améliorer l'évaluation de la marque sur l'attribut. Dans le cas contraire, l'affaiblissement, voire la disparition de la marque, est probable.

Le Focus-Manager 7.2 montre que ce type de matrice offre de nombreuses pistes d'action au marketing.

La Figure 7.6 récapitule l'ensemble des éléments à considérer dans un audit complet de l'image d'une marque.

FOCUS-MANAGER

7.2. L'AUDIT DE L'IMAGE DE LA RATP

1. Contexte

Sept millions et demi d'habitants de la région parisienne âgés de plus de 10 ans utilisent au moins le métro une fois par an ; ils sont près de trois millions à l'emprunter au moins une fois par semaine. La RATP a mis en place depuis 1993 un panel, composé de 3 360 clients âgés de plus de 10 ans, pour suivre l'évolution de l'image du métro.

2. Résultats

Dix attributs ont été identifiés comme déterminants de l'image globale ; le panel suit l'évolution du poids de ces attributs. En 2000, les attributs les plus déterminants étaient l'affluence dans les rames, l'amabilité et la compétence du personnel, la ponctualité, la sécurité, la propreté des stations. Le métro est bien évalué sur la rapidité, l'attente et la ponctualité ; la disponibilité, l'affluence et la propreté sont les attributs les moins bien notés. Les croisements de l'importance de l'attribut avec le score d'évaluation de la RATP donnent le mapping ci-dessous.

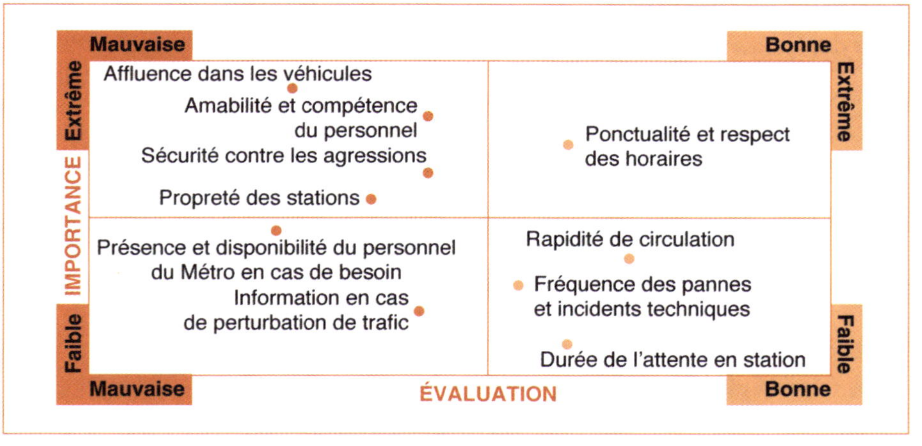

3. Implications marketing

La RATP souffre d'une mauvaise image globale. Elle comporte des défaillances notoires sur des attributs déterminants. Les items à travailler en priorité sont les items d'affluence, d'amabilité, de sécurité et de propreté. En revanche, ses points forts, déterminants dans la formation de l'image globale, sont la ponctualité et le respect des horaires. Le suivi annuel des variations éventuelles de la déterminance des attributs évite de mauvaises surprises. Par exemple, si une vague de grève survenait, l'attribut « information en cas de perturbation du trafic » verrait probablement son poids s'accroître fortement. Il serait alors important d'améliorer ce point qui reste faible pour la RATP.

Source : Journée Entreprise-afm, Paris, 21 septembre 2000.

Nature	Quelles croyances ? →	*« Qu'est-ce qui vient à l'esprit quand on pense à la marque ? »*
Force Solidité	Quelle intensité ? → Quelle certitude ?	*« Association forte ou faible ? »* *« En est-on convaincu ou pas ? »*
Unicité	Quelle exclusivité ? →	*« Qui d'autre que la marque est l'objet d'une croyance similaire ? »*
Polarité	Favorable ou défavorable ? →	*« Est-ce que cette croyance est une bonne ou une mauvaise chose pour la marque ? »*
Poids	Quelle déterminance ? →	*« Est-ce que cette croyance détermine la préférence ou le choix de la marque ? »*
Nombre	Combien ? →	*« Que peut-on dire d'autre ? »*

Figure 7.6 : Éléments d'un audit d'image d'une marque

2.2. Capital de marque

2.2.1. Définition et composantes

Le capital de marque (*brand equity*) désigne « l'ensemble des actifs attachés à un nom de marque qui ajoute (ou soustrait) de la valeur au produit ou au service pour l'entreprise et/ou pour les consommateurs. Les principaux actifs sont la connaissance du nom, la fidélité à la marque, la qualité perçue et les associations liées à la marque »[6]. La Figure 7.7 détaille les différentes composantes du capital de marque.

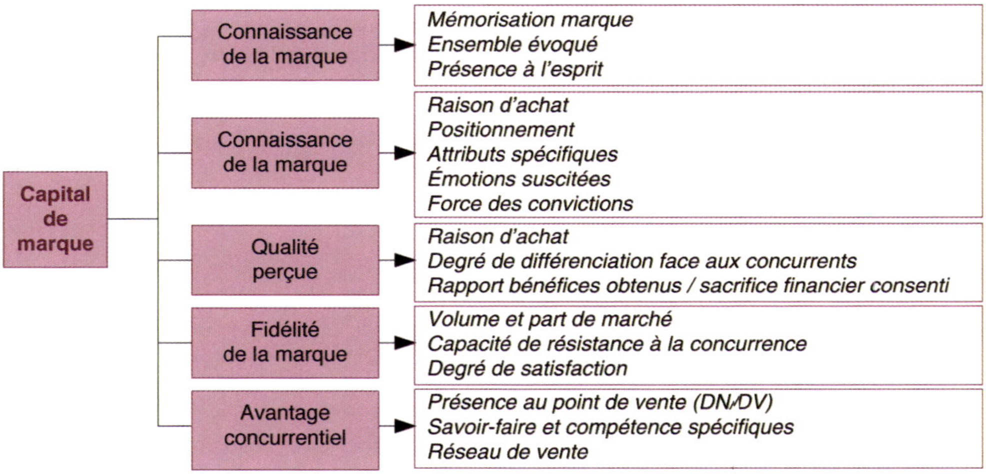

Figure 7.7 : Les composantes du capital de marque

6. Aaker, D., *Managing Brand Equity*, The Free Press, 1991.

Un capital de marque fort donne un avantage concurrentiel : la confiance dans la marque est élevée, ce qui accroît la fidélité du consommateur. Cette « sur-valeur » doit être reconnue, non seulement par une très forte majorité du segment visé, mais aussi par les clients potentiels.

Le capital de marque facilite le traitement des informations pour le consommateur, réduit l'incertitude liée à la décision d'achat et cautionne la satisfaction ultérieure en garantissant que la qualité promise sera délivrée. De même, les distributeurs sont plus ouverts pour référencer une marque prestigieuse connue, car elle assure une bonne rotation des stocks.

2.2.2. Évaluation financière du capital de marque

Sur le plan financier, le capital-marque est un actif incorporel (*goodwill*) ; celui-ci est égal à la différence entre le prix que l'on est prêt à payer pour acquérir l'entreprise et sa valeur nette comptable. Une partie, plus ou moins importante, de cet écart représente la valorisation due aux marques de l'entreprise, calculée en termes de bénéfices futurs (voir Fiche technique 7.4).

FICHE TECHNIQUE

7.4. Comment mesurer la valeur financière d'une marque ?

1. Principes généraux

La valeur financière d'une marque dépend du volume des recettes futures prévues et du degré de certitude de ces prévisions. La marque est un actif intangible dont la valeur « sécurise » les revenus futurs : une marque forte, parce qu'elle accroît la fidélité des clients, stabilise les ressources. En ce sens, elle diminue le risque pour les capitaux investis dans l'entreprise. Différentes approches sont envisageables[7] : évaluation par les coûts (investissements, remplacements), évaluation par le prix du marché, évaluation par les bénéfices potentiels. Cette dernière approche est la plus répandue. La difficulté principale consiste à séparer les revenus nets attribuables à la marque de ceux générés par les autres actifs intangibles.

2. Méthode Interbrand

Cette méthode se fonde sur un calcul des bénéfices futurs actualisés générés par la marque ; elle est probablement l'une des plus connue[8]. La démarche comporte trois phases.

- *La phase 1* consiste à évaluer (sur cinq ans) les résultats nets prévisionnels dus à l'ensemble des actifs intangibles : marques associées à la marque mère, brevets, R & D, expertise managériale. On calcule un solde intermédiaire de gestion (type EBITA : revenus avant frais financiers, impôts et amortissements) ; on retranche ensuite les impôts et la rémunération des capitaux propres. Le solde donne les résultats nets prévisionnels des actifs intangibles.
- *La phase 2* estime le pourcentage des résultats dû à l'effet de la marque. Il se traduit par un coefficient variant de 1 à 100 % par rapport aux résultats précédents. Si la réputation

7. Kapferer, J.-N., *Les marques, capital de l'entreprise*, Éditions d'Organisation, 2007.
8. Interbrand, Brand & Brandings: brand valuation (www.interbrand.com/books_papers.asp).

de la marque constitue un critère de choix primordial dans la catégorie de produit, le coefficient est proche de 100 % ; dans le cas contraire, ce dernier sera proche de 1 %.

– *La phase 3* évalue la force de la marque, c'est-à-dire sa capacité à générer des revenus pérennes. On applique, selon la force estimée, un coefficient d'actualisation aux revenus obtenus en phase 2 : si le risque est fort (revenus instables), le taux d'actualisation est élevé, et faible si le risque est faible (revenus stables). Le coefficient est estimé à partir d'une analyse des forces et faiblesses de marque dans les différents segments visés. Les critères suivants sont notamment examinés : perspectives concurrentielles du segment, part de marché actuelle et prévisionnelle (un leadership est fortement valorisé), croissance des ventes, qualité de l'image, potentiel d'extension et d'internationalisation de la marque, investissements réalisés sur la marque, protection légale de la marque.

Une marque internationale forte représente plusieurs milliards d'euros. L'institut Interbrand (filiale de l'agence de publicité Omnicom) établit chaque année un palmarès mondial et national. La Figure 7.8 présente les résultats pour les quinze marques mondiales et les quinze marques françaises les plus fortes. La première marque française (Louis Vuitton) arrive au dix-septième rang mondial.

Classement mondial des marques	Valeur (en milliards $)	Classement des marques françaises	Valeur (en milliards €)
1- Coca-Cola	65,3	1- Louis Vuitton	16,2
2- Microsoft	58,7	2- BNP Paribas	5,85
3- IBM	57,1	3- Axa	5,83
4- General Electric	51,5	4- L'Oréal	5,6
5- Nokia	33,7	5- Chanel	4,6
6- Toyota	32	6- Société Générale	4,49
7- Intel	30,9	7- Orange	4,3
8- McDonald's	29,3	8- Carrefour	4,2
9- Disney	29,1	9- Danone	3,99
10- Mercedes Benz	23,5	10- Lancôme	3,5
11- Citi	23,4	11- Hermès	3,4
12- HP	22,2	12- Cartier	3,1
13- BMW	21,6	13- Moët & Chandon	3,0
14- Marlboro	21,2	14- Hennessy	2,9
15- American Express	20,8	15- Peugeot	2,8
			Source : Interbrand, 2007.

Figure 7.8 : Les 15 marques mondiales et les 15 marques françaises les plus valorisées

2.2.3. Gestion du capital-marque

Un capital-marque se construit dans la durée. Il s'acquiert, au fil du temps, grâce aux efforts et aux investissements cumulés du marketing. D'une manière générale, l'obtention et la préservation du capital-marque s'appuie sur la constance de décisions marketing judicieuses, notamment en termes de segmentation et de positionnement. Mais un capital de marque peut aussi se dégrader, voire devenir négatif, suite à de mauvais choix stratégiques. La Figure 7.9 propose quelques recommandations pour développer le capital de marque.

1. Regrouper ses marques sous une bannière unique.
2. Se focaliser sur un créneau et faire connaître sa différence.
3. Faire de sa signature une garantie d'excellence.
4. Travailler son image et accroître sa notoriété.
5. Protéger son identité pour assurer sa pérennité : proclamer et défendre ses valeurs.
Source : Domart, Q., « Cinq secrets des grandes marques », *L'Expansion*, juillet-août 2007.

Figure 7.9 : Cinq conseils pour développer le capital de marque

Le capital de marque augmente l'efficacité du marketing-mix et notamment l'impact de la publicité : à budget équivalent, la publicité a plus de chance d'être mémorisée et jugée crédible. Avant de construire un message, le publicitaire doit juger la notoriété de la marque, connaître les croyances associées, leur solidité et leur polarité. Cet héritage des actions marketing passées peut limiter les champs d'actions : en effet, il est difficile de revendiquer telle ou telle caractéristique, si les croyances des acheteurs sont diamétralement opposées. En revanche, c'est un atout si les croyances mémorisées sont favorables, car le discours publicitaire est crédibilisé.

> Par exemple, Chanel dispose d'un capital de marque inestimable pour les parfums : la marque bénéficie d'une très forte notoriété spontanée, ses associations évoquent le luxe, le prestige, le goût classique et sûr. L'odeur est bien évaluée (qualité perçue) ; la marque est diffusée dans le monde entier dans un circuit de distribution sélectif (parfumerie haut de gamme) ; enfin, les acheteurs sont fidèles. Le lancement d'un nouveau parfum doit être cohérent avec cet héritage. Il serait dangereux de vouloir accroître les ventes en s'attaquant à un segment bas de gamme, en adoptant un discours branché ou provocant, avec une présence dans les grandes surfaces. Le prestige s'éroderait peu à peu : les anciens acheteurs ne s'identifieraient pas aux nouveaux clients, les parfumeries considéreraient que la marque est bradée par les hypermarchés. La marque se banaliserait, la fidélité diminuerait et le capital de marque s'effondrerait.

Depuis les années 1990, les marques de distributeurs (Carrefour, Auchan, Casino, Leclerc) et les marques « premier prix » (produits bas de gamme, sans marque) menacent les marques des fabricants, car elles ont fortement pénétré la grande distribution. Face à cela, plusieurs réactions sont envisageables[9].

L'une consiste à arrêter la prolifération des marques nouvelles. L'entreprise doit se recentrer sur quelques marques fortes : les

9. Kapferer, J.-N., « Gérer le capital de marque : quelles implications opérationnelles ? », *Décisions Marketing*, 1, 1994, pp. 7-14.

coûts de promotion étant très élevés, les budgets doivent être placés sur ces dernières. Ainsi Danone a supprimé l'Alsacienne et Gringoire ; depuis 1993, le groupe lui-même s'appelle Danone (au lieu de BSN) pour capitaliser sur la marque la plus forte du groupe.

La seconde vise à nourrir les marques par l'innovation. Une marque ne croît que si elle se renouvelle. Les innovations doivent profiter aux marques anciennes, pour leur éviter un vieillissement prématuré.

2.3. Gestion d'un portefeuille de marques

Deux types d'actions sont nécessaires : structurer le portefeuille de marques et gérer son évolution au fil du temps.

2.3.1. Structuration des marques et produits

Par rapport aux produits, la marque peut être utilisée pour[10] trois types de produits.

Pour un produit spécifique, la « marque-produit » associe un nom et une promesse spécifique (Ariel, Vizir, Badoit, Fruité).

Dans le cas d'un ensemble de produits homogènes, la « marque-ligne » regroupe sous un même nom des produits complémentaires qui s'adressent à une même cible (Samsara, N° 5, Poison) ; la « marque-gamme », elle, décline sous un même nom des produits homogènes (Findus, Dim, Nescafé).

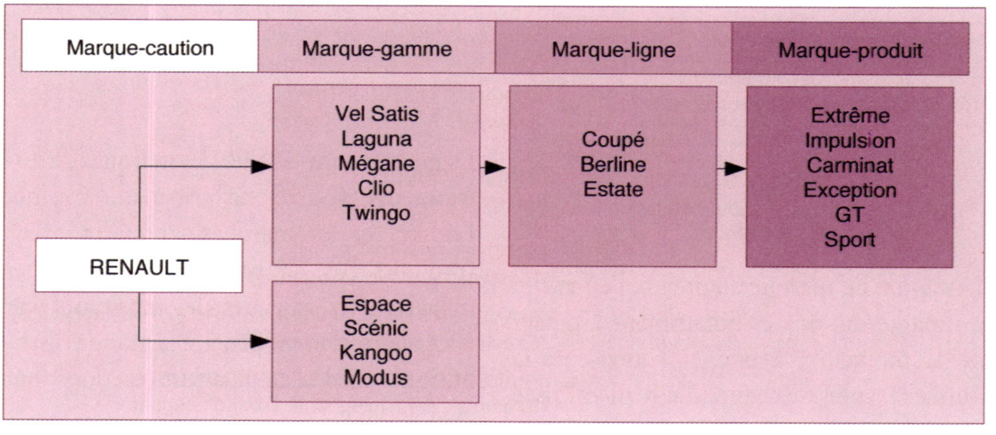

Figure 7.10 : Structure d'un portefeuille de marques (Renault SA)

10. Pour approfondir ce point, voir Cegarra, J.-J., « Gérer un portefeuille de marques », *Décisions Marketing*, 3, 1994, pp. 81-91.

Enfin, pour un ensemble de produits hétérogènes, la « marque-ombrelle » abrite des produits différents, chacun bénéficiant d'une promesse spécifique (Maggi, Vedette). À côté de cela, la marque peut servir de caution lorsqu'elle recouvre plusieurs gammes complexes. Elle s'ajoute à une autre marque du groupe (moins connue) pour authentifier et crédibiliser le produit : Danone sert de caution à l'ensemble des marques du groupe ; les constructeurs de voitures (Renault, Ford, Peugeot) suivent la même démarche (voir Figure 7.10).

2.3.2. Gestion stratégique

Le directeur marketing dispose de plusieurs axes pour développer son portefeuille.

— Extension de marques et de produits

C'est une forme de diversification, car la marque pénètre de nouveaux marchés avec de nouveaux produits. Le capital-marque est mobilisé pour pénétrer à moindres frais une nouvelle catégorie de produits complémentaires ou substituables. L'entreprise veut transférer les croyances favorables associées à son capital-marque sur le nouveau produit. Pour que cette greffe fonctionne, il faut que le territoire de la marque soit cohérent avec celui envisagé pour la nouvelle catégorie de produits. Autrement dit, les consommateurs doivent associer sans peine la marque à la nouvelle catégorie de produit. La Figure 7.11 récapitule les différentes variantes qui s'offrent à l'entreprise.

> Par exemple, Moulinex a pénétré la quasi-totalité des produits du petit électroménager à partir du sèche-cheveux originel. Avant de pénétrer le ski, Salomon était souvent associé à des marques de ski ; de même Calor est associé la catégorie « ouvre-huîtres », bien qu'elle n'en fabrique pas.

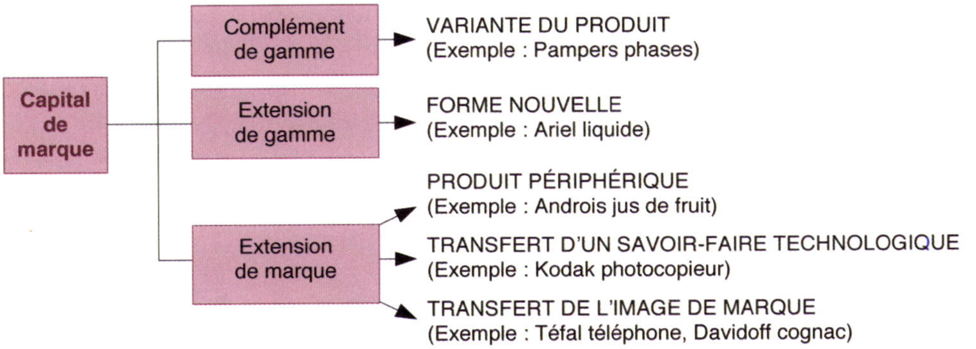

Source : Cegarra, J.-J., « Gérer un portefeuille de marques », *Décisions Marketing*, 3, 1994, pp. 81-91.

Figure 7.11 : Options d'une stratégie de marque

— Alliance de marques

L'entreprise défend sa marque grâce à la caution d'une autre marque, tout en recherchant des effets de synergies mutuelles.

> Par exemple, aux États-Unis, Heinz, affaibli sur le segment des ketchups épicés, s'est associé à une marque d'épices bien connue (Tabasco) pour lancer « Hot tomato Ketchup au Tabasco » : la double signature promet plus de bénéfices qu'une seule. La marque

hôte (Heinz) gagne de la valeur en utilisant un composant (épices) provenant d'un fabricant reconnu (Tabasco) ; la marque invitée gagne la possibilité de toucher de nouveaux consommateurs pour son produit.

III. STRATÉGIES DE RELATION AVEC LE CLIENT

Nous commencerons par présenter les bases et les outils du management de la relation client, puis nous envisagerons la relation à distance (marketing direct traditionnel) et terminerons par la relation en ligne (e-marketing).

3.1. Relation avec le client

3.1.1. Principes du management de la relation client

Le management de la relation client ou *Customer Relationship Management* (CRM) est une démarche stratégique orientée vers le client. Elle se définit de deux manières.

D'un point de vue relationnel, c'est la mise en place d'une stratégie marketing efficace pour nouer et développer une relation durable et profitable avec les clients de l'entreprise. Chaque client doit pouvoir être connu et reconnu de manière individuelle par l'entreprise. Il dispose de multiples canaux (téléphone, courrier, Internet, serveur vocal) pour entrer en relation avec l'entreprise. De son côté, celle-ci entretient des relations régulières avec lui, en construisant et en communiquant des offres spécifiques.

La seconde manière de définir le CRM est technologique. Elle s'appuie sur l'ensemble des outils classiques (téléphone, mailing postal) ou faisant appel aux nouvelles technologies (Internet, e-mailing) pour la reconnaissance et le traitement à distance du client. La relation est gérée en direct (plate-forme téléphonique, serveurs vocaux), en léger différé (chat, forum, e-mail, blog, serveur Internet) ou en décalage temporel (courrier postal).

Ces deux approches du CRM poursuivent un même but : conserver le client, grâce à une relation régulière et personnalisée. Lors de cette relation individualisée (« *one to one* »), l'entreprise propose une offre adaptée au besoin du client (« *customisation* »). La Figure 7.12 récapitule les composantes d'une relation CRM. Nous allons revenir sur les plus importantes dans les paragraphes suivants.

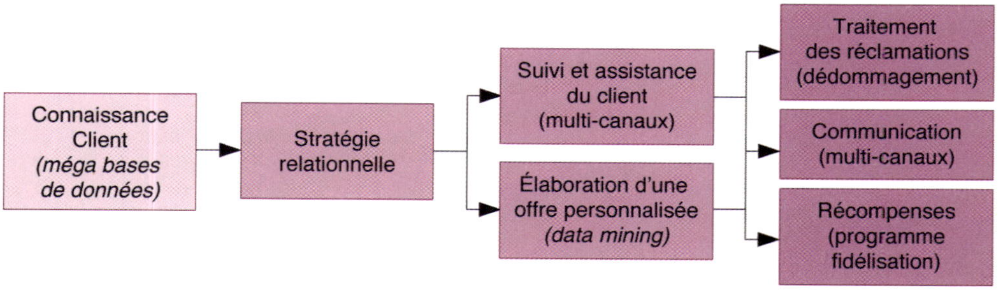

Figure 7.12 : Les composantes d'une relation CRM

3.1.2. Stratégie relationnelle

La relation s'inscrit d'emblée dans une perspective de durée. Une fois la conquête d'un nouveau client réalisée, l'objectif consiste à fidéliser ce client. En effet, à chaque occasion de rachat, le consommateur a la possibilité de quitter l'entreprise (ou la marque) ou de lui rester fidèle. La Figure 7.13 décrit quatre degrés d'une relation réussie.

— Degré 1 : la découverte

La conquête d'un nouvel acheteur correspond à un test de la marque : les bénéfices attendus seront-ils obtenus ? Les promotions (réduction de prix, offre spéciale, garantie « satisfait ou remboursé », etc.) constituent des techniques privilégiées pour favoriser l'essai de la marque.

— Degré 2 : la satisfaction

Les performances de la marque sont jugées bonnes, les attentes du client ont été satisfaites ou, mieux encore, dépassées. La relation repose sur la confiance (provisoire) dans la marque, mais reste fragile : le consommateur peut alterner avec d'autres marques concurrentes, dans un souci de recherche de variété, ou pour confirmer le bien-fondé du choix effectué.

— Degré 3 : la complicité

La marque est source d'émotions ; la relation, de nature plus affective, se transforme en attachement. La fidélité devient forte, la résistance aux promotions des concurrents est élevée.

— Degré 4 : le militantisme

Le client est un ambassadeur de la marque. L'achat exprime une conviction, un engagement : la marque est meilleure que les concurrents. À ce stade, une infidélité avec une marque concurrente serait vécue comme une trahison par le client.

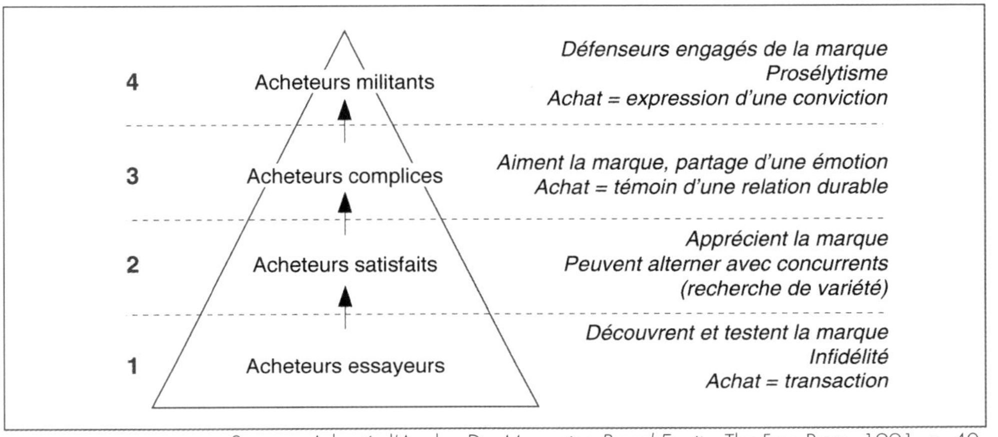

Source : Adapté d'Aacker D., *Managing Brand Equity*, The Free Press, 1991, p 40.

Figure 7.13 : Les quatre degrés d'une relation de fidélité

Dans la pratique, le marketing relationnel est confronté à une double difficulté : d'une part, un consommateur satisfait n'est pas nécessairement fidèle à la marque ; d'autre part, un consommateur fidèle n'est pas forcément satisfait[11]. Ainsi, un client satisfait peut essayer une nouvelle marque, ne serait-ce que pour vérifier que sa marque habituelle est bien la meilleure. Par ailleurs, comme le montre le Focus-Manager 7.3, les profils des clients fidèles ne sont pas homogènes : certains sont très attachés à leur marque, d'autres, plus passifs, achètent la marque par inertie ou faute de mieux.

FOCUS-MANAGER

7.3. LES PROFILS DE FIDÉLITÉ DES CLIENTS D'UN SOFT-DRINK

1. Contexte

Un échantillon de 310 consommateurs réguliers de soft-drinks a été interrogé sur la marque achetée le plus régulièrement. Vingt marques ont été citées. Coca-Cola arrive en tête (60 %), suivie par Orangina (7 %) ; la part de marché réelle des marques était de 39 % pour Coca et de 4,9 % pour Orangina. La marque la plus souvent achetée était d'abord évaluée sur différents attributs ; l'attachement et la confiance des consommateurs étaient mesurés en dernier lieu.

2. Résultats

Trois groupes de consommateurs ont été identifiés par une typologie fondée sur les scores d'évaluation de la marque achetée le plus souvent.

- *Les « vrais fidèles »* (19 %) sont impliqués et engagés dans une très forte relation avec la marque, fondée sur la confiance et l'attachement : leur résistance au changement de marque est élevée et leur perception de la qualité de la marque est excellente.
- La relation des « *inertes* » (53 %) avec la marque est modérée ; si la confiance en la marque est bonne, leur attachement est fragile. Leur résistance au changement manque de fermeté et ils sont neutres quant à l'idée d'utiliser régulièrement la marque dans le futur. Ces consommateurs souhaitent continuer à acheter la marque, plus par habitude que par passion.
- Enfin la relation des « *détachés* » (28 %) avec la marque est fragile. Ils ont une faible confiance en elle ; leur perception de la qualité est inférieure à celle des autres groupes, mais reste suffisante pour justifier un éventuel rachat. Peu impliqués dans la catégorie de produit, ces consommateurs ne perçoivent guère de différences entre les marques. Une augmentation de prix ou une promotion des marques concurrentes les amènerait à passer à la concurrence. Leur fidélité actuelle n'est qu'apparente, l'achat actuel repose plus sur la perception d'un manque de choix, c'est une décision fondée sur un « faute de mieux ».

Source : Bozzo, C., Merunka, D., Moulins, J.-L., « Fidélité et comportement d'achat : ne pas se fier aux apparences », *Décisions Marketing*, 32, 2003, pp. 9-17.

11. Dufer, J., Moulins J.L., « La relation entre la satisfaction du consommateur et sa fidélité à la marque : un examen critique », *Recherche et Applications en Marketing*, 4, 2, 1989, pp. 21-36.

3.1.3. Stratégie de fidélisation

— *Leviers stratégiques*

Une stratégie de marketing relationnel dispose de deux leviers.

Le *levier défensif* vise à ne créer aucune source d'insatisfaction dans la relation pour éviter la rupture. Le produit et la marque doivent tenir leurs promesses. La fidélité du consommateur récompense le respect du contrat : ce sont les niveaux un et deux de la pyramide. Elle reste fragile, surtout si elle repose sur une inertie, source d'un comportement répété ou de routine.

Quant au *levier offensif*, il a pour but de créer une relation privilégiée, personnalisée, avec le client. La marque joue sur un registre affectif pour créer une relation plus intime, afin de donner au client un statut privilégié. La fidélité repose sur un attachement durable à la marque : l'acheteur atteint les niveaux trois et quatre de la pyramide.

— *Actions de fidélisation*

Le manager segmente les clients actuels de l'entreprise en fonction de leur potentiel de ventes, puis met en place des actions de fidélisation pour chacune des cibles.

Une bonne méthode pour déterminer le potentiel de ventes d'un client consiste à calculer sa « valeur à vie » (*customer lifetime value*). Celle-ci dépend de deux facteurs : la probabilité que ce client « X » reste fidèle pendant une période donnée et les recettes totales envisagées. Ces dernières sont fonction de la durée espérée de la relation, du nombre total d'actes d'achat et de leur montant unitaire. On peut introduire un taux d'actualisation dans le calcul : en effet, une recette de 100 euros encaissée l'année 1 a plus de valeur que la même recette encaissée l'année suivante, et ainsi de suite. La valeur à vie d'un client sera la somme des différentes recettes annuelles actualisées.

Les clients susceptibles de générer une forte valeur à vie pour l'entreprise feront l'objet des programmes de fidélisation les plus coûteux. La figure 7.14 propose une segmentation des clients en quatre groupes.

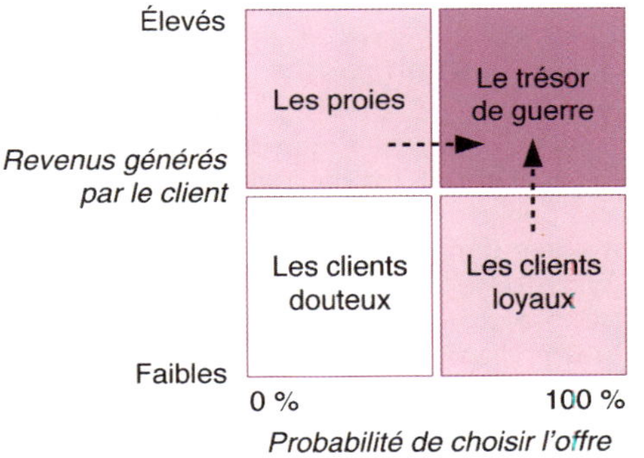

Source : Bénavent, C., « Gérer le portefeuille clients », *Décisions Marketing*, 4, 1995, pp. 35-45.

Figure 7.14 : Typologie des clients selon leur valeur à vie

L'objectif du programme de fidélisation est de transformer les « *clients loyaux* » et les « *proies* » en « *trésor de guerre* ». Pour les premiers, le programme vise à faire acheter plus souvent et/ou pour un montant plus élevé. La conquête d'une « *proie* » est souvent coûteuse : dans cette perspective, il peut être rentable d'engager une première transaction à faible marge (« offre de bienvenue »), puis de « fixer » les nouveaux clients par un programme de fidélisation attractif. Les clients « *douteux* » sont examinés sur la base de leur rentabilité et ne feront pas l'objet d'efforts marketing particuliers. Les clients « *trésor de guerre* » font l'objet d'un traitement généreux et régulier. En effet, le programme doit constituer une barrière à la sortie, capable de contrer des offres concurrentes attractives. Il ne s'agit plus simplement de récompenser leur fidélité, mais de faire en sorte que les avantages de cette fidélité rapportent suffisamment au client pour le dissuader de passer à la concurrence.

Le programme de fidélisation « Flying Blue » d'Air France prévoit quatre niveaux d'avantages selon le statut du client. Il repose sur l'attribution de miles gratuits à chaque vol avec la compagnie. Ces miles peuvent être convertis en billets « prime » qui donnent droit à un voyage gratuit. Les destinations les plus lointaines demandent un nombre très élevé de miles. L'entrée dans le programme donne lieu à une prime de bienvenue pour amorcer le processus d'accumulation, mais n'offre pas d'avantages particuliers. Le niveau « Silver » nécessite le cumul d'un nombre minimal de miles au cours de l'année ; il donne un bonus de 50 % pour l'attribution des miles. Le statut « Gold » double le bonus, le niveau « Platinum » le triple. En outre, l'accès à des salons luxueux avant de prendre son vol, l'enregistrement prioritaire ainsi que le supplément de bagages sont attachés à ces deux derniers niveaux. Ils confèrent aux clients « trésor de guerre », un statut de client « privilégié », source d'une préférence forte pour la compagnie.

— *Les stratégies fondées sur la récompense*

Il existe trois types de programmes de fidélité (voir Figure 7.15). Le programme de capitalisation encourage le client à augmenter ses achats dans la marque en le récompensant par une prime (réduction de prix) ou un cadeau. Le programme club offre aux clients des avantages exclusifs. Le programme relationnel accroît l'engagement mutuel entre l'entreprise et son client : les services offerts sont personnalisés, les récompenses dépendent du volume de transaction, des « bonus » spéciaux sont proposés (durée temporaire, concours, etc.).

Type	Seuil requis	Objectifs
Capitalisation	Réalisation d'un achat	Accroître les dépenses réalisées par les clients. Retenir le client.
Club	Inscription (gratuite ou somme modique)	Augmenter l'engagement du client vis-à-vis de la marque. Engagement sur le long terme avec les plus gros clients.
Relationnel	Dépassement d'un nombre de transactions	Augmenter l'engagement mutuel entre le client et la marque. Engagement sur le long terme avec les plus gros clients.
Source : adapté de Peelen, E., Jallat, F., Stevens, E., Volle, P., *Gestion de la relation client*, Pearson Education, 2006, 2e éd., p. 93.		

Figure 7.15 : Catégorie et objectifs des programmes de fidélité

— *Stratégies fondées sur la punition*

Le client bénéficie d'une offre de bienvenue attractive, mais il s'engage en contrepartie, par contrat, à rester durant une période donnée. La sortie anticipée est possible, mais elle s'accompagne d'une pénalité financière explicite (somme à payer) ou implicite (par exemple retard dans le traitement de la demande, rétention d'informations, etc.). Ce type de programme est à double tranchant, car l'intérêt de l'offre initiale est vite oublié ; en revanche la pénalité de sortie est mal vécue, car la fidélité forcée conduit souvent à un rejet définitif de la marque. De plus, certains abus des marques ont conduit les pouvoirs publics à légiférer.

Cette stratégie est utilisée par les fournisseurs d'accès à Internet et les opérateurs téléphoniques. L'offre avantageuse est assortie d'un engagement de fidélité pour une période longue. Bouygues propose une réduction de 10 % sur les forfaits, mais le client doit s'engager deux ans. Free offre le décodeur télévision et le boîtier ADSL pour toute nouvelle souscription, mais il faut attendre trois ans pour que la rupture se fasse sans frais.

La fidélité peut être subie si les coûts de transaction sont élevés en cas de rupture. C'est le cas lorsque le remplacement du produit nécessite des coûts importants de mise en service ou un apprentissage fastidieux. Ces barrières à la sortie s'accroissent avec la durée de la relation, à tel point que l'on parle alors de « client captif » : ce dernier voudrait bien interrompre la relation, mais les coûts de changement sont dissuasifs.

Les banques pratiquent couramment ce type de fidélisation. La stratégie consiste à suréquiper progressivement le client au fil du temps. La souscription d'une carte bancaire, les virements et les prélèvements automatiques, l'ouverture de comptes sur livret ou de plan d'épargne, la souscription d'emprunt constituent de futures entraves pour une sortie. Le taux de fidélité des clients d'une banque est très élevé : de très nombreux clients restent ainsi fidèles à une même banque durant plus de cinquante ans.

3.2. Marketing direct (médias traditionnels)

En France, le taux de croissance du marketing direct a atteint une moyenne annuelle de 8 % pour la période de 1980 à 2000, puis s'est stabilisé au début des années 2000. Depuis 2005, il connaît une légère décroissance en faveur du e-marketing, qui exploite le potentiel offert par Internet. Les dépenses des entreprises en marketing direct sont estimées à 9,5 milliards d'euros en 2007 (voir Figure 7.16).

Médias traditionnels	2007	Variation 2007/2006
Mailings	4 558	– 3,1 %
Distributions de prospectus	792	0,5 %
Éditions publicitaires	3 401	– 3,1 %
Autres (marketing téléphonique)	823	– 4 %
Total	9 573	– 2,9 %
Source : France Pub et UFMD, 2007.		

Figure 7.16 : Les dépenses de marketing direct des entreprises françaises (en millions €)

3.2.1. *Objectifs et spécificités*

« *Le marketing direct est une démarche marketing qui consiste à gérer une offre et une transaction personnalisées à partir de l'exploitation systématique d'informations individuelles.* »[12] Le marketing direct prend en charge les phases « connaissance du client », « élaboration d'une offre personnalisée » et « communication » d'une démarche globale de CRM. Par rapport au marketing classique, il présente plusieurs différences.

12. Desmet, P., *Marketing direct : concepts et méthodes*, Dunod, 2001, 2e éd.

— Relation individualisée

L'analyse des fichiers permet une hypersegmentation de la clientèle et l'élaboration d'un contact personnalisé pour des segments très étroits. À l'extrême, le contact peut être différent pour chaque individu. L'offre est conçue dans un esprit de « sur-mesure », alors que le marketing classique raisonne sur des segments plus larges. L'objectif vise à créer un flux d'échanges personnalisés, durables et réguliers, fondé sur une connaissance et une confiance réciproques entre partenaires. Cette relation s'enrichit et se fortifie au fur et à mesure des échanges entre les acteurs.

— Approche directe

Le marketing direct veut déclencher un acte : une demande d'information, une prise de rendez-vous, un achat. Sa communication privilégie les techniques de promotion des ventes ; la conclusion de la vente se fait par contact direct (porte-à-porte, réunion, rendez-vous en agence) ou à distance (téléphone, correspondance, Internet). La vente par correspondance et le e-commerce sont des secteurs d'activité qui font largement appel au marketing direct : le produit (le catalogue papier ou en ligne) et les relations avec les clients sont conçus et gérés selon une démarche de marketing direct.

— Action mesurable et contrôlable

La recherche de résultats immédiats facilite leur mesure. Par rapport au marketing mix classique, les variables prix de vente public et distribution du mix sont totalement contrôlables par l'entreprise : il sera ainsi plus facile d'isoler les effets de la communication. La plupart du temps (envoi d'un mailing, appel téléphonique, contact direct, etc.), l'entreprise connaît à l'unité près le nombre de personnes touchées par son message. L'efficacité se mesure par le calcul d'un taux de retour (nombre de contacts favorables/nombre total de personnes contactées).

La Figure 7.17 synthétise l'originalité de l'action et des méthodes du marketing direct.

Tout d'abord, citons l'exploitation systématique de fichiers nominatifs de consommateurs potentiels (prospects), d'acheteurs réguliers (clients actifs) et d'anciens acheteurs (clients dormants) Ces fichiers sont transformés en bases de données, structurées à partir de variables jugées pertinentes pour expliquer le comportement d'achat.

En outre, l'élaboration d'une offre personnalisée permet à l'entreprise, connaissant les comportements passés de chaque acheteur ou client potentiel, de proposer un produit spécifique à chaque microsegment.

Par ailleurs, les clients sont contactés par des médias spécifiques. Le prospect est, dans la grande majorité des cas, contacté nominativement par un ou plusieurs médias (courrier personnel, appel téléphonique, etc.).

Avec la commande directe, la transaction se fait par la signature d'un bon de commande (vente en porte-à-porte ou en agence), par retour d'un coupon (découpé dans une annonce de presse ou envoyé dans un courrier préalable), par l'appel d'un numéro de téléphone ou par Internet.

Enfin, la livraison du produit, selon le volume, se fait par La Poste ou par un transporteur spécialisé dans la livraison rapide des objets (UPS, Fedex, Chronopost, etc.).

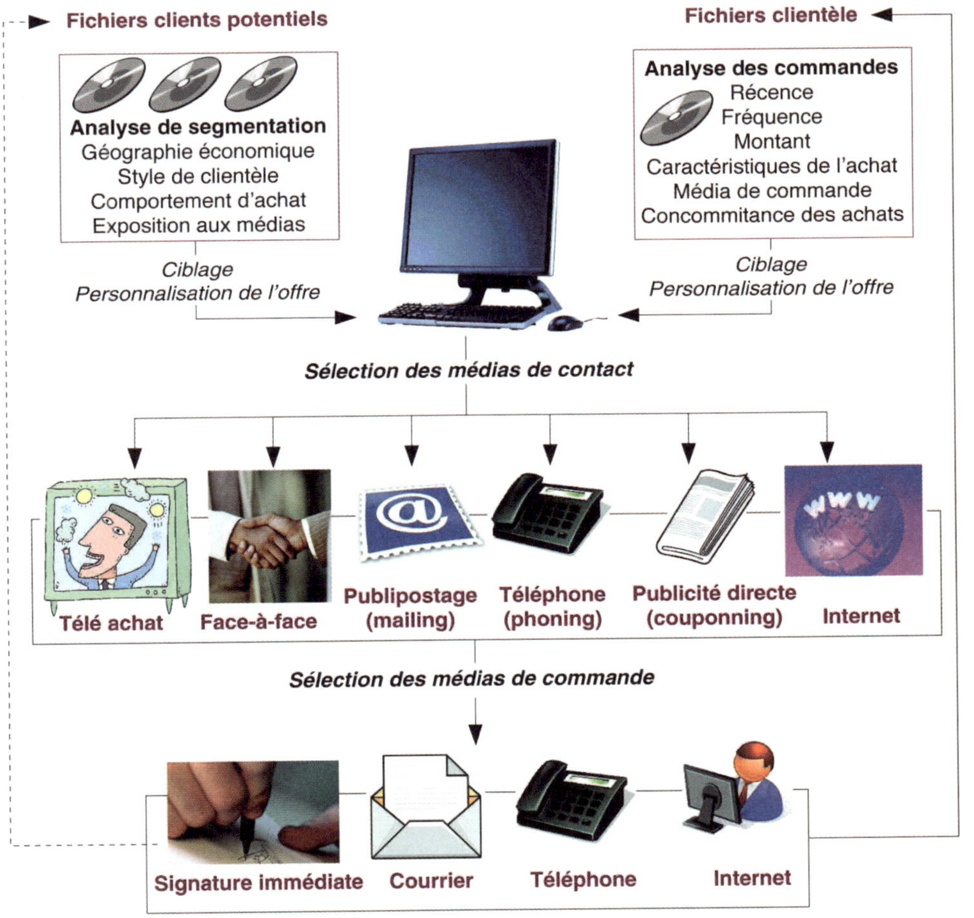

Figure 7.17 : Les étapes d'une action de marketing direct

3.2.2. Préparation de l'action du marketing direct

La première étape en marketing direct réside dans la constitution de fichiers contenant les noms et les adresses de clients potentiels ou actifs. Ces informations doivent être qualifiées par adjonction de renseignements qui permettront de sélectionner les segments les plus réceptifs et de personnaliser l'offre. Dans l'idéal, l'entreprise crée elle-même sa propre base de données à partir des commandes de ses clients (actuels et anciens), des demandes d'informations (prospection). On peut aussi louer des fichiers nominatifs de prospects auprès d'instituts spécialisés ; leur métier est la constitution de « méga bases » de données composée d'adresses qualifiées de prospects (plusieurs millions) : Claritas, Consodata, ITL, France Prospect, etc. Par ailleurs, France Télécom, les sociétés de vente par correspondance, La Poste ainsi que les périodiques louent leur propre fichier de clientèle. Toute constitution de fichier informatisé est soumise à déclaration auprès de la Commission Nationale de l'Informatique et des Libertés (CNIL), assortie d'une possibilité de communication des informations aux tiers intéressés.

Selon le degré de qualification et la quantité demandée, le coût de location d'une adresse varie de 0,02 à 0,5 euro. La fusion de plusieurs fichiers impose des opérations de nettoyage des adresses (« dédoublonnage ») figurant plusieurs fois dans les fichiers.

Les informations contenues dans les fichiers sont ensuite structurées et organisées en base de données ; leur objectif est de mettre en relation des ensembles de données sur la base de calculs de corrélation entre une caractéristique de l'acheteur et un comportement (généralement l'achat). La Figure 7.18 donne une liste de variables usuelles utilisées pour structurer une base de données.

Variables	Description et modalités envisageables
1. Identité	Nom, prénom et adresse
2. Sociodémographique	Âge, sexe, profession, situation de famille, nombre d'enfants, revenus, etc.
3. Enrichissement	*Géotypes :* caractéristiques géographiques et sociales du logement, du quartier et de la commune. *Sociostyle :* mode de vie, structure mentale, etc.
4. Historique clients	Chiffre d'affaires total, *tops* clients, incidents, etc.
5. Mode de commande	Courrier, Internet, téléphone, télévision, magasin, etc.
6. Produit 1, 2, 3, etc.	Récence : date de la dernière commande Fréquence : nombre de commandes dans la période Montant : valeur en euros de la commande Modalité de paiement
7. Comportement	Utilisateur de VPC, score de propension à commander, appartenance à une typologie

Source : adapté de Dubois, P.-L., Jolibert, A., Le *Marketing : fondements et pratique*, Économica, 2005, 4e éd.

Figure 7.18 : Variables de structure d'une base de données en marketing direct

Selon la nature de l'offre, l'homme de marketing sélectionne les variables jugées pertinentes pour définir le cœur de cible visé. Le choix des variables suit la même logique qu'en marketing classique, mais s'appuie sur une analyse minutieuse des comportements passés des clients, enregistrés dans les bases de données, plutôt que sur des études de marché spécifiques. Les méthodes de « *data-mining* » ont pour but de déterminer ces critères pertinents (voir Fiche technique 7.5).

FICHE TECHNIQUE

7.5. EXPLOITATION DES BASES DE DONNÉES CLIENTÈLES (*DATA-MINING*)[13]

Plusieurs méthodes sont envisageables. Les unes reposent sur un choix de variables jugées *a priori* pertinentes ; d'autres font appel à des analyses statistiques (typologie, analyse discriminante) ; enfin, une dernière catégorie s'appuie sur des modèles mathématiques sophistiqués.

1. Les « top achats »

On cherche à identifier les variables (sociodémographiques, quantités achetées) qui expliquent le fait d'acheter ou pas une offre donnée, en s'appuyant pour cela sur les commandes passées. Les méthodes du khi-deux (CHAID), et d'AID, analyse discriminante, sont utilisables. Chaque individu se voit ensuite affecté, en fonction de la commande passée, dans des « top achats » identifiés comme discriminants. Par exemple, on créera des tops « % Commande annulées/Commandes passées », « Niveau de gamme », « Type de matière première du produit acheté », etc. Pour chaque offre, on extrait de la base de données les individus qui possèdent les caractéristiques susceptibles de maximiser leur probabilité d'achat. Ainsi, on demandera au logiciel de sélectionner tous les individus, si « Âge < 40 et Région = Nord », « Sexe = homme », « Revenu < 30 000 euros » et « Matière = synthétique », puis de leur envoyer la proposition n° 1.

2. Méthode RFM

Les commandes passées caractérisent chaque client en fonction de trois variables : la récence (R), c'est-à-dire la date de la dernière commande, la fréquence (F), égale au nombre de commandes passées dans un intervalle de temps donné (un mois, un trimestre, une année) et le montant (M), valeur globale du panier de commande effectué durant la période considérée. Chaque client est noté sur ces dimensions ; un score global est calculé et des groupes de clients sont constitués. Des actions de relance ou des propositions différenciées sont faites à chacun des groupes de clientèle.

3. Modélisation mathématique

Elle fait appel aux réseaux de neurones ou à des algorithmes génétiques. Les premiers développent des relations par « apprentissage » de liens entre variables explicatives (caractéristiques des acheteurs, types de commande, etc.) et variables dépendantes (panier de produits achetés, etc.). Les seconds, bien adaptés à l'exploitation des « méga bases » de données, appliquent des principes « biologiques », c'est-à-dire évolutionnistes, pour comprendre et prédire les évolutions des comportements de commande.

13. Pour un approfondissement, voir Vernette, É., Filser, M., Giannelloni, J.-L., *op. cit.*, pp. 122-130 ; voir aussi : Peelen, E., Jallat, F., Stevens, E., Volle P., *Gestion de la relation client*, Pearson Education, 2006, 2e éd., p. 165.

3.2.3. Supports d'action

La mise en œuvre du marketing direct implique une double séquence d'utilisation des médias. Le premier temps concerne le choix d'un ou de plusieurs média(s) pour communiquer au consommateur le descriptif d'une offre. Le second temps a trait à la sélection d'un ou de plusieurs média(s) permettant au prospect de concrétiser l'offre (commande, prise de rendez-vous, demande d'information, envoi d'échantillon, etc.). Cette remontée d'information implique généralement l'envoi d'informations (plus ou moins détaillées) par un coupon-réponse.

— Mailing (publipostage)

C'est le média le plus utilisé. Il offre une grande souplesse et une bonne personnalisation des messages. Le taux de retour moyen varie de 0,1 % (commande directe) à 5 % (demande d'information, rendez-vous). Le coût moyen d'un contact oscille de 0,30 euro à 2 euros. La rédaction du message constitue le point crucial de l'opération. Les principales recommandations des spécialistes sont les suivantes :

- préférer des phrases courtes, mettre les mots clés en fin de phrase ;
- utiliser le « vous » pour impliquer le destinataire ;
- décrire concrètement les avantages offerts, apporter des preuves vérifiables ;
- utiliser systématiquement le post-scriptum ;
- indiquer une date limite de retour.

— Publicité directe, éditions publicitaires, prospectus

Avec ce deuxième moyen de contact, l'offre est véhiculée par un média, généralement la presse. Elle se différencie de l'annonce publicitaire classique, en ce sens qu'elle propose un mode de réponse immédiat : un coupon à découper et à renvoyer ou un numéro de téléphone à composer. La sélection des supports et la conception des messages ne diffèrent pas fondamentalement des techniques utilisées en publicité. On range aussi dans cette catégorie les prospectus, les catalogues et les imprimés sans adresse distribués par la poste.

— Téléphone

On distingue deux objectifs : l'émission et la réception d'appel. L'émission d'appel (« phoning ») propose au prospect une offre spécifique (produit, rendez-vous, essai) ; elle permet de déclencher une réponse immédiate et de répondre aux objections du client. Le coût moyen d'un contact est élevé : on estime qu'il varie entre 3 euros et 10 euros, selon la cible visée. Ce média est bien adapté comme soutien d'une action de la force de vente (prise de rendez-vous). Si une vente directe est conclue, le client dispose d'un délai de rétractation légal (sept jours). La loi Chatel du 3 janvier 2008 impose au vendeur le remboursement de la totalité des sommes versées en cas de rétractation du client (y compris les éventuels frais administratifs), et ce, dans le délai maximum de trente jours après la demande de remboursement. La réception d'appel entre dans le cadre du management de la relation client : service après-vente, dépannage à distance (« hotline »), suivi et prise de commande directe, etc. Les serveurs vocaux orientent les demandes selon leur objet ; la sélection est faite par l'appelant à partir de son clavier téléphonique. Les réponses sont fournies par des automates qui transforment les informations contenues dans des fichiers informatisés en voix numérisée. Néanmoins, la possibilité d'un contact direct avec une personne doit pouvoir être offerte au client. La tendance actuelle, avec la baisse du coût des communications, est la délocalisation des centres d'appels (« call center ») dans des pays où le coût de la main-d'œuvre est réduit. La connaissance de la langue et la compétence technique dans la catégorie de produit ou service (notamment pour les NTIC) sont des éléments déterminants de la réussite de telles opérations.

— Télévision (téléachat)

Le téléachat est conçu comme un programme de télévision, avec une mise en scène, un animateur, des décors. Il permet la commande directe, par appel d'un numéro de téléphone. C'est un média très utile pour les produits comportant un mode d'emploi délicat (une courte démonstration vaut mieux qu'un long discours) ou bénéficiant d'un visuel attractif. La diffusion de la télévision numérique terrestre (TNT) et par satellite a permis la naissance de chaînes thématiques spécialisées (« M6 boutique », « Best of shopping », etc.) Une alternative au téléachat peut être la diffusion de spots comportant à la fin un numéro d'appel. Par rapport à un spot classique, le message dure plus longtemps (environ trente à soixante secondes) et bénéficie de conditions tarifaires spéciales.

3.3. E-Marketing : relation en ligne

3.3.1. Spécificités

Le e-marketing repose sur un contenu (le site Web) et une connexion. Cette dernière demande un terminal (micro-ordinateurs, téléphone mobile, PDA, etc.) et un point d'accès au réseau. On estime qu'il existait en 2008 155 millions de sites Web dans le monde. Environ 50 % des foyers français disposent à leur foyer d'un accès à Internet (voir Focus-Manager 7.4).

Le e-marketing correspond à la mobilisation par le marketing de toutes les dimensions du potentiel technologique offert par Internet pour une approche renouvelée des marchés. L'utilisation d'Internet répond à trois grandes catégories d'attentes : utilitaire, hédonique et relationnelle (voir Figure 7.19). Le marketing commence par définir la ou les attente(s) que le site doit satisfaire, puis sélectionne un positionnement et enfin élabore l'offre de services en ligne.

FOCUS-MANAGER

7.4. PÉNÉTRATION DES NOUVELLES TECHNOLOGIES

Selon l'institut GfK, environ 60 % des ménages français disposent en 2008, à leur domicile, d'un micro-ordinateur, soit 15,5 millions de foyers. On estime que 13 millions de foyers sont connectés chez eux à Internet, soit environ 24,5 millions de personnes. Ce taux est légèrement inférieur à la moyenne des pays européens, mais 90 % des connexions se font en haut débit (ADSL, fibre optique). En intégrant les accès sur le lieu de travail (entreprise, enseignement), on arrive à un chiffre de 31 millions de lignes. On estime qu'au total, 60 % de la population française âgée de plus de 11 ans disposait d'un accès à l'Internet haut débit en 2008.

UE	Suède	Allemagne	UK	France	Espagne	Italie
54 %	79 %	71 %	67 %	49 %	45 %	43 %
						Source : Gfk

Union européenne : % foyers ayant un accès à Internet à leur domicile (2008)

Au niveau mondial, 500 millions de personnes ont un accès à Internet et 350 millions de lignes haut débit sont installées. La France arrive en cinquième position.

USA	Chine	Japon	Allemagne	France
60,4	56,2	26,5	16,1	15,3
				Source : www.journaldunet.com, Point topic.

Nombre de lignes Internet haut débit (en millions) (2007)

Attentes du consommateur	Positionnement du site Web	Actions et services d'e-marketing
Utilitaire	Informations Commande en ligne Service après vente	Descriptif, prix, disponibilité du produit. Publicité (bannière, pop up, liens sponsorisés, etc.). Catalogue en ligne (e-commerce). Suivi de commande, hotline, diagnostic à distance.
Hédonique	Butinage (shopping) Ludique Communication	Création d'une atmosphère, mise en scène des produits (vidéo, image, musique). Jeux en réseau, concours. Site vitrine, événementiel, « buzz ».
Relationnelle	Échange d'informations entre consommateurs Échange avec l'entreprise Collecte d'informations	Communauté de marque, commentaires des acheteurs. Blog, FAQ. Prise de rendez-vous. Études de marché en ligne.

Figure 7.19 : Les dimensions et opportunités du e-marketing

L'Internet permet une hypersegmentation de la demande en donnant au consommateur la possibilité de construire un produit personnalisé (« *customisation* ») : choix des composants, couleur, taille, etc. En pratique, la personnalisation est réduite à un sous-ensemble de choix.

> Le succès de Dell Computer réside dans la possibilité offerte au client de composer en ligne un ordinateur à la carte. Le processeur, la taille du disque dur, la carte graphique, la connectivité, la mémoire vive, etc., sont choisis par le consommateur. La commande est transmise par informatique aux différents services concernés qui assemblent le produit commandé.

Le développement du e-marketing a des incidences majeures sur la gestion de trois variables du marketing-mix : la communication, la distribution et le prix. L'Internet étant devenu un média publicitaire à part entière, il doit être intégré dans les plans médias (voir chapitre 12). C'est aussi un canal supplémentaire pour la distribution des produits. Le passage d'une distribution traditionnelle en « dur » (« *brick and mortar* ») à une distribution multi-canaux (« *click and mortar* ») a été délicat pour de nombreuses entreprises. Parfois, le succès de ce nouveau canal en ligne pose la question du maintien des points de ventes physiques. Les nouveaux entrants ont choisi pour la plupart de vendre uniquement « on line » les produits, sans aucun support physique *(« pure players »).* Enfin, Internet facilite la comparaison des prix pour le consommateur (comparateurs de prix) et complique sa fixation pour l'entreprise (risque de conflit entre les canaux, gestion internationale des prix).

3.3.2. Supports de la relation en e-commerce

La relation avec le consommateur peut s'entretenir de deux manières : par le site Web (entreprise ou marque) et/ou par courrier électronique (e-mail). La fréquentation du site s'apparente à la consultation du catalogue en marketing direct traditionnel, l'e-mail étant analogue à l'envoi d'un mailing postal.

— *Site Web*

Par rapport aux supports traditionnels du marketing direct, la relation par Internet présente des avantages, mais aussi des risques pour le consommateur (Figure 7.20). Les quatre avantages majeurs d'un site d'e-commerce sont : l'étendue de l'offre, la réactivité (ajout ou suppression très rapide des références), la disponibilité (ouverture 7 j/7, 24 h/24) et l'accès immédiat au marché mondial. Les premiers sites d'e-commerce avaient largement sous-estimé l'importance de la logistique : la gestion des stocks (commande, entreposage), la conformité de la commande, l'emballage, le choix du transporteur ; la gestion des retours et des réclamations étaient souvent défaillantes. On retrouve ici un élément clé de la chaîne de valeur de la vente par correspondance traditionnelle. Cependant, la prise de commande directe (click sur le site) facilite (en théorie) la gestion des stocks. Parmi les autres difficultés du e-commerce, les aspects légaux sont importants : définition des responsabilités en cas d'incidents (piratage, défaillance du transporteur, vol, produit détérioré, etc.), enre-

Avantages	Inconvénients
Étendue et réactivité de l'offre (variété du choix, accès au marché mondial). Disponibilité (ouverture continue). Personnalisation possible (customisation, agents intelligents). Comparaison des prix facilitée. Contrôle de la disponibilité. Création d'une atmosphère spécifique (son, image, vidéo, texte). Interactions (avis des autres acheteurs, forums, FAQ, etc.).	Sécurité de la transaction (piratage). Logistique (distance, conformité des commandes). Intrusion dans la vie privée (« spamming »). Traitement des réclamations (absence d'interlocuteur dédié). Législation (compétence des tribunaux, droit international, etc.).

Figure 7.20 : Avantages et inconvénients d'un site d'e-commerce

gistrement des plaintes, attribution des juridictions compétentes, etc. Enfin, il faut souligner que la commercialisation des adresses électroniques est soumise à l'autorisation explicite des acheteurs (« permission ») ; la constitution de tels fichiers doit être déclarée à la CNIL.

L'évaluation de la qualité d'un site d'e-commerce et l'identification des facteurs contribuant à la satisfaction des acheteurs ont fait l'objet de nombreuses recherches[14]. Ces éléments dépendent de l'objectif de la visite : utilitaire, hédonique, relationnelle. D'une manière générale, les dimensions ont trait au fond (contenu de l'offre, qualité de l'information, choix), à la forme (ergonomie, ambiance), à la fiabilité et à la sécurité du site (voir Figure 7.21).

Dimensions	Caractéristiques
Contenu des rubriques	Offre proposée : variété, étendue du choix, compétitivité des prix. Informations : description des produits, prix détaillés. Interactions : support client, possibilité de poser des questions.
Forme	Ergonomie : facilité de navigation, architecture générale, liens entre les rubriques. Ambiance : design, graphisme, couleur, atmosphère, animation, etc.
Fiabilité	Respect des engagements : suivi et exactitude de la commande, respect des délais, remboursement, réponse aux questions.
Sécurité	Paiement sécurisé. Réclamation et gestion des retours des produits. Respect de la vie privée.

Figure 7.21 : Les déterminants de la satisfaction d'un site d'e-commerce

14. Zeithalm, V., Parasuraman, A., Malhotra, A., « Service quality delivery through web sites: a critical review of existant knowledge », *Journal of the Academy of Marketing Science,* 30, 4, 2002, pp. 362-375 ; Gonzales, C., « Satisfaction du consommateur à la suite d'une visite du catalogue électronique », *Revue française du marketing,* 205, 2005, pp. 91-110.

— E-mail, liste de diffusion et liens RSS

La gestion d'une opération de marketing direct par e-mail s'apparente à l'envoi d'un mailing postal : constitution d'une base d'adresses (clients, prospects), définition d'une cible (structuration et qualification de la base de données), élaboration d'une offre, diffusion par le réseau Internet, gestion des retours[15]. Quatre types d'opérations sont envisageables.

L'*envoi en masse* : l'envoi indifférencié et simultané de milliers de messages électroniques est qualifié de « *spamming* ». Si les premières opérations ont bénéficié d'une efficacité due à la nouveauté du support, l'envoi de messages non sollicités est à proscrire : cela crée une mauvaise image de marque pour le produit et l'entreprise, un doute sur la sécurité lors de l'ouverture en cas de pièces jointes (virus, cheval de Troie, vers) et une perte de temps (tri des messages). De plus, la plupart des logiciels de messagerie donnent la possibilité de filtrer et d'éliminer les messages de ce type.

L'*envoi ciblé* : l'accord préalable (implicite ou explicite) du destinataire est nécessaire pour une bonne efficacité de l'opération. L'accord est implicite si la personne, lors d'une commande ou d'un contact avec le site, n'a pas coché une case spécifique qui indique qu'elle refuse que son adresse soit utilisée ; il est explicite, lorsque l'individu coche une case qui indique qu'il est d'accord pour l'utilisation de son adresse.

La *liste de diffusion (« newsletter »)* : le client ou le prospect est préalablement contacté par e-mail (ou sollicite lui-même directement la marque ou l'entreprise) pour recevoir des informations régulières sur une catégorie de produit ou un centre d'intérêt. Il a un statut analogue à celui d'un abonné à un périodique. Le destinataire doit pouvoir se désinscrire à tout moment de la liste, en cliquant sur un lien hypertexte présent dans chaque e-mail envoyé.

L'*information sur les mises à jour* : l'objectif est de faire connaître les mises à jour d'un site à des clients ou à des prospects. Le lien RSS (*Really Simple Syndication*) envoie automatiquement un e-mail aux abonnés en fonction des mises à jour du site. Le texte reprend les titres ou le texte intégral d'une ou de plusieurs rubrique(s) modifiée(s). Ceci facilite la communication des promotions. Par exemple, les abonnés seront informés par des titres comme « *nouvelle promotion* » ou « *prix sacrifiés sur telle marque pendant trois jours. Profitez-en* », avec dans l'e-mail un lien hypertexte renvoyant à la page du site concernée.

3.3.3. Typologie des sites de marque

Les marques peuvent avoir un site spécifique ou être regroupées sous la bannière de l'entreprise. Les cibles concernées sont très variées : clients, prospects, journalistes, investisseurs, etc. En conséquence, les contenus et leur présentation seront fonction des attentes propres à chaque cible.

La Figure 7.22 propose une typologie des différents sites.

15. Pour un approfondissement, voir Desmet, P., *op. cit.*

Type de site	Caractéristiques	Exemples
Corporate	Présentation de l'entreprise pour les investisseurs, journalistes, futurs collaborateurs. Contenu : valeurs, lignes de produit, communiqués de presse, rapports annuels, etc.	Bongrain.com
Relationnel	Présentation de l'ensemble des produits et marques, généralement organisée autour de fonctions (transport, tourisme, etc.) ou de bénéfices (santé, nutrition, forme, etc.). Contenu : informations techniques, descriptif produit, quizz, jeux, guide, programme de fidélisation, espace personnel (suivi de commande, comptes, nombre de points, cadeaux, etc.).	« Danone Conseil » ; « Tout pour coller » ; (Henkel) ; « La vie simplifiée » (Procter & Gamble).
Promotionnel	Relais d'une campagne promotionnelle diffusée sur des médias traditionnels (presse, télévision, affichage, radio, cinéma) : lancement d'un produit, anniversaire, etc. Contenu : jeux, quizz, visuels, spot publicitaires.	« Rêves d'enfants » pour les quarante ans de Nutella ; « Toutes les beautés » de Dove
Tribal	Variante du site relationnel et du site promotionnel ; la cible visée est étroite : consommateurs militants de la marque, journalistes, badauds, etc. Contenu : forums, blogs, informations « exclusives », visuels attractifs, etc.	« My Nutella compagnie »
Marchand	Site proposant en vente directe les produits et les marques de l'entreprise.	Lancôme.com

Source : adapté de Flores, L., Volle, P. « Potentiel relationnel et impact du site de marque sur la performance marketing », *Décisions Marketing*, 40, 2005, pp. 39-50.

Figure 7.22 : Les différents types de sites de marques

Synthèse du chapitre

La stratégie de marque découle des fonctions d'une marque : garantir la qualité délivrée, cautionner les produits proposés et réduire les risques de l'achat. La structure d'une marque est composée de sa personnalité, de son identité et de son territoire. Le nom de marque se protège par un dépôt à l'INPI.

L'audit de l'image de marque est nécessaire pour orienter son management stratégique. Il permet de déterminer le noyau central et le système périphérique, de connaître les évaluations sur les attributs déterminants du choix des consommateurs. Une marque disposant d'une bonne réputation, d'une qualité perçue élevée, d'un avantage concurrentiel important et d'une forte fidélité offre à l'entreprise une sur-valeur appelée « capital-marque ». La gestion d'un portefeuille de marques consiste à harmoniser les différents territoires occupés par les marques de l'entreprise, en utilisant notamment l'extension ou l'alliance de marques ou de produits.

Les stratégies relationnelles visent à accroître la satisfaction, la confiance, l'engagement et la fidélité des nouveaux et des anciens clients de la marque. En effet, un consommateur satisfait n'est pas nécessairement fidèle, et un consommateur fidèle n'est pas forcément satisfait. Les programmes de fidélisation visent à renforcer la qualité et la durabilité de la relation avec le client par un éventail de récompenses attractives. Le marketing direct classique s'appuie sur des bases de données, constituées de clients effectifs ou potentiels, pour proposer des offres personnalisées à des cibles d'acheteurs prédéterminées. Sa mise en œuvre impose la sélection d'un ou de plusieurs médias de contact (télévision, face-à-face, mailing postal, téléphone, publicité directe, télévision) et de médias de commande. L'e-marketing exploite le potentiel technologique offert par Internet pour une relation personnalisée et directe avec le client. La relation prend plusieurs formes : recherche d'informations, plaisir de la navigation, échange autour de la marque, commande (*e-commerce*). Le site Web, l'e-mail et la liste de diffusion sont les médias de contact et de commandes privilégiés pour ces relations en ligne.

Bibliographie d'approfondissement

(1) Botton, M., Cegarra, J.-J., *Le nom de marque*, Ediscience International, 1990.

(2) Desmet, P., *Marketing direct : Concepts et méthodes*, Dunod, 2006, 3e éd.

(3) Kapferer, J.-N., *Les marques, capital de l'entreprise*, Éditions d'Organisation, 2007.

(4) Micheaux, A., Marketing de bases de données, Éditions d'Organisation, 1997.

(5) Michel, G., *Au cœur de la marque*, Dunod, 2004.

(6) Peelen, E., Jallat, F., Stevens, E., Volle, P., *Gestion de la relation client*, Pearson Education, 2006, 2e éd.

(7) Viot, C., *Le e-marketing*, Gualino, 2006.

TEST DE CONNAISSANCES

Choisir une seule réponse par question :

Q1 – Le dépôt à l'INPI protège la marque :

(1) pendant cinq ans, même si elle n'est pas utilisée commercialement ;
(2) pendant cinq ans, à condition qu'elle soit utilisée commercialement ;
(3) pendant dix ans, même si elle n'est pas utilisée commercialement ;
(4) indéfiniment, qu'elle soit ou non utilisée.

Q2 – Une entreprise lance un parfum, techniquement comparable à celui de marques prestigieuses, sur une cible haut de gamme. Comme elle est inconnue de cette cible, il vaut mieux vendre :

(1) moins cher que la moyenne des concurrents et ne pas faire de publicité ;
(2) légèrement plus cher que la moyenne et faire beaucoup de publicité ;
(3) beaucoup moins cher que la moyenne et faire beaucoup de publicité ;
(4) beaucoup plus cher que la moyenne et faire un peu de publicité.

Q3 – La personnalité d'une marque nécessite l'existence :

(1) d'un anthropomorphisme ;
(2) d'un isomorphisme entre les marques ;
(3) d'un animisme global ;
(4) d'une entropie informationnelle.

Q4 – Le prisme d'identité d'une marque regroupe :

(1) le physique, la personnalité, la culture, le reflet, l'image et la relation ;
(2) le physique, la personnalité, la culture, le reflet, la mentalisation et la relation ;
(3) le physique, la personnalité, le noyau, le reflet, l'image et la relation ;
(4) le physique, la personnalité, le noyau, le système périphérique, l'image et la relation.

Q5 – Le noyau d'une marque est défini par :

(1) les associations considérées comme indissociables de la marque pour le cœur de cible ;
(2) les associations considérées comme dissociables de la marque pour une majorité de consommateurs ;
(3) les associations considérées comme indissociables de la marque pour une majorité de consommateurs ;
(4) les associations considérées comme dissociables de la marque pour le cœur de cible.

Q6 – Une « marque-ombrelle », c'est une marque qui :

(1) cannibalise les autres marques du groupe ;
(2) regroupe plusieurs produits complémentaires sous un même nom ;
(3) regroupe plusieurs produits complémentaires sous plusieurs noms ;
(4) regroupe plusieurs produits hétérogènes sous un même nom.

Q7 – En marketing direct, un « top achat », c'est :

(1) le produit le plus acheté par le cœur de cible ;
(2) le produit qui vise les acheteurs appartenant au segment « haut de gamme » ;
(3) le produit qui offre la meilleure marge ;
(4) les caractéristiques pertinentes des clients fondées sur leurs achats antérieurs.

Q8 – Le CRM signifie en français :

(1) management de la relation client ;
(2) consommation relationnelle marquée ;
(3) client régulier majeur ;
(4) consommateur relationnel de la marque.

Q9 – La valeur à vie d'un client (*lifetime customer value*), c'est :

(1) les ventes potentielles espérées avec les clients fidèles ;
(2) la probabilité qu'un client reste fidèle à la marque multipliée par la marge annuelle nette actualisée ;
(3) la probabilité qu'un client reste fidèle à la marque multipliée par les ventes potentielles de l'année ;
(4) la probabilité qu'un client reste fidèle à la marque multipliée par les ventes potentielles de la durée totale de la relation.

Q10 – La qualification d'un client sur la base du modèle RFM, se fonde sur :

(1) la date de la dernière commande, la fidélité et le montant annuel moyen des commandes ;
(2) la date de la dernière commande, la fréquence et le volume des commandes dans la période concernée ;
(3) le taux de régularité des commandes, la fréquence et le volume des commandes dans la période concernée ;
(4) la date de la dernière commande, la fréquence et le montant annuel moyen des commandes.

Réponses du test :

Q1 = 1 ; Q2 = 2 ; Q3 = 1 ; Q4 = 2 ; Q5 = 3 ; Q6 = 4 ; Q7 = 4 ; Q8 = 1 ; Q9 = 4 ; Q10 = 2.

Chapitre 8

Stratégies concurrentielles

L'action marketing de l'entreprise s'inscrit dans un cadre plus large, fourni par la réflexion stratégique. Les stratégies de segmentation et de positionnement (chapitre 6) ainsi que les stratégies de marque et relationnelle (chapitre 7) mettaient l'accent sur la primauté de la connaissance du consommateur pour le choix d'une stratégie marketing. Dans ce chapitre, nous considérons qu'une stratégie gagnante repose sur la compréhension et l'anticipation des stratégies des concurrents. Les différentes approches visent à répondre à trois questions fondamentales :

- *quels sont nos concurrents les plus dangereux, que vont-ils faire ?*
- *quels produits ou activités de l'entreprise faut-il prioritairement pousser ?*
- *comment acquérir et conserver un avantage durable sur nos concurrents ?*

Les trois parties du chapitre (voir Figure 8.0) envisagent successivement chacune de ces questions et proposent des éléments de réponse. Au terme de ce chapitre, vous aurez en main les trois principaux cadres de réflexion stratégique utilisés par les entreprises. Ils constituent un fondement important de la « culture marketing » actuelle.

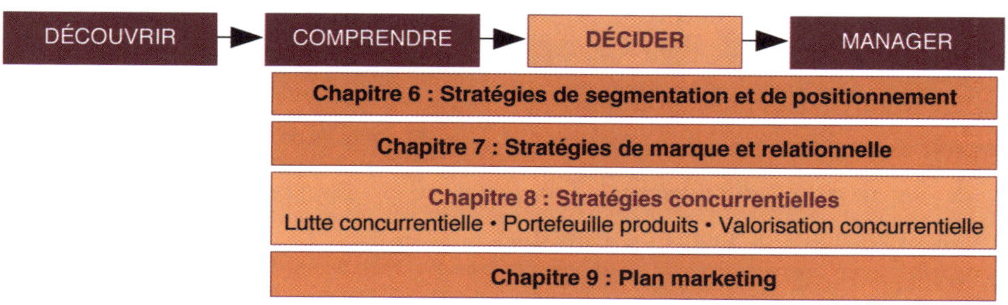

Figure 8.0 : Plan du chapitre

CONSEILS DE LECTURE : *Ce chapitre mêle plusieurs courants issus des domaines de la stratégie et du marketing. Tout comme les deux précédents, il suppose que vous ayez bien assimilé le chapitre 2. La plupart des modèles présentés ont été élaborés dans les années 1970 à 1990. Ce n'est pas* *un hasard, car cette période se caractérise par l'émergence de multiples et nouveaux marchés mondiaux, l'internationalisation des entreprises et une innovation technologique marquée. Ces éléments complexifient l'environnement et réduisent la visibilité des entreprises. Les différentes approches stratégiques proposent au manager marketing des repères pour définir et tenir un cap dans un milieu concurrentiel turbulent.*

MOTS CLÉS : *Analyse de la valeur, avantage concurrentiel, barrière (entrée, sortie), benchmark, chaîne de valeur, compétence clé, concentration, différenciation, domaine d'activité stratégique, facteur clé de succès, lutte par les coûts, matrice BCG, part de marché relative, valeur (analyse, signal).*

I. STRATÉGIES DE LUTTE CONCURRENTIELLE

Ces stratégies cherchent à identifier, parmi l'ensemble des concurrents présents, ceux qui menacent le plus l'entreprise. Puis elles proposent, dans un second temps, des modes de riposte.

1.1. Mobilité et stratégies concurrentielles

L'Américain Michael Porter, professeur à Harvard, a fortement influencé la pensée stratégique dans les années 1980. Son message est relativement simple : il est possible de prévoir ce que vont faire les concurrents et de les devancer durablement. Trois options stratégiques permettent d'acquérir un avantage sur la concurrence. Mais au préalable, il faut évaluer le poids des cinq forces qui déterminent la concurrence, puis construire la carte industrielle de son secteur d'activité.

1.1.1. Forces concurrentielles

Michael Porter identifie cinq catégories de forces (voir Figure 8.1) : l'entrée de nouveaux concurrents, le pouvoir de négociation des clients, le pouvoir de négociation des fournisseurs, la menace de produits de remplacement, enfin la rivalité entre les concurrents existants.

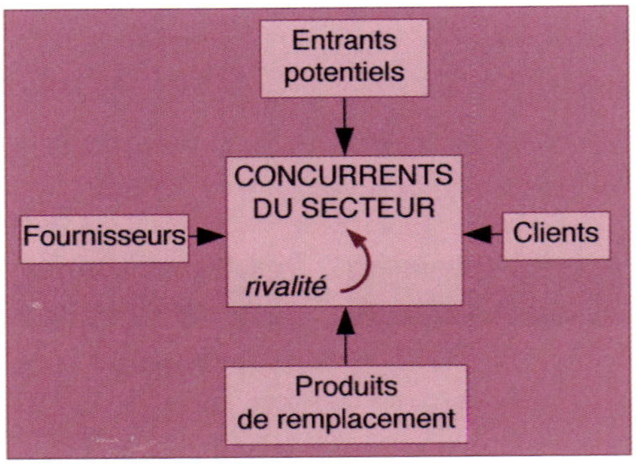

Source : M. Porter, *Choix stratégiques et concurrence*, Économica, 1982.

Figure 8.1 : Les forces concurrentielles

L'entreprise doit mesurer le poids respectif de chacune de ces forces, variables d'un secteur à l'autre et susceptibles de changer à mesure que le secteur évolue. La combinaison de ces cinq forces détermine la rentabilité globale du secteur. Si ces forces s'équilibrent de façon harmonieuse, de nombreuses entreprises présentent une rentabilité intéressante ; dans le cas inverse, seules quelques entreprises s'en sortent honorablement.

Les *entrants potentiels* sont des entreprises susceptibles de pénétrer sur le marché. Ils constituent une menace pour les concurrents actuels, car ils risquent de bouleverser l'équilibre du marché. Les entrants potentiels peuvent être intéressés à pénétrer le marché dans le cadre d'une logique de diversification : recherche de métiers complémentaires, rentabilisation de réseaux de distribution, etc.

Par exemple, les banques étaient des entrants potentiels sur le marché de l'assurance dans les années 1980 ; la quasi-totalité d'entre elles ont franchi le pas et sont maintenant présentes sur les marchés de l'assurance-vie, de l'automobile ou de l'habitation (Crédit Agricole, BNP, etc.). Aujourd'hui, toutes les entreprises qui ont des produits dans la filière du numérique sont des entrants potentiels sur une bonne dizaine de marchés, autrefois bien distincts (voir Focus-Manager 8.1).

FOCUS-MANAGER

8.1. UN NOUVEAU MARCHÉ GLOBAL, LE MULTIMÉDIA NUMÉRIQUE NOMADE

Le marché du multimédia est instable depuis plus de vingt ans : situé à l'intersection d'une dizaine de marchés (photo, vidéo, hi-fi, son, téléphonie, télévision, micro-ordinateur), autrefois bien distincts, une convergence, parfois inattendue, émerge sous l'effet de l'innovation technologique. Le micro-ordinateur représente le bout de chaîne d'une filière complexe. En schématisant, on répertorie les fournisseurs d'informations (médias, édition, serveurs Internet), les réseaux d'acheminement (réseau téléphonique, câble, fibre optique, satellite, etc.), les logiciels (connexion, système d'exploitation, application) et, enfin, les stations d'utilisation (terminal, micro-ordinateur, téléphone, télévision, assistant numérique). Le micro-ordinateur s'utilisait auparavant de manière autonome, c'est-à-dire sans dépendance par rapport à un réseau. Aujourd'hui relié à d'autres micro-ordinateurs et/ou à un fournisseur d'accès à Internet, il permet le partage des données. Pendant longtemps, cette fonction a été réservée aux entreprises qui pouvaient ainsi échanger et modifier des informations à distance.

Dès qu'il a été possible de transporter par le réseau téléphonique des images, du texte et du son, le micro-ordinateur s'est mué en une plate-forme multimédia. À la fin des années 1990, la multiplication des services Internet, la simplification de son usage et la chute des prix ont rendu possible la mise au point d'un produit grand public peu onéreux (moins de 400 euros), baptisé « micro-ordinateur de réseau » (*network computers*). Dépourvu de disque dur, ce micro se branchait sur une prise de téléphone et fonctionnait en important les logiciels par téléchargement. Toutes les fonctions d'un micro-ordinateur évolué étaient possibles : gestion, connexion Internet, télévision, téléphone, fax, répondeur. L'ambition était de déloger les fabricants de PC. En peu de temps, de nouveaux entrants sont apparus en provenance de tous les secteurs des filières multimédia et informatique *via* le téléphone mobile, qui a supplanté progressivement le micro-ordinateur. Oracle (n° 2 mondial du logiciel) a proposé un « smart phone » à 400 euros ; le Nokia 9000 permettait dès 1998, et pour un prix d'achat de 1 500 euros, de se connecter à Internet, d'envoyer des fax et du courrier électronique, tout en utilisant les outils de gestion usuels. De leur côté, Sony et Akai ont voulu transformer le téléviseur en micro-ordinateur, *via* un décodeur qui le reliait au téléphone pour 250 euros. France Télécom travaillait à l'époque sur deux projets : un boîtier connectable au téléviseur et un téléphone intelligent, concurrent de celui proposé par Oracle et Nokia.

En 2008, la situation ne s'est guère stabilisée. Répondre au besoin de nomadisme des consommateurs se situe au cœur d'une grappe de technologies émergentes. De nouveaux entrants sont apparus dans les « smart phones », *via* le « BlackBerry » (« mûre » en anglais), technologie développée par la compagnie canadienne Research In Motion (RIM), et par extension, le nom donné à cette catégorie de produit. Le mode de compression réduit le message, ce qui facilite la synchronisation des courriels avec le serveur de messagerie électronique, *via* le réseau de téléphonie mobile sur lequel l'appareil est connecté (GSM, GPRS, UMTS, etc.). Ainsi, envoyer un courriel est aussi aisé qu'émettre un SMS ou un MMS. De nouveaux opérateurs, tel Siemens, intègrent cette technologie dans leurs terminaux.

Situés à la périphérie de ce marché, les fabricants d'assistants numériques (PDA) hésitent à pénétrer ce marché ou à rester sur leur vocation initiale : assurer le secrétariat nomade (agenda, répertoire téléphonique, aide-mémoire, suivi des comptes, etc.). Aujourd'hui, ils s'orientent vers l'assistance aux déplacements de la personne ou de la voiture, par l'intégration du système GPS de guidage par satellite, l'information en temps réel sur l'état du trafic (routier, rail ou aérien), le guide touristique. Palm, Asus et HTC sont quelques-uns des acteurs principaux de ce nouveau marché. Mais les fabricants de smart phones (Nokia étant toujours présent), peuvent pénétrer du jour au lendemain ce marché... Pourtant, en 2007, c'est un fabricant de micro-ordinateur, Apple qui a bouleversé la donne en lançant son iPhone, après avoir obtenu 75 % du marché mondial des baladeurs numériques avec l'iPod. Avec 16 Go de mémoire, son téléphone réunit, dans un seul appareil, toutes les fonctions du numérique nomade : musique, vidéo, photo, localisation, guidage, téléphone, Internet, micro-ordinateur, secrétariat. À suivre !

La protection d'un secteur, face à ces menaces latentes, dépend de la solidité des barrières à l'entrée : ce sont les difficultés que devra vaincre tout nouveau concurrent, le « *ticket d'entrée* » à payer pour accéder à un marché. On répertorie plusieurs types de barrières : seuil de rentabilité élevé, rente de situation (brevet, accès privilégié à des matières premières), protection marketing (fidélité des distributeurs, capital-marque).

Par exemple, sur le marché des soft-drinks en France, le lancement d'une nouvelle marque impose un budget de publicité de plusieurs dizaines de millions de francs et un référencement massif dans les grandes surfaces. De même, la nécessité de disposer d'un solide réseau de concessionnaires constitue une barrière dissuasive qui protège le marché automobile.

De façon symétrique, des barrières à la sortie d'un marché existent. Elles représentent les coûts de cession des immobilisations et de redéploiement du personnel. Si un marché est très turbulent ou sous la menace d'innovations de rupture régulières, le désengagement de l'activité peut se révéler très onéreux pour l'entreprise. Ainsi, la présence de fortes barrières à la sortie peut dissuader un nouvel entrant potentiel de pénétrer le marché.

Les marchés de la sidérurgie, de l'extraction du pétrole offshore ou encore des opérateurs de télécommunication constituent des exemples de ce type de marché. Par analogie, les fournisseurs d'accès à Internet (FAI), les opérateurs de téléphonie mobile et les banques appliquent ce principe à leur clientèle, pour rendre plus difficile l'abandon de la relation. Pour une banque, la multiplication des prélèvements automatiques, le nombre de comptes possédés, les services souscrits sont une source de fidélisation « forcée » pour ses clients. De même, la mise à disposition gratuite d'un terminal (décodeur, téléphone) donne l'assurance à l'entreprise de conserver deux ou trois ans tout nouveau client : en effet, en cas de sortie anticipée, le client doit parfois payer (au prix fort) le décodeur ou les mois d'abonnement restant à courir jusqu'à la fin du contrat.

Les *produits de substitution* sont capables de remplir les mêmes fonctions que les produits actuels, mais en utilisant une autre technologie. Ainsi, l'heure peut être fournie par un mouvement à quartz ou mécanique : une voiture peut fonctionner avec plusieurs sortes d'énergie (essence, GPL, électricité). En prolongeant la pensée de Michael Porter, on peut dire que tous les concurrents indirects d'une entreprise (voir le chapitre 1) sont ceux qui offrent des produits de substitution potentiels.

Le *pouvoir des fournisseurs ou des clients* dépend principalement de leur nombre : s'ils sont peu nombreux, leur pouvoir est élevé.

Le petit nombre de centrales d'achat des grandes surfaces alimentaires représente une menace réelle pour les PME du secteur de l'agroalimentaire ; à l'inverse, la puissance des grands groupes (Danone, L'Oréal, Procter & Gamble, Lever, etc.) leur permet d'équilibrer le rapport de forces.

L'*intensité de la concurrence* entre les entreprises d'un secteur résulte des pressions exercées par les quatre forces précédentes. Si ces pressions sont fortes ou déséquilibrées, la lutte entre les concurrents du secteur s'avère intense, et réciproquement. Le niveau des prix traduit cet état de fait. La menace de nouveaux concurrents ou de produits de remplacement plafonne les prix, et donc affecte la rentabilité des entreprises du secteur. Le pouvoir de négociation des fournisseurs détermine le coût des matières premières. Par exemple, l'industrie de l'aluminium est fortement tributaire du coût de l'électricité.

1.1.2. Structure industrielle

La structure industrielle d'un secteur résulte de la combinaison des cinq forces précédentes et des caractéristiques propres à chaque secteur. Cette structure est stable dans le temps, mais évolue sous l'impulsion des manœuvres stratégiques des concurrents.

Une tâche importante consiste à identifier les axes représentatifs de la structure d'un secteur. Plusieurs sources permettent ce repérage : l'expertise des managers, la veille stratégique (technologies, produits de concurrence), les informations fournies par le marketing (positionnement, réputation des concurrents, attentes des clients). Par exemple, la structure industrielle du marché automobile français pourrait être définie par deux axes : innovation technologique et standing. L'opération suivante consiste à placer les concurrents sur une carte dont les axes représentent la structure du secteur (voir Figure 8.2).

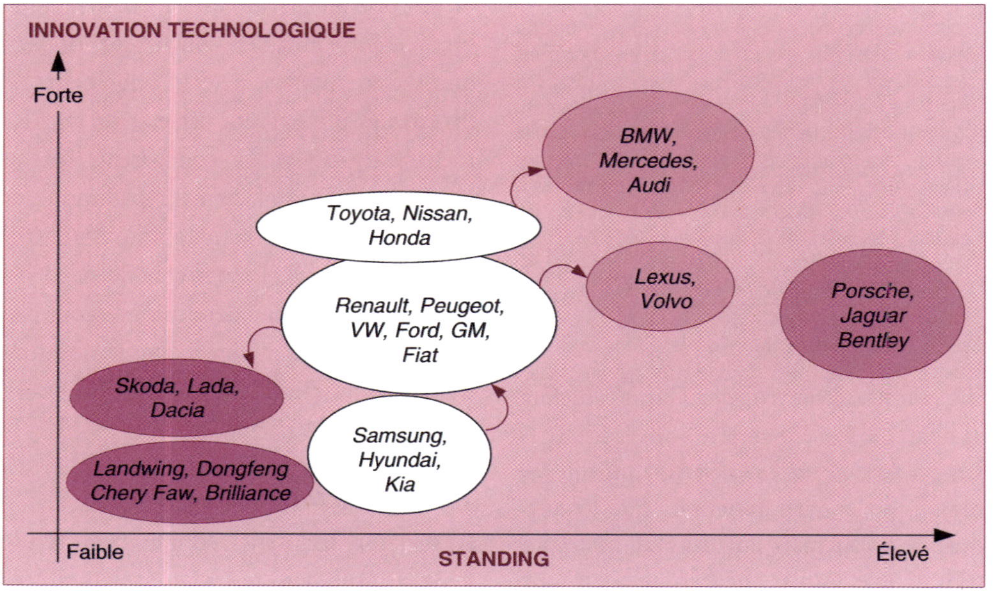

Figure 8.2 : Structure du marché automobile

On identifie ensuite différents groupes de concurrents qui poursuivent des stratégies semblables. L'observation périodique de cette carte permet de suivre les manœuvres stratégiques en cours, puis de prévoir leur orientation.

Les marques situées au centre de la carte (les constructeurs généralistes) doivent s'interroger sur le mouvement stratégique à opérer sur l'une ou l'autre des deux dimensions. Sur l'axe de l'innovation technologique, la marque peut viser une amélioration de ses performances : c'est le cas de Toyota, qui a lancé avec succès la Prius hybride (moteur électrique et thermique), élue voiture de l'année 2005 ; Honda avec la Civic et Peugeot avec la 308 ont procédé de même. Une autre alternative est possible : réduire délibérément le niveau de prestation technologique en proposant un véhicule « sans fioritures » : c'est le choix effectué par Renault avec le lancement de la Logan (groupe Dacia) à un prix très compétitif. Près de 200 000 Logan ont été vendues en 2006, soit 8 % des ventes totales du groupe. L'entrée potentielle des constructeurs chinois (Landwind, Dongfeng, Brilliance, etc.) sur le marché mondial avec des voitures produites à très bas coûts, perturbe le marché ; la commercialisation en Inde, d'une voiture à 1 700 euros, la Tata Nano, donne un poids supplémentaire à cet axe. Les marques coréennes qui, jusque-là, occupaient ce créneau, sont exposées et doivent opter pour une progression sur l'axe de la technologie ou celui du standing. Les constructeurs généralistes peuvent aussi s'améliorer sur la dimension du standing, mais cette voie est délicate : Toyota a ainsi dû créer une marque propre (Lexus) pour améliorer son image ; de son côté, le groupe VW est déjà présent grâce à Audi. Volvo, marque suédoise, convoitée par Renault en 1994, mais finalement rachetée par Ford en 1999, se trouve dans une position délicate : fragilisée par les difficultés du groupe Ford, la marque perd progressivement son image de standing, faute d'innovation technologique majeure. De fait, la marque pourrait être acquise par un constructeur généraliste (Peugeot ? Renault ?) désireux d'améliorer son image sur la dimension standing.

1.1.3. Stratégies concurrentielles

Michael Porter recense trois grandes familles de stratégies, appelées stratégies génériques, pour acquérir et conserver un avantage concurrentiel. Il est impératif que l'entreprise opte clairement pour l'une ou l'autre de ces solutions, en évitant tout « *enlisement dans une voie médiane* ».

— La domination par les coûts

Elle consiste à offrir un produit de qualité comparable à la concurrence, mais avec des coûts inférieurs. Les entreprises qui suivent cette stratégie vendent généralement un produit ordinaire, simplifié au maximum. Si pour conquérir la part de marché nécessaire à l'équilibre financier, l'entreprise baisse ses prix, le risque de déclencher une guerre des prix est fort.

> Les compagnies aériennes Easy Jet ou Ryan Air appliquent délibérément une stratégie de « low cost » : tous les services peu valorisés par le consommateur ont été supprimés ou rendus payants pour ceux qui y restent attachés. La restauration en vol est payante, l'achat du billet se fait sur Internet (pas de revente par agence de voyage) ou avec un surcoût à l'aéroport, des pénalités sont appliquées en cas de changement de vol, le poids des bagages est contrôlé avec rigueur). Le personnel à bord est intéressé financièrement aux ventes effectuées pendant le vol, mais il doit nettoyer la cabine aux escales. Les pilotes sont moins payés que ceux des compagnies régulières, etc. Tout ceci a permis d'offrir aux clients des prix sur les vols court courrier moins chers que ceux d'un voyage en train. Face à cela, la SNCF a réagi par une guerre des prix, en multipliant les offres tarifaires promotionnelles et en variant ses prix en fonction du jour et de l'heure du voyage.

— La différenciation

Elle consiste à offrir un avantage perçu comme unique par le secteur entier. Ce facteur de différenciation est le même pour l'ensemble de la gamme des produits de l'entreprise. Par ailleurs, l'entreprise couvre la totalité des besoins du marché avec une gamme étendue de produits.

> IBM Global Service se différencie de ses concurrents en offrant des « solutions sûres et intelligentes » ; Apple propose « design, créativité et convivialité », Dell permet au consommateur de construire sur son site Internet « son » ordinateur personnalisé, en choisissant parmi une foule d'options possibles.

— La stratégie de concentration

Appelée parfois focalisation, c'est l'une des options de la stratégie de segmentation marketing (voir chapitre 6). L'entreprise concentre ses efforts sur un seul segment, en proposant un avantage unique à cette cible.

> Par exemple, Porsche est spécialisé sur le créneau des voitures sportives et luxueuses ; Range Rover occupe la niche des 4 x 4 de luxe ; Bentley et Cadillac proposent des voitures de prestige ; chaque Ferrari est une pièce de collection ; la Smart se veut la voiture urbaine pour les anticonformistes, etc.

1.1.4. Risques et avantages de ces stratégies

Pour réussir l'une ou l'autre de ces stratégies, Michael Porter précise que l'entreprise doit réunir des compétences particulières et être consciente des risques associés à chacune d'entre elles. La Figure 8.3 résume ces éléments.

Stratégies	Compétences nécessaires	Risques associés
Lutte par les coûts	Acquisition de capitaux Management des hommes Savoir simplifier les produits	Effet du progrès technique Imitation par la concurrence Guerre des prix
Différenciation	Maîtrise de la distribution Savoir-faire technologique Intuition et créativité Réputation de l'entreprise	Quel prix le consommateur peut-il mettre pour acquérir l'avantage de différenciation ? Baisse de l'importance de l'avantage de différenciation Imitation par la concurrence
Concentration	Comme pour la stratégie de différenciation + Capacité à sélectionner la cible adéquate	Comme pour la stratégie de différenciation

Figure 8.3 : Conditions de réussite et risques associés aux stratégies génériques

1.2. Catégorisation concurrentielle

Le positionnement des concurrents sur la carte industrielle de Michael Porter reste intuitif, principalement fondé sur le jugement du manager. Il existe d'autres approches, plus rigoureuses, fondées sur les comportements ou les intentions d'achat des consommateurs. Elles proposent au manager des cartes concurrentielles permettant d'évaluer les concurrents les plus dangereux d'une marque.

1.2.1. Positionnement concurrentiel

Cette démarche se fonde sur des volumes d'achat effectifs et exploite les informations fournies par les panels de consommateurs. Le modèle, dénommé « Competitor » calcule d'abord au niveau d'un ménage la ventilation des achats, marque par marque, pour chaque catégorie de produits, puis fournit ensuite différents indices d'intensité et de proximité concurrentielle entre les marques[1]. La Fiche technique 8.1 présente les grandes lignes de ce modèle.

FICHE TECHNIQUE

8.1. LE MODÈLE « COMPETITOR »

1. Mesure de l'intensité concurrentielle

Supposons qu'un consommateur k ait acheté dix kilos de café, répartis entre trois marques « a » (cinq kilos), « b » (quatre kilos) et « c » (un kilo) : on en déduit que la marque « b » concurrence plus fortement « a » que ne le fait la marque « c », car ce consommateur a réparti 90 % de ses achats de café entre ces deux marques. La formule de calcul de l'indice d'intensité concurrentielle est la suivante :

1. Merunka, D., Le Roy, I., « Competitor : un modèle de positionnement concurrentiel des marques appliqué à des données de panel de consommateurs », *Recherche et applications en marketing,* 6, 2, 1991, pp. 1-24.

$$Iab_k = \frac{MAX_k(a, b) - MIN_k(a, b)}{MAX_k(a, b) + MIN_k(a, b)}$$

avec Iab_k = Intensité concurrentielle entre les marques « a » et « b » pour l'acheteur k.

MAX_k *(a, b)* = Volume réalisé par la marque la plus achetée (pour le couple « a » et « b ») par l'acheteur k.

MIN_k *(a, b)* = Volume réalisé par la marque la moins achetée (pour le couple « a » et « b ») par l'acheteur k

L'indice Iab_k varie entre 0 et 1. Lorsqu'il est égal à 0, cela signifie que la concurrence est maximale entre les marques « a » et « b » ; à l'inverse, dans une situation d'absence de concurrence entre ces deux marques, il est égal à 1. Dans notre exemple, nous obtenons les indices suivants : Iab_k = (5 – 4)/(5 + 4) = 0,11 ; Iac_k = (5 – 1)/(5 + 1) = 0,66 ; Ibc_k = (4 – 1)/(4 + 1) = 0,60. Ainsi, « *a* » et « *b* » sont en concurrence frontale pour l'acheteur *k*, alors que « *c* » n'est que modérément concurrencée par « *a* » et « *b* ».

Pour évaluer l'intensité concurrentielle (Iab) entre les marques « *a* » et « *b* » sur le marché du café, on calcule une moyenne pondérée des intensités individuelles de concurrence, le facteur de pondération étant le volume total de café acheté par chaque consommateur. Par exemple, si notre acheteur k est un gros consommateur de café (il a acheté dix kilos sur la période), son indice concurrentiel pèsera plus que celui de l'acheteur j, qui n'aurait consommé que deux kilos sur cette même période.

2. Mesure de la distance concurrentielle

On calcule les indices de distance concurrentielle (d_{ij}) pour chaque paire de marque. L'indice varie entre 0 et 1. Si deux marques sont très proches, leur distance concurrentielle est proche de 0 ; si elles sont en situation de très faible concurrence, l'indice est proche de 1. La formule de calcul de (d_{ij}) est la suivante, Iij mesurant l'intensité concurrentielle des marques « *i* » et « *j* » sur l'ensemble du marché.

$$D_{ij} = 3(I_{ij})^2 - 2(I_{ij})^3$$

Supposons, par souci de simplification, qu'il n'y ait que notre seul acheteur *k* sur le marché du café. Nous obtenons pour chaque couple de marque, les distances suivantes :

$$d_{ab} = 3(I_{ab})^2 - 2(I_{ab})^3 = 3(0,11)^2 - 2(0,11)^3 = 0,363 - 0,0026 = 0,36$$

$$d_{ac} = 3(I_{ac})^2 - 2(I_{ac})^3 = 3(0,66)^2 - 2(0,66)^3 = 1,3068 - 0,575 = 0,73$$

$$d_{bc} = 3(I_{bc})^2 - 2(I_{bc})^3 = 3(0,60)^2 - 2(0,60)^3 = 1,08 - 0,432 = 0,65$$

On observe donc que les marques « *a* » et « *b* » sont proches (indice = 0,36), parce qu'elles se concurrencent fortement, à la différence de la marque « *c* », qui est très éloignée de « *a* » (indice = 0,73) et de « *b* » (indice = 0,65).

3. Construction du mapping concurrentiel

Les distances concurrentielles des différents couples de marques sont soumises à une analyse multidimensionnelle des similarités[2] pour obtenir une représentation géométrique des marques.

2. Pour une présentation de cette famille de méthode, voir notamment Giannelloni, J.-L., Vernette, É., *Études de marché*, Vuibert, 2001, 2e éd., chapitre 14.

À la différence de l'approche de Michael Porter, où le positionnement des marques se fait par raisonnement intuitif, le modèle Competitor positionne les marques en se fondant sur des achats réels, ce qui donne une plus grande solidité aux résultats. En revanche, cette approche suppose des achats fréquents dans la catégorie de produit : elle fonctionne plus difficilement pour des biens durables (voiture, ameublement, etc.).

4. Évaluation concurrentielle et recommandations marketing

Le modèle confronte les volumes de concurrence et les valeurs concurrentielles des différentes marques.

- Le *volume de concurrence* (V_{ij}) représente le chiffre d'affaires total réalisé par les acheteurs qui ont acquis, durant une période fixée, la marque « a » et les autres marques concurrentes (soit ici, « b » et « c »). Dans notre exemple, les volumes de concurrence sont les suivants : $V_{ab} = 9$, $V_{ac} = 6$, $V_{bc} = 5$.
- La *valeur concurrentielle* (VC_{ij}) indique la position concurrentielle de la marque « i », c'est-à-dire sa capacité à être achetée en plus grande quantité que « j », lorsque le consommateur répartit ses achats entre plusieurs marques. Cela représente les différentes parts de marché que réalise la marque « i » lorsqu'elle se trouve confrontée à « j ». Pour notre acheteur k, nous obtenons les valeurs concurrentielles suivantes :

Marque « a » : $VC_{ab} = 5/5+4 = 55,5$ %. $VC_{ac} = 5/5+1 = 83,3$ %.

Marque « b » : $VC_{ba} = 4/4+5 = 44,4$ %. $VC_{bc} = 4/4+1 = 80$ %.

Marque « c » : $VC_{ca} = 1/1+5 = 16,6$ %. $VC_{cb} = 1/1+4 = 20$ %.

Une matrice (voir la figure ci-après) fondée sur ces deux dimensions permet de situer les concurrents dans l'une ou l'autre des cases. Chacune comporte des recommandations stratégiques pour faciliter les décisions du manager marketing. Dans notre exemple, la marque « a » est en position de force vis-à-vis de « b » et de « c », car ses indices de valeurs concurrentielles sont supérieurs à 50 %. Les volumes de concurrence en jeu sont très importants entre « a » et « b » : la marque « a » doit donc « défendre et maintenir » sa position vis-à-vis de « b ». Vis-à-vis de « c » , la valeur concurrentielle de « a » est excellente, mais les volumes, bien que plus réduits, demeurent conséquents. Notre acheteur k étant un gros consommateur de café, il faut donc « défendre et maintenir » la position vis-à-vis de « c ».

Valeur concurrentielle \ Volumes de concurrence	Faibles	Forts
Faible	GAINS LIMITÉS *La marque est dominée par les concurrents sur de petits volumes*	AMÉLIORER ABSOLUMENT *La marque est dominée par les concurrents et de gros volumes sont en jeu*
Forte	NE RIEN FAIRE *La marque domine les concurrents sur de petits volumes*	DÉFENDRE ET MAINTENIR *La marque domine les concurrents et de gros volumes sont en jeu*

Source : Adapté de Merunka, D., Le Roy, I., « Competitor : un modèle de positionnement concurrentiel des marques appliqué à des données de panel de consommateurs », *Recherche et Applications en Marketing*, 6, 2, 1991, pp. 1-24.

1.2.2. Positionnement catégoriel

Le modèle « Categorisator » est un outil d'analyse concurrentielle fondée sur les intentions d'achat des consommateurs d'une marque[3]. L'hypothèse sous-jacente est qu'une marque ne sera choisie que si elle dispose d'abord d'une certaine notoriété auprès de la cible visée. Cette marque doit ensuite faire partie de l'ensemble évoqué des consommateurs, c'est-à-dire être sérieusement considérée pour un prochain achat dans la catégorie de produits.

Les données nécessaires sont issues des questionnaires administrés à un échantillon d'individus représentatifs des consommateurs d'un marché donné. On commence par soumettre aux répondants différentes situations de choix d'un produit, puis on leur demande d'indiquer les marques qu'ils connaissent, « ne serait-ce que de nom ». Celles-ci forment « l'ensemble de connaissance ». Chaque marque est classée dans l'une ou l'autre des trois grandes catégories suivantes.

- Les *marques considérées* correspondent à l'ensemble évoqué (voir chapitre 4), c'est-à-dire les marques que le consommateur envisage sérieusement d'acheter (dans le contexte indiqué). Ces marques ont une probabilité non nulle d'être choisies dans la situation envisagée.
- Les *marques rejetées*, elles, sont les marques que l'on n'achèterait certainement pas.
- Enfin, les *marques indifférentes* représentent les marques connues restantes, c'est-à-dire ni considérées, ni rejetées. Dans un second temps, le répondant précise les raisons de son indifférence : la marque peut être écartée parce qu'il ne dispose pas d'assez d'informations sur celle-ci (« indifférence floue »), ou parce que les informations mémorisées ne sont pas jugées suffisamment favorables pour considérer la marque (« indifférence neutre »). Dans ce dernier cas, on demande alors si la marque est jugée ainsi parce qu'il n'y a rien de vraiment pour, ni rien de vraiment contre (« neutre plat »), ou si c'est parce que le pour et le contre s'équilibrent (« neutre balancé »). La Figure 8.4. récapitule les niveaux de concurrence catégorielle.

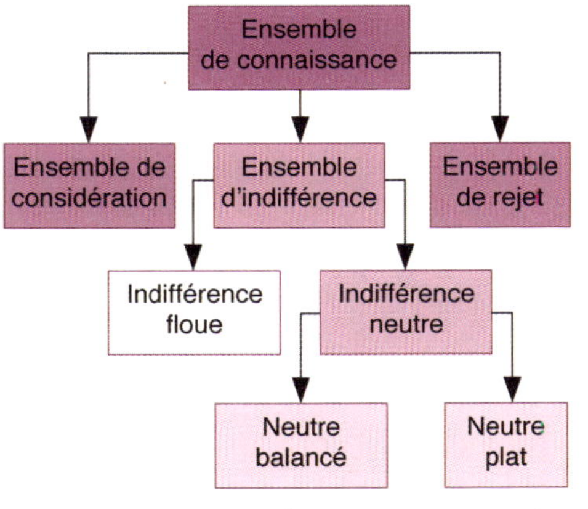

Source : Strazzieri, A., « Categorisator : une analyse panoramique du marché par situation d'usage », *Décisions Marketing*, 1, 1994, pp. 69-85.

Figure 8.4 : Les différentes catégorisations des marques

La connaissance de la répartition des marques dans chacune des catégories est utile au manager marketing. En effet, la marque qui

3. Strazzieri, A., « Categorisator : une analyse panoramique du marché par situation d'usage », *Décisions Marketing*, 1, 1994, pp. 69-85.

arrive en tête (en pourcentage des citations) dans l'ensemble de considération (toute situation d'achat confondue) est pratiquement tout le temps le leader du marché. Cependant, les performances varient souvent selon le scénario : une marque peut arriver en tête dans une situation d'achat donnée, mais pas dans l'autre.

> Par exemple, Orangina obtient un pourcentage d'appartenance à l'ensemble de considération moins élevé dans la situation « pour boire chez soi » que pour le cas « au café ». Dans les années 1990, Coca-Cola obtenait en France des taux d'indifférence bien moindre que ceux de Pepsi, ce qui suggère que le positionnement perçu de cette dernière marque par le marché reste flou : la politique de communication de Pepsi méritait d'être revue.

Le taux d'indifférence floue s'avère un bon indicateur de la perception par le marché de la clarté du positionnement de la marque : un taux faible signifie un positionnement clairement identifié, un taux élevé suggère d'investir en communication.

L'évaluation de la qualité du positionnement catégoriel des marques se fait en trois temps. Pour chaque marque, on calcule tout d'abord un indice moyen de notoriété, appelé taux de saillance (= % de personnes citant la marque spontanément). Ensuite, un indice de force concurrentielle (= % considération - % rejet) est construit. En dernier lieu, les concurrents sont placés dans une matrice comportant quatre cases. Un diagnostic et des recommandations marketing différentes sont attribuées à chacune d'entre elles (voir Figure 8.5).

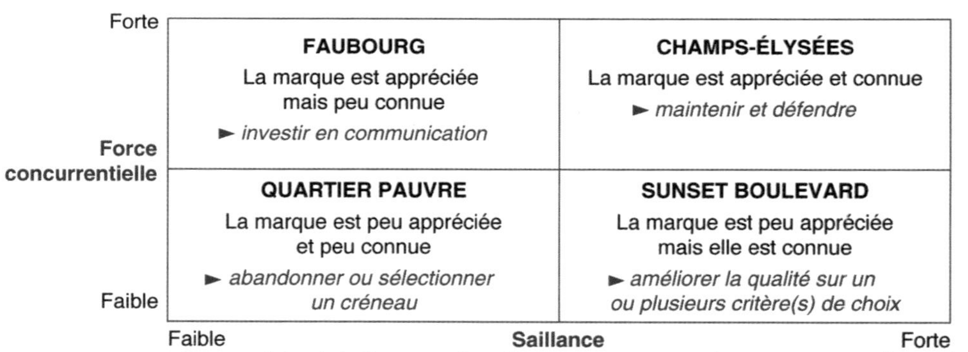

Source : Adapté de Strazzieri, A., « Categorisator : une analyse panoramique du marché par situation d'usage », *Décisions Marketing*, 1, 1994, pp. 69-85.

Figure 8.5 : Positionnement catégoriel

II. STRATÉGIES DE PORTEFEUILLE DE PRODUITS

Si ce courant stratégique a eu son heure de gloire dans les années 1970-1980, il continue à nourrir les réflexions stratégiques et marketing de bon nombre d'entreprises. Il a été initié par des grands cabinets de consultants nord-américains. Le caractère pédagogique des recommandations est très prononcé et conduit à rechercher un juste équilibre entre l'ensemble des produits de l'entreprise.

2.1. Relations et concepts fondamentaux

Les différentes écoles stratégiques appuient généralement leur démarche sur l'un ou l'autre des concepts suivants.

2.1.1. Courbe d'expérience

Elle synthétise en fait deux autres concepts : la courbe d'apprentissage et l'économie d'échelle. La première, fondée sur l'exemple de l'industrie aéronautique, montre qu'à chaque fois que la production cumulée dans le temps double, le coût unitaire baisse d'un pourcentage constant (généralement compris entre 10 % et 20 %). Ce résultat provient notamment d'une meilleure organisation du travail des hommes, due à la répétition d'une tâche : les erreurs initiales sont progressivement corrigées. Les économies d'échelle résultent de la capacité de production installée : le coût unitaire d'une voiture est moindre si l'usine a une capacité journalière de deux mille véhicules que si cette capacité n'est que de mille véhicules. La logique de la courbe d'expérience conduit à accumuler de la production et à allonger les séries, pour obtenir un avantage de coût sur la concurrence. La conséquence est que l'entreprise doit obtenir une forte part de marché pour écouler ses volumes de production.

2.1.2. Courbe de maturité d'un marché

Parfois appelée cycle du métier, elle permet à l'entreprise de prévoir l'évolution de ses activités et la nature des stratégies qu'il faudra mettre en œuvre. Graphiquement, cette courbe suggère la forme de la lettre S (voir Figure 8.6). Selon les auteurs, quatre ou cinq phases sont répertoriées. La phase de croissance d'un marché est généralement brève ; les phases de maturité et de saturation sont les plus longues.

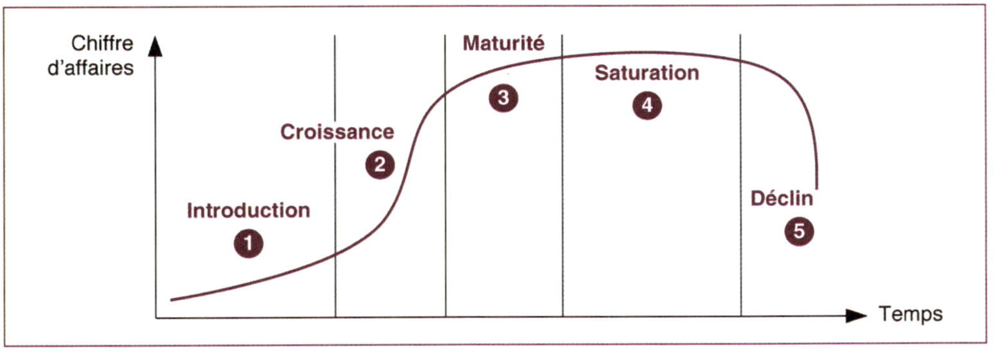

Figure 8.6 : Phases d'évolution d'un marché (métier)

Comme le montre la Figure 8.7, l'équilibre financier de l'entreprise n'est pas assuré pour toutes les phases. D'où la recommandation majeure des partisans de l'analyse de portefeuille : pour obtenir un équilibre financier global, il est vital d'équilibrer les activités entre ces différentes phases.

	Introduction	Croissance	Maturité	Saturation	Déclin
Croissance des ventes	moyenne	forte	moyenne	faible	négative
Résultat	négatif à nul	moyen	fort	fort à moyen	faible à nul
Liquidités	besoin	équilibre	surplus	surplus	équilibre

Figure 8.7 : Liens financiers et marketing

2.1.3. Domaine d'activité stratégique (DAS)

Il se définit à partir de trois composantes : la fonction remplie par le produit, la technologie utilisée et la clientèle visée. Ainsi, deux entreprises situées sur le même DAS exercent le même métier, visent une même clientèle et ont les mêmes concurrents. Le manager fractionne son marché global en différents DAS et formule pour chacun une stratégie différente. Ce découpage est délicat à réaliser : il se situe entre la branche industrielle et le segment marketing.

Par exemple, les fabricants d'horloges peuvent considérer que « donner l'heure » correspond à trois fonctions : informer, contrôler, décorer ; deux technologies d'affichage sont disponibles : aiguilles ou chiffres ; trois groupes de clientèles sont envisageables : administrations, entreprises et grand public. Plusieurs DAS et produits apparaissent en formant les combinaisons :

- DAS n° 1 : pointeuses (contrôler, chiffres, entreprises) ;
- DAS n° 2 : parcmètres (contrôler, chiffres, collectivités locales) ;
- DAS n° 3 : horloges décoratives (décorer, aiguilles, grand public) ;
- DAS n° 4 : horloges extérieures (informer, chiffres, administrations), etc.

2.1.4. Stratégie de marché et profit

Entre 1970 et 1983, un très important programme de recherche, le *Profit Impact of Market Strategy* (PIMS), a été mené par l'Université d'Harvard, à la demande de General Electric. Près de 2 600 DAS, exploités par deux cents entreprises, ont été analysés. L'idée fondamentale était de mettre à jour les variables qui contribuaient le plus à la formation du profit ; trente-sept variables ont été testées.

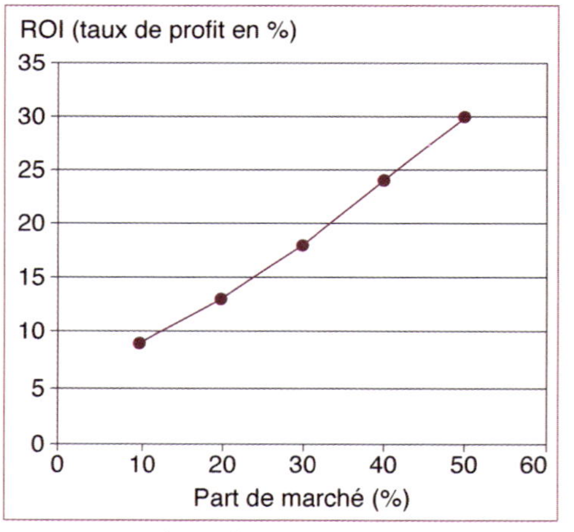

Source : adapté de Buzzell, R., Gale, B., Sultan, R., « Market-share : a key to profitability », *Harvard Business Review*, 53, 1, 1975, pp. 97-106.

Figure 8.8 : Relation entre la part de marché et le taux de profit (ROI)

Les résultats ont montré l'existence d'une corrélation forte entre la part de marché et le taux de profit ; cependant, la relation est plus forte, sur le long terme, entre la qualité intrinsèque du produit et le profit. Par ailleurs, on observe une (modeste) relation entre le taux de croissance d'un DAS et le taux de profit de l'entreprise[4]. La Figure 8.8 montre la relation entre la part de marché et le taux de profit (ROI ou *Return On Investment*).

2.2. Le Boston Consulting Group (BCG)

Le BCG est un célèbre cabinet de consultants américains. Sa réflexion a débouché sur une matrice permettant l'analyse du portefeuille d'activités de l'entreprise. Ses fondements théoriques s'appuient sur le principe de la courbe d'expérience et les résultats majeurs de l'étude PIMS. Le modèle a donné lieu à trois versions principales. Les deux premières font appel au concept de part de marché relative (PMR, voir Fiche technique 8.1), la deuxième intègre l'analyse concurrentielle de Michael Porter. Une troisième version, plus récente, se propose d'évaluer simultanément création de valeur, croissance du marché et rentabilité du capital.

FICHE TECHNIQUE

8.2. Part de marché relative (PMR)

1. Objectif

La PMR compare la part de marché de l'entreprise à celle de ses concurrents les plus dangereux.

2. Formule de calcul

Elle dépend de la position de l'entreprise :

$$\text{PMR du leader} = \frac{\text{Part de marché du concurrent placé au 2}^{\text{e}}\text{ rang}}{\text{Part de marché de l'entreprise}}$$

$$\text{PMR du non-leader} = \frac{\text{Part de marché de l'entreprise}}{\text{Part de marché du leader}}$$

3. Exemple

Le marché mondial automobile est régulièrement marqué par des regroupements d'entreprises. Les ventes mondiales en 2007 ont atteint 62,5 millions de véhicules. General Motors (GM) et Toyota se disputent le leadership : GM (9,37 millions) obtient une part de marché de 15 % et Toyota (9,36 millions) une part de marché de 14,9 %. Ford arrive en troisième position, avec 8,12 millions de voitures (part de marché de 13 %). Renault est loin derrière, avec 2,48 millions (part de marché de 3,9 %). Mais si l'on prend en compte son alliance avec Nissan (3,67 millions, part de marché de 5,8 %), le groupe totalise 6,15 millions (part de marché de 9,8 %) et prend la quatrième place mondiale. Cependant, la PMR de cette alliance (0,64) reste globalement faible pour pouvoir menacer sérieusement les deux leaders GM et Toyota.

Parts de marché relatives des constructeurs

General Motors = 1,01 = (15/14,9) et Toyota = 0,99 = (14,9/15)
Nissan = 0,38 = (5,8/ 15) ; Renault = 0,26 = (3,9/15)
Renault + Nissan = 0,64 = (5,8+ 3,9)/ 15

4. Buzzell, R., Gale, B., *The PIMS Principles: Linking Strategy to Performance*, Free Press, 1987.

FOCUS-MANAGER

8.2. LES TURBULENCES STRATÉGIQUES DE LA MARQUE K-WAY

1. Contexte

Les établissements Duhamel, propriétaires de la marque K-Way, s'interrogent au début des années 1980 sur la poursuite de leur diversification. La marque, créée en 1965 par un fabricant français de pantalons, Léon Claude Duhamel, a connu son heure de gloire dans les années 1920, avec le célèbre coupe-vent. Elle s'est progressivement diversifiée et gère en 1982 deux nouvelles lignes de vêtements : tennis et ski. Pour financer d'éventuelles nouvelles activités, l'apport de fonds propres et (ou) de financement externe est inévitable. D'où la nécessité de formuler un diagnostic stratégique sur les activités de l'entreprise. En reprenant la matrice du BCG, le portefeuille d'activités se présentait approximativement de la manière suivante en 1980 :

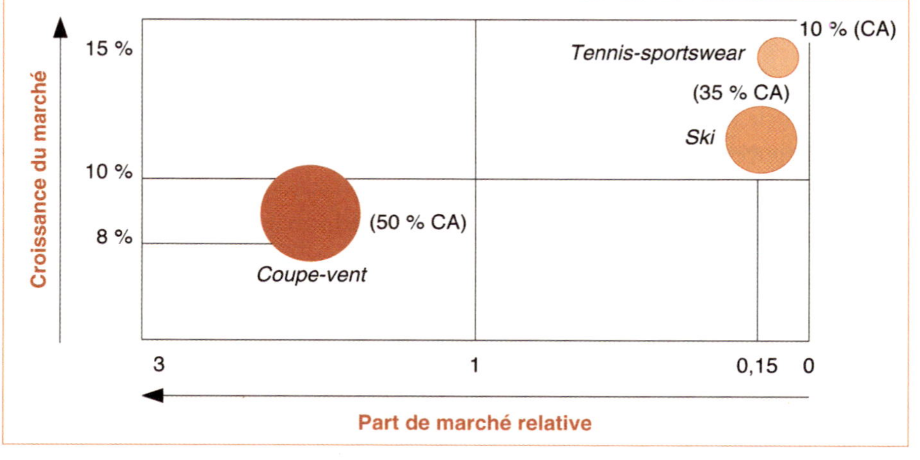

2. Appréciation de la situation

La situation est contrastée. Le produit vache à lait (le coupe-vent) doit financer deux dilemmes, dont l'un (vêtements de ski) est problématique : le marché tend à s'essouffler et la position concurrentielle de K-Way est faible. Dans ce contexte, le lancement d'une nouvelle activité s'avère problématique. Une solution consisterait à accroître la position sur l'activité tennis ; une autre option passerait par le recentrage sur le coupe-vent et le lancement d'une gamme plus technique, utilisant de nouvelles matières premières.

3. Péripéties

L'entreprise a finalement choisi de se diversifier au début des années 1990 dans le vêtement nautique, un marché porteur, tout en se désengageant du tennis. Mais K-Way n'a jamais atteint une part de marché significative sur ce marché, tout en conservant une position concurrentielle faible sur le marché du vêtement de ski. Dix ans après, l'entreprise a donc toujours deux dilemmes sur les bras et une vache à lait, le coupe-vent, qui a perdu sa position de leader, faute d'innovation technologique majeure. Le nouveau tissu le K-Way 2000 (léger, respirant, imperméable) arrive trop tard, d'autant plus que le style du coupe-vent est devenu « ringard ». N'ayant plus de vache à lait et lestée de deux dilemmes sur les bras, K-Way est reprise en 2003 par Formula Sport, une entreprise familiale italienne. Cette dernière cède un an plus tard la marque K-Way à Basic Net Group, groupe international qui possède d'autres marques de sportswear (dont Kappa). La marque K-Way périclite lentement, le nom de domaine de son site Web est à vendre en 2007. L'humoriste Dany Boon tourne en dérision le célèbre coupe-vent dans un sketch célèbre. Pourtant, début 2008, *Madame Figaro* redécouvre le K-way « vintage » relooké par quatre créateurs belges. Ceux-ci ont retravaillé le produit à leur façon, avec, pour seules exigences, le tissu des années 1970 et le principe de rangement dans une poche kangourou. Quatre « Collectors by K-Way » sont nés : une cape chaperon rouge, un style chemise classique, un trench sobre et intemporel et, enfin, un réversible imprimé ciel bleu nuageux et noir. Aux deux cents points de vente (magasins de sports et de loisirs) s'ajoutent alors cent cinquante boutiques « fashion » en Belgique. La vache à lait peut-elle renaître de ses cendres ?

2.2.1. BCG version 1

La matrice du BCG (voir Figure 8.9) résulte du croisement de deux dimensions : le taux de croissance des DAS et la part de marché relative. L'entreprise place ses différentes activités sur cette matrice. Elle dispose d'une vue d'ensemble d'où il est possible de tirer des recommandations stratégiques (voir Focus-Manager 8.2). L'idée de base est d'équilibrer le portefeuille d'activités : les liquidités excédentaires sécrétées par les « vaches à lait » doivent servir à financer les activités « dilemmes », futures vedettes de l'entreprise. Une gestion performante transforme les dilemmes en vedettes, puis en vaches à lait. L'entreprise élimine au fur et à mesure ses poids morts.

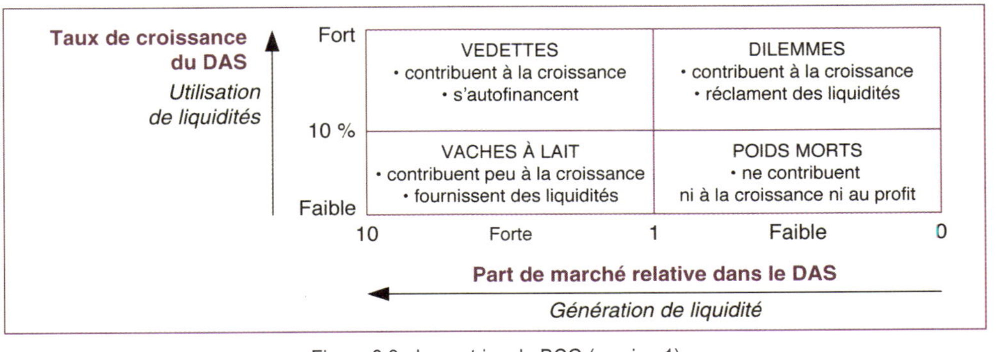

Figure 8.9 : La matrice du BCG (version 1)

2.2.2. BCG version 2

L'évolution de l'environnement international, et notamment le ralentissement de la croissance survenu durant les années 1980, a conduit le BCG à proposer une deuxième version de leur matrice. Celle-ci ne renie pas la précédente, mais envisage des situations plus complexes, tout en intégrant l'analyse de Michael Porter. Deux perspectives sont étudiées : l'avantage retiré d'une lutte par les coûts (faible ou fort) et les possibilités de différencier le produit (faibles ou nombreuses). En croisant ces différentes hypothèses, on aboutit à quatre types de marché (voir Figure 8.10).

Les *systèmes fragmentés* sont des marchés où la segmentation marketing est préférable. En effet, on n'observe pas de liens entre le taux de profit et la part de marché : la qualité du positionnement prime. Les marchés des soft-drinks et des parfums sont des exemples de ce type.

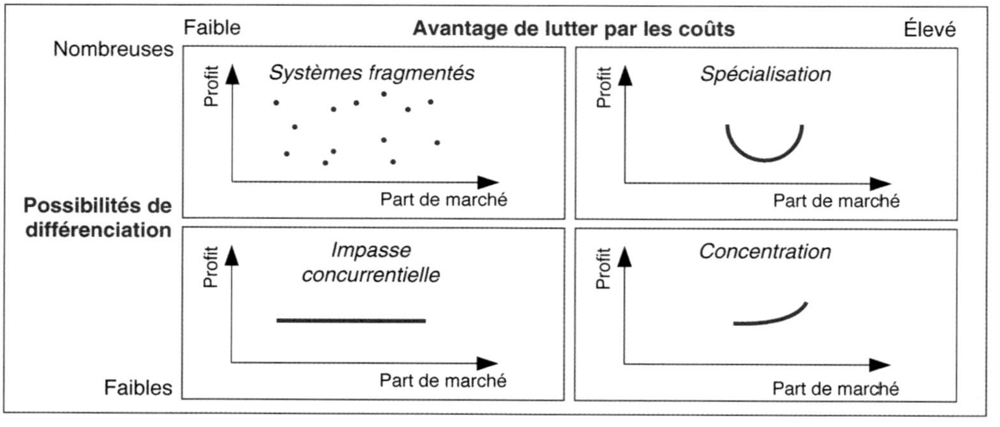

Figure 8.10 : La matrice du BCG (version 2)

Les *marchés spécialisés* offrent un grand nombre d'options stratégiques. Les recommandations de Michael Porter s'appliquent : soit l'entreprise lutte par les coûts et doit viser une part de marché élevée pour être rentable, soit elle se spécialise sur une cible pour laquelle elle offre un avantage unique. Le marché automobile illustre ce genre de marché.

À l'inverse, les *impasses concurrentielles* n'offrent que peu de choix. L'intégration vers l'amont ou l'aval, voire le désengagement, restent les seules solutions. L'industrie du papier se trouve dans ce cas.

Les *marchés concentrés* correspondent au cas prévu par la version 1 de la matrice du BCG. La courbe d'expérience conduit à une baisse des coûts ; donc, part de marché et profit sont corrélés. Les secteurs de l'aluminium et de la construction navale correspondent à cette hypothèse.

2.2.3. BCG version 3

Vers la fin des années 1990, le BCG s'est associé avec un autre cabinet de consultant, Marakon Associates, pour proposer une nouvelle matrice[5]. Le point central du

5. Pour une présentation plus complète, voir Thiétart, R.-A., Xuereb, J.-M., *Stratégies*, Dunod, 2004, pp. 183-187.

modèle est le calcul du taux de croissance maximum de (G) de l'entreprise :

$$G = \frac{p \cdot \pi}{K}$$

avec G = taux de croissance maximal

p = taux de rétention des profits

π = profit après impôts

K = capitaux propres

Les deux axes de la matrice sont : les taux de croissance des différents DAS sur lesquels l'entreprise est présente et le taux de croissance propre à l'entreprise pour chacun d'entre eux. Si le taux de croissance du DAS est supérieur à celui de l'entreprise, il y a perte de part de marché, et inversement, gain de part de marché. L'entreprise place chacun de ses produits sur les différents DAS, la surface de chaque cercle étant proportionnelle au chiffre d'affaires réalisé par l'entreprise dans chaque DAS (voir Figure 8.11).

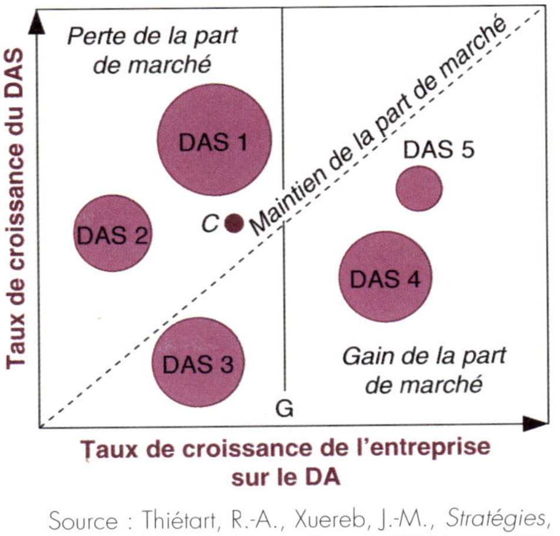

Source : Thiétart, R.-A., Xuereb, J.-M., *Stratégies*, Dunod, 2004, p. 187.

Figure 8.11 : Matrice d'évolution équilibrée des DAS

Le centre de gravité des différents nuages se situe au point (C). La droite verticale représente le taux de croissance maximal à ne pas dépasser (G) pour l'entreprise. Si (C) est situé à gauche de G, la croissance de l'entreprise est jugée équilibrée. À l'inverse, si (C) se situe à droite de G, l'entreprise est en surchauffe et court le risque d'une crise financière ou d'une absorption. Dans l'exemple de la Figure 8.10, la croissance de l'entreprise est globalement équilibrée. En revanche, l'entreprise perd des parts de marché sur le DAS 1, alors que celui-ci représente la part la plus importante de son chiffre d'affaires.

2.2.4 Perspectives

Depuis le début des années 2000, la primauté de la part de marché dans l'analyse stratégique a été remise en question. Certains ont proposé d'élargir le concept en allant au-delà de la simple position sur un marché. L'attractivité de l'entreprise auprès des investisseurs (capacité à lever des capitaux), l'attractivité sur le marché de l'emploi (capacité à mobiliser des compétences humaines spécifiques) sont intégrées pour donner une position globale de « leadership ».

Malgré cela, les exemples de grandes entreprises qui, bien que leaders sur leur marché, ont été confrontées à des difficultés stratégiques (telles General Motors, United Airlines, Kodak, etc.), ont conduit certains consultants à privilégier le concept de « modèle économique » : il s'agit pour l'entreprise de définir un modèle de profit qui exploite un gisement de valeur spécifique (voir partie III « Stratégies de valorisation concurrentielle »).

Par exemple, Coca-Cola exploite avec succès la force de sa marque (*brand equity*), Apple s'appuie sur une image créative avant-gardiste et anticonformiste, IBM et General Electric proposent des « solutions clients », Microsoft s'appuie sur la rente de situation d'un système d'exploitation (Windows).

À terme, la survie de l'entreprise tiendrait dans sa capacité à s'interroger régulièrement sur la solidité et la pérennité des fondements de ce gisement de valeur, et au besoin, à changer radicalement son modèle économique.

2.3. Autres analyses de portefeuille

D'autres cabinets de conseil en management nord-américains ont proposé des variantes de la matrice du BCG. Les dimensions prises en compte pour construire leur matrice sont plus nombreuses. L'évaluation des activités de l'entreprise se fait de façon moins mécanique, car il n'existe pas de seuil quantifié.

Par rapport au BCG, les cadres d'analyse prennent en compte la notion de facteur clé de succès (FCS) : ce sont les compétences spécifiques que l'entreprise doit maîtriser pour réussir sur un marché donné. Ces facteurs varient sensiblement d'un marché à l'autre. Leur identification se fonde sur une analyse approfondie de l'environnement externe et interne. Par exemple, sur le marché informatique, la qualité et la rapidité du service après-vente sont des FCS ; pour réussir un lancement sur le marché du parfum, il faut disposer d'un capital-marque favorable et d'un budget de publicité important, etc.

2.3.1. McKinsey

La matrice comporte deux dimensions : attrait du marché et position concurrentielle. L'attrait d'un marché pour l'entreprise est évalué à partir de plusieurs indicateurs : potentiel de ventes, taux de croissance, degré de maturité, maîtrise des technologies nécessaires, intensité de la concurrence. La position concurrentielle de l'entreprise est estimée, notamment, par sa part de marché, son taux de profit et sa position face aux facteurs clés de succès. Le diagnostic stratégique situe l'entreprise sur une matrice à six cases et, selon la position, les recommandations vont de l'investissement de croissance à la sortie du marché (voir Figure 8.12).

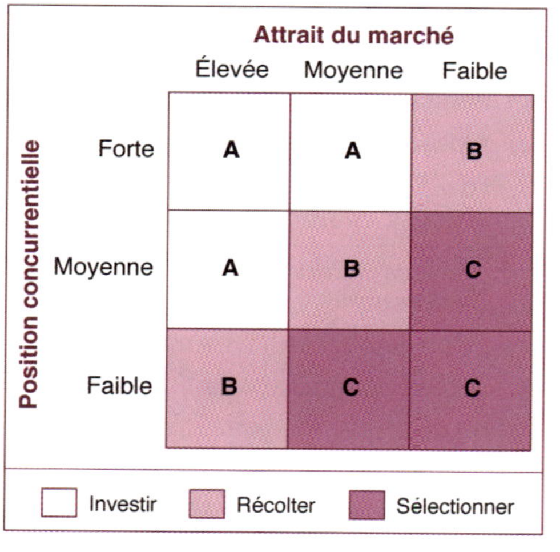

Figure 8.12 : La matrice McKinsey

2.3.2. Arthur D. Little

Cette méthode est une variante de la précédente : la matrice comporte cinq positions au lieu de trois. La première dimension retenue est le degré de maturité du marché, évalué à partir des cinq phases de la courbe de marché : introduction, croissance, maturité, saturation, déclin. En phase d'introduction, la maîtrise de la technologie constitue un facteur clé de succès, les capacités commerciales et marketing sont déterminantes dans les phases de croissance et de maturité, le contrôle des coûts prime dans les phases de saturation et de déclin.

La seconde dimension définit la position compétitive de l'entreprise. Elle comporte cinq niveaux : marginale, défavorable, favorable, forte, dominante. Arthur D. Little formule ensuite des recommandations stratégiques pour l'entreprise, selon son emplacement sur cette matrice.

2.4. Évaluation des analyses de portefeuille

Les différents outils stratégiques permettent à l'entreprise d'établir un diagnostic de sa position face à son environnement et facilitent les choix stratégiques. Mais ces techniques ne sont pas exemptes de faiblesses. Par exemple, l'analyse du BCG formule trop souvent des recommandations à caractère « mécanique » ; à l'inverse, l'évaluation de la position concurrentielle d'une entreprise reste parfois subjective lorsque l'on se réfère aux grilles de McKinsey ou d'Arthur D. Little.

De même, le remplacement de la part de marché comme indicateur de force concurrentielle par celui de « spécificité du modèle économique » n'est pas la panacée. D'une part, la définition du « modèle économique » est parfois floue ou banale, et les composantes mises en avant sont parfois peu discriminantes, d'autre part. Ainsi, avec le même modèle, certaines entreprises périclitent, d'autres prospèrent. Enfin, l'évaluation du « modèle » mis en avant est délicate : les « business plans » très attractifs des « jeunes pousses », avant l'éclatement de la bulle Internet au début des années 2000, n'ont pas empêché leur faillite.

Néanmoins, en dépit de leurs limites, ces différents cadres stratégiques permettent d'orienter la réflexion stratégique, étape préalable nécessaire avant l'élaboration d'un plan marketing (voir chapitre 9).

III. STRATÉGIES DE VALORISATION CONCURRENTIELLE

Comment une entreprise peut-elle obtenir des coûts plus réduits que ses concurrents ? Comment prendre un avantage décisif et durable sur la concurrence ? Cette dernière partie apporte quelques éléments de réponse à ces questions essentielles pour la survie de l'entreprise.

3.1. Analyse de la valeur

Qu'est-ce qui fonde la valeur d'un bien ou d'un service ? Le concept de valeur d'un bien ou d'un service a été largement analysé par les micro-économistes, car il se place au centre du processus d'échange. En marketing, on admet que la valeur est déterminée par une comparaison entre les avantages retirés par le consommateur lorsqu'il utilise le produit ou le service, et la perception du sacrifice financier que ce dernier doit consentir pour acheter le produit. Ainsi, un même prix n'implique pas une même perception du sacrifice financier, selon les ressources de l'acheteur ou ses priorités.

- **Pour le consommateur**, la valeur s'exprime selon le rapport :

$$\frac{\text{Adéquation du produit (ou service) aux attentes}}{\text{Sacrifice financier perçu}}$$

- **Pour l'entreprise**, la valeur s'analyse de manière différente : elle met en relation la capacité du produit à répondre aux attentes de l'acheteur et le coût financier de création d'un tel produit ou service. Le rapport s'exprime de la façon suivante :

$$\frac{\text{Adéquation du produit (ou service) aux attentes}}{\text{Coût total du produit}}$$

L'analyse de la valeur s'inscrit dans cette perspective. Née en 1947 aux États-Unis sous l'impulsion de Lawrence D. Miles, elle vise à concevoir (ou à reformuler) un produit ou un service pour qu'il soit conforme, *au moindre coût*, au niveau d'attente exigé par les acheteurs. Miles avait constaté qu'environ 70 % des coûts de fabrication d'un produit ne rendaient pas directement service à l'utilisateur ; la réduction de ces coûts « inutiles pour l'utilisateur » augmente la marge, sans modifier la valeur pour le client. D'un point de vue technique, il s'agit d'offrir au consommateur un produit qui remplisse les seules fonctions nécessaires à la satisfaction des attentes requises. L'objectif est d'éliminer les fonctions inutiles et/ou de fournir les fonctions exigées à un coût plus réduit.

> Par exemple, la SNCF a pu réduire de 34 % le coût de fabrication de ses panneaux publicitaires lumineux installés le long des quais des gares, tout en améliorant l'esthétique et la résistance au vandalisme.

D'après les principes de la segmentation par les avantages recherchés, le niveau d'exigence varie selon les segments. En conséquence, la démarche d'analyse de la valeur présuppose que le manager marketing a clairement fixé la cible visée pour le produit. L'analyse de la valeur comporte trois grandes étapes[6].

La première est le *classement des fonctions du produit* en grandes catégories d'usage : principal, secondaire, annexe. Les fonctions intangibles (esthétique, plaisir, confiance) sont regroupées dans une catégorie spéciale, appelée « fonction d'estime ».

La deuxième est la *détermination des fonctions demandées* par les acheteurs, du niveau d'exigence attendu et du supplément de prix d'achat qui se rattacherait à la satisfaction des exigences. Par exemple, on attendra d'une prise électrique une sécurité maximum lors du branchement et durant le fonctionnement. Des études de marché spécifiques sont nécessaires pour évaluer les niveaux de prix d'achat, selon les fonctions remplies.

Enfin la troisième est l'*analyse critique des solutions techniques* précédemment adop-

6. Pour aller plus loin, voir Litaudon, M., *La Dynamique de l'analyse de la valeur*, Éditions d'Organisation, 1980 ; Jouineau, C., *L'Analyse de la valeur*, EME, 1985.

tées et recherche de solutions alternatives à un moindre coût. Les ingénieurs répartissent les différents composants du produit dans chacune des fonctions demandées, s'interrogent sur l'utilité de chaque pièce par rapport à l'objectif final, simplifient et imaginent de nouveaux schémas d'assemblage, etc.

Différentes démarches sont envisageables pour réaliser ce processus. La Fiche technique 8.3 présente les grandes lignes de l'une entre elles, la méthode APTE.

FICHE TECHNIQUE

8.3. La méthode APTE

1. Quels principes ?

La méthode s'applique aux systèmes ou aux produits, aux prestations de service, aux processsus et installations industrielles ainsi qu'aux services. Elle repose sur les principes de l'approche fonctionnelle et de l'analyse systémique. La première distingue les fonctions principales et les fonctions de conception. La seconde idenfie les consommations de temps et de moyens qui participent directement aux finalités : les fonctions principales qui sont sources de valeur et les fonctions de conception qui ne dépendent que des choix de solutions. La mise en œuvre de la méthode s'appuie sur l'animation de groupes de réflexion et la re-conception des solutions par les professionnels concernés. La méthode se déroule en cinq étapes :

- *Mise en place de l'action*. On valide l'intérêt de l'action et on se donne les moyens de mener à bien l'étude.
- *Rédaction du cahier des charges fonctionnel*. Le groupe précise à quoi sert l'objet étudié : il pose le problème, sans *a priori* de solutions, en raisonnant par rapport à l'utilisateur.
- *Orientation de l'action*. On distingue l'utile et l'inutile et la mise en évidence des nécessités et des opportunités de progrès.
- *Recherche de la solution*. La « meilleure solution » est celle qui répond aux exigences de l'utilisateur, au moindre coût.
- *Mise en application* et suivi de la nouvelle solution.

2. Comment formuler le problème à résoudre ?

« *Qu'est-ce qu'un bon cheval ?* » Avant tout diagnostic ou recherche de solutions, on définit ce que l'on cherche en termes de finalités. Résoudre ce « *problème consommateur* » n'implique pas la même solution si on cible un charretier, un jockey, un turfiste ou un gastronome. Le chef de produit part de la fonction à remplir pour établir le cahier des charges du produit. Par ailleurs, beaucoup de produits sont détournés de leur fonction première, ce qui conduit à envisager de nouvelles fonctions pour de nouveaux produits. C'est l'un des objectifs des études marketing produit (voir chapitre 10). Ainsi, pour se gratter le dos avec une règle, il n'est pas fondamental de savoir si elle est graduée en millimètres ou en pouces. En revanche, si elle est agréable au toucher, délicatement parfumée et légèrement flexible, elle pourrait devenir un excellent gratte-dos. Avant la recherche de solutions, trois questions s'imposent : à qui le produit rend-il service ? Sur quoi agit-il ? Dans quel but ? Le diagramme de la « bête à corne » (voir figure de gauche ci-après) résume ces différentes étapes.

3. Comment décomposer les fonctions d'un produit ?

Le « *diagramme pieuvre* » (voir figure de droite) est constitué du produit, au centre, et, autour, des éléments de son environnement (milieu extérieur). Il s'inspire de l'approche systémique qui place l'objet étudié (produit, processus, service) dans son environnement d'utilisation pour exprimer ses fonctions en termes de services à rendre à ses utilisateurs (clients ou usagers). On fait apparaître les relations (fonctions) entre le produit et le milieu extérieur. Ces relations correspondent au service rendu par le produit et déterminent la construction du cahier des charges. Les fonctions principales (FP) sont celles pour lesquelles le produit est élaboré, celles qui doivent répondre aux attentes du consommateur ciblé. Elles définissent la fonction d'usage du produit. On les dessine par des liens entre deux éléments de l'environnement, passant par le système. Les fonctions contraintes (FC) sont un lien entre le produit et un élément de l'environnement. Elles naissent d'une contrainte imposée par un élément extérieur, de l'existence d'un produit déjà existant ou encore d'une exigence particulière de l'utilisateur, voire de la présence de normes et de législations. Il est important de bien définir l'utilisateur, par exemple l'expression galvaudée « ménagère de moins de 50 ans » désigne cependant une catégorie précise d'utilisatrices qui aura son influence sur les choix techniques.

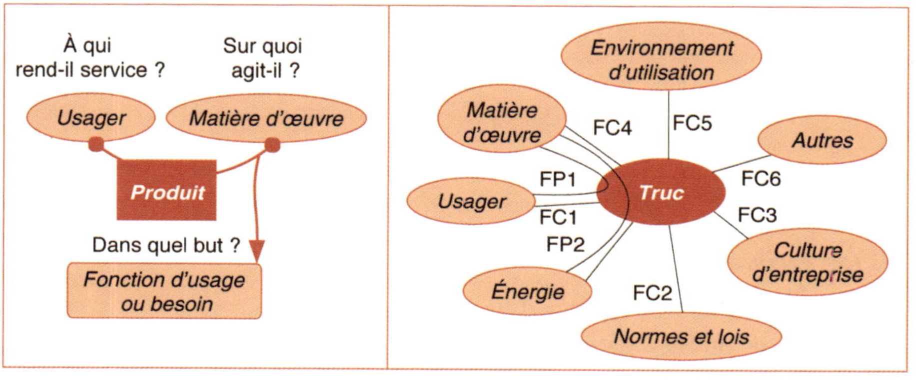

4. Application à l'automobile

La fonction principale est de « se déplacer sur le sol ». Les fonctions de contrainte s'appuient sur les bénéfices et attentes mises en évidence par les études marketing. Par exemple : « insensibilité aux perturbations de la route », « respect de l'environnement », « esthétique », « robustesse», « consommation réduite », etc. Les fonctions doivent être quantifiées afin d'établir un cahier des charges précis. Ainsi, « consommation réduite » donnera : « maximum 3,5 litres de carburant aux 100 kilomètres ». Chaque contrainte peut être affectée d'un niveau de flexibilité (un chiffre entre 0 et 3). Un critère négociable (Disposer de roues de 14 " : niveau 3), laissera plus de libertés qu'un critère définitif (4 l/100 km maxi : niveau 0).

Source : Adapté de (de la) Bretesche, B.,
La Méthode APTE, analyse de la valeur, analyse fonctionnelle, Petrelle, 2000.

3.2. Chaîne de valeur

Formalisée et popularisée par Michael Porter, la chaîne de valeur généralise la philosophie de l'analyse de la valeur à toutes les fonctions de l'entreprise. Elle se définit comme la filière intégrée des métiers nécessaires à la bonne marche de l'entreprise. Comme le suggère son appellation, la chaîne de valeur met en exergue l'interdépendance de toutes les activités des entreprises : sa puissance compétitive dépend de la résistance du maillon le plus faible. Une chaîne de valeur se décompose en deux grandes catégories d'activités (voir Figure 8.13) : les activités principales et les activités de soutien.

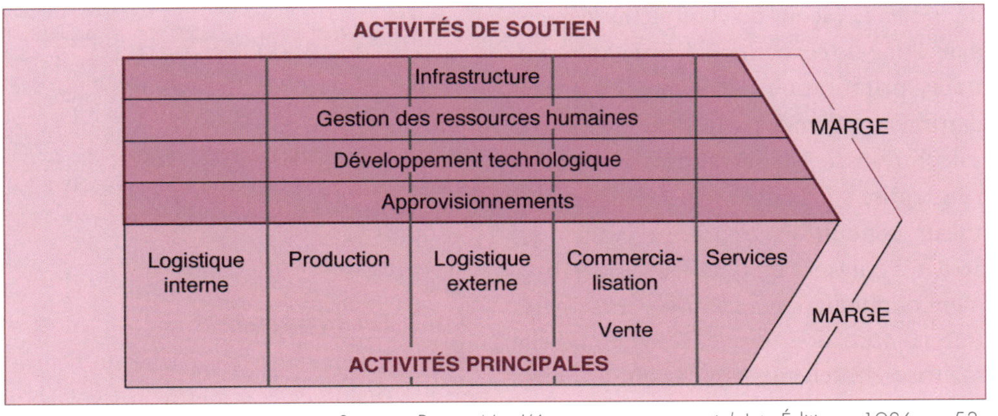

Source : Porter, M., *L'Avantage concurrentiel*, InterÉditions, 1986, p. 53.

Figure 8.13 : Composantes d'une chaîne de valeur

3.2.1. Les activités principales

Elles sont la raison d'être de toute entreprise, c'est-à-dire qu'elles découlent des opérations de production et de vente des produits ou des services. Elles se décomposent en logistique interne (réception, stockage de matières premières, manutention, contrôle), production (fonctionnement et entretien des machines, assemblage, emballage, contrôle de qualité), logistique externe (stockage des produits finis, livraison, traitement des commandes), vente (sélection des circuits de distribution, publicité, promotion) et services (installation, réparation, formation, fourniture de pièces de rechange). Selon les marchés, ce sera la maîtrise de l'une ou de l'autre de ces activités qui assurera un avantage concurrentiel durable à l'entreprise.

> Par exemple, pour une entreprise de vente par correspondance, comme La Redoute ou les 3 Suisses, la logistique interne et la logistique externe constituent des activités clés ; pour un fabricant de photocopieurs, les activités de production (qualité des composants, assemblage) et de service (maintenance sur site, rapidité de l'intervention) s'avèrent déterminantes.

3.2.2. Les activités de soutien

Elles contribuent au fonctionnement des activités principales. Elles se partagent en infrastructure (planification, finance, comptabilité, juridique), gestion des hommes (recrutement, négociation syndicale, formation, rémunération), développement technologique (savoir-faire, procédures, technologie) et approvisionnement (achat des machines, équipement bureau, matières premières et fournitures consommables). Comme le suggère leur dénomination, les activités de soutien sont au service de toutes les activités principales de l'entreprise. Un savoir-faire particulier, par exemple la capacité de négociation des acheteurs d'une grande surface, a une incidence sur la compétitivité de l'entreprise ; de la même façon, un dysfonctionnement dans l'une de ces activités (panne informatique, planification défaillante, etc.) peut détruire une grande partie de la création de valeur réalisée par les autres activités de l'entreprise. L'analyse de la chaîne de valeur conduit l'entreprise à évaluer les activités critiques qu'il lui faut impérativement dominer, puis à identifier les activités (ou composantes d'une activité) qu'elle maîtrise naturellement mieux que les autres entreprises : celles-ci seront la source d'un futur avantage concurrentiel. Le prix de revient du produit peut être fractionné, d'un point de vue comptable, sur chaque élément de la chaîne de valeur, permettant au manager de contrôler l'évolution des coûts des activités critiques.

3.3. Ressources et compétences

3.3.1. Les ressources

Les ressources sont composées des actifs stratégiques de l'entreprise. On distingue les ressources immatérielles (capital de marque, brevet, rente de situation, etc.), les ressources humaines (savoir-faire spécifiques, formation, pyramide des âges, rotation, flexibilité), les ressources financières (possibilité de lever des capitaux sur les marchés financiers, emprunts, actionnaires, pouvoirs publics), enfin les ressources physiques (immobilisations). L'évaluation de la valeur des différentes ressources dépend de leur capacité à créer un avantage distinctif pour les clients de l'entreprise, de leur exclusivité et de leur pérennité.

> Les immeubles et les boutiques sur les Champs-Élysées de Louis Vuitton, de Lancel ou des fabricants de haute couture représentent des ressources majeures, parce que « multi-facettes » : physique (immobilisation fortement valorisée par la rareté de leur emplacement), financière (mobilisation possible comme caution d'emprunt), immatérielle (prestige du quartier), humaine (attraction culturelle de Paris). Dans un autre domaine, le principe de fabrication des capsules (brevet) donne un avantage distinctif et durable à Nespresso (prestige, réputation).

3.3.2. Les compétences

Elles résident dans la capacité de l'entreprise à mobiliser et à mettre en œuvre ses ressources stratégiques. Elles sont de plusieurs natures : managériales (capacités à organiser, motiver, coordonner, planifier, contrôler), spécifiques (métier propre de l'entreprise), transversales (au sein de l'entreprise ou entre plusieurs entreprises), enfin qualifications des salariés.

> La capacité à coordonner de multiples fonctions et à faire travailler ensemble des centaines de personnes autour d'un grand projet constitue un exemple de compétence transversale. Des entreprises comme Bouygues, Effiage, Agence Spatiale Européenne, Airbus, etc., disposent de ce type de compétence. La capacité à gérer avec profit une alliance illustre une compétence transversale inter-entreprises pour Renault et Nissan.

Le diagnostic passe en revue les différentes compétences afin de les qualifier sur le plan stratégique. On distingue trois niveaux (voir Figure 8.14), mais seul le dernier constitue une source potentielle d'avantage compétitif[7].

Le premier niveau est celui des *compétences additionnelles* : liées à l'existence de l'organisation, elles sont imposées par l'exercice de l'activité et par la législation (comptabilité, législation du travail, etc.).

Le deuxième niveau est celui des *compétences nécessaires* : elles dépendent du secteur d'activité de l'entreprise. Il s'agit des différents métiers qui découlent des marchés et des clientèles visées par l'entreprise. Par exemple, un constructeur automobile doit gérer une ligne de robots, des ateliers flexibles, un système d'approvisionnement en « juste-à-temps », etc.

Enfin, le troisième niveau est celui des *compétences fondamentales* (« *core competencies* »). Ce « cœur » de compétence se concrétise par les compétences que l'entreprise est la seule à posséder sur le marché. Il résulte souvent de l'intégration de technologies multiples, de gestes et de savoir-faire rares. Ces compétences dépendent à la fois des connaissances uniques présentes dans l'entreprise et d'une capacité de celle-ci à mobiliser, motiver et coordonner ces talents, parfois éparpillés dans des fonctions différentes. Pour identifier de telles compétences, il ne faut pas hésiter, lors du diagnostic, à sortir d'une analyse par domaine d'activité stratégique, en cassant les barrières organisationnelles.

Nature des compétences	Définition	Avantage concurrentiel
Additionnelle	Obligation législative ou statutaire	Faible ou nul
Nécessaire	Base du métier de l'entreprise	Possible, mais limité
Fondamentale	« Cœur » stratégique <=> essences de la compétitivité	Majeur Déterminant si durable

Figure 8.14 : Compétences stratégiques de l'entreprise

3.4. Identifier les meilleures pratiques (benchmarking)

Cette démarche est fondée sur l'appropriation, par l'entreprise, d'un avantage spécifique que des concurrents directs ou indirects maîtrisent parfaitement. L'avantage concurrentiel réside dans la capacité de l'entreprise à réunir, en son sein, une collection des « meilleures pratiques ».

La connaissance de la chaîne de valeur d'une entreprise a pu révéler des faiblesses ou des insuffisances dans une activité, par exemple des délais de livraison trop longs, un taux de rebut trop élevé, etc. Le benchmarking suggère de trouver les solutions en s'inspirant des meilleures pratiques des concurrents. Le principe de base consiste à implanter dans sa propre entreprise une solution qui a permis de résoudre efficacement un problème comparable au sien, mais dans un secteur d'activité assez éloigné. Concrètement, le manager repère ce qui marche bien dans une autre industrie

7. Pour un approfondissement, voir Prahalad, C., Hamel, G., « The core competencies of the organisation », *Harvard Business Review*, 68, 3, 1990, pp. 79-99.

et, par analogie, l'adapte à son propre environnement. Cette approche peut donc être utilisée de manière offensive pour devancer les concurrents.

> Par exemple, un fabricant de téléviseurs ira voir comment Rank Xerox procède pour lancer de nouveaux produits en moins de deux ans ; une banque étudiera les solutions mises en place par Carrefour pour diminuer l'attente aux caisses ; un éditeur d'ouvrages analysera le système de livraison « 48 heures Chrono » de La Redoute pour approvisionner en flux tendu les libraires, etc.

La mise en place d'une gestion de ce type impose de découper l'entreprise en centres de profits, en utilisant une structure comparable à celle proposée par la chaîne de valeur. Le manager fixe des standards de qualité à atteindre sur un certain nombre d'indicateurs : délais de livraison, nombre de commandes traitées dans la journée, taux de réclamation, etc. La détermination de ces standards peut être calquée sur les niveaux obtenus dans d'autres secteurs d'activité que le sien. Les performances sont évaluées en fonction de la capacité de l'entreprise à atteindre les standards fixés. Outre l'indispensable volet de formation du personnel, le benchmarking suppose une réciprocité d'intérêts entre les deux entreprises partenaires de l'opération, ce qui limite sensiblement les domaines d'application de ce mode de management.

> Un groupe de travail a ainsi réuni, au sein d'une même association, six aéroports de taille comparable (Genève, Nice, Vienne, Oslo, Hambourg, Birmingham) pour échanger sur leur démarche qualité. Chaque aéroport présentait aux autres ses meilleures pratiques et réussites dans le domaine.

Dans une perspective plus réductrice, le benchmarking concurrentiel se limite à la comparaison systématique et régulière des produits de l'entreprise par rapport à ceux des concurrents (les plus proches ou le leader), dans le but de les améliorer. L'entreprise achète et décortique en laboratoire les produits de la concurrence. S'il est relativement facile de mettre à plat les produits, il est en revanche plus délicat de reconstituer les processus de production et les gestes techniques, sauf à recourir à des méthodes illégales (espionnage) ou peu éthiques (débauchage de personnel chez les concurrents).

3.5. Signalisation de la valeur créée

L'entreprise crée une certaine valeur pour le consommateur. Celle-ci se concrétise par la somme que l'acheteur est prêt à payer pour acquérir le produit. L'entreprise est rentable si la valeur produite est supérieure aux coûts nécessaires à sa création.

De son côté, le client perçoit la valeur créée selon son propre système de référence. Rien ne garantit, *a priori*, que cette perception de valeur sera conforme à la valeur effectivement créée par l'entreprise. Selon Michael Porter, les clients utilisent des signaux de valeur pour évaluer la valeur effectivement créée par l'entreprise. La théorie du signal est largement utilisée par les économistes pour expliquer les relations entre les acteurs d'un marché, lorsqu'il existe une asymétrie d'informations : les acteurs ayant le moins d'informations cherchent des repères pour estimer les données manquantes.

3.5.1. Critères d'achat

Pour Michael Porter, les signaux utilisés par les acheteurs et les vendeurs prennent la forme de critères d'achat[8], décomposables en deux grandes catégories.

Ainsi, les *critères d'utilisation* désignent les caractéristiques intrinsèques du produit ou du service qui permettent d'améliorer les performances ou de réduire, pour le client, les coûts d'utilisation du produit. Ces critères sont mesurables de manière précise.

> Par exemple, l'augmentation de la couverture d'un territoire accroît les performances d'un réseau de téléphone mobile : cette performance est quantifiable et signale une hausse de la valeur créée par l'entreprise ; de même, la baisse du prix de l'abonnement mensuel réduit d'un pourcentage chiffrable le coût de possession du produit pour le client.

Les *critères de signalisation*, eux, sont les attributs du produit ou du service qui permettent au consommateur d'évaluer, de manière plus subjective, la valeur créée.

> La réputation d'une marque, le packaging, la publicité, le bouche-à-oreille sont des critères de ce type. En d'autres termes, ces éléments « mettent en beauté » le produit ou le service et signalent ainsi que la marque correspond bien aux critères d'utilisation exigés par le consommateur.

3.5.2. Conditions de réussite d'une stratégie de valorisation

Deux angles sont possibles pour la création de la valeur : chercher à réduire les coûts pour le client ou améliorer la performance du client.

> Par exemple, Lexmark propose à ses clients une démarche de réduction des coûts d'impression (qui peuvent représenter jusqu'à 3 % de leur chiffre d'affaires) déclinée en deux volets : imprimer moins en imprimant mieux, optimiser les infrastructures d'impression. De son côté, le réseau mobile Bouygues Télécom se différencie de ses concurrents en offrant au consommateur une couverture plus large du territoire et en étant le « numéro 1 de la relation client ».

D'une manière générale, les conditions de réussite d'une stratégie de valorisation sont analogues à celles qui président au choix d'un positionnement en marketing. Une condition *sine qua non* de réussite est que la valeur créée corresponde à une attente déterminante du consommateur. En d'autres termes, il est inutile de chercher à créer de la valeur sur des éléments qui sont faiblement valorisés par les acheteurs potentiels.

> Par exemple, le succès de la télécopie a été immédiat, car il correspondait à une attente déterminante des managers : transmettre le plus rapidement possible un document. Nous retrouvons ici la logique et les hypothèses de la segmentation par les avantages recherchés. À son tour, le courrier électronique a, en quelques années, pratiquement rendu obsolète la télécopie, en offrant un avantage encore supérieur au consommateur, en termes de rapidité, d'accessibilité et de souplesse d'utilisation.

8. Le concept de critère d'achat est pratiquement analogue à celui de critère de choix que nous avons présenté dans le chapitre 3.

SYNTHÈSE DU CHAPITRE

L'analyse de Michael Porter identifie quatre forces qui déterminent l'intensité de la concurrence sur un marché : entrants potentiels, produits de remplacement, pouvoir des fournisseurs et des clients ; après ce diagnostic, il devient possible de bâtir la structure industrielle du marché. Pour lutter efficacement contre les concurrents, l'entreprise dispose de trois stratégies : la lutte par les coûts, la différenciation, enfin la concentration. Les autres approches concurrentielles se fondent sur l'analyse des marques achetées par les consommateurs (modèle Competitor) ou appartenant à son ensemble évoqué (modèle Categorisator) ; selon la position de l'entreprise sur une carte concurrentielle, établie sur la base d'indices de proximité, ces deux modèles proposent au manager marketing des recommandations d'action stratégique.

Les analyses de portefeuille évaluent les activités de l'entreprise à l'aide de matrices, puis proposent des solutions stratégiques. Le BCG préconise de se concentrer sur les marchés en croissance et d'y obtenir la plus forte part de marché, les activités « vaches à lait » finançant le lancement de nouvelles activités. McKinsey et Arthur D. Little évaluent l'intérêt d'un marché selon son degré de maturité et selon la position de l'entreprise face à la concurrence.

Les stratégies de valorisation concurrentielle ont pour but d'aider l'entreprise à acquérir et à maintenir un avantage compétitif durable. Elles utilisent notamment les techniques d'analyse de la valeur, le concept de chaîne de valeur (filière des métiers nécessaires à l'existence d'une entreprise), l'analyse des ressources et compétences et enfin les signaux de valeur.

BIBLIOGRAPHIE D'APPROFONDISSEMENT

(1) Détrié, J.-P *et al.*, *Strategor*, Dunod, 2005, coll. « Gestion Sup », 4e éd.

(2) Helfer, J.-P., Kalika, M., Orsoni, J., *Management : stratégie et organisation,* Vuibert, 2006, 6e éd.

(3) Lambin, J.-J, Chumpitaz, R., (de) Moerloose, C., *Marketing stratégique et opérationnel,* Dunod, 2004, 6e éd.

(4) Porter, M., *Choix stratégiques et concurrence*, Économica, 1986.

(5) Porter, M., *L'Avantage concurrentiel*, Dunod, 2003.

(6) Thiétart, R.-A. Xuereb, J.-M., *Stratégies*, Dunod, 2004.

Choisir une seule réponse par question :

Q1 – Un domaine d'activité stratégique, c'est :

(1) une activité stratégique de l'entreprise concentrée sur un segment ;
(2) une gamme de produits offerte sur un marché ;
(3) un métier et une fonction remplie par un produit, destinés à des clients similaires ;
(4) un segment marketing.

Q2 – La stratégie de différenciation de Michael Porter est équivalente à :

(1) la contre-segmentation marketing ;
(2) le positionnement marketing ;
(3) la stratégie de couverture ;
(4) la stratégie de focalisation.

Q3 – Les conclusions de la version n° 1 du BCG s'appliquent, dans la version n° 2, à des marchés :

(1) de concentration ;
(2) fragmentés ;
(3) de spécialisation ;
(4) d'impasse concurrentielle.

Q4 – La chaîne de valeur de Michael Porter est analogue à :

(1) l'analyse de la valeur ;
(2) la filière intégrée des métiers de l'entreprise ;
(3) la segmentation par les bénéfices consommateur ;
(4) la logistique interne et externe, la production et les services.

Q5 – Les recommandations majeures du BCG version n° 1 sont :

(1) d'avoir un maximum de « vaches à lait » ;
(2) d'avoir un maximum de vedettes ;
(3) d'équilibrer vedettes, dilemmes et « vaches à lait » ;
(4) d'obtenir un avantage concurrentiel durable.

Q6 – Le benchmarking dans sa conception large vise à :

(1) copier les solutions adoptées par les concurrents directs ;
(2) copier les solutions adoptées par les concurrents indirects ;
(3) adapter les solutions choisies par les concurrents directs aux contraintes de l'entreprise ;
(4) adapter aux contraintes de l'entreprise les solutions choisies par les concurrents indirects.

Q7 – Le modèle Competitor utilise un indice de concurrence fondé sur :

(1) les volumes d'achat maximum et minimum d'un couple de marques pour un acheteur ;
(2) les volumes d'achat de la marque comparés à ceux du leader ;
(3) les volumes d'achat de la marque comparés aux marques de l'ensemble évoqué ;
(4) les volumes d'achat de la marque comparés à ceux de la marque lanterne rouge.

Q8 – L'ensemble de marque « neutre balancé » est composé des marques :

(1) acceptables ou rejetées ;
(2) acceptables et indifférentes ;
(3) rejetées et indifférentes ;
(4) indifférentes, mais avec des points forts et faibles qui s'équilibrent.

Q9 – Le taux de croissance équilibrée figure dans la matrice proposée par :

(1) McKinsey ;
(2) Arthur D. Little ;
(3) BCG ;
(4) Michael Porter.

Q10 – La méthode APTE s'appuie principalement sur :

(1) l'analyse de la valeur ;
(2) les compétences de l'entreprise ;
(3) la chaîne de valeur ;
(4) le benchmarking.

Réponses du test :

Q1 = 3 ; Q2 = 2 ; Q3 = 1 ; Q4 = 2 ; Q5 = 3 ; Q6 = 4 ; Q7 = 1 ; Q8 = 4 ; Q9 = 3 ; Q10 = 1.

Chapitre 9

Le plan marketing

Le plan récapitule l'ensemble des choix marketing opérés par l'entreprise. Il reflète sa maturité marketing et sa position parmi les courants qui agitent le marketing. Après avoir évoqué les différents statuts du plan, nous détaillerons ses rubriques et son volet budgétaire. Nous terminerons par la présentation des étapes du processus de planification marketing.

CONSEIL DE LECTURE : *La rédaction d'un plan marketing demande un bon esprit de synthèse. Sa conception s'appuie sur de nombreux points, déjà présentés dans les chapitres précédents. Le plan repose sur une logique stratégique (chapitre 2), sur une compréhension des mécanismes d'achat (chapitre 3) et de l'entourage de l'acheteur (chapitre 4), sur les résultats des études de marché (chapitre 5), sur des analyses de segmentation et de positionnement (chapitre 6), sur une stratégie de marque et relationnelle (chapitre 7) et intègre les apports de l'analyse concurrentielle (chapitre 8). N'hésitez donc pas à relire soigneusement l'ensemble de ces chapitres avant d'aborder celui-ci.*

Au terme de ce chapitre, vous saurez :

- *évaluer la place du plan marketing dans une entreprise ;*
- *formuler un diagnostic marketing ;*
- *rédiger et appliquer un plan marketing cohérent ;*
- *auditer un plan marketing.*

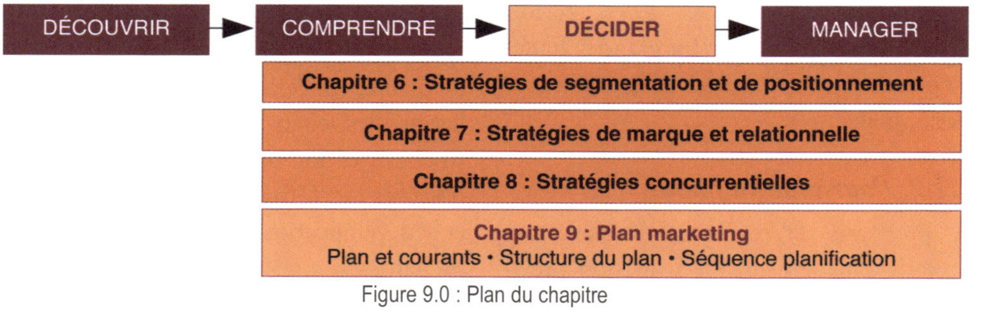

Figure 9.0 : Plan du chapitre

MOTS CLÉS : *Budget, diagnostic, mix optimal, objectif, recommandation, SWOT, tableau de bord.*

I. PLANIFICATION ET COURANTS MARKETING

1.1. Rôle du plan marketing

1.1.1. Qu'est-ce qu'un plan ?

C'est un document écrit qui détaille les objectifs, les choix marketing opérés par l'entreprise et précise les allocations de ressources correspondantes. Sa taille varie sensiblement selon les entreprises : elle va de quelques pages à plus de cent pages.

La construction du plan se fait par ébauches successives. Elle suit souvent un processus « *top down* ». La direction générale fixe d'abord les objectifs globaux de l'entreprise et les grandes lignes de la stratégie ; la direction marketing conçoit alors son propre plan, en considérant les choix précédents comme des contraintes. Le plan marketing se « négocie » : sa préparation fait l'objet de réunions d'harmonisation entre les responsables marketing, commerciaux et financiers.

Les informations contenues dans les plans en cours et précédents sont confidentielles et ne sont généralement pas communiquées à des tiers (sauf en cas d'action de consultance). Néanmoins, il est parfois possible de reconstituer les grandes lignes du plan à partir des articles de la presse professionnelle.

1.1.2. Pourquoi un plan ?

Le processus de planification marketing s'inscrit dans le cadre de la gestion prévisionnelle. L'objectif est la prise en compte de l'avenir, par nature incertain, dans des décisions immédiates. Le fait d'imaginer les états possibles de l'avenir permet d'anticiper et donc de mieux gérer le présent. La planification se différencie de la prévision, parce qu'elle est un instrument d'action qui donne à l'entreprise les moyens de modeler le futur à son avantage.

1.1.3. Qui le rédige ?

Le plan global est rédigé par le directeur marketing. Lorsqu'une structure par chef de produit ou par chef de marque est adoptée, le responsable marketing coordonne et harmonise les différents plans des chefs de produit. Cette rédaction peut être confiée à un consultant marketing, notamment pour les petites et moyennes entreprises qui n'ont pas de direction marketing structurée. Parfois, un stagiaire peut se voir confier la responsabilité d'un tel plan. Mais il faut bien garder à l'esprit qu'il ne s'agit alors que d'un exercice de style, ou, au mieux, de pistes de réflexion marketing.

1.1.4. À qui est-il destiné ?

Après les services marketing, les commerciaux sont les premiers intéressés, puisque leurs propres objectifs découlent de l'objectif global du plan. La production, les approvisionnements et la logistique sont, de même, concernés par les décisions marketing : les achats de matières premières, le stockage et les transports dépendent des objectifs de chiffre d'affaires. La recherche et le développement sont également parties prenantes pour les aspects techniques du « problème consommateur » à résoudre. Enfin, les services financiers calculent les incidences d'une éventuelle variation de l'activité : trésorerie, besoin en fonds de roulement, plan de financement, choix d'investissements, etc.

1.2. Statut du plan et attitude marketing

Le plan n'a pas un statut identique dans les entreprises. Selon le degré de maturité marketing de ces dernières, le plan correspond à une simple orientation ou, au contraire, s'impose comme un impératif. En effet, les dirigeants n'ont pas tous la même conception, ni les mêmes attentes vis-à-vis du marketing. Trois attitudes existent ; le statut du plan diffère pour chacune d'entre elles.

1.2.1. Marketing de l'offre

Il s'agit d'« *un processus d'investissements immatériels qui fait émerger une offre créatrice* »[1]. Les compétences technologiques de l'entreprise priment sur l'étude des attentes du marché ; l'intuition et l'innovation sont déterminantes. Dans le chapitre 1, nous avons qualifié ce marketing orienté produit, d'« *intuitif* ».

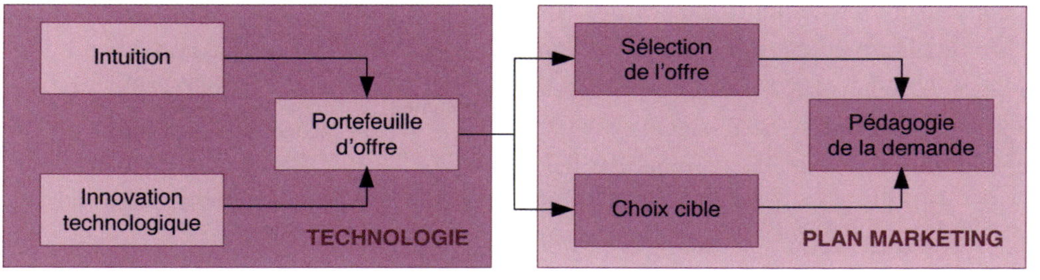

Figure 9.1 : Plan marketing dans la vision « marketing intuitif »

Le rôle assigné au plan marketing est double (voir Figure 9.1). Dans un premier temps, il sélectionne dans le portefeuille d'offres (produits ou services) de l'entreprise celle qui lui paraît la plus en adéquation avec les attentes du marché (ou d'un segment) ; il précise les contours de cette cible ; c'est la fonction d'« appariement ». Dans un second temps, il oriente la communication, en précisant les caractéristiques du produit ou du service et les avantages que la cible pourra en tirer par rapport à la concurrence : c'est la fonction « pédagogique ». Si une seule offre est disponible, dans le cas de l'exploitation d'un brevet, le plan marketing se limite à la sélection du marché et à l'explication de l'offre.

1.2.2. Marketing de la demande

C'est la vision « kotlérienne » classique du marketing[2]. Elle cherche à anticiper les

1. Ochs, P., *Le Marketing de l'offre*, Économica, 1998.
2. Philip Kotler incarne depuis les années 1960 cette approche, popularisée par ses ouvrages traduits dans le monde entier ; c'est probablement l'auteur marketing le plus connu. Pour aller plus loin, voir Jolibert, A., *Les Grands Auteurs en marketing*, EMS, 2001 ; Drucker, P., *Devenez manager !*, Village mondial, 2006.

attentes du consommateur en réalisant le produit ou le service adéquat, avant même parfois que le besoin ait été clairement exprimé. Le but ultime est de rendre la vente superflue, en connaissant et en comprenant le client, à un point tel que, le produit ou le service lui convenant parfaitement, il se vendra de lui-même.

Le marketing analyse la concurrence et l'environnement interne et externe de l'entreprise. La connaissance des comportements des consommateurs correspondant aux marchés visés est prioritaire ; elle s'appuie sur les techniques d'étude de marché qualitative et quantitative (voir Figure 9.2). Le plan marketing précise le « *problème consommateur à résoudre* » ; cette résolution est considérée comme un challenge pour les ingénieurs de la R & D. Le plan structure l'action marketing et sert de référence aux autres fonctions de l'entreprise.

Le marketing « *orienté marché* » cherche à implanter dans l'organisation un système d'information focalisé sur les attentes actuelles et futures du marché. L'objectif est plus ambitieux que celui du marketing classique focalisé sur le seul consommateur : on y ajoute les préoccupations du distributeur *(trade marketing)*, le suivi des concurrents et la prise en compte des acteurs de l'environnement externe (écologie, politique, société, etc.). La culture marché ne se limite plus au seul département marketing, mais doit se répandre dans toutes les fonctions de l'entreprise. La préparation du plan marketing mobilise tous les acteurs qui, de près ou de loin, influencent la décision d'achat[3].

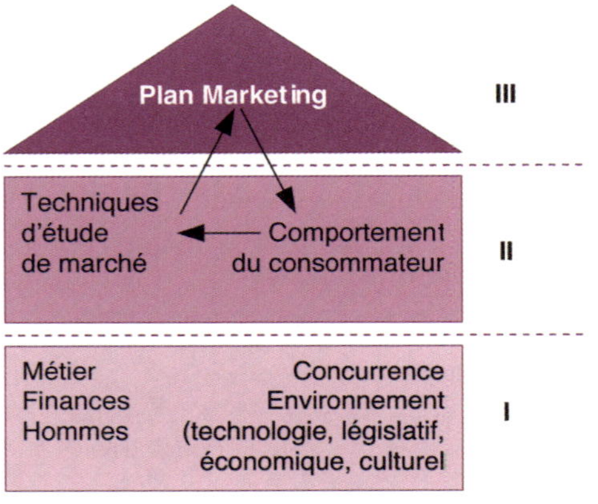

Figure 9.2 : Plan marketing dans la vision « marketing anticipatif »

Le manager marketing intègre dans sa réflexion une analyse régulière des causes de succès et d'échec des lancements de produits et services des concurrents. Il identifie les facteurs clés de succès et s'inspire des meilleures pratiques, en évitant de répéter les éventuelles erreurs (voir chapitre 8). D'un point de vue pédagogique, la construction du plan reprend les principes de la méthode des cas qui a été développée et popularisée par les chercheurs de l'université d'Harvard au début des années 1960 (voir Fiche technique 9.1).

3. Lambin, J.-J., Chumpitaz, R., (de) Moerloose, C., *Marketing stratégique et opérationnel*, Dunod, 2004.

FICHE TECHNIQUE

9.1. La méthode des cas

1. Contexte

C'est une technique pédagogique qui retrace une situation réelle d'entreprise, synthétisée dans un dossier d'information de taille très variable (quelques pages à plus de cinquante). Le lecteur est mis à la place d'un responsable d'entreprise. Ce dernier est généralement confronté à une situation problématique : il doit d'abord identifier la nature du problème posé, puis prendre les décisions qui s'imposent.

2. Objectif

Il est essentiellement pédagogique. Il s'agit de découvrir le type de problèmes de marketing que doit résoudre l'entreprise et d'apprendre à appliquer, à bon escient, les différentes techniques marketing.

3. Principes de résolution

La première difficulté, généralement rencontrée par le lecteur novice, est qu'il n'y a pas forcément de questions précises. Il s'agit donc d'identifier le « vrai » problème posé à l'entreprise. Ensuite, les informations fournies sont souvent jugées incomplètes, parfois contradictoires. Enfin, il n'existe que très rarement une solution unique : un faisceau de solutions est envisageable *a priori*. Ceci ne doit pas surprendre car, dans la pratique, le responsable marketing se trouve souvent dans ce type de situation. Le cas ne fait que retracer, en la simplifiant, une réalité d'entreprise. Aussi est-il commode de disposer d'une trame de lecture, suffisamment souple pour s'adapter à des cas différents. Cette grille ne doit pas être considérée comme un carcan obligatoire, mais servir de point de repère pour progresser vers une solution cohérente.

Elle comporte plusieurs étapes :

- *Analyse critique des informations disponibles*. Toutes les informations n'ont pas la même valeur. Il s'agit de passer en revue différentes rubriques d'une check-list : environnement, concurrence, consommateur, adéquation du marketing mix actuel de l'entreprise. Cette analyse se fait en termes de forces et de faiblesses. Toutes ces rubriques ne sont pas forcément à envisager : la plupart du temps seule l'une ou l'autre d'entre elles doit être considérée. Il faut être sélectif : si l'analyse d'une information, aussi brillante soit-elle, ne permet pas de progresser vers une solution, alors elle peut être mise de côté.

- *Diagnostic*. C'est ici que l'on indique la nature du problème (ou de la réussite) rencontré(e) par l'entreprise, son ampleur et ses causes majeures.

- *Recommandations*. Quelles sont les solutions envisageables pour améliorer la situation actuelle ? On écarte dans un premier temps les solutions manifestement mauvaises. Trois ou quatre solutions acceptables sont envisagées en termes de risques et d'avantages, puis une seule est préconisée. Un plan marketing, plus ou moins complet selon l'objectif et les données disponibles du cas, clôture la résolution de celui-ci.

1.2.3. Marketing « médiateur »

Ce courant adopte un point de vue intermédiaire entre les positions du marketing de l'offre et de la demande. Le consommateur est vu comme un individu unique avec lequel une relation durable et équilibrée doit être entretenue. Il faut comprendre sa place et son rôle au sein des groupes, cultures et sous-cultures auxquels il appartient. Les dimensions sociale et psychosociale sont importantes. Les besoins des consommateurs sont considérés comme des constructions sociales. Le marketing participe à celles-ci, en créant une surprise permanente et en développant une relation durable, plus affective avec le consommateur. Il est un médiateur qui concilie (et parfois réconcilie) les contraintes de l'offre avec les attentes de la demande[4]. La construction d'un capital-marque fort constitue un objectif clé du plan marketing (voir chapitre 7).

La construction du plan est interactive (voir Figure 9.3). Le marketing commence par confronter le portefeuille des technologies disponibles au sein de l'entreprise à l'éventail des besoins exprimés par le marché. Il ne décide pas seul de la direction à prendre, car les sources d'inspiration pour la création des produits et services viennent tout autant du marché que de l'innovation technologique. Le design, l'esthétique, la variété sont des critères déterminants du choix : ils donnent du sens aux produits et aux services. Le contenu du plan marketing doit surprendre le consommateur en créant un flux continu de nouveautés, source d'envies. Ces offres seront acceptées telles quelles ou, au contraire, détournées par un consommateur « *post-moderne* » ou « *hypermoderne* » (voir chapitre 4).

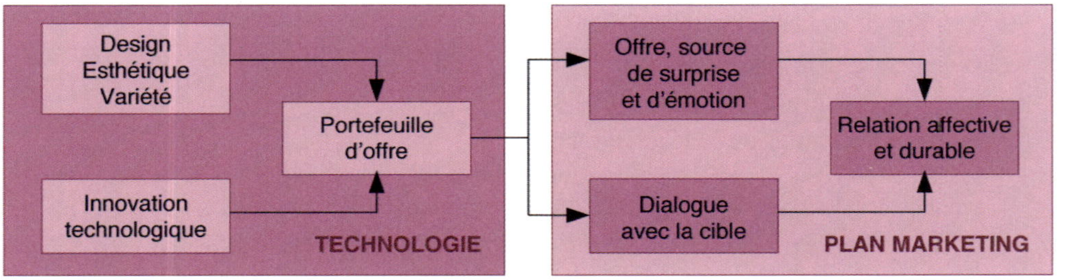

Figure 9.3 : Plan marketing dans la vision « marketing interactif »

4. Pour aller plus loin, voir Marion, G., « Une approche conventionnaliste du marketing », *Revue française de gestion*, janvier-février 1997, pp. 78-91 ; Hetzel, P., « Les entreprises face aux nouvelles formes de consommation », *Revue française de gestion*, septembre-octobre 1996, pp. 70-82.

1.2.4. Synthèse

Les fondements et les priorités du plan marketing dans l'entreprise ne sont pas identiques selon les courants marketing (voir Figure 9.4) :

- Dans le cadre du *marketing de l'offre*, l'étude des besoins et des attentes des consommateurs sont secondaires : la qualité du portefeuille technologique détermine l'offre de produit et service ; le plan a une mission pédagogique vis-à-vis des clients actuels et potentiels.
- Concernant le *marketing médiateur*, la satisfaction des besoins s'inscrit dans le cadre d'une convention négociée entre le client et l'entreprise ; la surprise et le design du produit constituent les conditions du succès. Le plan marketing met en place les éléments d'une relation durable avec le client, sous-tendue par une marque forte.
- Enfin, avec le *marketing de la demande*, les attentes des clients contraignent la technologie ; le plan précise la nature du problème prioritaire à résoudre par les technologies existantes ou à développer.

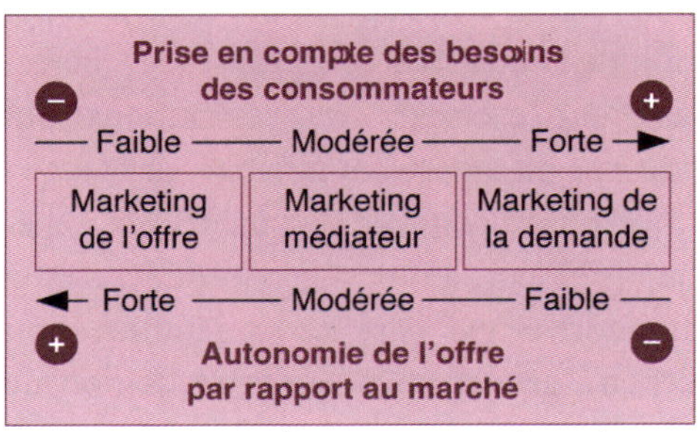

Source : Vernette, É., « Les courants du marketing : analyse et évaluation », *Gestion 2000*, 4, 2001, pp. 17-43.

Figure 9.4 : Fondements du plan selon les courants du marketing

II. STRUCTURE DU PLAN MARKETING

La Figure 9.5 récapitule les principaux points d'un plan marketing. Nous allons les reprendre successivement dans les paragraphes suivants.

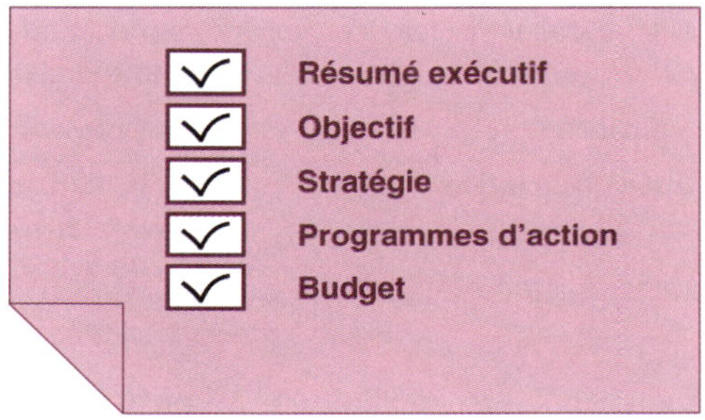

Figure 9.5 : Rubriques d'un plan marketing

2.1. Résumé exécutif

Cette partie s'adresse aux cadres dirigeants de l'entreprise. Elle résume en deux à trois pages les principaux objectifs, la stratégie et les grandes lignes des programmes d'action. Un sommaire paginé permet d'accéder directement à la rubrique concernée, pour un éventuel approfondissement.

2.2. Objectif(s)

Un objectif désigne un but à atteindre. La détermination des objectifs se place sous la responsabilité du directeur marketing. Il ne faut pas confondre la fixation d'un objectif proprement dit avec la sélection d'une option stratégique. Par exemple, « lancer un nouveau produit l'année prochaine » ne constitue pas en soi un objectif, mais une modalité stratégique spécifique permettant de développer le chiffre d'affaires. Un bon objectif réunit six qualités.

Il doit être **chiffré**. Dire que l'on cherche à « accroître le chiffre d'affaires » ou « améliorer l'image de marque » est vague : il sera difficile de dire au terme du plan si l'objectif a été atteint. Il existe quatre grandes catégories d'objectifs globaux pour le marketing (voir Figure 9.6).

Objectifs globaux	Exemples
Part de marché (valeur ou volume)	« Obtenir 10 points de part de marché »
Chiffre d'affaires (valeur ou volume)	« Accroître de 5 % le chiffre d'affaires en valeur » « Vendre 10 millions d'unités »
Rentabilité	« Obtenir une marge brute de 20 % »
Image de marque	« 90 % de clients satisfaits » « 0 % de retour de produits défectueux » « 90 % de notes favorables sur le critère standing »

Figure 9.6 : Grandes catégories d'objectifs globaux en marketing

Sa deuxième qualité est d'être **daté** : l'objectif peut être atteint au terme du plan annuel ou à moyen terme (deux à trois ans). Dans le cas d'un chiffre d'affaires ou d'une part de marché, un tableau de marche avec des points intermédiaires (mois, trimestre, semestre) permet de contrôler le bon déroulement du plan : est-on en avance, dans les temps ou en retard par rapport au plan ? Dans ce dernier cas, le chef de produit réagit en prenant des mesures correctrices.

Il est en outre **décomposable** et **délimité**. Ainsi, la ventilation des objectifs généraux se fait par :

- continents, pays, régions, départements, vendeurs ;
- lignes de produit : gammes (A, B, C, etc.), puis par références (AX, AY, AZ, etc.) ;
- cibles : segments 1, 2, 3, etc. ;
- canaux de distribution : spécialisés (S1, S2, S3, etc.), généralistes (G1, G2, etc.).

Un bon objectif est par ailleurs **structuré** et **hiérarchisé**. Les objectifs globaux du plan marketing se déclinent en objectifs partiels, ou sous-objectifs. Chacun d'entre eux se rattache à l'une ou à l'autre variable du marketing mix et est détaillé dans la rubrique correspondante du programme d'actions (voir Figure 9.7).

Sa cinquième qualité est d'être **attribué**. Pour évaluer les performances ou les éventuels dysfonctionnements, il faut préciser nominativement la personne et/ou la fonction de l'entreprise concernées par l'objectif : par exemple, les attributions qui relèvent du service commercial, de la logistique ou du contrôle de qualité, etc. Chaque vendeur a un objectif de ventes à atteindre ; une part de sa rémunération dépend généralement de la réalisation de cet objectif (voir chapitre 13).

Enfin, un bon objectif est **flexible**. Il est souvent souhaitable de garder une certaine flexibilité dans la fixation de l'objectif, en fonction des états de l'environnement. Une bonne méthode consiste à fixer deux ou trois hypothèses, chacune correspondant à un scénario différent. Par exemple :

- Hypothèse haute = Réactions faibles de la concurrence.

Objectif : + 20 % en volume, soit 15 % de part de marché.

- Hypothèse basse = Réactions virulentes de la concurrence.

Objectif : + 5 % en volume, soit 11 % de part de marché.

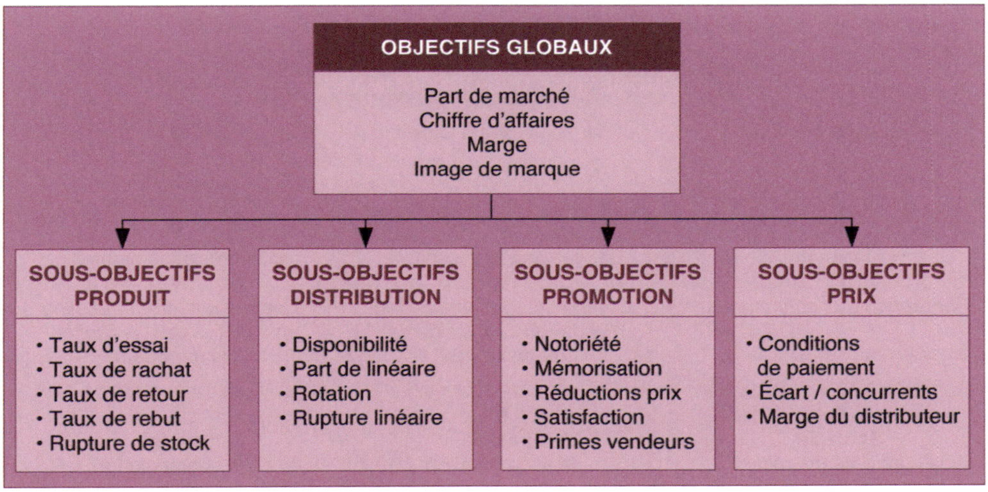

Figure 9.7 : Objectifs et sous-objectifs marketing

2.3. Stratégie marketing

Le choix d'une stratégie marketing est contraint par les options stratégiques prises par la direction générale. Il est conditionné par les analyses internes et externes préalables et par le diagnostic ; nous présentons ces points dans le paragraphe 3.2 (« Préparation du plan », p. 305). La formulation d'une stratégie marketing complète et cohérente requiert quatre grandes catégories de décision (voir Figure 9.8).

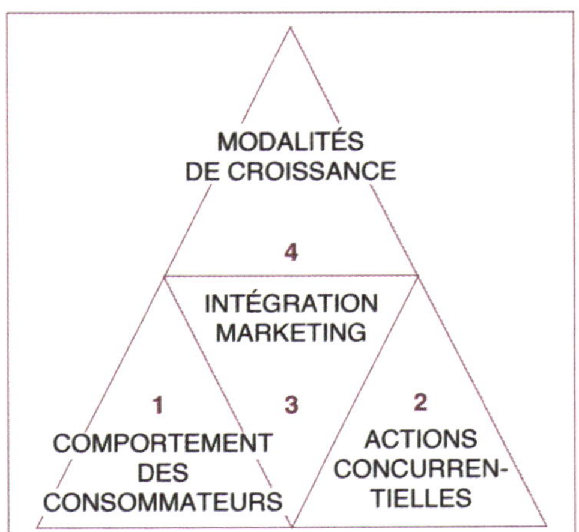

Figure 9.8 : Le Triangle d'or d'une stratégie marketing

2.3.1. Comportement du consommateur

Selon le degré d'hétérogénéité de la demande, la différenciation des produits ou des marques est plus ou moins aisée. Le directeur marketing précise les bases de différenciation de ses produits et décide entre une stratégie de segmentation ou de contre-segmentation. S'il opte pour la segmentation, il devra alors choisir entre une stratégie de concentration et une stratégie de couverture (voir Figure 9.9). Nous avons largement détaillé toutes ces modalités stratégiques dans le paragraphe 2.2. du chapitre 6 (« Évaluation des options de segmentation marketing », p. 200).

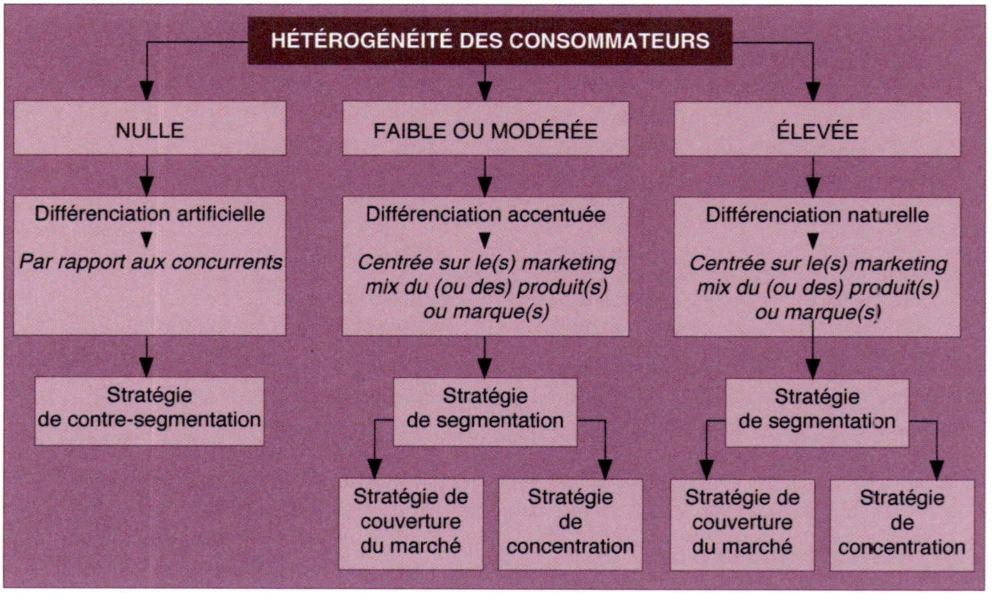

Figure 9.9 : Comportement du consommateur et choix stratégiques

2.3.2. Actions concurrentielles

Le marketing ne peut ignorer les options stratégiques retenues par la concurrence, car l'intensité des luttes dépend du nombre et de la puissance des concurrents présents. Les cartes perceptuelles ou de positionnement (concurrentiel et catégoriel) permettent d'apprécier les risques et les avantages offerts par chaque segment, et de déterminer les concurrents de l'entreprise les plus dangereux (voir chapitres 6 et 8).

Les modalités des actions que l'on peut mener contre les concurrents dépendent largement de la culture et du savoir-faire de l'entreprise. La Figure 9.10 ci-après récapitule ces options en y intégrant les trois stratégies génériques de Michael Porter. Une entreprise résolument innovatrice qui vise une large couverture du marché adopte un comportement de leader, même si sa part de marché actuelle n'est pas la plus élevée. En revanche, une entreprise qui adopte une politique de niche, synonyme de stratégie de spécialiste ou de concentration, vise un marché étroit. D'autres préfèrent laisser faire le leader et ne réagir que dans un second temps, si l'innovation débouche sur un marché potentiel suffisant. Ce comportement de suiveur peut être adopté dans un but offensif pour rattraper ou dépasser le leader : c'est la stratégie du (ou des) challenger(s). Si l'entreprise adopte ce comportement dans un but défensif, elle se contente d'imiter les autres, tout en visant une baisse de ses coûts.

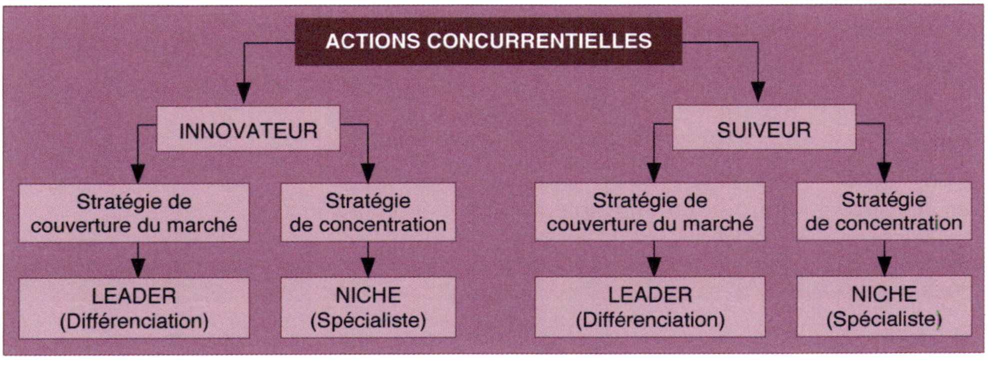

Figure 9.10 : Actions concurrentielles et stratégies marketing

2.3.3. Intégration marketing

Le cœur de la stratégie marketing s'illustre par le choix d'un positionnement, d'une stratégie de marque et de clientèle (Figure 9.11). La stratégie de marque se traduit par la création d'un capital de marque fondé sur une marque connue et bénéficiant d'une réputation favorable auprès de la ou des cible(s) visée(s) (voir chapitre 7).

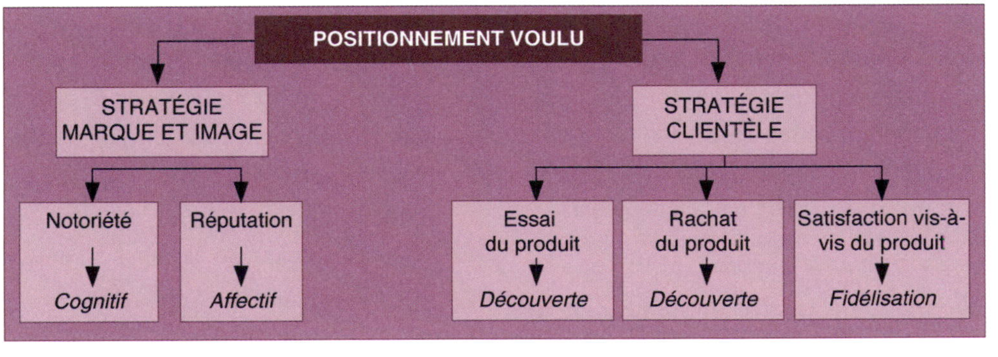

Figure 9.11 : Intégration des stratégies marketing

On notera qu'une stratégie de marque ne constitue pas un choix forcé, ni une garantie de succès. Ainsi, les marques de distributeurs ou « premier prix » ont opté délibérément pour une politique inverse. Un tel choix n'est cependant justifié que si l'entreprise accepte un positionnement bas de gamme ou si les marques des concurrents situés en moyenne gamme n'apportent que peu (ou pas) de supplément de valeur par rapport aux marques premier prix.

La stratégie vis-à-vis des clients dépend de la part de marché détenue par l'entreprise et de la nouveauté du produit sur le marché. Dans le cas d'un lancement, l'objectif numéro un consiste d'abord à faire essayer le nouveau produit ou la nouvelle marque par le plus grand nombre possible de consommateurs appartenant à la cible (taux d'essai). Durant la phase de décollage, l'objectif privilégie l'adoption du produit ou de la marque, c'est-à-dire de le (ou la) faire racheter par le plus grand nombre de consommateurs (taux d'adoption). En période de maturité, l'élévation de la satisfaction vis-à-vis de la marque ou du produit permet un accroissement des ventes engendré par la fidélité des acheteurs (taux de fidélisation). La Figure 9.12 récapitule ces différents indices.

Indices	Modes de calcul
Taux d'essai	$\frac{\text{Nombre de personnes achetant la marque pour la première fois}}{\text{Nombre de personnes connaissant la marque}}$
Taux d'adoption	$\frac{\text{Nombre de personnes achetant la marque pour la deuxième fois}}{\text{Nombre de personnes ayant essayé la marque}}$
Taux de fildélité	$\frac{\text{Nombre de fois où la marque Y est achetée par l'acheteur X}}{\text{Nombre d'achats dans la catégorie de produit pour l'acheteur X}}$
Volume d'achat	Quantités moyennes achetées (par achat) × Fréquence d'achat × Nombre d'acheteurs

Figure 9.12 : Mesures de performance d'une stratégie clientèle

2.3.4. Modalités de croissance

Le dernier type de décision stratégique que doit prendre le directeur marketing consiste à sélectionner un mode de progression du chiffre d'affaires (Figure 9.13).

— *La croissance externe*

Elle conduit à acheter directement, auprès d'entreprises extérieures à la firme, des parts de marché préexistantes par acquisition de marque, achat de licence ou alliance avec des marques déjà présentes. Cette approche se fait parfois de manière hostile, par lancement d'une offre publique d'achat (OPA) sur des entreprises dont le capital est mal défendu ou sous-évalué. C'est une stratégie efficace pour atteindre rapidement une taille critique sur des marchés saturés ou disposant de barrières à l'entrée élevées, ou si l'entreprise souhaite s'internationaliser rapidement. L'évaluation de la valeur du portefeuille de marques et/ou du capital de marque de l'entreprise cible (voir chapitre 7) est déterminante dans le déclenchement de telles opérations.

— La croissance interne

Parfois dénommée croissance organique, elle conduit à gagner des parts de marché en attaquant de nouveaux marchés et/ou en lançant de nouveaux produits.

Ainsi, la *croissance par pénétration* implique soit une amélioration de la fidélité à la marque ou de la fréquence d'achat, soit un accroissement du volume d'achat par ménage acheteur.

Pour sa part, le *développement de gamme* se réalise sur la base d'un allongement de la gamme de produits déjà existants ou en lançant des produits complémentaires à ceux déjà existants.

Quant à l'*extension de marché*, elle implique l'exploitation de nouveaux marchés obtenus grâce à une internationalisation de l'entreprise ou, plus modestement, par un développement dans de nouvelles régions.

Enfin, la *diversification* est le mode le plus délicat d'une stratégie de croissance : elle peut se réaliser en créant une nouvelle marque ou par extension de la marque actuelle. Le choix de la nouvelle catégorie de produit dépend de l'existence de synergies (par exemple, canaux de distribution communs), d'une complémentarité de gammes de produits ou clientèles, ou d'analogie technologique. Dans le cas d'une extension de marque, il faut que la nouvelle catégorie de produit envisagée soit cohérente avec le territoire de marque (voir chapitre 7).

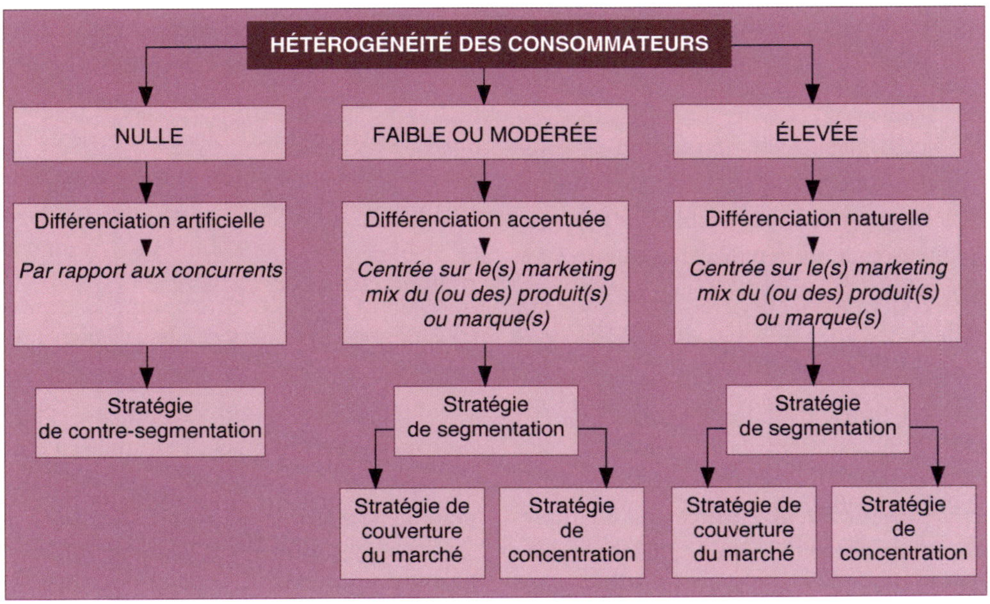

Figure 9.13 : Modalités de croissance d'un chiffre d'affaires

Salomon est passé dans un premier temps de la fixation de ski à la chaussure de ski, puis au ski alpin et au surf des neiges. Les synergies sont fortes dans les circuits de distribution (mêmes points de vente), la marque est légitime dans les nouveaux territoires et dispose d'un capital de marque élevé. Dans un second temps, l'exploitation de complémentarités a été étendue au marché du loisir, sous l'impulsion du nouveau propriétaire, Adidas : lancement de matériel de golf, chaussures de randonnée, vêtement sportif, surf des mers. Si la synergie existe pour les canaux de distribution, en revanche, les nouveaux territoires, bien que cohérents en termes de complémentarité, sont moins légitimes pour la marque : les associations suscitées par ces extensions multiples peuvent brouiller l'image de marque, et les associations constitutives du noyau de la marque et du système périphérique peuvent perdre en cohérence.

2.4. Programme d'actions

2.4.1. Cible(s)

La (ou les) cible(s) visée(s) sont généralement décrites à l'aide de critères socio-démographiques : âge, revenu, classe sociale, habitat, profession, etc. Ce portrait-robot du « consommateur type » visé est appelé cœur de cible.

L'objectif général est décomposé en sous-objectifs sur chacune des cibles. Si plusieurs cibles sont visées, les variables du mix sont soigneusement différenciées et adaptées à la cible visée (règles de cohérence externe), en évitant les éventuelles incompatibilités entre les différents niveaux (règles de cohérence internes) ; nous avons présenté ces points dans le chapitre 6.

2.4.2. Marketing mix

Le produit est décrit en quelques mots (composants essentiels, conditionnement, niveau de qualité intrinsèque, etc.). Le prix moyen facturé au distributeur et le prix public conseillé sont précisés. Les actions promotionnelles prévues sont détaillées, notamment le volume du budget publicitaire et les réductions de prix temporaires (offres spéciales, prix promotionnels, etc.). Enfin, les canaux de distribution sont listés. Le Focus-Manager 9.1 indique les axes du plan marketing adopté par Mercedes, dans le cadre d'un vaste mouvement stratégique, afin d'attaquer de nouvelles cibles.

2.5. Budget

Le budget traduit l'allocation des ressources sur les variables du marketing mix. Dans bon nombre d'entreprises, le marketing ne gère que le budget de la variable promotion. Le directeur répartit le budget global sur la publicité, les relations publiques, la promotion des ventes, etc.

Le coût des autres variables est calculé par la direction financière. Le produit et les frais de distribution sont généralement exprimés en coût variable. Le prix de vente est fixé en concertation avec la direction financière. Plusieurs sortes de remises, consenties aux distributeurs, viennent minorer ce prix (voir chapitre 11).

Ces données permettent de calculer une contribution relative de chaque produit au profit global de l'entreprise. Dans cette perspective, le marketing peut être amené à étudier plusieurs combinaisons de variables, pour déterminer la plus rentable : elle est appelée « mix optimal ». Il faut pour cela évaluer, de manière prévisionnelle, les chiffres d'affaires générés (i.e. les recettes) par chaque combinaison et soustraire les dépenses liées à chaque mix (voir Fiche technique 9.2).

FOCUS-MANAGER

9.1. Plan marketing de Mercedes[5]

1. Contexte

En 1993, Mercedes fait face à d'importantes pertes de 800 millions d'euros et à une baisse des ventes de 10 % et, pour la première fois, se fait distancer par son grand rival BMW. Une analyse approfondie des menaces et des opportunités du marché mondial de l'automobile conduit les managers allemands au diagnostic suivant : « *Si nous ne nous ouvrons pas à de nouvelles cibles, nous risquons de nous retrouver prisonniers d'une niche comme l'a été Rolls-Royce.* » Ce constat débouche sur une véritable révolution marketing : l'abandon de la spécialisation sur le seul haut de gamme du marché. On passe d'une stratégie de concentration à une stratégie de couverture partielle du marché.

Rubriques	Mercedes ancienne formule	Mercedes nouvelle formule
Objectifs	En 1996 : 600 000 véhicules	En 2000 : 1 200 000 véhicules
Stratégie	Spécialisation : segment haut de gamme Différenciation naturelle : la voiture mythique	Couverture de tous les segments avec 7 gammes de produits Différenciation naturelle : l'innovation haut de gamme
Positionnement voulu	Automobile de luxe : la voiture de l'élite	Automobile de luxe accessible : moderne, conviviale, familiale
Cœur de cible(s)	Âge moyen : 52 ans Sexe : 91 % hommes PCS : Professions supérieures, chefs d''entreprise	Âge moyen : 46 ans Sexe : 20 % des femmes Familles aisées, professions supérieures, innovatrices

L'axe de la stratégie marketing

2. Évaluation

Mercedes négocie en 1996 un virage stratégique brutal. L'axe central — et en même temps la difficulté majeure — consiste à faire accepter par le marché le positionnement de « constructeur généraliste haut de gamme ». Mercedes s'apprête à affronter des concurrents comme Ford, Volkswagen, Renault, PSA, GM, Toyota, etc. La descente en gamme est contrebalancée par la volonté d'occuper le haut de gamme de chacun des segments de marché. Mais les risques pour l'image globale de marque de Mercedes sont importants : les anciens acheteurs pourraient délaisser la marque quand ils constateront une banalisation du produit. De plus, l'allongement des séries impose un délicat changement de métier et amène Mercedes sur un terrain où la concurrence est très rude. Le pari stratégique est globalement risqué.

5. Bon nombre d'informations sont extraites de Catin, A., « Le virage marketing de Mercedes », *L'Essentiel du Management*, décembre 1996, pp. 73-80, ainsi que du site www.mercedes-benz.fr et de communiqués de presse (agence Reuters).

Segments de marché	Date de sortie Objectifs de ventes par an en Europe	Gamme et positionnement des produits	Prix (1999) (en €)	Promotion Distribution
Bas de gamme	1998-1999 200 000 véhicules	« Smart » et Urbain 2 places en 2,50 m Partenariat avec Swatch	10 000 à 13 000	100 distributeurs exclusifs Location longue durée
Moyenne gamme	1998-1999 200 000 véhicules	Classe A Monospace compact	16 000 à 18 000	Marketing direct et salons (20 %), TV (50 %), Affichage (10 %), Cinéma (10 %)
Haut de gamme	Gamme actuelle	Classe C : Standing Classe E : Luxe Classe S : Prestige	22 000 à 38 000 32 000 à 45 000 53 000 à 130 000	Concessionnaires Presse
	1996 1998	Classe V (Monospace) Classe M (4x4)	30 000 à 38 000 40 000 à 92 000	Concessionnaires Presse

Le nouveau marketing mix en 1999

3. Situation en 2007

Les objectifs du plan ont partiellement été atteints. Les lancements de la classe A et de la Smart (prévus initialement en 1997 et 1998) ont cependant dû être reportés de plus d'un an. La classe A a souffert d'une défaillance technique lors d'un essai réalisé par des journalistes suédois : elle s'est retournée lors du test dit de « l'élan » (deux coups de volants successifs). Dans le bas de gamme, la Smart peine à décoller en dépit d'une tentative d'allongement de gamme (la Smart quatre portes a été un échec) ; en 2007, environ 110 000 véhicules ont été vendus, soit une baisse de plus de 10 % par rapport à 2006. L'objectif initial est loin d'être atteint. Le milieu de gamme s'est étoffé avec le lancement de la classe B en 2005, un monospace concurrent du Scénic de Renault. Si les ventes sur ces deux segments se situent en dessous des objectifs, en revanche la marque a atteint son objectif de rajeunissement et de féminisation de la clientèle (25 % des acheteurs de ces segments sont des femmes). Néanmoins, c'est le haut de gamme qui continue à tirer les ventes. Finalement, les ventes totales de Mercedes atteignent environ 1,25 million de véhicules en 2007, soit à peine plus que l'objectif fixé pour l'année 2000.

FICHE TECHNIQUE

9.2. Coûts marketing et calcul du mix optimal

1. Coûts marketing et variables du marketing mix

La figure ci-après propose une répartition des coûts de l'entreprise sur chaque variable du marketing mix. Théoriquement, ils devraient tous être retenus dans le budget. Mais dans le cadre d'une gestion budgétaire, des coûts standards sont préétablis par le contrôleur de gestion : ils s'imposent au marketing. La comptabilité analytique répartit les charges de l'entreprise sur chaque produit de la gamme. Nous avons distingué les coûts fixes (indépendants du niveau d'activité de l'entreprise) des coûts variables ; les coûts directs sont directement imputables à un produit ; les coûts indirects, eux, sont supportés par plusieurs produits. La plupart du temps, le budget marketing ne comporte que les coûts liés aux remises commerciales, les réductions temporaires, puis les frais marketing et commerciaux fixes.

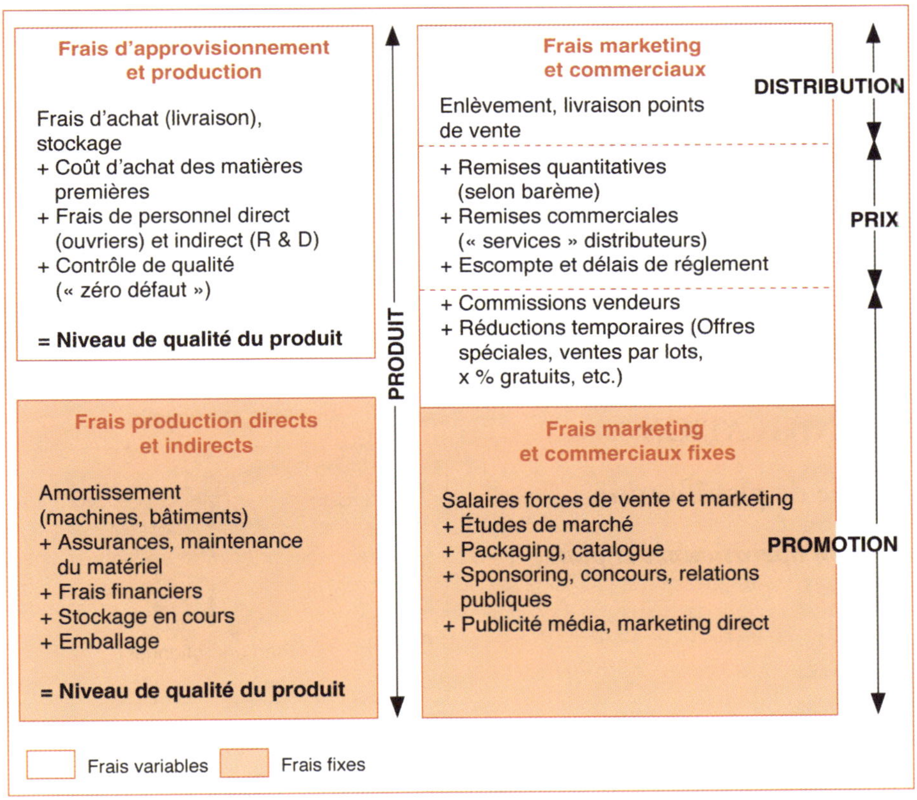

2. Calcul du mix optimum

Un directeur marketing ne considère (hypothèse simplificatrice) que trois éléments du mix : prix, publicité et sponsoring. Il hésite entre deux niveaux de prix : 80 ou 100 euros. Il envisage de répartir le budget de communication entre le sponsoring (3 millions ou 500 000 euros) et la publicité (3 millions ou 500 000 euros). La direction commerciale a évalué les ventes qu'elle pourrait réaliser, selon les variantes du budget de communication (cinquième colonne du tableau). Sachant que le coût variable du produit est de 40 euros et que le total des frais fixes est de 2 millions d'euros, quel est le mix optimum ?

Données du problème					Solutions		
Mix	*Prix*	*Publicité*	*Sponsoring*	*Ventes prévues en volume*	*Chiffre d'affaires*	*Coûts totaux prévus*	*Résultat prévus**
1	80	500 000	500 000	130 000	10 400 000	8 200 000	**2 200 000**
2	80	500 000	2 000 000	150 000	12 000 000	11 500 000	500 000
3	80	3 000 000	500 000	180 000	14 000 000	12 700 000	1 700 000
4	80	3 000 000	3 000 000	200 000	16 000 000	16 000 000	0
5	100	500 000	500 000	50 000	5 000 000	5 000 000	0
6	100	500 000	3 000 000	70 000	7 000 000	8 300 000	- 1 300 000
7	100	3 000 000	500 000	80 000	8 000 000	8 700 000	- 700 000
8	100	3 000 000	3 000 000	130 000	13 000 000	13 200 000	- 200 000

(*) Résultats prévus = [(Prix – 40) x Ventes] – Publicité – Sponsoring – 2 000 000

Les calculs montrent que c'est le mix n° 1 qui correspond au mix optimal ; le mix n° 4 permet d'obtenir le chiffre d'affaires le plus élevé, mais la rentabilité prévue sera nulle.

III. SÉQUENCE DE PLANIFICATION

3.1. Cycle de planification

3.1.1. Plan opérationnel et plan stratégique

On distingue généralement deux types de plan : l'un opérationnel, l'autre stratégique. Le terme du plan marketing opérationnel est annuel, généralement la fin de l'année calendaire ; celui du plan stratégique est à moyen terme (trois à cinq ans). Les objectifs du plan opérationnel doivent respecter le tableau de marche qui découle des objectifs du plan stratégique (Figure 9.14).

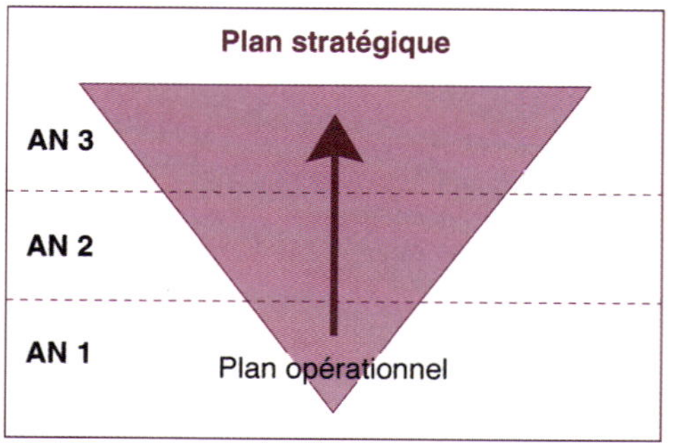

Figure 9.14 : Enchaînement des plans marketing

3.1.2. Processus de la planification

Trois temps rythment le processus : les analyses préalables qui se concluent par un diagnostic, l'adoption du plan et sa mise en œuvre. La Figure 9.15 souligne l'aspect cyclique du processus de planification marketing : l'analyse des résultats du plan précédent sert de point de départ pour la construction du nouveau plan.

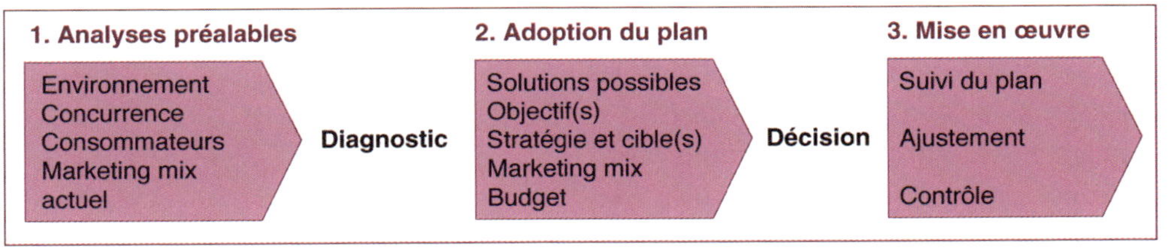

Figure 9.15 : Processus de planification marketing

3.1.3. Timing

Les phases de négociation et d'ajustement commencent généralement vers le mois de septembre et s'étalent sur deux à trois mois. Habituellement, le plan marketing est adopté lors d'une réunion de direction générale qui se tient en décembre ; il est ensuite présenté aux différentes parties prenantes.

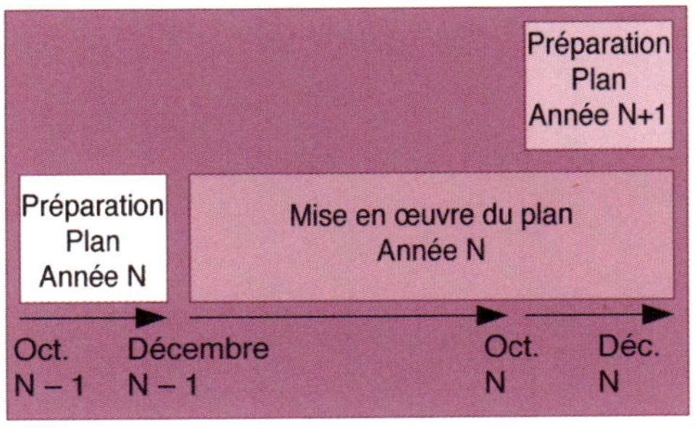

Figure 9.16 : Timing du plan

La présentation du plan à la force de vente doit être mûrement réfléchie. Elle peut se réaliser lors d'un séminaire annuel délocalisé ou faire l'objet d'un « événement » valorisant pour les participants. La mise en scène, le choix du lieu et du moment constituent des éléments clés pour « vendre » les objectifs du plan aux commerciaux et obtenir leur adhésion.

3.2 Préparation du plan

3.2.1. Analyse de l'environnement

L'analyse de l'environnement interne et externe de l'entreprise fait partie, à part entière, des examens préliminaires au plan marketing. La difficulté majeure consiste à sélectionner, parmi une grande masse d'informations, les quelques informations clés, vitales pour l'entreprise. Les auteurs anglo-saxons préconisent de suivre une approche du type SWOT. Cette démarche s'appuie sur des grilles synthétiques permettant d'identifier en un seul coup d'œil les points forts et les points faibles de l'environnement ; elle a déjà été largement présentée dans le chapitre 2 (voir Figures 2.3 et 2.4).

L'étape suivante consiste à analyser et à décoder correctement ces informations. Cette étude ne saurait se cantonner à une analyse descriptive, mais doit orienter et justifier les futurs choix stratégiques. Le danger à ce niveau est de vouloir remplir à tout prix toutes les rubriques d'une check-list, sans se préoccuper des liaisons qui doivent exister entre la phase d'analyse et la construction du plan. La plupart du temps, seules quelques rubriques méritent l'attention.

Les trois principes suivants peuvent aider le manager marketing à éviter ces écueils.

- pragmatisme : quelles implications marketing concrètes (fixation de prix, de choix de segment, de positionnement produit, etc.) peut-on tirer de cette information ? Si aucune conséquence n'apparaît, on peut écarter cette donnée.
- parcimonie : cette donnée n'est-elle pas redondante avec d'autres informations ? Pourrait-on ordonner et regrouper les données en grandes catégories ?
- hiérarchie : parmi toutes les informations, quelles sont celles qui sont vitales, importantes, secondaires ? Quels risques prend-on en ignorant tel ou tel point ?

Le Focus-Manager 9.2 propose une analyse SWOT de l'environnement du marché français du tourisme qui représente une partie du plan marketing 2007-2008 du Québec.

FOCUS-MANAGER

9.2. ENVIRONNEMENT DU TOURISME (PLAN MARKETING DU QUÉBEC 2008)

1. Opportunités

– Le réseau de distribution établi entre les voyagistes français et l'industrie du tourisme québécoise se porte très bien ; une soixantaine de voyagistes français proposent la destination du Québec en été et une trentaine en hiver.

– Les Français ont souvent des parents ou des amis au Québec, ce qui favorise les séjours touristiques tout au long de l'année.

– Une offre aérienne bien développée, surtout l'été, avec plusieurs vols en provenance des villes de province, mais aussi l'hiver, avec des vols à destination de Montréal et de Québec.

– La reprise des voyages de groupe depuis trois ans.

– Forte progression de l'e-tourisme.

– La force de l'euro devrait favoriser les voyages en Amérique du Nord.

– Le tourisme d'affaires représente un potentiel important pour le Québec, car les entreprises françaises cherchent des destinations sûres à des prix concurrentiels.

2. Menaces

– Concurrence très forte de la part de toutes les destinations internationales qui disposent de budgets considérables et qui offrent souvent un rapport qualité/prix plus avantageux qu'au Québec.

– Les voyagistes spécialisés dans les voyages en Amérique du Nord diversifient leurs offres, de sorte que presque plus aucun voyagiste ne propose exclusivement le Canada comme destination.

– Le Québec n'est plus considéré comme une destination « à la mode » par rapport à d'autres destinations plus récentes, plus exotiques et proposées à prix concurrentiel.

- Concurrence des produits d'hiver similaires au Québec : la Laponie et les pays scandinaves (Norvège, Finlande, Suède) jouissent d'une très bonne notoriété et d'un fort engouement.
- Diminution de la durée des séjours de vacances, même si la destination est considérée comme éloignée.
- Développement des transporteurs à rabais, ce qui donne accès à de nouvelles destinations.

3. Forces

- Le Québec dispose d'atouts auxquels la clientèle française est très sensible : le dépaysement, les grands espaces, l'hospitalité, la francophonie, la modernité nord-américaine et le souci de l'environnement. Les Français considèrent également le Québec comme une destination très sécuritaire et l'identifient même comme étant la plus attirante.
- Le sentiment toujours très favorable des Français à l'égard du Québec et le fait qu'ils font une distinction claire entre la Belle Province et le Canada.
- Le Québec est une destination qui continue d'intéresser les Français pour les séjours d'hiver.
- Augmentation de la clientèle individuelle (clientèle à forte contribution, qui voyage surtout l'été et l'automne, et de plus en plus en hiver — les voyagistes proposent davantage de programmes pour visiteurs individuels, ainsi qu'une multitude de forfaits à la carte destinés à différentes clientèles, y compris des séjours de motoneige).
- Très bonne notoriété de la destination grâce notamment au rayonnement culturel du Québec (artistes, chanteurs, cinéma, cirque, théâtre), qui bénéficie en outre d'une excellente image dans la presse française.
- Campagne de notoriété régulière depuis plusieurs années sur le marché français, autant pour l'été que pour l'hiver.
- Bonne présence du Québec dans les salons consommateurs en région.
- Nouvelles activités promotionnelles avec des partenaires hors tourisme, ce qui permet d'élargir les clientèles.
- Richesse du site Internet bonjourquebec.com/fr (référence aux voyagistes).
- Présence de Tourisme Montréal en Europe pour promouvoir le tourisme d'affaires.

4. Faiblesses

- Trop peu d'investissements financiers de la part de la Commission Canadienne du Tourisme (CCT) pour appuyer ou compléter les efforts du Québec.
- Budget limité pour soutenir les efforts des voyagistes et mettre en place des promotions diverses destinées aux consommateurs, d'où peu d'investissements marketing de la part des voyagistes français pour promouvoir le Québec.
- Difficulté de toucher les clientèles individuelles en dehors des grandes périodes de vacances scolaires d'été et d'hiver.
- Manque d'offres d'hébergement de taille moyenne de qualité, accessibles pour des séjours hivernaux.
- Difficulté de monter des partenariats avec des partenaires régionaux ou des compagnies aériennes.
- Manque d'originalité dans les programmes destinés aux groupes.

Source : Extraits du Plan Marketing 2007-2008, pp. 80,81, Ministère du tourisme du Québec, www.bonjourquebec.com/mto/

3.2.2. Analyse de la concurrence

L'analyse de la concurrence consiste à suivre régulièrement les résultats obtenus par les concurrents directs : chiffres d'affaires, parts de marché, nouveaux produits en cours de tests, remises pratiquées auprès des distributeurs, présence aux points de vente, prix publics, etc. Ces informations s'obtiennent à partir des panels ou par une étude documentaire (relevé de prix sur le terrain, consultation de la presse professionnelle, etc.). Les informations jugées fondamentales (souvent la part de marché, le prix et les remises) sont reprises dans le tableau de bord commercial et font l'objet de suivis et de contrôles réguliers tout au long de l'année.

Le panel Sécodip donne les quantités (Qa) d'un produit (et de ses variétés) achetées par ménage, le nombre de ménages acheteurs (Na), la part de marché du produit, le budget dépensé par les ménages pour chaque catégorie de produits ; les résultats sont éclatés par régions, par segments et par marques. En outre, des études régulières permettent au chef de produit de mieux cerner le profil des acheteurs de sa marque et de ceux des concurrents : les quantités et les volumes achetés sont ventilés par profession, selon la taille du foyer, le type d'habitat, le style de vie, etc.

Le panel Nielsen, lui, couvre la quasi-totalité des catégories de produits vendus dans les grandes surfaces à dominante alimentaire. Il indique les parts de marché par marque (ventilées entre leurs différents conditionnements), les prix de vente facturés aux distributeurs et les prix de vente publics, le pourcentage de magasins qui référencent la marque, le poids de chaque canal, etc. Nous reviendrons sur ces indices dans la Fiche technique 13.1 du chapitre 13.

Depuis une quinzaine d'années, la lecture optique des codes à barres (code EAN) figurant sur chaque produit permet de suivre, en temps réel, l'impact d'une promotion sur les ventes en volume, de repérer les canaux pour lesquels une marque est sous-représentée, etc. L'analyse de cette masse d'informations est délicate. Les gérants des panels facilitent la tâche des managers marketing en mettant à leur disposition des systèmes experts directement connectés aux données du panel.

D'une manière générale, l'homme de marketing doit accorder la priorité aux concurrents qui s'adressent à la même cible que la sienne. Il évalue leurs résultats, sur chaque segment et chaque canal, en accordant une attention particulière aux derniers produits lancés. Lors de ces analyses, les cadres fournis par l'analyse stratégique (Michael Porter, BCG, etc.) sont utiles pour déterminer la position concurrentielle des marques de l'entreprise, les menaces éventuelles d'entrants potentiels, les produits dilemmes ou poids morts de la gamme de l'entreprise, etc. De même, les informations fournies par les études antérieures de positionnement sont à comparer aux données du panel.

3.2.3. Analyse de la demande

L'analyse des consommateurs s'appuie de la même façon sur les résultats des panels et des études de marché. Il importe de suivre les tendances de la consommation pour identifier les segments en croissance ou en déclin (voir Focus-Manager 9.3). La recherche périodique de nouveaux critères de segmentation permet de détecter de nouveaux créneaux.

FOCUS-MANAGER

9.3. ÉVOLUTION DE LA DEMANDE SUR LE MARCHÉ DU TOURISME

1. Les seniors : segment phare des années 2010

Les seniors seront de très loin la première clientèle touristique dans le monde en 2010. Ils devraient consacrer une part croissante de leur budget au tourisme et aux loisirs. Mobiles, ils refuseront la ghettoïsation.

2. En 2010, le touriste sera de plus en plus urbain

Il devrait représenter plus de 50 % de la population mondiale. Dans un univers urbain, il existera un fort besoin de rupture. En conséquence, le tourisme se développera non sur la durée, mais sur la fréquence des séjours.

3. Une nouvelle relation au travail qui se confirme

Les besoins de rupture et donc les temps de loisirs seront fragmentés et plus fréquents. Une gestion nouvelle des espaces de « temps libre » entraînera des choix de lieux de vacances beaucoup plus changeants et désynchronisés. La frontière sera de plus en plus ténue entre loisirs et tourisme. Il en découlera un rapprochement des notions de temps libre et de temps contraint, du lieu de travail et du lieu de loisirs.

4. Le consommateur devient « consom'acteur »

L'environnement devient important dans le choix d'un séjour. Le consommateur recherche un tourisme respectueux des cultures et des lieux et la « thématisation » des courts séjours se développe de façon croissante. Il adopte un comportement plus individualiste avec un certain rejet des groupes au profit du voyage individuel, en couple ou entre amis. On constate enfin une demande accrue de personnalisation et des réservations de plus en plus tardives : sans doute l'un des changements les plus spectaculaires de ces dernières années.

Source : Plan marketing 2005-2007, Comité départemental tourisme Côtes d'Armor, p. 7, www.cotesdarmor.com/fr/planmarketing

Un autre point important consiste à comparer régulièrement l'image de marque des produits de l'entreprise à celle des marques concurrentes. Cela permet de vérifier la conformité de la marque aux attentes de la cible et indique au marketing les points à améliorer.

Le marché automobile européen fait l'objet de vagues d'enquêtes multi-constructeurs (NCBS ou New Car Buyer Survey) menées simultanément dans dix pays européens auprès de 30 000 individus. Les résultats sont ventilés par constructeurs, marques et modèles. Le poids des critères ce choix est évalué ainsi que l'évolution des jugements des acheteurs sur les attributs des marques (style, consommation, etc.). Les données permettent de comparer les images, pour un même modèle, entre les clients de la marque et les non-acheteurs. Les managers marketing connaissent grâce à ce baromètre annuel les éléments de satisfaction et d'insatisfaction des consommateurs.

Pour préparer le diagnostic, il est intéressant de résumer en un seul tableau les informations venant des consommateurs et celles de la concurrence. En analysant segment par segment, on repère rapidement les forces et les faiblesses d'une marque.

La Figure 9.17 présente la synthèse d'un marché imaginaire. Supposons que notre marque vise deux segments représentant 55 % du marché total. Les informations du tableau montrent que le concurrent B est mieux placé que nous sur le segment 1. En revanche, nous sommes bien placés sur le segment 2, mais son potentiel de ventes décroît. En résumé, la situation actuelle de notre marque est satisfaisante, mais risque de devenir rapidement problématique si le déplacement de la demande vers le segment 1 se confirme.

Marché	Potentiel de ventes Marché total	Description des segments	Attentes des consommateurs	Évaluation des marques*		
				Nous	Concurrents	
					A	B
Segment n°1	15 % en forte hausse	Revenus élevés Urbains 25-35 ans	Qualité Esthétique Finition	oui non non	oui oui non	oui oui oui
Segment n°2	40 % en baisse	Employés et ouvriers Région parisienne 35-50 ans	Prix modéré Durabilité SAV	oui oui oui	non oui oui	oui oui non
*** oui = bonne évaluation sur l'attente. non = mauvaise évaluation sur l'attente**						

Figure 9.17 : Synthèse de l'analyse des consommateurs et des concurrents

3.2.4. Analyse du marketing mix actuel

L'évaluation ne concerne que les marques et les produits de l'entreprise présents sur le marché, au moment où se situe l'analyse. Les questions concernent d'abord la cohérence externe actuelle du mix de l'entreprise : le mix actuel est-il conforme aux exigences de la cible visée ? Dispose-t-on d'un ou de plusieurs points de supériorité par rapport aux concurrents ? On vérifie ensuite la cohérence interne des variables du mix : existe-t-il une bonne cohérence entre le choix des canaux et l'image de l'entreprise ? La politique de prix est-elle cohérente avec le positionnement ? Etc.

3.2.5. Diagnostic marketing

Un bon diagnostic est bref et précis. Il ne s'agit pas d'un résumé des forces et des faiblesses de l'entreprise. C'est d'abord une appréciation globale de l'« état de santé marketing » de l'entreprise, un constat lucide et le plus objectif possible. Après avoir effectué toutes les analyses nécessaires, le manager doit qualifier sans hésitation la situation marketing actuelle de l'entreprise sur une échelle du type suivant : excellente, bonne, moyenne, faible ou extrêmement mauvaise.

Le second temps du diagnostic précise les causes majeures du jugement précédent : qu'est-ce qui fait que l'entreprise se trouve dans cette situation ? En d'autres termes, il s'agit d'extraire d'un ensemble de points forts ou faibles (et non pas de résumer) les deux ou trois éléments considérés comme les plus explicatifs. Voici quelques exemples.

> « La situation actuelle est satisfaisante. Notre marque, un an après son lancement, jouit d'une bonne réputation auprès des deux cibles visées et l'accueil des distributeurs est favorable. Cependant, le potentiel de ces deux cibles stagne, alors qu'apparaissent de bonnes opportunités de développement sur d'autres segments. »
>
> « Notre ligne actuelle de produits connaît une situation très délicate. Elle n'est plus compétitive par rapport à la concurrence : technologie dépassée, prix trop élevé. Il convient de réagir très rapidement, avant que notre capital d'image, qui est encore correct à l'heure actuelle, ne s'effrite complètement. »

Le Focus-Manager 9.4 présente les aspects marketing et commerciaux du diagnostic global du groupe Seb (Moulinex, Calor, Krups, Rowenta, Tefal, etc.) en 2007. Le rapport d'activité commence par énoncer le jugement global sur la situation (« *2007 : une très bonne année* »), puis décline les différents éléments marketing qui justifient cet énoncé.

FOCUS-MANAGER

9.4. Diagnostic Seb 2007

1. Évaluation globale

« 2007 : Une très bonne année »

2. Raisons du jugement

- De très belles performances dans un contexte modérément favorable : conjoncture globalement favorable (hors Royaume-Uni et États-Unis), des marchés bien orientés (volumes, prix, mix-produits), mais un euro fort face à de nombreuses devises et une inflation sur le prix des matières premières (aluminium, nickel, pétrole).
- Une forte croissance organique de 8,6 % (dont + 10 % en Allemagne, Canada et Corée du Sud, + 50 % en Russie).
- Des lignes de produits en fort développement : préparation des boissons (café) + 20 % ; préparation des aliments (four à pain) + 15 %.
- Des investissements marketing (+ 50 % depuis 2005) et publicitaires (+ 22 % par rapport à 2006) renforcés.
- Une acquisition stratégique : Supor, marque chinoise bien implantée sur un marché prometteur ; des sources de synergie avec l'acquisition de nouvelles technologies (autocuiseurs).

Source : Seb, rapport annuel 2007.

3.3. Adoption du plan

Une fois le diagnostic marketing validé, différentes options sont recensées : stratégies concurrentielles, modalité de croissance, segmentation des marchés, positionnements et cibles envisageables. Les plus intéressantes d'entre elles sont analysées en termes de risques et d'avantages pour l'entreprise. Les éléments de décision s'appuient sur l'évaluation de la cohérence avec la ligne stratégique globale de l'entreprise (mission, métier), les moyens nécessaires (hommes et finances), la cohérence marketing (capital de marque, réputation, positionnement passé, pression concurrentielle).

Lorsque la stratégie marketing, le positionnement et les cibles ont été validés par le directeur marketing, les différents plans d'action marketing sont construits sous la responsabilité des chefs de produits ou chefs de marque. Après l'adoption formelle du plan, celui-ci est diffusé en interne dans les différents services et filiales concernées.

3.4. Mise en œuvre du plan

Le déroulement du plan est régulièrement contrôlé par « *reporting* » : des données chiffrées sont collectées et synthétisées dans un tableau de bord. L'analyse de ces différents indices permet de vérifier la bonne marche du plan.

Le cas échéant, des actions correctrices peuvent être engagées : opérations de promotion des ventes, actions publicitaires, concours pour motiver la force de vente, amélioration du référencement dans les points de vente, mise en place d'un programme de fidélisation des clients, etc. Si nécessaire, le plan peut être ajusté en cours d'année pour prendre en compte des éléments imprévus : action spéciale de la concurrence, modification de l'environnement économique, grèves, etc. Plusieurs tableaux de bords sont utilisés.

3.4.1. Tableau de bord marketing

Les indices les plus courants sont :

- parts de marché (valeur et volume) de l'entreprise et des concurrents ;
- variation des chiffres d'affaires (valeur et volume) de l'entreprise et des concurrents ;
- contribution au profit (marge brute) ;
- image de marque globale et satisfaction de la clientèle ;
- évaluation de la marque et des produits sur les critères de choix des segments de l'entreprise et des concurrents ;
- fidélité des clients (selon les segments et les catégories de produits).

D'autres indices existent, mais ils sont spécifiques à chaque variable du marketing mix. Nous les présenterons dans les chapitres de la quatrième partie consacrée à la gestion des variables du marketing mix.

La Figure 9.18 ci-après présente les variables clés du tableau de bord utilisées par le marketing de Renault dans les années 1990. Son caractère synthétique permet aux managers de suivre d'un seul coup d'œil l'évolution de la situation, tant sur les marchés nationaux qu'à l'exportation. Il facilite le suivi des actions et des résultats des concurrents. Sa lecture se fait de la manière suivante.

Concernant les *marchés nationaux*, les rangs indiqués traduisent la position de chaque entreprise sur son propre marché national. Ainsi, Renault est leader sur le marché français, Peugeot le n° 2, Fiat est leader en Italie, etc. Si Renault est n° 1 en France, on constate qu'il est mal classé sur les critères « Équipement » et « Style » ; mais cette mauvaise performance doit être modulée par le fait que c'est la même chose pour tous les concurrents : les consommateurs tendent à être plus exigeants avec les marques nationales qu'avec les marques étrangères.

Quant aux *marchés export*, le classement est donné par ordre décroissant, selon la position des marques sur l'ensemble du marché européen (hors le pays d'origine). On notera, à cette époque, la faiblesse de Renault sur le critère « Style » (quatrième rang) et en termes de budget publicitaire.

Rang sur le critère	Marchés nationaux							Marchés export						
	RLT	PGT	CIT	FIAT	FORD	GM	VAG	1	2	3	4	5	6	7
Part de marché	1	2	3	1	1	2	1	VAG	FORD	GM	RLT	FIAT	PGT	CIT
Image de marque	2	1	4	2	1	2	1	VAG	GM	PGT	FORD	RLT	CIT	FIAT
PRODUIT														
Équipement	4	7	6	7	3	6	7	FORD	RLT	FIAT	CIT	GM	PGT	VAG
Style	6	3	4	7	7	5	6	FORD	PGT	VAG	RLT	GM	FIAT	CIAT
PUBLICITÉ														
Part de voix	1	3	5	1	1	2	1	VAG	FIAT	GM	RLT	PGT	FORD	CIT
Coût/véhicule	6	7	5	7	7	6	7	CIT	FIAT	PGT	VAG	RLT	GM	FORD
RÉSEAU (Distribution)														
Densité	1	2	3	1	1	2	1	RLT	FORD	VAG	PGT	FIAT	CIT	GM
Coût/véhicule	3	4	7	4	1	2	1	GM	VAG	FORD	PGT	FIAT	RLT	CIT
PRIX														
Positionnement Relatif	Bas → Élevé : CIT, GM, VAG, RLT, FIAT, FORD, PGT							Bas → Élevé : FIAT, FORD, GM, RLT, CIT, VAG, PGT						

Source : Gilardi, J.-C., « Quelques outils du marketing Renault », *Décisions Marketing*, 0, 1993, pp. 19-32.

Figure 9.18 : Tableau de bord marketing de Renault

3.4.2. Tableau de bord financier

Le chef de produit suit régulièrement l'évolution de la rentabilité de ses produits ou marques, mois par mois, ou trimestre par trimestre (voir Figure 9.19). La comptabilité analytique fournit les chiffres d'affaires pour chaque produit, au fur et à mesure du déroulement du plan. L'analyse des écarts reste délicate, car elle doit séparer les écarts dus à une suractivité ou sous-activité, de ceux dus à un dépassement budgétaire proprement dit : par exemple, un budget de publicité et des remises plus importantes que prévu, des études de marché supplémentaires, etc.

Comptes	Janvier → Décembre					
	Prévu	Réalisé	Écarts	Prévu	Réalisé	Écarts
1. Chiffre d'affaires brut Cumul						
2. Remise (hors factures) Cumul						
3. Chiffres d'affaires net = (1 – 2) Cumul						
4. Études techniques Cumul 5. Coût de fabrication Matières Cumul Main d'oeuvre Cumul						
6. Marge brute = (3 – 4 – 5) Cumul						
7. Coûts marketing Force de vente Cumul Publicité Cumul Promotion Études de marché Cumul						
8. Autres coûts Cumul						
9. Contribution = (6 – 7 – 8) Cumul						

Source : Adapté de Helfer, J.-P., Orsoni, J., *Marketing*, Vuibert, 1995, p. 457.

Figure 9.19 : Tableau de bord financier du chef de produit

3.5. Audit marketing

Il s'agit d'une évaluation critique des choix stratégiques effectués par le marketing et d'une analyse des plans d'action. L'analyse se concentre dans un premier temps sur la détection des écarts entre prévisions et réalisation ; puis les causes sont identifiées. D'une manière générale, chaque préparation de nouveau plan marketing présuppose un audit interne, plus ou moins formalisé, des résultats marketing du plan précédent.

Ces contrôles peuvent être réalisés lors d'un audit externe de la fonction marketing : un consultant extérieur à l'entreprise décortique les choix stratégiques opérés par le marketing, les plans d'action pour repérer les causes d'un succès ou d'un échec. Il établit alors le diagnostic et formule des recommandations marketing qui serviront de trame pour l'établissement d'un nouveau plan. Le Focus-Manager 9.5 propose ainsi une analyse des facteurs de succès de la Mini.

FOCUS-MANAGER

9.5. Pourquoi la Mini est-elle devenue une voiture culte ?

1. Contexte

La première Mini a été créée en 1959 par Sir Alec Issigonis. Dès sa sortie, la Mini connaît un grand succès. Elle se différencie par sa modernité technique et son design. Elle sera vendue à plus de 5,3 millions d'exemplaires. En 1995, la marque est rachetée par BMW au groupe Rover. En 2001, BMW lance la nouvelle Mini, vendue à ce jour à plus de 800 000 exemplaires dans soixante-dix pays. En 2007, 220 000 ventes ont été enregistrées, soit deux fois l'objectif annuel. La France est le cinquième marché ; le premier est la Grande-Bretagne, suivie par les États-Unis, l'Allemagne et l'Italie. Comment BMW a-t-elle fait pour ressusciter cette légende avec succès, alors qu'au même moment Volkswagen a échoué en relançant un autre mythe, celui de la Coccinelle ?

2. Positionnement : chic et sportif

Il est résolument haut de gamme, alors que l'ancien modèle était plutôt populaire ; la nouvelle Mini est une réplique chic et sportive de la petite Anglaise mythique. Le design a été particulièrement travaillé pour appuyer ce choix.

3. Cible : jeune, branchée et féminine

La Mini vise les branchés du monde entier, les stars de la mode, de la télé ou du show-biz. Sa tribu est celle des Madonna, Nicolas Anelka, Guillaume Durand et autres Cécilia ex-Sarkozy. De manière plus large, elle s'adresse à tous les urbains aisés qui veulent se faire plaisir. Dans 60 % des cas, l'acheteur est une femme. L'âge moyen est de seulement 42 ans (contre 48 ans chez BMW) et la proportion des utilisateurs de moins de 20 ans exceptionnellement élevée, la Mini étant souvent un cadeau des parents aux jeunes des beaux quartiers.

4. Marketing mix : original, mais cohérent

– *Produit : « design, couture, voiture sûre »*. La gamme offre une variété de versions, déclinées autour d'un même thème : l'esprit couture et prêt-à-porter. Kay Segler, le patron de la marque, commente : « *Nous nous sommes inspirés de l'univers du luxe, Gucci ou les jeans Diesel. Et nous avons créé un nouveau segment de marché : celui de la petite voiture à plus de 20 000 euros.* » Le design est incontestablement le premier point fort de la voiture.

« Nos études montrent que 80 % des acheteurs de la Mini sont d'abord séduits par son look », se félicite Gert Hildebrand, le chef designer de la marque. *« Nous avons commencé par nous demander pourquoi le concept d'origine plaisait, puis l'avons modernisé en essayant de lui rester fidèle. »* Ses designers ont analysé les proportions de la première Mini, étudié son comportement routier (une maniabilité qui donnait au conducteur la sensation d'être au volant d'un kart) et, bien sûr, examiné ses formes, phares ronds, calandre hexagonale, toit long, feux arrière verticaux... Le défi était de combiner tous ces traits de caractère en améliorant le confort, la qualité et la finition. À ce look irrésistible, les ingénieurs de Munich ont ajouté un second atout, qui s'est révélé décisif : ils ont fait de la Mini une voiture personnalisable. Outre-Manche, les « quinquas » se souviennent que certaines Mini des années 1970 étaient bicolores, que d'autres avaient un drapeau anglais peint sur le toit ou des boiseries sur les côtés. *« Nous nous sommes aperçus que cette variété était l'une des clés du concept d'origine et l'une des raisons de son succès. »* D'où une infinité de versions : 375 combinaisons différentes pour le design extérieur et autant à l'intérieur de l'habitacle, sans compter les options et les accessoires, sont proposées. Si bien que l'usine n'assemble jamais deux fois la même Mini dans l'année. Le client choisit sa configuration chez le concessionnaire, qui commande à Oxford une version presque sur mesure.

– *Prix : « délibérément élevé »*. Le prix moyen avec les options est de 22 000 euros, soit autant qu'une Golf. La personnalisation de la voiture se paie au prix fort et la demande est telle que les concessionnaires n'accordent jamais de rabais. Les jantes larges en alliage léger, par exemple, sont facturées 1 950 euros. La climatisation automatique coûte 1 782 euros. Le toit peint aux couleurs de l'Union Jack vaut 164 euros. Le pommeau du sélecteur de la boîte automatique en cuir avec bandeau en ronce de noyer affiche 110 euros...

– *Communication : « centrée sur la marque, plutôt que sur le produit »*. Pour attirer l'attention de cette clientèle chic, il fallait une communication décalée et raffinée. La communication privilégie Internet, le « street marketing » et le placement dans les films. Les actions s'apparentent à des opérations « commandos », extravagantes et pas très chères, visant à frapper les esprits et à faire parler de la voiture. À Francfort, par exemple, lors d'un salon automobile, des autocollants ont été posés sur les passages piétons pour former les lettres MINI. À New York, une Mini a été installée sur le toit d'un gros 4 x 4, qui s'est baladé dans tout le centre-ville. En France, Mini participe à Apple Expo. Le constructeur a aussi créé le Mini Palais, le restaurant du Grand Palais, près des Champs-Élysées.

– *Distribution : « l'engagement des concessionnaires BMW »*. L'adossement au groupe BMW renforce la crédibilité et la confiance dans la marque, tout en donnant une touche de sportivité au produit. La qualité du service après-vente de BMW rassure le client.

Source : adapté de Chabert, P., février 2008, www.capital.fr.

SYNTHÈSE DU CHAPITRE

Le plan marketing est un document écrit et secret qui expose les choix marketing opérés par l'entreprise : objectif, stratégie marketing, cible, marketing mix et budget. Le plan n'a pas le même statut dans toutes les entreprises. Selon leur degré de maturité marketing, le plan offre une simple orientation ou, au contraire, s'impose comme un impératif. Avec un marketing de l'offre, le manager sélectionne dans le portefeuille d'offres (produits ou services) de l'entreprise, celle qui est la plus en adéquation avec les attentes de la cible visée. Dans une perspective de marketing de la demande, le plan indique à la recherche et développement a nature du « problème consommateur » à résoudre. Le marketing « médiateur » confronte le portefeuille des technologies disponibles au sein de l'entreprise à l'éventail des besoins exprimés par le marché et donne la priorité au design, à la surprise.

La construction du plan se déroule en trois temps. La première phase est l'analyse des forces et faiblesses de l'entreprise : position des produits face à la concurrence, vérification de l'adéquation du produit avec les attentes des segments, évaluation critique de la concordance du mix actuel face aux exigences du marché. L'établissement du diagnostic constitue la deuxième phase du plan. La troisième étape consiste en la rédaction du plan. Le chef de produit supervise la mise en œuvre du plan et s'assure de son bon déroulement. Le contrôle du déroulement du plan se fait sur la base d'indices, généralement regroupés dans le tableau de bord marketing de l'entreprise.

BIBLIOGRAPHIE

(1) Burk Wood, M., Le Nagard-Assayag, E., *Marketing Planning : stratégie, mise en œuvre et contrôle*, Pearson Education, 2005.

(2) Van Laethem, N. Body, L., *Le Plan marketing*, Dunod, 2008.

(3) Zeyl, A., Zeyl, A., *La pPlanification marketing et commerciale*, Ellipses Marketing, 2007.

TEST DE CONNAISSANCES

Choisir une seule réponse par question :

Q1 – Le mix optimal est la combinaison de variables permettant d'obtenir :

(1) la plus forte rentabilité ;
(2) la plus forte part de marché ;
(3) la meilleure image pour le produit ;
(4) l'accroissement maximal du chiffre d'affaires.

Q2 – Le diagnostic marketing est :

(1) un résumé des forces et des faiblesses marketing de l'entreprise ;
(2) une évaluation des choix de stratégie marketing ;
(3) un constat lucide sur la position marketing actuelle ;
(4) une évaluation globale des menaces et des opportunités de l'entreprise.

Q3 – Le plan marketing global est généralement rédigé par :

(1) le chef de produit ;
(2) le directeur commercial ;
(3) le directeur marketing ;
(4) le président-directeur général.

Q4 – La contre-segmentation est une stratégie marketing qui :

(1) segmente le marché avec un nouveau critère ;
(2) considère qu'il n'est pas nécessaire de segmenter le marché ;
(3) considère qu'il faut aller à l'encontre des attentes des consommateurs ;
(4) considère qu'il faut segmenter à l'inverse des concurrents.

Q5 – La planification marketing se résume à :

(1) étudier le marché (offre et demande), puis prévoir les ventes ;
(2) élaborer une stratégie et un marketing mix ;
(3) calculer de manière prévisionnelle les ressources et les dépenses marketing ;
(4) élaborer une stratégie, un marketing mix et un budget.

Q6 – Le taux d'essai d'une marque est égal à :

(1) nombre d'acheteurs essayant la marque/nombre de marques du marché ;
(2) chiffre d'affaires d'une marque avec les nouveaux acheteurs/chiffre d'affaires total du marché ;
(3) nombre de fois où la marque est achetée/nombre total d'achats de la période ;
(4) nombre d'acheteurs de la marque pour la première fois/nombre de consommateurs connaissant la marque.

Q7 – La présentation du plan à la force de vente se fait généralement :

(1) par e-mail, en pièce jointe ;
(2) dans une brochure distribuée par le courrier intérieur ;
(3) lors d'un séminaire ou d'une journée spéciale ;
(4) dans une note de service.

Q8 – Dans un marketing de l'offre, le plan marketing consiste à :

(1) sélectionner l'offre la plus en adéquation avec les attentes de la cible visée ;
(2) orienter l'entreprise pour réaliser une offre adéquate aux attentes de la cible visée ;
(3) réduire les coûts pour favoriser l'écoulement de l'offre ;
(4) maximiser la pression publicitaire pour faire connaître et apprécier l'offre.

Q9 – Le plan opérationnel s'inscrit dans :

(1) le mix-produit ; (2) le diagnostic ; (3) le plan B ; (4) le plan stratégique.

Q10 – La rédaction du plan marketing est généralement confiée au :

(1) stagiaire ; (2) directeur marketing ; (3) directeur commercial ; (4) président directeur général.

Réponses du test :

Q1 = 1 ; Q2 = 3 ; Q3 = 3 ; Q4 = 2 ; Q5 = 4 ; Q6 = 4 ; Q7 = 3 ; Q8 = 1 ; Q9 = 4 ; Q10 = 2.

Partie 4

Management du marketing mix

Chapitre 10

Management des produits

Le management d'un produit est analogue à un combat pour la vie : le passage des différentes étapes comporte de nouveaux risques qu'il faut savoir gérer, sous peine d'élimination prématurée. En effet, selon l'institut Nielsen, cent nouveaux produits apparaissent en moyenne par jour, soit 37 000 par an, et la plupart de ces lancements se traduisent par un échec. Ce chapitre présente les principales techniques utilisées par les entreprises pour limiter ces risques.

La vie d'un produit se décompose en trois grandes séquences : création, mise sur le marché, enfin lutte contre les concurrents. Elle présente une forte analogie avec la biologie. La première étape est similaire à la phase de gestation : le « produit » prend progressivement forme — nous verrons cela dans les trois premières parties du chapitre. La deuxième étape est la mise au monde du produit et sera traitée dans la quatrième partie. La dernière étape déroule le cycle de la vie du produit (croissance, maturité, vieillesse et mort) : nous l'aborderons dans la cinquième et dernière partie.

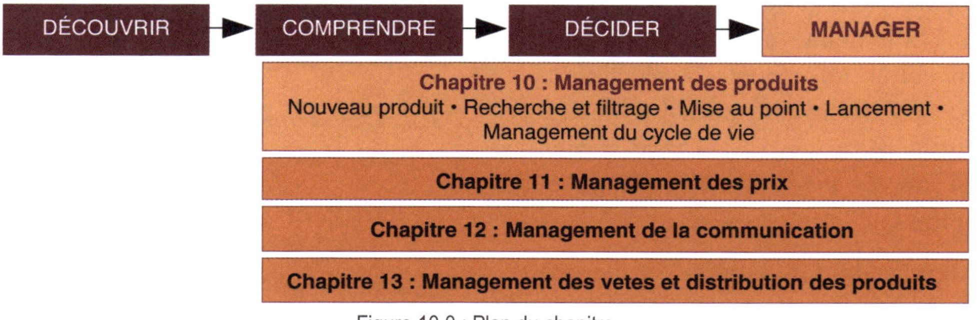

Figure 10.0 : Plan du chapitre

CONSEILS DE LECTURE : *La lecture de ce chapitre est aisée. Mémorisez bien l'enchaînement des différentes séquences du lancement d'un nouveau produit ; ne perdez pas de vue que sa réussite nécessite un dialogue constant entre les fonctions R & D et le marketing, et qu'innovation et risque sont indissociables.*

MOTS CLÉS : *Brainstorming, cahier des charges, courbe de diffusion, cycle de vie, filtrage, gamme (largeur et profondeur), innovation, marché test simulé, marché témoin, test de concept, test hédonique, test sensoriel.*

I. LE NOUVEAU PRODUIT

1.1. Typologie du nouveau produit

Qu'est-ce qu'un nouveau produit ? La notion de « nouveauté » est relative : peut-on dire que le nouveau système d'ouverture d'un paquet de café lui confère le statut de produit nouveau ? Trois approches sont envisageables pour répondre à ces questions.

1.1.1. Première approche : marché versus technologie

On peut définir le nouveau produit à partir de la typologie proposée dans la Figure 10.1. Celle-ci distingue les nouveautés à dominante technique de celles à dominante marketing.

Les premières résultent d'une découverte technique « spontanée » faite dans un laboratoire de recherche scientifique ou dans un département de l'entreprise. Le marketing sélectionne alors une ou plusieurs applications susceptibles de répondre à des attentes du marché, puis il se charge de faire la pédagogie de la demande ; dans un tel cas, le marketing suit l'optique de l'offre.

Les secondes sont guidées par des insatisfactions de clients (actuels ou potentiels) mises à jour par les études marketing. Le marché « guide » l'innovation : dans l'esprit d'un marketing de la demande, les services de R & D de l'entreprise doivent résoudre le « problème consommateur » en trouvant une innovation adéquate.

Origine de l'innovation	Types et exemples d'innovation
Technologie (« *technology push* »)	Nouveau composant de base Exemple : péniciline, nylon, téflon, velcro, lycra
	Conception d'un nouveau sous-système Exemple : micro-processeur, transistor, carte mémoire
	Création d'un système complexe Exemple : navette spatiale, TGV, Internet
Marché (« *market driven* »)	Reconditionnement, emballage amélioré Exemple : lessive, dentifrice
	Rajeunissement, nouvelle ligne Exemple : voiture, biscuit
	Canal de distribution Exemple : vente à distance (téléphone, Internet)

Figure 10.1 : Typologie des nouveaux produits (marché vs technologie)

1.1.2. Deuxième approche : perspective stratégique

Une autre façon de présenter les innovations consiste à adopter une perspective stratégique. Trois catégories de produits nouveaux sont envisageables : les deux premières correspondent à des innovations mineures, la troisième suppose une innovation majeure[1].

1. Choffray, J.-M., Dorey, F., *Développement et gestion des produits nouveaux*, McGraw-Hill, 1983.

— *Les produits repositionnés*

Les composants intrinsèques du produit ne sont pas modifiés. Seul l'aspect extérieur ou l'emballage est changé. En revanche, la communication marketing met l'accent sur des qualités spécifiques du produit qui, auparavant, étaient laissées dans l'ombre. On cherche à modifier les perceptions du consommateur.

> Le savon Le Chat a été repositionné comme un savon écologique et hypoallergénique, mais la formule du produit n'a pas changé. Pour sa part, Pernod Ricard a d'abord lancé Brut de Pomme comme une boisson sans alcool destinée aux hommes virils, puis l'a repositionné comme un substitut aux apéritifs alcoolisés en ciblant les femmes, et enfin, comme un soda destiné aux enfants.

— *Les produits améliorés*

Les caractéristiques techniques du produit sont reformulées, les performances accrues, mais les dimensions de base sur lesquelles les acheteurs l'évaluent ne changent pas. Le nouveau produit correspond à une stratégie d'allongement d'une gamme existante (couverture du marché) ou au remplacement d'un produit, ce dernier étant alors retiré du marché, car devenu techniquement obsolète.

> Un nouveau micro-ordinateur dont les performances sont améliorées, une voiture plus confortable et plus sûre, une ampoule électrique plus économique correspondent à ce type d'innovation.

— *Les produits originaux*

Ils correspondent à une innovation de rupture. Les caractéristiques perceptuelles et physiques de ces produits sont clairement nouvelles : ils ne rentrent pas naturellement dans une catégorie de produits existante.

> Concrètement, le nouveau produit apporte avec lui une nouvelle manière de vivre ou accroît notablement la productivité ou le plaisir des sens. Par exemple, les télécopieurs, les Cd-roms, les assistants numériques personnels (PDA), le courrier électronique, les baladeurs numériques ou encore les téléphones mobiles entrent dans cette dernière catégorie.

1.1.3. Troisième approche : changement dans les habitudes de consommation

Une dernière approche qualifie l'innovation en se fondant sur le degré de changement introduit par le nouveau produit dans les habitudes de consommation (stabilité vs nouveauté) et la nature de la technologie mobilisée (nouvelle vs traditionnelle). La Figure 10.2 propose quatre types d'innovation. L'innovation de rupture, encore appelée radicale, bouleverse les habitudes de consommation par l'introduction d'une nouvelle technologie (par exemple, Internet).

Habitude de consommation \ Technologie	Nouvelle	Traditionnelle
Nouvelle	Innovation de rupture	Innovation comportementale
Stable	Innovation technologique	Innovation incrémentale

Source : Le Nagard-Assayag, E., Manceau, D., *Marketing des nouveaux produits*, Dunod, 2005

Figure 10.2 : Typologie des nouveaux produits (consommation vs technologie)

À l'autre extrémité, l'innovation incrémentale propose une amélioration mineure des produits existants (le shampooing doseur, les couches-culottes garçon vs fille, etc.). L'innovation technologique procure de nouveaux bénéfices au consommateur, sans changer l'usage du produit (l'assistance électronique au freinage, le lecteur DVD, etc.) ; l'innovation comportementale est souvent pratiquée dans les services : la vidange automobile sans rendez-vous, le coiffeur à domicile, etc.

1.2. Processus de développement

Le management du développement d'un nouveau produit présente quatre caractéristiques.

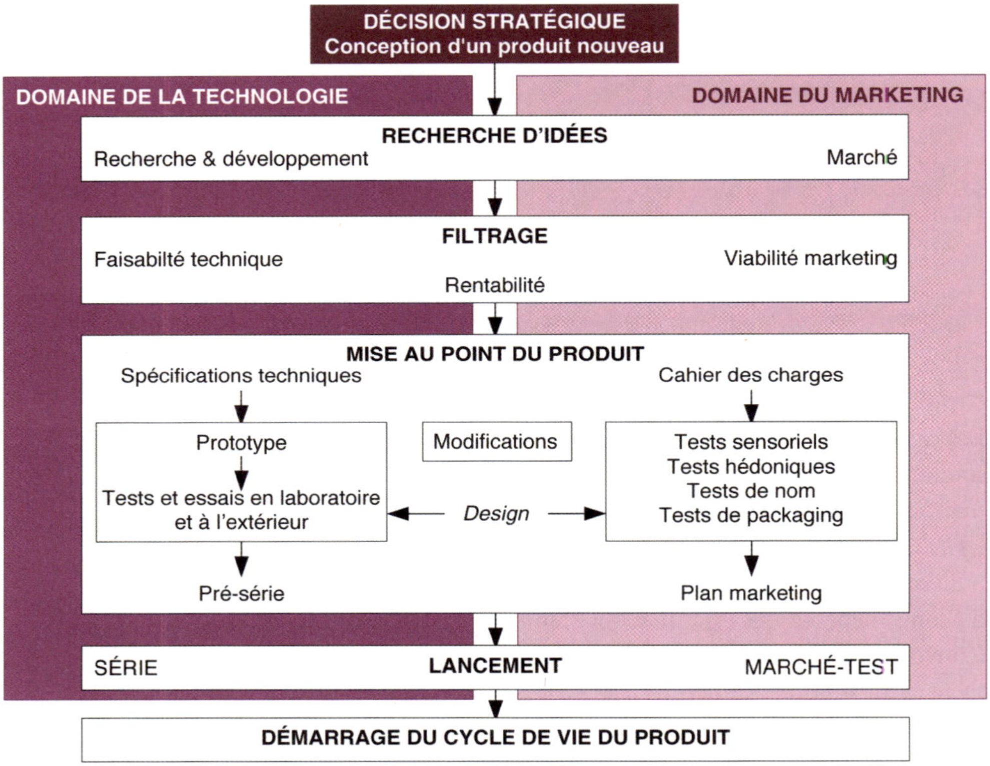

Figure 10.3 : Les étapes du développement d'un nouveau produit

1.2.1. Un processus risqué

Pour réduire les risques, le manager procède par phases successives éliminatoires, selon une procédure de type STOP/GO (voir Figure 10.3) : beaucoup d'idées nouvelles sont nécessaires pour obtenir un succès. D'après le cabinet de management américain Booz Allen Hamilton, il faut en moyenne sept idées pour qu'une seule puisse être commercialisée. De surcroît, seul un lancement sur deux débouche sur un succès. Après s'être amélioré au début des années 1980, ce taux s'est nettement infléchi au début des années 2000. Cependant, comme le montre le Focus-Manager 10.1, d'importantes variations existent selon les secteurs d'activité.

FOCUS-MANAGER

10.1. Les chances de succès d'un nouveau produit[2]

En dépit de l'amélioration des outils d'étude marketing, force est de constater que le taux de réussite du lancement des nouveaux produit ne s'est pas amélioré ces dernières années. Les chiffres fournis par différents cabinets de consultants spécialisés convergent sur ce point, mais diffèrent dans leur ampleur. Le cabinet Booz Allen Hamilton donnait un taux de réussite de 33 % en 1968, de 50 % en 1980 et d'environ 40 % en 2000. Une étude du cabinet Deloitte & Touche, conduite en 1998, donnait des résultats plus alarmants : 90 % d'échecs en Europe et 95 % aux États-Unis.

En France, Novaction constate que 75 % des nouveaux produits disparaissent des linéaires des grandes surfaces deux ans après leur lancement ; 22 % sont retirés l'année suivant leur lancement. De son côté, MarketingScan observe en 2005 qu'en France et en Allemagne, 48 % des lancements de nouveaux produits n'atteignent pas les objectifs de vente et 44 % l'objectif de rentabilité. Ces taux varient selon le secteur d'activité. Dans le secteur industriel, le taux d'échec serait de l'ordre de 20 à 25 %, 30 % dans les services, 70 à 95 % dans le domaine des nouvelles technologies, et entre 35 et 95 % dans le domaine de la grande consommation.

1.2.2. Un processus long

Par exemple, il faut compter un à deux ans pour lancer un parfum et dans l'automobile, il faut prévoir de trois à cinq ans pour couvrir toutes les étapes. Cependant, dans tous les domaines, la tendance est au raccourcissement de ces délais : la CAO (Conception Assistée par Ordinateur) utilisée pour la production de biens durables, la différenciation retardée, généralisée dans le textile (par exemple, la teinture des fibres se fait au dernier moment) permettent des gains de temps appréciables et une meilleure réactivité face au marché.

La durée de développement d'un nouveau produit varie selon les pays et la taille de l'entreprise. Selon le BCG, en 1994, pour les entreprises ayant un chiffre d'affaires supérieur à 100 millions d'euros, le temps moyen est de dix-neuf mois au Japon, vingt-trois mois au États-Unis et vingt-quatre mois en Europe. Pour les PME, les délais sont plus courts : quatorze mois au Japon et seize mois aux États-Unis et en Europe.

1.2.3. Un processus indispensable à la survie de l'entreprise

Même si les taux de réussite des nouveaux produits sont faibles, force est de constater qu'une entreprise qui ne lance pas de nouveaux produits est condamnée à disparaî-

2. La plupart des chiffres sont tirés de l'ouvrage de Le Nagard-Assayag, E., Manceau D., *Marketing des nouveaux produits,* Dunod, 2005, p. 8. Le lecteur y trouvera un grand nombre de références sur cette question.

tre. Environ 35 à 80 % du chiffre d'affaires des entreprises est réalisé par des produits âgés de moins de dix ans. Ces taux varient selon le secteur d'activité : par exemple, dans l'électronique, 90 % des produits ont moins de cinq ans et, dans la pharmacie, le ratio oscille entre 50 et 80 %. Une étude du BCG révèle que les entreprises leaders dans leur secteur tiraient au début des années 2000 près de 50 % de leur chiffre d'affaires de produits ayant moins de cinq ans, alors que pour les moins performantes, le ratio n'est que de 10 % ; une autre recherche menée par le Marketing Science Institute estime que 25 % du chiffre d'affaires d'une entreprise provient de produits lancés trois ans auparavant.

1.2.4. Un processus coûteux

Aux États-Unis, dans les années 1990, le budget moyen d'investissement, pour l'ensemble du processus, variait entre 6 et 70 millions de dollars pour un produit de grande consommation, et entre 2 et 13 millions de dollars pour un produit industriel. Au début des années 2000, les consultants de Deloitte & Touche donnaient une fourchette moyenne de 20 à 50 millions de dollars selon les secteurs.

En Europe, pour le lancement d'un nouveau modèle automobile, les investissements cumulés atteignent 1 à 2 milliards d'euros. Pour un parfum, lancé à l'échelle mondiale, il faut compter environ 2 millions d'euros en études, matériel et outillage, et près de 10 millions d'euros en frais de communication et de distribution (publicité, relations presse, mise en place, etc.).

En résumé, le dilemme des nouveaux produits est très bien résumé par les humoristes, lorsqu'ils montrent le P-DG d'une entreprise, dans une médiation digne d'Hamlet : « *J'hésite entre innover et me tromper, ou ne pas innover et disparaître…* » Et pourtant, l'innovation procure un avantage à l'entreprise pionnière : dans la grande consommation, l'entreprise qui est à l'origine de l'innovation détient en moyenne une part de marché de 29 %, contre 17 % pour les suiveurs précoces et 12 % pour les suiveurs tardifs[3].

1.3. Principaux facteurs d'échec

Les causes de défaillance d'un nouveau produit s'ordonnent en quatre grandes catégories : un rejet de la part des consommateurs, une forte réaction des concurrents, un environnement problématique ou un marketing mix inadéquat (voir Figure 10.4).

Les erreurs les plus fréquemment commises par les entreprises lors du lancement d'un nouveau produit sont, par ordre décroissant les suivantes[4] :

3. Cet avantage pour l'innovateur est en réalité plus contrasté ; pour approfondir, voir Bloch, A., Manceau, D., *De l'idée au marché*, Vuibert, 2000, chapitre 1.
4. Calantone, R., Cooper, R. « A typology of Industrial New Product failures », *American Marketing Association Proceedings*, 1977, cité par Choffray, J.-M., Dorey, F., 1983.

- un piège à rat sophistiqué dont personne ne veut (28 % des échecs) : le marché n'existe pas, personne n'a besoin d'un tel produit ;
- un produit qui n'apporte pas d'avantages par rapport aux produits présents : (24 % des échecs) : la demande existe, mais le consommateur ne discerne pas clairement le supplément de valeur offert, en comparant avec les concurrents ;
- un produit défaillant (15 % des échecs) : le cahier des charges n'a pas été respecté, l'absence d'un contrôle de qualité a conduit à la mise en marché de produits déficients ;
- une guerre des prix (13 % des échecs), une imitation rapide par la concurrence (13 % des échecs), un environnement défavorable (7 % des échecs).

Facteurs d'échecs	Exemples de situation
Consommateur	• Absence de demande • Inadéquation aux bénéfices (ou critères de choix) exigés • Insuffisance de valeur créée (qualité globale trop faible) • Avantage concurrentiel trop faible • Potentiel de vente trop faible, segment trop étroit
Concurrence	• Imitation rapide (« *mee-too product* ») • Déclenchement d'une guerre des prix • Contre-offensive publicitaire
Environnement externe ou interne	• Difficultés dans l'organisation interne • Hausse du prix des matières premières • Conflits sociaux ou législatifs • Inadéquation au métier ou aux ressources de l'entreprise
Marketing mix	• Défaillance technologique du produit • Prix trop élevé • Insuffisance de référencement, problème de livraison • Canal de distribution inadéquat • Campagne publicitaire insuffisante ou inefficace • Profit global insuffisant

Figure 10.4 : Facteurs d'échec d'un nouveau produit

1.4. Principaux facteurs de succès

De manière symétrique, d'autres recherches visent à isoler les facteurs clés du succès d'un nouveau produit[5]. Elles montrent, de manière rassurante, que hormis le facteur marché (potentiel de vente et réactivité des concurrents), les autres déterminants sont sous le contrôle de l'entreprise :

- caractéristiques intrinsèques du nouveau produit : sophistication technologique, adéquation aux attentes du marché, créa-

5. Voir par exemple, Henard, D., Szymanski, D., « Why some new products are more successful than others », *Journal of Marketing Research*, 38, 2001, pp. 362-375.

tion d'un supplément de valeur par rapport aux produits concurrents ;

- choix stratégiques et organisationnels : organisation interne de l'entreprise (équipe dédiée, budget), mode de management, ordre d'entrée sur le marché, existence de synergies marketing et technologiques, orientation marché ;
- compétences distinctives : savoir-faire en marketing, recherche et développement, rapidité du développement, compétences managériales ; système d'information centré sur le marché et les clients.

1.5. Organiser l'innovation dans l'entreprise

Selon l'institut français Novaction, au sein des entreprises, la responsabilité de l'innovation repose en grande majorité sur les épaules d'un seul individu (61 % à 71 %, selon le type d'innovation), ou sur un groupe *ad hoc* (21 % à 29 %), ou sur une unité complète de R & D (12 % à 18 %). La plupart des auteurs recommandent la solution d'une équipe multidisciplinaire chargée de gérer le projet de A à Z. Cela facilite la coopération entre les services et accroît la solidarité entre les diverses composantes de l'entreprise. Cette équipe peut perdurer au-delà du lancement pour gérer la vie du produit.

> Chez IBM, un groupe permanent appelé « Advanced research group » formule régulièrement des propositions de nouveaux produits. Après avoir été validée par la direction générale, l'idée retenue est confiée à un manager de programmes. Celui-ci est chargé du développement du produit avec un groupe *ad hoc* de cadres qui se comporte comme une véritable entreprise au sein d'IBM.

Pour le cabinet Arthur D. Little, une gestion efficace de l'innovation comporte neuf points (voir Figure 10.5).

1. Définir clairement un objectif ambitieux.
2. Créer un comité d'évaluation ad hoc composé des membres de la direction générale les plus ouverts au changement.
3. Créer et former une équipe de projet, comportant un leader fort et généraliste.
4. Préparer un plan de travail précis (qui fait quoi et quand) précisant les dates des évaluations.
6. Surveiller constamment le suivi du programme et corriger les dérives éventuelles.
7. Établir un planning final rigoureux pour les dernières phases du projet.
8. Former l'équipe de réalisation : d'autres personnes viennent renforcer le groupe.
9. Fêter la réussite.

Source : Adapté de *L'Essentiel du Management*, juin 1995, pp. 110-113.

Figure 10.5 : Organisation et gestion de l'innovation dans l'entreprise

II. RECHERCHE ET FILTRAGE DES IDÉES DE NOUVEAUX PRODUITS

2.1. Recherche et sources d'idées

Qui est à l'origine des nouveaux produits ? Novaction estime que l'innovation provient, dans 50 % des cas, de l'entreprise (service de R & D, volonté des dirigeants) et, dans 50 % des autres, du marché (consommateurs, distributeurs). Dans chaque cas, des méthodes spécifiques favorisent l'apparition de nouvelles idées de produits (voir Figure 10.6).

Sources de l'idée		Méthodes ou systèmes utilisés
Marché	Consommateur	Études de marché et de tendances Méthodes de créativité Utilisateur leader Communautés virtuelles
	Distributeurs	Rapports de la force de vente Rencontres informelles (salons, foires, etc.)
Entreprise	Recherche & Développement	Comités de nouveaux produits Méthodes de créativité Centre de recherches internes, laboratoires
	Salariés	Boîte à idées, concours

Figure 10.6 : Sources et méthodes d'innovation

2.1.1. Idées en provenance du marché

— Études de marché et études de tendances

Les premières sont réalisées sur des échantillons de consommateurs ou auprès des distributeurs. L'analyse des insatisfactions des consommateurs est souvent à l'origine d'améliorations pour des produits existants : le rasoir jetable, la mayonnaise en tube, l'ouverture rapide des paquets de café, les couches-culottes pour garçons ou filles, constituent quelques exemples de nouveaux produits.

Les études de tendances sont des compilations d'études de type documentaire : elles observent les faits sociaux, artistiques et culturels en se fondant sur des archives, ou en décryptant les discours des médias, ou encore en se fondant sur des observations de type ethnographique. La fréquentation régulière des milieux sociaux branchés ou marginaux, la participation aux salons et congrès sont autant d'occasions d'observer, de déceler ces signaux faibles qui donneront naissance demain aux nouvelles modes. Les résultats de ces différentes anticipations sont consignés dans des cahiers de tendances qui donnent les couleurs, les goûts, les odeurs et les matières qui seront en vogue les années suivantes. Les designers trouvent ainsi des axes de réflexion utiles pour la conception de nouvelles formes de produits. Le chef de produit peut lui aussi trouver des idées de nouveaux produits en sondant régulièrement ces courants (voir Focus-Manager 10.2).

— Techniques de créativité

Elles stimulent l'apparition d'idées nouvelles et utilisent fréquemment la dynamique de groupe, les analogies, les jeux de rôles, les dessins, etc. La méthode la plus connue, le brainstorming, développée par Alex Osborn aux États-Unis dans les années 1950, réunit un groupe d'une dizaine de personnes. La Fiche technique 10.1 expose les grandes lignes de cette méthode.

FOCUS-MANAGER

10.2. COURANTS PORTEURS POUR NOUVEAUX PRODUITS

1. Plus équilibré, plus propre

Selon l'agence BIO, le marché des produits bio, après avoir longtemps végété, décolle : il croît d'environ 10 % par an et représentait environ 4 % du total du marché alimentaire en 2005 (soit 1,6 milliard d'euros). Le débat autour des OGM lui donne une tribune médiatique régulière. Le consommateur « cœur de cible » n'est pas un militant, mais plutôt un acheteur jeune et urbain. La motivation majeure d'achat est la recherche d'un équilibre général : plus de bien-être, résultat d'une meilleure santé et de plaisirs sensoriels plus intenses. Le prix, plus élevé de 5 à 40 % que celui des produits standard, constitue un frein important, mais la présence des produits bio dans la majorité des points de vente de la grande distribution est maintenant acquise. Les produits issus du commerce équitable constituent un second axe : l'alimentation (café, soja, chocolat), les vêtements (fibres textiles), les jouets, etc., représentent quelques exemples. Enfin, les nouvelles normes visant à réduire la consommation de carbone et le renchérissement des énergies fossiles offrent de nouvelles perspectives de développement aux énergies renouvelables : chauffe-eau solaire, moteur hybride, vélo électrique.

2. Plus vite

« Prêt-à-porter », « prêt à l'emploi », « prêt à déguster » : le client recherche du « clé en main ». En cuisine, le four à micro-ondes règne, les œufs durs sont déjà décoquillés, le riz et les frites prêts à cuire, les pizzas livrables en vingt minutes à votre domicile. Sur le marché de la photo numérique, le développement est instantané sur l'imprimante ou chez les spécialistes ; sur Internet, les photos sont livrables dans les 48 heures. Les clés sont reproduites dans la minute, le lave-linge devient sèche-linge, les clients abonnés ont un accès prioritaire aux comptoirs d'enregistrement des compagnies aériennes ou au cinéma, etc. La plupart des produits et des services pourraient faire le même voyage vers le « prêt-à-servir » que le café, passé du grain au soluble, ou que le lait, de la ferme à l'UHT.

3. Plus individuel

Les ventes de lecteurs MP3 ont explosé, la télévision se regarde en solitaire sur son téléphone ou son écran d'ordinateur. C'est l'heure des portions individuelles dans le chocolat ou les plats cuisinés, et des vacances solitaires lancées par le Club Méditerranée... Les ménages à une seule personne représentent près du quart de la population française. C'est l'un des groupes démographiques qui connaît la plus forte croissance.

4. Plus de loisirs et d'émotions

Un sondage réalisé en 1995 par IPSOS montrait que les cinq premiers produits que s'offrirait le consommateur, dès qu'il en aurait les moyens, ont tous trait aux loisirs ou à l'image. Un exemple, parmi d'autres, illustre une combinaison de ces deux tendances : les trains de nuit de la SNCF, délaissés par les consommateurs, prennent un nouveau départ au printemps 2008 : ils se transforment en boîte de nuit sur certaines destinations touristiques (Côte Basque et Côte d'Azur). La filiale iDTGV propose des allers-retours tous les week-ends en période creuse et tous les jours en saison : la voiture-bar se transforme en boîte de nuit, avec un DJ aux platines ; les deux voitures adjacentes sont reconverties en espace salon. Les prix sont revus à la baisse, avec d'importantes réductions si l'on voyage avec un groupe d'amis.

FICHE TECHNIQUE

10.1. LA MISE EN ŒUVRE D'UN BRAINSTORMING

1. Composition du groupe

Bien que des expériences aient fonctionné avec des groupes comportant ce 40 à 200 personnes, Alex Osborn recommande de se tenir à un chiffre compris entre sept et douze membres. Seules des personnes d'un même rang hiérarchique doivent être réunies. Il faut mélanger hommes et femmes.

2. Nature des sujets pouvant être traités

Le groupe n'est pas apte à la formulation d'un diagnostic. En conséquence, le problème à résoudre doit être clairement identifié et exposé au groupe avant la réunion, puis rappelé en début de réunion : par exemple, « trouver un nouvel emballage capable de résister aux chocs », « proposer un nouveau système d'échafaudage démontable », « comment rendre plus captivant un exposé oral », etc. Il est indispensable de sérier au préalable les problèmes et de ne traiter qu'un problème par réunion.

3. Préparation de la séance

L'animateur décompose, si nécessaire, le problème de départ en sous-parties. Par exemple, « comment introduire une nouvelle fibre synthétique », sera subdivisé en : « idées pour introduire une fibre nouvelle chez les tisseurs et dans les usines », « idées pour introduire une nouvelle fibre chez les créateurs de mode », « idées pour introduire une nouvelle fibre chez les détaillants ». Deux jours avant la séance, le meneur du groupe rédige une note d'une page maximum précisant aux participants les grandes lignes du problème à résoudre et comportant déjà une série d'idées.

4. Directives pour la conduite du groupe

Elles doivent être clairement exposées par le meneur de jeu en début de séance, de manière imagée. Les règles sont les suivantes :

- Le jugement critique est exclu durant la réunion : la critique des idées se fera à un autre moment.
- L'imagination débridée est la bienvenue : plus l'idée semble absurde, mieux cela vaut, car il sera toujours possible plus tard de la reprendre en la tirant vers le réalisable.
- La quantité est indispensable : plus le nombre d'idées augmente, plus les chances d'en trouver une bonne augmentent.
- Les combinaisons d'idées doivent être systématisées : les participants reprennent les idées émises par les autres en cherchant à les améliorer ou en regroupant deux idées distinctes. L'animateur veille à une stricte application de ces règles et encourage régulièrement la production d'idées. Il suscite une atmosphère de compétition (« *Qui énoncera le plus d'idées ?* »), mais dans une ambiance chaleureuse. Il n'hésite pas à relancer le groupe en suggérant des pistes à explorer, en livrant ses propres idées. L'assistant note toutes les idées du groupe et participe lui aussi à la production générale.

5. Suivi

Après la réunion, les idées notées sont reprises par l'animateur et les responsables du problème posé. Un premier tri rapide élimine la plupart des idées manifestement irréalisables, d'autres sont classées comme pistes éventuelles de réflexion, d'autres sont mises en chantier pour être approfondies et donneront peut-être lieu à une formulation plus élaborée susceptible de déboucher sur une expérimentation.

Source : Giannelloni, J.-L., Vernette, E., *Études de marché*, Vuibert, 2001, 2e éd.

— *Les utilisateurs leaders (lead-users)*

Ce sont des anticipateurs de tendances. Ils expriment, bien avant les autres consommateurs, des besoins spécifiques qui se révéleront précurseurs des futures attentes du marché (voir Chapitre 4, paragraphe 4.3). En outre, ces passionnés sont prêts à s'investir, seuls ou avec d'autres passionnés, dans le développement de nouveaux produits qui répondent à leurs besoins. Ils sont donc une source précieuse d'idées de nouveaux produits.

FOCUS-MANAGER

10.3. LA CRÉATION DE NOUVEAUX PRODUITS ET LES UTILISATEURS LEADERS

1. Napster, le lociel pour MP3

Pourquoi un fabriquant de jeux électroniques devrait-il se contenter d'avoir cinquante ou cent développeurs à son service quand, en trois ou quatre semaines, 10 000 joueurs enthousiastes peuvent être enrôlés pour trouver de nouvelles idées de jeux, les tester et les concrétiser ? À la fin des années 1990, Shawn Fanning, un étudiant américain passionné d'informatique, conçoit l'idée d'un nouveau logiciel en observant son camarade de chambre d'université pester contre l'inefficacité des moteurs de recherche MP3, qu'il a lui-même souvent expérimentés. Il commence alors à y travailler à ses heures de loisirs et progressivement, il se consacre exclusivement à l'écriture du logiciel si bien que trois mois après l'émergence de l'idée nouvelle, une première version de l'outil informatique est proposée à quelques proches. Le succès est immédiat. En juin 1999, avec l'appui de son oncle, Shawn Fanning finalise son logiciel. Pour le tester, il décide de l'installer sur un serveur et de le distribuer confidentiellement à une trentaine d'internautes. Les premiers testeurs, sous le charme, divulguent l'existence de Napster à des amis et en une semaine, le logiciel est téléchargé par 15 000 internautes. La « génération MP3 » ou « culture Napster » était née.

2. Le ballon increvable pour chien

Norbert Y., déficient visuel, possède un chien de guide, véritable compagnon de jeu avec qui il sort régulièrement se promener. Lors de ses promenades, Norbert Y. est régulièrement confronté à des situations délicates, puisque son chien, très joueur et appréciant particulièrement le ballon, crève les ballons des enfants des environs et également ceux de son maître. Fort insatisfait de cette situation — extrêmement gênante pour les enfants dès lors dépourvus de ballon, et pour lui-même, alors incapable de jouer avec son chien et devant racheter un énième ballon —, il formule très vite le souhait de trouver une solution à cette situation devenue insupportable. Aimant depuis tout petit inventer, il cherche à résoudre ce problème du ballon qui se crève tout le temps et il invente le ballon pour chien, un ballon à poignets en plastique mou. Une fois son prototype réalisé, il dépose un brevet au niveau mondial, contacte une société allemande pour commercialiser le produit, qui connaît aujourd'hui un succès considérable. Selon Norbert Y., le succès du produit s'explique par la réponse qu'il apporte à un besoin fort des consommateurs de pouvoir jouer avec leur chien.

Source : Bécheur, A., Gollety, M., « Lead-user et leader d'opinion, deux cibles majeures au service de l'innovation », *Décisions Marketing*, 48, 2007, pp. 21-34.

Le VTT, les logiciels Linux ou encore le kyte surfing (surf des mers associant une voile de type parapente) sont des produits qui ont été inspirés et/ou créés par des utilisateurs leaders.

Le Focus-Manager 10.3 développe deux autres exemples : le premier est très connu, le logiciel Napster, le second, le ballon increvable pour chien, l'est beaucoup moins.

— Les communautés virtuelles

Les regroupements des fans et des passionnés autour des marques, de hobbies ou de produits sont largement facilités par l'Internet. Ces communautés en ligne prennent diverses formes : club, forum, newsgroup, chat, etc. Certaines d'entre elles sont de véritables foyers d'innovation.

Par exemple, les membres d'une communauté dédiée aux micro-ordinateurs changent le design de leurs ordinateurs, testent et améliorent leurs performances, suggèrent de nouveaux services. Une autre communauté centrée sur la randonnée a créé sa marque et son propre logo, développé son propre équipement, puis l'a fait produire par des sous-traitants[6].

— Les distributeurs

Les idées émises par les distributeurs débouchent parfois sur des nouveaux produits intéressants. Un des rôles des vendeurs est de faire remonter ces idées, recueillies lors de visites à la clientèle ou lors de salons professionnels, jusqu'au service de recherche de l'entreprise.

2.1.2. Entreprise

— La R & D de l'entreprise

Ce service est composé d'ingénieurs dont la mission principale est de créer des nouveaux produits. On remarquera que les techniques de créativité peuvent servir à stimuler l'imagination des chercheurs. Le repérage ou le recrutement d'ingénieurs plus créatifs que les autres reste une mission délicate. On a montré cependant que la créativité était corrélée avec l'indépendance du jugement, l'impulsivité et la réticence face à l'autorité. En contrepartie, le créatif se caractérise par une grande souplesse d'esprit, une originalité dans la manière d'aborder les problèmes et il considère la complexité comme un véritable défi.

— Les suggestions des salariés de l'entreprise

Le principe est simple : chacun peut déposer son idée dans une « boîte à idées ». Un comité est ensuite chargé de trier et d'évaluer la faisabilité des idées proposées. Des primes modiques sont versées aux auteurs dont l'idée a été retenue. Par exemple, La Poste verse un maximum de 3 000 euros, Renault donne 4 000 euros et France Télécom fixe le plafond à 10 000 euros. Les entreprises françaises utilisent assez peu ce système. On estime qu'en moyenne, un salarié français dépose une idée tous les dix ans, alors que les Japonais produisent 32 idées par personne et

6. Füller, J., Jaweski, G., Mühlbacher, H., « Développement de produits et services en coopération avec des communautés en ligne », *Décisions Marketing.*, 48, 2007, pp. 47-58.

par an ! Mais une certaine prise de conscience du potentiel de cette source apparaît, notamment chez les constructeurs automobiles.

> Chez Renault, chaque salarié dépose en moyenne une idée par an, l'objectif étant de multiplier ce score par quatre. Les idées qui demandent des études approfondies pour évaluer leur faisabilité suivent une voie hiérarchique raccourcie. Les idées simples sont appliquées immédiatement au niveau de l'atelier ou du bureau. Ainsi, dans l'usine de Cléon, plus de 200 idées par mois sont traitées : cela va de la fixation d'une échelle au mur, à la mise en place d'un support pour un tube de peinture[7].

2.2. Filtrage des idées de produits

Le but du filtrage est d'éliminer, par un tri rapide, les idées manifestement mauvaises. Le risque est double : abandonner une bonne idée ou conserver une mauvaise idée. Pour se prémunir contre ces erreurs, l'entreprise dispose de trois méthodes de filtrage : l'étude documentaire, la grille d'évaluation et le test de concept.

2.2.1. Étude documentaire

Cette technique est utile, tant pour la détection d'idées de nouveaux produits que pour une évaluation rapide du potentiel d'un marché. Si les conclusions sont favorables, on réalise le prototype. Une telle étude pourrait répondre aux questions suivantes associées à chacune des deux idées.

> Idée 1 : « Une mini-tondeuse à gazon pour jardins suspendus » : combien existe-t-il de jardins suspendus ? Dans quelles villes ? Quelle surface font-ils ? Existe-t-il des concurrents ou des produits qui remplissent une fonction voisine ? Quel est le poids d'une tondeuse électrique ?
>
> Idée 2 : « Un tournevis électrique de poche » : quelle est la puissance du couple nécessaire ? Quel serait le poids des batteries et leur autonomie ? Combien se vend-il de tournevis par an ?

2.2.2. Grille d'évaluation des idées

— La grille d'O'Meara

Chaque idée est évaluée sur trois types de critères : technique, marketing et financier. La rubrique marketing se subdivise en : possibilité de commercialisation, durée de vie, potentiel de vente, etc. La faisabilité technique dépend du savoir-faire de l'entreprise (procédé de fabrication, niveau de précision, quantités à produire) et du volume des investissements à réaliser. La viabilité des projets est contrainte par les possibilités financières de l'entreprise. Ces dernières sont fonction de sa taille, de la structure du bilan et de sa capacité à mobiliser des capitaux permanents. Après application de la grille, on calcule pour chaque idée un score global en additionnant toutes les notes sur les trois familles de critères. On compare ainsi les performances respectives de chaque idée.

— La grille Ward

Elle propose une check-list de huit grands facteurs (performance, stabilité du marché, croissance, etc.), comportant au total plus de cent questions. Les idées sont notées sur ces différentes rubriques, chacune faisant l'objet d'un coefficient de pondération.

7. Boyen, P., « Boîtes en quête d'idées », *Grandes Lignes*, n° 8, juillet-août 1993, pp. 34-35.

Une note globale est calculée par sommation, selon le principe compensatoire (une mauvaise note peut être rattrapée par une bonne).

Les grilles précédentes n'excluent pas les jugements subjectifs. Par ailleurs, il est préférable de fixer des notes éliminatoires, plutôt que compensatoires. La Figure 10.6 présente des extraits d'une autre grille dont les rubriques comportent des seuils chiffrés, ce qui limite l'arbitraire des jugements.

	NOTES				
Critères	**Très bien + 2 points**	**Bien + 1 point**	**Faible – 1 point**	**Très faible – 2 points**	**Critère non pertinent**
Attractivité					
1. Tendance du marché	*naissant*	*croissant*	*stable*	*déclin*	
2. Durée de vie du produit	*10 ans et +*	*5-10 ans*	*3-5 ans*	*1-3 ans*	
3. Taille marché potentiel	*+ de 1 milliard*	*1 milliard à 500 millions*	*100 à 500 millions*	*+ de 100 millions*	
4. Besoin des consommateurs	*non satisfait*	*peu satisfait*	*bien satisfait*	*très bien satisfait*	
5. Accueil de la distribution	*enthousiaste*	*positif*	*neutre*	*réticent*	
Compétitivité					
1. Qualité distinctives	*exclusivité*	*qualité distinctive majeure*	*qualité distinctive faible*	*copie conforme*	
2. Force de la concurrence	*très faible*	*faible*	*forte*	*très forte*	
3. Réaction des concurrents	*pas avant 3 ans*	*1 à 3 ans*	*+ de 1 an*	*+ de 6 mois*	
4. Prix/concurrents	*très inférieur*	*inférieur*	*égal*	*supérieur*	

Source : Lambin J.-J., *Le marketing stratégique*, McGraw-Hill, 1986.

Figure 10.7 : Grille du MDA-Consulting Group (extraits)

2.2.3. Test de concept

Son objectif est d'évaluer la viabilité marketing d'une idée de nouveau produit ou service. Le test détermine l'acceptabilité de l'idée par le consommateur et vérifie si elle correspond à une attente majeure. Il donne des indications sur la (ou les) cible(s) les plus réceptive(s) (voir Fiche technique 10.2).

Le produit n'existant pas encore physiquement, ce test évite un gaspillage de ressources financières, si l'idée se révèle peu convaincante. De plus, plusieurs concepts peuvent être testés en même temps sur le même échantillon. Le test est peu onéreux,

FICHE TECHNIQUE

10.2. MÉTHODOLOGIE D'UN TEST DE CONCEPT

1. Échantillon

La taille de l'échantillon varie de 50 à 200 personnes. Il est préférable d'avoir un échantillon représentatif de la population mère, car si des cibles particulières ont été déterminées, on sera en mesure de comparer la réceptivité de l'idée sur chacun d'entre elles.

2. Questionnaire

Il est semi-ouvert et comporte une majorité de questions fermées et quelques questions ouvertes. On présente brièvement le concept et on s'assure qu'il est bien compris par les répondants. Les questions suivantes évaluent la perception du degré de nouveauté du concept, ses points faibles et forts, ses avantage(s) par rapport aux produits concurrents substituables, puis la préférence globale du produit par rapport aux concurrents. D'autres questions permettent de cibler le produit tout en estimant sa viabilité globale financière. Le questionnaire s'achève par une estimation des intentions de consommation.

3. Exemple

(Cet exemple est adapté de Vernette, É., *Techniques d'études de marché*, Vuibert, 2006, 2e éd., pp. 107-114.)

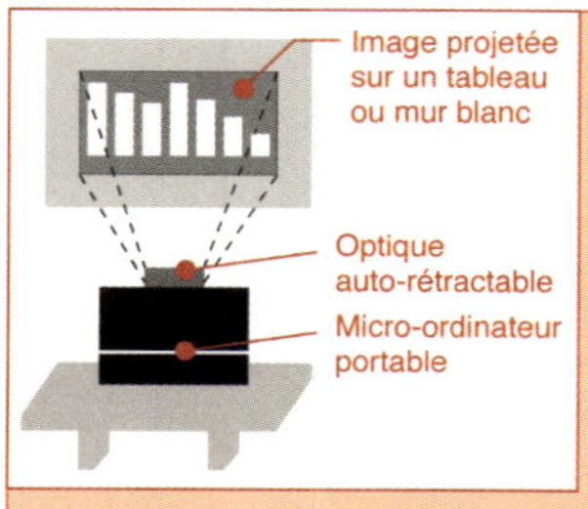

Voici un micro-ordinateur portable dont l'écran permettrait une projection directe du texte ou des images sur un mur ou un tableau blanc. Aucun accessoire, ni branchement ne serait nécessaire. Une optique auto-rétractable, ultra compact et orientable serait activée ou désactivée par le conférencier au moyen d'une touche spécifique du clavier ou grâce à une télécommande. La ventilation serait incorporée dans le système. Le tout pèserait environ 4 kilos.

Q1. La description des caractéristiques de ce produit vous apparaît :

☐ (5)	☐ (4)	☐ (3)	☐ (2)	☐ (1)
Très facile à comprendre	Plutôt facile à comprendre	Ni facile Ni difficile	Plutôt difficile à comprendre	Très difficile à comprendre

Q2. De prime abord, pour vous-même, ce produit serait :

☐ (5)	☐ (4)	☐ (3)	☐ (2)	☐ (1)
Tout à fait utile	Plutôt utile	Ni intéressant ni utile	Plutôt inutile	Tout à fait inutile

Q3. Par rapport aux autres solutions existantes aujourd'hui sur le marché, ce produit serait :

☐ (5)	☐ (4)	☐ (3)	☐ (2)	☐ (1)
Tout à fait innovant	Plutôt innovant	Ni innovant ni semblable	Plutôt semblable	Tout à fait semblable

Q4. De quelles autres informations auriez-vous besoin pour pouvoir mieux juger ce produit ?

Q5. Quelles seraient les points forts de ce produit par rapport aux solutions concurrentes qui existent aujourd'hui ?

Q6. Quelles seraient les faiblesses de ce produit par rapport aux solutions alternatives qui existent aujourd'hui ?

Q7. Combien seriez-vous prêt à payer de plus pour disposer de la fonction projection, par rapport à un micro-ordinateur de la même marque et identique sur toutes les autres caractéristiques ?
(mettre une croix dans la zone oncernée)

0 euro – 100 euros – 200 euros – 300 euros – 400 euros – 500 euros – 600 euros

Q8. À qui, selon vous, ce type de produit conviendrait-il bien ? *(plusieurs réponses possibles)*

Enseignants, formateurs	☐ (1)	(5) ☐	Chargés d'étude
Conférenciers	☐ (2)	(6) ☐	Consultants
Cadres dirigeants	☐ (3)	(7) ☐	Chercheurs
Commerciaux	☐ (4)	(8) ☐	À personne

Autres, précisez : .... (9)

Q9. En fin de compte, seriez-vous personnellement prêt à acheter (ou à faire acheter par votre entreprise) si le prix supplémentaire à payer correspond à celui que vous avez indiqué précédemment ?

☐ (4) Oui, sûrement — ☐ (3) Oui, probablement — ☐ (2) Non, probablement pas — ☐ (1) Non, sûrement pas

Q10. Afin de mieux vous situer, cochez les cases correspondantes :

Âge : .... ans

Enseignant, formateur	☐ (1)	(5) ☐	Chargé d'étude
Conférencier	☐ (2)	(6) ☐	Consultant
Cadre dirigeant	☐ (3)	(7) ☐	Chercheur
Commercial	☐ (4)	(8) ☐	Autre cas

Disposez-vous (chez vous ou au travail) d'un micro-ordinater portable ? ☐ (1) Oui — ☐ (2) Non comparé à l'importance des enjeux marketing : il varie de 10 000 à 20 000 euros, selon la taille de l'échantillon et le nombre de concepts testés.

Cependant, le consommateur ayant généralement tendance à surestimer son intention d'achat, la pratique montre qu'il faut au moins 80 % de personnes d'accord avec l'idée pour que celle-ci soit acceptable. Si moins de 60 % des répondants sont favorables, il est recommandé d'abandonner l'idée. Ces règles de décision sont indicatives, car le degré de nouveauté de l'innovation doit être pris en compte : si l'idée est très novatrice, on accepte des scores plus faibles, le consommateur discernant mal les avantages de l'idée ; à l'inverse, si l'idée est familière, les scores d'intention d'achat sont largement surestimés.

III. MISE AU POINT DU PRODUIT

3.1. Cahier des charges et spécifications techniques

Le chef de produit élabore le cahier des charges du produit. Ce document décrit les fonctions que doit remplir le produit, précise le problème à résoudre pour le consommateur, le niveau de qualité attendu et les éventuelles contraintes (poids, résistance, etc.). Ce document ne décrit pas techniquement le produit, mais traduit les attentes du marché en axe de développement.

> Chez Renault, la direction marketing du produit définit d'abord un pré-cahier des charges, appelé « note d'orientation générale ». Celui-ci précise le segment de marché visé, les dimensions du futur véhicule, les grandes fonctions attendues. La direction générale, après étude des solutions alternatives, donne ou non le feu vert. Le cahier des charges proprement dit ne sera finalisé qu'environ deux ans plus tard, après le résultat de pré-études techniques assez avancées. Il comporte des données précises sur le futur produit, la gamme et les motorisations envisagées, les exigences de la clientèle visée et les objectifs commerciaux.

À partir du cahier des charges, les ingénieurs déterminent les spécifications techniques du futur produit. Ce sont les exigences techniques (normes à respecter, tolérances, ergonomie, durée de fonctionnement, matériaux, etc.) que doit respecter le produit. Tous ces éléments sont chiffrés et se traduisent par un grand nombre de valeurs numériques qui serviront de contraintes lors des essais techniques ultérieurs. La Figure 10.8 donne un exemple de cahier des charges et de spécifications, pour une fixation de ski imaginaire.

Cahier des charges marketing	Spécifications techniques
Fixation pour la compétition →	Valeurs de réglage : DIN 4 à 10
Ouverture lors des chutes avant et arrière avec torsion →	Capteur électronique Maintien des valeurs de déclenchement constantes (± 2 %)
Grande absorption des chocs →	Élasticité longitudinale : 8 mm Élasticité latérale : 10 mm
Légère →	500 grammes Matériaux composites

Figure 10.8 : Cahier des charges et spécifications d'une fixation de ski (fictive)

3.2. Élaboration technique

Le prototype est réalisé, à la main, en quelques exemplaires. C'est une maquette, à l'échelle 1/1, ou un produit en état de marche. Les techniques de CFAO (Conception et Fabrication Assistée par Ordinateur) permettent de visualiser en trois dimensions différentes simulations du produit : des logiciels spécifiques donnent des images virtuelles très réalistes qui permettent de voir ce que donnerait, par exemple, un produit plus long ou plus large.

Il est possible de faire travailler en réseau plusieurs partenaires, physiquement éloignés, en utilisant un système intranet ou extranet. Les sous-traitants, les fournisseurs et les prestataires de services sont informés en temps réel des modifications faites par l'un ou l'autre des acteurs. La coordination globale du projet est améliorée, la gestion des interfaces entre les différents sous-ensembles du produit est facilitée et les délais de développement sont réduits.

Le prototype est ensuite soumis à une série de tests techniques de résistance, d'endurance ou d'innocuité. Les essais sont réalisés en laboratoire. Ils sont généralement complétés par des essais sur le terrain. Après chaque épreuve, les produits sont contrôlés par les ingénieurs pour déceler d'éventuelles défaillances techniques. Pour un bien durable, cette phase représente souvent une à deux années de travail.

> Les constructeurs automobiles utilisent des pistes spécialement aménagées pour tester les amortisseurs, le freinage et la vitesse de leurs nouvelles voitures. Les laboratoires pharmaceutiques réalisent une série de tests (appelés protocoles) auprès de personnes hospitalisées ; ces résultats sont nécessaires pour obtenir l'autorisation de mise sur le marché. Les fabricants de lessives soumettent leur poudre à l'épreuve des « salissures normalisées » qui correspondent à une palette standardisée des taches usuelles. Les skis, fixations et chaussures de ski sont confiés à des moniteurs de ski ou à des champions pour pouvoir être testés dans des conditions extrêmes d'usage.

3.3. Élaboration marketing

Lorsque le prototype est figé dans ses grandes lignes, le marketing procède à son tour à une série de tests.

3.3.1. Test sensoriel

L'objectif est de valider, de la manière la plus objective possible, les qualités sensorielles du produit. En effet, s'il est possible de décomposer chimiquement un arôme ou de mesurer la granulométrie d'une pâte chocolatée, seul un nez ou un palais entraîné peut dire s'il retrouve telle ou telle note lors de la dégustation du produit. Des experts sont spécialement entraînés pour reconnaître et mémoriser des saveurs (produits alimentaires), des odeurs (parfums, alimentaire), des couleurs (cosmétique, alimentaire), des textures (habillement, maroquinerie). Par exemple, ils notent et comparent la densité, l'amertume, l'onctuosité, la quantité de mousse, selon la nature des produits présentés, mais n'indiquent pas leur préférence pour tel ou tel stimulus. Différentes méthodes existent pour administrer les questionnaires et présenter les produits[8].

8. Pour approfondir, voir Dorion, F., Morin-Delerm, S., « Les tests sensoriels », *Décisions Marketing*, 9, 1996, pp. 81-89 ; Vernette, É., Filser, M., Giannelloni, J.-L., *op. cit.*

3.3.2. Test hédonique

À la différence du test précédent, celui-ci mesure la préférence des consommateurs pour l'une ou l'autre version du produit. Le test détermine si les qualités intrinsèques du nouveau produit sont effectivement validées par le consommateur. Différents échantillons sont testés auprès de consommateurs potentiels. Ils sont laissés à la disposition des interviewés (test à domicile) ou évalués dans une salle aménagée (test en laboratoire). Deux questionnaires sont administrés : l'un avant la consommation, l'autre après.

Le test vérifie que la perception des attributs du produit est satisfaisante, notamment les aspects de poids, taille, esthétique, goût. On observe la manière dont le produit est consommé : quantités utilisées, prise en main d'un produit. C'est à ce stade que les couleurs définitives du produit sont arrêtées. Ces décisions sont cruciales pour les produits alimentaires, mais aussi pour les parfums, l'électroménager (voir Focus-Manager 10.4).

3.3.3. Test de nom

Il existe trois grandes catégories de techniques ; le Focus-Manager 10.5 propose quelques exemples d'application.

— Réunion de groupe (créatifs, consommateurs ou experts)

Les participants travaillent à partir de directives qui précisent le positionnement voulu et les bénéfices procurés par le produit. On obtient des listes d'évocations spontanées ou des analogies naturelles. Des recherches complémentaires dans des dictionnaires analogiques ou étymologiques, des encyclopédies ou des atlas complètent ce travail.

— Recherches linguistiques

Elles portent souvent sur les évocations découlant de préfixes, suffixes ou de radicaux.

— Logiciels informatiques

À partir des axes de recherche fixés par le chef de produit (radical imposé, nombre maximal de lettres ou de syllabes, évocations, positionnement), le logiciel explore une base de données et propose une série de quatre-vingt à cent noms.

Ces techniques permettent de proposer au manager marketing une liste comportant plusieurs noms de marque potentiels. Des études complémentaires, conduites auprès de consommateurs, permettent de vérifier la concordance avec le positionnement souhaité, l'absence d'associations triviales, la facilité de mémorisation et de prononciation, etc.

FOCUS-MANAGER

10.4. Couleur, arôme et perception gustative

1. Couleur. Il y a quelques années, des sirops de menthe incolores ont été lancés sur le marché. Personne ne les achetait. Tous les fabricants se sont mis à les colorer de nouveau en vert et les ventes sont reparties (...) Dans le domaine alimentaire, la vue nous prépare à ressentir un certain goût avant même d'avoir mangé. La vue de la couleur des Knackis Herta suffit à évoquer le goût fumé. Nous avons pu le constater plusieurs fois : si l'on change la couleur d'un produit, on change son goût (...) La couleur est un moyen d'amener le goût du consommateur là où on le souhaite. C'est particulièrement flagrant pour les glaces. Nous avons fait goûter en aveugle à un groupe de consommateurs : personne n'arrivait à reconnaître les parfums ! Un industriel va donc soigneusement composer le vert de sa pistache ou de sa menthe pour aider les consommateurs à mieux ressentir les goûts. Beaucoup de produits sont assistés de cette manière : les beurres allégés, dont la belle teinte jaune, suggère un bon goût fermier ou certains fromages dont la croûte est travaillée avec art pour laisser imaginer les saveurs puissantes dont ils sont pourvus (...) Dans les classes de goût, nous avons fait tester à des enfants des yaourts nature, mais colorés en rouge. La plupart ont affirmé que le yaourt était parfumé à la fraise ! De même, des carrés de chocolat identiques ont été croqués, l'un sous éclairage vert, l'autre sous éclairage rouge : les cobayes ont déclaré dans leur immense majorité que le carré placé en lumière rouge était plus sucré[9].

2. Arôme. Depuis quelques années, la tendance est aux produits authentiques, fleurant bon la tradition et le terroir. De Nestlé à Danone, les marques se positionnent sur ce créneau porteur du naturel. [Pourtant], rien n'est plus antinomique qu'un yaourt et des fraises, l'acidité du premier tuant l'arôme dégagé par les secondes. Du coup, un yaourt aux fraises se doit d'incorporer une part non négligeable d'arôme ajouté, c'est-à-dire des molécules chimiques qui renforcent les caractéristiques recherchées. La filiale italienne de Pernod Ricard, San Giorgio Flavors, travaille ainsi sur pas moins de 400 compositions aromatiques de fraise. Car pour corser un peu l'affaire, l'arôme utilisé dans un yaourt n'est pas le même que celui requis pour une boisson (...) Certains parfums sont essentiellement composés d'accords issus de l'agroalimentaire comme le célèbre Angel de Thierry Mugler : un cocktail de vanille, miel, chocolat, caramel et un soupçon de barbe à papa[10] !

3. Perception gustative. Les sens ne sont pas indépendants les uns des autres, et ce que l'on voit peut avoir des répercussions sur d'autres sensations. Dans une étude, des personnes devaient goûter une même boisson, conditionnée à la même température et placée dans quatre verres identiques mais de couleurs différentes (rouge, vert, jaune et bleu). Après avoir goûté ces boissons, elles devaient désigner le verre qui contenait, selon elles, la boisson la plus rafraîchissante : les couleurs froides (bleu et vert) aboutissent à une perception de fraîcheur plus fréquente (48 % et 27 % des choix) que les couleurs chaudes (jaune et rouge) (10 % et 15 % des choix). Pourtant, il s'agissait de la même boisson et sa température était la même dans chacun des verres[11].

---

9. Remy, P., « La couleur fait vendre », *Science & Vie Junior*, Hors série, 26, janvier 1996, pp. 93-99.
10. Laurent, P., « Les maîtres des saveurs », *Le Point,* n° 1 290, 7 juin 1997, pp. 7-11.
11. Guéguen, N., « The effect of glass color on the evaluation of the thirst-quenching quality of a beverage », *Current Psychology Letters*, 11, 2, 2003, pp. 1-8.

Le nom de marque retenu est mis en forme : couleurs, police de caractères. Il est complété par un logotype, prolongement graphique du nom. Par exemple, le lion du Crédit Lyonnais ou le losange de Renault sont des logotypes.

FOCUS-MANAGER

10.5. COMMENT CRÉER UN NOM DE MARQUE ÉVOCATEUR ?

Pour trouver un nouveau nom au groupe formé par Snecma et Sagem, 4 250 dénominations (dont 40 % imaginées par les salariés) ont été passées au crible. Safran, la nouvelle raison sociale, ne passe pas inaperçue, parle aux fans de navigation, qui y retrouvent une pièce du corps du gouvernail, comme aux gastronomes, qui pensent aux épices. Certains lui reprochent néanmoins de ne plus refléter les univers industriels de l'électronicien et du motoriste aéronautique. (...) L'enveloppe liée à la fois aux dépôts de marques dans de multiples pays et au rachat de marques — souvent nécessaires — tend à gonfler. Safran aurait ainsi peut-être pu s'appeler Airel (mélange d'air et d'électronique) si les obstacles juridiques n'avaient pas été trop élevés.

Les personnages historiques font ainsi une percée, dans la lignée de Thales ou de Vinci. Très en vogue dans les années 1980-1990, l'antiquité grecque et latine reste une grande source d'inspiration. La branche chimie de Total s'est rebaptisée Arkema à partir du mot « arkhè » qui signifie « commencement », « première place, autorité » en grec ancien.

Afin de trouver de nouvelles pistes, les créatifs exploitent aussi des langues qu'ils jugent chantantes comme le swahili ou le lituanien. Il faut en effet chercher toujours plus loin pour éviter des effets de mode qui, poussés jusqu'au bout, risquent de provoquer une lassitude et une dilution des marques. Dans l'industrie, la finale en « is » s'est longtemps bien portée, de Lactalis à Altadis en passant par Novartis. Après Yahoo ! et Wanadoo, Internet a connu la déferlante des doubles « o », avec Kelkoo ou Ooshop.

Source : Briard, C., *Les Échos*, 25 mars 2005, in Vernette, É., Filser, M., Giannelloni J.-L., *op. cit.*.

3.3.4. Test de packaging

Le packaging est crucial pour les produits vendus en libre-service. Le packaging idéal satisfait la règle des trois « I » : un *impact* fort (capacité à émerger visuellement de l'ensemble des marques concurrentes), une *information* optimale (lisible, cohérente), une *innovation* réelle (apport d'un bénéfice sur un attribut déterminant du choix)[12]. Pour le consommateur, il sert souvent d'indicateur de qualité (voir Fiche technique 10.3).

Le test de packaging évalue la perception des formes, volume, matières et couleurs ; il vérifie la lisibilité de la marque, la facilité de prise en main du produit et les associations d'images.

12. Pour aller plus loin, voir : Singler, É., *Le Packaging des produits de grande consommation*, Dunod, 2006.

FICHE TECHNIQUE

10.3. Le packaging

1. Qu'est-ce que le packaging ?

Ce terme anglo-saxon recouvre à la fois le conditionnement, l'emballage et la communication par l'objet. Le conditionnement désigne le matériel utilisé pour regrouper le produit : une boîte, une bouteille, un tube, un sac. L'absence de conditionnement se traduit par une présentation en tas, en vrac. Le conditionnement s'exprime en unité physique : le lait est conditionné par lots de six bouteilles ou à l'unité ; les yaourts sont vendus par quatre, six, douze ou vingt-quatre pots. L'emballage représente la nature physique du matériel : le lait, conditionné en bouteille, utilise plusieurs types d'emballage (carton, plastique, verre). La communication par l'objet résulte des évocations et associations spontanées qui sont suggérées par les matériaux, les couleurs et les graphismes, les formes et les textures présentes dans le (ou les) contenant(s) du produit.

2. Fonctions du packaging

Elles sont multiples : conserver et protéger le produit (chocs, humidité, chaleur, microbes, etc.), faciliter le transport, le stockage (gain de place, légèreté, manutention) et la consommation (ouverture facile, bonne prise en main), valoriser le produit (donner une impression de qualité, de volume, etc.), communiquer (attirer le regard, donner des informations sur le produit, assurer une bonne lisibilité de la marque et le repérage du produit dans le rayon, etc.). Cette dernière fonction est fondamentale lorsque le produit est vendu en libre-service : on dit que le packaging est un « vendeur muet ».

3. Perception d'un packaging

Les matériaux valorisent plus ou moins le produit. De façon générale, le verre apparaît comme l'élément noble et offre une transparence parfaite ou, au contraire, suggère des couleurs dorées, fraîches. Il est doté d'un statut écologique et hygiénique. En revanche, le matériau est lourd, fragile, encombrant. Le plastique prend deux formes : souple, c'est le PVC (polychlorure de vinyle), rigide c'est le PET (polyéthylène). C'est un emballage économique, capable de prendre une grande variété de formes et que l'on commence à recycler ; en revanche, il reste perçu comme dévalorisant pour le produit. Pour sa part, le carton est léger, recyclable, facilement compressible et peut être rendu imperméable s'il est entouré d'un film plastique ; il facilite le groupage par lot (bière, yaourts, biscuits, etc.) ; sa forme la plus fréquente est la brique (lait, jus de fruit) ; il est un peu dévalorisant pour le produit. Enfin, l'aluminium symbolise la modernité, mais donne une image de produit éphémère, un peu « clinquant » ; pratique, léger, bonne protection, facilement compressible et recyclable, il est surtout utilisé pour les boissons gazeuses, les plats cuisinés et les conserves légères ; son ouverture peut être dangereuse (bords coupants) pour le consommateur.

4. Exemples

Voici quelques exemples d'associations entre le type de packaging et l'image conférée pour la marque :

- un shampooing vendu dans un double emballage est assimilé à un médicament ;
- un vin de pays vendu en bouteille plastique est considéré comme un vin de table ordinaire ;
- pour une bière, une bouteille d'un litre correspond à une bière ordinaire, à consommer à table ;

– si l'esthétique d'un flacon de parfum est bien perçue, l'odeur est mieux évaluée ;

– un meuble en bois aggloméré est jugé moins résistant que le même meuble en bois massif.

Tout comme les matériaux, les couleurs contribuent fortement à créer des perceptions favorables ou défavorables. Le code des couleurs n'est pas universel, mais résulte d'un apprentissage culturel et des goûts personnels. Par ailleurs, ces codes ne sont pas figés, mais évoluent selon les modes. Par exemple pour les cafés, les couleurs traditionnelles étaient le bleu (décaféiné), le rouge (familial) et le vert (corsé). Le lancement de Carte Noire, avec son emballage noir et or, a révolutionné ce code en utilisant pour la première fois dans l'alimentaire une couleur synonyme de deuil. Aujourd'hui, l'emballage jaune évoque une tisane et il n'est pas impossible que demain, il évoque la forme, l'allégé ou la jeunesse.

3.4. Modifications et fabrication du produit

Les résultats des tests techniques et marketing conduisent à une série de modifications physiques du produit. Le design du produit constitue une autre source de modifications. Il vise à rendre le plus esthétique possible le produit, par exemple en affinant les lignes, en modifiant le toucher ou en jouant avec les couleurs. Il contribue fortement à crédibiliser le positionnement. Les designers doivent concilier les objectifs du marketing et les contraintes de fabrication en grande série.

Le design s'appuie sur la sémiologie, la sociologie, et tient compte des modes lancées par les stylistes. Il peut créer une signature de marque et donner un véritable style « maison » : c'est un pilier important de l'identité visuelle de la marque.

Thomson a utilisé les services de Philippe Starck, designer de réputation mondiale, pour rajeunir l'ensemble de ses lignes de produits audiovisuels. Cela a donné une télécommande en forme de fuseau, une radio portable en forme d'insecte, un téléviseur aux lignes épurées. Ces audaces ont contribué à donner une image d'avant-garde aux produits de l'entreprise.

Scholtès voit le design comme la rencontre entre la technologie et l'esthétique. La table de cuisson vitrocéramique à touches sensitives, tout comme le four électronique, ont des lignes très pures, et l'absence de boutons ou de manettes facilite le nettoyage des surfaces.

Ces modifications se font généralement par touches successives, ce qui suppose de bonnes relations entre le marketing, le service de développement et la fabrication. Mais les conflits entre ces fonctions sont souvent inévitables pour deux raisons.

Tout d'abord, citons l'incertitude de la demande : les prévisions du marketing sont souvent incertaines ou assorties de conditions sur les états de l'environnement. Or le changement de niveau de capacité de production exige de longs délais : l'introduction de nouveaux équipements peut demander jusqu'à deux ans.

La seconde raison tient à la gestion de la qualité. Le marketing considère que le bureau d'études ou la fabrication sont pleinement responsables des éventuelles imperfections du produit. Mais le bureau d'études rechigne face aux demandes perpétuelles de modifications exigées par le marketing ; de son côté, la production considère que le bureau d'études leur demande d'industrialiser des produits trop complexes.

Avant le lancement définitif du nouveau produit, la fabrication réalise une présérie. C'est la production d'une petite quantité de produits (d'une centaine à quelques milliers d'unités), destinée à régler les machines et à déceler d'éventuelles défaillances dans une phase quelconque de la production. Le contrôle de qualité de la production donne enfin le feu vert pour la prochaine étape : la production en grande série, c'est-à-dire le lancement du produit sur le marché.

IV. LANCEMENT DU NOUVEAU PRODUIT

Après les séries de tests techniques et marketing, le nouveau produit est présenté sur le marché. Son succès dépend de son adoption ou de son refus par le consommateur.

4.1. Adoption et diffusion d'une innovation

L'adoption d'un nouveau produit se caractérise par une vitesse moyenne et par une typologie précise des catégories d'adopteurs. Les consommateurs diffèrent dans le temps qu'ils mettent à essayer le nouveau produit : ceux qui adoptent le produit le plus vite présentent des caractéristiques communes qui les différencient de ceux qui adoptent le produit le plus tardivement. Selon Everett Rogers, l'adoption d'une innovation résulte d'un double phénomène.

Le premier est un processus d'appropriation, représenté par le schéma mental suivi par un individu depuis la première information reçue sur l'innovation, jusqu'au moment où il l'adopte définitivement ; le second est un processus de diffusion, caractérisé par la vitesse de propagation d'une innovation depuis son lieu d'invention jusqu'à ses utilisateurs finaux.

L'innovation peut se diffuser rapidement, comme pour le fax, le téléviseur couleur, le téléphone mobile, ou lentement, comme pour le magnétoscope ou la domotique. Le processus d'adoption d'une innovation suit une loi normale (voir Figure 10.9). Cinq catégories d'acheteurs ont été identifiées, en fonction du temps mis pour adopter l'innovation[13] :

- les innovateurs (2,5 %) adoptent l'innovation dès son apparition sur le marché ; ils aiment prendre des risques et ont des activités multiples ;
- les récepteurs précoces (13,5 %) sont en grande majorité des leaders d'opinion, ouverts aux nouveaux produits et idées, mais plus prudents, ils n'adoptent le produit qu'après l'avoir testé ;
- la majorité précoce (34 %) se caractérise par la réflexion ; elle aime la nouveauté, mais se compose surtout de suiveurs ;

13. Rogers, E. *Diffusion of Innovations*, The Free Press, 2003, 5e éd.

- la majorité tardive (34 %) est formée de sceptiques qui n'adoptent l'innovation que si le produit a clairement démontré ses performances sur une longue durée ;
- les retardataires (16 %) sont tournés vers la tradition ; ils n'adopteront l'innovation que lorsqu'elle sera intégrée dans le patrimoine culturel de la société.

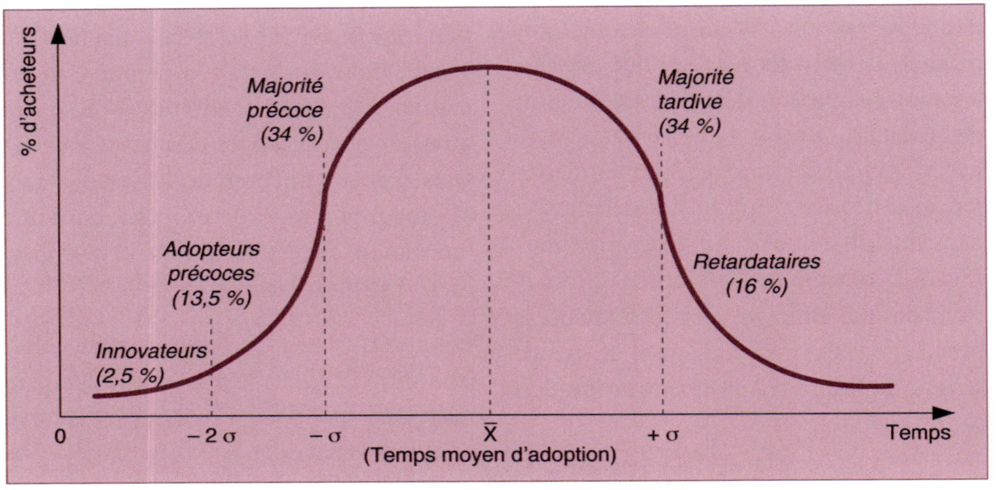

Figure 10.9 : Distribution des acheteurs d'un nouveau produit

La courbe de diffusion met en évidence un cœur de cible naturel : les innovateurs et les récepteurs précoces. Quantité de recherches ont été entreprises pour connaître les caractéristiques de ces segments. Des corrélations ont été établies avec l'implication dans la catégorie de produit et l'ouverture d'esprit ; il semble qu'il n'existe pas un, mais plusieurs profils d'innovateurs. La courbe de diffusion facilite la prévision des ventes. Mais, compte tenu du nombre de paramètres intervenant pour un produit nouveau (choix du marketing mix, réaction des concurrents, environnement, etc.), une certaine prudence s'impose.

Le téléphone mobile est apparu en France vers 1992. Si l'on estime que fin 2010, 100 % de la population cible l'aura adopté (soit environ 43 millions de personnes, voir Fiche technique 1.4), le temps moyen d'adoption est de neuf ans. On suppose un écart type (σ) égal à trois ans. En 1995 (= 2001 − 2 σ), les innovateurs ont déjà adopté le produit, soit théoriquement 1 075 000 personnes (= 2,5 % x 43 millions). En 1998 (= 2001 - σ), la pénétration cumulée devrait être de 16 % (2,5 % d'innovateurs + 13,5 % d'adopteurs précoces), soit 6,88 millions de mobiles ; en 2001, la moitié de la population devrait disposer d'un mobile, soit 21,5 millions ; en 2004, 84 % du marché, soit 36 millions de lignes. Le chiffre prévu pour 1995 a été voisin de celui effectivement observé, la prévision pour 1998 s'est révélée correcte, celle de 2001 a été presque parfaite (22 millions de lignes ont été effectivement activées en 2001) ; début 2004, les chiffres donnaient 42 millions de lignes opérationnelles, soit sensiblement plus que la prévision de 36 millions. Enfin, début 2007, l'ARCEP (Autorité de Régulation des Communications et des Postes) recensait 52 millions de clients pour les services de téléphonie mobile, soit plus que la population ciblée : le marché est donc largement saturé.

4.2. Marchés tests

L'objectif d'un marché test est de prévoir les ventes futures du nouveau produit. C'est l'ultime validation avant la décision finale de lancement du produit à l'échelle nationale ou de son abandon. Dans la majorité des cas, les résultats des marchés tests conduisent à modifier le niveau prévu des variables du mix.

Les prévisions sont établies sur la base de modèles mathématiques fondés sur les acquis des théories du comportement du consommateur. La plupart de ces modèles reposent sur le schéma suivant : parmi les consommateurs connaissant la marque, seule une partie effectuera un premier achat (achat d'essai), puis un sous-ensemble renouvellera l'achat (adoption), et enfin seul un sous-groupe deviendra fidèle à la marque et au produit ; des séries d'équations lient ces différentes séquences (voir Figure 10.10).

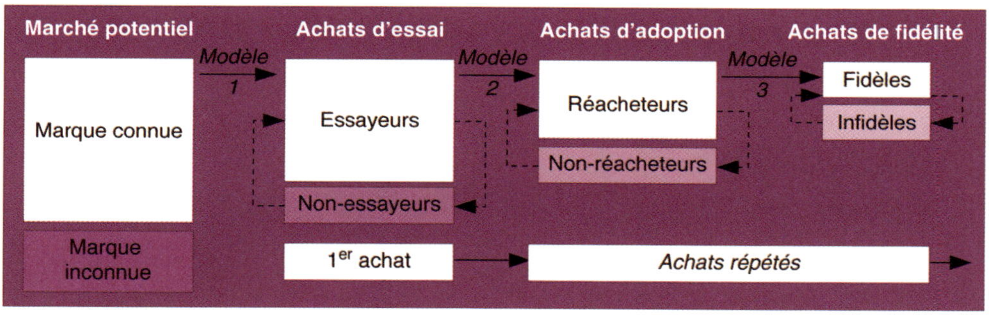

Figure 10.10 : Structure d'un modèle de marché test

Il existe deux types de marchés tests. Leur différence réside dans le fait que les premiers simulent les ventes futures, sans que le produit soit effectivement lancé, alors que les seconds extrapolent les ventes sur la base d'achats effectifs.

4.2.1. Marché test simulé

Ces marchés sont réalisés par des sociétés de conseil en marketing auprès d'échantillons de consommateurs représentatifs de(s) la(es) cible(s) visée(s) (voir Fiche technique 10.4). Les répondants disposent généralement du nouveau produit ; ils sont soumis à des batteries de questions, avant et après l'essai du produit. Des modèles sophistiqués d'analyse des données permettent de prévoir la future part de marché de la marque et son taux de rachat. Les différences entre les modèles résident dans leur structure analytique et le fait que les uns n'introduisent que le seul produit à tester, alors que les autres présentent le nouveau produit dans un rayon reconstitué, comportant les principaux concurrents. Leurs qualités de prévision sont comparables et relativement précises : l'erreur moyenne est inférieure à ± 10 % ; la précision est encore meilleure lorsqu'il s'agit d'une extension de marque (± 3 %). En revanche, leur coût est relativement élevé : il faut prévoir de 35 000 à 90 000 euros pour une ou deux simulations.

FICHE TECHNIQUE

10.4. LES MARCHÉS TESTS SIMULÉS

1. Principaux modèles[14]

Bases (groupe Nielsen) est le leader mondial avec plus de 36 000 tests dans le monde, dont 4 000 en France. Les deux concurrents sont Microtest (Research International) et Designor ; la licence de ce dernier est détenue en France par l'Institut Novaction (groupe Ipsos). Bases et Microtest sont fondés sur un test monadique. Les consommateurs sont exposés dans un premier temps à une vidéo ou une publicité présentant le nouveau produit ; des informations sont données sur le prix, les tailles et les références. Ils répondent ensuite à un questionnaire fermé : perception du produit sur les attributs, intention d'achat, fréquence d'achat, etc. Si le produit est disponible, on laisse le produit aux répondants ayant déclaré une intention d'achat positive. Après l'essai, un nouveau questionnaire est administré. Avec Designor, le consommateur est interrogé sur ses achats habituels, ses préférences pour les marques ; il évalue sur des attributs les marques qu'il achète habituellement. Puis il circule dans un rayon reconstitué avec les marques concurrentes et marques de distributeurs ; il dispose de bons d'achats et doit procéder à des achats avant de passer en caisse. On observe si le produit nouveau (noyé dans le linéaire) a été acheté ou pas. Dans tous les cas, un exemplaire de ce produit est confié au consommateur pour une utilisation à domicile. Un nouveau questionnaire d'évaluation est administré quelque temps après.

2. Structure analytique

Ces modèles cherchent à prédire la part de marché ou les ventes du nouveau produit ou de la nouvelle marque. La grande majorité estime successivement deux variables clés, à partir de formulations mathématiques différentes : le taux d'essai et le taux de rachat. La structure analytique de départ a été initialement formulée par Parfitt et Collins en 1968 :

$$\text{Part de marché} = Pé \times R \times I$$

Pé = Taux de pénétration (% de consommateurs ayant acheté au moins une fois le produit)
R = Taux de rachat (% de consommateurs renouvelant leur achat)
I = Indice de pouvoir d'achat

3. Résultats

Les applications concernent surtout les secteurs de l'alimentaire et de l'hygiène-beauté. Les résultats indiquent une probabilité d'échec ou de succès du produit pour différentes hypothèses stratégiques : nouveau produit, extension de gamme, relance du produit. Ils nécessitent de nombreuses données : indices de consommation, plan marketing prévisionnel et description générale du marché. La précision moyenne des modèles est comparable : Bases annonce une erreur moyenne de 9 % ; Microtest indique que 60 % des prévisions ont une erreur inférieure à 10 %, 25 % se situant dans l'intervalle 10-20 % ; enfin, Deisgnor donne une erreur moyenne de ± 9 %, et de ± 2 % pour les extensions de marques.

- *Facteurs influençant le potentiel d'essai.* Selon les résultats fournis par Bases, la marque reste l'élément du mix le plus important, suivie par le packaging, l'originalité du mix et du positionnement. Les gros consommateurs d'une catégorie de produit sont plus ouverts à l'essai d'une nouvelle marque que les autres.

14. Pour approfondir, voir Le Nagard-Assayag, E., Manceau, D., *op. cit.*

– *Facteurs influençant le rachat.* Selon Bases, une formule améliorée par rapport à l'ancien produit favorise le rachat. De même, le rachat est meilleur pour une extension de gamme que pour un nouveau produit. D'une manière générale, si le pourcentage de rachat est inférieur à 25 %, la probabilité de succès pour le nouveau produit est quasi nulle ; si le score de rachat atteint 45 %, la probabilité de succès pour le nouveau produit est supérieure à 80 %.

4.2.2. Marché témoin

À la différence du marché test simulé, le produit est mis en vente dans une zone géographique contrôlée (ville, région, distributeur), généralement durant deux à cinq semaines. Ces zones sont jugées représentatives du marché national. On peut ainsi tester différents prix, ou différents types de promotion des ventes sur chaque unité (ville, distributeurs) de la zone de test. L'interprétation des résultats d'un marché témoin reste délicate, car il faut séparer les effets dus aux actions des concurrents des effets propres au plan marketing. De plus, un marché témoin avertit la concurrence de l'imminence du lancement du produit.

Cependant, les panels mixtes fondés sur la lecture optique offrent depuis une quinzaine d'années de nouvelles opportunités. En effet, tous les points de vente d'une même région sont suivis grâce aux données scannerisées : les consommateurs sont équipés d'une carte spécifique qu'ils présentent lors de leur passage en caisse. Comme nous l'avons vu dans le chapitre 5, les deux panels mixtes les plus importants sont BehaviorScan (Gfk et Médiametrie) et Scannel (TNS). Le premier se déroule dans les villes du Mans et d'Angers, le second a choisi les villes de Brive, Sens et Château-Thierry. De plus, grâce au réseau de chaînes de télévision câblées, seuls les consommateurs appartenant au panel reçoivent le message publicitaire ; connaissant leur présence ou leur absence devant leur téléviseur, il est possible d'évaluer l'impact de la publicité sur les ventes futures. Cette approche, baptisée « *single source* », fournit, sans l'aide d'aucun questionnaire, trois mesures fondamentales : l'exposition au message publicitaire, la présence du produit au point de vente et les quantités effectivement achetées de la marque. Ces données permettent des réglages précis pour le futur marketing mix.

4.3. Stratégies de lancement selon les phases du marché

Le chef de produit doit déterminer la phase dans laquelle se situe le marché, car il n'utilise pas la même stratégie pour lancer son produit si le marché est en phase d'introduction ou en phase de saturation. De même, le marketing mix varie selon les phases du marché. La Figure 10.11 fait état de ces variations.

Phases du marché	Caractéristiques du marché	Caractéristiques de la stratégie et du marketing mix
Introduction	Nouveauté du concept de produit Peu de concurrents Croissance faible des ventes Image de marque faible	**Stratégie d'innovation** Rassurer le consommateur Prix généralement élevé Gamme de produits étroite Publicité limitée
Croissance	Croissance forte des ventes Entrée de nombreux concurrents Phase brève Consommateur sur-informé	**Stratégie de différenciation** Début de la publicité d'image Conquête des points de vente Extension de la gamme des produits Durée de vie des produits faible
Maturité	Très forte concurrence Formation de grands groupes Croissance des ventes modérée Phase longue	**Stratégie de segmentation** Choix de la cible et du positionnement Publicité d'image avec budget élevé Larges gammes de produits Promotion des ventes régulière Forte présence dans les points de vente
Saturation	Concentration des concurrents Croissance des ventes faible ou nulle Fidélisation du consommateur Phase longue	**Stratégie d'hypersegmentation** Recherche de niches (ou créneaux) Merchandising Gamme très élargie de produits (séries spéciales) Réduction de prix
Déclin	Baisse du nombre de concurrents Croissance négative des ventes	**Stratégie de désengagement** Quelques segments porteurs Réduction du nombre de points de vente Gamme élaguée Publicité limitée ou nulle

Figure 10.11 : Stratégies marketing de lancement selon la phase du marché

4.4. Gestion du lancement

La réussite du lancement d'un produit ne repose pas que sur des considérations stratégiques. La coordination et le contrôle d'une série d'opérations tactiques sont indispensables. La Figure 10.12 recense les plus importantes d'entre elles.

Opérations	Actions principales
Plan de promotion	Réservation des espaces publicitaires (média-planning) Mise en place des PLV sur les points de vente
Logistique	Enlèvement des produits aux usines, entrepôts Groupage des transports, livraison des points de vente
Brief de la force de vente et des distributeurs	Présentation de l'argumentaire de vente à la force de vente Démonstration et présentation des produits aux distributeurs
Suivi des ventes Réassortiment	Analyse des premières ventes (panels) Nouvelles livraisons pour éviter les ruptures de stocks

Figure 10.12 : Opérations tactiques liées au lancement du produit

V. GESTION DU CYCLE DE VIE DU PRODUIT

5.1. Produit, service et cycle de vie

5.1.1. Qu'est-ce qu'un produit ? Qu'est-ce qu'un service ?

Le produit se distingue du service selon le caractère tangible. De fait, le management d'un service comporte des spécificités dont l'étude relève des ouvrages spécialisés. Cela dit, le lancement et la gestion d'un produit ou d'un service présentent de nombreuses similitudes, car comme l'indique la Figure 10.13, tout produit comporte une part de service et inversement.

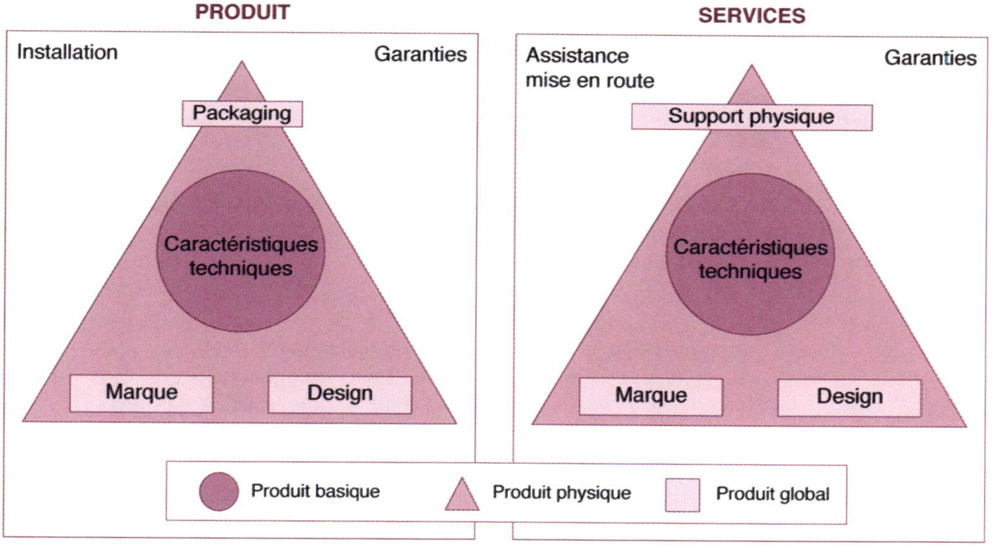

Figure 10.13 : Les trois niveaux de conception d'un produit ou d'un service

— *Le produit*

Il est défini par des attributs physiques destinés à fournir le (ou les) bénéfice(s) de base recherché(s) : sécurité, économie, performance, etc. C'est le produit basique. Le produit apparaît au point de vente avec d'autres attributs : marque, design, packaging. C'est le produit physique. Le produit global intègre les services complémentaires. Ces services périphériques peuvent être compris dans le prix facturé ou être optionnels, moyennant un supplément.

— *Le service*

Il est caractérisé, de la même manière, par trois niveaux. Le service basique est codifié par une formule ou des ingrédients précis. Par exemple pour McDonald's, il comprend la mise à disposition de produits (Big Mac, Mac Fish, etc.) et, le cas échéant, un emplacement pour la consommation. Le service standard incorpore les prestations du personnel en contact (durée d'attente, efficacité, amabilité, etc.), et la qualité du support physique (décor,

FICHE TECHNIQUE

10.5. CYCLE DE VIE D'UN PRODUIT

1. Définition

Le cycle de vie d'un produit désigne la succession des différentes étapes de sa vie commerciale. Sa carrière débute lors de son lancement effectif et s'achève lors de son retrait du marché. Si l'on reporte les ventes obtenues durant le temps où le produit a été présent sur le marché, on obtient, *a posteriori*, une courbe de la forme suivante :

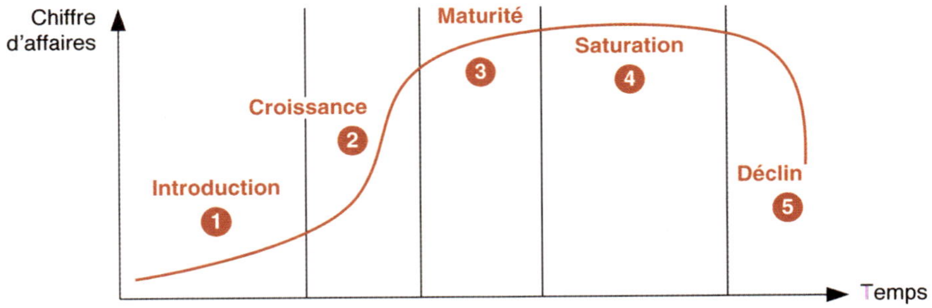

2. Cycle de vie d'un produit et courbe du marché

La formalisation du concept de cycle de vie a été popularisée par Théodore Levitt. Elle est analogue à la forme de la courbe d'un marché. Le cycle de vie n'a de sens que sur le plan micro-économique, c'est-à-dire dans le cas du produit d'une entreprise ; la courbe de marché résulte de l'agrégation des différents cycles de vie d'une même catégorie de produits qui ont été vendus par l'ensemble des concurrents durant une période déterminée. Chaque produit (ou marque) de l'entreprise déroule son propre cycle de vie, au sein de la courbe du marché. Par exemple, le chef de produit de Renault doit gérer le début du cycle de vie de la nouvelle Clio III, lancée en 2005. Le produit est entré en 2008 en phase de maturité. Le marché automobile est, lui, en phase de saturation.

3. Synthèse

Pour que la courbe du marché présente un intérêt pour la gestion d'un produit, il faut pouvoir déterminer dans quelle phase de la courbe se situe le marché. La Figure 10.11 montre que les choix stratégiques et la gestion du marketing mix du produit diffèrent selon les phases du marché. Il faut ensuite prévoir à quel moment le marché changera de phase. Or, la forme de la courbe n'est qu'indicative. Il existe bon nombre d'exceptions : par exemple, le marché du nylon a subi plusieurs rebondissements successifs. En dépit de ces limites, le cycle de vie d'un produit présente un intérêt en termes de gestion prévisionnelle. Il permet de programmer les lancements successifs de produits et donc d'éviter de laisser vieillir trop longtemps un produit ou une marque. Par exemple, chez Procter & Gamble, la durée de vie moyenne d'un produit est d'environ deux ans ; chez Volkswagen, le remplacement d'un modèle se fait tous les cinq ans.

ambiance, propreté). Le service global inclut des prestations annexes ; pour McDonald's, c'est la garantie fraîcheur (on jette les produits s'ils ne sont pas vendus dans les trois minutes), l'animation pour les goûters d'anniversaire, les jeux et cadeaux pour les enfants, etc.

5.1.2. Cycle de vie d'un produit

Le chef de produit est responsable de la gestion du cycle de vie de chacun des produits ou marques présents dans son portefeuille. La Fiche technique 10.5 résume les points clés de la notion de cycle de vie.

5.2. Gestion d'une gamme

5.2.1. Largeur et profondeur d'une gamme

Il est rare qu'une entreprise ne commercialise qu'un seul produit. La plupart du temps, elle gère un ensemble de produits qui forme sa gamme. L'étendue d'une gamme se mesure à partir de deux éléments.

Tout d'abord, la **largeur** indique le nombre de catégories de produits différentes (lignes de produits) offertes à la clientèle ; pour sa part, la **profondeur** donne le nombre de variétés différentes composant chaque ligne de produits.

La Figure 10.14 représente la gamme de soft-drinks commercialisée en France par le groupe Schweppes-Cadbury en 2008. La largeur de la gamme est égale à quatre : Saveur, Indian Tonic, Ginger Ale, Ricqlès. La profondeur de la ligne Saveur est de dix références : Agrum' (normal et light), Pêche (normal et light), Lemon (normal et light), Fruits rouges (normal et light), Coconut (normal et light) ; celle d'Indian Tonic est de deux références ; les lignes Ginger Ale et Ricqlès n'ont qu'une seule référence.

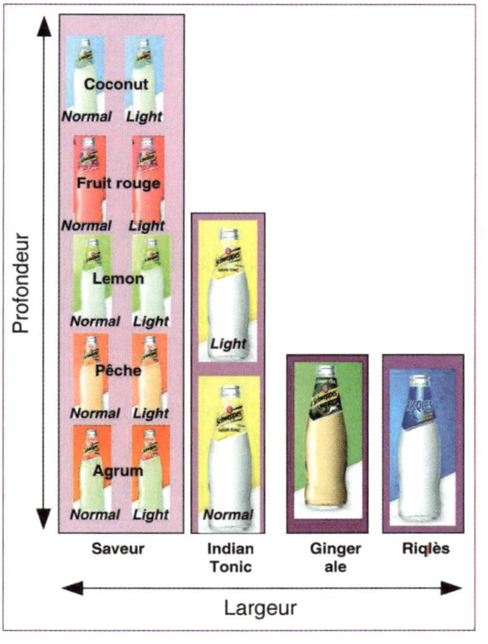

Source : www.schweppes.fr, 2008.

Figure 10.14 : Largeur et profondeur d'une gamme

5.2.2 Politique de gamme

L'augmentation de la largeur d'une gamme relève de la réflexion stratégique. En effet, cela conduit souvent à attaquer un nouveau segment de marché, sur lequel l'entreprise était absente, en s'appuyant sur la notoriété préalable de la marque. Par exemple, le lancement de la Smart par Mercedes correspondait à une volonté de pénétrer le segment des voitures citadines, segment sur lequel le groupe n'était pas présent jusque-là.

L'augmentation de la profondeur d'une gamme est de nature plus tactique, car elle élargit le choix offert à une même cible de consommateurs et offre une adéquation plus fine aux attentes. Le marketing a donc tendance à accroître régulièrement la profondeur des gammes ; d'autant que, selon les marché-tests effectués par Bases, le fait d'ajouter une nouvelle variété à une gamme (par exemple un parfum à la vanille) améliore la perception de la gamme et favorise l'essai. Ainsi, si l'on propose quatre variétés au lieu de trois, le potentiel d'essai passe de 18 % à 25 %. En contrepartie, l'accroissement de la profondeur complique la gestion de la production, par multiplication des références. Le coût unitaire de production tend à s'accroître, du fait de séries plus courtes. La décision relève d'un calcul financier, fondé sur les données de la comptabilité analytique, pour savoir si les gains marketing l'emportent sur la hausse des coûts de production.

Un schéma classique de gestion de gamme consiste à lancer au départ un seul produit (ou une gamme très courte), puis à accroître la profondeur de gamme pour consolider la phase de croissance. C'est durant la phase de maturité que la gamme est la plus profonde. Si le produit rencontre un franc succès, il est intéressant d'élargir rapidement la gamme autour du produit-vedette ; celui-ci devient un « produit d'appel » qui tire le reste de la gamme. Enfin, durant la période de déclin, on élague la gamme.

Les constructeurs automobiles lancent leur nouveau produit avec une gamme généralement courte (quatre à six références). La période de croissance est consolidée par le lancement d'autres versions (nouvelles motorisations). Durant la phase de maturité, les versions se multiplient : variation du nombre de portes, séries spéciales. Par exemple, la gamme de la Peugeot 207 comporte aujourd'hui plus de trente modèles. Le rajeunissement du produit (le restyling) permet de prolonger la vie de la gamme. Enfin, durant le déclin, seules quelques versions subsistent.

Salomon construit ses gammes autour d'un produit d'appel, positionné en haut de gamme (segment de la compétition). Cela permet d'acquérir d'emblée une image de produit performant et de bénéficier d'une bonne rentabilité. La gamme est ensuite déclinée progressivement vers les segments des skieurs bons et moyens, en s'appuyant sur la réputation acquise par le produit phare.

La décision de retirer un produit d'un marché n'est pas facile à prendre. Le responsable du produit peut faire preuve d'un certain sentimentalisme et retarder une décision inéluctable. Le critère financier est souvent retenu pour l'arrêt d'un produit : lorsque le produit ne dégage plus de contribution pour la couverture des frais fixes, il est retiré du marché. Sur le plan stratégique, cette décision peut s'avérer trop tardive, surtout si le produit de remplacement était prêt depuis longtemps. Des procédures d'évaluation plus sophistiquées existent. Elles se fondent sur une notation de chaque produit avec des grilles comparables, dans leur esprit, aux grilles de filtrage des idées de produits. Lorsque le score d'un produit est inférieur à un niveau critique, défini à l'avance, le produit est retiré.

SYNTHÈSE DU CHAPITRE

La gestion d'un produit comporte deux grandes phases : la création et la commercialisation. La séquence de création d'un produit est un long processus (deux à cinq ans) qui se subdivise à son tour en trois étapes : la recherche d'idées, le filtrage des idées et la mise au point du produit. Durant la mise au point, le marketing et la production sont amenés à réaliser une série de tests sur le produit, afin de passer progressivement du prototype à la version finale.

Le marché test est une étape facultative dont le résultat favorable déclenche la commercialisation du produit. Une fois mis sur le marché, le produit décrit son propre cycle de vie : lancement, croissance, maturité et déclin. Une bonne gestion de la gamme permet d'accroître la durée de vie du produit.

BIBLIOGRAPHIE D'APPROFONDISSEMENT

(1) Bloch, A., Manceau, D., *De l'idée au marché*, Vuibert, 2000.

(2) Choffray, J.-M., Dorey, F., *Développement et gestion des produits nouveaux*, McGraw-Hill, 1983.

(3) Gotteland, D. Haon, C., *Développer un nouveau produit, méthodes et outils*, Pearson Ecucation, 2005.

(4) Le Nagard-Assayag, E., Manceau, D., *Marketing des nouveaux produits*, Dunod, 2005.

(5) Singler, É., *Le Packaging des produits de grande consommation*, Dunod, 2006.

Choisir une seule réponse pour chaque question :

Q1 – Un produit qui se substitue à l'ancien, en offrant un emballage plus pratique, est-il qualifiable de nouveau produit ?

(1) non, parce que le produit basique n'a pas changé ;
(2) oui, à condition que l'emballage représente une innovation technologique ;
(3) oui, à condition que le positionnement soit changé ;
(4) oui, dans tous les cas.

Q2 – Les adopteurs précoces d'un nouveau produit sont plutôt des acheteurs qui :

(1) ont le goût du risque ;
(2) aiment innover ;
(3) sont des leaders d'opinion ;
(4) ont des revenus plus élevés que la moyenne et sont plus jeunes.

Q3 – Doit-on disposer obligatoirement d'un exemplaire du produit lors d'un test de concept ?

(1) non ;
(2) oui, mais un prototype en état de marche convient ;
(3) oui, mais il faut un produit fabriqué lors de la présérie ;
(4) oui, mais le produit doit déjà être commercialisé ;

Q4 – Un marché test simulé présente l'inconvénient majeur :

(1) d'informer la concurrence que l'on s'apprête à lancer un nouveau produit ;
(2) d'être onéreux pour une PME ;
(3) de devoir disposer d'un budget publicitaire ;
(4) de fournir des résultats peu fiables.

Q5 – Le produit physique correspond :

(1) aux seules caractéristiques techniques du produit ;
(2) au produit basique ;
(3) au produit basique, plus les services associés ;
(4) au produit basique, plus la marque, design et packaging.

Q6 – La profondeur d'une gamme est égale :

(1) au nombre total de lignes de produits (ou marques) ;
(2) au nombre total de références de produit offertes à la clientèle ;
(3) au nombre de catégories de produits différents offerts à la clientèle ;
(4) au nombre de variétés différentes de chaque catégorie de produits.

Q7 – Le cycle de vie d'un produit comporte :

(1) une étape de gestation et une étape de mise sur le marché ;
(2) trois phases (préparation, lancement, management) ;
(3) quatre phases (préparation, lancement, maturité, déclin) ;
(4) cinq phases (lancement, croissance, maturité, saturation, déclin).

Q8 – Bases est un modèle fondé sur :

(1) un marché témoin ;
(2) un panel mixte ;
(3) un marché test simulé ;
(4) une gamme de nouveaux services.

Q9 – Un test sensoriel est effectué auprès d'un échantillon de :

(1) consommateurs potentiels ;
(2) consommateurs experts ;
(3) leaders d'opinion ;
(4) utilisateurs leaders.

Q10 – Le cahier des charges d'un produit décrit :

(1) les fonctions que doit remplir le produit, le problème consommateur à résoudre, le niveau de qualité attendu ;
(2) les fonctions que doit remplir le produit, les spécifications techniques, le niveau de qualité attendu ;
(3) les spécifications techniques, le niveau de qualité attendu et les contraintes à respecter ;
(4) le niveau de qualité attendu et les contraintes à respecter.

Réponses du test :

Q1 = 4 ; Q2 = 3 ; Q3 = 1 ; Q4 = 2 ; Q5 = 4 ; Q6 = 4 ; Q7 = 4 ; Q8 = 3 ; Q9 = 2 ; Q10 = 1.

Chapitre 11

Management des prix

La fixation du prix de vente d'un produit doit respecter plusieurs contraintes : les réactions psychologiques du consommateur, fréquemment déterminées par comparaison avec les prix pratiqués par la concurrence, et les impératifs de rentabilité financière. La difficulté majeure pour une entreprise est d'arriver à concilier ces éléments, souvent contradictoires. Nous les analyserons dans un paragraphe distinct. Ensuite, la fixation du prix devant prendre en compte le niveau des autres variables du marketing mix, nous aborderons ces points dans un troisième paragraphe. Enfin, nous traiterons les aspects stratégiques permettant au manager marketing de fixer un « juste prix ».

CONSEILS DE LECTURE : *Au terme de ce chapitre, vous aurez en main les données essentielles pour comprendre comment se fixe, en marketing, le prix de vente d'un produit. Pour une bonne assimilation de son contenu, la connaissance du comportement du consommateur et de ses influences (voir chapitres 3 et 4) ainsi que la maîtrise des éléments fondamentaux de comptabilité ou de finance sont nécessaires.*

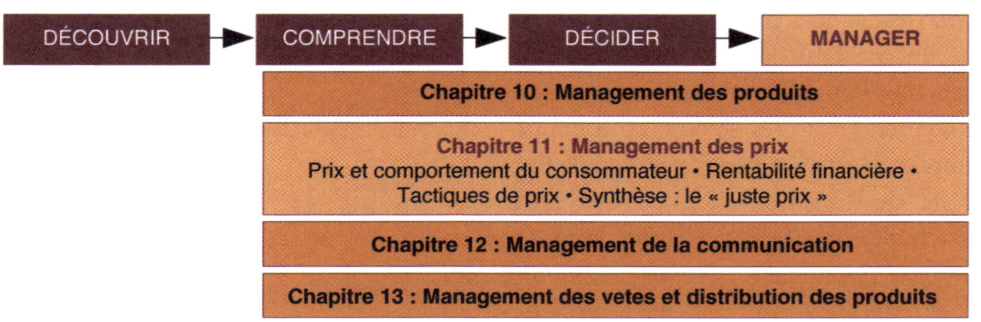

Figure 11.0 : Plan du chapitre

MOTS CLÉS : *Élasticité prix, juste prix, marge commerciale, mesures conjointes, prix psychologique, prix d'appel, prix de référence, prix rompu, prix public, prix de revient, remise, sensibilité au prix, seuil de rentabilité, tactique « pull », tactique « push ».*

I. FIXATION DU PRIX ET COMPORTEMENT DU CONSOMMATEUR

Pour le consommateur, le prix représente un « sacrifice financier » consenti pour acquérir un produit ou un service. L'intensité de ce sacrifice varie selon les acheteurs et les informations disponibles. Ce paragraphe récapitule les principales variables intervenant dans la perception des prix et présente quelques-unes des techniques d'étude de marché utilisées pour orienter la fixation d'un prix de vente.

1.1. Primauté du prix dans les décisions d'achat

La Figure 11.1 montre clairement que le prix se trouvait déjà au cœur des préoccupations des managers marketing et des consommateurs, au milieu des années 1990. Lorsque l'on demande aux premiers d'évaluer sur une échelle en cinq points une liste de problèmes marketing, la fixation du prix vient largement en tête. Ceci a été vérifié tant aux États-Unis qu'en Europe occidentale. Pour les consommateurs, une étude menée auprès de 6 600 consommateurs et dans vingt-deux catégories de produits, montre qu'en moyenne le prix est le critère de choix le plus souvent considéré pour l'achat, toutes catégories de produits confondues.

1.1.1. La sensibilité au prix

Dix ans après cette étude, si le prix demeure une variable déterminante du choix pour de nombreux consommateurs, la réalité est plus nuancée. Les personnes qui attachent plus d'importance au prix que les autres, sont dites « sensibles au prix » : en d'autres termes, si le prix d'un produit leur semble trop élevé, l'achat n'a pas lieu. Pour ce segment, le prix est un attribut déterminant du choix, quelle que soit la catégorie de produits. Cependant, comme le montre le Focus-Manager 11.1, ce segment ne représente qu'un peu plus de 20 % des acheteurs, alors que 60 % ne sont pas du tout attachés au prix ; ces derniers privilégient plutôt l'innovation, la santé et le plaisir.

Préoccupations des directeurs marketing (note sur 5 points)	
Prix	4,21
Différenciation produit	3,83
Lancement produit	3,79
Frais de vente	3,65
Qualité des produits	3,58
Environnement	3,56
Nouveaux concurrents	3,56
Saturation marché	3,28
Réglementation	3,24
Distribution	3,17

Source : Simon H. et Speckman V., « Le prix, souci n°1 du marketing », *Décisions Marketing*, 1995, p. 8.

Les critères des consommateurs pour le choix d'un produit	
Prix	39 %
Qualité perçue	24 %
Variété souhaitée	22 %
Marque connue	17 %
Attrait du packaging	13 %
Nouveauté	11 %
Quantité souhaitée	10 %
Promotion	9 %
Publicité	4 %

Source : Barbotin L., « Le prix, critère n°1 du consommateur », *Décisions Marketing*, 6, 1995, p. 12.

Figure 11.1 : Le prix, variable clé du marketing mix

FOCUS-MANAGER

11.1. La segmentation des acheteurs selon leur sensibilité au prix

TNS Worldpanel a identifié six groupes de consommateurs aux comportements bien différents face au prix : les « moins cher possible », les « bas prix », les « spécialisés », les « raisonnables », les « confortables » et les « no limit ».

Les consommateurs les plus sensibles à l'argument prix, appelés dans cette étude les « moins cher possible » (16,1 % des ménages français), se satisfont des marques de distributeurs (économiques et classiques) et du hard discount pour les deux tiers de leurs dépenses de grande consommation et montrent peu d'intérêt pour les marques.

Dans la combinaison de vigilance/plaisir se retrouvent avant tout les consommateurs « bas prix » (23,5 % des ménages français) et « raisonnables » (17,6 %). Cependant, ces deux catégories sont avides de marques et en achètent dès qu'elles deviennent « abordables », c'est-à-dire quand elles sont en promotion.

Le besoin de réassurance, de garantie et de qualité est également un axe de choix et de comportement indéniable. Il concerne de nombreux ménages : entre les « spécialisés » (15,2 %) et les « confortables » (17,7 %), un tiers des foyers français sont extrêmement attentifs à la composition des produits, à la qualité et aux labels.

Enfin, pour certains ménages l'argent n'est absolument pas une contrainte et ne semble pas entrer en considération dans leurs choix. Ils accordent une large place aux marques. Ces foyers, baptisés les « no limit », représentent 10 % des foyers français, ce qui est loin d'être négligeable, et 14 % des dépenses de grande consommation en GMS.

En dix ans, TNS Worldpanel note une transformation du comportement du client. En 1997, TNS Worldpanel, conjointement avec IRI France, démontrait qu'il n'y avait pas de comportement transversal sur toutes les catégories de produits. Ainsi, un ménage pouvait acheter à bas prix certains types de produits et en revanche se faire plaisir sur d'autres articles, en payant un prix élevé. Or, le comportement des foyers a évolué depuis cette époque. En effet, en 2006, les consommateurs ont désormais un comportement plus homogène vis-à-vis du prix, quelle que soit la catégorie de produits. En revanche, cela ne veut pas dire que les « moins cher possible » n'achètent pas des marques ou des produits au même prix que les « raisonnables », les « no limit » ou les « confortables ». L'étude montre en effet qu'ils achètent également des marques ou encore des produits festifs, mais bien moins fréquemment que les autres types de consommateurs.

Source : TNS Worldpanel, « Les consommateurs face au prix », 2006, www.tns-worldpanel.fr.

1.1.2. Facteurs explicatifs de la sensibilité au prix

Quels sont les facteurs explicatifs de la sensibilité au prix ? Le niveau de revenu n'explique pas tout : en effet, à niveau de revenu constant, le degré de sensibilité varie selon les consommateurs. Cinq facteurs sont susceptibles d'expliquer ce degré.

— *Grandes différences entre les marques*

Lorsque les comparaisons sont difficiles, le prix devient un indicateur privilégié pour discriminer les marques.

— ***Budget de la catégorie de produit***

Plus le coefficient budgétaire (dépenses dans la catégorie/revenu disponible) s'élève, plus le consommateur tend à être sensible aux variations de prix.

— ***Adéquation aux attentes***

Si une marque offre quelque chose d'unique (avantage concurrentiel), par exemple une robustesse exceptionnelle, et si ce bénéfice est fortement valorisé, le consommateur sera moins sensible au prix.

— ***Anticipations***

Elles peuvent accroître ou diminuer la sensibilité au prix immédiat, en intégrant les coûts d'entretien, la valeur de revente, l'énergie nécessaire au fonctionnement, les variations des prix, la possibilité de dégrèvements fiscaux, etc.

— ***Connaissance des prix***

Les acheteurs sensibles au prix donnent une estimation des prix plus précise. Pour les produits courants, environ 30 % à 50 % des acheteurs connaissent le prix des produits, 30 % à 40 % donnent un prix très différent de la réalité et 20 % n'ont aucune idée. Le Focus-Manager 11.2 donne plus d'informations sur cette question.

1.2. Perception d'un prix et prix de référence

Un prix similaire peut être considéré comme cher par l'un, bon marché par l'autre. Cette perception « prix cher/prix bon marché » dépend de plusieurs éléments, tout en s'appuyant largement sur la notion de prix de référence.

1.2.1. Déterminants de la perception d'un prix

Lors de l'évaluation d'un produit, si le prix réel (prix objectif) est secondaire, la perception de son niveau (prix subjectif) est souvent primordiale. Cinq facteurs jouent un rôle clé.

— ***Pouvoir d'achat***

Toutes choses égales par ailleurs, l'acheteur disposant d'un revenu élevé tend à percevoir un prix donné comme meilleur marché que l'acheteur à faible revenu.

— ***Situation de consommation***

Selon l'usage prévu, l'environnement de consommation, l'expertise de l'acheteur, un même prix est considéré comme cher ou, au contraire, comme bon marché. Par exemple, une raquette de tennis coûtant 100 euros sera jugée chère par un débutant et bon marché par un joueur classé. De même, 300 euros pourront être considérés comme un prix normal pour une robe de cocktail, mais trop élevé pour une robe à porter au quotidien.

— ***Qualité globale anticipée***

Intuitivement, l'individu perçoit que « toute qualité se paie ». Pour chaque niveau de prix, il s'attend à une qualité standard. Si le produit offre des résultats supérieurs à ceux attendus, le prix est perçu comme « bon marché, par rapport à la qualité offerte ». Cette relation entre la qualité et le prix sera développée dans le paragraphe suivant.

FOCUS-MANAGER

11.2. Connaissance des prix et implications managériales

Une part importante de consommateurs (36 %) ne regarde jamais les prix et seulement 19 % des acheteurs se déclarent prêts à changer de point de vente pour profiter d'une promotion de prix[1]. Peu de consommateurs sont capables de citer le prix exact des produits qu'ils ont achetés auparavant. La connaissance d'un prix diminue rapidement : l'acheteur tend à oublier le prix du produit acheté quelques secondes auparavant, dès qu'il porte son attention sur l'achat suivant.

Les estimations fluctuent selon les recherches : ainsi, 30 à 50 % des consommateurs sont capables de fournir une estimation avec une marge d'erreur minime (à ± 10 %) ; 30 à 40 % font une erreur importante ; et environ 20 % n'ont aucune idée du prix. La marge d'erreur moyenne tourne autour de ± 15 % par rapport au prix exact[2]. Les produits ayant la marge d'erreur la plus forte sont ceux pour lesquels le consommateur dispose de peu d'expérience : plus on achète souvent dans une catégorie de produit, plus on mémorise un prix exact. L'erreur moyenne s'accroît avec le niveau de revenu ; de même, en période de croissance économique, les consommateurs tendent à moins se souvenir des prix, alors qu'en période de chômage ou de récession, c'est l'inverse. En revanche, la catégorie de produit ne semble pas produire d'effet significatif sur le souvenir des prix.

Ainsi, le fait de se remémorer le prix témoigne d'une plus grande sensibilité à celui-ci. Inversement, ne pas s'en souvenir ou commettre une marge d'erreur importante, traduit une plus grande insensibilité au prix. D'un point de vue managérial, si un consommateur surestime le prix de sa marque (mais pas ceux des marques concurrentes), l'entreprise peut augmenter son prix pour améliorer ses marges. Elle peut aussi le maintenir si elle préfère accroître sa part de marché, mais il lui faudra alors communiquer sur son véritable prix pour améliorer la connaissance des clients potentiels. Le problème s'avère plus délicat si le consommateur sous-estime le prix de cette marque et pas ceux des concurrents : les intentions de choix seront alors artificiellement accrues, les ventes réelles seront probablement en deçà des prévisions.

Source : Vernette, É., Filser, M., Giannelloni J.-L., *op. cit.*, p. 284.

— *Réputation de marque*

À prix équivalent, la marque disposant de la meilleure réputation aura une perception de prix meilleur marché que les autres. Par exemple, si Chanel, Cacharel et Yves Rocher lancent chacun une eau de toilette à un prix identique de 70 euros, ce prix sera probablement considéré comme bon marché pour Chanel, moyen pour Cacharel et cher pour Yves Rocher.

1. Urbany, J. E., Dickson, P. R., Sawyer, A. G, « Insights into cross and within store price search : retailers estimates vs consumer self report », *Journal of Retailing*, 76, summer 2000, pp. 243-254.
2. Sur ces questions, voir Zollinger, M., « Le jugement comparatif des prix par le consommateur », *Recherche et Applications en Marketing*, vol. 19, 2, 2004.

— Moyenne de prix de la catégorie de produits

La perception d'un prix se fait de manière comparative, par rapport aux marques concurrentes ou aux autres produits substituables. Ainsi, le prix d'un nouveau jeu vidéo est comparé au prix moyen existant sur le marché pour la catégorie « jeu vidéo ». Si le consommateur trouve ce prix moyen trop élevé, il n'achètera pas dans cette catégorie de produits et se rabattra sur un produit de loisir moins cher, tel qu'un CD, une paire de rollers, etc.

1.2.2. Prix de référence interne

Avant l'achat, le consommateur évalue une zone de prix correspondant à ce qu'il estime être le prix normal à payer pour acquérir un produit ou une marque. Ce prix correspond à celui que le consommateur a mémorisé (lors du dernier achat) ou à celui auquel il s'attend s'il s'agit d'un produit qu'il n'a jamais acheté auparavant. Ce prix attendu correspond au prix de référence interne. À chaque niveau de qualité est associé un prix de référence particulier, propre à chaque consommateur. Par exemple, un automobiliste a en tête un prix de référence pour le litre de diesel, un autre pour l'essence sans plomb. Ceux-ci sont formés par ses passages successifs devant des stations-service. Le prix interne se décompose en trois branches.

La première, le *prix interne attendu*, désigne l'objectif de prix ou le budget que s'est fixé le consommateur avant l'achat du produit ou du service.

La deuxième branche est le *prix interne du marché*, c'est-à-dire les différents intervalles de prix mémorisés par l'acheteur concernant les produits ou marques de bas, moyenne et haut de gamme. Ils se fondent normalement sur des observations récentes du marché. Ainsi, bon nombre d'automobilistes actualisent régulièrement leurs prix internes correspondant à un plein d'essence, sous l'effet des fluctuations du prix du baril de pétrole. Le consommateur a un prix interne pour un achat en grande surface, un autre pour un plein sur l'autoroute, etc.

Enfin, la dernière est le *prix interne historique*, ou prix d'équilibre forgé sur une séquence d'achats antérieurs. Noyau « raisonnable » du prix, ce niveau évolue plus lentement que le prix interne de marché. Il freine ou accélère la décision, si l'acheteur anticipe une baisse ou une hausse ultérieure des prix, par exemple dans le cas d'un investissement immobilier.

La très grande majorité des consommateurs dispose d'un prix de référence interne pour tous les produits, même s'ils n'ont aucune expérience de la catégorie de produits (voir Figure 11.2). En revanche, selon le degré d'expertise, la confiance dans ce prix est plus ou moins forte. Le prix de référence s'exprime fréquemment sous la forme d'une marge de fluctuation, plus ou moins large, plus ou moins réaliste par rapport aux prix effectifs, selon la familiarité de l'acheteur avec la catégorie de produits. De plus, le consommateur ne dispose pas d'un seul prix de référence, mais d'une série de prix pivots, flexibles selon le niveau de qualité souhaité, la situation de consommation prévue, etc.

Catégories de produits	% de consommateurs ayant un prix de référence	% de consommateurs n'ayant pas de prix de référence
Baguette de pain	100	0
Ticket de bus	99	1
Place de cinéma	99	1
Chocolat	99	1
Pâtes	95	5
Huile	92	8
Jeans	100	0
Lunettes de soleil	96	4
Montre	99	1
Lave-vaisselle	90	10
Magnétoscope	94	6
Tondeuse à gazon	73	27

Source : Zollinger, M., « Le prix de référence interne », *Décisions Marketing*, 6, 1995, p. 89-101.

Figure 11.2 : Prix de référence interne et catégories de produits

1.2.3. Prix de référence externe

Le prix de référence interne est comparé aux prix observés sur le lieu de vente ou fournis dans une publicité. Ces informations apportées par l'environnement définissent le prix de référence externe. La confrontation entre le prix attendu (prix de référence interne) et le prix du marché (prix de référence externe) détermine la perception de prix cher ou bon marché.

> Prenons l'exemple d'une ménagère qui fait ses courses pour la première fois chez Carrefour, alors qu'auparavant elle était cliente d'Auchan. Elle évaluera globalement le niveau de cherté de Carrefour en comparant les prix effectivement pratiqués (prix externes) avec ses souvenirs des prix d'Auchan (prix internes). Ces nouvelles informations externes peuvent être à leur tour stockées en mémoire : dans ce cas, elles modifient et complètent les prix internes précédents.

Tout comme pour le prix de référence interne, il existe plusieurs prix de référence externe.

Tout d'abord, le *prix externe normal* renvoie au prix régulier du produit, habituellement constaté en magasin.

Pour sa part, le *prix externe annoncé* désigne le prix annoncé par le vendeur comme correspondant au prix externe normal. En période de solde, il correspond par exemple au prix barré.

Enfin, le *prix externe exceptionnel* est le prix temporaire constaté sur un point de vente, durant une période de vente promotionnelle. Un prix externe exceptionnel qui serait maintenu de façon durable sera assimilé par le consommateur au prix externe normal.

Les managers marketing, et notamment les distributeurs, cherchent à manipuler, dans un sens favorable, la perception du prix de référence externe. Plusieurs techniques sont utilisées.

— Prix rompus

C'est le prix juste inférieur à l'unité supérieure (= prix rond). Il se termine par généralement par 9 ou 5 : par exemple, 9,95 euros au lieu de 10 euros ; 99 euros au lieu de 100 euros, etc. Cette pratique est très répandue dans la grande distribution, puisque plus de 60 % des prix se terminent par 5 ou 9, que ce soit en France ou aux États-Unis. L'hypothèse faite est que la perception du prix de référence externe est tirée vers le bas, arrondie à l'unité inférieure immédiate, ce prix « magique » suggérant un prix promotionnel. Certaines recherches ont confirmé l'intérêt de ces pratiques : ainsi, pour la margarine, une étude menée aux États-Unis a mis en évidence un impact beaucoup plus fort sur la demande lorsque le prix baisse de 89 à 69 cents, plutôt que de 89 à 71 cents. Mais d'autres études arrivent à des résultats inverses, pour d'autres catégories de produits. L'explication la plus logique serait qu'un prix rompu est effectivement perçu comme moins cher, mais que cet effet peut être compensé s'il suggère une qualité moindre. Le Focus-Manager 11.3 développe d'autres exemples.

FOCUS-MANAGER

11.3. LES PRIX À TERMINAISON EN 9 SONT-ILS DES PRIX MAGIQUES ?[3]

Deux catalogues de vêtements de 24 pages chacun, constitué des mêmes produits, ont été envoyés à deux échantillons de 30 000 femmes aux États-Unis. Le premier ne comportait que des prix se terminant par « ,99 », le second n'avait que des prix ronds se terminant par « ,00 ». Les échantillons étaient comparables en termes de représentativité. Les résultats montrent un taux d'achat légèrement supérieur pour les prix en « ,99 » (3,23 % contre 3,07 %), mais la différence n'est pas statistiquement significative. En revanche, le montant moyen d'achat est plus élevé dans le premier cas que dans le second (80,91 dollars contre 78,75 dollars). L'explication avancée est que les terminaisons en « ,99 » suggèrent un sentiment de promotion, source de bonnes affaires potentielles.

Dans une autre expérience portant sur la composition d'un repas pris dans un self-service, on avait mélangé des prix ronds (prix se terminant par 0,9) et d'autres se terminant par 0,25 ou 0,50. Les plats en terminaison 0,9 ont statistiquement été plus choisis que les autres. De plus, lorsque le prix se terminait par 0,9, le prix mémorisé a très souvent été arrondi à l'unité : un plat affiché à 6,99 dollars est rappelé à 6,00 dollars, tandis qu'un plat à 7 dollars est mémorisé à 7 dollars, voire 7,25 dollars.

L'effet positif des terminaisons pleines se fait sentir dans le cas d'une loterie. Ainsi, on a montré que si la cagnotte d'une loterie passe de 9 à 10 millions de dollars, le nombre de billets vendus augmente de 670 000. En revanche, une augmentation de 10 à 11 millions de dollars n'accroît les ventes que de 340 000 unités, soit deux fois moins…

3. On trouvera les références de ces études et d'autres, dans Guégen, N., *100 petites expériences en psychologie du consommateur,* Dunod, 2005, chapitre 1.

— *Franchissement du seuil d'intensité minimal*

Les travaux de Weber ont montré que la variation d'un stimulus n'était perçue qu'au-delà d'un minimum de variation relative. Cette variation minimale doit être supérieure à une constante $k = \Delta I/I$, où ΔI est la variation de l'intensité stimulus et I, le niveau d'intensité initial du stimulus. Supposons par exemple que k soit égal à 0,05 pour une voiture : une baisse de 3 % ne sera pas réellement perçue par l'acheteur, le nouveau prix étant considéré comme égal à l'ancien.

Ainsi le principe du « bonus/malus écologique » mis en place en 2008 devrait profiter doublement aux petites voitures. D'une part, parce qu'émettant moins d'oxyde de carbone, les acheteurs vont bénéficier d'une prime variant de 200 à 5 000 euros. D'autre part, leur prix étant bon marché, une prime de 1 000 euros pour un véhicule neuf valant 10 000 euros, représentera une économie de 10 %. En contrepartie, le malus affectant les voitures les plus polluantes, souvent les plus chères à l'achat, risque de ne pas être perçu par les acheteurs. En effet, le « malus écologique » se traduit par une majoration du prix d'achat de 200 à 2 600 euros, soit pour un véhicule valant 50 000 euros à l'achat, une hausse comprise entre 0,4 % et 5 %.

— *Prix barrés*

Cette technique consiste à afficher un prix barré, correspondant au prix normal du produit, à côté du prix en promotion. Le distributeur peut être tenté d'afficher un prix barré artificiellement gonflé, pour accroître la perception de la réduction consentie. Des recherches menées aux États-Unis montrent que cette « tromperie » peut se révéler payante si le prix barré reste acceptable par le consommateur. Par ailleurs, les marques les moins connues sont les plus favorisées par cette manipulation, le consommateur remettant moins en cause un prix barré fantaisiste, par manque d'informations[4].

Figure 11.3 : Exemples de cadrage d'un prix

4. Cette pratique est interdite en France, car le prix barré doit correspondre au prix moyen pratiqué dans les trois semaines précédant la promotion.

— *Effet de cadrage*

Certaines publicités affichent le prix d'achat global d'un produit ou d'un service en dépense quotidienne. La Figure 11.3 montre un exemple de consommation étalée dans le temps (téléphone mobile) exprimée en dépense quotidienne (95 centimes par jour) ou en dépense annuelle (350 euros par an). Cette manipulation du cadrage du prix a-t-elle un effet sur la perception de la valeur de l'offre par le consommateur ? En d'autres termes, l'acheteur aura-t-il l'impression de faire une meilleure affaire si le prix global d'achat est présenté sous forme d'une dépense journalière plutôt qu'exprimé globalement ?

Les recherches montrent qu'un prix d'achat formulé en dépense quotidienne tend à augmenter la perception de la valeur de l'offre. Ainsi, comme le montre la Figure 11.4, l'offre de téléphonie mobile ou l'abonnement à une salle de sport sont perçus comme plus intéressants (scores de 6,63 et 5,85) s'ils sont exprimés en dépense quotidienne. Ces mêmes offres exprimées en coût annuel voient leur valeur diminuer de manière significative (scores de 4,45 et 4,83)[5]. Cependant, la réalité est plus complexe. En effet, l'effet du cadrage journalier ne marche que s'il s'agit d'une consommation étalée dans le temps. En présence d'une consommation immédiate (par exemple, l'achat d'un billet d'avion ou d'un repas au restaurant), l'effet s'inverse : il vaut mieux présenter le prix global plutôt que de l'exprimer en dépense quotidienne. De plus, dans le cas d'une consommation étalée dans le temps, la comparaison de la dépense quotidienne avec une dépense équivalente d'un autre produit courant n'est pas intéressante. Par exemple, « *un ordinateur portable wi-fi à un euro par jour, soit le prix d'un café* » sera perçu comme moins attractif que « *un ordinateur portable wi-fi à un euro par jour* ». En revanche, l'effet du cadrage journalier reste profitable par rapport au cas où la dépense serait exprimée globalement.

Mobile		Gym	
jour	an	jour	an
6,63	4,45	5,85	4,83

Source : Gourville, J., « L'effet des comparaisons implicites et explicites sur la formulation temporelle des prix », *Recherche et applications en marketing*, 15,3, 2000, pp. 89-99.

Figure 11.4 : Effet du cadrage d'un prix sur la perception de la valeur

1.3. Rôle du prix pour évaluer la qualité d'un produit

Nous allons voir dans ce paragraphe comment la perception d'un niveau de prix (cher ou bon marché) peut modifier la perception de la qualité d'un produit.

1.3.1. La relation qualité/prix

Bon nombre d'observations suggèrent l'existence d'une corrélation positive entre le prix et la qualité du produit perçue par le consommateur : plus le prix est considéré comme cher, meilleure sera la qualité perçue.

5. Gourville, J., « L'effet des comparaisons implicites et explicites sur la formulation temporelle des prix », *Recherche et Applications en Marketing*, 15, 3, 2000, pp. 89-99.

La vente d'oranges sur un marché est souvent prise comme exemple pour illustrer cette relation. Un matin, un marchand divise en deux tas de qualité strictement identique son stock initial d'oranges. Le prix du premier est de 1,10 euro le kilo et celui du second s'élève à 1,90 euro le kilo. À sa grande surprise, les oranges les plus chères se vendent le mieux. La semaine suivante, il interroge ses clientes habituelles. Celles qui ont acheté les oranges les plus chères se révèlent, dans l'ensemble, plus satisfaites de leur qualité que celles qui ont acheté les oranges les moins chères.

La réalité n'est pas aussi simple. Les recherches montrent que cette relation n'est pas généralisée. Tout d'abord elle ne fonctionne que si le consommateur ne connaît pas la réputation de la marque. De surcroît, plusieurs cas de figure doivent être envisagés.

— *Cas n° 1*

L'achat n'a pas de caractère impliquant. En outre, le consommateur ne dispose pas d'autres informations sur le produit que son seul prix de vente et il ne lui est pas possible d'essayer le produit ou de se renseigner auprès d'amis. Si cette double condition est remplie, la relation entre qualité et prix fonctionne relativement bien. L'exemple des oranges vendues sur le marché ou des produits courants (dentifrice, savon, sucre, etc.) correspond à ce cas.

— *Cas n° 2*

L'achat a un caractère impliquant. La relation fonctionne avec les consommateurs qui sont peu, ou pas du tout, familiers avec le produit. En d'autres termes, les consommateurs dont l'expertise est faible auront tendance à considérer que la qualité est bonne, s'ils jugent le prix du produit élevé. En revanche, pour les consommateurs disposant déjà d'une bonne expérience avec le produit, la relation ne fonctionne pas. L'explication vient du fait que l'expert utilise d'autres indicateurs que le prix pour évaluer la qualité du produit. Par exemple, un skieur de compétition observe la cambrure d'un ski, vérifie la composition du noyau à partir des fiches techniques ; pour un débutant, ces informations ne signifient rien, seul le prix a un sens clair.

1.3.2. Prix, image de marque et qualité perçue

On considère maintenant que le consommateur connaît la marque du produit, ne serait-ce que de nom. Dans ce contexte, la relation entre prix et qualité perçue joue-t-elle encore ? Les études montrent que la corrélation est plus forte entre l'image de la marque et la qualité perçue qu'entre le prix et la qualité perçue. Si le consommateur a, préalablement à l'achat, une bonne image de la marque, il y a de fortes chances pour qu'il en déduise que la qualité est bonne. Une variation éventuelle du prix produirait un effet mineur sur la perception de la qualité.

Ces résultats sont surtout vérifiés dans un contexte d'achat impliquant. La marque est alors considérée comme un indicateur, garant d'un niveau de qualité identique d'un produit à l'autre.

Une célèbre étude a été réalisée aux États-Unis auprès de 326 buveurs réguliers de bière[6].

6. Allison, R., Uhl, K., « Influence of beer brand identification on taste perception », *Journal of Marketing Research,* août 1964, pp. 36-39.

Elle montre que l'évaluation des qualités d'une bière dépend essentiellement de l'image préalable du consommateur vis-à-vis des marques.

Ainsi, quand les marques sont cachées, les consommateurs considèrent qu'elles se valent à peu près toutes et sont incapables de les différencier sur des attributs tels que l'arrière-goût, l'arôme, l'amertume, la quantité de gaz ou de mousse, etc. De plus, dans 85 % des cas, la marque déclarée au préalable comme étant la préférée n'est pas statistiquement mieux évaluée que les marques concurrentes.

Mais quand les marques sont apparentes, les consommateurs surnotent leur marque favorite par rapport aux autres, dans 70 % des cas. Des différences significatives sont perçues entre les bières sur des attributs tels que l'arrière-goût, la force et l'arôme.

Lorsque la marque, le canal de distribution et le prix sont présents, la marque a un impact déterminant sur l'évaluation de la qualité du produit, alors que l'influence du prix et l'image du point de vente ne sont pas significatives.

Dans une autre étude, 585 étudiants américains devaient évaluer la qualité de calculettes et de baladeurs[7]. Les prix variaient de 14 à 39 dollars pour les calculettes et de 34 à 88 dollars pour les baladeurs. En outre, deux magasins à image différente et quatre marques (Hewlett-Packard, Sony et deux marques de distributeurs) avaient été sélectionnés. Les résultats montrent que si la marque est bien évaluée, un niveau de prix trop faible n'a pas d'influence sur la qualité perçue ; à l'inverse, une marque mal évaluée ne voit pas la perception de sa qualité s'améliorer si le prix est jugé cher. En revanche, en l'absence de la marque, le prix redevient un indicateur déterminant pour évaluer la qualité perçue. D'autres traitements ont mis en évidence la primauté de la marque sur le prix ou le magasin pour l'évaluation de la qualité.

Sur un plan stratégique, la prépondérance de l'image de marque sur le prix pour déterminer la qualité perçue d'un produit constitue une contrainte majeure pour le chef de produit. Cela implique une bonne cohérence entre la réputation actuelle de la marque et le positionnement prix.

Imaginons que Chanel décide d'accroître sa part du marché des parfums, en baissant de 50 % le prix de son parfum N° 5. Un raisonnement, en apparence logique, consisterait à dire que puisque l'on veut élargir la cible actuelle, il faut attaquer un segment qui dispose de moyens financiers plus limités ; d'où la justification de la baisse de prix. Que risque-t-il de se passer ? Pendant quelques mois, les ventes vont fortement augmenter. « *La qualité Chanel 50 % moins chère, c'est une affaire en or !* », se diront les acheteurs. Mais progressivement, les clientes habituelles de Chanel s'apercevront que la marque devient de plus en plus courante et se « banalise ». L'image de luxe et de prestige, qui sous-tend l'image de qualité, s'effritera. À terme, une trop forte baisse de prix détruit l'image et donc le niveau de qualité perçue.

En conséquence, si une marque bénéficie d'une bonne réputation, elle peut (doit) vendre plus cher que les concurrents. De manière symétrique, une marque à réputation faible peut difficilement améliorer la qualité perçue de ses produits en vendant ceux-ci plus chers que les concurrents : le positionnement prix n'est pas jugé crédible par le consommateur. Enfin, sur certains marchés très sensibles à la relation image/qualité perçue (parfums, vins, bijoux), un positionnement délibéré en « prix économique » peut se révéler intenable. Ce fut

7. Dodds, W., Monroe, K., Greewal, D., « Effect of price, brand and store information on buyer's product evaluation », *Journal of Marketing Research*, août 1991, pp. 307-319.

une cause majeure de l'échec de Bic, lorsque l'entreprise voulut au début des années 1990 lancer une gamme de parfums très bon marché.

FOCUS-MANAGER

11.4. Les parfums Bic, un échec prévisible

En 1988, Bic lance une gamme de parfums vendue aux alentours de 3,80 euros et principalement distribuée dans les bureaux de tabac et les grandes surfaces. Techniquement irréprochables (la teneur en essence est comparable à celle des grandes marques), les produits s'inscrivent dans la ligne du « jetable économique, mais fiable », qui a contribué au succès des autres produits du groupe : rasoirs, stylos, briquets... À l'époque, les produits concurrents en bas de gamme, les moins chers, étaient vendus aux alentours de 10 euros. Pourtant, en juin 1991, Bic arrête la commercialisation de ses parfums, les ventes étant cinq fois inférieures aux prévisions, en dépit d'un budget promotionnel de 50 millions d'euros.

Cet échec était prévisible. En effet, les relations prix/qualité perçue et image/qualité perçue jouent pleinement sur le marché des parfums : les études montrent qu'un parfum bon marché tend à être considéré comme de mauvaise qualité. Si la marque dispose au départ d'une bonne réputation, un prix trop faible sera source de dégradation de l'image. Or, dans le cas de Bic, le territoire de la marque et le positionnement des produits du groupe représentent un lourd handicap pour la pénétration du marché des parfums. En effet, le territoire de la marque est le « jetable », ce qui suggère un environnement dévalorisant pour l'odeur (déchets, poubelle, etc.), alors qu'un parfum doit plutôt évoquer le mystère, le rêve ou la séduction. De surcroît, le positionnement prix « ultra-économique » (c'était le moins cher des produits du marché) situe clairement la marque comme le « bas de gamme du bas de gamme ». Enfin, la communication a largement souligné l'aspect utilitaire et ludique du packaging : on y voyait un garçon en train de séduire une fille, le parfum dépassant de la poche arrière du jean, tel un vulgaire peigne. L'accroche insistait lourdement sur la situation : « *C'est dans la poche* »... Dès lors, il n'est guère surprenant que la qualité perçue du produit soit jugée mauvaise, en dépit d'une qualité intrinsèque tout à fait honorable, puisque, de l'avis des professionnels de la parfumerie, les produits étaient sans défauts.

1.4. Études consommateurs et fixation du prix

1.4.1. Méthode du prix psychologique

Plusieurs techniques permettent d'estimer le prix d'un produit attendu par les consommateurs. Elles reposent toutes sur deux hypothèses : la formation d'une zone d'acceptabilité des prix et l'existence d'une relation entre le prix et la qualité d'une part. Ainsi, la connaissance des prix du marché permet au consommateur de déterminer un prix plancher, en dessous duquel l'acheteur considère que le produit n'est pas de qualité suffisante, et un prix plafond, au-dessus duquel ses contraintes budgétaires interdisent l'achat. Ces éléments donnent plusieurs plages de prix qui se superposent.

Par exemple, la Figure 11.5 montre que pour ce consommateur, son étendue des prix en matière d'eau de toilette oscille entre 20 euros et 90 euros (prix du marché) ; son bas de gamme varie de 20 à 40 euros, le haut de gamme étant supérieur à 90 euros. Un prix inférieur à 30 euros serait jugé trop faible et un prix supérieur à 90 euros serait excessif. L'objectif de prix à payer (prix de référence interne) se situe entre 50 et 60 euros.

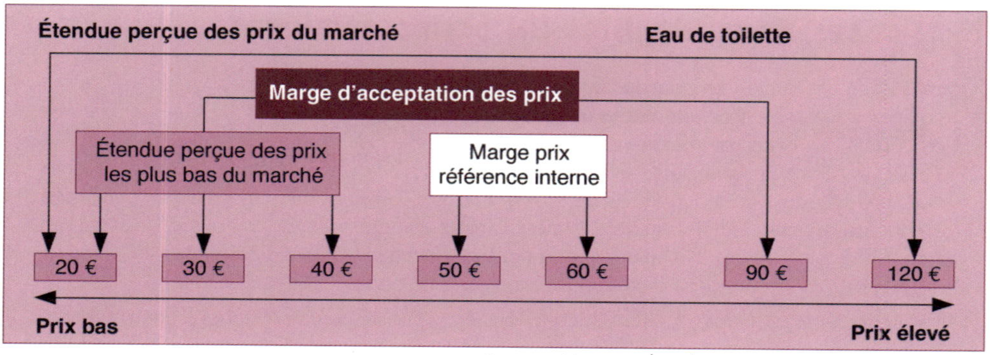

Source : Vernette, É., Filser, M., Giannelloni J.-L., *op. cit.*

Figure 11.5 : Zone d'acceptabilité du prix d'une eau de toilette pour un consommateur

Le consommateur utilise ses prix de référence pour « caler » une estimation de ce que devrait coûter le produit. Cette méthode a pour objectif de déterminer l'ampleur de la marge de fluctuation admise par le consommateur autour des prix de référence. Cette zone de prix jugés acceptables est appelée « prix psychologique ».

L'objectif des différentes méthodes d'estimation du prix psychologique est de déterminer les frontières de la zone d'acceptabilité des prix et d'estimer les ventes potentielles associées à chaque niveau de prix. Nous présentons dans la Fiche technique 11.1 les deux méthodes les plus courantes.

FICHE TECHNIQUE

11.1. MÉTHODES D'ESTIMATION DU PRIX PSYCHOLOGIQUE

1. Méthode des prix minimum/maximum

Cette méthode est due à Stoezel et Adam[8]. Elle donne directement la fourchette de prix acceptable pour chaque consommateur, le taux d'acceptabilité pour chaque tranche de prix et les ventes potentielles associées. Un échantillon d'environ 200 à 300 personnes appartenant à la cible visée est nécessaire. On pose à chaque répondant deux questions :

– Q1 : « *En dessous de quel prix n'achèteriez-vous plus ce produit, parce que vous estimeriez sa qualité insuffisante ?* »

– Q2 : « *À partir de quel prix considérez-vous que ce produit est vendu à un prix excessif ?* »

8. Stoezel, J. « Le prix comme limite », in Reynaud, P.L., *La Psychologie économique*, Paris, M. Rivière éd., 1954 ; Adam, D., *Les Réactions du consommateur devant le prix*, Paris, Sedep, 1958.

On calcule indirectement une zone de prix acceptable, correspondant à celle où le prix proposé garantit une qualité suffisante, tout en restant abordable au plus grand nombre de consommateurs. On cumule les pourcentages des différents seuils de prix minimum et maximum et, par soustraction, on détermine les taux de pénétration. La figure ci-dessous donne un extrait de cinq questionnaires (fictifs) tirés d'un échantillon de consommateurs interrogés sur le prix d'une nouvelle crème solaire aux extraits de réglisse :

Répondants	***« En dessous de quel prix, n'achèteriez-vous plus cette crème solaire, car vous jugeriez sa qualité insuffisante ? »***	***« À partir de quel prix considéreriez-vous que cette crème solaire, est vendue à un prix excessif ? »***
n° 1	1 €	3 €
n° 2	2 €	4 €
n° 3	3 €	5 €
n° 4	2 €	6 €
n° 5	1 €	4 €

On répartit dans un premier temps les réponses dans les différents intervalles de prix, puis on effectue les cumuls (descendant et ascendant) ; nous les présentons dans le tableau suivant.

Intervalle de prix (€)	**Prix qualité insuffisante**			**Prix excessif**			**Pénétration (% acheteurs) = 100 – (1 + 2)**	**Chiffre d'affaires potentiel théorique (3)**
	(effectif répondants)	**(% répondants)**	**(cumul % répondants) (1)**	**(effectif répondants)**	**(% répondants)**	**(cumul % répondants) (2)**		
0 à 0,99	0	0 %	100 %	0	0 %	0 %	0 %	0 €
1 à 1,99	2	40 %	60 %	0	0 %	0 %	40 %	3 €
2 à 2,99	2	40 %	20 %	0	0 %	0 %	80 %	10 €
3 à 3,99	1	20 %	0 %	1	20 %	20 %	80 %	14 €
4 à 4,99	0	0 %	0 %	2	40 %	60 %	40 %	9 €
5 à 5,99	0	0 %	0 %	1	20 %	80 %	20 %	5,5 €
≥ 6	0	0 %	0 %	1	20 %	100%	0 %	0 €

(1) 100 % des répondants considèrent que, jusqu'à 0,99 euro, cette crème solaire ne peut être de qualité suffisante ; 60 % des répondants (100 % - 40 %) considèrent que, jusqu'à 1,99 euro; cette même crème ne peut être de qualité suffisante, etc.

(2) Aucun répondant ne pense qu'un prix égal ou inférieur à 2,99 euros soit excessif pour la crème solaire, mais 20 % considèrent qu'à partir de 3 euros le prix est excessif, puis 60 % (= 20 % + 40 %) indiquent qu'à partir de 4 euros le prix est excessif, etc.

(3) On a retenu comme prix moyen le milieu de chaque intervalle, soit pour 1,5 euro pour (1 à 1,99 euro) ; dans cette tranche, le chiffre d'affaires est de 3 euros (=1,5 € x 40 % x 5 répondants).

2. Méthode des prix limites

C'est une variante de la méthode précédente ; elle a été proposée par Gabor et Grcnger[9]. La zone d'acceptabilité est identifiée par des présentations successives aux répondants de différents scénarios de prix. Le prix psychologique n'est pas demandé directement au répondant, mais se déduit des réponses séquentielles. Pour chaque scénario, deux questions sont posées :

– Q1 : « *Achèteriez-vous ce produit au prix de x € ?* »

– Q2 : « *Diriez-vous que ce prix est : trop bon marché, correct, trop cher ?* »

Bien que plus longue à administrer, cette approche donne aux répondants des prix de marché plausibles, les scénarios étant choisis par le chargé d'étude. En revanche, il arrive que les intervalles de prix proposés ne contiennent pas les bornes de prix acceptables et inacceptables, ce qui constitue une limite de la méthode.

Source : Vernette, É, Filser, M., Giannelloni, J.-L., *op. cit.*

1.4.2. Modèle de mesures conjointes

Ce modèle s'appuie sur l'hypothèse que le consommateur considère chaque produit sous la forme d'un panier d'attributs : le prix n'est qu'un des éléments du choix dont il convient d'apprécier le poids relatif conjointement aux autres attributs. Ainsi, un prix jugé élevé peut rester malgré tout acceptable, si par ailleurs, le produit procure un bénéfice jugé prioritaire, par exemple l'esthétique, la robustesse, etc.

Le choix final repose sur un arbitrage entre différentes alternatives : par exemple, un consommateur hésite entre le produit A, jugé comme ayant « un prix élevé, une esthétique superbe et solide » et un concurrent B, doté d'« un prix faible, solide, mais inesthétique ». Le modèle de mesures conjointes évalue cet arbitrage en calculant un score global d'utilité pour chaque alternative, à partir des réponses fournies par un échantillon de consommateurs (voir Fiche technique 11.2).

Au terme de ces analyses, le chef de produit connaît les poids relatifs de chaque attribut, ce qui lui permet de comparer la déterminance du prix à celle des autres critères de choix. La méthode offre en outre la possibilité de calculer les parts de marché théoriques qu'obtiendrait chacun des produits alternatifs présentés. Enfin, il est possible d'isoler les segments les plus (ou les moins) sensibles au prix et de les décrire à partir de variables sociodémographiques, des quantités achetées, etc.

9. Gabor, A., Granger, J., « Price as an indicator of quality : report of an inquiry », *Economica*, février 1966, pp. 43-70.

FICHE TECHNIQUE

11.2. Modèle de mesures conjointes

1. Contexte

Un promoteur immobilier s'apprête à réaliser une résidence de loisirs dans une station balnéaire. L'emplacement est situé à deux kilomètres de la plage. La surface des studios serait de 30 mètres carrés. Un calcul prévisionnel montre que l'opération est rentable, si l'on peut louer au moins 750 euros la semaine, en haute saison. Existe-t-il un marché potentiel suffisant pour cette opération ?

2. Étapes de la méthode

– *Recherche des critères de choix potentiels et descriptif des produits* : une étude antérieure a révélé que les consommateurs considèrent quatre éléments : le prix, la distance par rapport à la mer, le style de résidence et la surface. Pour déterminer les niveaux de chaque critère, on s'est contenté d'observer les produits offerts par la concurrence. Quatre produits types ont été détectés :
  - Produit 1 : « 600 euros, 10 km de la plage, studio 40 m^2, résidence ancienne » ;
  - Produit 2 : « 700 euros, 5 km de la plage, studio 30 m^2, résidence ancienne » ;
  - Produit 3 : « 800 euros, 1 km de la plage, studio 25 m^2, résidence récente » ;
  - Produit 4 : « 1 000 euros, au bord de la plage, studio 20 m^2, résidence récente ».

  En outre, notre promoteur s'interroge : vaut-il mieux construire un studio de 40 mètres carrés, à deux kilomètres de la plage, mais loué à 1 000 euros la semaine, plutôt que la formule envisagée au départ ?

– *Collecte* : deux variantes sont possibles. Avec la première méthode, on bâtit des profils de produits complets et les enquêtés classent tous les produits par ordre de préférence décroissante. Cette procédure devient très vite inutilisable si le nombre de modalités et d'attributs augmente. Ici, nous avons quatre attributs, comportant deux niveaux (résidence) ou quatre niveaux (prix, distance, surface), soit 128 produits à classer ! Dans la pratique, les répondants ne les classent pas tous, diverses procédures d'expérimentation permettant de réduire les comparaisons.
  La seconde variante procède par compensation (modèle *trade-off*), c'est-à-dire que l'on ne présente aux interviewés que des produits définis par deux attributs (un niveau de prix et un autre attribut) : par exemple « 1 000 euros au bord de la plage et 800 euros et 1 km ». Le nombre de produits à classer descend à seize (quatre niveaux de prix x quatre niveaux de distance) pour la série concernant l'attribut distance. On continue ensuite avec une nouvelle série comprenant le prix et un nouvel attribut parmi les restants (surface, résidence).

– *Analyse* : le modèle calcule un score d'utilité globale pour chaque produit et chaque individu. Par exemple, le produit n° 2 pourrait obtenir un score de 95 points, alors que le produit n° 1 n'atteindrait que 70 points. Le modèle décompose ensuite chaque utilité globale en score d'utilité partielle, sur chaque composante du produit. Par exemple, le total de 70 points du produit n° 1 se décomposerait ainsi : 45 points pour le prix de 600 euros, 5 points pour la distance de 10 kilomètres et 20 points pour la surface de 40 mètres carrés. On déduit l'importance respective des critères de choix (prix, distance, surface) en calculant les valeurs absolues des écarts entre les modalités extrêmes de chaque attribut : par exemple, si la modalité 600 euros vaut « 45 points » et celle de 1 000 euros vaut « – 20 points », l'écart absolu est égal à 65 points. On compare ce score à ceux obtenus par les autres attributs. Le système d'arbitrage du consommateur pour le choix d'une location est mis à jour. Ainsi, le chef de produit peut prévoir l'impact d'une modification de prix sur les décisions du consommateur.

FICHE TECHNIQUE

11.3. ÉLASTICITÉ DE LA DEMANDE/PRIX

1. Élasticité simple

Elle exprime l'impact sur la demande d'un produit ou d'une marque (exprimé en pourcentage) d'une modification de prix (en pourcentage) de ce produit ou de cette marque. La formule de calcul est égale à :

$$\frac{\text{Variation de la demande (Q) en pourcentage}}{\text{Variation du prix (P) en pourcentage}} = \frac{\partial Q/Q}{\partial P/P}$$

EXEMPLE : durant la première semaine de janvier, les yaourts YOGO sont en promotion à 2 euros les douze ; 1 400 tonnes ont été vendues. La deuxième semaine, la promotion s'achève, le prix revient à 2,80 euros les douze ; les ventes tombent à 780 tonnes. L'élasticité prix est de :

$$\frac{(780 - 1\,400)/1\,400}{(2,8 - 2)/2} = \frac{-0,44}{+0,40} = -1,1$$

Une hausse de 40 % du prix entraîne une baisse de la demande de 44 %. La demande de yaourt est donc assez sensible à une variation des prix, elle est « élastique ».

2. Élasticité croisée

Elle intègre les effets d'une variation du prix d'une autre catégorie de produit (ou d'une marque concurrente) sur la demande du produit (ou de la marque) de l'entreprise. Quand l'élasticité est positive, les biens sont substituables, donc concurrents directs ou indirects : par exemple, si le prix de l'électricité augmente, la consommation de fuel ou de gaz augmente. Une élasticité croisée nulle signifie que les produits ou les marques ne sont pas concurrents. Si l'élasticité est négative, les produits ou les marques sont complémentaires : une baisse de prix des imprimantes laser augmente la demande de cartouches d'encre laser.

$$\frac{\text{Variation de la demande du produit (Qa) en pourcentage}}{\text{Variation du prix du produit (Pb) en pourcentage}} = \frac{\partial Qa/(Qa)}{\partial Pb/(Pb)}$$

EXEMPLE : le retour au prix normal des YOGO (soit une hausse de 40 % du prix) a entraîné une hausse de la demande des YAGI de 30 %. L'élasticité croisée est égale à 0,75. Les yaourts de la marque YAGI sont donc des concurrents directs des YOGO : toute action d'une marque a des répercussions sur l'autre. Dans un tel cas, la lutte concurrentielle est forte. La marque attaquée réagit généralement en lançant à son tour une action promotionnelle ou une campagne de publicité. À l'inverse, les marques à image forte sont mieux protégées par leur capital de marque : la baisse de prix ne les affecte pas ou peu (élasticité croisée nulle ou très légèrement supérieure à zéro).

1.4.3. *Élasticité prix*

Elle mesure la sensibilité des consommateurs à une variation du prix d'un produit ou d'une marque, en supposant que toutes les autres variables marketing sont tenues constantes. Deux types d'élasticité sont utilisés : l'élasticité simple et l'élasticité croisée. La Fiche technique 9.3 expose les différentes formules de calcul. La demande est dite inélastique si le coefficient est compris entre 0 et – 1 : la demande réagit faiblement à une hausse de prix. Inversement, une demande élastique (< - 2) est très sensible à une baisse des prix : dans ce cas, une baisse de 10 % du prix génère une hausse d'au moins 20 % du volume des ventes.

Le chef de produit peut, en comparant les ventes et les variations de prix observées entre deux relevés de panels, estimer ces coefficients. Mais il lui est impossible de maîtriser les actions des concurrents, ce qui fait qu'il n'est pas sûr que les variations observées de la demande soient exclusivement dues aux variations de prix. Les marchés tests simulés résolvent ce type de problème et sont en mesure d'isoler les effets propres à une baisse (ou à une hausse) du prix sur les ventes, en incluant l'effet d'autres variables.

L'INSEE, sur la base de modèles économétriques, estime sur le long terme les différents coefficients pour chaque catégorie de produits. Elle obtient ainsi une élasticité de – 0,6 pour l'essence, – 0,84 pour les boissons alcoolisées, – 1,41 pour l'habillement, – 1,7 pour les shampooings, – 2 pour la confiserie, etc. Dans la pratique, la grande majorité des indices évolue entre – 3 et 0,5, avec une élasticité moyenne égale à – 1,76[10]. Malheureusement, ces coefficients sont sujets à des fluctuations statistiques importantes et dépendent des réactions de la concurrence ou d'effets qualitatifs difficilement mesurables : la force de conviction des vendeurs, la créativité de la campagne publicitaire. En conséquence, la portée marketing des calculs d'élasticité prix reste limitée. Elle n'a de sens qu'intégrée dans le cadre d'une modélisation complexe des marchés.

II. PRIX ET RENTABILITÉ FINANCIÈRE

Le deuxième temps de la fixation du prix prend en compte les contraintes financières. Dès qu'une entreprise a déterminé la zone de prix acceptable pour chaque segment de marché et les volumes prévisionnels de vente, elle vérifie si ces niveaux sont compatibles avec ses objectifs de rentabilité. Cela revient à calculer un résultat prévisionnel (= chiffre d'affaires prévisionnel - coûts prévisionnels).

2.1. Nature des prix de vente

En marketing, l'entreprise doit conjuguer, de manière harmonieuse, deux catégories de prix de vente : le prix distributeur et le prix public.

2.1.1. Prix distributeur

C'est le prix de vente facturé, par le fabricant, au distributeur. Il est généralement exprimé « hors TVA » (HT) et, multiplié par les volumes de ventes prévisionnels, il permet de calculer le chiffre d'affaires prévisionnel en valeur de l'entreprise. D'un point de vue comptable, le chiffre d'affaires s'établit à partir des prix de vente nets,

10. Tellis, G., « The price elasticity of selective demand : a meta-analysis », *Journal of Marketing Research*, 25 novembre 1988, p. 337.

c'est-à-dire après déduction des remises consenties aux distributeurs.

La politique de remise vise à convaincre le distributeur potentiel de référencer le produit, parce que celui-ci lui offre du volume (chiffre d'affaires) et un bénéfice conséquent (marge). C'est pourquoi les remises se calculent généralement à partir du prix de vente public « conseillé » au distributeur (voir Fiche technique 11.4). La force de vente argumente ainsi : « *Si vous suivez nos recommandations, voilà ce que vous allez gagner, grâce à cette remise.* » C'est aussi une forme de pression psychologique pour inciter le distributeur à suivre la politique de prix public souhaitée par le marketing du fournisseur.

L'ensemble des prix de vente d'une entreprise est regroupé dans un document appelé **barème des prix** qui précise les conditions de vente des produits : remises, taux d'escompte pour paiement comptant, délais de règlement, frais de livraison, tribunaux compétents en cas de litige, etc. Ce barème de prix s'applique de la même manière à tous les distributeurs potentiels. Lorsque les conditions de vente sont différentes selon l'acheteur, on est en présence de **conditions discriminatoires**, pratiques jugées abusives par les tribunaux.

Par ailleurs, le prix de vente doit être au moins égal au prix de revient du produit. Dans le cas contraire, il y a vente à perte, pratique également interdite. S'il s'agit d'une stratégie délibérée pour prendre des parts de marché à la concurrence, on parle de « dumping ». Cette action est condamnée par les accords de coopération internationaux sur le commerce, mais leur mise en œuvre est délicate, les éléments de calcul des coûts étant difficiles à établir dans certains pays.

2.1.2. Prix de vente public

Il correspond au prix effectivement payé par le consommateur pour se procurer le produit. Il est exprimé « toutes taxes comprises » (TTC). L'ordonnance du 1er décembre 1986 consacre la liberté de fixation du prix « librement déterminé par le jeu de la concurrence ». En conséquence, le fabricant ne peut imposer un prix de vente public au distributeur[11].

Pourtant le prix public intervient dans l'évaluation de la qualité d'une marque. Par ailleurs, le positionnement d'une marque intègre un niveau de prix public qui doit être conforme à l'image recherchée et cohérent par rapport aux prix des concurrents. Nous avons vu qu'une marque trop souvent « bradée » voyait sa réputation faiblir. Mais l'entreprise peut, tout au plus, conseiller un prix à son distributeur. La seule limite imposée au distributeur est de ne pas vendre moins cher que son prix d'achat (plus les frais de transport) : c'est le « prix coûtant ».

11. La loi Lang du 10 août 1981 sur le prix du livre constitue une rare dérogation à ce principe : le prix public des ouvrages édités depuis moins d'un an est fixé par l'éditeur ; les rabais sont limités à 5 % au maximum.

FICHE TECHNIQUE

11.4. Nomenclature des remises commerciales

1. Remises en cascade

Une première remise se calcule sur le prix brut de départ ; une deuxième s'applique sur le sous-total obtenu et ainsi de suite. Le chiffre d'affaires réel à enregistrer en comptabilité (compte 70 « Ventes ») correspond au prix net à payer. Celui-ci est mentionné sur la facture.

Exemple :

Prix brut (HT)	= 100 euros	
– 10 %	– 10 euros	(1e remise)
	= 90 euros	
– 2 %	– 1,8 euro	(2e remise)
Net à payer (HT)	= 88,2 euros	

2. Remises quantitatives

Le taux de ces remises varie en fonction des quantités achetées, lors d'une même commande. Ce taux est souvent calculé par tranches, en se fondant sur le prix public conseillé. Les seuils choisis ont un caractère incitatif, pour pousser un client potentiel à accroître son volume d'achat prévu, afin de bénéficier d'un meilleur taux. Ces remises sont portées directement sur la facture.

Exemple :

- De 2 à 10 unités = 15 % de remise sur le prix public.
- De 11 à 50 unités = 25 %.
- Plus de 50 unités = 30 %.

3. Remises spécifiques

Ces remises sont très diverses. Il est impossible d'en établir une liste exhaustive, car un directeur commercial peut toujours en imaginer de nouvelles. Citons-en quelques-unes : remise pour commande d'avant-saison (ou d'arrière-saison), remise pour un premier référencement en centrale d'achats, remise d'exclusivité, etc. Ces dernières années, avec la montée en puissance des grandes surfaces, une forme nouvelle de remise s'est généralisée : les remises pour services rendus. Par exemple, la distribution de publicités dans les boîtes aux lettres à l'occasion de l'anniversaire du distributeur, l'attribution d'un emplacement de vente privilégié sont l'occasion de remises consenties par les fabricants. Deux remarques importantes doivent être faites. Tout d'abord, ces remises doivent faire l'objet d'une facturation spéciale, généralement sous la forme d'un avoir. En fin d'année, lors des travaux comptables d'inventaire, les montants totaux cumulés sont déduits du compte « Vente » et donnent le chiffre d'affaires net de l'entreprise. Enfin, selon la loi Galland du 1er juillet 1996 sur « la loyauté et l'équilibre des relations commerciales », les remises hors factures (appelées « marges arrières ») ne pouvaient pas être prises en compte par les distributeurs pour calculer le prix d'achat d'un produit. Autrement dit, on considérerait qu'il y avait vente à perte si le distributeur fixait un prix de vente égal ou inférieur au prix d'achat net, sachant que les marges arrières ne peuvent être prises en compte pour réduire le prix d'achat net. Cette rigidité constituait un frein à la baisse des prix, souvent mise en avant par les distributeurs. La loi Chatel du 3 janvier 2008 a supprimé cet obstacle en autorisant la déduction des marges arrières pour le calcul du prix d'achat.

Comment orienter le niveau du prix de vente public ? Les prix du barème du fournisseur suggèrent incontestablement un seuil de prix public. Mais la pression de la concurrence peut amener le fabricant à baisser le niveau prévu. La politique de remise joue alors un rôle subtil, incitant le distributeur à respecter l'objectif de positionnement, tout en restant concurrentielle face aux marges des autres marques. En outre, le manager marketing s'appuiera sur les résultats de marchés tests pour démontrer au distributeur l'intérêt du respect des prix publics conseillés.

2.2. Prix de revient prévisionnel, marges et coûts

Connaissant le prix de vente public, le manager marketing calcule, avec les services financiers, le prix de revient et les marges prévisionnelles de ses produits et marques. La comptabilité analytique, qui a pour objectif de répartir l'ensemble des charges de l'entreprise sur chaque produit fabriqué, est mise à contribution. Deux philosophies existent pour le calcul d'un prix de revient : le coût complet (« *full cost* ») et le coût partiel (« *direct costing* »).

2.2.1. Coûts complets

On répartit l'ensemble des coûts supportés par l'entreprise sur chaque produit. Si l'affectation des charges directes, c'est-à-dire attribuables sans hésitation à un produit particulier (matières premières, machines, publicité, merchandising, etc.) ne pose pas de problèmes, ce n'est pas le cas des coûts indirects communs à plusieurs produits (assurance, stockage, salaires des cadres, téléphone, etc.). Cette répartition suppose un traitement délicat : création de centres de coûts, introduction de clés de répartition, calcul de coûts d'unité d'œuvre, etc.

L'avantage de cette procédure est qu'elle permet de disposer d'un prix de revient complet et d'un résultat prévisionnel pour chaque produit de la gamme. L'inconvénient vient de l'arbitraire des clés de répartition qui peut pénaliser artificiellement le produit A au profit du produit B. De plus, le prix de revient dépend du niveau de l'activité. Ainsi, avec un chiffre d'affaires de 10 millions, un produit A sera rentable et B déficitaire ; mais si l'on arrête B, le chiffre d'affaires baisse et le prix de revient de A augmente mécaniquement : il y a de grandes chances pour qu'A devienne alors déficitaire…

2.2.2. Coûts partiels

Pour éviter les faiblesses de la méthode précédente, on calcule une structure stable de prix de revient, produit par produit, indépendante du niveau d'activité. On distingue pour cela les coûts variables (charges variant en fonction du chiffre d'affaires) et les frais fixes (charges périodiques indépendantes de l'activité). Voici quelques exemples de coûts :

- charges variables : matières premières, composants, salaires (en partie), packaging, transport, frais de promotion des ventes, etc. ;
- charges fixes : loyer, assurance, téléphone, amortissement, salaires (en partie), publicité, étude et recherche, etc.

On calcule pour chaque produit une marge sur coûts variables égale au prix de vente (HT) moins les coûts variables unitaires. Cette marge permet d'« éponger » la masse de frais fixes supportée par l'entreprise. Les frais fixes se décomposent en frais fixes directs et indirects. En retranchant les frais fixes indirects, on obtient pour chaque produit sa contribution à la couverture des charges fixes indirectes. Le résultat global est formé de la somme des contributions des produits de la gamme, moins les frais de structure (frais fixes indirects). La Figure 11.6 récapitule ces formules.

Marge sur coûts variables du produit A
= Prix de vente – Coûts variables directs

Contribution du produit A
= Marge sur coûts variables de A
– Frais fixes directs de A

Résultat global
= Somme des contributions de tous les produits
– Frais fixes indirects

Figure 11.6 : Marge sur coûts variables et formation du résultat

Avec cette approche, le chef de produit suit plus facilement l'impact de ses actions marketing, en termes de contribution au résultat : par exemple, les effets d'une campagne destinée à relancer les ventes du produit X (= frais fixe direct) ou d'une offre spéciale sur le produit Y (= frais variable) sont directement imputés au produit concerné. Le degré d'autonomie du marketing pour la fixation du budget de publicité ou des actions promotionnelles ou pour l'engagement d'une étude de marché varie sensiblement d'une entreprise à l'autre.

2.2.3. Synthèse

Le calcul des marges et des coûts diffère légèrement entre une entreprise qui a une activité de producteur (de biens ou de services) et celle qui a une activité de commercialisation (achat et revente de biens ou de services en l'état). L'Oréal, Rhône-Poulenc, le Club Méditerranée correspondent au premier cas ; Auchan, la FNAC, une agence de voyages entrent dans la seconde catégorie.

— Les marges d'un producteur

La Figure 11.7 compare les principales méthodes de calcul d'un prix de revient ; elle met en évidence les principaux types de charges et de marges. Parmi ces indicateurs, on parle souvent de « marge brute industrielle », mais son mode de calcul est assez imprécis : certains considèrent qu'elle est égale au prix de vente moins les coûts directs (variables ou fixes), d'autres l'assimilent à la marge sur coût variable, d'autres enfin mélangent les deux. Nous optons pour la seconde solution, la plus répandue.

— Les marges d'un distributeur

Le plan comptable définit la marge commerciale pour les entreprises ayant une activité de distribution de biens et de services : elle est égale au prix de vente moins le prix d'achat (net des remises) d'un produit. D'autres indicateurs, tels que le taux de marque ou le coefficient multiplicateur servent de repères essentiels au distributeur pour apprécier la rentabilité d'une opération : ils sont au cœur des négociations entre la force de vente des fabricants et les acheteurs des distributeurs. La Figure 11.8 indique les modes de calcul des principaux d'entre eux.

Le taux de marque indique le poids de la marge commerciale par rapport au prix de vente. Le coefficient multiplicateur se déduit du taux de marque. Il joue un rôle pratique pour le distributeur : le produit peut ainsi être mis directement en rayon avec son prix de vente TTC, à partir de la connaissance du prix d'achat, généralement exprimé HT sur les factures.

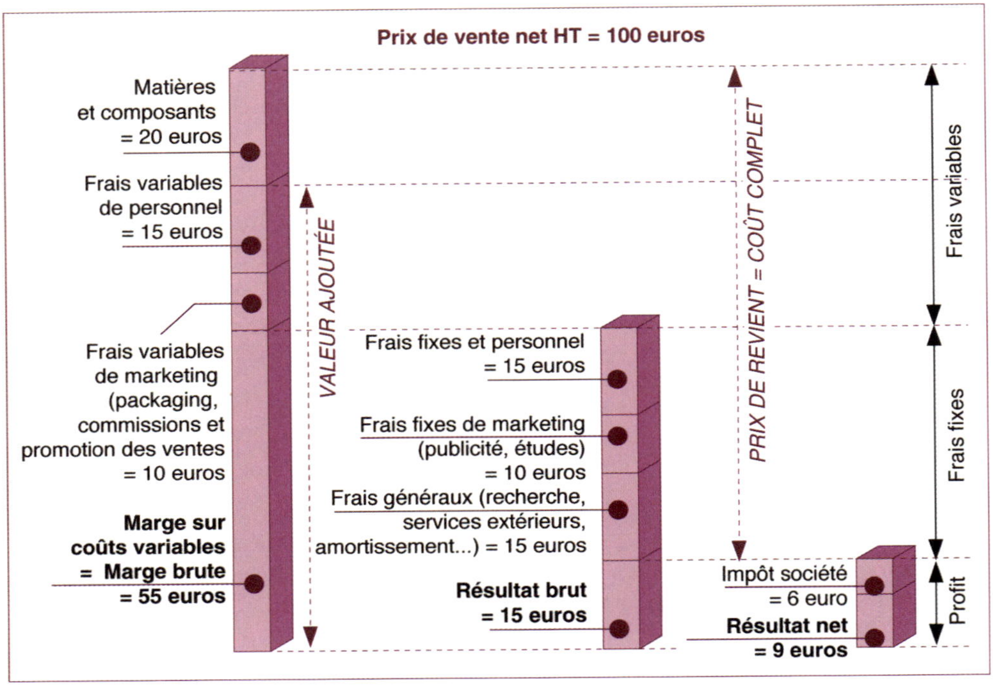

Figure 11.7 : Prix de revient, coûts et marges d'une entreprise de production

Marge commerciale unitaire = Prix de vente (H.T.) – Coût d'achat de la marchandise vendue (H.T)

$$\text{Taux de marque} = \frac{\text{Marge commerciale}}{\text{Prix de vente public (H.T.)}}$$

$$\text{Taux de marge} = \frac{\text{Marge commerciale}}{\text{Prix d'achat (H.T.)}}$$

$$\text{Coefficient multiplicateur} = \frac{\text{Prix de vente public (T.T.C.)}}{\text{Prix d'achat (H.T.)}} = \frac{100}{100 - \text{Taux de marque}}$$

Figure 11.8 : Marges d'une entreprise de distribution

2.3. Seuil de rentabilité

Le seuil de rentabilité, ou point mort, correspond au chiffre d'affaires (en valeur ou en volume) que doit réaliser l'entreprise pour atteindre l'équilibre financier : ni perte, ni profit. La Fiche technique 11.5 indique une méthode de calcul simple.

La connaissance de ce seuil permet au manager marketing de calculer la part de marché à atteindre pour arriver à l'équilibre. C'est un indicateur précieux pour le choix d'une cible, notamment lorsque l'on travaille sur des créneaux étroits. Par exemple, on peut s'apercevoir que, pour arriver à l'équilibre, il faudrait convertir en ventes effectives plus de 90 % du potentiel de ventes offert par le créneau.

Malheureusement la connaissance du seuil de rentabilité n'est pas aisée à obtenir. Une hypothèse nécessaire au calcul est que l'entreprise fabrique un seul produit. Dans le cas contraire, il faut répartir les frais fixes sur chaque type de produit, mais on n'obtient que des points morts partiels. D'autre part, les charges variables ne sont que rarement strictement variables : elles ne le sont qu'entre certains paliers de production. En conséquence, le point mort ne constitue qu'un repère pour la fixation du prix de vente.

FICHE TECHNIQUE

11.5. Le seuil de rentabilité

1. Contexte

Une entreprise évalue un marché potentiel à 500 000 unités par an. Sur ce créneau, la concurrence est faible. La comptabilité analytique montre que le coût des matières premières et de la main-d'œuvre est de 80 euros par unité produite. L'ensemble des frais de structure (administration, location du siège social, amortissement, etc.) est de 1,6 million d'euros. L'étude de la concurrence indique qu'il est possible de vendre 120 euros HT chaque unité. À ce prix, on devrait pouvoir obtenir 10 % du marché global, 20 % étant un seuil maximal. Le prix de vente fixé est-il suffisant pour atteindre l'équilibre ?

2. Solution

Il faut calculer la marge sur le coût variable unitaire, soit 120 euros (prix de vente) – 80 euros (coût variable d'une unité) = 40 euros. On divise ensuite les frais fixes par cette marge, pour obtenir le seuil de rentabilité : 1 600 000/40 = 40 000 unités à vendre. La part de marché que l'on compte obtenir est : 10 % de 500 000 = 50 000 unités. Donc l'opération devrait être rentable, puisqu'il suffira de vendre 40 000 unités pour atteindre l'équilibre. Le point mort, exprimé en part de marché, est égal à : 40 000/500 000 = 8 %.

2.4. Prix optimal

On cherche à fixer le prix en confrontant les ventes potentielles et les coûts, de façon à déterminer un point d'équilibre optimal qui maximise le profit de l'entreprise. Cette approche s'inscrit dans la lignée des travaux des micro-économistes marginalistes : le coût marginal (coût de la dernière unité produite) et la recette marginale (recette obtenue avec la dernière unité vendue) sont privilégiés. Le prix d'équilibre optimal est situé à l'intersection des fonctions de ces deux éléments. La Figure 11.9 indique les principales formules de calcul.

Le prix optimal vise à intégrer les variations de la demande face à différents niveaux de prix et le coût marginal[12].

$$\text{Coût marginal} = \frac{\Delta \text{ Coûts totaux}}{\Delta \text{ Quantités}}$$

$$\text{Recette marginale} = \frac{\Delta \text{ Recettes}}{\Delta \text{ Quantités}}$$

$$\text{Prix optimal (si élasticité} \leq 1) = \frac{\text{Élasticité de la demande/prix}}{(\text{Élasticité de la demande/prix}) + 1} \times \text{Coût marginal}$$

Figure 11.9 : Fixation du prix optimal

Par exemple, supposons que l'élasticité de la demande de pâtisserie industrielle par rapport au prix soit de – 2. On fait l'hypothèse que le coût marginal pour un gâteau au chocolat est de 0,50 €. Nous aurons : [– 2/(– 2 + 1)] x 0,5 = 1 €. Si l'élasticité était de – 1,5, on aurait intérêt à fixer le prix à 1,50 € ; pour une élasticité de – 1,1, le prix passe à 5,50 €. À l'inverse, si l'élasticité s'élève à – 3, le prix doit baisser à 0,75 €, etc. En résumé, si la demande est faiblement élastique, le prix optimal tend vers l'infini ; si la demande est très élastique, le prix optimal est égal au coût marginal.

L'impact marketing de cette approche est simple : le manager peut accepter, lors d'une négociation avec un acheteur, toute remise quantitative supplémentaire sur le prix de vente, tant que les ventes additionnelles générées par cet effort restent supérieures au coût marginal de la production de ce dernier lot de produits.

III. TACTIQUES DE PRIX ET MARKETING MIX

Les contraintes résultant du comportement du consommateur et des éléments financiers restreignent sensiblement les marges de manœuvre pour la fixation du prix de vente. En outre, ce prix doit être cohérent avec les autres variables du marketing mix.

3.1. Prix et publicité

En considérant simultanément ces deux variables, l'entreprise dispose de deux options tactiques pour la fixation du prix de vente : l'écrémage ou la pénétration (voir Figure 11.10).

La **tactique d'écrémage** consiste à fixer un niveau de prix public rémunérateur pour l'entreprise et le distributeur. La marge unitaire est élevée, mais les perspectives de ventes sont limitées à court terme. Sur le plan financier, un retour rapide des fonds

12. Simon, H., « Le prix optimal, un concept majeur », *Décisions Marketing*, 0, 1993, pp. 35-45.

investis est attendu : les investissements sont déterminés sur la base du délai de récupération le plus rapide. Cette tactique est généralement adoptée pour le lancement d'un produit comportant une innovation technologique majeure.

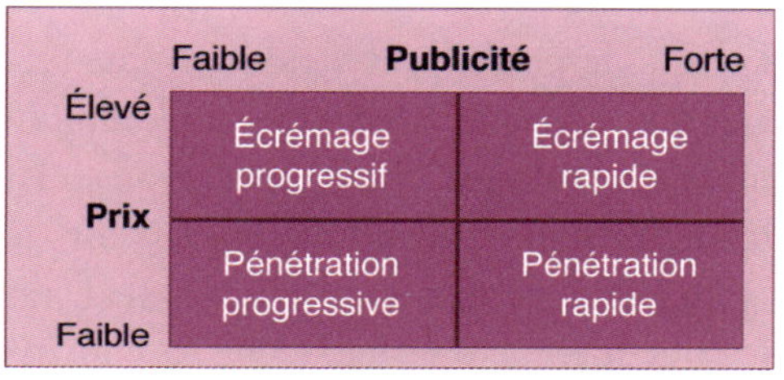

Figure 11.10 : Prix et publicité

Cette option comporte deux variantes, selon le niveau de la pression publicitaire : l'écrémage rapide et l'écrémage progressif. Si la réaction de la concurrence est probable, l'écrémage rapide est préférable, afin de récolter rapidement les dividendes d'une stratégie d'innovation. Le fort volume de dépenses publicitaires accélère la diffusion et l'adoption de l'innovation par la cible visée. Les appareils photo numériques ou les lecteurs DVD sont des exemples de produits pour lesquels les entreprises ont largement utilisé cette tactique. En revanche, si les possibilités de réaction de la concurrence sont limitées, l'écrémage progressif est préférable. C'est le cas, par exemple, pour des produits complexes ou protégés par un solide brevet. Les logiciels « sur mesure » des sociétés de services informatiques, la carte à mémoire illustrent cette seconde option.

La **tactique de pénétration** vise une conquête rapide du marché, en proposant un prix de vente faible. Elle suppose qu'il existe de fortes économies d'échelles (i.e. baisse du coût unitaire de production obtenue par allongement des séries), liées à l'augmentation de la production. On pense d'autre part que la réaction des concurrents sera rapide. Si l'on dispose d'un budget publicitaire élevé, la pénétration du marché sera massive : Bic, pour l'introduction du rasoir jetable ainsi que Moulinex pour le lancement du sèche-cheveux, ont suivi cette approche. La pénétration progressive correspond souvent à une politique de produit de bas de gamme, visant des marchés saturés. Les pays nouvellement industrialisés ont largement pénétré le marché de la confection grâce à ce type de tactique.

Dans la pratique, et notamment dans les biens durables (hi-fi, photo, vidéo, micro-informatique, téléphonie, électroménager, articles de sports, etc.), la gestion des prix enchaîne souvent deux séquences : le lancement suit d'abord une tactique d'écrémage, puis survient une baisse des prix régulière pour élargir la diffusion du produit, selon une tactique de pénétration.

3.2. Prix et distribution

L'entreprise a le choix entre deux options : la tactique « *pull* » et la tactique « *push* ».

3.2.1. Tactique « pull »

Elle consiste à faire « tirer » les ventes par l'aval, c'est-à-dire par la demande du consommateur (voir Figure 11.11).

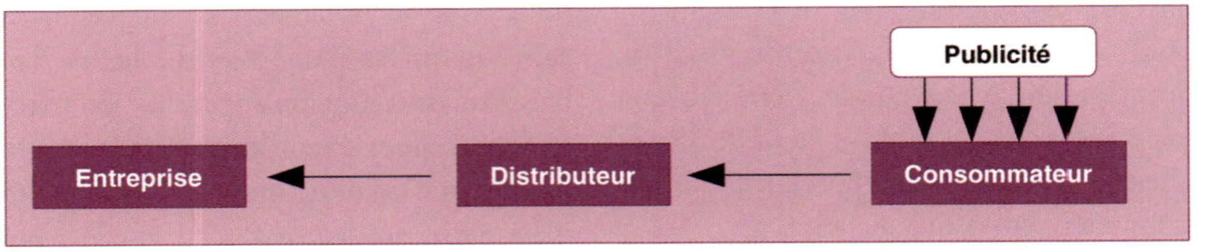

Figure 11.11 : Tactique « pull »

La réussite de cette tactique suppose plusieurs conditions. Tout d'abord, la marque doit bénéficier d'une forte notoriété et d'une bonne image de marque auprès de la cible visée. Cela est obtenu par une pression publicitaire élevée, généralement supérieure à la moyenne des concurrents. Le consommateur demande la marque au distributeur ; celui-ci se tourne alors vers le fabricant pour passer commande. En schématisant à l'extrême, l'entreprise « oblige » le distributeur à référencer sa marque en tenant le raisonnement suivant : « *Grâce à l'importance de notre campagne publicitaire, vous êtes assuré de vendre de grandes quantités. Notre marque est prévendue. Comme le consommateur connaît bien les caractéristiques de la marque, vous ne perdrez pas de temps à lui expliquer ses avantages.* »

Lorsque le produit est vendu en libre-service, le consommateur identifie rapidement la marque dans les rayons. La tactique pull conduit fréquemment le fabricant à proposer au distributeur un taux de marque plus faible que les concurrents, pour préserver son équilibre financier : les fortes dépenses de publicité du fabricant sont compensées par un plus faible taux de remise accordé au distributeur. De son côté, le distributeur compense le faible taux de marque par l'assurance d'un plus grand volume de ventes découlant de la publicité du fabricant (voir Figure 11.13).

3.2.2. *Tactique « push »*

Elle consiste à « pousser » les ventes de l'amont (le fabricant), vers l'aval (le consommateur), comme l'illustre la Figure 11.12.

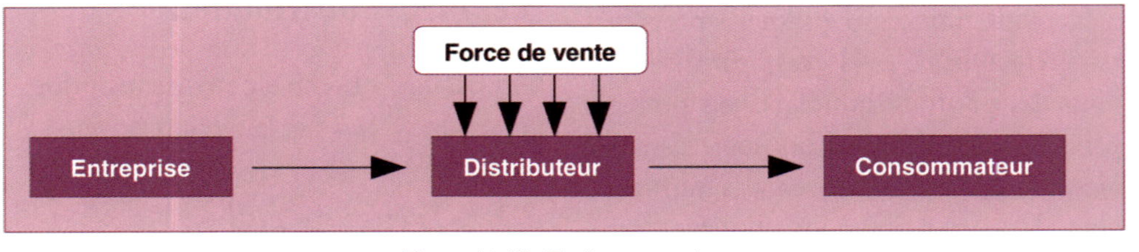

Figure 11.12 : Tactique « push »

Le distributeur joue un rôle clé pour la réussite de cette tactique. La marque du fabricant ayant une notoriété et une image moins nette que celle de ses concurrents, le distributeur doit la mettre en avant auprès des consommateurs. L'argumentation de la force de vente du fabricant consiste à « allécher » le distributeur avec la perspective de taux de marque supérieurs à ceux de la concurrence. En contrepartie, le distributeur devra passer plus de temps avec ses propres clients pour expliquer les avantages de la marque. Le fabricant qui recourt à cette tactique dispose généralement de faibles budgets publicitaires. Pour le distributeur, la forte marge commerciale unitaire proposée n'entraîne pas forcément une marge commerciale totale plus élevée qu'avec une tactique « *pull* » (voir Figure 11.13).

TACTIQUE PULL	
FABRICANT	**DISTRIBUTEUR**
Prix public conseillé (HT) 100 € – Remise au distributeur – 15 € (15 %)	Prix public conseillé (HT) 100 € – Prix facturé au distributeur – 85 €
= Prix facturé au distributeur 85 € – Publicité (12 % du CA) – 10 € – Coût variable unitaire – 62 €	= Marge commerciale unitaire 15 € x Quantités vendues 6 000
Marge brute unitaire = 13 € **x Quantités vendues 6 000**	= Marge commerciale totale = 90 000 €
= Contribution aux frais fixes 78 000 €	

TACTIQUE PUSH	
FABRICANT	**DISTRIBUTEUR**
Prix public conseillé (HT) 100 € – Remise au distributeur – 20 € (20 %)	Prix public conseillé (HT) 100 € – Prix facturé au distributeur – 80 €
= Prix facturé au distributeur 80 €	
– Publicité – 1 € (1,2 % du CA) – Coût variable unitaire – 62 €	= Marge commerciale unitaire 20 € x Quantités vendues 3 000
Marge brute unitaire = 17 € **x Quantités vendues 3 000**	= Marge commerciale totale = 60 000 €
= Contribution aux frais fixes 51 000 €	

Figure 11.13 : Comparaison des impacts financiers des tactiques « pull » et « push »

Compte tenu de leurs volumes de vente, les centrales d'achat des grandes surfaces bénéficient de fortes remises quantitatives. Pour écouler ces forts volumes, la technique du prix d'appel peut être utilisée : la marge commerciale est réduite au maximum (ou supprimée) sur les marques utilisant une tactique « *pull* ». Le consommateur vient au point de vente pour bénéficier de ces prix attractifs, mais il est discrètement orienté vers les marques qui suivent une tactique « *push* », et sur lesquelles le distributeur réalise une meilleure marge commerciale unitaire.

3.3. Prix et gamme de produits

3.3.1. Positionnement prix d'une gamme de produits

Lorsque la gamme de produits est relativement large, le fabricant doit harmoniser ses prix de façon cohérente. Généralement, chaque produit vise une cible différente : le prix de vente doit être conforme aux attentes de chaque cible. Il doit exister une harmonie entre le positionnement du produit dans la gamme et le niveau de prix : il faut éviter des superpositions, sources de cannibalisme ou, au contraire, des « trous » entre éléments de la gamme. Par exemple, une gamme de trois produits échelonnés à 10 euros, 12 euros et 25 euros pourrait poser problème : la référence de moyenne gamme cannibalise le bas de gamme (sauf si l'objectif est clairement d'orienter les acheteurs vers la moyenne gamme) et l'écart avec le prix du haut de gamme est trop important.

Parallèlement, la gamme doit être globalement rentable. L'entreprise ajuste les prix de certains éléments de sa gamme selon les options prises par la concurrence ou selon ses objectifs propres de positionnement. Ainsi, même si une marque vise un positionnement prix plus élevé que celui de son concurrent direct, elle peut décider de « sacrifier » sa marge sur un produit d'entrée de gamme : celui-ci attire le consommateur que le vendeur orientera insensiblement vers le milieu de gamme, plus cher et rémunérateur.

Les gammes Peugeot 207 et Renault Clio sont en situation de concurrence frontale. La comparaison des prix des modèles d'entrée de gamme des deux constructeurs (modèle essence 3 portes) fait état de prix relativement voisins, le différentiel étant de 5 % en faveur de la Clio (11 330 euros vs 11 900 euros). En revanche, pour la version cinq portes, l'écart devient conséquent : la 207 est 15 % plus chère que la Clio (14 900 euros vs 12 950 euros). Enfin, pour la motorisation diesel en version cinq portes l'écart atteint 16 %. Mais si l'on monte en gamme chez Renault, la comparaison de prix tourne à l'avantage de Peugeot : la motorisation 1.6 HDI, plus performante que celle de la Clio, coûte 17 450 euros (cinq portes) contre 18 550 euros pour la Clio, soit 6 % de moins. Le concessionnaire Peugeot aura tout intérêt à pousser le client vers ce modèle, plus rémunérateur pour la marque, en soulignant l'économie réalisée par rapport au concurrent direct.

Une autre approche consiste à fixer les prix de la gamme de produits dans le niveau supérieur de chacun des segments de marché. Cela est cohérent pour une entreprise avec un capital de marque élevé, ou pour une entreprise peu connue qui aborde un nouveau marché avec des produits apportant un avantage fortement valorisé par le marché.

Salomon s'est lancé durant la saison 1990-1991 sur le marché du ski, dont le leader mondial est Rossignol. Bénéficiant d'une réputation favorable, Salomon s'est concentré la première saison sur le segment haut de gamme. Le S 9 000 coûtait alors plus de 500 euros, soit environ 15 à 20 % plus cher que le haut de gamme de chez Rossignol. L'objectif était d'asseoir d'entrée une image de ski de qualité, technologiquement en avance sur la concurrence. Dans un premier temps, Salomon « écrème » la cible des bons et des très bons skieurs. Puis progressivement, au cours des saisons suivantes, la gamme est déclinée vers le bas. Pour assurer la cohérence avec le positionnement de qualité recherché, Salomon fixe à chaque fois des prix légèrement supérieurs à ceux des modèles équivalents de la concurrence. Aujourd'hui, Salomon est présent sur tous les segments du marché, y compris celui des débutants : là encore, le modèle d'entrée de gamme est onéreux, puisque son prix se situe aux alentours de 200 euros, soit 20 à 30 % plus cher que les concurrents.

3.3.2. *Intégrer le risque des exportations parallèles*

La fixation du prix pour les entreprises multinationales, et notamment celles qui exercent leur activité au sein de l'UE, est un problème délicat. En effet, il arrive fréquemment que leur politique tarifaire présente des écarts de prix importants, pour un même produit, d'un pays à l'autre. Ces différences peuvent se justifier par des conditions concurrentielles différentes, une image plus forte, etc. Mais, compte tenu de la libre circulation des marchandises, ces écarts incitent au développement des exportations parallèles, appelées « exportations grises ». De surcroît, la comparaison des prix est facilitée par les moteurs de recherche d'Internet.

> Par exemple, dans le secteur automobile, les variations peuvent aller jusqu'à 20 % sur certains modèles. Cela a donné naissance à une nouvelle profession, les mandataires automobiles qui se chargent d'acheter, pour le compte des particuliers, dans le pays du marché commun où la voiture est vendue le moins cher. De la même façon, dans les secteurs de l'hygiène-beauté, de la hi-fi, des produits de luxe, les distributeurs peuvent s'approvisionner directement sur le marché à bas prix, puis revendre sur un autre marché à un prix public, parfois plus compétitif que le prix de vente figurant au catalogue du fabricant.

Pour prévenir ces phénomènes, on peut différencier au maximum les produits selon les pays. Mais cela renchérit sensiblement les coûts unitaires de fabrication, les séries de production étant plus courtes. La modification du packaging ou le changement de nom peuvent s'avérer des solutions moins onéreuses. En pratique, ces ajustements n'interviendront que si le manque à gagner lié aux ventes parallèles est supérieur aux surcoûts engendrés par les adaptations spécifiques des produits.

IV. SYNTHÈSE : COMMENT FIXER UN JUSTE PRIX ?

Les paragraphes précédents montrent toute la difficulté de concilier les impératifs, parfois contraires, nécessaires à la fixation d'un « bon » prix de vente. Nous allons proposer quelques pistes pour une synthèse sur cette question.

4.1. Pressions de l'environnement

La sensibilité au prix du consommateur occidental a été exacerbée ces dernières années, sous l'influence conjuguée de trois éléments.

4.1.1. *Stabilité des prix*

L'inflation étant maîtrisée, toute augmentation de prix, même justifiée par un accroissement de la valeur créée, est perçue par le consommateur comme un sacrifice financier plus élevé. Selon les indices de l'INSEE, la hausse moyenne annuelle des prix est d'environ 1,5 % de 1998 à 2007, de 2,5 % entre 1987 et 1997, contre 9 % pour la période de 1977 à 1987. Néanmoins, on constate depuis 2008 une sensible reprise de l'inflation dans les pays de l'UE (de l'ordre de 5 %), en partie due à l'envolée des prix des matières premières.

4.1.2. *Faible accroissement de la consommation*

En France, la stabilisation, sinon la baisse du pouvoir d'achat (depuis 2006) constitue un frein potentiel pour la consommation des ménages. Les acheteurs ont cherché à maintenir un même volume de consommation, mais avec un budget plus réduit, d'où un arbitrage en faveur des marques les moins chères, puis des produits bas de gamme. Les indices de l'INSEE montrent un très faible accroissement de la consommation des ménages de 1990 à 2002 (environ 1 % par an) ; sur la période 2003 à 2007, la hausse annuelle moyenne est de l'ordre de 2 %.

4.1.3. Mondialisation des marchés

La montée en puissance des pays du sud-est asiatique et la déréglementation des marchés ont conduit à une compétition mondialisée intense entre des groupes multinationaux puissants. De surcroît, l'abondance de main-d'œuvre à faible coût dans les pays d'Europe de l'Est, du Maghreb et de l'Extrême-Orient offre une baisse potentielle des coûts de production et va dans le sens d'une baisse des prix de vente des biens manufacturés. Les chiffres de l'OCDE montrent que les échanges mondiaux ont stagné en valeur de 1980 à 1986, puis ont augmenté d'environ 9 % par an en valeur (8 % en volume) de 1987 à 1997, pour atteindre un taux de croissance annuel en valeur de 20 % sur la période 1997 à 2007.

4.2. Segments des prix des marchés

L'institut Nielsen, sur la base d'informations collectées avec les panels scannérisés, a mis en évidence de nouvelles formes de courbes de demande en fonction du prix. Alors que pour les micro-économistes, les quantités demandées sont une fonction strictement décroissante du prix, cela ne serait vérifié aujourd'hui qu'au sein d'intervalles de prix. Ceux-ci définissent les quatre segments traditionnels d'un marché : haut de gamme, moyenne gamme supérieure, moyenne gamme inférieure, bas de gamme. À l'intérieur de chaque segment, il existe un niveau de prix perçu comme élevé par les clients et un niveau de prix perçu comme bas (voir Figure 11.14).

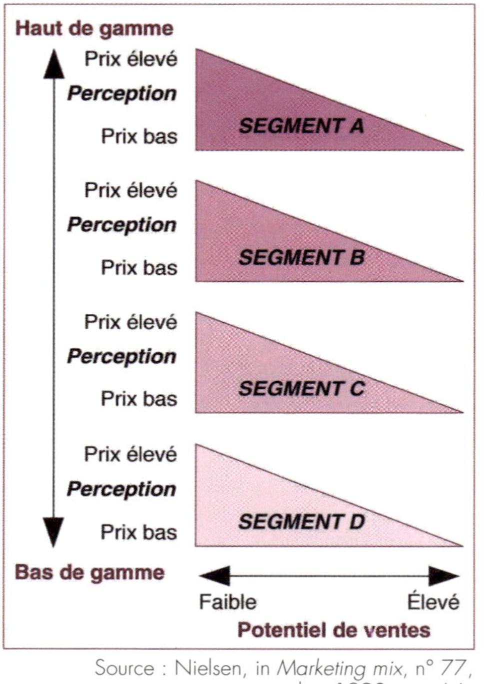

Source : Nielsen, in *Marketing mix*, n° 77, novembre 1993, pp. 4-6.

Figure 11.14 : Segmentation des prix en crémaillère

Mais entre ces quatre segments, un effet de cliquet existe qui rend impossible tout retour en arrière, passé un prix « frontière ». Autrement dit, si une entreprise baisse ses prix, dans un premier temps les ventes croissent, tant qu'elles restent dans l'intervalle de prix de référence correspondant à son segment. Mais si le prix baisse trop, la situation devient critique : les anciens acheteurs habituels ne se reconnaissent plus dans le nouveau positionnement, jugé « trop bon marché » ; cependant, les nouveaux consommateurs le perçoivent comme trop cher. Ce danger guette toute entreprise qui souhaite élargir son potentiel de ventes par une baisse de prix. Une dégradation d'image suit, à plus ou moins courte échéance, la baisse de prix ; la marque perd ses anciens clients, sans pouvoir mordre sur le segment inférieur, sauf en baissant de nouveau son prix : c'est la spirale de descente en gamme, consécutive à la banalisation de la réputation de la marque.

Par ailleurs, d'autres observations de Nielsen suggèrent une nouvelle répartition des potentiels de ventes, segmentés en fonction des zones de prix acceptables des consommateurs (voir Figure 11.15).

Dans les années 1970-1985, les potentiels de vente les plus importants des marchés se situaient en milieu de gamme (inférieur et supérieur). Le haut de gamme ne concernait qu'un micro-marché, de faible potentiel, couvert par des marques à image forte (luxe). Sur le milieu de gamme, de nombreuses marques, avec des images plus ou moins différenciées, luttaient pour implanter des positionnements spécifiques. Le bas de gamme, occupé par les marques propres aux distributeurs (Auchan, Carrefour, etc.), ne représentait qu'un faible potentiel.

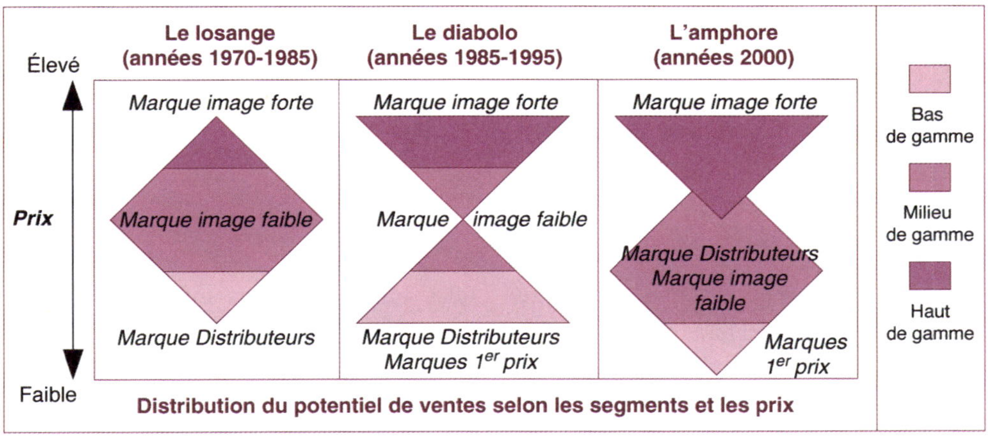

Figure 11.15 : Variation du potentiel de vente des segments en fonction du prix

Vers 1985, le marché a éclaté, à la fois vers le segment haut de gamme (potentiel résultant des profits réalisés par les ménages sur les marchés financiers) et, sous les effets de la crise économique, vers le bas de gamme. La baisse du pouvoir d'achat de nombreux consommateurs a restreint le potentiel de ventes en milieu de gamme : les marques à image moyenne gamme ont baissé leurs prix. Sur un bas de gamme élargi, les marques « premier prix » sont apparues : dépouillées de toutes les fioritures, elles n'ont conservé que les fonctions de base du produit. Nielsen estimait qu'elles représentaient en 1993, 16,8 % des ventes en volume pour l'alimentation, 4 % pour le bazar et 7 % pour le textile. Treize ans après, la part de marché moyenne des marques de distributeurs s'est considérablement accrue : elle représente environ 34 % des ventes totales en France ; elle atteint plus de 53 % en Suisse et 43 % au Royaume-Uni (voir Figure 11.16).

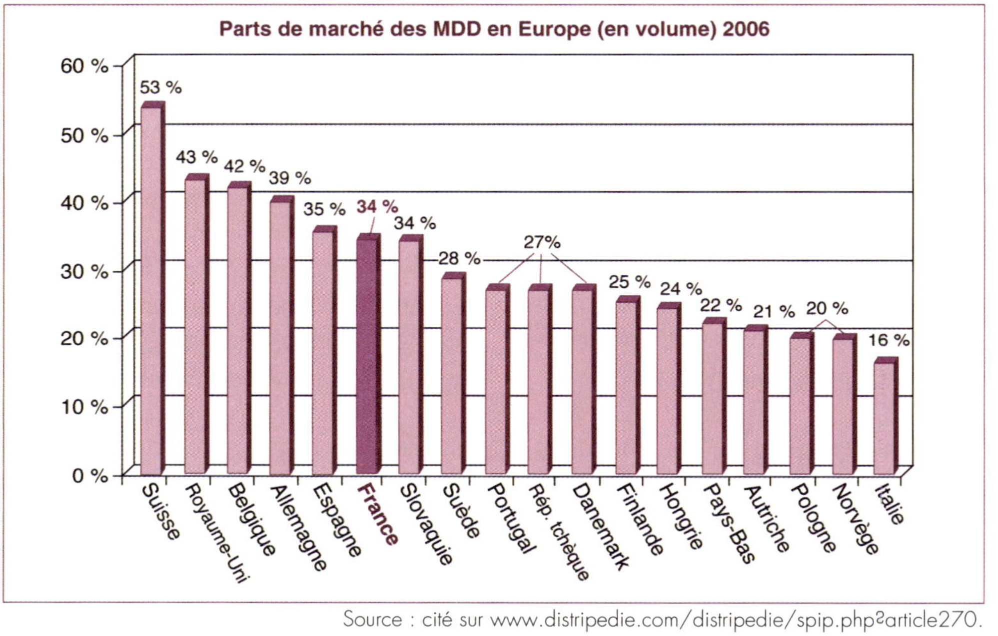

Source : cité sur www.distripedie.com/distripedie/spip.php?article270.

Figure 11.16 : Part de marché des marques de distributeur (MDD) en Europe

Depuis 2000, ce mouvement apparaît plus contrasté : le potentiel haut de gamme s'est restreint, mais un milieu de gamme hybride, à nouveau en progression en volume, apparaît. Il reste très concurrentiel et l'affrontement entre les marques fortes des fabricants et les marques de distributeurs est intense. En revanche, les marques « premier prix » en bas de gamme voient leur potentiel de ventes stagner. En effet, les marques de distributeurs se sont trouvées fortement concurrencées par les marques « premiers prix » introduites par les hard discounters (voir chapitre 13). Elles se sont alors progressivement tournées, dans un premier temps, vers le segment de moyenne gamme inférieur ; une sévère guerre des prix s'est engagée avec les marques à image faible. Dans un second temps, les distributeurs ont introduit leurs propres marques premier prix (par exemple, la ligne « 1 » de Carrefour) pour concurrencer les hard discounters.

4.3. Réponses stratégiques : recentrage sur la valeur

Les éléments précédents ont conduit à une lutte par prix, dans bon nombre de secteurs d'activité. Les hommes de marketing ont dû arbitrer entre le « camp de la qualité » et le « camp du bon marché ». La fixation du « juste prix » accorde une grande place à la façon dont le consommateur perçoit la valeur d'une offre et à ses incidences sur la perception du prix.

4.3.1. Sacrifice perçu et valeur perçue

Ces deux éléments déterminent le « juste prix ». Ainsi, le sacrifice perçu désigne ce que le consommateur doit donner (perception du prix, déplacement, recherche d'information) pour acquérir un produit ou une marque. Quant à la valeur perçue, elle résulte de l'arbitrage entre ce qu'attend l'acheteur de la consommation du produit ou de la marque (performances, économie, prestige, plaisir, etc.) et sa perception du sacrifice nécessaire pour acquérir le produit.

Perception de l'offre	Prix plus élevé	Prix équivalent	Prix plus bas
Valeur plus élevée	Hier VALORISATION À PRIX COÛTANT	Aujourd'hui VALORISATION COMPÉTITIVE	Aujourd'hui VALORISATION BRADÉE
Valeur équivalente	Hier VALORISATION AVEC SURPRIX	Hier FAUSSE VALORISATION	Aujourd'hui VALORISATION ÉLARGIE
Valeur plus faible	VALORISATION SUICIDE	VALORISATION RÉGRESSIVE	Aujourd'hui VALORISATION MINIMALE

Source : Inspiré de. Dussart, C., « Questions de prix », *Décisions Marketing*, p. 24, n° 6, décembre 1995.

Figure 11.17 : Stratégie de valorisation et fixation du prix

Les exigences en matière de valeur varient selon les segments, comme le suggère l'approche par les bénéfices consommateurs (voir chapitre 6). Face à cela, l'entreprise peut se positionner de plusieurs manières. Deux attitudes sont envisageables, avec des options intermédiaires (voir Figure 11.17).

La première prône « moins de valeur, prix plus bas » : avec un budget plus réduit, le consommateur s'oriente vers des produits sans fioritures, mais avec toutes les fonctions de base : pour l'entreprise, cela conduit à créer des produits simplifiés « au moindre coût ». Les marchés alimentaires ou de produits d'entretien sont concernés par ce type d'attente.

La seconde cible « plus de valeur à prix égal » (ou plus bas) : la forte pression concurrentielle des marchés et la baisse des coûts due aux innovations technologiques et aux délocalisations rendent possibles ces stratégies. Le consommateur acquiert plus de valeur, soit à un prix équivalent (marchés de l'hygiène et de l'automobile, etc.), soit à un prix plus faible (marchés de la hi-fi, de la télévision, des télécommunications, des micro-ordinateurs, etc.).

4.3.2. L'Every Day Low Price (EDLP)

L'EDLP propose au consommateur des « *prix bas tous les jours* », cautionnés par une marque réputée, mais sans mettre en péril la rentabilité de l'entreprise. C'est une attaque directe contre les marques de distributeurs. Les principes d'analyse de la valeur (voir chapitre 8) ont été remis au goût du jour : réduire les coûts en ne conservant que les fonctions fortement valorisées par le consommateur. Mais cette stratégie va plus loin, car elle s'accompagne d'un volet de réorganisation du portefeuille de marques (fusion, élimination de marques faibles), de groupage des achats pour obtenir des meilleures conditions auprès des fournisseurs, de restructuration de la logistique, etc.

4.3.3. Fixation séquentielle du prix

La fixation du prix d'un produit est une décision particulièrement complexe car elle cristallise à elle seule un ensemble de contraintes, très souvent contradictoires : offrir plus de valeur que les concurrents, au moindre coût, sans brader sa réputation, ni mécontenter les distributeurs, tout en restant rentable… La Figure 11.18 présente une démarche séquentielle qui ordonne les nombreux éléments que nous avons présentés tout au long de ce chapitre et des précédents.

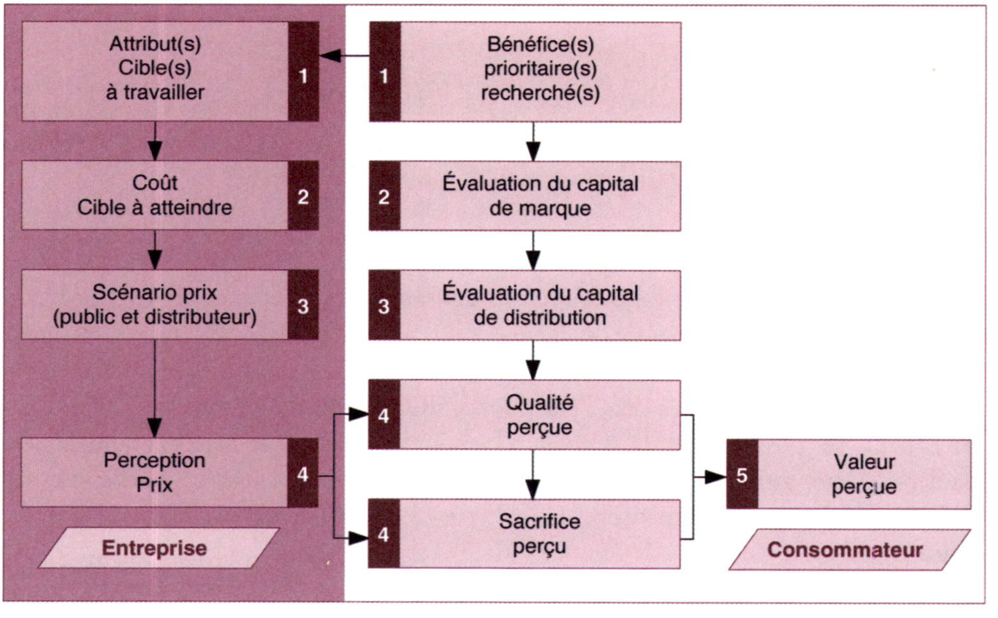

Figure 11.18 : Séquence de fixation du juste prix

La fixation du prix débute par la sélection d'un avantage consommateur déterminant, sur lequel le nouveau produit souhaite asseoir son positionnement : il se concrétise pour l'entreprise par le choix d'un attribut clé du produit qu'il faut améliorer ou concrétiser. À partir de là, le marketing et les services financiers travaillent sur plusieurs scénarios de prix, acceptables pour le consommateur, compte tenu du capital de marque (*brand equity*), de la concurrence et des coûts occasionnés par la réalisation des exigences du consommateur. Le développement et la fabrication du produit se voient fixer des limites de coûts (coûts cibles). Ces scénarios sont validés ou rejetés, selon la perception de la valeur du produit par le consommateur.

SYNTHÈSE DU CHAPITRE

La gestion des prix doit concilier plusieurs contraintes : le respect des attentes des consommateurs ciblés (prix de référence et prix acceptables), la préservation des équilibres financiers de l'entreprise et des distributeurs, la compétitivité au regard des prix des concurrents et l'appréciation par le consommateur de la valeur créée.

Le consommateur établit une relation entre le prix et la qualité perçue d'une marque dans un nombre limité de cas, notamment lorsqu'il s'agit d'un consommateur peu familier avec un produit et lorsque l'achat présente un caractère impliquant. Mais c'est surtout la réputation de la marque qui joue un rôle important comme indicateur de la qualité perçue. Les contraintes financières conduisent à proposer au distributeur un prix de vente qui lui offre une marge commerciale suffisante, tout en assurant la rentabilité à long terme de l'entreprise. L'entreprise dispose de plusieurs tactiques, fondées sur la cohérence des variables du mix, pour harmoniser ces différentes contraintes.

La fixation d'un « juste prix » intègre les nouvelles données de l'environnement économique (sensibilité au prix, réduction du pouvoir d'achat) et leurs conséquences en matière de segmentation (théorie de la crémaillère, nouvelle structuration des potentiels de vente). Elle fait largement intervenir l'analyse de la valeur créée pour le consommateur et le niveau de sacrifice perçu.

BIBLIOGRAPHIE D'APPROFONDISSEMENT

(1) Cram, T., *Optimisation prix*, Village Mondial, 2006.

(2) Desmet, P., Zollinger, M., *Le Prix*, Économica, 1999, 2e éd.

(3) Py, P., *Faire accepter son prix à ses clients*, Éditions d'Organisation, 2007, 2e éd.

(4) Simon, H., Jacquet, F., Brault, F, *La Stratégie prix*, Dunod, 2005.

TEST DE CONNAISSANCES

Choisir une seule réponse par question :

Q1 – Un fabricant conseille à son distributeur un prix de 10 euros (HT). Il pratique sur ce prix deux remises en cascade de 10 % chacune. Le prix net facturé au distributeur sera égal à :

(1) 8,90 euros ; (2) 8,10 euros ; (3) 8 euros ; (4) 7,90 euros.

Q2 – En reprenant les mêmes informations qu'à la question précédente, le taux de marque du détaillant sera, s'il suit la recommandation du fabricant, de :

(1) 19 % ; (2) 20,10 % ; (3) 23 % ; (4) 23,45 %.

Q3 – Un débutant teste durant une heure une planche de surf dont il ne connaît pas la marque, mais qui est vendue à un prix supérieur à celui des concurrents. Après l'essai, il est probable que ce surfeur :

(1) trouvera le prix trop élevé, compte tenu des performances du surf :
(2) considérera plutôt que la qualité est bonne, parce qu'il juge son prix élevé ;
(3) n'aura pas d'idée précise sur la qualité du produit ;
(4) doutera de la qualité du produit étant donné sa prestation sur les pistes.

Q4 – Un fabricant de stylos prestigieux vendus en bijouterie, à un prix minimal de 500 euros, songe à élargir sa cible actuelle. Quelle serait, à long terme, la meilleure solution ?

(1) baisser de 50 % le prix actuel de sa gamme ;
(2) faire une offre spéciale « - 50 % » pendant 15 jours ;
(3) lancer une collection plus jeune, vendue 50 % moins cher, tout en conservant les prix et les modèles de la gamme actuelle ;
(4) rajeunir le design des produits, puis baisser le prix de 50 %.

Q5 – Le fabricant d'un logiciel d'aide à la décision estime le coût variable unitaire à 1 000 euros et ses frais fixes à 1 million d'euros. Le prix de vente (HT) est de 3 500 euros. Quel sera le point mort en volume ?

(1) 286 ; (2) 350 ; (3) 400 ; (4) infini, les coûts totaux étant trop élevés.

Q6 – La valeur perçue, c'est pour le consommateur :

(1) un arbitrage entre son revenu et le prix à payer ; (2) la réputation de la marque ;
(3) synonyme de qualité perçue ; (4) un arbitrage entre la qualité perçue et le sacrifice perçu.

Q7 – Un abonnement à une salle de sport coûte 365 euros par an. Pour accroître la perception de la valeur, il est préférable de communiquer en présentant l'offre :

(1) au prix d'un euro par jour ; (2) au prix de 30,40 euros par mois ;
(3) au prix de 365 euros par an ; (4) n'importe laquelle de ces solutions, car la perception de la valeur ne changera pas.

Q8 – Un voyage d'une semaine en Turquie est vendu 365 euros tout compris. Pour accroître la perception de la valeur, il est préférable de communiquer en présentant l'offre :

(1) au prix d'un euro par jour pour une semaine de rêve ;
(2) au prix de 30,40 euros par mois pour une semaine de rêve ;
(3) au prix de 365 euros pour une semaine de rêve ;
(4) n'importe laquelle de ces solutions, car la perception de la valeur ne changera pas.

Q9 – Le prix de référence interne correspond au :

(1) coût de production total moins les coûts de production externalisés ; (2) prix de facturation interne à l'entreprise ;
(3) prix réel constaté par le consommateur ; (4) prix attendu pour acquérir normalement le produit envisagé.

Q10 – Le modèle de mesures conjointes permet notamment de :

(1) déterminer le seuil de rentabilité de l'entreprise ;
(2) estimer un prix psychologique ;
(3) déterminer l'importance du prix dans le choix du consommateur ;
(4) calculer des élasticités prix conjointes entre deux produits complémentaires.

Réponses du test :

Q1 = 2 ; Q2 = 1 ; Q3 = 2 ; Q4 = 3 ; Q5 = 3 ; Q6 = 4 ; Q7 = 1 ; Q8 = 3 ; Q9 = 4 ; Q10 = 3.

Chapitre 12

Management de la communication

Selon la terminologie usuelle des « 4 P », ce chapitre devrait s'intituler « Promotion ». Nous avons cependant retenu le terme « communication », car il souligne mieux la notion de transmission d'un message à un acheteur potentiel : les informations fournies cherchent à stimuler une motivation, à lever un frein ou à faire évoluer durablement une attitude, en vue de provoquer un comportement, généralement un achat. À l'inverse, le mot « promotion », plus restrictif, suggère l'obtention d'un résultat rapide, focalisé sur l'accroissement temporaire du chiffre d'affaires de l'entreprise.
Ce chapitre offre un panorama des principales techniques de communication. Nous commencerons par les différentes théories de la communication publicitaire, puis nous aborderons les techniques publicitaires et promotionnelles. Après cette lecture, vous saurez juger la qualité d'un message publicitaire et connaîtrez les principales techniques de communication. Pour être complet, il aurait été utile d'inclure les méthodes de management de la force de vente : elles seront traitées dans le prochain et dernier chapitre consacré à la distribution, parce que l'action des vendeurs implique une relation régulière avec les distributeurs.

CONSEILS DE LECTURE : *Vous ne rencontrerez pas de difficultés particulières dans ce chapitre. Néanmoins, une bonne assimilation préalable des théories de l'acheteur (chapitres 3 et 4) vous sera utile.*

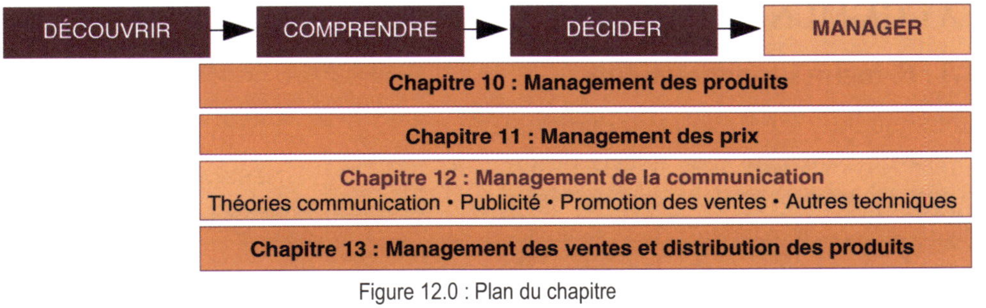

Figure 12.0 : Plan du chapitre

MOTS CLÉS : *AIDA, agence, annonceur, axe, coefficient bêta, dissonance, GRP, implication, mécénat, média, médiaplanning, modèle ELM, part de voix, sponsoring, support, thème, USP.*

En 2007, les investissements en communication des entreprises représentaient 32,7 milliards d'euros. Leur progression est régulière : elle atteint une moyenne annuelle de 4 % depuis 1997. Ce marché se décompose en deux grandes catégories (voir Figure 12.1) : la publicité média, branche traditionnelle, et les dépenses hors média, qui recouvrent le marketing direct, la promotion, les relations publiques, le sponsoring et le mécénat. La répartition des investissements entre média (37 %) et hors média (63 %) s'est stabilisée depuis la fin des années 1990. Le fait marquant est l'apparition d'Internet en tant que média à part entière depuis les années 2000 : aujourd'hui cinquième média, avec 6 % des investissements des grands médias, il pourrait passer les années prochaines en quatrième position, devant la radio.

Grands médias			Hors médias		
	En millions €	Part de marché		En milliards €	Part de marché
Presse	4 396	37 %	Marketing direct	9 743	47 %
Télévision	4 306	36 %	Promotion ventes	5 184	25 %
Affichage	1 428	12 %	Relations publiques	1 870	9 %
Radio	951	8 %	Salons, foires	1 499	7 %
Internet	740	6 %	Annuaires	1 246	6 %
Cinéma	131	1 %	Sponsoring et mécénat	1 243	6 %
Total	11 952	100 %	Total	20 785	100 %

Source : Adapté de France Pub, IREP Le marché publicitaire 2007.

Figure 12.1 : Les investissements en communication des entreprises (2007)

I. THÉORIES DE LA COMMUNICATION

1.1. Principes fondamentaux

Communiquer, c'est transmettre un message à un partenaire. Les auteurs distinguent l'émetteur et le récepteur (voir Figure 12.2). En marketing, c'est généralement l'entreprise qui émet le message, la cible étant le récepteur. Le message est véhiculé par un canal. Ce support peut être matérialisé par une chaîne de télévision ou une station de radio, une affiche, une salle de cinéma, un vendeur ou encore une offre gratuite d'essai.

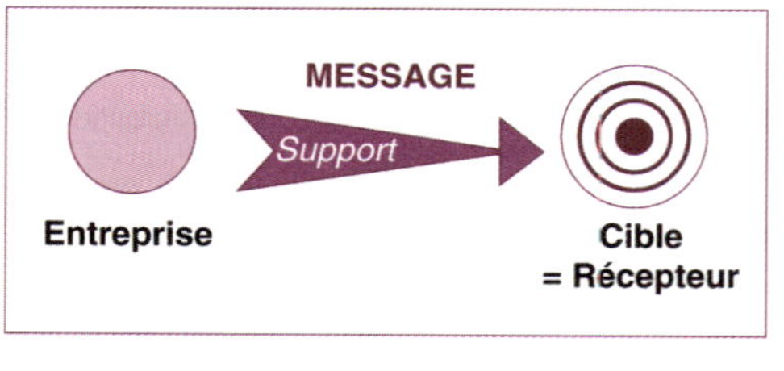

Figure 12.2 : Principe de la communication

Une bonne communication impose l'enchaînement de plusieurs opérations.

La première est la *sélection de la cible* : c'est le rôle de la stratégie marketing (voir le chapitre 6).

La deuxième correspond au *choix d'une combinaison de supports de communication performants* : c'est l'objectif du médiaplanning.

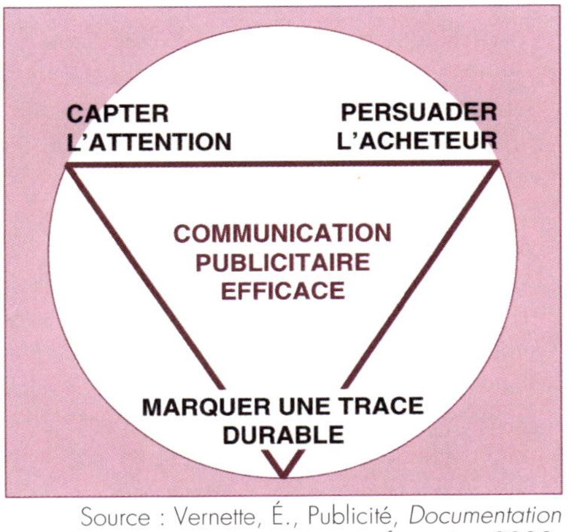

Source : Vernette, É., Publicité, *Documentation française*, 2000.

Figure 12.3 : Les trois leviers d'une communication performante

Enfin, la troisième vise à la *transmission du « bon » message*. Implicitement, cela revient à préciser l'objectif assigné à la communication. Que veut-on faire ? Attirer l'attention des acheteurs potentiels, convaincre une ménagère d'acheter sans délai une marque donnée ou encore laisser une trace durable dans la mémoire des acheteurs ? La Figure 12.3 illustre les trois composantes d'une publicité efficace : capter l'attention, persuader le consommateur d'agir dans une direction voulue (acheter, envoyer un coupon-réponse, essayer le produit, etc.) et rendre ce changement durable, c'est-à-dire mémoriser les informations acquises. Une publicité efficace doit avoir un impact minimum sur chacune de ces trois dimensions ; les théories diffèrent sur le poids qu'il convient d'allouer à ces différentes variables. Nous allons présenter les principales théories de la communication, en nous appuyant sur ce schéma.

1.2. Capter l'attention du consommateur

1.2.1. Attirer en impliquant

Selon cette approche, il est indispensable que le consommateur se sente un minimum impliqué par l'achat du produit pour qu'une publicité retienne son attention. L'absence d'implication constituerait une cause majeure de la grande mortalité des messages publicitaires : on estime qu'aux États-Unis, un consommateur est exposé à une palette de 300 à 600 messages par jour, mais n'en décode effectivement que 30 à 76. La sélectivité de l'attention du consommateur joue un rôle de protection contre l'overdose de messages. Avant d'être effectivement décodée, l'information doit passer au travers de plusieurs filtres.

D'une manière générale, le consommateur accorde en priorité son attention à toute information jugée utile pour résoudre l'un de ses problèmes. Si l'achat d'un produit présente un caractère impliquant, l'individu est réceptif aux informations concernant ce produit et accorde une grande importance à la réputation de la marque. Les croyances sont fortement ancrées et fondées sur une solide recherche d'informations. La publicité constitue l'une de ces sources. Si l'achat ne présente pas de caractère impliquant, la publicité peut retenir l'attention en dramatisant les conséquences d'un « mauvais choix », par exemple en focalisant l'attention du consommateur sur un attribut qu'il négligeait auparavant.

La poudre à récurer Cif, fabriquée par Lever, a longtemps communiqué en dramatisant les conséquences d'un mauvais choix : « *Savez-vous ce que subit votre émail si vous utilisez une poudre ordinaire ?* » La publicité montrait alors, sur une patinoire, un patin à glace tournant comme une toupie affolée. Puis, sur l'image suivante, apparaissait un ongle féminin effleurant avec grâce le rebord d'une baignoire « *récurée avec Cif, la poudre qui respecte l'émail* ».

La publicité peut impliquer l'acheteur en positionnant le produit comme une récompense méritée sur les dimensions plaisir, vie harmonieuse ou estime de soi. Le produit — *a priori* peu impliquant — prend tout à coup une valeur de signe ou de plaisir importante.

La ligne de produits capillaires de L'Oréal (laque, colorant, crème de soin, shampooing, démêlant) est magnifiée par une promesse valorisante pour l'acheteur et déculpabilisante pour réduire la perception du sacrifice financier nécessaire. Le consommateur s'implique dans le produit, en s'identifiant à l'une ou à l'autre des nombreuses actrices, mannequins et autres vedettes qui auto-justifient l'achat : « *Parce que je le vaux bien* ». De son côté, le cybermarché Houra.fr a été lancé au début des années 2000 en revendiquant clairement le droit à la paresse pour ses clients, en proposant que les courses ne soient plus une corvée : « *C'est de la paresse. Oui et alors ?* »

1.2.2. Attirer en surprenant ou en choquant

Les publicitaires disposent d'autres recettes pour impliquer un consommateur peu réceptif. On peut ainsi l'intriguer par un premier message, volontairement dénué de sens, ambigu ou générateur de suspense, puis apporter la réponse dans un second temps. Cette forme de communication par épisodes est dénommée « teasing ».

La célèbre campagne « Myriam » menée par l'afficheur Avenir à la fin du mois d'août 1981, combinait les deux principes. L'objectif était de prouver que la logistique de son réseau était capable de respecter des délais de mise en place très courts. L'attention du passant est attirée le lundi 31 août au matin par un mannequin attractif (dont on apprendra plus tard qu'elle s'appelle Myriam), posant de face, les mains sur les hanches, dans un bikini suggestif, sur un fond de mer turquoise. Elle annonce : « *Le 2 septembre, j'enlève le haut.* » Effectivement, le mercredi 2 septembre, la promesse est tenue, mais Myriam fait monter les enchères en affirmant : « *Le 4 septembre, j'enlève le bas.* » Le jour même, bon nombre d'associations réagissent en s'indignant de l'aspect provocateur de cette campagne, des députés interviennent, une menace d'interdiction plane… Le suspense est à son comble le vendredi matin, où Myriam apparaît nue, mais de dos, annonçant : « *Avenir, l'afficheur qui tient ses promesses.* »

D'autres créatifs vont plus loin dans la surenchère concernant le choc : le message devient provocateur ou montre une image violente ou taboue. La question de l'efficacité de cette approche reste largement débattue. L'exemple des publicités de Benetton présentées dans le Focus-Manager 12.1 montre que si cet angle est efficace pour accrocher l'attention, il se révèle dangereux à terme pour le capital de la marque.

FOCUS-MANAGER

12.1. Les campagnes provocatrices de Benetton

Après avoir, des années durant, exploité le thème de la fraternité universelle et du droit à la différence avec des campagnes publicitaires ayant pour slogan « United Colors of Benetton », la marque a opté, au tout début des années 1990, pour des communications délibérément provocatrices. Un sommet a été atteint entre 1992 et 1994, avec des images centrées sur les guerres civiles se déroulant en Afrique et en Bosnie (voir photos ci-dessous), et d'autres portant sur des questions de société (sida, discrimination, droits fondamentaux, etc.).

Le recours à de telles images provocantes est-il efficace sur le plan publicitaire ? Une recherche apporte des réponses intéressantes pour éclairer ce débat[1]. Trois affiches de Benetton, à fort contenu émotionnel, ont été présentées à 82 adolescentes et adolescents autrichiens. Ils devaient dire tout ce qui leur venait à l'esprit en voyant successivement l'affiche « HIV positif »(page suivante), puis celle avec l'homme torturé (page suivante) et enfin une dernière, moins provocante, représentant une fille albinos parmi un groupe de filles noires (page suivante). Auparavant, ils devaient indiquer ce que la marque Benetton évoquait pour eux. Chaque association était ensuite évaluée pour préciser si elle était jugée positive, neutre ou défavorable.

Les résultats montrent que la marque Benetton présentée seule est plutôt bien évaluée. En revanche, avec les publicités, les associations sont plutôt neutres pour l'affiche « Albinos » — considérée comme la moins provocante —, mais globalement très défavorables aux affiches « HIV » et « Torture ». Les premières citations (« *top of mind* ») qui viennent à l'esprit pour les affiches « HIV » et « Torture » contiennent un grand nombre d'évocations négatives : en clair, ces deux thèmes sont franchement rejetés. D'autres analyses montrent que les mots « peur »,

1. Kirchler et De Rosa, « Analyse de l'effet des messages publicitaires grâce au réseau d'associations », *Recherche et Applications en Marketing*, 13, 1, 1998, pp. 35-49.

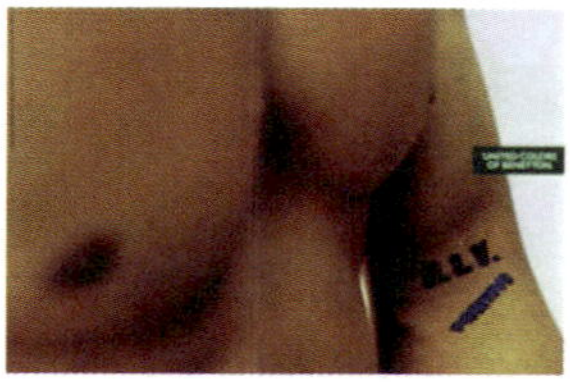

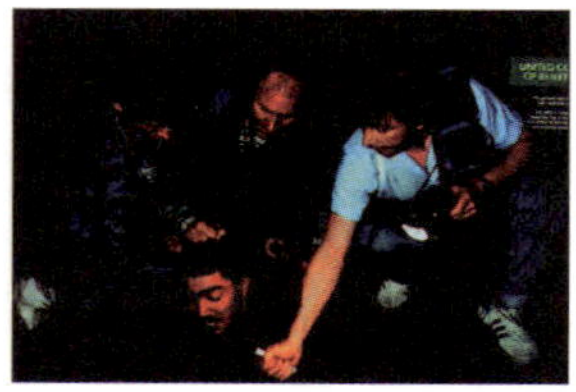

« drogue » et « désespoir » sont les plus associés à l'affiche « HIV », « souffrance » étant le plus proche de l'affiche « Torture » ; enfin, « contraste » et « solitude » sont voisins de l'affiche « Albinos ». De surcroît, aucune de ces trois publicités n'est reliée à la marque Benetton. En clair, si la campagne vise à positionner la marque comme se situant au cœur des préoccupations sociétales, l'objectif n'est pas atteint, puisqu'aucune affiche n'est reliée à la marque. Mais le risque majeur à terme est que la marque, au gré de la répétition des campagnes, finisse par être reliée à l'une ou à l'autre des scènes provocantes. Ceci pourrait entraîner l'association — à grands frais — de croyances négatives dans le noyau de la marque. Le cas Benetton illustre une confusion fréquente d'objectifs publicitaires. En effet, la campagne est efficace par sa capacité à capter l'attention ; néanmoins, il s'avère que le consommateur est réticent pour associer la marque aux thèmes évoqués. Et, s'il franchissait ce pas, il est tout à fait possible que cela le conduise à délaisser la marque, préférant acheter une marque porteuse d'émotions plus positives.

Voilà probablement l'une des causes de la baisse des ventes constatée en Allemagne et en France les années qui ont suivi ces campagnes. De 82 millions d'euros en 1997, le chiffre d'affaires est descendu à 76 millions d'euros en 1998. À ce moment-là, la part de marché de la société, dans le secteur du prêt-à-porter et de la maille, n'était plus que de 2,38 %… Depuis le début des années 2000, Benetton est revenu à une forme de communication moins provocante. S'il continue à exploiter le champ de l'humanitaire et des droits de l'homme, les visuels sont moins violents, comme le montrent les campagnes 2007 (droits de la femme) et 2008 (microcrédit). En outre, le budget consacré à ces campagnes institutionnelles reste modeste, par rapport à celui consacré à la communication de marque (campagne 2008, visuel à droite ci-dessous).

De manière générale, si les sujets tabous en publicité (mort, violence, sexe, etc.) sont efficaces pour accroître la notoriété de la marque, les scores d'agrément sont défavorables. De plus, si le tabou est considéré comme incohérent avec le produit, la publicité est rejetée.

Par exemple, on accepte la présence d'un mannequin déshabillé pour un parfum ou une crème de soin, mais elle sera rejetée pour une voiture ou pour une tondeuse à gazon. Une étude menée en France montre que la perception des sujets tabous diffère selon l'âge, le sexe : les jeunes et les hommes sont plus ouverts à l'utilisation de ces thèmes dans une publicité, les femmes et les seniors étant nettement plus réticents[2] (Figure 12.4).

Thèmes	Ensemble échantillon	Hommes	Femmes	15-25 ans	35-45 ans	55-65 ans
Mort	65 %	62 %	70 %	57 %	65 %	75 %
Violence	76 %	70 %	83 %	60 %	80 %	90 %
Souffrance	63 %	58 %	69 %	52 %	68 %	71 %
Sexe	55 %	49 %	62 %	39 %	49 %	79 %
Nudité	35 %	26 %	45 %	21 %	34 %	51 %

Source : Manceau, D., Tissier-Desbordes, E., *Décision Marketing*, 16, 1999, p. 20.

Figure 12.4 : Pourcentage de personnes opposées à un schéma tabou dans une publicité

1.2.3. Attirer en réconfortant

Selon la théorie de la consistance cognitive, lorsque nous sommes confrontés à un grand nombre d'informations, nous accordons plus de crédit aux informations qui sont congruentes avec nos croyances initiales. En d'autres termes, nous sommes plus attentifs aux arguments des publicités qui sont conformes à nos jugements antérieurs et nous ne percevons pas (ou nous rejetons), ceux qui sont contraires à nos croyances préalables.

Les campagnes menées pour encourager la réduction de la vitesse sur les routes françaises mettent en avant depuis plusieurs années les résultats des accidents, en montrant par exemple les corps blessés des victimes. Les slogans sont clairement culpabilisants : « *Ce soir, il va tuer son frère, mais il ne le sait pas.* » Les résultats des recherches présentées plus haut sur les thèmes tabous en publicité permettent de prédire que si la violence et la souffrance susciteront une forte attention, ces thématiques seront rejetées. La théorie de la consistance cognitive ajoute à cela le fait que la cible visée (les chauffards, ceux qui roulent trop vite sans le savoir) ne se reconnaîtra pas dans ces publicités : ils s'auto-justifieront (« *Moi je suis maître de ma vitesse et je l'adapte aux circonstances* »), ou ne les percevront pas, pour préserver leur équilibre global (« *Je ne peux remettre en cause mon équilibre actuel qui me satisfait ; de toute façon, l'accident n'arrive qu'aux autres* »). Ainsi, ce seront principalement les personnes déjà convaincues et prudentes qui seront les plus sensibles à ce type de publicité.

La théorie de la dissonance cognitive prolonge la précédente et s'applique surtout dans un contexte d'achat impliquant[3]. Dans ce cas, l'acheteur doute souvent de sa décision, soit juste avant ou juste après

2. Manceau, D., Tissier-Desbordes, E., « La perception des tabous dans la publicité », *Décisions Marketing*, 16, 1999, pp.17-23.
3. Festinger, L., *A Theory of Cogitive Dissonance*, Harper & Row, 1957.

l'achat du produit, notamment à cause du risque perçu : « *Ai-je fait le bon choix ?* » Cette dissonance atteint un niveau extrême si le consommateur est confronté à des informations contradictoires avec ses attitudes ou ses choix effectifs. Par exemple, si avant l'achat d'une voiture, un ami jugé compétent dénigre la marque que l'on s'apprête à acheter, ou si une panne survient quelques semaines après, une dissonance désagréable s'installe. Le consommateur, inquiet, cherche alors à conforter son choix et reste très attentif à toute publicité qui traite du sujet ou de la marque. Les témoignages de leaders d'opinion ou d'acheteurs satisfaits, la pression du nombre (« *Comme des dizaines de milliers d'acheteurs...* »), le rappel de la position du numéro un (« *N° 1 oblige...* » ; « *Avec le n° 1 on ne peut se tromper* ») constituent des moyens usuels pour réduire la dissonance.

1.2.4. Attirer consciemment ou inconsciemment : les seuils de sensation

Un stimulus, pour être perçu consciemment, doit atteindre un seuil minimal. Ces limites perceptuelles sont d'ordre absolu, relatif et d'accommodation.

— Absolu

Les seuils physiologiques d'une perception ont été estimés. Par exemple, la flamme d'une chandelle peut être vue à cinquante kilomètres par une nuit sombre et claire ; l'oreille perçoit le tic-tac d'une montre placée à six mètres dans le silence complet ; le nez décèle une goutte de parfum dans un logement de trois pièces[4], etc. Chaque individu possède en fait ses propres seuils absolus et peut généralement les abaisser par un apprentissage spécifique. Les implications publicitaires qui en découlent sont la nécessité d'occuper un seuil minimal d'espace (surface et durée) pour que le message soit vu ou entendu. Ainsi, dans un hypermarché, on estime qu'il faut au moins trente centimètres de linéaire pour que la présence d'un produit ou d'une marque puisse être décelée.

— Relatif

Nous avons vu dans le chapitre précédent que la variation d'un stimulus n'était ressentie qu'au-delà d'une certaine variation relative. Celle-ci doit être supérieure à une constante $k = \Delta I/I$, où ΔI est la variation de l'intensité du stimulus (égale à $I_1 - I_0$, où I_1 est le niveau actuel du stimulus et I_0, le niveau initial du stimulus).

> Supposons que k soit égal à 0,20 pour la perception de la variation de la durée d'un spot de publicité radio. Ainsi, la réduction de trois secondes d'un spot d'une durée initiale de trente secondes ne sera pas perçue [car $\Delta I/I = (30/27)/30 = 3/30 = 0,10$].
> En revanche, un passage de dix à sept secondes sera ressenti par l'auditeur [car $\Delta I/I = (10/7)/10 = 3/10 = 0,30$].

4. Exemples cités par Dubois, B., *Comprendre le consommateur*, Dalloz, 1994, p. 58, tirés de Day R. H., *Human Perception*, Wiley, 1969.

— Accommodation

Au-delà des seuils minima de variation, l'homme tend à s'habituer à l'intensité d'un nouveau stimulus, jusqu'à ne plus se rendre compte de sa présence. Par exemple, le lever du soleil réveillera les premiers jours le dormeur à la belle étoile, habitué à dormir dans la pénombre, mais ne produira plus d'effet quelques jours après. Cet effet d'accoutumance réduit l'efficacité des publicités fondées sur la répétition : elles finissent par ne plus être perçues. Les tactiques de rupture (variation des messages, création d'un choc) permettent de contrebalancer l'effet d'adaptation.

Un stimulus peut aussi être perçu de manière inconsciente si le message se situe à un niveau inférieur au seuil absolu de perception : c'est la perception subliminale. Cette intrusion clandestine a beaucoup fait parler d'elle, depuis qu'une pseudo-expérience menée aux États-Unis dans les années 1950 prétendait avoir montré l'effet foudroyant de telles pratiques sur les ventes. Force est de constater que jusqu'à présent, aucune étude expérimentale sérieuse n'a pu mettre clairement en évidence l'efficacité d'une publicité qui utiliserait des messages subliminaux fondés sur un son, une image ou un texte[5].

> Des images subliminales (« *Drink Coke* » et « *Eat popcorn* ») avaient été introduites pendant la projection d'un film. Durant l'entracte, l'augmentation des ventes de Coca-Cola atteignait 18 % et 52 % pour le pop-corn. En fait, il s'est avéré qu'il s'agissait d'une supercherie montée par une agence de publicité en difficulté financière qui cherchait ainsi à faire parler d'elle…

1.3. Persuader le consommateur

Il existe trois manières de convaincre le consommateur : en utilisant une démarche rationnelle, en déployant une capacité de séduction ou encore en faisant appel à l'humour. Ce clivage théorique se retrouve dans la communication publicitaire.

1.3.1. Persuader par la raison : privilégier la logique

On émet l'hypothèse que le consommateur suit un raisonnement logique pour choisir une marque. La communication se doit d'être pédagogique pour faciliter ce choix. Elle s'articule autour d'une argumentation du type : « *Parce que nous connaissons vos besoins, nous pouvons les satisfaire.* » Il faut démontrer que la marque (ou le produit) est supérieure à ses concurrentes sur les critères de choix considérés par le consommateur. Une publicité efficace doit être informative et crédible.

> Après 50 ans, la peau des femmes perd sa capacité à fixer l'eau et à s'en imprégner. Privée des minéraux essentiels apportés par cette eau, la peau s'affine, se relâche, se dessèche et perd son éclat. Biotherm propose Reminerale, « un soin anti-âge fondé sur le principe de la réimprégnation ; il associe le magnésium, le calcium et le B-phosphore, trois minéraux essentiels, au Pro-Xylane et à l'extrait pur de plancton ». La publicité promet « *Un mois pour rajeunir de huit ans la structure de la peau* ». La

5. Pour aller plus loin, voir la synthèse de Grégory, P, « Notes sur la persuasion subliminale : quelques acquis de la recherche marketing pour éclairer un mythe », *Recherche et Applications en Marketing*, 8, 3, 1993, pp. 79-93.

publicité presse montrait un flacon enchâssé dans un minéral, sur un fond aquatique bleuté ; un tableau, comportant quatre colonnes remplies de résultats statistiques, apprenait au lecteur que la promesse « un mois pour rajeunir de huit ans » avait été validée sur un échantillon de 132 femmes et pour huit marqueurs anti-âge. Ainsi, l'efficacité de la formule a été vérifiée dans 91 % des cas pour l'élasticité de la peau, 93 % pour la souplesse, 96 % pour le confort, 66 % pour les rides, 76 % pour la fermeté, 82 % pour l'éclat, 72 % pour le relâchement et 77 % pour la densité.

La théorie de l'apprentissage s'inscrit dans ce courant, mais elle postule, de surcroît, que le consommateur est un être passif. En conséquence, il est possible de lui faire apprendre « une autre logique », en respectant un schéma mécanique, fondé sur une progression par étapes. Il existe différents modèles d'apprentissage, dont la Figure 12.5 présente les deux principaux.

Pour le publicitaire, l'idéal est d'obtenir une réponse réflexe à partir d'un stimulus quelconque. Ce stimulus peut être lié à une musique, un slogan, une couleur, etc. L'efficacité d'une publicité vient de sa répétition. C'est en ce sens que l'on peut parler de « conditionnement » du consommateur.

Lorsque la publicité au cinéma était autorisée, Heineken pratiquait une communication de ce type. La construction de ses films s'articulait autour de plusieurs stimuli qui créaient une relation forte : « Une bière ? C'est Heineken ». La reconnaissance de la marque est rapide : elle est déclenchée par les premières notes du stimulus musical, la chanson du compositeur-interprète anglais Robert Palmer, « *Every kinda people...* ». Les couleurs pastel, la variété des personnages et les scènes brèves contribuaient à créer des associations visuelles fortes avec la marque. Le slogan final était invariable : « *Heineken, la bière qui fait aimer la bière.* » L'importance du budget permettait une répétition fréquente du message, favorisant ainsi son apprentissage.

Modèles d'apprentissage	AIDA	Hiérachie des effets
Niveau cognitif	Attention (attirer) ↓	Notoriété ↓
Niveau affectif	Intérêt (provoquer) ↓	Connaissance ↓ Appréciation
Niveau conatif (comportemental)	Désir (susciter) ↓ Achat (déclencher)	Préférence ↓ Conviction ↓ Achat

Figure 12.5 : Exemples de modèles d'apprentissage

1.3.2. Persuader par la séduction : provoquer l'émotion

Cette approche repose sur le postulat qu'une publicité ne convainc le consommateur que si elle le séduit. Une bonne communication suggère, évoque, mais ne doit pas démontrer. L'éventail des principes de séduction est large. Certains se fondent sur une approche psychosociale pour donner à la marque les signes d'un groupe valorisant ou pour lui conférer une personnalité forte ; d'autres préconisent l'utilisation du rêve, du mystère, le recours aux émotions, au plaisir ou à l'anticonformisme pour séduire l'acheteur.

Certaines campagnes de Louis Vuitton provoquent l'émotion de différentes manières : en jouant sur le rêve, le mystère, dans une atmosphère à la Hitchcock et, plus récemment, en jouant sur la nostalgie avec une mise en scène du guitariste des Rolling Stones, Keith Richards. Photographié dans une chambre d'hôtel, le musicien est représenté assis sur un lit jouant de la guitare… un étui à guitare signé Louis Vuitton posé derrière. Ces campagnes illustrent le métier de base de Louis Vuitton (le voyage), mais font chacun appel à des émotions différentes pour l'illustrer.

1.3.3. Persuader par l'humour : mettre les rieurs de son côté

L'utilisation de l'humour en publicité est relativement fréquente. Elle concerne surtout des catégories de produits ou de services courants pour lesquels le consommateur ne perçoit pas de risques importants lors de l'achat, et pour des produits en phase de maturité. L'humour produit un effet positif sur l'attention accordée à la publicité, notamment pour les publicités presse et radio. Une difficulté majeure est que l'humour peut compliquer la compréhension du message par la cible. D'une manière générale, la règle d'or est de réserver l'humour pour toucher des consommateurs peu impliqués par la catégorie de produit. En effet, les consommateurs fortement impliqués sont peu réceptifs à l'humour : on ne plaisante pas ou peu si l'achat est jugé important ou risqué.

Par exemple, les produits « petit outil » (détergent, lessive, huile de moteur, gaz) utilisent l'humour dans 35,2 % des publicités qui passent à la radio et les produits « petit plaisir » (snacks, dessert, bières, alcool, tabac) dans 40,6 % des spots de publicités radio[6].

Le recours à l'humour est cohérent dans le cadre de la construction d'une personnalité de marque. Ainsi, une marque qui se veut « sympathique », « amicale », « jeune » ou encore « moderne », pourra plus facilement utiliser cette approche qu'une marque « sérieuse », « compétente » ou « virile ». La Figure 12.6 présente une publicité faite par Canal + pour annoncer sa soirée spéciale des élections présidentielles. Une telle publicité est cohérente avec le ton de la chaîne qui se veut décalée, jeune et originale.

Figure 12.6 : Publicité de Canal +

1.3.4. Synthèse : la route centrale et la route périphérique

Le modèle ELM (*Elaboration Likelihood Model*, traduit par « modèle de probabilité d'élaboration ») synthétise les différentes approches précédentes[7]. En simplifiant, l'efficacité d'une stratégie de persuasion

6. Pour aller plus loin sur cette question, voir Graby, F., *Humour et comique en publicité*, EMS, 2001.
7. Petty, R., Cacioppo, J., *Communication and Persuasion : Central and Peripheral Routes to Attitude Change*, Springer-Verlag, 1986.

dépend avant tout du degré d'implication du consommateur pour le produit ou pour la publicité : en effet, selon le niveau d'implication, l'attention du consommateur se porte sur des éléments différents du message. En conséquence, plusieurs chemins sont possibles pour convaincre le consommateur (voir Figure 12.7).

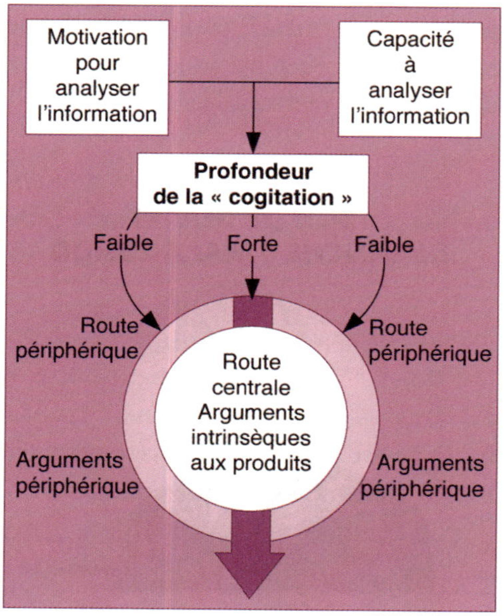

Figure 12.7 : Version simplifiée du modèle ELM de persuasion

— ***Situation de faible implication***

Quand le consommateur n'a pas envie de faire l'effort de comprendre le sens du message publicitaire ou s'il ne dispose pas des connaissances nécessaires, l'effort de « cogitation » pour traiter des informations est volontairement très pauvre. L'attention se reporte sur les éléments secondaires du message. Le consommateur est sensible à une atmosphère évocatrice (rêve, mystère, plaisir, etc.), à un ton humoristique ou à une musique agréable, etc. La persuasion emprunte une route détournée, « périphérique ». Par exemple, la renommée d'un leader d'opinion, servant de caution pour la publicité d'un rasoir, influence favorablement des acheteurs peu impliqués. Des arguments simples, même portant sur des attributs mineurs, modifient le jugement du consommateur vis-à-vis de la marque, s'ils sont appuyés par un environnement attractif. Le changement de comportement (« *J'achète la marque pour l'essayer* ») précède le changement de l'attitude vis-à-vis de la marque.

— ***Situation de forte implication***

Dans ce cas, le consommateur est prêt à traiter et à évaluer le fond du message. L'attention se focalise sur les arguments reliés aux qualités intrinsèques du produit. Une argumentation centrée sur des attributs jugés peu déterminants ôte tout pouvoir de conviction au message. En revanche, une publicité jugée crédible sur les critères déterminants du choix a toutes les chances d'aboutir à une modification de l'attitude, puis du comportement d'achat. Le mode rationnel prédomine. Les consommateurs impliqués préfèrent des arguments techniques puissants, précis et vérifiables : la caution donnée par une personnalité célèbre est inefficace. Le processus de persuasion doit être direct, il suit la « route centrale ». Ainsi, des acheteurs impliqués dans l'achat d'un rasoir mécanique sont particulièrement sensibles à des arguments techniques tels que la présence d'une double lame flexible, l'angle de rasage, etc.

1.4. Laisser une trace durable[8]

Dernier mais indispensable aspect d'une communication efficace, la rétention du message publicitaire correspond au stockage d'une information dans la mémoire, de façon à être éventuellement ultérieurement activée. Les processus de mémorisation diffèrent sensiblement selon les écoles béhavioristes et cognitivistes.

1.4.1. Les béhavioristes : mémoriser par la répétition

La mémorisation doit être entretenue et renforcée pour créer une habitude durable. Quelles sont les conditions les plus favorables ? Elles dépendent de la manière dont la publicité (« stimulus ») est présentée et de l'intensité de sa répétition.

— Modalités de présentation du stimulus

L'idée de base est de créer un réflexe conditionné entre la marque et la publicité, en manipulant ces deux stimuli. Mais le premier adversaire du conditionnement est l'oubli de l'attribution causale entre le stimulus conditionné (la publicité pour une marque) et le stimulus non conditionné (le mannequin, une vedette, etc.). Il est fréquent, par exemple, que le consommateur se souvienne d'avoir vu Claudia Schiffer dans une voiture (stimulus non conditionné), mais ne sache pas à quelle marque (stimulus conditionné) attribuer cette publicité, ou pire, l'attribue à un concurrent. Une meilleure attribution est obtenue quand le stimulus non conditionné est présenté avant le stimulus conditionné et qu'il est fortement présent. Par exemple, dans un spot télé, il est préférable de cadrer serré le visage d'un coureur de Formule 1 et d'enchaîner sur une vue d'un centre de réparation automobile Midas, plutôt que l'inverse.

D'autre part, les deux types de stimulus doivent naturellement être associés entre eux. Ainsi, la référence à un champion de tennis est plus cohérente pour valoriser une marque de raquette qu'un acteur de cinéma. Enfin, le stimulus conditionné ne doit pas être trop connu de la cible pour faciliter le chaînage des associations : cette stratégie s'avère donc moins payante pour des marques disposant d'un fort capital de marque.

— Effet de répétition

Le souvenir d'une publicité est fonction du nombre de fois où une personne a été exposée : la forme de la relation n'est pas linéaire, mais plutôt de type logarithmique. Par ailleurs, l'oubli est plus faible et la mémorisation de la publicité meilleure, si l'exposition est étalée et régulière dans le temps, plutôt qu'intense mais effectuée sur une brève période.

8. Ce paragraphe s'appuie largement sur Vernette, É., *Publicité*, Documentation Française, 2000, chapitre 1.

On a montré qu'au bout d'un an, 40 % des enquêtés se rappelaient encore le message si l'exposition a été d'une fois par mois (soit un total de douze fois), contre 0 % si l'exposition était concentrée sur trois mois, à raison d'une exposition par semaine. Dans le second cas, le souvenir atteint 60 % au bout de trois mois, mais se dégrade très vite, pour atteindre 10 % au bout de six mois et 0 % au terme d'un an[9].

1.4.2. Les cogniticiens : faciliter l'interprétation pour mémoriser

Alors que pour l'école béhavioriste, la mémorisation est fondée sur une répétition durable d'associations entre des stimuli et un résultat, les cogniticiens cherchent à mettre en évidence ce qui facilite ou, au contraire, bloque le traitement et le stockage des informations. Ils distinguent deux formes du souvenir.

Le rappel exige la production d'une information en puisant directement dans sa mémoire sans aucune aide. Pour une publicité, on demande au répondant de citer les marques dont il se souvient avoir vu la publicité.

La reconnaissance s'établit par confrontation avec un stimulus quelconque, généralement une liste de marques susceptibles d'avoir diffusé de la publicité, des visuels, etc. Le répondant précise les marques dont il se souvient avoir vu la publicité.

Le stockage et l'accessibilité aux informations sont accrus si le sujet encode fortement le message. Ainsi, l'attribution de repères aux composants du message (par exemple à l'aide de moyens mnémotechniques) accroît la mémorisation.

Les services d'assistance automobile privilégient les numéros d'appel téléphon que originaux (du type 0 800 801 802) ; les slogans publicitaires utilisent les rimes (« Du pain, du vin, du Boursin »), les jeux de mots (« Omo micro, maousse kosto ») ou encore les associations surprenantes (« Faites mousser les bons moments »).

De la même façon, le fait de découvrir un sens global à une série d'informations éparpillées, c'est-à-dire en dire en multipliant les connexions logiques, accroît la mémorisation. Par exemple, le bon joueur d'échecs mémorise instantanément un début de partie, alors qu'il est incapable de se rappeler de la position des pièces placées au hasard.

Les applications publicitaires sont variées : le raisonnement (en apparence) logique « Le Loto, 100 % des gagnants ont tenté leur chance », le raisonnement *a contrario*, « Mini Mir, mini-prix, mais il fait le maximum », les sous-entendus (Les « leçons de séduction » d'Aubade), enfin le double sens (Leclerc proclamait il y a quelques années : « Pour ouvrir un hypermarché en France, il vaut mieux avoir un bon dossier » et l'on voyait une chemise bourrée de billets de 500 francs).

Le recours aux images mentales favorise la mémorisation d'une publicité. Ce sont toutes les représentations sensorielles associées à un stimulus qui se condensent sous la forme d'images en mémoire. Celles-ci sont de différentes formes, depuis les hallucinations, les visions rémanentes, jusqu'aux associations sensorielles (musique, odeur, etc.). Les images de type iconique (dessins, photos, etc.), favorisent la formation de ces

9. Zielske, H. (1959), cité par Dubois, P.-L., Jolibert, A., dans *Le Marketing*, Économica, 1998, 3e éd, pp. 413-414.

images mentales. De nombreuses recherches ont montré que le recours à l'icone facilitait l'encodage et le rappel en mémoire. De même, la présence humaine dans une image tend à accroître la mémorisation d'une publicité[10].

II. PUBLICITÉ

2.1. Marché publicitaire

Les chiffres de l'IREP (Institut de Recherches et d'Études Publicitaires) et de France Pub permettent de suivre l'évolution du marché publicitaire français. La Figure 12.8 montre une croissance cyclique.

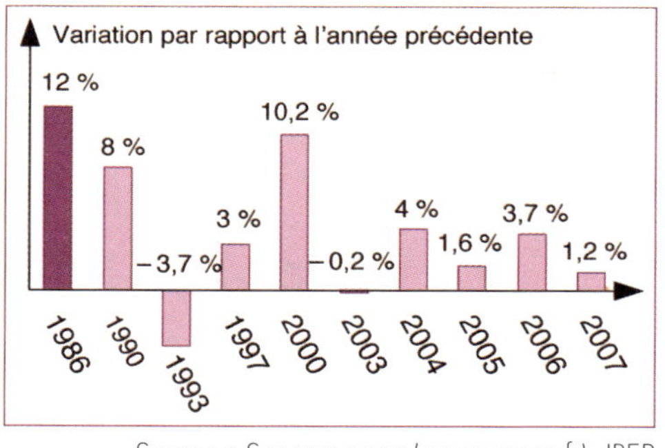

Source : Serveur aacc (www.aacc.fr), IREP et France Pub.

Figure 12.8 : Évolution du marché publicitaire français

Après une période de croissance moyenne de 12 % par an de 1986 à 1990, le marché a stagné de 1991 à 1993, s'est redressé entre 1993 et 2000 (croissance moyenne de 6 %), puis a régressé entre 2001 et 2004. Depuis cette date, la croissance se poursuit à un rythme modéré, oscillant entre 1 et 3 % par an.

En ventilant les dépenses globales sur les six grands médias, on constate que la part de la télévision s'accroît régulièrement d'année en année, au détriment du média presse (voir Figure 12.9). Le développement des télévisions commerciales, la privatisation de TF1, la diffusion par satellite et l'arrivée de la TNT expliquent en grande partie ce phénomène. Ainsi, en 1986, la télévision ne représentait que 19 % des recettes publicitaires, contre 25 % en 1990, 32,6 % en 1996 et 36 % en 2007. Le réseau Internet est devenu en quelques années un nouveau média : de marginal en 1997 (1 million d'euros), il a atteint 740 millions d'euros dix ans après. Avec une part de marché de 6 %, il pourrait passer devant la radio d'ici peu.

	Presse	Télévision	Affichage	Radio	Cinéma	Internet
1990	56,1	24,8	11,7	6,6	0,8	—
1996	43,3	32,8	14,5	8,3	0,8	0,1
2007	37,0	36,0	12,0	8,0	1,0	6,0

Source : Irep, France Pub.

Figure 12.9 : Répartition (en %) des recettes publicitaires entre les grands médias

10. Gavard-Perret, M.-L., « La présence humaine dans l'image, facteur d'efficacité de la communication publicitaire ? », *Recherche et Applications en Marketing*, 8, 2, 1993, pp. 1-22.

2.2. Annonceur

L'annonceur est une organisation (entreprise, administration, association) qui achète un espace publicitaire pour y insérer un message payant. Il détermine le volume de son budget, puis le confie généralement à une agence de publicité. Son attribution fait souvent l'objet d'un appel d'offres, appelé « *spéculative* », qui met en compétition plusieurs agences. Ces dernières proposent chacune un projet de campagne. À côté de ces concours, d'autres solutions plus discrètes existent (voir Focus-Manager 12.2).

La détermination du budget publicitaire suit, la plupart du temps, des règles simples. La plus utilisée consiste à appliquer un pourcentage moyen du chiffre d'affaires, par référence à ce que font les concurrents. Par exemple, les marques de soft-drinks ou de bière consacrent environ 10 % de leur chiffre d'affaires à la publicité, les parfums de 10 % à 20 %. Mais dans l'ensemble, les pourcentages moyens sont plus modestes : 2 à 3 % pour les biens de grande consommation, environ 1 % pour les biens industriels.

Une autre approche consiste à atteindre un objectif de part de voix minimale (« *share of voice* »). La part de voix compare le budget publicitaire de l'entreprise à celui des concurrents (voir Figure 12.10). Ainsi, une entreprise qui investit proportionnellement plus en publicité que ses concurrents aura une part de voix supérieure à sa part de marché. Des études ont montré que les challengers avaient généralement une part de voix supérieure à leur part de marché. En revanche, le leader tend à avoir une part de voix inférieure à sa part de marché.

FOCUS-MANAGER

12.2. LE CHOIX D'UNE AGENCE DE PUBLICITÉ

Chaque année, 400 à 500 budgets changent d'agence. Conscients de l'enjeu que représente ce choix, les annonceurs font de plus en plus appel aux méthodes de présélection. Les motifs qui justifient ces mouvements sont multiples. Ils concernent aussi bien les résultats obtenus que des changements de partenaires. Il n'est pas rare que le départ d'un homme provoque le déplacement d'un budget. Pas rare non plus qu'un annonceur souhaite travailler avec plusieurs agences. Ils sont 44 % à estimer que la diversification est nécessaire pour créer l'émulation ou pour répartir les risques. Pour choisir l'agence à laquelle il va confier son budget, l'annonceur dispose de plusieurs filières. Il peut être séduit par la qualité d'une campagne ou la notoriété d'un ou de plusieurs groupes qu'il ira consulter directement, sans toujours avoir le temps ou les moyens de faire le tour du marché. Il peut aussi se laisser convaincre par la prospection. Les agences, notamment les plus importantes, disposent de démarcheurs officiels ou officieux qui sont rémunérés à la commission, sur la base d'1 %, voire de 2 %, parfois 3 % sur le montant des budgets qu'ils « rabattent » (...) Il existe bien sûr la solution de faire appel aux spéculatives, ces sortes de bancs d'essai, gratuits ou rémunérés, qui mettent en compétition plusieurs agences, mais qui sont loin de satisfaire tout le monde. Certaines agences s'y refusent même totalement. À ces voies classiques s'est ajouté, depuis quelques années, le « conseil en choix d'agences », une formule qui, selon l'étude Ballester, tend à gagner du terrain : 11 % des interviewés y avaient recours voici trois ans. Ils sont, aujourd'hui

24 % à le souhaiter. (...) L'idée consiste à rassembler, en un même lieu, une documentation fournie par les agences qui se présente sur des bandes vidéo pouvant être visionnées par les annonceurs sans que ceux-ci aient besoin d'alerter le marché sur leurs recherches. D'une manière rapide et discrète, ils découvrent tout ce qu'il faut connaître sur les agences : leurs réalisations, bien sûr, mais aussi la liste de leurs clients gagnés et perdus, les chiffres d'affaires, etc. (...).

Source : Dalinval, M., « Comment les entreprises choisissent-elles leurs publicitaires ? », *Le Figaro Économie*, 22 juin 1987.

$$\text{PART DE VOIX} = \frac{\text{Budget publicitaire de l'entreprise pour le produit X}}{\text{Budget publicitaire total des entreprises présentes sur le marché de X}}$$

Figure 12.10 : Part de voix publicitaire

Une autre méthode, plus logique, consiste à calculer le coût du budget publicitaire nécessaire pour réaliser les objectifs fixés, puis à vérifier sa compatibilité avec les ressources de l'entreprise. Le budget final résulte des corrections successives entre l'objectif et les contraintes financières.

Depuis plusieurs années, les secteurs automobile, hygiène-entretien et grande distribution demeurent les plus gros annonceurs. Les piges publicitaires, menées par des instituts spécialisés, évaluent ces budgets (voir Figure 12.11).

	Rang	Investissements	Évolution 2006-2005 (%)
Renault	1	311,2	5,7
E. Leclerc	2	218,6	– 6,4
Unilever France	3	214,0	– 7,3
SFR	4	208,3	– 4,3
Peugeot	5	201,4	2,2
Citroën	6	195,6	9,9
Orange	7	189,2	43,7
Carrefour	8	175,3	1,1
Universal Music	9	172,8	17
Nestlé	10	165,8	– 13
SNCF	11	165,3	7,7
Procter & Gamble	12	151,6	– 4
L'Oréal Paris	13	149,0	5,6
France Télécom	14	148,7	– 40,3
Gr. des Mousquetaires	15	140,8	8,3

Source : TNS Media Intelligence.

Figure 12.11 : Budget publicitaire des quinze plus gros annonceurs en 2007 (en millions d'€)

En France, certaines catégories de produits (tabac, boisson à plus d'un degré d'alcool, édition littéraire, presse, cinéma, médicaments vendus avec ordonnance) ne peuvent faire de la publicité à la télévision. Depuis janvier 2007, la publicité à la télévision est autorisée pour la grande distribution (mais elle ne peut porter sur des opérations de promotion des ventes). La loi Évin du 10 janvier 1991, relative à la lutte contre le tabagisme et l'alcoolisme, a interdit à partir du 1er janvier 1993 « toute propagande ou publicité, directe ou indirecte, en faveur du tabac ou des produits du tabac, ainsi que toute opération de parrainage ». Elle avait restreint les médias autorisés pour les boissons alcoolisées : la presse (autre que celle destinée à la jeunesse) et l'affichage restaient autorisés, mais avec des conditions quant à la présentation des produits. Si la publicité pour l'alcool est toujours interdite au cinéma et à la télévision, elle est redevenue libre pour l'affichage, y compris dans les stades. Cependant, la loi en vigueur n'autorise pas la publicité sur Internet. En pratique, on constate cependant la création de nombreux sites de promotion des boissons alcoolisées sur Internet. Néanmoins, un durcissement apparaît : ainsi l'arrêt de la cour d'appel de Paris du 13 février 2008 a entraîné la fermeture du site Internet français d'Heineken, considérant qu'il était destiné à faire de la publicité pour la bière de cette marque. De son côté, dans un arrêt de 2004, la Cour de Justice des Communautés Européennes (CJCE) a déclaré la loi Évin conforme au droit communautaire.

2.3. Agence de publicité

Il est rare que l'annonceur réalise lui-même sa publicité, car l'indépendance et la variété des campagnes effectuées par les agences favorisent la créativité. L'agence crée et fabrique le message publicitaire, puis sélectionne les supports, pour le compte de l'annonceur.

La loi Sapin du 29 janvier 1993 a modifié le principe de rémunération des agences. Avant cette loi, l'agence était souvent payée au prorata du budget traité, sous forme d'une commission (de l'ordre de 15 %) directement versée à l'agence par les supports sélectionnés. Ce taux déterminait la marge brute de l'agence, c'est-à-dire la différence entre le budget de l'annonceur et la facturation établie par les supports. Pour éliminer certaines pratiques frauduleuses (dessous de table), la loi Sapin a instauré des règles de transparence tarifaire. Elle impose l'obligation d'un contrat de mandat entre les deux parties dès qu'une agence achète des espaces publicitaires pour le compte d'un annonceur. Ce contrat doit détailler précisément les prestations réalisées par l'agence (création, fabrication, achat d'espace, etc.) et leur rémunération. Tout achat d'espace doit faire l'objet d'une facturation précisant les éventuels rabais accordés par les supports. Cette facturation doit être adressée à l'annonceur[11].

11. Pour approfondir, voir Misse, B., « Transparence tarifaire », *Décisions Marketing*, 4, 1995, pp. 11-116 ; ou encore « La loi Sapin 10 ans après », *Stratégies*, 1 264, 17 janvier 2003, p. 8.

Les agences publicitaires connaissent depuis des dernières années de nombreux regroupements. En effet, la conquête des budgets des plus gros annonceurs, tous fortement internationalisés, exige de la part des agences une présence sur tous les marchés mondiaux. Les groupes français sont très bien représentés sur ce marché. En effet, trois agences françaises sont présentes dans le « top 10 » mondial : Publicis, Havas Advertising et AEGIS (voir Figure 12.12).

Rang 2006	Rang 2005		Origine	Chiffre d'affaires en millions de $		%/2005
				2006*	2005	
1	1	**OMNICOM GROUPE** *BBDO, DDB, TWBA*	New York	11 376,9	10 481,1	8,5 %
2	2	**WPP GROUPE** *OGILVY & MATHER, J WALTER, THOMPSON, YOUNG & RUBICAM, GREY*	Londres	10 819,6	10 032,2	11,1 %
3	3	**INTERPUBLIC GROUPE** *FCB, LOWE, Mc CANN*	New York	6 190,8	6 274,3	– 1,3 %
4	4	**PUBLICIS GROUPE** PUBLICIS, SAATCHI, LEO BURNET, D'ARCY	Paris	5 872,0	5 107,2	7,3 %
5	5	**DENTSU**	Tokyo	2 950,7	2 887,8	2,2
6	6	**HAVAS ADVERTISING**	Paris	1 841,0	1 808,0	1,8 %
7	7	**AEGIS GROUP**	Paris	1 825,8	1 577,6	15,7 %
8	8	**HAKUODO DY Holdings**	Tokyo	1 337,0	1 364,0	– 2 %
9	13	**aQUANTIVE**	Seattle	442,2	308,4	43,4 %
10	1	**ASATSU-DK**	Tokyo	430,0	444,8	– 3,3 %

Source : AACC (www.aacc.fr).

Figure 12.12 : Classement des agences sur le marché mondial

2.4. Médias et supports

Un média (par exemple la radio) regroupe un ensemble de supports de même nature (i.e. RTL, Europe 2, RMC Info). Le **médiaplanning**, établi par l'agence de publicité, correspond à la répartition du budget de publicité de l'annonceur sur différents supports. Le but est de proposer la combinaison de supports la plus efficace possible pour atteindre les objectifs de la campagne. Ce choix tient compte, bien entendu, du coût de l'espace propre à chaque support, mais doit intégrer de nombreux autres critères. La construction du plan média se fait en deux étapes.

2.4.1. Étape 1 : le choix des médias

La nature du média joue un rôle important pour déterminer l'impact d'un message. Par exemple, une publicité projetée au cinéma a un impact puissant, parce que le grand écran et la captivité des spectateurs procurent une bonne qualité de réception. Télévision et cinéma permettent une bonne « mise en situation » des produits. Mais ils exigent un budget relativement important, compte tenu des frais de production, du coût unitaire du passage d'un spot et de la répétition nécessaire. De son côté, grâce à sa souplesse de réservation, la presse quotidienne est bien adaptée pour un message à caractère événementiel.

Sur un plan quantitatif, les travaux d'Armand Morgensztern sur la mémorisation d'un message publicitaire ont permis de calculer différents indices qui permettent une première sélection entre les cinq grands médias (voir Fiche technique 12.1).

2.4.2. Étape 2 : le choix des supports

Le manager dispose d'une batterie d'indices pour comparer les médias sur des bases équivalentes, tout en intégrant les caractéristiques de la cible marketing visée. Le principe de base est de maximiser une variable (nombre d'acheteurs potentiels, répétition du message sur les mêmes individus), tout en minimisant le coût de la campagne. La Fiche technique 12.2 définit les principaux indices. Le média planneur commence par évaluer la fraction de l'audience du support qui correspond à la cible de l'annonceur : c'est l'**audience utile**.

Par exemple, pour vendre des produits financiers, l'audience utile de *L'Expansion* est plus forte que celle de *L'Équipe*. Ces données sont généralement fournies par chaque support. Il faut ensuite intégrer la duplication des audiences, c'est-à-dire le fait qu'un même individu peut être touché plusieurs fois par des supports différents. Des modèles complexes estiment ce phénomène, ce qui donne la couverture de la cible, c'est-à-dire le pourcentage de la cible visée qui a vu, au moins une fois, la publicité. Enfin, on comptabilise pour chaque support potentiel le nombre total de contacts qu'il est susceptible de générer. Cet indice permet de calculer le taux de répétition d'une publicité sur une même personne.

La sélection finale du plan médias dépend des objectifs de l'entreprise. Si l'on privilégie l'axe financier, on retient le plan médias qui minimise le coût du contact d'une personne appartenant à la cible visée, c'est-à-dire le « coût au mille utile ». Si l'on préfère maximiser la pression de la campagne, on sélectionne le plan qui donne l'indice GRP (*Gross Rating Point*) le plus élevé.

Des publications professionnelles (*Tarif Média*, *Média Poche*, etc.) indiquent les coûts d'insertion d'une publicité dans un support donné[12]. Ces tarifs évoluent chaque année, au gré de l'audience des supports. Pour la presse, le CESP ou Diffusion Contrôle (association tripartite) vérifie le tirage de 900 titres de la presse et calcule périodiquement les audiences. Le Focus-Manager 12.3 donne quelques exemples de coûts.

12. Il est possible d'obtenir un échantillon des principaux tarifs d'insertion publicitaire dans l'un des six grands médias, en allant sur le site www.offremedia.com.

FICHE TECHNIQUE

12.1. Mémorisation et attention selon les médias

1. Coefficient d'attention (α)

Il se calcule à partir de l'exposition d'une personne à un message publicitaire. Si un individu a pris conscience d'un message, ne serait-ce qu'une fraction de seconde, on considère qu'il y a porté attention. Le coefficient exprime le pourcentage de personnes qui ont porté attention au message après une exposition. Il reste stable d'une fois à l'autre. Ainsi, si $\alpha = 0,4$, on obtient les scores d'attention suivants :

- Après une exposition = 40 % de personnes touchées et 60 % n'ayant pas prêté attention au message.
- Après deux expositions = 40 % + (40 % x 60 %) = 64 % touchées et 36 % restant à toucher.
- Après trois expositions = 64 % + (40 % x 36 %) = 78,4 % touchées et 21,6 % toujours pas touchées, etc.

2. Coefficient de mémorisation (ß)

Le coefficient β représente le pourcentage de personnes qui se souviennent d'une publicité après y avoir été exposées une fois. En généralisant, la formule de Morgensztern donne le pourcentage de personnes qui se souviennent après n expositions :

$$S_n = 1 - (1-\beta)^n, \text{ avec } \beta = \alpha^2$$

n = nombre d'expositions à une publicité dans un média donné
α = coefficient d'attention du média
S_n = pourcentage de la cible se rappelant la publicité après n expositions

Par exemple, pour un β = 40 %, le pourcentage de personnes se souvenant d'un message après cinq expositions est égal à : $S_n = 1 - (1 - 0,4)^5 = 1 - (0,6)^5 = 1 - 0,077 = 92,3$ %

3. Comparaisons selon les médias

Morgensztern a calculé un β et un α moyens pour chaque média (voir tableau ci-dessous). On dispose de coefficients β plus précis qui tiennent compte de la durée d'un spot, de l'utilisation de la couleur ou du noir et blanc, de la surface d'exposition, etc. Par exemple, un spot de trente secondes à la télévision à 20 h 30 génère un β = 15 % ; une page en couleurs dans un magazine donne un β = 10 % ; une double page en couleurs vaut 15 %, un panneau publicitaire 4 x 3 mètres équivaut à 4 %, etc.

Médias	Taux d'attention α	Taux de souvenir β
Presse	30 %	10 %
Télévision	40 %	15 %
Radio	20 %	5 %
Affichage	4 %	2 %
Cinéma	85 %	70 %

FICHE TECHNIQUE

12.2. INDICES DE BASE D'UN PLAN MÉDIAS

1. Définitions

- Audience : nombre total de personnes qui consomment le média durant un intervclle de temps.
  - Presse : nombre de lecteurs ayant lu ou feuilleté le support (mesuré par le Centre d'Étude des Supports Publicitaires, le CESP).
  - Radio : nombre d'auditeurs ayant écouté une émission (mesuré par le CESP).
  - Télévision : nombre de spectateurs (mesuré par Médiamat).
  - Cinéma : nombre de spectateurs (mesuré par le CESP).
  - Affichage : nombre d'individus passant devant l'affiche (mesuré par Affimétrie).
- Audience utile : nombre de lecteurs, auditeurs, spectateurs ou passants appartenant à la cible visée par le marketing.
- Contact : nombre de fois où le message a été vu, lu ou entendu.
  - Presse, télévision, affichage, cinéma : ODV (occasion de voir).
  - Radio : ODE (occasion d'entendre).
- Contact utile : contact obtenu avec une personne appartenant à la cible. Si une même personne est touchée plusieurs fois, on parle de « répétition » de contacts.

2. Formules de calcul

Coût d'un support

$$\text{Coût au mille} = \frac{\text{Prix de la publicité}}{\text{Nombre de contacts}} \times 1\,000$$

$$\text{Coût au mille utile} = \frac{\text{Prix de la publicité}}{\text{Nombre de contacts utiles}} \times 1\,000$$

Couverture d'un plan de campagne

$$\text{Taux de couverture} = \frac{\text{Audience nette utile}}{\text{Effectif de la cible}}$$

$$\text{GRP (Gross Rating Point)} = \frac{\text{Nombre total de contacts utiles}}{\text{Effectif de la cible}} \times 1\,000$$

3. Exemple d'application

Une cible marketing se compose de 400 000 personnes. Le budget est de 60 000 euros. Le médiaplanneur hésite entre deux supports, A et B. Le premier autorise quatre insertions, compte tenu du budget, le second, une seule.

Supports	Coût de l'insertion (1)	Audience globale	Audience utile	Contacts utiles (2)	Coût/mille utile [(1)/(2)] x 100
A	15 000 €	100 000	80 000	150 000	100 €
B	60 000 €	600 000	200 000	300 000	200 €

- Taux de couverture de la cible :

A = 20 % = (80 000/400 000) B = 50 % = (200 000/400 000)

- GRP :

A = 150 = [(150 000 x 4) x 100] / 400 000 B = 75 = [300 000 x 100/400 000]

Le support A est le plus économique et le plus puissant, mais B offre une meilleure couverture de la cible.

FOCUS-MANAGER

12.3. Combien coûte l'achat d'un espace publicitaire ?

1. Télévision

Le coût moyen d'un spot TV diffusé en 2007 sur les chaînes nationales TF1, France 2, France 3 (hors espaces régionaux), Canal +, France 5 et M6, s'est élevé à 9 941,20 euros. Sa durée moyenne a été de 19,6 secondes. Sur les chaînes thématiques, le coût moyen de diffusion d'un spot en 2007 était de 291 euros. Le tarif d'un spot est publié sur la base d'une durée de 30 secondes. Le coût d'un spot d'une minute (ce qui est rare) n'est pas égal à deux fois 30 secondes, car des « coefficients de durée » s'appliquent. Ils diffèrent selon les régies publicitaires et sont indiqués en indice base 100. Par exemple, un indice 180 ou 143 signifie que le tarif « 30 secondes » est multiplié par 1,8 ou par 1,43 pour obtenir le coût de ce spot d'une minute.

Source : www.snptv.org/generalites

2. Presse

Les coûts sont extrêmement variables selon l'audience du support et la surface occupée par l'insertion publicitaire. Ainsi, pour une page couleur, il fallait compter en 2007 environ 50 000 euros dans *Télé 7 Jours*, 5 000 euros dans *Tennis Magazine*, 13 000 euros pour *Voici* ou encore 22 000 euros dans *Elle* ; pour une page en noir et blanc, les tarifs étaient de l'ordre de 30 000 euros pour *Le Figaro* et 15 000 euros pour *Les Échos*.

Source : *Culture Mag*, Groupe Interdeco.

3. Radio

De la même manière, les coûts dépendent de l'audience recueillie par les différentes stations de radio : ils varient selon le jour et l'heure de passage. À titre d'exemple, un spot de 30 secondes sur RTL coûtera 300 euros (en 2008) le lundi dans la tranche horaire 5 h-5 h 30 et 15 100 euros le même jour entre 7 h 30 et 8 h ; sur RTL 2, les mêmes tranches horaires sont facturées 200 euros et 3 700 euros.

Source : www.offremedia.com.

4. Cinéma

Les tarifs proposés par le réseau Screenvision pour une insertion de 30 secondes oscillent selon les mois de l'année entre 56 000 euros (en 2007) en août et 181 000 euros en décembre, le coût moyen du spot s'élevant à 125 000 euros.

Source : www.offremedia.com.

5. Affichage

JCDecaux (Jean-Claude Decaux) propose un tarif de 266 000 euros pour la location de 2 410 faces d'abribus durant une semaine, répartis dans toute la France. Pour louer les arrières de bus durant une semaine à Aix-en-Provence (soit 102 faces), il faut compter 9 300 euros (en 2008). Le métro parisien facturait, en 2008, 480 panneaux 229 000 euros, pour une durée d'une semaine.

Source : www.offremedia.com.

6. Internet

Deux modes de facturation existent : le CPM (coût par mille) et le coût au clic. Avec le CPM, le prix est facturé en fonction du nombre de pages vues. Pour le coût au clic, le prix facturé dépend du nombre d'internautes ayant cliqué sur le message publicitaire. Le CPM est le mode de commercialisation utilisé par tous les gros sites. La publicité est vendue à un prix unitaire pour 1 000 affichages. Les prix varient entre 5 et 80 euros. Par exemple, Alice, fournisseur d'accès Internet revendiquait en 2007 un million d'abonnés, 5,5 millions de visiteurs sur son site, 360 millions de pages vues par mois. La société facturait une bannière sur sa page d'accueil entre 60 et 80 euros au CPM ; la location d'une bannière durant une journée revenait entre 100 000 et 150 000 euros.

Source : www.offremedia.com et www.mondeduweb.com

2.5. Déroulement d'une campagne publicitaire

La réalisation d'une campagne comporte cinq étapes (voir Figure 12.13). Le choix des médias et des supports ayant déjà été abordé, nous détaillerons dans ce paragraphe le « brief agency » et la création du message ; le contrôle de l'efficacité sera traité dans le paragraphe 2.6 suivant.

2.5.1. Le « brief agency »

C'est une note écrite, élaborée par l'annonceur (chef de publicité, chef de produit ou directeur marketing), qui fixe les grandes lignes de la future campagne. Ce document résume la stratégie marketing de l'entreprise, sa position concurrentielle, les forces et les faiblesses du produit, les cibles visées. Il précise, en outre, les objectifs spécifiques de la communication : par exemple accroître la notoriété de la marque, développer la fidélité, faire connaître une caractéristique du produit, etc. Ce plan de travail est remis à l'agence de publicité ou aux différentes agences candidates, en cas d'appel d'offres.

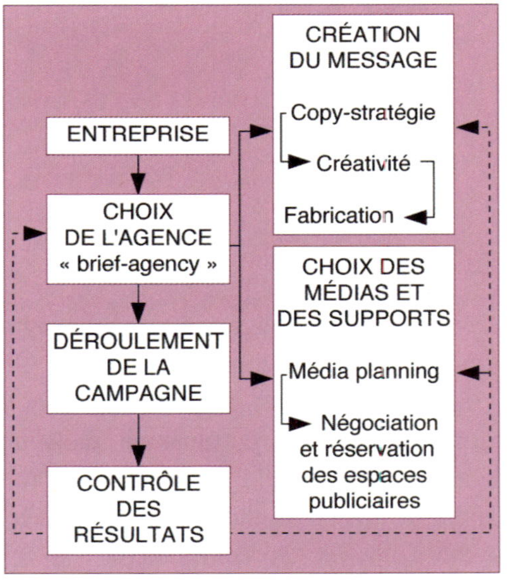

Figure 12.13 : Déroulement d'une campagne publicitaire

2.5.2. La création publicitaire

Un message publicitaire se construit autour de trois éléments.

— *Axe*

Il représente l'argumentation centrale du message et répond à la question : « Que veut-on dire ? » L'axe s'exprime à travers une promesse de base, équivalente au bénéfice que retirera l'acheteur de la consommation de la marque, par exemple : « *Vous serez bien dans votre peau* », « *Vous gagnerez du temps.* » L'axe doit être distinctif de celui des concurrents et s'appuyer sur une attente forte du consommateur : il est inutile de mettre en avant un avantage que le consommateur ne recherche pas. Logiquement, la promesse doit être « démontrée » par une preuve crédible et propre à la marque.

> « Grâce au Fluor MFP, dont l'efficacité est prouvée par de nombreux tests scientifiques, Colgate donne des dents plus dures et moins de caries. »
>
> « La compagnie aérienne Northwest Airlines vous offre un gain de temps de deux à quatre heures, grâce à une liaison directe Paris-Detroit. »

— ***Thème***

C'est la manière dont on illustre l'axe, pour qu'il soit compris, admis et mémorisé. On peut utiliser un ton particulier (humour, anticonformisme, transposition dans un autre univers, etc.), des symboles (animaux, couleurs) ou encore des témoignages (leader d'opinion, prescripteurs).

> Colgate montre le visage d'un jeune enfant, tout fier de se brosser les dents.
>
> Northwest Airlines utilise l'humour pour illustrer le gain de temps offert par la liaison directe Paris-Detroit : le slogan affirme que « *les voyages, c'est comme les plaisanteries, les plus courts sont les meilleurs* », tandis que l'on voit un brave cadre américain s'impatientant à l'aéroport, à cause de l'attente interminable subie par un collègue français.

— ***Manifeste***

Il équivaut à la mise en scène de l'annonce : choix des voix des acteurs, des animaux, des couleurs, des lieux, du graphisme, etc. Pour une annonce presse ou une affiche, il précise la place accordée au texte et à l'image, il détaille le titre ou la photo qui servira d'accroche pour capter l'attention du consommateur. Pour la radio, la création peut s'appuyer sur un « jingle », thème sonore qui facilite l'identification et la mémorisation du message. Un message peut se conclure par l'exposition d'un packaging (« *packshot* ») et (ou) mettre en avant une « signature », slogan court qui résume la spécificité distinctive de la marque par rapport aux concurrents.

> Certaines signatures sont restées célèbres : « Des pâtes, des pâtes, oui mais des Panzani », « Mini Mir, mini-prix, mais il fait le maximum », « EDF, nous vous devons plus que la lumière », « Renault, des voitures à vivre », etc. D'autres ont été plus malheureuses, soit parce qu'un événement concomitant est survenu durant la campagne (« La SNCF, tout est possible »... lancé le jour où une grève très dure a démarré), soit parce que l'évocation suggérée par la signature est triviale. Ainsi, la Renault 14 a été lancée à l'intérieur d'une poire, avec le slogan « Une poire, c'est confortable », ce qui a été interprété par les consommateurs par : « Une poire, cela a des pépins », « C'est l'acheteur qui est la poire », etc. Enfin, des voix et des noms d'acteurs ont laissé des traces durables pour une marque : Michael Jordan vantant les Nike Air Jordan, Inès de la Fressange pour Chanel N° 5, etc.

La création est guidée par un document, appelé « copy-stratégie ». Celui-ci précise ce que la marque devient dans l'esprit du consommateur (autrement dit, l'image recherchée) au cours du temps. Il indique le fond du message (ce qu'il doit être), mais pas sa forme. L'agence de publicité le rédige généralement en collaboration plus ou moins étroite avec l'annonceur. La copy-stratégie fixe les grandes lignes de la création : elle oriente l'imagination des créatifs. Cependant, son importance est variable selon les écoles publicitaires (voir Figure 12.14).

	USP Unique Selling Proposition Agence : Ted Bates	**PTC Plan de Travail Créatif Agence : Young & Rubicam**	**STAR-STRATÉGIE Agence : RSCG**
Importance de la Copy-stratégie	Grande	Moyenne	Faible ou nulle
Caractéristiques et instructions données à la création	Une seule promesse (bénéfice offert par la marque) Une seule preuve (= raison pour laquelle la promesse sera tenue)	Spécifie la nature du problème à résoudre et le type de réponse que la publicité doit apporter Stratégie créative, privilégiant le concept d'évocation (= idée créative qui fixe l'argumentation centrale du message)	Séduction de la marque Personnalité de la marque (physique, caractère, style)
Liberté laissée à la création	Réduite	Moyenne	Grande

Figure 12.14 : Copy-stratégie et création publicitaire

La théorie de l'USP (*Unique Selling Proposition*), privilégiée par les fabricants de produits d'entretien (les « lessiviers »), consiste à retenir un axe unique, bâti sur une promesse simple, justifiée par une preuve solide. À l'inverse, la « star-stratégie » préconise de donner une personnalité à la marque : celle-ci doit séduire, posséder un caractère et un style identifiables. Le plan de travail créatif part de la synthèse du diagnostic marketing, détermine le problème spécifique que doit résoudre la publicité et privilégie une création fondée sur l'évocation pour atteindre cet objectif.

Le lancement des couches-culottes Ultra de Pampers a suivi l'approche USP. La promesse est attractive et repose sur une attente déterminante de l'acheteur : « *Avec Ultra, même mouillé, votre bébé reste sec* ». La preuve est fournie par la présence de nombreux « micro-capteurs répartis dans la couche ». En réalité, c'est une substance chimique particulière qui a le pouvoir de se gélifier au contact d'acides.

La publicité pour le caméscope numérique de Sony illustre le travail d'un PTC (plan de travail créatif) : les performances sont minutieusement listées (« léger, petit, maniable, prises de vue contrôlables, raccordement à un micro », etc.). L'évocation suggère un univers terrestre sans limites et est renforcée par un visuel couleur de feu représentant en contre-jour une dune ou une montagne flamboyante, sur laquelle un tout petit caméscope se détache. Une accroche intriguante (« Ne pas avaler ») complète l'ensemble.

Samsara, le parfum de Guerlain, applique les principes de la star-stratégie. La personnalité de la marque est suggérée par celle de la femme qui présente le produit : séductrice, envoûtante et mystérieuse. La couleur rouge, prédominante, accentue la chaleur et la puissance du message.

D'autres agences de publicité considèrent qu'une copy-stratégie bride la création et conduit souvent à la production de créations quelque peu standardisées. L'analyse marketing doit être dépassée et transcendée par un effort créatif qui débouche sur une véritable rupture par rapport aux codes conventionnels utilisés par les concurrents. L'originalité de telles campagnes se fonde souvent sur un visuel accrocheur, décalé ou qui transpose la marque dans un univers mythique ou irréel.

L'évaluation de la création publicitaire est délicate. Il est possible de prétester l'efficacité du message, notamment lorsque l'annonceur hésite entre deux ou trois messages. Trois catégories de critères sont généralement retenues (voir Figure 12.15).

La loi du 18 janvier 1992 autorise la publicité comparative, mais dans le cadre de contraintes strictes. La publicité ne peut porter que sur des produits ou des services de même nature (par exemple, marques visant un même segment), effectivement disponibles sur le marché. La comparaison de prix des produits doit se faire dans des conditions de services (garantie, livraison, etc.) strictement identiques. De manière générale, seules des caractéristiques concrètes, essentielles et vérifiables peuvent être mises en avant.

Types de critères	Éléments de vérification
Critères stratégiques	Acceptation du message par la cible Cohérence du message et de l'axe
Critères de communication	Force de l'accroche Identification de l'émetteur par la cible Compréhension du message
Critères techniques	Faisabilité technique, délais et coût de production Respect de la réglementation en vigueur

Figure 12.15 : Évaluation de la création publicitaire

Dans la pratique, cette possibilité est peu utilisée par les annonceurs, car l'article 10-1 de cette loi impose de communiquer le projet de publicité aux concurrents dans un délai « *au moins égal à celui exigé, selon le type de support retenu, pour l'annulation d'un ordre de publicité* ». En clair, ce délai laisse la possibilité au concurrent de préparer une contre-attaque et de réagir sur le même support que son adversaire[13]. Un autre danger, comme le montre le Focus-Manager 12.4, est le risque d'une bataille judiciaire à répétition.

Finalement, la publicité comparative peut se retourner contre son auteur. Si l'on s'engage dans cette voie, il faut s'attendre à ce que la marque visée réponde à son tour, en soulignant un point faible de l'attaquant.

13. Pour approfondir, voir Delhaye, C., « Publicité comparative : une brèche ouverte par le législateur », *Décisions Marketing*, 0, 1993, pp. 93-98.

Par exemple, une publicité du site d'e-commerce, RueduCommerce.fr, montrait que ses prix étaient inférieurs à ceux pratiqués par Darty. Ce dernier a répondu de manière indirecte en soulignant que son prix de vente incluait des services pas forcément compris chez tous les distributeurs (voir Figure 12.16).

Figure 12.16 : Darty ou la publicité comparative indirecte

FOCUS-MANAGER

12.4. PUBLICITÉ COMPARATIVE ; LES BATAILLES TELE2 VS FRANCE TÉLÉCOM EN 2004

« Le Tribunal de commerce de Paris a donné raison à France Télécom qui accusait Tele2 France de dénigrer ses clients dans une publicité comparative. Le Tribunal de Commerce de Paris vient en effet de juger que le message publicitaire "Encore client de France Télécom ? Comme c'est dommage..." diffusé dans la presse écrite en juillet dépassait les bornes. Le Tribunal a donné raison à l'opérateur historique qui demandait l'arrêt immédiat de cette campagne de publicité considérant "un trouble manifestement illicite et un dommage imminent au préjudice de la société France Télécom".

Tele2 a été condamné à verser 3 000 euros à France Télécom au titre de l'indemnisation des frais avancés par France Télécom dans le cadre de la procédure. Ce dernier réclamait 5 000 euros. Le jugement précise aussi que le FAI [Fournisseur d'Accès à Internet] alternatif risque une astreinte de 15 000 euros par infraction constatée. "*Cela nous amuse, ils nous attaquent sur chacune de nos campagnes*, affirme-t-on au département marketing de Tele2. *Le juge considère que les trois petits points à la fin de l'accroche sont dénigrants, c'est son avis, nous ne perdrons pas de temps à faire appel. Mais nous n'avons aucun intérêt à dénigrer les clients de France Télécom, justement car ils représentent notre principale base de clients potentiels.*" Chez l'opérateur historique, on s'amuse aussi d'avoir gagné pas moins de six procès contre Tele2 au sujet de publicités comparatives. Loin d'être lassés de se donner rendez-vous régulièrement au palais de justice, les deux opérateurs poursuivent leurs bisbilles. Le prochain round judiciaire entre les deux opérateurs aura lieu à la rentrée, avec le début d'un procès intenté par Orange à Tele2 France. L'opérateur mobile lui reproche d'avoir laissé entendre que le coût d'un SMS pour un opérateur était presque nul. Au moment même de cet autre procès, Tele2 lancera une nouvelle campagne publicitaire. »

Source : www.journaldunet.com, 11 août 2004.

2.6. Contrôle de l'efficacité publicitaire

Faire vendre une marque n'est pas le seul objectif d'une publicité. D'autres buts existent : faire connaître une marque, développer une image ou des croyances spécifiques, fidéliser la clientèle, etc. Les méthodes de contrôle dépendent de la nature des objectifs[14]. La Figure 12.17 synthétise les principales d'entre elles.

Niveau de l'action publicitaire	Objectifs publicitaires	Indices et méthodes de mesure
Connaissance (cognitif)	Faire connaître une marque Faire connaître les bénéfices procurés par un produit ou une marque	Scores d'impact brut, prouvé ▶ mémorisation ▶ notoriété spontanée, assistée ▶ reconnaissance des caractéristiques
Affectif	Faire apprécier les bénéfices procurés par un produit ou une marque Rendre sympathique une marque Susciter une préférence globale pour la marque	Étude ponctuelle d'image de marque ▶ échelles d'attitude, tests projectifs Étude baromètre d'image ▶ évolution dans le temps des scores d'image de marque
Comportement (conatif)	Inciter la cible à acheter la marque ou le produit Faire vendre le produit ou la marque Modifier un comportement	Suivi du taux d'essai et de rachat Suivi de la part de marché ▶ panels, marchés tests simulés ou réels ▶ comptage de coupons-réponses

Figure 12.17 : Objectifs et méthodes de contrôle de la publicité

Le contrôle basé sur des enquêtes permet de comparer le score d'impact obtenu avant la campagne de publicité, avec celui obtenu après. Il peut s'agir d'un score de notoriété spontanée (« *Citez-moi des marques de bières que vous connaissez* ») ou assistée (« *Dans cette liste de marques de bières, quelles sont celles que vous connaissez ?* ») ; ou encore un score de mémorisation (« *Citez-moi les marques dont vous vous rappelez avoir vu la publicité* »).

Ces enquêtes sont menées ponctuellement ou de façon régulière. Dans ce dernier cas, on dispose d'un baromètre pour suivre l'évolution d'une marque, tout en intégrant l'effet des campagnes des concurrents. Les panels offrent la possibilité de suivre l'évolution des ventes, avant, pendant et après la campagne. Les modèles de marchés tests simulés et la lecture optique des codes à barre, réalisée lors du passage en caisse, permettent de distinguer l'accroissement des ventes qui résulte à la publicité, de celui dû à une baisse des prix ou à une modification du produit ou de l'emballage.

14. Pour aller plus loin, voir Gregory, P., « Le contrôle de l'efficacité publicitaire », *Recherche et Applications en Marketing*, 4, 1986, pp. 71-83.

III. PROMOTION DES VENTES

3.1. Objectifs

À la différence de la publicité, la promotion des ventes a pour objectif majeur de stimuler et de déclencher des comportements d'achat immédiats. Elle offre une opportunité temporaire au consommateur. Cette action concerne le consommateur final : augmenter les quantités achetées en une seule fois, accroître la fréquence de consommation du produit, fidéliser la clientèle, conquérir de nouveaux acheteurs. Elle peut aussi viser le distributeur pour obtenir un référencement, un meilleur emplacement dans le rayon, accroître la rotation des stocks, etc. Enfin, elle peut s'intéresser à un prescripteur ou utiliser un ancien client comme agent de recrutement (le « parrain ») pour de nouveaux clients.

3.2. Principales techniques

L'entreprise dispose de nombreuses techniques pour promouvoir ses ventes (voir Figure 12.18). Elles s'articulent autour de quatre grands principes :

- offrir quelque chose de gratuit : prime, concours, loterie, cadeau, échantillon ;
- offrir plus de produit au même prix : offre spéciale, carte de fidélité ;
- offrir une baisse de prix : vente par lots, coupon de réduction, réduction immédiate, reprise d'un ancien produit ;
- offrir une assurance : remboursement en cas de différence de prix ou d'insatisfaction, échange gratuit.

Noms des techniques	Principes généraux
Offre spéciale	▶ Baisse de prix temporaire • immédiate : le prix indiqué tient compte de la réduction • différée : remboursement sur présentation de preuves d'achat ▶ Produit en plus au même prix qu'avant (exemple : + 20 %)
Concours et loteries	▶ Concours : questions présentant un minimum de difficulté ▶ Loteries : gagnants désignés par tirage au sort
Ventes par lots	▶ Réduction de prix liée à l'achat d'une quantité minimale Exemple : « Vous en payez 2, le 3e est gratuit »
Offre de rremboursement	▶ Offre d'essai gratuit : le produit est remboursé sur preuve d'achat ▶ Offre de fidélité : le remboursement d'une unité du produit s'obtient après un certain nombre d'achats
Prime Cadeau gratuit	▶ Prime : cadeau inclus dans l'emballage du produit ▶ Cadeau gratuit : cadeau obtenu sur preuve d'achat
Échantillon gratuit	▶ Quantité minime d'un produit offerte sans condition d'achat
Reprise du produit	▶ Rachat forfaitaire d'un ancien produit, venant en déduction du prix d'achat d'un nouveau produit

Figure 12.18 : Principales techniques de promotion des ventes

La promotion des ventes a le vent en poupe. Les études menées par le BIPP (Banque Information Progress Promotion) montrent que le nombre d'actions promotionnelles progresse régulièrement : ainsi, près de 100 000 actions promotionnelles ont été enregistrées en 2002, soit une progression supérieure à 18 % par rapport à l'année précédente.

> Entre 1992 et 2002, le nombre des promotions a été multiplié par 7,5. Autrefois réservées à l'alimentaire, elles concernaient en 2002 tous les secteurs. L'alimentaire pèse pour près d'un quart des actions promotionnelles, contre 13 % pour le non-alimentaire. C'est ce dernier secteur qui a connu la plus forte poussée en 2001, en progression de près de 32 %, en raison de l'activité promotionnelle dans le secteur automobile et du rythme soutenu des lancements de produits d'hygiène-beauté et d'entretien. En revanche, les services ont connu dans le même temps une baisse de l'ordre de 5 %. Ils représentaient en 2002 moins de 3 % dans le nombre total des promotions.

3.3. Efficacité de la promotion des ventes

Une étude, menée par l'Institut français du merchandising (IFM), montre que 30 % des consommateurs optent régulièrement pour la marque en promotion, 61 % se laissent influencer de temps à autre et 9 % se déclarent insensibles. Toujours selon cette même source, les parents rechercheraient plus les réductions de prix ou les quantités en plus, les enfants étant plus attirés par les cadeaux, concours et autres primes. L'analyse des retours des coupons de réduction donne un autre indice de l'efficacité d'une promotion. La gestion de ce « couponning » est généralement sous-traitée par des sociétés de service spécialisées. Le taux moyen de remontée (nombre de coupons retournés par rapport au nombre total de coupons imprimés) varie suivant les techniques. Selon une étude de la SFDD, une offre d'essai génère un taux moyen de 7 % et une opération « satisfait ou remboursé » ne voit que 0,3 % de retours. D'autres sources indiquent un taux moyen de retour égal à 2 % pour un coupon de réduction immédiate.

Les panels en lecture optique et les marchés tests simulés permettent une bonne estimation des effets d'une réduction immédiate des prix en linéaire. On calcule d'abord un niveau de référence, appelé « base line », correspondant aux ventes normales de la marque. Différentes procédures de traitement (régression multiple, lissage, etc.) isolent les ventes supplémentaires dues à la promotion, tout en tenant compte des effets dus à d'autres variables (concurrence, packaging, publicité, etc.). Les résultats montrent[15] que la baisse de prix promotionnelle a un effet très important pour le chiffre d'affaires : l'élasticité du prix à la réduction promotionnelle atteint une valeur moyenne de – 6, avec un intervalle compris entre – 4,7 et – 8,7. Cet effet dopant est supérieur à celui observé lors d'une baisse de prix permanente. Lorsque l'opération promotionnelle s'achève, la chute du chiffre d'affaires est forte, le niveau

15. Destmet, P., Le Roy, I., « Mesurer les effets promotionnels par l'utilisation de la zone d'expérimentation Scannel », *Recherche et Applications en Marketing*, 6, 1, 1991, pp. 27-51.

étant généralement inférieur à celui précédant la promotion. Mais quelques semaines après, la part de marché retrouve son niveau initial. La Figure 12.19 récapitule les principaux effets d'une promotion révélés par les recherches et les questions non résolues.

Effets observés	Questions en suspens
Élasticité de la demande à la réduction temporaire de prix nettement supérieur à celle du prix permanent (– 6 contre – 2)	Effet sur le taux de rachat (après la fin de la promotion)
Effet croissant avec le taux de réduction, décroissant dans le temps, et plus fort pour les petites marques	Effet sur les ventes des autres marques et l'accélération des achats
La place en rayon, la distribution de prospectus, les prix psychologiques amplifient ou réduisent les effets propres à la promotion	Effet sur le changement de magasin
Source : Adapté de Chandon, P., « Dix ans de recherches sur la mesure des effets de promotions », *Recherche et Applications en Marketing*, 9, 4, 1994, p. 87.	

Figure 12.19 : Impact des promotions des ventes sur l'acheteur

Le risque majeur d'une promotion vient de l'accoutumance du consommateur : le prix promotionnel est assimilé au prix normal. Malgré tout, si peu de concurrents utilisent cette arme, son efficacité s'accroît sensiblement. Par ailleurs, cette technique se révèle performante pour le lancement d'un nouveau produit. En revanche, son efficacité est médiocre si le chef de produit l'utilise pour contrer l'arrivée d'un nouveau concurrent. Enfin, une répétition trop marquée de ces opérations pourrait dévaloriser le capital d'image, notamment pour les marques positionnées en haut de gamme ou celles se situant sur les marchés du luxe (parfum, champagne, prêt-à-porter, etc.).

3.4. Réglementation juridique

La promotion des ventes est sévèrement encadrée par le législateur pour protéger le consommateur contre d'éventuels abus. La Fiche technique 12.3 dégage quelques grands principes à respecter.

FICHE TECHNIQUE

12.3. RÉGLEMENTATION DE LA PROMOTION DES VENTES

1. Vente par lots

Elle est interdite par l'ordonnance n° 86-1243 du 1er décembre 1986 si elle n'offre pas au consommateur la possibilité d'acquérir le produit à l'unité (au prix « hors promotion »). Toutefois, la Cour de cassation admet que plusieurs unités de la même marchandise réunies par un conditionnement spécifique (yaourt, chocolat, café, etc.) forment un seul produit.

2. Prime, cadeau, échantillon

La prime désigne un objet ou un service de faible valeur qui est donné lors de l'achat d'un bien ou d'un service. Elle est interdite si elle dépasse une certaine valeur. En dessous de ce seuil, elle est assimilée à un cadeau. Le seuil admis est fixé à 7 % du prix de vente TTC, pour les produits ayant une valeur inférieure à 80 euros. Au-dessus de ce seuil, la valeur de la prime ne doit pas dépasser 5 euros plus 1 % du prix de vente. En tout état de cause, elle ne peut être supérieure à un plafond de 60 euros. Les objets donnés doivent être marqués d'un logo ou du nom de marque de manière apparente et indélébile. S'il existe un service rendu (par exemple un parrainage), les limites du cadeau sont de nature fiscale (déclaration et taxation comme revenu si la valeur excède 60 euros par an et par personne). La remise d'un échantillon gratuit est autorisée si sa taille est inférieure à celle du plus petit produit de la gamme.

3. Loterie

Elle est interdite, sauf si elle est totalement gratuite : pas d'obligation d'achat, remboursement du timbre ou du coût de la communication, dépôt du règlement et envoi gratuit sur demande.

4. Soldes

Il existe trois types de soldes. Les soldes permanents (soldeurs professionnels vendant des produits dégriffés ou de seconde main) sont autorisés. Les soldes saisonniers (maximum deux fois par an) sont considérés comme des ventes au rabais. Ils doivent respecter un délai maximal (deux mois), des conditions d'affichage et de publicité (ancien prix barré, indication claire du taux de réduction). Les liquidations (avant travaux, fermeture) sont soumises à une autorisation du maire ou de la préfecture.

5. Baisse de prix

L'annonce d'une réduction temporaire du prix sur un produit ou un service doit porter sur la totalité de celui-ci et non sur un seul de ses composants. Les prix affichés doivent l'être en TTC s'ils s'adressent à une clientèle de consommateurs finaux. Le producteur et le distributeur doivent prévoir des stocks suffisants de produits pour répondre à la demande et satisfaire, dans des délais raisonnables, toute demande faite durant la promotion.

IV. AUTRES TECHNIQUES DE COMMUNICATION

4.1. Communication événementielle

Un événement est un fait sociologique, plus ou moins marquant, suivi par un groupe de personnes. Son déroulement provoque une émotion collective, proportionnelle à l'importance des conséquences perçues. Par extension, toute information jugée importante sur le plan social, politique, économique, culturel ou sportif prend le caractère d'événement.

Le rôle de la communication événementielle est d'accroître, auprès des cibles visées, l'impact d'un événement dont le déroulement a été prévu et organisé à l'avance. L'originalité de cette technique est d'associer une ou plusieurs marques ou entreprises au déroulement de cette manifestation. Les objectifs ne diffèrent pas de ceux visés par la communication traditionnelle : développer la notoriété, construire une image ou provoquer un comportement.

Outre cela, des buts de communication interne sont possibles : mobiliser le personnel de l'entreprise autour de l'événement, améliorer l'ambiance de travail, etc.

Une communication événementielle s'appuie sur le caractère exceptionnel ou sur l'importance des enjeux liés à l'événement. Trois grandes techniques sont à la disposition des entreprises.

4.1.1. Sponsoring

Il désigne une action indirecte de publicité menée pour le compte d'une entreprise ou d'une marque (le sponsor) qui s'appuie sur une manifestation (sportive, culturelle ou sociale), une aventure ou une expérience scientifique. Le sponsor recherche une visibilité forte et durable de sa marque ou de son nom. Dans certains cas, le sponsoring ne diffère guère de la publicité classique, car il se résume à la location d'un espace publicitaire : panneau autour d'un terrain de sport ou d'une salle de spectacle, marque apposée sur le maillot d'un sportif ou sur la coque d'un voilier, etc. En France, selon France Pub, les investissements de ce type représentaient 858 millions d'euros en 2007, soit environ 3 % des dépenses totales de communication.

— Types d'audience

Une manifestation sponsorisée génère trois types d'audience.

Tout d'abord, citons l'audience directe, où les spectateurs sont présents sur le lieu de l'événement.

L'audience indirecte, elle, se manifeste quand les personnes suivent à distance la manifestation, par l'intermédiaire d'un média. Une diffusion par la télévision assure une audience indirecte largement supérieure à l'audience directe : Jeux Olympiques, Coupe du Monde de football, etc. Le prix du sponsoring tient compte de la couverture médiatique prévue.

Enfin, l'audience rapportée correspond à l'action spécifique entreprise par le sponsor pour amplifier sa participation à l'événement. Elle prend généralement la forme d'une action publicitaire classique. Par exemple, Bull a développé une campagne spéciale pour exploiter le succès de son bateau « L'esprit d'équipe » dans la course autour du monde ; Coca-Cola, France Télécom ou la SNCF communiquent dans les médias sur leur participation aux Jeux Olympiques, etc.

— Efficacité du sponsoring

La mesure de l'efficacité du sponsoring a fait l'objet de recherches approfondies depuis quelques années. Son efficacité globale est confirmée, mais ses performances varient selon l'objectif visé[16].

Ainsi, les spectateurs ayant vu le nom du sponsor développent une attitude plus favorable vis-à-vis de l'entreprise : elle est jugée plus dynamique, plus attirante, plus sociale.

16. Pour une revue, voir Walliser, B., « L'évolution et l'état de l'art de la recherche internationale sur le parrainage », *Recherche et applications en Marketing*, 18, 1, 2003, pp. 65-94.

Par ailleurs, la mémorisation des noms des sponsors est plus forte chez les spectateurs qui se sentent peu impliqués par l'événement : les supporters, naturellement plus concentrés sur l'événement, consacrent moins d'attention aux noms des sponsors présents autour de la manifestation.

Enfin, plus la manifestation sponsorisée est appréciée par le spectateur, plus l'image des marques sponsor s'améliore.

Le Focus-Manager 12.5 indique quelques résultats portant sur les taux de mémorisation des sponsors selon les activités supportées.

FOCUS-MANAGER

12.5. Sponsoring et mémorisation

Le cabinet d'études marketing Sportlab a interrogé les Français de plus de 15 ans tout au long de 2007, en huit vagues de mille interviews sur la mémorisation des sponsors dans différentes activités sportives. Les résultats sont présentés dans le tableau ci-dessous.

Activités	Marques	Taux de mémorisation (%)
Football	Orange	26
	SFR	20
	Bouygues	13
Athlétisme	Gaz de France	10
	Coca-Cola	10
	EDF	5
Rugby	Société Générale	27
	Orange	9
	GMF	8
Cyclisme	Cofidis	32
	Bouygues	27
	Crédit Agricole	18
Voile	Orange	13
	Groupama	12
	Bouygues	10
Tennis	BNP	33
	Perrier	20
	Peugeot	14

Taux de mémorisation des sponsors selon l'activité

Si la BNP Paribas a été le sponsor le mieux mémorisé en 2007, en revanche, les sponsors du foot devraient revoir leur copie. Cela dit, la BNP Paribas a mis plusieurs années avant de voir son nom s'installer aussi haut. Partenaire du tennis français et de Roland Garros depuis les années 1980, la banque a investi une moyenne annuelle de 20 millions d'euros. Le temps travaille également pour Orange, qui semble avoir donné plus de cohérence à ses communications sportives.

La Coupe du Monde de rugby fut l'événement sportif le plus suivi par les Français en 2007. Selon Sportlab, 70 % des interviewés ont déclaré l'avoir suivie avec intérêt. C'est moins que les 86 % obtenus en 2006 par la Coupe du Monde de football, mais le double de la moyenne du tournoi des Six Nations en rugby. Ce succès rejaillit sur les sponsors ayant le mieux exploité l'événement, comme la Société Générale. La banque, dont l'investissement s'est élevé à 20 millions d'euros, recueille les fruits d'une communication transversale cohérente grâce à une identité visuelle propre et déclinée sur l'ensemble des supports. Deux autres marques ont aussi profité de l'événement : Orange et GMF. Mais la Coupe du Monde n'a pas réussi à tous, comme Capgemini, qui a investi 4 millions d'euros dans un partenariat officiel, et Peugeot, dont les seules dépenses en publicité à la télévision ont atteint 2,5 millions.

Cinq sponsors d'équipes cyclistes apparaissent parmi les dix les plus mémorisés en 2007. Cofidis, secoué par une affaire de dopage durant le Tour de France 2007, ne bénéficie certainement pas de la même qualité d'image que la Française des Jeux, dont le score de mémorisation est pourtant deux fois moindre. Un positionnement autour duquel l'entreprise, qui investit environ 5 millions d'euros dans son équipe, communique largement, contre 7 à 8 millions d'euros pour Cofidis. Pour autant, le cyclisme n'est pas une garantie pour les marques : Skoda, LCL, Champion et Aquarel, qui payent chacun environ 5 millions d'euros pour figurer parmi le « club des partenaires » du Tour, sont absents des premières places de l'enquête de Sportlab.

Le football n'est, *a priori*, pas le meilleur support de communication pour les entreprises. C'est un terrain de jeu qu'aucune marque ne s'est réellement approprié. Les trois opérateurs de téléphonie (Orange, SFR et Bouygues Telecom) s'y concurrencent sur des terrains différents : le championnat de France pour le premier, les Bleus pour le deuxième et la Coupe de la Ligue pour le dernier. Dans ce concert, Neuf Telecom, sponsor de l'Olympique de Marseille, s'en sort plutôt bien, avec un taux de mémorisation de 9 %. Rien ne sert de payer, il faut aussi mettre en place une stratégie de communication claire, originale et lisible. Ainsi, les partenaires de la Ligue des Champions en football (Sony, Mastercard, Vodafone, Ford, Playstation et Heineken), sont tous absents des palmarès en 2007. Chacun dépense pourtant environ 12 millions d'euros annuellement… En effet, le public doit se sentir associé dans la relation existant entre le sport et la marque. Dans un autre registre, Coca-Cola, dont les engagements dans le sport sont pourtant importants (Coupe du Monde de football, Jeux Olympiques, etc.), n'apparaît pas non plus dans l'enquête.

Source : adapté de *Stratégies*, n° 1489, 21 février 2008.

4.1.2. Mécénat

C'est une action discrète de soutien d'une entreprise à un événement culturel, scientifique, social ou humanitaire. L'efficacité est attendue sur le long terme. L'objectif visé est essentiellement l'amélioration de l'image globale de l'entreprise. Si le nom du sponsor se doit d'être peu visible durant l'événement, l'action entreprise doit être soutenue par une campagne de communication spécifique. Les investissements en mécénat représentaient 365 millions d'euros en 2007 selon France Pub, soit environ 1 % des dépenses totales de communication.

Les entreprises exerçant une activité polluante (Bayer, Gaz de France, Rhône-Poulenc, etc.), ou un métier souffrant d'un déficit d'image (Cetelem, UAP, Caisse d'Épargne, etc.) utilisent le mécénat pour témoigner de leur utilité sociale. Les budgets sont souvent gérés par des fondations émanant des entreprises.

4.1.3. Parrainage médiatique

Cette forme de communication se situe à la frontière de la publicité classique et de la communication par l'événement. L'entreprise participe financièrement au coût de production d'une émission de télévision ou de radio, voire associe, de manière visible et directe, son nom ou une marque à un « événement », tel qu'un jeu télévisé ou un bulletin météo… Cette technique est surtout utilisée par les distributeurs qui ne peuvent pas faire directement de la publicité à la télévision. En effet, la réglementation sur le parrainage est plus souple et permet ainsi d'avoir un accès à ce média.

4.2. Relations publiques

L'objectif de ces actions est l'établissement et le maintien de bonnes relations avec des personnes influentes : leaders d'opinion, journalistes, prescripteurs, parlementaires, représentants d'associations, etc. Selon France Pub, les investissements en relations publiques ont atteint 1,870 milliard d'euros en 2007, soit 5,7 % des dépenses de communication des entreprises. Les journalistes représentent une cible privilégiée, car ils permettent de bénéficier d'articles ou d'émissions au cours desquels l'entreprise et ses marques sont présentées ou comparées. Ces développements, appelés rédactionnels, ont l'avantage d'être gratuits, mais ne sont pas directement contrôlables par l'entreprise.

Ces missions sont généralement confiées à un attaché de presse, souvent ancien journaliste. Son rôle consiste à faire parler en bien de l'entreprise et de ses produits. Ses moyens d'action sont de plusieurs types.

Ainsi, le dossier de presse facilite la rédaction ultérieure des articles ou la préparation d'un reportage. Le communiqué de presse, lui, annonce un événement spécifique à l'entreprise (découverte, lancement de produit, manifestation originale, etc.). Pour sa part, la conférence de presse permet de présenter directement les produits, de répondre aux questions, de couper court à des rumeurs, etc. Quant aux voyages de presse, cocktails et réceptions, ils favorisent les relations amicales et personnelles avec les journalistes influents. Enfin, l'interview exclusive d'un dirigeant ou d'une personnalité, accordée en échange d'un rédactionnel, consolide la notoriété de l'entreprise.

D'autres missions, touchant une cible plus large, sont possibles. Par exemple, les visites d'entreprise ou les journées portes ouvertes permettent d'insister discrètement sur le souci de qualité de l'entreprise auprès des clients ou des consommateurs potentiels.

SYNTHÈSE DU CHAPITRE

Une bonne communication capte l'attention du consommateur et cherche à le convcincre. L'attention suppose une implication minimale des acheteurs, particulièrement pour les produits courants. Si l'achat est perçu comme risqué, il convient de rassurer le consommateur, avant et après l'achat. La persuasion peut s'obtenir par l'apprentissage, en suivant une approche mécaniste de l'acte d'achat, ou au contraire par la séduction du consommateur. Si l'acheteur est impliqué, la persuasion doit suivre une route directe (centrale) reposant sur les arguments intrinsèques du produit ; en l'absence d'implication, une route détournée (périphérique) est plus efficace, car l'attention se focalise sur des éléments secondaires.

L'élaboration d'une campagne de publicité concerne trois types de partenaires : l'annonceur, l'agence et les supports de publicité. L'agence est chargée de la création publicitaire selon les directives contenues dans la copy-stratégie. Le plan média répertorie l'ensemb e des médias et des supports retenus par l'agence.

Les offres spéciales (réductions temporaires de prix, produit en plus, vente par lot), les coupons de réduction, les échantillons, les jeux et les concours constituent les techniques les plus courantes pour promouvoir les ventes. Si l'efficacité de ces techniques est largement démontrée par les études, la plupart d'entre elles sont soumises à un cadre juridique contraignant. La communication événementielle (sponsoring, mécénat) et les relations publiques représentent un troisième volet d'action pour l'entreprise.

BIBLIOGRAPHIE D'APPROFONDISSEMENT

(1) Lendrevie, J., De Baynast, A., Riou, R., *Publicitor*, Dalloz-Gestion, 2005.

(2) Décaudin, J.-M., *La Communication marketing*, Economica, 2003, 3e éd.

(3) Desmet, P., *Promotion des ventes*, Dunod, 2002.

(4) Graby F., *Humour et comique en publicité*, EMS, 2001.

(5) Malaval, P., Décaudin, J.-M., Bénaroya, C., *Pentacom*, Pearson Education, 2005.

(6) Vernette, É. (coord.), *Publicité*, Documentation française, 2000.

(7) Villemus, P., *Création commerciales et publicitaires*, Éditions d'Organisation, 2004.

(8) Westphalen, M.-H., *Communicator*, Dunod, 2002, 4e éd.

TEST DE CONNAISSANCES

Choisir une seule réponse par question :

Q1 – Un consommateur faiblement impliqué par un produit :

(1) mémorise un grand nombre de publicités sur ce produit ;
(2) développe une attitude vis-à-vis des marques avant l'achat ;
(3) est réceptif aux arguments périphériques de la publicité pour la marque ;
(4) est réceptif aux arguments intrinsèques de la publicité pour la marque.

Q2 – L'annonceur, c'est :

(1) l'entreprise qui fait une campagne de publicité ;
(2) l'agence de publicité qui conçoit la publicité ;
(3) le support qui passe l'annonce publicitaire ;
(4) la centrale de réservation utilisée pour faire passer l'annonce.

Q3 – L'axe d'un message publicitaire correspond :

(1) au manifeste publicitaire ;
(2) à la mise en pages du message ;
(3) à l'argumentation centrale du message ;
(4) à la copy-stratégie.

Q4 – Le GRP mesure le :

(1) (nombre de contacts utiles/effectif de la cible) x 100 ;
(2) [(nombre de contacts utiles) x effectif de la cible]/100 ;
(3) nombre de contacts utiles d'un plan média ;
(4) nombre de retours d'un mailing/nombre de mailings envoyés.

Q5 – L'audience nette de deux supports A et B est égale à :

(1) l'audience de (A + B) :
(2) l'audience de (A + B) appartenant à la cible ;
(3) l'audience de (A + B) - l'audience commune à A et B ;
(4) l'audience de (A + B) appartenant à la cible - l'audience commune à A et B.

Q6 – Pour faciliter le souvenir d'une publicité au bout d'un an, il est préférable de :

(1) concentrer les publicités sur les six premiers mois ;
(2) répartir également les publicités sur l'ensemble des douze mois ;
(3) concentrer les publicités sur les six derniers mois ;
(4) n'importe lequel de ces choix, car il n'y a pas de différence significative.

Q7 – Le coefficient β de Morgensztern représente :

(1) le pourcentage de personnes qui se souviennent d'une publicité après y avoir été exposées une fois ;
(2) le pourcentage de personnes qui attribuent correctement la publicité à la marque après y avoir été exposées une fois ;
(3) le pourcentage de personnes qui aiment la publicité d'une marque après y avoir été exposées une fois ;
(4) le pourcentage de personnes qui ont prêté attention à la publicité après y avoir été exposées une fois.

Q8 – En France, la publicité comparative est :

(1) totalement libre ;
(2) soumise à un code de déontologie élaboré par l'AACC (Association des agences conseil en communications) ;
(3) encadrée juridiquement ;
(4) interdite.

Q9 – Une pleine page de publicité en noir et blanc publiée dans un grand quotidien national coûte environ :

(1) moins de 5 000 euros ;
(2) entre 5 000 et 8 000 euros ;
(3) entre 8 000 et 10 000 euros ;
(4) plus de 10 000 euros.

Q10 – Pour l'achat d'un produit ou d'un service d'une valeur inférieure à 80 euros, les primes sont :

(1) interdites par la législation, quelle que soit leur valeur ;
(2) limitées à 3 % de la valeur du produit ou du service acheté ;
(3) limitées à 5 % de la valeur du produit ou du service acheté ;
(4) limitées à 7 % de la valeur du produit ou du service acheté.

Réponses du test :

Q1 = 3 ; Q2 = 1 ; Q3 = 3 ; Q4 = 1 ; Q5 = 3 ; Q6 = 2 ; Q7 = 1 ; Q8 = 3 ; Q9 = 4 ; Q10 = 4.

Chapitre 13

Management des ventes et de la distribution des produits

Nous allons aborder dans ce dernier chapitre une phase cruciale du marketing opérationnel : la vente et la distribution des produits. Après avoir étudié les mécanismes d'achat du consommateur, sélectionné une stratégie d'approche du marché, conçu et annoncé une offre adéquate, l'entreprise doit encore mettre son produit à la disposition du consommateur final. C'est le rôle conjoint de la force de vente de l'entreprise et des distributeurs.

CONSEILS DE LECTURE : *Ce chapitre ne présente pas de difficultés particulières. Nous avons choisi de mêler la gestion de la vente à la distribution pour bien souligner l'interdépendance existant entre ces deux variables. Nous commencerons par présenter les techniques de vente, puis nous envisagerons les différentes stratégies de distribution et les modes de gestion de la force de vente, avant de terminer par le management d'un point de vente (voir Figure 13.0).*

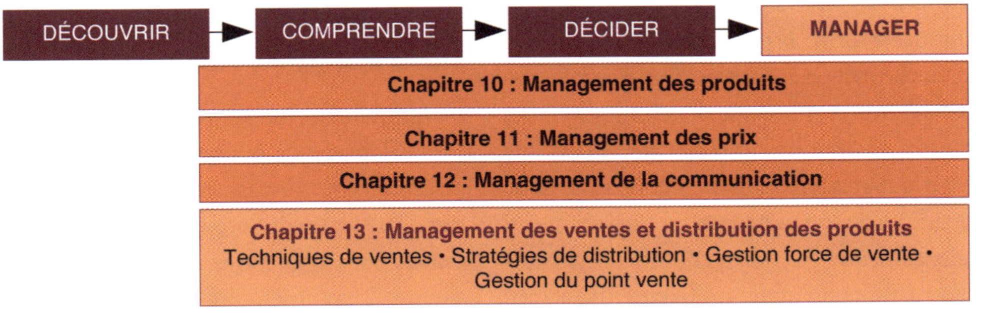

Figure 13.0 : Plan du chapitre

MOTS-CLÉS : *Argumentaire, canal, category management, centrale d'achat, circuit, distribution numérique, distribution valeur, ECR, facing, franchise, linéaire, marge avant, marge arrière, merchandising, trade marketing, vente à distance, VRP, zone de chalandise.*

I. TECHNIQUES DE VENTE

1.1. Négociation et vente

Dans une négociation, les conditions commerciales sont fixées après discussion entre les parties. Les domaines industriels (grands contrats à l'exportation) et de la grande distribution (centrales d'achat et fabricants) représentent les terrains classiques de la négociation.

La vente pure suppose que les conditions de la transaction commerciale soient fixées par le vendeur. C'est le cas d'une grande entreprise avec un petit détaillant, ou encore d'un grand magasin lorsqu'un vendeur présente un produit à un consommateur. Le tarif du vendeur s'applique purement et simplement. La seule marge de manœuvre de l'acheteur peut résider dans les conditions de livraison ou de règlement.

Dans la réalité, la plupart des échanges commerciaux mêlent négociation et vente. Tout dépend du rapport de force entre acheteur et vendeur et de l'importance des sommes en jeu. La négociation est souvent considérée comme la forme la plus noble de la vente. En effet, elle met en jeu des niveaux élevés de responsabilité et implique l'identification des centres de décision du partenaire. Dans une négociation internationale, la connaissance de la culture de son partenaire est importante : il faut connaître les valeurs dominantes, l'attitude par rapport au temps (retard jugé acceptable pour un rendez-vous), savoir interpréter le sens des silences, etc.[1]

1.2. Types de visites commerciales

Chaque responsable commercial de l'entreprise a en charge une clientèle de détaillants ou de grossistes, visitée régulièrement. Il existe trois types de visites : commande de base, commande de réassortiment et visite de service.

La commande de base est l'opération majeure qui correspond à un entretien de vente classique. Une bonne vente nécessite de maîtriser quatre étapes : la préparation, les préliminaires, l'argumentation et la clôture (voir Figure 13.1).

Quant à la commande de réassortiment, elle permet de compléter le volume de la commande initiale.

Enfin, la visite de service est utile pour mettre en place des éléments de PLV, c'est-à-dire une animation, un présentoir, des posters, etc. Le vendeur s'assure que le client ne rencontre pas de problème particulier avec le produit et, accessoirement, enregistre des commandes supplémentaires.

1.3. Tactiques de vente

L'argumentaire de vente est un document écrit, élaboré par le chef de produit ou le directeur commercial, recensant les points forts et faibles du produit. Il répond par avance aux objections formulées par les clients. L'argumentaire est une aide à la vente qui sert de trame à l'entretien commercial.

1. Pour aller plus loin, voir Jolibert, A., « Le contexte culturel de la négociation commerciale », *Revue française de gestion*, novembre 1988, pp. 15-24.

ÉTAPES D'UNE VENTE	OBJECTIFS ET DÉROULEMENT DE L'ÉTAPE
Préparation de la vente	• Vérification du matériel de vente, bons de commande, PLV, échantillons, catalogue, fiches techniques, matériel de démonstration • Prise (éventuelle) de rendez-vous avec le client • Lecture du dossier client : potentiel, situation de la marque, caractéristiques du point de vente
Préliminaires	• Briser la glace : phase de « non-vente » pour détendre l'atmosphère, courtoisie • Annoncer l'objectif de la visite : – définir un potentiel : « Est-ce que cela vous intéresse d'augmenter vos ventes de 30 % ? » « Voulez-vous gagner des nouveaux clients ? » – préciser l'objectif : « Nous offrons un nouveau service réservé à nos meilleurs clients », « Nous avons conçu un nouveau présentoir qui accroît les ventes de 10 % » – crédibiliser l'objectif : « Un de mes clients m'a commandé neuf palettes, il y a quatre semaines : aujourd'hui, il est en rupture de stock »
Démarrage et conduite	• Identifier le contexte concurrentiel : – fort : capitaliser sur les points de supériorité du produit, les bénéfices procurés au consommateur – faible : axer sur la communication, image de marque, exclusivité d'un avantage (même secondaire) par rapport aux concurrents • Déterminer les priorités de l'acheteur, faire définir ses propres attentes • Accrocher l'attention, provoquer l'intérêt : promesses, démonstration technique • Déclencher le désir : utiliser des mots positifs (succès, concret, bénéfice) • Faire appel aux sens : « Prenez cette bouteille », « Écoutez ce silence, cette sonorité », « Sentez-moi cet arôme », « Touchez ce tissu », « Goûtez-moi ce produit » • Prouver que les promesses faites seront tenues : donner des chiffres tirés de panels ou d'études de marché, volume de publicité, promotion des ventes, exemples de résultats obtenus par des distributeurs semblables
Clôture	• Choix du moment : – quand le client a le produit en main depuis trente secondes – après un silence de quelques secondes • Méthodes : – Fausse alternative : « Préférez-vous tout en blanc ou tout en rouge ? » – Accord anticipé : « Est-ce que vous pensez que vingt lots suffiront ? » – Proposer de faire une simulation de chiffre d'affaires, établir un « brouillon de commande » – Concession finale : « Je peux essayer de faire un effort exceptionnel pour vous, mais il faut que je puisse compter sur votre discrétion »

Figure 13.1 : Étapes et déroulement d'une vente

Outre cet outil, le bon vendeur utilise un certain nombre de « trucs » pour faire démarrer une vente, sonder un client ou conclure une vente. Ces éléments se fondent sur des méthodes et sur l'expérience acquise et permettent de répondre aux objections fréquemment formulées par un client. De nombreux ouvrages professionnels donnent des conseils pour contourner ces obstacles[2]. La Figure 13.2 propose pistes pour répondre aux objections les plus fréquentes.

D'une manière générale, on recommande, lorsque le client formule une objection, de le laisser parler jusqu'au bout et de considérer que toute objection équivaut à une question déguisée. Par exemple : « *C'est trop cher = Que puis-je avoir pour mon argent ?* » : « *Je n'ai pas le temps = Prouvez-moi que vous valez la peine que je vous écoute.* »

OBJECTIONS CLASSIQUES	RÉPONSES POSSIBLES
« Je n'ai pas le temps de vous recevoir »	▶ « Voilà quelque chose qui me fait plaisir, parce que cela veut dire que vous vendez beaucoup. Alors comme je ne reviens pas avant quatre semaines, je me permets de vous demander quatre minutes pile. »
« J'ai déjà trop de marques pour en prendre une nouvelle	▶ Cela veut dire que vous savez choisir les marques qui se vendent bien. C'est justement notre cas. Votre collègue X vient d'en vendre 15 cartons en trois jours. »
« Mes clients préfèrent Z »	▶ « Voilà une remarque intéressante. Nous savons bien tous les deux que c'est vous qui conseillez vos clients. Or justement, vous bénéficiez d'une promotion spéciale sur X. »

Figure 13.2 : Réponses aux objections générales

II. STRATÉGIE DE DISTRIBUTION

Pour écouler ses biens ou ses services, une entreprise doit choisir un système de transfert fiable et adapté à ses objectifs marketing. Le processus de distribution implique le maillage, sous forme de réseaux plus ou moins complexes, d'un marché. Il combine deux composantes : le canal de distribution et le circuit de distribution.

Le premier désigne un groupe d'agents présentant des caractéristiques juridiques et commerciales identiques et distribuant un assortiment de produits de même nature ou complémentaires.

Le circuit de distribution, lui, est une filière d'agents utilisés successivement par une entreprise pour transférer ses produits jusqu'au consommateur final. En d'autres termes, un circuit regroupe un ensemble de canaux interdépendants. L'entreprise utilise plusieurs circuits pour ses produits. Leur longueur se mesure selon le nombre d'intermédiaires rencontrés par le produit pour parvenir jusqu'au consommateur.

Par exemple, une entreprise du Sud-Ouest commercialise des produits du terroir (foie gras, cassoulet, etc.). Après étude, elle a répertorié les quatre circuits de distribution, présentés dans la Figure 13.3 : deux longs (n° 1 et n° 2) composés chacun de deux canaux (grossistes et détaillants), un court (n° 3) formé d'un couple de canaux intégrés (centrales d'achat et grandes surfaces) et un direct (n° 4) reposant sur la vente à distance (courrier, téléphone, Internet).

2. Voir par exemple : David, P. *La négociation commerciale en pratique*, Éditions d'Organisation, 2008, 4e éd. ; Moulinier, R., *Vendre pour la première fois*, Éditions d'Organisation, 2006 ; Py, P., *Méthodes et astuces pour conquérir de nouveaux clients*, Éditions d'Organisation, 2005, 2e éd.

	Canal 1	Canal 2	Canal 3	Canal 4	Canal 5
Circuit n°1	Grossistes			Charcuteries	
Circuit n°2	Grossistes			Épiceries fines	
Circuit n°3		Centrales d'achat	Hypers et supers		
Circuit n°4					Vente à distance

Figure 13.3 : Réseau de distribution d'un produit alimentaire

2.1. Structure de la distribution française

Les circuits de distribution français s'articulent autour de quatre pôles majeurs.

2.1.1. Grossiste

Sa mission consiste à couvrir une zone géographique déterminée, au sein de laquelle il assure une diffusion des produits d'un fabricant auprès d'un grand nombre de petits détaillants. Pour le fabricant, ce rôle de relais permet la présence des produits dans un grand nombre de points de vente, et évite de contacter directement des points de vente présentant un potentiel trop faible. En contrepartie, le grossiste constitue un écran pour la remontée des informations en provenance du marché et pour la mise en place d'aides à la vente (PLV, présentoirs, etc.). La part de marché des grossistes dans la distribution de produits alimentaire est modeste et tend à diminuer au profit des centrales d'achat. Selon l'INSEE, elle était d'environ 30 % en 2005. Néanmoins, les grossistes continuent à jouer un rôle important dans des secteurs comme la distribution de produits pharmaceutiques, la construction ou les carburants (voir en annexe du chapitre la Figure 13.A1).

2.1.2. Détaillant

On le désigne souvent, dans le langage courant, par le terme quelque peu péjoratif de « petit commerçant ». Dans le domaine alimentaire, son rôle consiste, de plus en plus, à rendre un service de proximité et de dépannage. Selon l'INSEE, il ne représentait plus que 25 % des achats des ménages en 2006, contre 38 % en 1982. Dans le domaine non alimentaire, son poids reste plus important : sa part de marché s'élevait à 34 % en 2006 (voir en annexe les Figures 13.A2 et 13.A3). Mais, là encore, cette dernière est en constante baisse : elle représentait encore 42 % des achats des ménages en 1994.

2.1.3. Grande distribution : centrales d'achat et centrales de référencement

Leur point commun est d'opérer pour le compte d'un groupement de points de vente. Ces groupements peuvent prendre plusieurs formes juridiques, selon la nature des liens existants entre la centrale et le point de vente. Leur différence réside dans le degré d'initiative du choix des fournisseurs qui est laissé aux responsables des points de vente. La centrale de référencement se borne à répertorier les fournisseurs dans ses fichiers. Souvent, elle ne s'engage pas sur des quantités fermes, car les magasins peuvent commander directement auprès d'autres fournisseurs : c'est le système adopté par Leclerc ou Système U. À l'inverse, une centrale d'achat impose une liste de fournisseurs exclusifs et les commandes sont fermes : Carrefour-Promodès (Continent, Carrefour, Champion Shopi, Champion, 8 à 8) et Auchan ont retenu cette forme de groupement.

Après une forte période de progression jusqu'à la fin des années 1990, la part de marché de ce circuit de distribution s'est stabilisée. En 2006, elle couvrait près de 70 % des achats des ménages dans le domaine alimentaire (source INSEE, voir en annexe la Figure 13.A3). Selon leur structure juridique, on identifie quatre types de groupement d'achat.

— Commerce associé

Ici, des détaillants s'associent pour obtenir de meilleures conditions d'achat ou de stockage.

Exemples : Atol, Optic 2000 et Lissac (opticiens) ; Système U, Sherpa, Intermarché (alimentation) ; Sport 2000 et Intersport (articles de sport) ; Relais du Silence (hôtellerie).

— Chaînes volontaires

Des détaillants et des grossistes se regroupent dans une même chaîne commerciale, généralement sous la même enseigne. Le marketing, les achats et la logistique sont le plus souvent assurés par la centrale. Cette modalité de distribution est devenue marginale et tend à être remplacée par la franchise.

Exemples : Trésor de Flandres (alimentation), Logis de France (hôtellerie).

— Chaînes intégrées

Une même entreprise de distribution, possédant un nombre généralement important de points de vente, centralise ses achats. Cela donne naissance à de puissantes chaînes qui cumulent les fonctions de gros et de détail. L'entité juridique est souvent unique, mais les formes sont multiples : on les désigne fréquemment par le terme de « grandes surfaces » (voir Figure 13.4).

Exemples : Carrefour, Auchan, Printemps, Boulanger, FNAC.

Les groupes français sont bien placés à l'international, dans le domaine de la distribution à dominante alimentaire. En Europe, Carrefour est le leader, devant Tesco (Grande-Bretagne) et Metro (Allemagne) ; Auchan arrive en sixième position, Intermarché est dixième et Leclerc onzième (voir en annexe du chapitre la Figure 13.A4). Le nombre de grandes surfaces à dominante alimentaire progresse régulièrement (+ 20 % pour les hypermarchés et supermarchés depuis 1997). Mais par ailleurs, le nombre de grands magasins chute fortement (- 30 %) et celui des magasins populaires s'effondre (– 50 %).

— Franchise

Une entreprise effectue un transfert de savoir-faire commercial auprès de plusieurs détaillants juridiquement indépendants. Le franchiseur assure le marketing de la marque, commune à tous les adhérents, et le groupement des achats. Il établit les collections et l'agencement des points de vente. Les adhérents (franchisés) apportent leurs capitaux et assurent la gestion courante du point de vente. La loi Doubin du 4 avril 1991 a mis en place des garde-fous pour éviter d'éventuels abus : information sur le franchiseur et son marché, communication des résultats des deux derniers exercices, liste des entreprises ayant abandonné le réseau avec mention des causes, contrat détaillé avec un délai de réflexion minimal de vingt jours avant toute signature, etc.

Dénomination	Exemples	Éléments caractéristiques
Grandes surfaces à dominante alimentaire	CARREFOUR AUCHAN LECLERC	1 372 hypermarchés (*) (+ de 2 500 m^2) 8 900 supermarchés (*) (+ 400 à 2 500 m^2) • Assortiment large et peu profond : 25 à 40 000 références • Politique de fort volume de ventes à bas prix • Libre-service, vaste parking, rotation des stocks élevée • Fréquentation régulière (hebdomadaire)
Grandes surfaces spécialisées	CASTORAMA FNAC DARTY IKEA	• Spécialisation dans un domaine (+ 400 m^2) (meubles, électro ménager, hifi, moquette, bricolage ...) • Libre-service, vaste parking, plutôt à la périphérie des villes • Assortiment large (dans la spécialité) et profond • Fréquentation extensive (quelquefois par an)
Grands magasins	PRINTEMPS NOUVELLES GALERIES BHV	104 grands magasins (**) (+ de 1 000 m^2, sur plusieurs étages) • Assortiment large et profond : grand choix • Rotation des stocks moyenne à faible • Situation en centre-ville ou centres commerciaux • Image de produits de qualité, vente assistée (libre choix)
Magasins populaires	PRISUNIC MONOPRIX	272 magasins populaires (**) (1 000 à 1 500 m^2) • Assortiment restreint, rotation des stocks assez rapide • Image de produits de bas de gamme • Situation en centre-ville
(*) Fédération entreprises du commerce et de la distribution 2007, www.fcd.asso.fr. (**) Points de ventes, 2008.		

Figure 13.4 : Caractéristiques des grandes surfaces

2.1.4. Vente à distance

Initialement limité à la vente par correspondance (VPC), le secteur intègre aujourd'hui d'autres modes de commande à distance (téléphone, Internet), d'où le nom de vente à distance (VAD). En excluant les ventes réalisées par Internet, ce canal représente environ 3 % du total des ventes du commerce non alimentaire (voir en annexe la Figure 13A.3). En France, le marché est très concentré, puisque trois groupes (La Redoute, 3 Suisses et Camif) représentent près de 50 % du chiffre d'affaires du secteur. Cette activité utilise essentiellement les techniques du marketing direct (voir le chapitre 7).

FOCUS-MANAGER

13.1. L'EXPLOSION DU E-COMMERCE

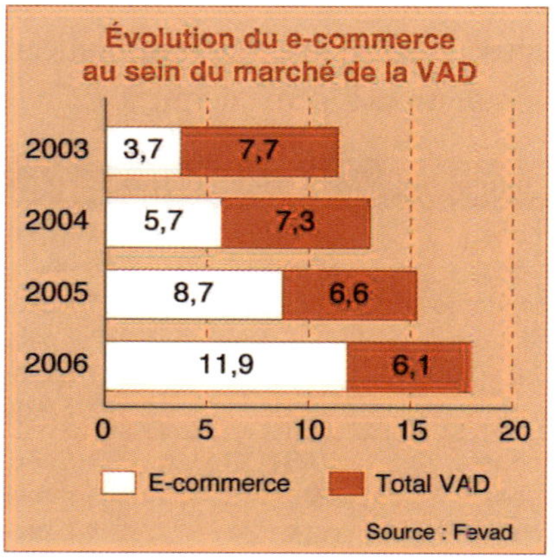

Le chiffre d'affaires réalisé par le canal Internet était estimé en France à 11,9 milliards d'euros en 2006. Dans la vente à distance, la part de marché d'Internet est passée de 33 % en 2003 à 60 % en 2006. La progression était de 52 % entre 2004 et 2005, et de 36 % entre 2005 et 2006.

Selon le baromètre e-commerce TNS Sofres, en 2008, plus de quatre Français sur dix achètent sur Internet. Cette proportion est de plus de sept sur dix parmi les 25-34 ans. De plus, 46 % des e-acheteurs sont des femmes, pour 54 % d'hommes. Les 25-34 ans représentent 17 % de la population française et 27 % des e-acheteurs. Les plus de 60 ans représentent 27 % de la population française et seulement 8 % des e-acheteurs. Enfin, 31 % des cyber-consommateurs appartiennent aux PCS employés et ouvriers ; 46 % sont issus des PCS +.

Le tourisme représentait en 2004 le secteur le plus important en termes de chiffre d'affaires, suivi par les produits informatiques et le multimédia. Les entreprises traditionnelles de vente par correspondance (La Redoute, 3 Suisses, etc.) arrivent en troisième position si l'on considère la part de leur propre chiffre d'affaires réalisé sur Internet.

France : Le e-commerce en BtoC par secteur d'activité en 2004
(Volumes d'affaires en milliards d'euros)

Sites spécialisés dans...	2004	Croissance	Poids en 2004
Tourisme (voyage, transport, hôtellerie)	2 080	51 %	42 %
High-Tech (informatique, multimédia, électronique grand public, électroménager)*	1 070	41 %	22 %
VPC généraliste**	625	49 %	13 %
Produits culturels (livres, disques, vidéos)	325	20 %	7 %
Cybermarchés (supermarchés en ligne)	154	11 %	3 %

* Les ventes de produits high-tech par des vendeurs de biens culturels ont été réaffectées au secteur high-tech et les ventes de produits d'équipement de la maison ou de la personne dans le secteur « Divers ».

** CA des VPC généralistes tous produits confondus, y compris les ventes de produits high-tech ou de biens culturels.

Source : Benchmark Group

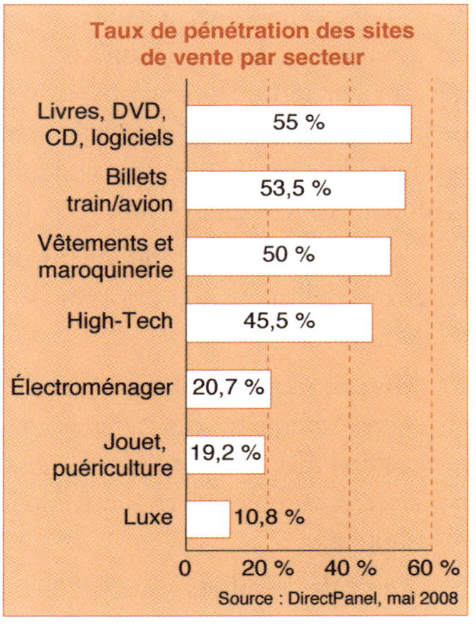

Le secteur des produits culturels et de loisirs (livres, DVD, CD, jeux vidéo et logiciels) restait en 2007 le premier secteur en termes de taux de pénétration, suivi par les billets de train et d'avion. Arrivent ensuite les vêtements et la maroquinerie, puis les produits high-tech. Le début de l'année 2008 a été marqué par l'explosion du secteur du luxe, dont la pénétration a plus que doublé (de 5,3 % à 10,8 %). Les secteurs des jouets et des articles de puériculture (+ 23 %), des produits high-tech (+ 15 %) et de l'électroménager (+ 11 %) restent également très dynamiques.

Sources : www.journaldunet.com (12 mai 2008), Fevad 2006.

Après une phase de forte croissance dans les années 1980, la vente par correspondance traditionnelle est entrée dans sa phase de maturité à la fin des années 1990. Depuis le début des années 2000, elle régresse au détriment de l'achat par Internet (voir Focus-Manager 13.1). Ce dernier mode représentait 60 % des ventes à distance en 2006, contre 37 % en 2003. Son rythme de croissance annuel est supérieur à 30 %.

2.2. Sélection des canaux et suivi des ventes

Le choix des canaux dépend, en grande partie, des options stratégiques retenues par l'entreprise. La Figure 13.5 récapitule les trois types d'éléments à considérer.

OBJECTIF	ÉLÉMENTS À CONSIDÉRER POUR LE CHOIX
Cohérence de l'image du canal avec l'image de la marque	• Quelle est l'image respective de chaque canal ? • Crédibilité du positionnement du produit par rapport à cette image
Contrôler le prix public	• Comparaison de la rentabilité selon le canal • Comparaison des taux de marques des distributeurs selon le canal – Probabilité que la marque serve de prix d'appel – Conséquences pour l'image de marque si la marque est « bradée »
Présence au point de vente	• Stratégie de couverture du territoire ou sélectivité ? – Cohérence avec le positionnement : produit courant ou de luxe ? – Facilité du référencement selon les canaux (coût, concurrence)

Figure 13.5 : Éléments à considérer pour le choix d'un canal de distribution

La cohérence entre l'image du canal et le positionnement du produit constitue un critère important pour le choix d'un canal. Par exemple, un shampooing à positionnement médical choisira le canal des pharmacies ; un parfum prestigieux ne devrait être référencé que dans les parfumeries de haut de gamme. Une trop grande sélectivité dans le choix des canaux conduit au refus de vendre la marque à certains d'entre eux. Avant la loi Galland du 3 juillet 1996, le refus de vente était considéré comme illégal, sauf si le fabricant pouvait prouver que le distributeur ne disposait pas de personnel qualifié pour assurer la vente, ou si le cadre de vente n'était manifestement pas approprié. Depuis cette loi, le fabricant est libre de choisir ses distributeurs et peut refuser de vendre à l'un ou à l'autre, sauf si ces derniers peuvent établir que ce refus équivaut à des conditions de vente discriminatoires.

Le choix et la gestion des circuits de distribution se font selon une démarche en six étapes.

1 – **Évaluation des canaux potentiels** : analyse minutieuse de l'évolution des parts de marché respectives, des marges pratiquées, des méthodes de vente, etc.

2 – **Détermination des objectifs et des contraintes** : hiérarchie des priorités (rentabilité par canal, possibilité de contrôle des canaux, réduction des risques, etc.) et des contraintes (cohérence avec le métier, intensité concurrentielle, budget nécessaire, etc.).

3 – **Examen des choix possibles** : analyse des avantages et des risques offerts par chaque canal en termes de potentiel de ventes, de profil de clientèle, d'expérience avec le produit, de compétence des vendeurs, de qualité du service après-vente.

4 – **Choix d'un canal ou de plusieurs canaux** : application des priorités définies au point n° 2.

5 – **Mise en œuvre** : formation et brief des vendeurs, conquête des référencements, négociation des contrats (durée, attributions, etc.), animation et motivation des distributeurs.

6 – **Audit des résultats** : analyse quantitative des chiffres d'affaires, de la couverture du territoire, gestion des conflits éventuels avec les distributeurs.

Le succès commercial d'une nouvelle marque nécessite un référencement dans un minimum de points de vente. Les panels permettent de connaître avec précision la diffusion d'une marque dans les différents circuits de vente. Ces résultats sont importants pour le contrôle des canaux et pour évaluer les performances de la force de vente. La Fiche technique 13.1 présente les indices de mesure les plus importants.

2.3. Négociation avec les distributeurs

2.3.1. Contexte concurrentiel

Durant les années 1950 à 1970, le rapport de force était en faveur des grands groupes multinationaux qui, par leur puissance marketing, assuraient aux distributeurs d'importants volumes de vente. Depuis le

FICHE TECHNIQUE

13.1. SUIVRE LA DIFFUSION D'UNE MARQUE DANS LES CANAUX

Le panel Nielsen propose un grand nombre de ratios pour apprécier la position concurrentielle d'une marque dans les différents canaux : ventes en volume et en valeur, parts de marché, rupture dans les linéaires (marque absente bien que référencée par le point de vente), suivi des opérations promotionnelles, évolution du poids des canaux. La distribution (ou disponibilité) numérique (DN) et la distribution valeur (DV) représentent les deux catégories d'indices les plus importants.

1. Distribution numérique (DN)

Elle mesure le taux de présence de la marque dans les points de vente. Une DN de 100 signifie que la marque est présente dans tous les points de vente qui référencent la catégorie de produits dont dépend la marque.

$$DN = \frac{\text{Nombre de points de vente où la marque est présente}}{\text{Nombre total de points de vente référençant la catégorie de produits}} \times 100$$

Exemple : on trouve la nouvelle marque de lessive liquide « Doulinge » dans 344 hypers sur 807 ; mais seulement 409 d'entre eux proposent de la lessive liquide dans leurs rayons. La DN de Doulinge est égale à : 84 = (344/409) x 100.

2. Distribution valeur (DV)

Elle représente la part de marché réalisée par les points de vente où la marque est présente. En d'autres termes, une DV de 60 signifie que les points de vente où l'on trouve la marque réalisent 60 % du total des ventes de la catégorie de produits. Si la DV est plus élevée que la DN, cela signifie que la marque est surtout présente dans les plus gros points de vente.

$$DV = \frac{\text{CA réalisé par les points de vente où la marque est présente}}{\text{Nombre total de points de vente référençant la catégorie de produits}} \times 100$$

Exemple : supposons que le chiffre d'affaires total du marché de la lessive liquide soit de 250 millions d'euros et soit réalisé à 90 % par les hypers. Doulinge est présente dans les hypers qui réalisent un chiffre d'affaires de 120 millions avec la lessive liquide. La DV de Doulinge est de 53, soit : [120/(0,9 x 250)] x 100, contre une DN de 84. On peut en conclure que Doulinge est bien référencée dans les petits hypers et moins bien dans les plus importants.

milieu des années 1980, le renversement des termes de l'échange s'est opéré en faveur des distributeurs européens. Compte tenu de l'intérêt de disoser d'une forte puissance d'achat lors des négociations avec les fabricants, les distributeurs se sont concentrés de plus en plus fortement, généralement par la voie d'OPA. Ainsi, en 1996, Auchan a absorbé le groupe Docks de France (Mammouth, Atac, etc.) ; de son côté, Carrefour a pris le contrôle des hypermarchés Cora et acquis en 1999 le groupe Promodès. Dans le même temps, tous les distributeurs se sont fortement internationalisés : selon Nielsen, Carrefour réalisait, en 2003, 50 % de son chiffre d'affaires à l'étranger, Auchan 47 %, Casino 34 % et Intermarché 31 %.

La France est le pays d'Europe qui compte le plus grand nombre d'hypermarchés par habitant. La Figure 13.6 montre la forte concentration du secteur de la grande distribution dans la quasi-totalité des pays européens, à l'exception de la Pologne, du Royaume-Uni et de l'Italie.

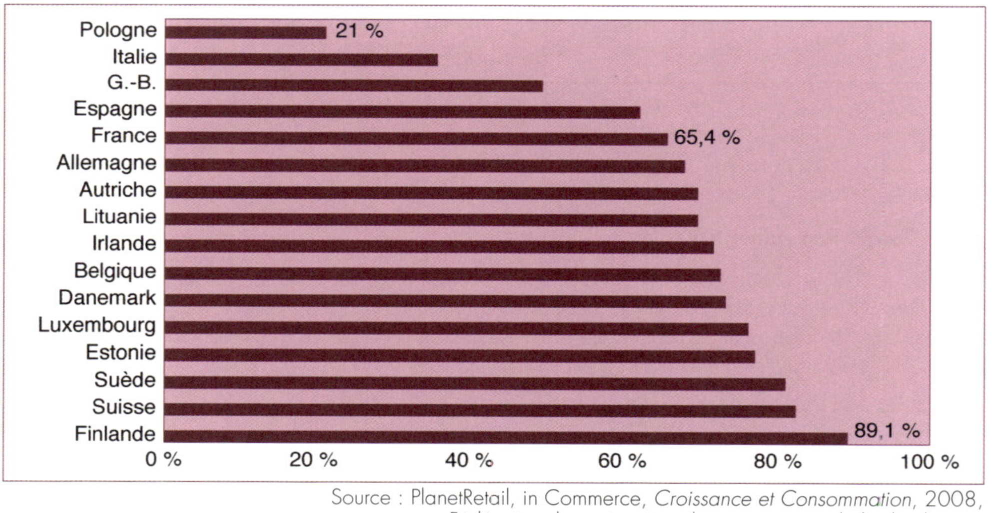

Source : PlanetRetail, in Commerce, *Croissance et Consommation*, 2008, Fédération des entreprises du commerce et de la distribution.

Figure 13.6 : Part de marché des cinq premiers distributeurs dans les pays européens

Parallèlement à ce mouvement de concentration, les maxi-discounters (hard discounters) ont pris une part de marché significative dans le secteur alimentaire. Bien que présent en France depuis les années 1970 avec l'enseigne Ed (groupe Carrefour), le véritable démarrage du hard discount a lieu en 1988 avec l'implantation en Alsace des enseignes allemandes Aldi et Lidl. De 1 800 points de vente en 1996, les hard discounteurs sont passés à 3 700 emplacements en 2005. Le maxi discount se caractérise par un nombre réduit de références (400 à 600), avec généralement une seule marque (peu ou pas connue) par catégorie de produits. Les surfaces de vente varient de 300 m^2 à

800 m². Les prix des produits sont très bas, en moyenne de 20 à 40 % moins chers par rapport aux marques de distributeurs. Ces bas prix sont obtenus par une politique de réduction de coûts systématique : frais de gestion comprimés, logistique simplifiée, décoration du magasin succincte, communication réduite ou nulle, produits vendus directement sur la palette de livraison. Selon TNS Secodip, la part de marché des hard discounteurs dans l'alimentaire s'élevait à 13 % en 2007 contre 9 % en 2000. Lidl arrive en première position, suivi de Leader Price et de Ed.

Depuis 2005, le hard discount ne progresse plus. En revanche, les marques de distributeurs continuent leur percée. Comme le montre la Figure 13.7, ce mouvement est mondial. Aujourd'hui en France, les produits vendus sous les marques de hard discounteurs et de distributeurs représentent près de 50 % de part de marché dans l'alimentaire.

	1993 (%)	1996 (%)	2000 (%)	2005 (%)	2007 (%)
Suisse	41,2	NC	NC	49	53
Grande Bretagne	37,1	42,3	42	41,8	43
Belgique	19,8	32,4	36,1	42,5	42
Allemagne	26,8	27	28,9	40,6	39
Espagne	7,7	NC	21,8	32,7	35
France	17,1	19,6	23,6	32,3	34
Suède	ND	ND	7,1	28,3	28
Pays-Bas	16,3	21,4	20,5	23,7	22
Italie	6,8	NC	12,6	15,5	16
États-Unis	ND	19,8	20,4	ND	

Source : ACNielsen pour PLMA

Figure 13.7 : Part de marché des marques de distributeurs en Europe

2.3.2. *Éléments de négociation*

— *Critères de référencement*

Il est utile pour le fabricant de connaître la hiérarchie des critères de référencement des distributeurs, avant d'entreprendre une négociation. La Figure 13.8 montre que les acheteurs restent très sensibles aux actions de communication (publicité, offres spéciales) et aux garanties de bonnes marges commerciales (prix de vente, conditions commerciales).

Critères de référencement d'un nouveau produit	Super	Hyper
Campagne publicitaire de lancement	24 %	14 %
Caractère innovateur du produit	15 %	23 %
Prix du produit	14 %	17 %
Conditions commerciales (budget référencement)	10 %	11 %
Actions promotionnelles durant le lancement	9 %	11 %
Notoriété de la marque et du fabricant	9 %	6 %
Adaptation du packaging à la grande distribution	6 %	9 %
Positionnement du produit dans la gamme	4 %	11 %
Situation du fournisseur (déjà référencé ou non…)	6 %	6 %

Source : Étude Motivaction, in Lhermie, C., *Négociation et référencement*, Vuibert Entreprise, 1994, p. 70.

Figure 13.8 : Hiérarchie des critères de référencement selon les distributeurs

— *Marge avant et marge arrière*

Au-delà des critères précédemment évoqués, les taux de remise offerts par le fabricant au distributeur font l'objet d'âpres négociations, car ils ont une incidence directe sur les marges respectives des deux parties. La marge globale du distributeur est formée par deux éléments : la marge avant et la marge arrière.

La *marge avant*, c'est-à-dire la marge commerciale (voir chapitre 11, Figure 11.8), est obtenue en déduisant du prix d'achat brut l'ensemble des remises qui figurent sur la facture (ainsi que les éventuels frais de transport). Son niveau varie généralement en fonction de la puissance d'achat du distributeur : plus les quantités commandées sont élevées, plus le taux de remise tend à s'accroître. Le prix d'achat net du distributeur est égal au prix d'achat brut moins les remises portées sur la facture. Jusqu'en 2005, il délimitait le « seuil de revente à perte » : en dessous du prix d'achat net, la vente se fait à perte. Les grands distributeurs travaillent usuellement avec des marges commerciales faibles, de l'ordre de 3 à 10 %.

La *marge arrière* est formée par tous les autres types de remises obtenues par le distributeur (voir chapitre 11, Fiche technique 11.4). Au fil du temps, le poids de ces remises est devenu extrêmement élevé : on est passé d'un niveau moyen de 18 % du prix net en 1998 à 30 % en 2002. Dans certains cas, ces taux peuvent aller jusqu'à 50, voire 60 %. Ainsi, les « remises pour services rendus » ou remises dites de « coopération commerciale » varient couramment de 10 à 20 %. Par ailleurs, un emplacement privilégié en bout de rayon (tête de gondole) se négocie de 1 000 à 5 000 euros pour un hypermarché. Les remises de fin d'année (RFA) sont calculées en cumulant la totalité des commandes annuelles ; elles varient de 1 à 10 %. Pour obtenir le référencement d'un nouveau produit dans la centrale d'achat d'un distributeur, un fabricant peut payer de 1 à 5 millions d'euros. La Figure 13.9 donne quelques exemples de taux de remise qu'une PME doit envisager si elle souhaite négocier avec les grandes surfaces à dominante alimentaire.

RFA Inconditionnelle	De 1 à 3 % sur CA annuel
RFA sur augmentation des volumes N/N – 1	De 3 à 5 % sur augmentation du CA
Coût d'un référencement lors de la 1re commande (en fonction de la marque et du CA qui sera développé)	De 10 à 50 % du prix de vente ou au forfait si marque nationale importante
Coût de la remise commande de réassort	De 10 à 25 % du prix de vente
Coopération commerciale	Non communiqué
Participation publicitaire	De 8 à 35 K€ (beaucoup plus pour une marque nationale)
Coût financier lié aux délais de paiement	De 1 à 3 % du CA
	Source : Ideta, *Appréhender la négociation*, www.ctdic.org.

Figure 13.9 : Exemples de taux de remise constitutifs d'une marge arrière

Jusqu'en 2005, la loi Galland du 1er juillet 1996 interdisait au distributeur de revendre le produit à un prix inférieur au seuil de revente à perte. En d'autres termes, il n'était pas possible de déduire du prix d'achat net les remises hors facture qui déterminaient la marge arrière. La loi Dutreil du 2 août 2005 a autorisé une incorporation partielle de ces remises : la fraction du taux de remise (obtenu au titre des marges arrière) supérieure à 15 % pouvait être prise en compte pour calculer le seuil de revente à perte. En clair, si une remise hors facture atteignait 50 % du prix d'achat net, le seuil de revente à perte était égal au prix d'achat net, moins 35 % (soit 50 % moins 15 %). La loi Chatel du 3 janvier 2008 a finalement autorisé le distributeur, pour calculer le seuil de revente à perte, à incorporer l'intégralité des remises obtenues auprès des fournisseurs au titre des accords de « coopération commerciale ».

2.3.3. Trade marketing

Le trade marketing s'est développé dans les années 1990 comme une alternative à des situations de négociation qui devenaient de plus en plus conflictuelles. Son essence consiste à passer d'une position d'intérêt conflictuel à celle d'échange gagnant pour les deux partenaires. Procter & Gamble, entreprise précurseur dans le domaine, définit cette action par une formule lapidaire : « *Le trade marketing, c'est intégrer dans la stratégie de la marque la stratégie de l'enseigne.* » En clair, l'objectif final est de développer le chiffre d'affaires et le profit des deux partenaires. Le Focus-Manager 13.2 donne un exemple d'action de trade marketing pratiquée par Procter & Gamble.

FOCUS-MANAGER

13.2. Trade marketing, l'exemple d'Ariel Ultra

Ariel Ultra a été développé en intégrant, dès la phase de conception du produit, les coûts de distribution supportés par les enseignes. Un constat rapide montrait que le baril de lessive classique de cinq kilos était particulièrement volumineux et, par conséquent, ne permettait pas une charge optimale des camions. Le packaging a donc été conçu dans une perspective de minimisation du volume et d'optimisation du chargement d'une palette. Grâce à une formule spécifique, le baril de deux kilos d'Ariel Ultra offre autant de lavages qu'un baril de cinq kilos ; par ailleurs, l'emballage est nettement plus compact.

Procter a calculé que si l'on attribue un indice de 100 à un baril de cinq kilos de lessive classique, les lessives concurrentes de type « ultra » en deux kilos obtiennent un indice moyen de 42, alors que le baril de deux kilos d'Ariel Ultra se situe à l'indice 23. En clair, pour un même nombre de lavages, une palette d'Ariel Ultra équivaut à deux palettes de produits concurrents. Les avantages pour le distributeur découlant de ce gain de volume sont un impact direct sur plusieurs centres de coût : baisse du coût unitaire de transport (moins de place occupée dans le camion), baisse du coût de stockage (moins de place occupée en entrepôt), augmentation de la productivité du personnel (moins de manutention), meilleure rentabilité du linéaire (moins de place occupée en rayon).

Le trade marketing touche un grand nombre de fonctions : logistique, informatique, développement produit, merchandising. Il recherche une convergence entre le marketing de l'enseigne et celui du fabricant, fondée sur la transparence, c'est-à-dire sur une mise en commun des informations. Les avantages pour le distributeur se matérialisent par une diminution des ruptures de stock, des économies de logistique, enfin une hausse des ventes engendrée par une meilleure gestion du linéaire. Pour le fabricant, l'intérêt réside dans une meilleure gestion prévisionnelle des ordres de fabrication, une plus grande stabilité des relations, une baisse des conflits commerciaux. La Figure 13.8 montre la diversité des domaines d'investigation du trade marketing.

Fonctions concernées	Descriptif des actions possibles
Logistique	Organisation en juste à temps (flux tendus) Diminution des volumes transportés et des aires de stockage
Informatique	Développement de systèmes d'échange de données informatisées.
Produit	Définition d'une offre adaptée à l'enseigne et au point de vente (références et formats spécifiques) Exclusivité lors du lancement d'un nouveau produit Fabrication de produits pour des marques de distributeurs
Promotion	Opérations communes de promotion lors d'une manifestation commerciale (dépliant incluant des publicités pour les produits de l'industriel, têtes de gondoles)
Études	Communication réciproque d'information sur les marchés Conseil marketing pour exploiter les sources fournies par le point de vente

Source : Adapté de Benoun, M., Héliès-Hassid, M.-L., *Distribution, Acteurs et Stratégies*, Économica, 2003, 3e éd.

Figure 13.10 : Domaines d'action du trade marketing

III. GESTION DE LA FORCE DE VENTE

Pour atteindre les objectifs découlant de la stratégie de distribution, la force de vente doit être dynamisée et présenter un certain nombre de qualités spécifiques. Le recrutement et la motivation des vendeurs sont des points importants pour une gestion efficace de la force de vente.

3.1. Recrutement

3.1.1. Compétences

Un bon vendeur présente plusieurs qualités, fréquemment mentionnées dans les offres d'emploi.

— Écoute

À l'inverse d'une image encore trop souvent répandue, le bon vendeur n'est pas celui qui noie son client sous un flot de paroles. Au contraire, il doit être capable de comprendre et de cerner la situation spécifique de celui-ci. Pour cela, il pose, durant l'entretien de vente, différentes questions pour amener l'acheteur à parler de sa clientèle personnelle, de ses attentes en matière de produit et de service après-vente. L'analyse de ces informations permet au vendeur de mieux « cibler » son argumentaire.

— Sens des relations humaines

C'est la capacité à communiquer et à être accepté facilement par son entourage. Ce sens du contact constitue évidemment un atout important pour le vendeur, qui doit pouvoir tisser un réseau de relations avec sa clientèle.

— *Régularité et ténacité*

Le métier de vendeur n'est pas toujours facile : déception due à plusieurs ventes ratées, attentes et déplacements fréquents… Aussi, une stabilité émotionnelle lui permet-elle d'« encaisser » rapidement les mauvaises nouvelles. De plus, une bonne ténacité favorise la conclusion de contrats de longue haleine.

3.1.2. Statut

Deux statuts sont envisageables pour la force de vente : VRP ou attaché commercial.

— *VRP*

C'est un « Voyageur Représentant Placier » au statut de travailleur indépendant. Le VRP peut être exclusif ou multicarte. Dans le premier cas, il ne vend que les produits d'une seule entreprise ; dans le second, il opère pour le compte de plusieurs entreprises. Le VRP est propriétaire de son fichier de clients et en cas de rupture de contrat (sauf s'il y a faute grave de sa part), il bénéficie d'une indemnité pour la perte de sa clientèle. Il n'est pas propriétaire des marchandises vendues et, en conséquence, n'a pas la possibilité de faire des actes de commerce, c'est-à-dire d'acheter ni revendre pour son propre compte.

— *Attaché commercial*

C'est un salarié de l'entreprise : il fait partie à part entière du personnel de l'entreprise et bénéficie d'un contrat de travail classique.

3.1.3. Formation et profil de carrière

Les recruteurs exigent fréquemment une formation commerciale supérieure, d'un niveau allant de bac + 2, à bac + 5 : BTS ou DUT spécialisé, Master en marketing ou diplôme d'école supérieure de commerce. Mais une expérience préalable de vente sur le terrain, même acquise à un bas niveau, constitue une référence appréciée des entreprises. Une carrière classique commence par un passage sur le terrain, puis par la responsabilité d'un groupe de vendeurs (chef de secteur, directeur régional) et aboutit à la direction commerciale. La bifurcation vers les carrières du marketing est fréquente, dans la mesure où bon nombre d'entreprises font débuter leur chef de produit comme attaché commercial.

3.1.4. Missions

La mission principale est directement liée à l'activité de vente : le vendeur est responsable d'une partie du chiffre d'affaires de l'entreprise. D'autres tâches le concernent : prospection (recherche de nouveaux clients), rédaction des rapports de visite, mise en place de matériel promotionnel (PLV, échantillons, présentoirs de vente, etc.).

3.2. Objectifs commerciaux

3.2.1. Fixation des secteurs

Le secteur de vente est un territoire délimité géographiquement, placé sous la responsabilité exclusive d'un seul vendeur. Chaque secteur regroupe généralement un ou plusieurs départements. La délimitation d'un secteur se fait sur la base d'un potentiel minimal de ventes, selon le nombre total de clients à visiter et en fonction du temps moyen de déplacement entre deux visites.

Le directeur commercial établit des normes quotidiennes de visites. L'ordre de grandeur est de trois à huit visites quotidiennes, sur la base de 150 à 200 jours de ventes par an. Pour un client déterminé, la durée et le nombre de visites annuelles sont fonction de son poids commercial : le client à fort potentiel est visité plus souvent que les autres et de manière plus approfondie. En intégrant tous ces éléments, le directeur commercial détermine le nombre de vendeurs nécessaire pour couvrir un territoire de ventes donné.

3.2.2. Fixation des quotas de vente

Le quota de ventes correspond à un objectif de ventes à réaliser durant une période déterminée. Il est exprimé en valeur et en volume de chiffre d'affaires, avec une ventilation sur chaque produit de la gamme. Dans la pratique, l'objectif global de chiffre d'affaires est décomposé successivement par pays, région de ventes et enfin par vendeur. La détermination du potentiel de ventes d'un secteur se fait en utilisant différentes sources statistiques : niveau de développement économique, composition du tissu industriel, résultats de panels, intensité de la concurrence. Pour les produits de grande consommation, on dispose d'indices de consommation spécifiques à une région, à une ville, voire à un quartier de cette ville. Appelés indices de richesse vive, ils sont calculés par l'institut Proscop[3] et permettent de savoir si une ville est sur ou sous-consommatrice d'une catégorie de produits.

La fixation d'un niveau de quota est une décision délicate. Si le quota est trop élevé, peu de vendeurs l'atteindront, d'où un risque de démotivation de la force de vente. De plus, si une part de la rémunération du vendeur dépend de la réalisation de son quota, le salaire sera inférieur au niveau attendu. À l'inverse, un quota trop faible crée des situations de rente et favorise le développement de la concurrence.

3.3. Animation de la force de vente

Le système de rémunération de la force de vente est une composante importante du plan d'animation. L'entreprise a le choix entre trois systèmes (voir Figure 13.11). Le système avec fixe prédominant convient bien à des attachés commerciaux, salariés de l'entreprise. Le variable pur, ou un système mixte, est préférable lorsque les vendeurs ont un statut de VRP.

L'existence d'un réel esprit d'équipe entre les vendeurs constitue une source de forte motivation. Cet esprit se crée et s'entretient par des réunions de vente régulières, des séminaires de formation, ou encore lors des conventions qui réunissent l'équipe de vente à l'occasion du lancement d'un produit nouveau. Les concours entre vendeurs (compétitions basées sur des objectifs de vente à atteindre) sont aussi source de motivation pour la force de vente, à condition de ne pas être pratiqués trop fréquemment.

3. www.proscop.net.

SYSTÈMES DE RÉMUNÉRATION	AVANTAGES	INCONVÉNIENTS
FIXE PRÉDOMINANT Fixe = 90 à 100 % du salaire + Prime d'objectif	• Sécurisant • Facilite la prospection et la qualité du suivi de clientèle	• Peu incitatif pour les meilleurs vendeurs
MIXTE Fixe = 30 à 70 % du salaire + Prime d'objectif + Variable	• Bon équilibre sécurité/incitatif	• Complexe à gérer • Secteurs plus attractifs que d'autres
VARIABLE PRÉDOMINANT Fixe = 10 à 20 % du salaire + Commissions sur ventes	• Incitatif pour les meilleurs vendeurs	• Rotation élevée des vendeurs • Prospection délaissée • Favorise la vente « à l'arraché »

Figure 13.11 : Systèmes de rémunération des vendeurs

Le contrôle des résultats se fait par un suivi régulier du « tableau de marche » de chaque vendeur : on compare, par exemple chaque quinzaine, les ventes enregistrées avec les ventes prévues, et le cas échéant on détermine les causes des écarts trop importants. Ce contrôle est du ressort du directeur des ventes régional ou national.

IV. GESTION DU POINT DE VENTE

Le distributeur est autonome dans la gestion de son point de vente. Mais le fabricant à intérêt à connaître ses préoccupations et les techniques adoptées pour l'aider à vendre plus efficacement ses produits.

4.1. Choix de l'emplacement d'un point de vente

Le choix d'un point de vente est déterminé par sa zone de chalandise. Celle-ci correspond à la zone d'attraction maximale du point de vente sur les consommateurs habitant (ou travaillant) dans les environs. La surface de cette zone est fonction principalement de la taille du point de vente. Pour un petit détaillant, on estime que la zone de chalandise se situe dans un rayon de 800 mètres maximum autour du magasin. Pour un hypermarché, cette distance maximale correspond à environ vingt minutes de trajet en voiture. Avec une grande surface non alimentaire (bricolage, meubles), la zone de chalandise atteint un rayon de trente à quarante-cinq minutes de voiture.

Les habitants situés dans la zone de chalandise représentent des clients potentiels du point de vente. Le choix d'un nouvel emplacement pour un point de vente s'établit sur la base des chiffres d'affaires prévisionnels offerts par les différentes alternatives. La Fiche technique 13.2 indique les étapes principales de ce calcul.

FICHE TECHNIQUE

13.2. CALCUL DU POTENTIEL D'UN MAGASIN

Étape 1 : tracer les courbes isochrones

On utilise un plan de la ville ou une carte routière ayant une faible échelle. Les courbes isochrones représentent, par analogie aux courbes de niveau, des temps de trajet équivalents par rapport à un épicentre. Ces courbes tiennent compte des voies rapides qui raccourcissent les trajets et des obstacles naturels (fleuves, montagnes) ou psychologiques (zones industrielles, quartiers défavorisés à traverser). Des sociétés de conseil spécialisées proposent des logiciels de cartographie (fonctionnant sous Windows), qui estiment automatiquement les temps moyens de déplacement à pied, en vélo ou en voiture autour d'un point quelconque situé dans une commune de France. La précision de ces logiciels permet de travailler rue par rue, quartier par quartier ou ville par ville, tout en tenant compte des sens interdits, du relief et des voies rapides. Le schéma suivant donne un aperçu des informations obtenues.

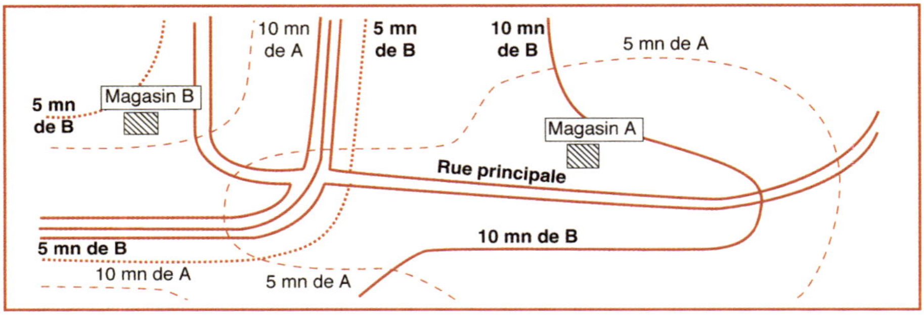

Étape 2 : calcul de l'attractivité d'un point de vente

Deux grandes familles de modèles évaluent l'attractivité d'un point de vente : les modèles gravitaires (loi de Reilly, formule de Converse, modèle de Huff, etc.) et les modèles d'interaction spatiale[4]. Les variables le plus souvent retenues sont : la population résidant dans une ville (ou un territoire quelconque), la surface du point de vente et la distance entre le point de vente et le lieu d'habitat. Pour évaluer l'attractivité d'un point de vente, deux approches sont envisageables. La première calcule une frontière d'attraction (« point de rupture ») entre plusieurs pôles d'attraction : on répartit les consommateurs entre les points de vente concurrents, en fonction de leur proximité géographique. Les secondes raisonnent en termes de probabilité de fréquentation, selon la proximité de l'individu par rapport au point de vente.

EXEMPLE SIMPLIFIÉ (adapté de la formule de Converse) : soit un hypermarché A d'une surface de 5 000 m^2 et un supermarché B de 1 000 m^2 distants de dix kilomètres (soit vingt minutes en voiture). Comment se répartiront les consommateurs situés entre ces deux points ? La formule de calcul est la suivante :

$$Ab = \frac{D_{ab}}{1 + \sqrt{S_a/S_b}} \quad \text{soit : } Ab = \frac{10}{1 + \sqrt{5\,000/1\,000}} = 3$$

4. Pour approfondir, voir Vernette, É., Filser, M., Giannelloni, J.-L, *op. cit.*, chapitre 13.

avec Ab = attraction maximale du supermarché B
Dab = Distance entre l'hypermarché A et le supermarché B (en temps ou en kilomètres)
Sa = surface de l'hypermarché A
Sb = surface du supermarché B

Donc tout habitant situé à moins de sept kilomètres (soit quartorze minutes de voiture) devrait aller faire ses achats dans l'hypermarché A, le supermarché B ne pouvant espérer attirer des clients au-delà d'un « point de rupture » égal à trois kilomètres (soit six minutes de voiture). Dans la pratique, il faudrait tenir compte des effets propres à l'image du point de vente, du niveau de cherté des deux magasins, de la catégorie de produits concernée, du plan de circulation, etc.

Étape 3 : évaluer le chiffre d'affaires prévisionnel et le profil de la clientèle potentielle

L'analyse géomarketing permet de connaître les profils socio-démographiques des consommateurs potentiels résidant dans une zone géographique déterminée : rue, quartier, ville. Les statistiques fournies par les recensements de l'INSEE offrent la possibilité de calculer des âges moyens, de connaître les PCS, la taille des foyers, l'équipement moyen des ménages. Des sociétés d'études telles que Coref ont établi une typologie nationale (« géotypes ») ou par ville (« urbatypes ») ou par quartier (« ilotypes ») en croisant le lieu et le type d'habitat avec toutes ces informations. On dispose alors d'une base de données précieuse pour segmenter la clientèle et composer l'assortiment du futur point de vente. L'utilisation des indices de richesse vive du type Proscop ou IDC du Cecod permet enfin de déterminer le niveau des dépenses, pour chaque catégorie de produits, des clients potentiels de la zone de chalandise.

Pour une grande surface, la décision d'ouverture d'un point de vente est soumise aux contraintes fixées par la loi Raffarin, entrée en application le 14 octobre 1996. Celle-ci subordonne l'ouverture de tout point de vente d'une surface supérieure à 300 m^2 à l'autorisation (à une majorité renforcée) d'une commission départementale d'équipement commercial (CDEC). Cette nouvelle loi a durci sensiblement la précédente loi Royer du 27 décembre 1973, puisque la limite était fixée auparavant à 1 500 m^2. De plus, tous les projets d'ouverture supérieurs à 6 000 m^2 devront être soumis à une enquête publique, complétée par une étude d'impact qui précise la zone de chalandise, le chiffre d'affaires prévisionnel et l'état de la concurrence locale. Ce coup de frein légal a accéléré la concentration des enseignes. La loi de modernisation de l'économie, en cours de discussion durant l'année 2008, prévoit d'assouplir la loi Raffarin. Ainsi, le seuil de 300 m^2 qui déclenche le recours à la commission départementale pourrait être porté à 1 000 m^2.

4.2. Gestion du linéaire : le merchandising

Le merchandising recouvre l'ensemble des techniques qui transforment le produit en un vendeur muet et qui maximisent sa rentabilité. La présentation du produit, l'emplacement dans les rayons, la surface d'exposition pour la vente, le décor et l'ambiance constituent des techniques de merchandising. Son but est d'assurer une mise en avant efficace du produit au point de vente : c'est mettre le bon produit au bon endroit et au bon moment. Le merchandiseur conseille le chef de rayon et parfois réalise lui-même l'aménagement et la décoration du rayon, détermine le choix des emplacements de vente, etc.

La gestion de la surface de vente est assurée par le distributeur, *via* une collaboration plus ou moins étroite avec le fabricant. Le but de cette action est de répartir, de manière optimale, l'ensemble des linéaires d'un point de vente, entre toutes les catégories et marques de produits. Le linéaire correspond à la longueur (exprimée en mètres) occupée par une marque dans un rayon. En règle générale, un rayon se décline en trois niveaux : yeux, mains, sol. On ventile le linéaire disponible au sol sur chacun des niveaux, ce qui donne le linéaire développé (voir Figure 13.12).

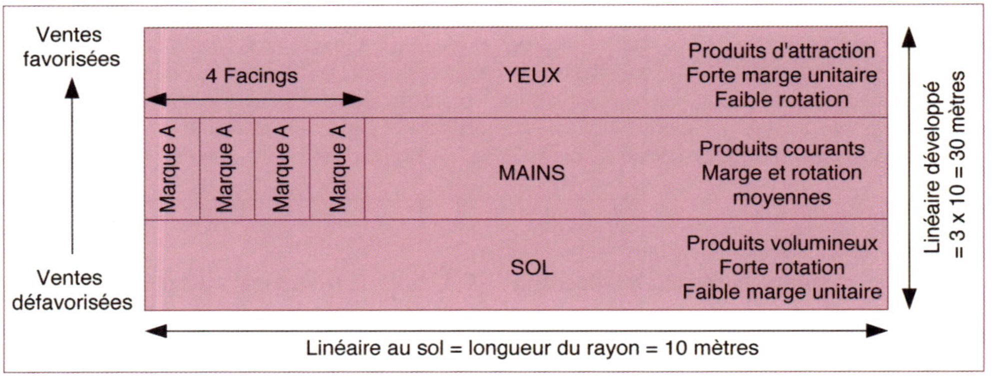

Figure 13.12 : Le linéaire dans les rayons d'un point de vente

Chaque marque dispose d'une certaine longueur de linéaire, lui permettant d'exposer une même référence plusieurs fois de front : c'est le facing. Pour pouvoir être reconnue par le consommateur, une marque doit disposer d'un linéaire minimal. Ce seuil est de 20 cm dans un supermarché et de 50 cm dans un hypermarché. Le niveau le plus favorable à la vente est celui de l'œil : il convient bien pour les articles à faible rotation et à marge commerciale unitaire élevée. L'emplacement le plus défavorable est le niveau du sol : on y mettra de préférence les produits volumineux et courants, à forte rotation et marge moyenne. On estime que le fait de faire passer une marque du niveau du sol au niveau des mains augmente le chiffre d'affaires de la marque d'environ 30 %, à linéaire constant. Le passage du niveau des mains au niveau des yeux produit une croissance des ventes de la marque de l'ordre de 50 %.

La gestion du linéaire commence par une répartition du linéaire total disponible sur les différentes catégories de produits constituant l'assortiment du magasin. Puis, pour une catégorie de produit donnée, on ventile le linéaire entre les différentes marques référencées. Chaque marque répartit les produits de sa gamme, au sein du linéaire qu'elle a su négocier. On se rend compte que la difficulté majeure du lancement d'un nouveau produit est d'obtenir un linéaire suffisant dans les rayons des grandes surfaces. Cela passe souvent par la suppression de l'ancien produit ou par le déréférencement d'une marque concurrente.

D'une manière générale, il existe une relation positive entre la longueur du linéaire occupé par une marque et le volume de ventes obtenu : les ventes s'accroissent avec le linéaire. Mais ce lien dépend de la catégorie de produits. Pour les produits courants dont l'achat est planifié (biscottes, sel, épices, farine, etc.), l'influence du linéaire sur le chiffre d'affaires est faible ou nul. Pour les produits d'usage généralisé (céréales, fruits et légumes, conserves), l'influence est modérée. Enfin, pour les produits d'achat impulsif ou occasionnel (barres chocolatées, produits mode, bazar), la relation est forte.

Les principes d'agencement d'un point de vente et les méthodes visant à optimiser sa rentabilité sortent, pour l'essentiel, du cadre de cet ouvrage. La Fiche technique 13.3 ne recense que quelques principes de base.

4.3. Animation du point de vente

Plusieurs techniques concourent à créer une animation favorable au développement des ventes.

4.3.1. Ambiance générale

L'éclairage met en valeur les produits, particulièrement les produits frais, tels que les fruits et légumes. Il peut suggérer, selon les besoins, une impression de luxe, de calme ou de fraîcheur. Un volume sonore raisonnable (fond musical) crée un climat de détente favorable à l'achat ; un volume élevé ne favorise pas l'achat, sauf s'il est associé à un événement spécifique, tel que « l'anniversaire » du magasin.

> Le choix de la décoration dépend du positionnement de l'enseigne : Intermarché privilégie une décoration sobre pour crédibiliser son image de discounter ; à l'inverse, Carrefour soigne cet aspect, car il se positionne dans le haut de gamme des enseignes. Pour les grands magasins, la décoration joue un rôle majeur dans la perception de l'image globale du magasin. Les Galeries Lafayette présentent une décoration haut de gamme, conforme à leur positionnement ; le BHV a une décoration plus simple, reflétant mieux le grand choix offert.

Depuis quelques années, des diffuseurs d'odeurs sont employés pour suggérer une atmosphère spécifique sur le point de vente. Des fragrances épicées (cannelle), boisées (cèdre, santal), fruitées (citron, pomme) ou fleuries (lavande) sont fréquemment utilisées pour créer une atmosphère de détente : l'utilisation d'un parfum augmenterait le temps passé dans un magasin et réduirait le stress. Une recherche nord-américaine a confirmé partiellement l'effet favorable d'un environnement

FICHE TECHNIQUE

13.3. TECHNIQUES DE BASE EN MERCHANDISING

1. Implantation des rayons dans le magasin

- *Rentabiliser le mètre carré* : on établit un sens giratoire de circulation, à partir de l'emplacement de l'entrée et des sorties de caisse. On cherche à ce que les têtes de gondole constituent un point de passage obligé. Les produits d'appel sont dispersés entre les îlots d'attraction composés de produits d'achat impulsif.
- *Satisfaire la clientèle* : cela compense les effets du point précédent, car il serait finalement nuisible de trop multiplier les déplacements au sein du magasin. Il faut respecter un sens logique d'achat, en groupant les produits par famille : purées, pâtes et légumes secs ; confitures, biscuits et produits pour le petit-déjeuner, etc.
- *Respecter les contraintes techniques* : les produits lourds nécessitent des allées plus larges pour la manutention et doivent être près des zones de stockage. Des têtes de gondcle trop larges génèrent des encombrements aux heures d'affluence.

2. Implantation des produits dans le rayon

Deux présentations sont possibles. Avec le rangement horizontal, les facings sont répartis sur un niveau unique, et avec le rangement vertical, ils sont ventilés sur trois ou quatre niveaux. Le rangement vertical est de plus en plus fréquent, car il favorise la reconnaissance visuelle et les achats d'impulsion.

Les produits d'appel (à faible marge) alternent avec les produits d'impulsion (à forte marge). En bout de rayon, on trouve plutôt les produits d'appel pour inciter le client à parcourir le reste de l'allée.

3. Contrôle de la rentabilité

$$\text{Rotation des stocks} = \frac{\text{Chiffre d'affaires annuel}}{\text{Stock moyen du produit}}$$

$$\text{Productivité du linéaire} = \frac{\text{Chiffre d'affaires du produit}}{\text{Linéaire accordé}}$$

$$\text{Indice de passage} = \frac{\text{Nombre de passages devant la famille de produits}}{\text{Nombre d'entrées dans le magasin}}$$

$$\text{Indice de manipulation} = \frac{\text{Nombre de prises en main de la marque}}{\text{Nombre d'arrêts devant la famille du produit}}$$

$$\text{Indice d'achat} = \frac{\text{Nombre d'achats}}{\text{Nombre de prises en main de la marque}}$$

parfumé : les consommateurs évaluent plus favorablement les produits proposés (sacs à dos et calendriers) et expriment une intention de visite du magasin plus forte pour le magasin parfumé[5].

4.3.2. *Têtes de gondole*

Les deux extrémités d'un rayon, appelées têtes de gondole, sont des emplacements privilégiés de ventes, parce que situés sur des lieux de passage important : les ventes sont souvent multipliées par deux ou trois. Les fabricants paient une indemnité au distributeur pour louer ces espaces. L'entassement des produits crée un effet de masse qui renforce le sentiment de prix de vente attractif. Pour une meilleure efficacité, il convient de ne mettre qu'un seul produit par tête de gondole et de limiter la durée à une ou deux semaines. Les têtes de gondole servent aussi à l'animation générale du magasin, lors de démonstrations de produits ou pour des dégustations spéciales (par exemple de produits régionaux).

4.3.3. *Événements*

Chaque point de vente met en scène des actions périodiques destinées à fidéliser sa clientèle et à développer la surface de sa zone de chalandise. Il s'agit le plus souvent d'événements périodiques liés aux saisons ou aux fêtes : Noël (cadeaux, vins et chocolats), le blanc en janvier, le jardinage en février-mars, etc. D'autres événements dépendent de dates spécifiques telles que la date d'inauguration du magasin, puis les différents anniversaires de son ouverture. L'impact de ces événements sur les ventes diminue rapidement s'ils se répètent trop fréquemment.

4.4. Techniques de management d'un point de vente

4.4.1. *Category management*

Le management par catégorie de produits (*category management*) est apparu dans le milieu des années 1990. Il vise à gérer les ventes au niveau d'une catégorie de produits et non plus d'une sous-famille de produits. Cela permet de prendre en compte les risques de cannibalisme entre plusieurs sous-catégories. Par exemple, l'extension du linéaire « bière sans alcool » générera une augmentation du chiffre d'affaires. Mais, par contrecoup, elle impose de diminuer le linéaire attribué à d'autres segments, tels que les bières ordinaires. Le category manager évaluera l'effet global de ce changement, en termes de volume et de marge, en agrégeant et en comparant les ventes sur l'ensemble de la catégorie de produits « bière ».

Le responsable de catégorie gère l'assortiment complet de la catégorie, depuis le choix des fournisseurs merchandising et jusqu'à la promotion. Certains distributeurs vont plus loin et agrègent des catégories de produits complémentaires (chaussures et cirages, apéritifs et biscuits d'apéritif) ou

5. Spangenberg, E., Crowley, A., Henderson, P., « Améliorer l'environnement du magasin : les signaux olfactifs affectent-ils les évaluations et les comportements ? », *Recherche et Applications en Marketing*, 11, 4, 1996, pp. 73-91.

substituables (thé et café). Pour le point de vente, cette approche conduit à définir une stratégie globale du magasin fondée sur les attentes de consommateurs de la zone de chalandise, puis à décliner de manière cohérente ces axes sur les différentes catégories retenues. Le category management n'est pas l'apanage du distributeur, mais concerne tout aussi bien la stratégie des fabricants. La Figure 13.13 récapitule les principaux avantages d'une gestion par catégories.

1. Proximité plus grande avec la décision d'achat des consommateurs : choix d'une catégorie de produits, puis choix d'une marque.
2. Meilleure vision stratégique de l'évolution des marchés.
3. Couplage plus efficace des plans de merchandising entre deux catégories de produits.
4. Adéquation aux technologies fondées sur la lecture scannérisée des codes à barres.
5. Connaissance et maîtrise des risques de cannibalisme entre les marques.
6. Montage facilité pour les opérations de *trade marketing*.

Source : Adapté de Hermet, G., Jolibert, A., *La Part de marché*, Economica, 1995, p. 23.

Figure 13.13 : Les avantages du category management

4.4.2. Profit Direct Produit (PDP)

Le PDP est une application des principes de la comptabilité analytique à la gestion du linéaire. Le distributeur calcule le prix de revient réel d'une marque quelconque référencée dans un rayon, en incorporant l'ensemble des coûts directs. À partir de ces informations et du prix de vente, des logiciels optimisent l'allocation du linéaire entre les marques au sein d'un point de vente. Ils indiquent les marques sur ou sous-référencées, sur la base d'une maximisation du profit direct global.

La Figure 13.14 détaille les principales composantes de coûts retenues pour le calcul du PDP : l'entreposage, le transport, la mise en magasin (les chiffres indiqués n'ont qu'un caractère illustratif). Ces coûts directs peuvent être calculés par marque et par référence et viennent en diminution de la marge commerciale du point de vente. Pour obtenir la marge nette, il faudrait affecter les coûts indirects supportés par le magasin (amortissement, charges du personnel d'encadrement, etc.). Dans la pratique, le calcul du PDP impose une collecte d'informations très lourde et fastidieuse, compte tenu des milliers de références existantes.

4.4.3. Échange de Données Informatisées (EDI)

Introduit dans la grande distribution au début des années 1990, l'EDI facilite la transmission des données dans la filière producteur-distributeur[6]. Il consiste en un transfert de données informatiques, réalisé par le couplage de deux ordinateurs. Les informations sont structurées en messages normalisés, de façon à pouvoir être lues et exploitées directement par les partenaires. Les échanges sont réalisés par un serveur informatique qui assure le transfert des informations par Internet. Les données doivent respecter des normes et s'appuient sur la codification EAN des produits. En

6. Monnoyer, M.-C., « L'EDI dans la grande distribution », *Décisions Marketing*, 0, 1993, pp. 77-85.

France, c'est le GENCOD qui gère l'attribution d'un code unique à treize chiffres. Ce dernier est à la base du fonctionnement des panels scannérisés : il permet d'identifier la référence exacte d'un produit (marque, packaging, fabricant) et son prix. Le code se décompose de la manière suivante :

- le premier chiffre indique le pays dans lequel l'identification a été demandée (3 pour la France) ;
- les cinq chiffres suivants correspondent au code national fabricant (CNUF) ou distributeur (CNUD) ;
- les six suivants identifient le produit et la marque, le code interface produit géré par le fabricant (CIP) ;
- le dernier chiffre est la clé de contrôle.

Concrètement, l'EDI offre les trois avantages suivants.

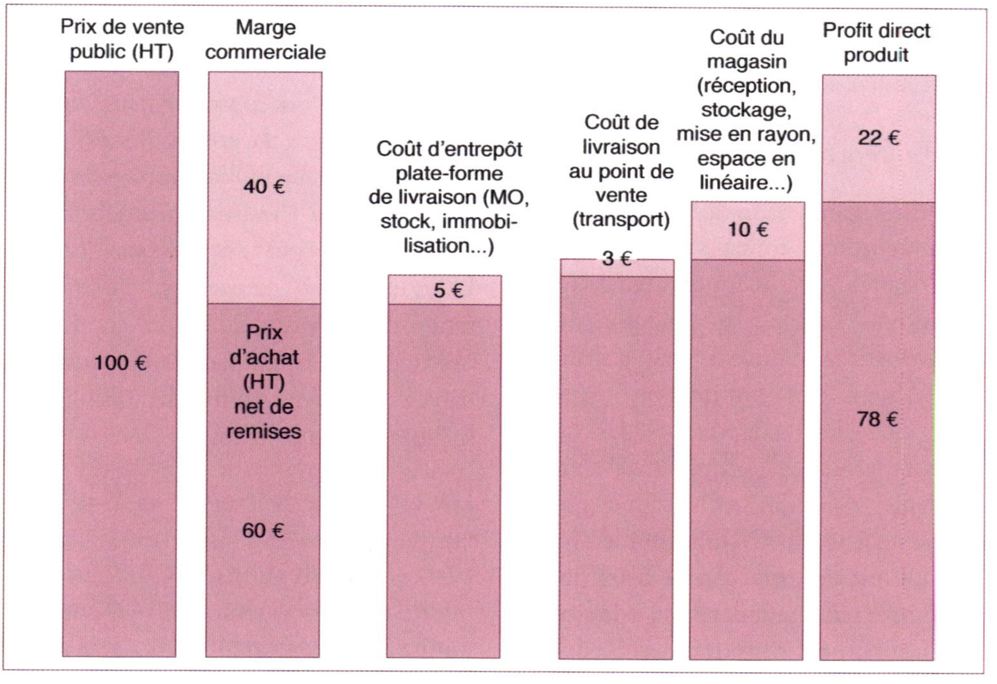

Figure 13.14 : Exemple de calcul d'un PDP

— *Baisse des coûts administratifs*

Une information sur un produit créée par un membre de la filière est captée, enrichie et dupliquée sans qu'il soit nécessaire de la ressaisir totalement à chaque fois. Ainsi, une commande passée par un distributeur est automatiquement transmise au fournisseur qui déclenche l'ordre de fabrication ou d'expédition, transmet la facture sans qu'il soit nécessaire de ressaisir toutes les lignes de la commande : quantité, prix, référence… On estime qu'en moyenne une commande génère jusqu'à cinq saisies manuelles au cours du processus. L'EDI conduit à une seule saisie et réduit considérablement les risques d'erreur, lors des duplications. Les retours pour livraison non conforme sont réduits.

— ***Baisse des coûts de stockage***

Les commandes sont transmises en temps réel par le distributeur, par exemple, dès que le stock magasin est inférieur à un niveau déterminé, d'où un gain de temps estimé de trois à sept jours. Pour le fabricant, l'EDI facilite la mise en place d'une production de type « juste-à-temps » (JAT).

— ***Meilleure connaissance de la demande***

Les caisses scannérisées des grandes surfaces permettent une connaissance journalière de la demande, par marque et par catégorie de produits. En agrégeant ces informations au niveau de la centrale d'achat, le distributeur détient une information précieuse pour suivre les tendances des marchés et négocier les nouvelles commandes dans de meilleures conditions. On estime qu'une bonne maîtrise de l'EDI accroît le résultat net des distributeurs d'un à deux points, par simple réduction des coûts administratifs. Ce gain est considérable, si l'on sait que le résultat net moyen des distributeurs est de 1,5 % à 2 %. Mais face à ces avantages financiers et administratifs, la mise en œuvre de cette procédure implique, pour les entreprises, de surmonter d'importants obstacles organisationnels.

4.4.4. Efficient Consumer Response (ECR)

C'est « *une stratégie industrie-commerce dans laquelle fournisseurs et distributeurs travaillent ensemble pour apporter une meilleure satisfaction au consommateur final* »[7]. Apparue en 1992 aux États-Unis, l'ECR conduit à un partenariat stratégique entre fabricants et distributeurs, alors que le trade marketing ou l'EDI se limite à un plan tactique.

L'ECR vise à réduire les coûts des distributeurs et des fabricants, tout en maximisant la satisfaction du consommateur. Quatre domaines sont concernés : l'assortiment, l'approvisionnement, la promotion et le lancement de nouveaux produits. La réduction des coûts s'appuie sur l'EDI, le PDP, le category management et l'optimisation de la logistique. Le développement des ventes est assuré par une collaboration dans les domaines du merchandising et de la promotion des ventes.

D'un point de vue technique, l'ECR implique une approche de gestion analytique des coûts fondée sur la méthode ABC (*Activity Based Cost*) : les activités sont chiffrées par centres de coûts et ventilées par produit ou catégorie de produits, puis réparties entre les différents intervenants de la filière (producteur, transporteur, client). Les principes d'analyse des chaînes de valeur, formulés par Michael Porter, servent de trame pour la détermination des centres de coûts.

7. Héliès-Hassid, M.-L., « ECR : impact sur l'organisation de l'entreprise et sur le marketing », *Décisions Marketing*, 6, 1996, pp. 63-71.

SYNTHÈSE DU CHAPITRE

Lors d'une négociation, les conditions commerciales (prix) sont discutées entre les partenaires, alors que pour une vente, l'acheteur ne peut les modifier. Une vente se déroule en quatre étapes (préparation, démarrage, conduite et clôture), sur la base de l'argumentaire du vendeur. Les principales qualités d'un vendeur sont la capacité d'écoute et le sens des relations humaines. Chaque vendeur doit réaliser des objectifs de vente fixés dans son quota, dans le cadre du secteur de vente qui lui a été attribué. Le mode de rémunération (fixe pur, mixte ou variable) constitue une composante majeure de la motivation des vendeurs.

La distribution française se compose de quatre types de canaux : les grossistes, les détaillants, la vente à distance et les centrales d'achat. Ces dernières opèrent pour le compte des grandes surfaces (hypers et supermarchés, grandes surfaces spécialisées, magasins populaires et grands magasins) et connaissent une croissance régulière, en dépit d'une réglementation contraignante. La puissance accrue des centrales d'achat modifie les relations entre les fabricants et les distributeurs : les négociations oscillent entre une forme conflictuelle et un partenariat tactique (le trade marketing) ou stratégique (l'ECR).

Le choix de l'emplacement d'un point de vente s'effectue après une étude du potentiel de sa zone de chalandise. La gestion des linéaires d'un magasin s'effectue selon les techniques de merchandising qui visent à mettre en valeur les produits sur le point de vente, tout en optimisant leur rentabilité. Le category management assure une gestion complète d'une catégorie de produits de façon à réduire les risques de cannibalisme entre les sous-catégories de produits. Il se fonde sur un calcul de profit direct produit (PDP) et privilégie l'échange de données informatiques (EDI).

BIBLIOGRAPHIE D'APPROFONDISSEMENT

(1) Benoun, M., Héliès-Hassid, M.-L., *Distribution, Acteurs et Stratégies*, Économica, 2003, 3e éd.

(2) Cliquet, G., Fady, A., Basset, G., *Management de la distribution*, Dunod, 2006.

(3) Dion, D., Sueur, I., *La Dstribution*, Dunod, 2006, coll. « Les topos ».

(4) Fady, A., Renaudin, V., Vyt, D., *Le Merchandising*, Vuibert, 2004, 6e éd.

(5) Filser, M., des Garets, V., Paché, G., *La Distribution : organisation et stratégie*, EMS, 2001.

(6) Lhermie, C., *Négociation et référencement*, Vuibert, 1995.

(7) Moulinier, R., *Les techniques de la vente*, Éditions d'Organisation, 2003, 6e éd.

(8) Moulinier, R., *Vendre pour la première fois*, Éditions d'Organisation, 2006.

(9) Py, P., *Méthodes et astuces pour conquérir de nouveaux clients*, Éditions d'Organisation, 2005, 2e éd.

(10) Zeyl, A., Dayan A., *Force de vente*, Éditions d'Organisation, 2003.

TEST DE CONNAISSANCES

Choisir une seule réponse par question :

Q1 – L'argumentaire est un document qui :

(1) résume les points forts du produit et indique les réponses aux objections ;
(2) expose les points forts du produit ;
(3) compare les caractéristiques techniques du produit à celles des concurrents ;
(4) décrit les arguments développés dans la campagne de publicité faite pour le produit.

Q2 – Pour être qualifié d'hypermarché, la surface de vente doit être supérieure à :

(1) 1 500 m^2 ; (2) 2 000 m^2 ; (3) 2 500 m^2 ; (4) 3 000 m^2.

Q3 – La distribution valeur correspond :

(1) à la part de marché de la marque dans les magasins où elle référencée ;
(2) au pourcentage de magasins où la marque est présente ;
(3) à la part de marché réalisée par les points de vente où la marque est présente ;
(4) au chiffre d'affaires en valeur réalisé par les magasins qui référencent la marque.

Q4 – Le « trade marketing », c'est :

(1) le marketing propre au point de vente ;
(2) le marketing pratiqué de manière autonome par la force de vente ;
(3) le marketing opérationnel réalisé par les merchandiseurs ;
(4) un marketing qui développe un échange gagnant pour le fabricant et le distributeur.

Q5 – L'estimation de la zone de chalandise d'un magasin suppose la connaissance :

(1) des courbes isochrones ;
(2) des indices de richesse vive ;
(3) des secteurs de vente de la force de vente ;
(4) de l'intensité de la concurrence.

Q6 – Le PDP représente :

(1) la marge commerciale unitaire – le coût direct unitaire de transport ;
(2) la marge nette obtenue sur un produit ou une marque ;
(3) la marge commerciale unitaire – le coût direct unitaire de stockage en entrepôt ;
(4) la marge commerciale unitaire – le coût direct unitaire lié à la distribution.

Q7 – La marge arrière d'un distributeur est égale à :

(1) la marge commerciale ;
(2) la marge commerciale – les frais de transport ;
(3) la marge commerciale + les remises hors facture ;
(4) l'ensemble des remises hors facture.

Q8 – Les modèles gravitaires sont utiles pour :

(1) calculer l'attraction d'un point de vente ;
(2) calculer le profit direct d'un produit ;
(3) estimer l'image d'un point de vente ;
(4) définir les indices de richesse vive d'une zone de chalandise.

Q9 – L'ECR vise à :

(1) réduire les coûts des distributeurs, tout en maximisant la satisfaction du consommateur ;
(2) réduire les coûts des distributeurs et des fabricants, tout en maximisant la satisfaction du consommateur ;
(3) optimiser l'allocation du linéaire sur les différentes marques pour maximiser le chiffre d'affaires d'un rayon ;
(4) optimiser le merchandising d'un rayon pour maximiser la satisfaction du consommateur.

Q10 – Le code EAN d'un produit permet de :

(1) construire un argumentaire de ventes performant ;
(2) identifier précisément, le prix, la marque, le produit et le fabricant ;
(3) définir le nombre de visites pour un prospect ;
(4) choisir le meilleur emplacement pour un produit dans un rayon.

Réponses du test :

Q1 = 1 ; Q2 = 3 ; Q3 = 3 ; Q4 = 4 ; Q5 = 1 ; Q6 = 4 ; Q7 = 4 ; Q8 = 1 ; Q9 = 2 ; Q10 = 2.

Annexes du chapitre 13

Activités	2000	2001	2002	2003	2004	2005	Valeur 2005 en milliards d'€
	en %						
Commerce de gros de produits agricoles bruts	**3,7**	**– 1,9**	**– 0,6**	**– 0,4**	**0,2**	**– 2,4**	**43,0**
• de céréales et aliments du bétail	2,6	– 1,1	– 1,6	– 2,9	0,5	– 3,9	28,4
• d'autres produits[1]	6,2	– 3,5	1,5	5,1	– 0,4	0,6	14,6
Commerce de gros de produits alimentaires[a]	**3,5**	**5,2**	**– 2,6**	**0,4**	**0,3**	**0,7**	**99,4**
• de produits frais	3,5	6,8	1,2	1,9	– 1,1	0,7	47,2
• de boissons (alcoolisées ou non)	3,1	4,5	– 2,5	4,4	8,3	– 0,8	18,0
• d'autres produits[2]	3,7	3,6	– 7,2	– 3,4	– 1,8	1,4	34,3
Commerce de gros de biens de consommation non alimentaires[a]	**8,3**	**8,0**	**5,2**	**5,2**	**4,4**	**3,4**	**101,3**
• de produits pharmaceutiques	5,5	9,9	6,2	9,4	9,7	4,0	37,7
• d'autres produits[3]	9,8	7,0	4,8	3,0	1,6	3,1	63,6
Commerce de gros de biens intermédiaires non agricoles	**14,4**	**0,3**	**1,2**	**– 1,6**	**8,8**	**7,5**	**111,6**
• de carburants et combustibles[a]	30,1	– 0,6	– 8,5	1,4	11,2	24,9	33,8
• de produits pour l'installation de l'habitat et la construction	8,3	3,9	3,8	2,1	8,3	4,8	39,4
• d'autres produits[4]	10,3	– 2,1	6,0	– 6,6	7,7	– 2,0	38,3
Commerce de gros de biens d'équipement professionnel	**8,2**	**6,6**	**– 5,7**	**– 1,5**	**6,0**	**3,8**	**102,6**
• de machines de bureau et matériel informatique	9,8	4,0	– 8,7	0,2	5,3	– 0,9	26,7
• de matériel électrique et électronique	5,3	3,8	– 4,7	– 0,4	7,5	9,9	22,2
• d'autres équipements[5]	8,6	9,1	– 4,4	– 2,7	5,7	3,8	53,6
Ensemble du commerce de gros (hors intermédiaire du commerce)	**8,0**	**4,2**	**– 0,5**	**0,4**	**4,6**	**3,3**	**463,8**
Intermédiaires du commerce	**13,4**	**10,0**	**– 0,8**	**3,8**	**2,9**	**4,3**	**95,8**
• dont centrales d'achats[b]	12,6	7,5	2,7	6,4	0,6	5,3	76,2
Ensemble du commerce de gros (y compris intérmédiaires)	**8,8**	**5,1**	**– 0,6**	**1,0**	**4,3**	**3,5**	**559,6**

1. Fleurs et plantes, animaux vivants, cuirs et peaux, tabac brut.
2. Sucre, chocolat, confiserie, café, thé, cacao, épices, produits surgelés, tabac manufacturé, etc.
3. Textile, habillement, chaussures, électroménager, radio, TV, vaisselle, verrerie, parfumerie, papeterie, jouets.
4. Minerais, métaux, produits chimiques, etc.
5. Pour l'industrie, l'agriculture, le commerce et les services.

a. Non compris les centrales d'achats de la grande distribution alimentaire, spécialisée sur ces produits.
b. Y compris les centrales d'achats spécialisées dans la grande distribution.

Source : Insee, comptes du commerce.

Figure 13.A1 : Le commerce de gros en France (variation des chiffres d'affaires en %)

Formes de vente	2000	2001	2002	2003	2004	2005	Valeur 2005 en milliards d'€
	en %						
Alimentation spécialisée et artisanat commercial	**5,7**	**2,9**	**4,2**	**1,8**	**1,7**	**0,6**	**33,1**
• Boulangeries-patisseries	0,3	3,8	2,9	2,5	1,5	1,3	9,8
• Boucheries-charcuteries	1,1	3,3	2,2	– 1,5	2,8	– 0,9	8,6
• Autres magasins d'alimentation spécialisée	13,1	2,0	6,5	3,3	1,2	1,1	14,7
Petites surfaces d'alimentation générale et magasins de produits surgelé	**1,7**	**6,3**	**3,4**	**4,3**	**– 1,4**	**– 0,9**	**14,9**
Grandes surfaces d'alimentation générale	**6,2**	**3,9**	**3,0**	**3,8**	**1,5**	**1,8**	**166,5**
Grands magasins et autres magasins non alim. non spécialisés	**8,4**	**2,3**	**1,6**	**1,2**	**3,6**	**– 0,6**	**6,6**
Pharmacies et commerce d'articles médicaux et orthopédiques	**7,7**	**6,5**	**6,0**	**6,2**	**6,3**	**2,3**	**34,0**
Magasins non spécialisés (hors pharmacies)	**7,1**	**6,2**	**4,4**	**3,0**	**4,6**	**2,7**	**141,6**
• Habillement, chaussures	2,6	4,9	3,5	2,7	0,6	0,8	27,7
• Autres équipements de la personne	8,0	9,3	4,2	0,6	3,1	1,4	13,5
• Culture, loisirs, sports	11,7	8,6	6,4	6,4	3,3	6,3	36,2
• Équipement du foyer	6,1	6,5	4,3	4,3	1,7	4,4	31,7
• Aménagement de l'habitat	4,5	3,5	5,2	5,2	6,3	7,6	26,4
• Autres magasins spécialisés	19,1	1,6	– 5,5	– 5,5	0,2	6,4	6,2
Commerce hors magasin	**2,3**	**3,1**	**1,6**	**1,6**	**3,7**	**0,1**	**19,3**
• Vente par correspondance	6,5	2,6	1,7	1,7	5,0	5,4	11,0
• Autres	– 2,0	3,6	1,6	1,6	2,3	– 5,8	8,3
Réparation d'articles personnels et domestiques	**8,6**	**2,2**	**– 1,3**	**– 0,1**	**3,0**	**1,8**	**2,3**
Ensemble commerce de détail et artisanat à caractère commerciale	**6,3**	**4,8**	**3,7**	**3,5**	**2,8**	**1,9**	**418,2**
dont :							
• activités artisanales	– 0,2	3,2	2,2	1,3	4,3	1,2	11,9
• commerce de détail (hors pharmacies) et artisanat à caractère commercial	6,1	4,6	3,5	3,2	2,5	1,9	384,2

Source : Insee, comptes du commerce.

Figure 13.A2 : Commerce de détail en France (variation des chiffres d'affaires en %)

Formes de vente[1]	Produits alimentaires (hors tabac)		Produits non alimentaires	
	1999	2006	1999	2006
Alimentation spécialisée[2]	17,7	16,8	0,3	0,9
• Boulangeries-patisseries	6,7	6,4	—	—
• Boucheries-charcuteries	6,3	5,4	—	—
• Autres magasins d'alimentation spécialisée	4,7	5,0	—	—
Petites surfaces d'alimentation générale et magasins de produits congelés	8,6	8,7	0,8	0,6
Grandes surfaces d'alimentation générale	67,1	67,3	19,9	17,9
• Supermarchés	30,8	33,0	6,1	4,4
• Magasins populaires	1,0	1,4	0,4	0,3
• Hypermarchés	35,4	32,9	13,4	13,2
Grands magasins	0,1	0,1	2,2	2,0
Pharmacies et commerce d'articles mécicaux	0,2	0,3	9,4	10,5
Magasins non alimentaires spécialisés	0,2	0,3	41,1	42,3
Commerce hors magasin	4,0	3,7	4,3	4,3
• Vente par correspondance	0,2	0,3	3,2	3,2
• Autres ventes hors magasin (marchés, réparation domestique, etc.)	3,7	3,4	1,4	1,0
Réparation d'articles personnels et domestiques[3]	—	—	0,8	0,6
Commerce de détail et artisanal	**97,9**	**97,2**	**79,0**	**78,5**
Ventes au détail du commerce automobile[4]	0,2	0,5	14,1	15,2
Autres ventes au détail[5]	1,9	2,3	6,9	6,3
Ensemble des ventes au détail	**100,0**	**100,0**	**100,0**	**100,0**

1. L'activité de certaines grandes entreprises relève de deux ou plusieurs formes de vente : ainsi les ventes d'une entreprise peuvent être réparties entre les formes de vente d'hypermarchés, de supermarchés et de petites surfaces d'alimentation.
2. y compris artisanal commercial.
3. pour leurs ventes au détail et leurs prestations de réparation.
4. Y compris les ventes et réparations de motocyles et les ventes de produits liés à l'automobile : non compris les ventes et réparations automobiles.
5. Ventes d'autres secteurs : cafés-tabac, grossistes, ventes directes de producteurs, etc.

— absence de résultat dus à la nature des choses.

Source : Insee, comptes du commerce.

Figure 13-A3 : Évolution des parts de marché du commerce de détail en France (en %)

Rang	Groupes	Pays	2007	2006	2005
1	Carrefour	FR	87,40		82,00
2	Tesco	GB	65,90	62,60	60,60
3	Metro	AL	65,90	59,90	55,70
4	Ahold	NL		44,90	44,50
5	Rewe	AL		43,50	41,70
6	Auchan	FR	44,20	42,10	40,40
7	Edeka	AL	37,80	39,20	38,00
8	Lidl	AL	43,00	38,90	
9	Aldi	AL		36,40	
10	Intermarché	FR	32,70	31,50	30,30
11	Leclerc	FR	30,30	29,40	28,50
12	Tengelmann	AL		24,50	25,70
13	Sainsbury	GB		25,80	24,70
14	Casino	FR	24,90	22,50	22,80
15	Delhaize Groupe	BE	18,95	19,20	18,60
	Morison	GB		18,30	
16	Système U	FR	16,76	15,60	15,10
17	Karstadt	AL			15,5
18	Migros	CH	14,19	12,60	13,10
19	Marks & Spencer	GB			11,5
20	Louis Delhaize Cora	FR			11,00

Sources : Rapports d'activité FCD, UBIFRANCE.

Figure 13.A4 : Chiffres d'affaires en Europe (milliards d'euros) des grands distributeurs

Conclusion

Le marketing est une discipline des sciences de gestion dont l'étude comporte de nombreux écueils. Pour notre part, nous avons surtout essayé d'éviter dans cet ouvrage deux types de risques. Le premier résulte d'une approche exclusivement fondée sur le « bon sens », où l'intuition et l'expérience sont les justifications majeures des analyses et des choix marketing proposés. Dans ce cas, il devient rapidement difficile pour le lecteur de trancher entre ces différentes opinions. Le second risque réside dans une présentation exhaustive de techniques sophistiquées dont la superposition finit par nuire à la prise de décision : le lecteur ne discerne plus très clairement la finalité du marketing.

Le principal mérite du marketing est, à notre sens, d'obliger l'entreprise à s'interroger régulièrement sur l'adéquation de ses produits à l'évolution (plus ou moins rapide) des attentes du consommateur. L'acceptation de cette contrainte conduit l'entreprise à effectuer des études de marché et à formuler un diagnostic régulier pour comprendre le consommateur, pour surveiller la concurrence et pour détecter d'éventuelles opportunités dans l'environnement. L'élaboration et l'application d'un plan marketing complètent logiquement cette phase d'analyse et soulignent la complémentarité naturelle qui existe entre le marketing et la stratégie.

Lexique

Achat impulsif : achat réflexe, décidé sur le champ, généralement déclenché par la simple vision d'un produit ou d'une marque.

Analyse de la valeur : démarche qui vise à concevoir ou à reformuler un produit ou un service pour qu'il soit conforme, au moindre coût, au niveau d'attente exigé par le consommateur.

Analyse documentaire : technique de réutilisation d'informations déjà disponibles par ailleurs.

Analyse multivariée : technique de traitement statistique considérant simultanément un ensemble d'informations complexes.

Analyse SWOT : analyse qui vise à déterminer, d'une part les forces et les faiblesses de l'entreprise, d'autre part les opportunités et les menaces présentes sur un marché.

Appropriation : sentiment d'une possession unique et entière d'un produit ou d'un service résultant d'une action de marketing expérientielle visant un consommateur ; l'objet ou le service peuvent alors être considérés comme une partie et/ou un prolongement de soi.

Argumentaire : document d'aide à la vente, recensant les points forts du produit par rapport à la concurrence et les réponses à donner, face aux objections prévisibles des clients.

Attaché commercial : salarié de l'entreprise qui a pour mission majeure de vendre les produits de l'entreprise.

Attitude : prédisposition favorable ou défavorable vis-à-vis d'une marque ou d'un produit, fondée sur un ensemble de croyances durables.

Attribut : caractéristique, élément propre à un produit ou à une marque permettant l'évaluation et la comparaison avec des objets concurrents.

Audience : nombre total de personnes qui ont été exposées à un message publicitaire.

Axe : argumentation centrale d'un message publicitaire qui comporte une promesse de base (ou bénéfice) et une preuve que la promesse sera tenue.

Barème : liste récapitulative des prix de vente facturés par une entreprise à ses distributeurs.

Barrière (entrée et sortie) : obstacles naturels que devra franchir tout nouveau concurrent qui souhaite pénétrer un nouveau marché ; à l'inverse, les barrières à la sortie sont les obstacles qui rendent coûteux l'abandon d'un marché.

Benchmarking : analyse des solutions retenues par des concurrents (exerçant dans des marchés différents de ceux de l'entreprise) en vue d'une éventuelle adoption pour résoudre un problème crucial rencontré par l'entreprise.

Bénéfice recherché (ou avantage recherché) : résultat concret (matériel ou immatériel) que le consommateur s'attend à retirer de la consommation d'une marque.

Besoin : situation inconfortable provoquée par un décalage entre un état actuel et un état souhaité ; il se manifeste par un sentiment de manque physiologique (faim, soif) ou psychologique (affection, reconnaissance).

Cahier des charges : document rédigé par le chef de produit, décrivant les fonctions et les contraintes que doit remplir et respecter le nouveau produit.

Canal de distribution : groupe d'agents de distribution présentant des caractéristiques commerciales et juridiques identiques.

Cannibalisme : baisse des ventes d'une marque X de l'entreprise, directement liée au lancement d'une nouvelle marque Y, appartenant à la même entreprise.

Capital-marque (« *brand equity* ») : valeur ajoutée marketing propre à une marque, reposant notamment sur une réputation globale favorable acquise durablement auprès des consommateurs.

Catégorie management : gestion globale (distributeur ou fabricant) effectuée au niveau d'une catégorie de produits complémentaires ou substituables en vue de limiter les effets du cannibalisme entre produits voisins.

Centrale d'achat : groupement qui opère pour le compte de plusieurs points de vente, en négociant les meilleures conditions d'achat auprès des fournisseurs.

Chaîne de valeur : filière intégrée des métiers nécessaires à la bonne marche d'une entreprise ; elle se décompose en activités principales et en activités de soutien.

Chef de produit (ou de marque) : responsable du marketing d'un produit ou d'une marque ; fonction transversale qui recouvre l'élaboration du cahier des charges de nouveaux produits, la planification marketing et sa mise en œuvre.

Chiffre d'affaires : en volume, quantités physiques d'un produit vendues durant une période déterminée ; en valeur, quantités physiques multipliées par le prix de vente moyen de l'unité vendue.

Cible : segment de marché sélectionné par une entreprise en vue de vendre un produit.

Circuit de distribution : filière d'agents de distribution utilisée par une entreprise pour faire parvenir ses produits jusqu'au consommateur. Un circuit regroupe un ensemble de canaux de même nature.

Coefficient multiplicateur : rapport entre le prix de vente public TTC et le prix d'achat HT du distributeur.

Concentration (focalisation) : stratégie qui vise à satisfaire les attentes d'un segment unique de clientèle, en ignorant délibérément les autres segments.

Concurrence : adversaires de l'entreprise. Ils sont qualifiés de « directs » s'ils commercialisent des produits comparables, et d'« indirects » s'ils proposent des produits répondant aux mêmes motivations d'achat que ceux vendus par l'entreprise.

Copy-stratégie : document qui oriente la création publicitaire et précise notamment ce que devient la marque dans l'esprit du consommateur au cours du temps.

Courbe de marché (ou cycle du métier) : évolution des ventes dans le temps d'une catégorie de produits, depuis la première apparition sur le marché jusqu'à la disparition. Elle se caractérise par cinq phases : introduction, croissance, maturité, saturation, déclin.

Critère de choix : caractéristique d'une marque considérée comme déterminante par le consommateur, au moment du choix final.

Critère de segmentation : élément retenu pour fractionner un marché en groupe de consommateurs homogènes ; les plus courants sont les variables sociodémographiques, les styles de vie, les occasions d'achat et d'usage d'un produit, les bénéfices recherchés, les valeurs du consommateur.

CRM (Customer Relationship Management) : démarche marketing orientée vers la fidélisation des clients sur une longue période en créant et en maintenant une relation personnalisée. Elle s'appuie sur des technologies spécifiques (téléphone, Internet, courrier) et des logiciels permettant un suivi précis des achats des clients.

Croyance : présupposé favorable ou défavorable, propre à un consommateur donné, attribué à une marque.

Culture (organisation) : ensemble des éléments spécifiques qui caractérisent une entreprise (fonctionnement, valeurs, mode de gouvernance, etc.). Elle résulte notamment de la personnalité des dirigeants et de l'histoire de l'entreprise.

Culture (société) : ensemble des valeurs communes, attitudes, modes de vie, religions et coutumes spécifiques qui permet de caractériser un groupe d'hommes.

Cycle de vie d'un produit : évolution des ventes d'un produit ou d'une marque d'une entreprise, depuis son lancement commercial jusqu'à son retrait du catalogue de l'entreprise. Le cycle de vie se décline au sein de la courbe de marché.

Désir : modalité spécifique de l'expression d'un besoin, choisie parmi un champ infini de possibilités. Le contraire d'un désir est l'aversion.

Diagnostic : jugement d'ensemble sur l'état de santé de l'entreprise, assorti des raisons majeures qui sont à l'origine de la situation actuelle.

Différenciation : stratégie qui vise à accroître les différences naturellement perçues par les consommateurs entre la marque et ses concurrents, en adoptant un positionnement original et unique.

Distribution (disponibilité) numérique (DN) : indice mesurant le taux de présence d'une marque ou d'une catégorie de produits dans un canal de distribution.

Distribution (disponibilité) valeur (DV) : indice mesurant la part de marché réalisée par un canal de distribution dans lequel une marque ou une catégorie de produits est référencée.

Échantillon : groupe de personnes que l'on a extrait d'une population mère afin de les observer ou de les interroger.

Échelle de mesure : mode d'enregistrement des réponses dans un questionnaire fermé ; groupe de questions corrélées entre elles, mesurant les facettes d'un concept.

ECR (Efficient Consumer Response) : stratégie de coopération entre fournisseurs et distributeurs pour offrir une satisfaction maximale au consommateur, tout en préservant la rentabilité des partenaires.

EDI (Échange de Données Informatisées) : transfert de données informatisées, spécialement structurées et normalisées, réalisé par couplage d'ordinateurs, pour être exploitées par les partenaires d'un échange.

EDLP (Every Day Low Price) : stratégie employée par une marque réputée qui consiste à fixer des prix bas permanents, en vue d'éliminer des marques moins connues. Elle s'oppose à la promotion des ventes qui offre des prix réduits, mais de façon temporaire.

E-commerce : forme de vente à distance de produits ou de services effectuée par Internet.

E-marketing : mobilisation systématique par le marketing de toutes les dimensions du potentiel technologique offert par Internet pour une approche renouvelée des marchés.

Émotion : réaction affective particulière, dérangeante et instantanée provoquée par un stimulus (objet, marque, événement, situation).

Enseigne : marque commerciale représentant une grande surface ou une chaîne de magasins.

Environnement : ensemble des éléments gravitant autour ou dans l'entreprise. Il est qualifié d'interne lorsqu'il concerne les éléments sous contrôle de l'entreprise (finances, savoir-faire, hommes), et d'externe pour les éléments situés autour de l'entreprise (technologie, économie, législation, culture). La concurrence et les consommateurs complètent l'environnement externe.

Ensemble évoqué : marques connues du consommateur, considérées sérieusement par celui-ci pour un achat.

Étude de marché : technique de collecte et d'analyse d'informations permettant de mieux connaître un marché, dans le but de réduire l'incertitude des décisions marketing ultérieures.

Facteur clé de succès (FCS) : compétences nécessaires pour lutter efficacement sur un marché.

Fidélité : séquence d'achat durant laquelle le consommateur choisit toujours la même marque (fidélité absolue) ou alterne entre plusieurs marques (fidélité partagée). Ces choix peuvent exprimer une conviction et un engagement durable (fidélité affective) ou, au contraire, un choix contraint (fidélité passive).

Force de vente : ensemble des vendeurs (attachés commerciaux ou VRP) d'une entreprise.

Franchise : transfert d'un savoir-faire marketing et/ou commercial effectué par une entreprise (franchiseur) auprès d'un détaillant (franchisé) juridiquement indépendant, en contrepartie d'une rémunération fixe et/ou variable (calculée sur le chiffre d'affaires du distributeur).

Gamme : ensemble de tous les produits de même nature offerts par une entreprise sur un marché quelconque. Elle se définit par une largeur (nombre de catégories de produit) et une profondeur (nombre de variétés différentes existant dans chaque catégorie).

Hyper-réalité : l'image d'une réalité (simulacre) usurpe la réalité ; la copie d'un objet ou d'une situation prend le pas sur l'authentique. Dans cette perspective, le marketing crée des produits ou des services qui simulent une réalité, le consommateur étant complice de cette supercherie.

Implication : état de tension ou d'excitation, engendré par un acte (ou une situation) d'achat qui ne laisse pas le consommateur indifférent.

Image de marque : ensemble des croyances favorables ou défavorables attribuées par le consommateur à une marque.

Immersion (*flow*) : état momentané où le consommateur expérimente une harmonie parfaite entre ce qui est ressenti, souhaité et pensé. Il se manifeste par un état second qui tend à faire perdre conscience de ce qui entoure tout en donnant un sentiment de gratification. L'immersion peut être virtuelle (Internet) ou provoquée par une consommation expérientielle réelle.

Leader d'opinion : personne attractive, jugée plus experte que soi dans un domaine, dont on sollicite spontanément l'avis avant un achat jugé impliquant et dont les croyances influencent notre décision d'achat.

Lead-user : consommateur « avant-gardiste » qui exprime avant les autres des besoins dans une catégorie de produits. Il a aussi des idées et des solutions pour satisfaire ceux-ci.

Linéaire : longueur occupée (exprimée en mètres) par une marque dans les rayons d'un magasin.

Logistique : chaîne d'opérations visant à gérer un flux physique de biens ou de services, et par extension, tout flux d'informations nécessaires au bon déroulement de la production et (ou) de la commercialisation.

Logotype (ou logo) : représentation graphique stylisée (dessin, forme des lettres, couleur, etc.) associée à une marque.

Mapping : représentation graphique, matérialisée par des cartes perceptuelles, de marques ou de groupes de consommateurs issue d'une analyse multivariée.

Marché : ensemble multiforme dont la surface varie avec la caractéristique utilisée pour le définir, i.e. nature du produit offert (objet), acheteurs (occupant), occasion et objectif de consommation.

Marché test : ultime étude, fondée sur des ventes effectives (ou simulées) d'un produit, ayant pour but de décider du lancement final d'un nouveau produit.

Marge arrière : ensemble des remises hors facture concédées par un fabricant à un distributeur en contrepartie de services spécifiques effectués par ce dernier. Les remises de fin de saison et les remises de coopération commerciale sont les formes les plus courantes.

Marge avant : ensemble des remises obtenues par un distributeur vis-à-vis d'un fabricant par rapport au prix public conseillé. Ces remises figurent sur la facture.

Marge commerciale : marge réalisée par un distributeur en retirant du prix de vente public d'un produit le prix d'achat facturé par le fabricant.

Marketing : conquête méthodique et permanente d'un marché rentable, réalisée par un produit ou un service capable de satisfaire durablement les consommateurs visés.

Marketing des services : forme de marketing spécifique centrée sur la production et la commercialisation de biens intangibles (« servuction »).

Marketing direct : méthode de marketing fondée sur la constitution et l'analyse méthodique de bases de données composées d'informations individuelles sur des consommateurs potentiels, puis une gestion de vente à distance.

Marketing expérientiel : la consommation du produit ou du service vise à susciter des émotions positives qui laisseront une trace durable et mémorable chez le consommateur. Le manager marketing intervient dans la consommation en scénarisant, en la mettant en scène et en faisant largement participer le client à la production de l'expérience.

Marketing industriel (marketing B to B) : forme de marketing spécifique centrée sur la production et la commercialisation de biens ou de services consommés par une organisation, sous forme de consommations intermédiaires. Souvent appelé marketing « business to business » (B to B).

Marketing international : forme de marketing spécifique appliquée aux marchés situés hors des frontières de l'entreprise.

Marketing mix : combinaison harmonieuse de quatre types d'action marketing, c'est-à-dire produit, prix, promotion (ou communication) et distribution. Comme en anglais ces mots commencent tous par la lettre P, on parle souvent des « 4 P » pour le désigner.

Marketing mix optimal : combinaison particulière de niveau des variables du mix, dont on estime qu'elle procurera le résultat net le plus élevé.

Marketing opérationnel : mise en œuvre sur le terrain (c'est-à-dire le marché) du plan marketing prévu.

Marketing relationnel : approche qui vise à développer et à nourrir une relation durable et profitable avec le client. La fidélité du consommateur est considérée comme une finalité prioritaire. Cette vision s'oppose à l'approche transactionnelle qui se focalise sur la conquête d'un client pour un acte d'achat qui peut rester sans lendemain.

Marketing sensoriel : mobilisation d'un ou de plusieurs des cinq sens du consommateur pour renforcer le caractère expérientiel d'une consommation.

Marketing stratégique : démarche globale de marketing visant à analyser et à sélectionner les futurs marchés, orienter la création du produit, choisir une stratégie et planifier les actions de conquête du marché.

Marketing viral (buzz) : stratégie qui vise à créer et à entretenir un bouche-à-oreille naturel autour d'un produit ou d'un service. Elle vise surtout les premiers acheteurs.

Marque : signe susceptible de représentation graphique servant à distinguer les produits ou les services propres à une personne physique ou morale.

Marque de distributeur (MDD) : ensemble des produits qui portent le nom de l'enseigne qui les commercialise. La marque de distributeur couvre généralement des catégories de produits disparates.

Maxi discount (hard discount) : canal de distribution proposant un petit nombre de références, dans un environnement de vente austère, à des prix très bas.

Mécénat : action de soutien financier effectuée par une entreprise pour un événement culturel, scientifique, social ou humanitaire.

Média : ensemble de supports de même nature utilisés par l'entreprise pour y insérer une publicité. On répertorie six grands médias : télévision, presse, radio, Internet, cinéma et affichage.

Médiaplanning : sélection optimale d'une série de supports sur lesquels l'annonceur répartit son budget de publicité.

Merchandising : ensemble des techniques de mise en avant du produit sur le lieu de vente.

Métier : savoir-faire spécifique d'une entreprise, fondé sur la maîtrise d'une (ou) de plusieur(s) technologie(s) et (ou) de compétences particulières.

Mission : vocation ou raison d'être de l'entreprise. Elle se définit par rapport à la nature du besoin satisfait par le produit ou le service vendu.

Motivation : force qui pousse le consommateur vers l'achat, déclenchée par un besoin considéré comme impérieux. Le contraire d'une motivation est un frein.

Niche (ou créneau) : segment de clientèle, généralement d'un faible potentiel, qui est actuellement inexploité par la concurrence.

Notoriété : mesure de connaissance d'une marque par le consommateur. Elle est spontanée si la marque est citée directement ; mais elle est assistée si l'on fournit au répondant une liste de marques qu'il est susceptible de connaître.

Objectif : but à atteindre. Un bon objectif doit notamment être chiffré, daté et attribué.

Organigramme : schéma synthétique qui précise les modalités de l'organisation de l'entreprise (filiale, division, département, fonction, poste) et le nom des titulaires.

Packaging : présentation matérielle d'un produit qui inclut l'emballage, le conditionnement et la communication suscitée par la forme particulière de l'objet.

Panel : échantillon identique sur lequel on effectue, à intervalles réguliers, des enquêtes répétitives.

Part de marché (marque) : chiffre d'affaires de la marque, divisé par le chiffre d'affaires total des marques du marché.

Part de voix : indice de mesure de la pression publicitaire obtenu par le rapport entre le budget d'une entreprise et le budget total dégagé par l'ensemble des concurrents.

PDP (Profit Direct Produit) : c'est le prix de vente public moins le coût direct du produit pour le distributeur.

Personnalité (marque) : ensemble des caractéristiques humaines associées à une marque.

Plan marketing : document rédigé par la direction marketing, détaillant le plan d'action marketing (stratégie, cible, objectif, marketing mix).

PLV (Publicité sur le Lieu de Vente) : affiche ou présentoir publicitaire mis en place sur le point de vente, de façon à rappeler la présence d'une marque.

Positionnement : stratégie marketing visant à agir sur les croyances du consommateur pour que celui-ci distingue clairement une marque particulière parmi les autres marques concurrentes.

Post-modernité : métissage des sources d'inspiration qui se caractérise par un refus d'une pensée ou d'une vérité unique. Le tout et son contraire sont recherchés et ressentis comme cohérents. Le lien entre individus est aussi important que le bien possédé.

Prescripteur : personne qui recommande fortement l'achat d'une marque donnée.

Prix acceptable ou prix psychologique : intervalle de prix que le consommateur considère comme logique pour le produit. Il ne doit être ni trop bas (la qualité serait considérée comme douteuse), ni trop élevé (contrainte budgétaire).

Prix de référence : il est dit interne lorsqu'il correspond au prix normal qu'un consommateur s'attend à payer, compte tenu des informations dans sa mémoire ; il est externe lorsqu'il découle des informations disponibles sur un point de vente ou dans une publicité.

Prix rompu : prix fixé à un niveau juste inférieur à l'unité, dans le but d'accentuer artificiellement l'impression de prix économique.

Prix optimal : niveau de prix qui intègre l'élasticité de la demande par rapport au prix et le coût marginal.

Prix de vente public : prix effectivement payé par le consommateur final pour acquérir un produit.

Qualité : on distingue la qualité intrinsèque, désignant un niveau mesurable de qualité physique d'un produit, et la qualité perçue, représentant l'évaluation subjective, propre à chaque consommateur, du niveau de qualité physique du produit. La réputation préalable de la marque et la perception du niveau de prix sont deux déterminants majeurs de la qualité perçue.

Remise : réduction consentie par un fabricant à un distributeur. Elle peut être permanente et fait alors partie du barème de prix de l'entreprise. Si elle est exceptionnelle, elle correspond à une action promotionnelle.

Responsabilité sociale : intégration volontaire par l'entreprise des préoccupations sociales, environnementales et économiques dans leurs activités commerciales et dans leurs relations avec leurs parties prenantes (fournisseurs, clients, salariés, associations et collectivités territoriales).

Satisfaction : jugement d'ensemble favorable vis-à-vis d'une marque, d'un produit ou d'un service, émis par un individu après la consommation. Elle résulte des performances de la marque et/ou de l'évaluation des résultats obtenus par rapport aux attentes initiales.

Segment : partie d'un marché composée de consommateurs homogènes par rapport à un critère quelconque (âge, revenu, bénéfice recherché, etc.).

Segmentation : stratégie qui vise à découper un marché en groupe de consommateurs homogènes par rapport à un critère spécifique.

Sensation : stimulation d'un ou de plusieurs des cinq sens (olfactif, gustatif, auditif, tactile ou visuel). Le marketing sensoriel vise à la stimuler, car il favorise la naissance d'émotions chez le consommateur.

Service : prestation intangible délivrée par un individu ou une entreprise ; sa réalisation exige la plupart du temps la mobilisation de biens tangibles.

Servuction : production du service, c'est-à-dire, l'ensemble des opérations concrètes qui permettent de délivrer le service proposé au client.

Sondage : technique de prélèvement d'un échantillon parmi la population mère. Il peut être réalisé de manière aléatoire, c'est-à-dire par tirage au sort des individus, ou par quota, c'est-à-dire par choix raisonné pour obtenir un échantillon représentatif de la population mère sur un (ou) plusieur(s) critère(s).

Sponsoring : technique de communication qui consiste à associer, de manière visible, le nom d'une marque ou d'une entreprise à une manifestation à caractère événementiel (sport, spectacle, etc.).

Stratégie : mouvement d'ensemble opéré par une entreprise en vue d'atteindre un objectif fixé à l'avance.

Style de vie : manière de vivre et de penser, illustrée par un mode de vie, une structure mentale et un ensemble d'attitudes par rapport à des catégories de produits.

Support : instrument de communication, propriété d'une organisation quelconque, disponible pour accueillir une publicité.

Taux d'équipement : nombre total de consommateurs qui possèdent un bien durable, divisé par le nombre total de consommateurs de la population de référence.

Taux de marque : indice de mesure de la rentabilité d'un produit pour le distributeur.

Il est égal au rapport entre la marge commerciale et le prix de vente public du produit.

Taux de pénétration : indice de mesure de la diffusion d'un produit (durable ou non durable) dans un marché (ou segment), égal au nombre de consommateurs actuels d'un produit, divisé par le nombre de consommateurs potentiels.

Taux de rachat : pourcentage de consommateurs qui renouvellent l'achat d'une marque, sachant qu'ils l'ont précédemment essayée.

Tactique d'écrémage et de pénétration : l'écrémage consiste à fixer un prix de vente public élevé, rémunérateur pour l'entreprise. La pénétration vise à conquérir rapidement une part de marché élevée, grâce à un prix de vente public faible.

Tactique « pull » et tactique « push » : « pull » signifie faire pression sur le distributeur pour référencer le produit, en développant la demande par une forte communication ; « push » revient à proposer au distributeur des marges unitaires plus élevées pour qu'il mette en avant le produit auprès du consommateur.

Test de concept : test marketing évaluant l'intérêt suscité par l'idée d'un nouveau produit ou d'un nouveau service.

Tête de gondole : emplacement situé en bout de rayon, très favorable pour les ventes, car situé dans une zone de forte fréquentation.

Trade marketing : stratégie fondée sur la recherche d'actions présentant un intérêt commun avec les distributeurs, visant à développer le chiffre d'affaires et le profit des deux partenaires.

Valeur (analyse) : démarche permettant de concevoir, au moindre coût, un produit conforme aux attentes du consommateur.

Valeur (création) : rapport entre l'adéquation du produit aux attentes du consommateur et le coût financier nécessaire à sa création.

Valeur (humaine) : grand principe ou croyance fondamentale permettant d'évaluer une situation (ou une marque).

Valeur (perçue) : arbitrage entre ce que le consommateur s'attend à retirer de la consommation d'une marque et la perception du sacrifice nécessaire à l'acquisition de la marque.

Veille technologique : suivi systématique de l'environnement technologique de l'entreprise.

Vente à distance (VAD) : circuit de distribution qui commercialise sans intermédiaire un produit ou un service, au moyen d'un catalogue et d'un média de commande (téléphone, courrier, Internet).

VRP (Voyageur Représentant Placier) : agent commercial, propriétaire de son carnet d'adresses, chargé de vendre les produits d'une entreprise. Il est exclusif s'il ne représente qu'une seule entreprise, multicarte dans le cas contraire.

Zone de chalandise : distance maximale d'attraction exercée par un point de vente sur les consommateurs habitant ou travaillant à proximité.

Index

D

E

N

O

P

Crédits iconographiques

Chapitre 1

Page 19, figure 1.4 : *Le marché de l'alimentation selon les objets,* © ElenaR / Fotolia.com.

Page 19, figure 1.5 : *Le marché de l'alimentation selon les occupants,* © Nathalie P / Fotolia.com.

Page 20, figure 1.6 : *Le marché de l'alimentation selon les occasions,* © D.R.

Page 20, figure 1.7 : *Le marché de l'alimentation selon les objectifs,* © Joss / Fotolia.com.

Chapitre 2

Page 45, figure 2.2 : *Le métier d'un constructeur automobile,* © julien tromeur / Fotolia.com..

Chapitre 4

Page 126, focus manager 4.1 : *Icehotel,* © Marco Regalia / Fotolia.com.

Page 136, figure 4.8 : *Groupe de référence et formation des croyances.*

– en haut : © judwick / Fotolia.com.

– à droite : © Oleg Kozlov / Fotolia.com.

Chapitre 5

Page 158, figure 5.4, *Exemple d'institut spécialisé dans les études documentaires,* © Plusdetudes.com.

Page 165, fiche technique 5.2, *Icônes smileys,* © Beboy / Fotolia.com.

Page 169, figure 5.9, *Multiplicité des objectifs d'un test de produit,* © Zol / Fotolia.com.

Chapitre 6

Page 184, figure 6.1, *Segment et cible :*
– à gauche : © Andres Rodriguez / Fotolia.com (groupe d'hommes d'affaires) ;
– au milieu : © moodboard / Fotolia.com (groupe de femmes) ;
– à droite : © Marzanna Syncerz / Fotolia.com (groupe d'enfants).

Page 185, figure 6.2, *Positionnement et image de marque,*
– en haut, voiture de sport : © Surlifes / Fotolia.com. ;
– en bas, homme dans une petite petite voiture : © James Steidl / Fotolia.com

Page 186, figure 6.3, *Segmentation, marques et positionnement sur le marché du shampooing,* dans l'ordre, de gauche à droite :
– © P'tit Dop – Groupe L'Oréal, D.R ;
– © Ushuaïa – Groupe L'Oréal, D.R. ;
– © Osmose – Groupe L'Oréal, D.R. ;
– © Dercos – Groupe L'Oréal, D.R. ;

Page 197, focus manager 6.3, *Le marché des montres,* © D.R. ;

Page 197, focus manager 6.3, *Le marché des montres,* © D.R ;

Page 197, focus manager 6.3, *Le marché des montres,* © Yema ;

Page 198, focus manager 6.3, *Le marché des montres,* © Patek Philippe, D.R.

Chapitre 7

Page 219, focus manager 7.1, *Les mutations de Mr Propre,* © D.R.

Page 228, figure 7.5, *Audit de l'image et attitude stratégique :*
– en haut, à gauche : © Palindra / Fotolia.com (panneau danger) ;
– en haut, à droite, © OSCAR / Fotolia.com (garde de Buckingham Palace) ;
– en bas, à gauche, © Dmitriy Ystuyujanin / Fotolia.com (enfant endormi) ;
– en bas, à droite, © Artistan / Fotolia.com (scène conjugale).

Page 243, figure 7.17, *Les étapes d'une action de marketing direct,* © liquidImage / Fotolia.com

Chapitre 9

Page 315, focus manager 9.5, *L'Austin Mini,* © Marie-Thérèse GUIHAL / Fotolia.com

Chapitre 10

Page 353, figure 10.14, *Largeur et profondeur d'une gamme,* © Schweppes, D.R.

Chapitre 11

Page 365, figure 11.3, *Cadrage d'un prix en dépense quotidienne,* © Claus Mikosch / Fotolia.com

Chapitre 12

Page 399, focus manager 12.1 (à gauche), *Massacre en Bosnie,* © Oliviero Toscani /Benetton

Page 399, focus manager 12.1 (à droite), *Soldat avec os humain,* © Patrick Robert / Sygma / Benetton.

Page 400, focus manager 12.1 (en haut, à gauche), *HIV positif,* © Oliviero Toscani, Benetton.

Page 400, focus manager 12.1 (en haut, au centre), *Albinos,* © Benetton, D.R.

Page 400, focus manager 12.1 (en haut, à droite), *Torture,* © Benetton, D.R.

Page 400, focus manager 12.1 (en bas, à gauche), *Africa Works,* © James Mollison / Benetton.

Page 400, focus manager 12.1 (en bas, au centre), *Food for work,* © James Mollison / Benetton.

Page 400, focus manager 12.1 (en bas, à droite), *Benetton, campagne 2008,* © Benetton, D.R.

Page 405, figure 12.9, *Publicité de Canal +,* © Campagne BETC Euro RSCE pour Canal +, D.R.

Page 422, figure 12.16, *Publicité de Darty,* Droits réservés.

Composé par :
Atelier d'Infographie Sandrine Escobar
Achevé d'imprimer : EMD S.A.S.
N° d'éditeur : 3741
N° d'imprimeur : 20078
Dépôt légal : septembre 2008
Imprimé en France

Cet ouvrage est imprimé - pour l'intérieur - sur papier Tauro 90 g des papeteries M.REAL, dont les usines ont obtenu la certification environnementale ISO 14001 et opèrent conformément aux normes ECF et EMAS